Die Welt evangelischer Frömmigkeit

Klaus Raschzok

Die Welt evangelischer Frömmigkeit

Eine Spurensuche

Im Auftrag des Instituts für evangelische Aszetik an der Augustana-Hochschule Neuendettelsau herausgegeben von Christian Eyselein, Gerhard Knodt und Konrad Müller

EVANGELISCHE VERLAGSANSTALT
Leipzig

Für die großzügige Unterstützung dieser Veröffentlichung danken wir
- der Evangelisch-Lutherischen Kirche in Bayern, Referat Gottesdienst, Verkündigung und Kirchenmusik,
- dem Verein für christliche Kunst in der Evangelisch-Lutherischen Kirche in Bayern,
- den Freundinnen und Freunden der Augustana-Hochschule,
- der Augustana-Hochschulstiftung sowie
- dem Zentrum für geistliche Theologie und christliche Lebensgestaltung Evangelisches Exerzitium e.V.

Bibliographische Information der Deutschen Nationalbibliothek
Die Deutsche Nationalbibliothek verzeichnet diese Publikation in der Deutschen Nationalbibliographie; detaillierte bibliographische Daten sind im Internet über http://dnb.dnb.de abrufbar.

Das Buch wurde auf alterungsbeständigem Papier gedruckt.

Cover: Zacharias Bähring, Leipzig
Satz: Konrad Müller, Berg
Druck und Binden: Beltz Grafische Betriebe, Bad Langensalza

ISBN 978-3-374-07731-1 // eISBN (PDF) 978-3-374-07732-8
www.eva-leipzig.de

Vorwort

Das wissenschaftliche Œvre von Klaus Raschzok zeichnet sich durch eine enorme Bandbreite aus. Auf dem Feld der Praktischen Theologie hat Raschzok nicht nur die »klassischen« Disziplinen der Praktischen Theologie wie Homiletik oder Liturgik intensiv bearbeitet.

Ein Schwerpunkt seiner Forschungstätigkeit liegt ebenso auf den Feldern »Kunst«, »Kirchenraum« und »Aszetik«. Letztere hat in den letzten Jahren zunehmend mehr Aufmerksamkeit gefunden – auch dank des *Instituts für Evangelische Aszetik*, das Raschzok zusammen mit Professorin Christel Keller-Wentorff und Professor Manfred Seitz im Jahr 2006 gegründet hat.

Der vorliegende Band *Die Welt evangelischer Frömmigkeit* schließt eine Lücke. Er enthält grundlegende, zum Teil noch unveröffentlichte Beiträge zum Thema »Aszetik«, die Raschzok seit 2002 zu dieser (fast) vergessenen Disziplin veröffentlicht hat. In ihnen wird durchgehend die grundlegende Relevanz einer gelebten Frömmigkeit sichtbar. Deren Bedeutsamkeit gilt nicht nur allen Dimensionen des christlichen und kirchlichen Lebens, sondern erstreckt sich auch auf die Gesellschaft. Aszetik befasst sich ja nicht nur mit dem je *individuellen Glaubensleben* derer, die sich mit dem Evangelium verbunden fühlen; sie analysiert auch die Maßstäbe und Haltungen, nach denen sich eine kirchliche Gemeinschaft eine Rechtsordnung gibt und Regeln aufstellt. Auch die Art, *wie* innerhalb kirchlicher Strukturen Verantwortungen wahrgenommen, das Evangelium verkündigt und Leitungsfunktionen ausgefüllt werden, wird von herrschenden Mentalitäten und Vorstellungen, also durch »Frömmigkeit« beeinflusst.

Die Beiträge, die in diesem Band herausgegeben werden, gehen diesen Zusammenhängen nach. Der erste große Themenblock dieser Aufsatzsammlung entfaltet *christlich-theologische Existenz als einen geistlichen Übungsweg*. Unter anderem werden dabei Martin Luthers Anleitungsschriften zum geistlichen Leben vorgestellt und gezeigt, wie der tägliche und sonntägliche Gottesdienst als ein Übungsweg des Gebetes verstanden sein will. In diesem ersten Abschnitt werden aber auch Brücken zur Homiletik und zur Frage der Ausbildung zum evangelischen Pfarrberuf geschlagen.

Ein zweiter Themenblock befasst sich mit evangelischer Frömmigkeit im *lebensweltlichen Kontext*. Christlich-theologische Existenz bleibt nicht nur bei sich, sondern prägt das gesamte kirchliche Leben in einer Weise, die ihm nach außen, in die Gesellschaft hinein, eine signifikante Wirkung verleiht. Die Themen, die dabei diskutiert werden, umgreifen ebenfalls ein weites Spektrum. Sie handeln vom Weihnachtsfest und seiner Symbolik, von den Wechselwirkungen zwischen Spiritualität und Diakonie, beschreiben in einer historischen Analyse das evangelische Pfarrhaus als einen eigenen und historisch eigengewichtigen Ort der Frömmigkeitspflege mit über Jahrhunderte hinweg überragender Ausstrahlungskraft und zeigen zuletzt die letztlich unverzichtbare Leistung des evangelischen Friedhofs für den Glaubensvollzug auf.

Eine dritte Gruppe von Beiträgen thematisiert *Spiritualität im Kontext des Wirtschaftens*. Der erste der dort abgedruckten Aufsätze analysiert die Folgen, die sich aus einer christlich orientierten Spiritualität für die Leitung von Unternehmen ergeben können. Aber auch das Wirtschaften in der Kirche selbst gerät in in den Blick, wenn Raschzok in einer erhellenden Analyse der theologischen Implikationen der doppelten Buchführung (Doppik) aufzeigt, wie der innerkirchliche Umgang mit dem Geld mehr ist als nur eine Frage von Effizienz oder Wirtschaftlichkeit. Alles individuelle und alles gemeinsame Tun der Menschen in der Kirche hat immer auch eine theologische Dimension.

Diese Einsicht führt zum letzten größeren Themenblock in dieser Aufsatzsammlung, der sich mit dem *geistlichen Amt* nach seiner Funktion und Bedeutung im Leben der Kirche auseinandersetzt. Aufschlussreiche historische Analysen, zu dem Liturgiker und Theologen Wilhelm Löhe sowie zu Bischof Hermann Dietzfelbinger, dessen Lebenswerk sich dem Aufbruch der Kirche in die Moderne verschrieben hat, führen in zentrale Fragestellungen dieses Themenkomplexes ein. Auch in den beiden abschließenden Beiträgen rund um den Fragenkreis der Ordination oder der Beauftragung wird deutlich, dass »Frömmigkeit« an den Schaltstellen kirchlichen Handelns eine zentrale Rolle spielt, wenn diejenigen, die ihre Kirche repräsentieren, als Inhaber eines Auftrages, eines Amtes oder einer Funktion agieren. In der Ordination werden Menschen in eine bestimmte Lebensform berufen, die sich in lebenslanger Arbeit an sich selbst bewährt. Hier schließt sich der Kreis zu den beiden Aufsätzen, die den Band einleiten. Denn Frömmigkeit kann nicht bei sich selbst bleiben. Mit Überlegungen zur Gemeinschaft der Ordinierten als Ort gelebter Spiritualität schließt ein Kompendium evangelischer Aszetik, dessen Beiträge eine Fülle zukunftsweisender Denkanstöße enthalten und zur Neubesinnung aufrufen.

Im Namen des Instituts für Evangelische Aszetik, in dessen Auftrag diese Aufsatzsammlung herausgegeben wird, grüßen wir Klaus Raschzok zu seinem 70. Geburtstag in bleibender Verbundenheit. Wir danken ihm für seinen unermüdlichen

Dienst und Einsatz, mit dem er das Institut mit aufgebaut, geleitet und geprägt hat, für vielfältige Initiativen, Impulse und Anregungen und wünschen ihm und seiner Arbeit weiterhin Gottes reichen Segen.

Neuendettelsau, den 31. Oktober 2024

Christian Eyselein, Gerhard Knodt, Konrad Müller

Inhalt

Christlich-theologische Existenz als geistlicher Übungsweg

Martin Luthers Anleitungsschriften zum geistlichen Leben

1. Martin Luthers Anleitungsschriften zum geistlichen Leben und ihre bibeltextbezogene Frömmigkeitspraxis

Die Anleitungsschriften zum geistlichen Leben eröffnen einen Blick in Martin Luthers frömmigkeitspraktische »Werkstatt«. Sie lassen sich als Übungsinstrumente einer lebensnahen Frömmigkeit verstehen. Insbesondere ermöglichen sie, Luthers spezifisch-reformatorischen Bibelgebrauch in seiner alltagsorientierten Konkretisierung genauer zu beobachten. Luther nimmt mit seinen Anleitungsschriften eine beliebte spätmittelalterliche Textgattung auf, die insbesondere in der Ars moriendi eine bedeutende Rolle für die Frömmigkeitspraxis der Laien spielt. Vorbild in Form und Inhalt ist sein Ordensvorgesetzter und geistlicher Begleiter Johannes von Staupitz, der seit 1515 für einfache, ungelehrte Ordensfrauen und Geistliche, Bürgerinnen und Bürger deutsche bzw. sogleich aus dem Lateinischen übersetzte Traktate mystischen Charakters verfasst.[1]

Zielgruppe von Luthers ebenfalls in der Volkssprache verfassten Anleitungsschriften sind alle des Lesens kundige Christen. Obwohl die Texte nicht für den akademischen Diskurs bestimmt sind, stellen sie hohe Anforderungen an ihre Leser und sollten deshalb auch nicht als »Erbauungsschriften« bezeichnet werden. In ihnen begegnet eine Theologie mit einem selbstverständlichen praktischen Habitus, die noch keine Trennung zwischen Theorie und Praxis kennt. Die Anleitungsschriften beschreiben eine bibeltextbezogene Frömmigkeitspraxis, die mit elementaren Mitteln und Methoden die menschlich unverfügbare Gottesbeziehung mit Hilfe der Heiligen Schrift einübt. Luthers Texte erfordern dazu ein verweilendes Lesen, welches auf das sich über der Lektüre einstellende geistliche Geschehen achtet. Sie zielen auf »Haus« und »Familie« als die neuen Orte reformatorischer Frömmigkeitspraxis. Durch die Reformatoren Wittenberger Prägung

---

[1] Vgl. Berndt Hamm, Luthers Mystik in der Spannung von äußerem Wort und innerer Erfahrung, in: Dorothea Greiner/Klaus Raschzok/Matthias Rost (Hrsg.), Geistlich Begleiten. Eine Bestandsaufnahme evangelischer Praxis, Leipzig 2011, 66–83; hier: 70.

war es zu einer umfassenden »Demokratisierung« der spätmittelalterlichen Frömmigkeitspraxis gekommen. Diese setzt den geistlichen Stand nicht mehr zwingend zu ihrer Vollendung voraus und erweitert die klassischen bisherigen Orte der Frömmigkeitspflege Kirchenraum und Kloster um das Haus und den Beruf.[2]

Die Anleitungsschriften werden von einer bibeltextbezogenen und zugleich lebensnahen Gebetspraxis bestimmt. Sie verknüpft das Gebet eng mit dem biblischen Wort und bleibt an dieses gebunden. Der Christ tritt in das Gespräch mit Gott über dessen Wort ein und kann im aufgesuchten Textraum der Heiligen Schrift sein Leben vor Gott durch dessen Heiligen Geist betrachten lassen.

Dadurch erklärt sich auch die kolportierte Praxis Martin Luthers, der sich gerade bei höchster äußerer Bedrängnis durch anstehende Aufgaben oder Konflikte in ein stundenlanges Beten zurückgezogen habe. Darunter ist eine Bibel-Gebets-Praxis zu verstehen, die nach Antwort und Gottesrede sucht und sich dazu am äußeren Wort der Schrift betend abarbeitet, um das durch den Heiligen Geist unverfügbar bewirkte innere Wort zu hören. Arbeit an der Auslegung der Heiligen Schrift vollzieht sich bei Luther daher vorrangig im Modus des Betens mit der Schrift. Sie kennt noch keine Trennung zwischen im heutigen Sinne wissenschaftlicher Arbeit über den biblischen Texten und dem an sie gebundenen Gebet.[3]

2. Vier ausgewählte Anleitungsschriften und ihr Ertrag für eine aszetische Lektüreperspektive

Exemplarisch herangezogen werden der Sermon von der Bereitung zum Sterben von 1519, die Schlichte Weise zu beten, für einen guten Freund von 1535, der Kleine Katechismus von 1530 und die Vorrede zum ersten Band der Wittenberger Ausgabe von Luthers deutschen Schriften von 1539. Mit der aszetischen Lektürepraxis wird ein gegenüber der kirchenhistorischen wie systematisch-theologischen Lektüreperspektive nochmals eigenständiger Zugangsweg eröffnet und die Bedeutung von Luthers Anleitungsschriften für die Frömmigkeitspraxis erschlossen.[4]

---

[2] Hamm (wie Anm. 1), 69f, spricht von der »unüberbietbaren Unmittelbarkeit und Direktheit der Gottesbegegnung, die für jede Art des Christseins konstitutiv ist, allgemein gültig für Frauen ebenso wie für Männer, für ungebildete ebenso wie für literarisch Geschulte, eine Elementarerfahrung, die nicht an besondere, sakrale Orte und Zeiten gebunden ist, sondern grenzüberschreitend-universal überall auf Erden und zu allen Zeiten möglich ist.«

[3] Vgl. dazu den Hinweis bei Martin Nicol, Meditation bei Luther, Göttingen 1984, 68–81, dessen Studie weiterhin von enormer Bedeutung für das gesamte Themenfeld ist.

[4] Zur aszetischen Lektüreperspektive vgl. Klaus Raschzok, Evangelische Aszetik. Zur Wiederentdeckung einer Disziplin der akademischen Praktischen Theologie und ihrer Forschungs- und Lehrgestalt, in: Christian Eyselein/Christel Keller-Wentorf/Gerhard Knodt/Klaus Raschzok (Hrsg.), Evangelische Aszetik. Ein Programm macht Schule, Leip-

2.1 Der Sermon von der Bereitung zum Sterben

Luther bewegt sich 1519 im »Sermon von der Bereitung zum Sterben«[5] noch weitgehend im Rahmen der klassischen spätmittelalterlichen Ars-moriendi-Literatur. Er nimmt jedoch eine spezifische reformatorische Profilierung der Thematik unter Beibehaltung ihrer Traditionskontinuität vor und entfaltet dazu eine bibeltextbezogene Frömmigkeitspraxis, die zur Vorstufe der späteren Einzelspruchfrömmigkeit wird. Das zur Anwendung gelangende Verfahren lässt sich als bibeltextbezogene Gebetspraxis mittels der segmentierten Bibel als didaktischem Frömmigkeitsmedium charakterisieren. Zugleich leuchtet bereits die später von Luther in seiner »Vorrede zur ersten Ausgabe der deutschen Schriften« näher entfaltete aszetische Trias von oratio, meditatio und tentatio auf.

Der Sermon zielt angesichts der für den Sterbenden bedrohlichen Bilder von Sterben, Sünde und Hölle auf das Eintreten in die tröstliche biblische Bildwelt, insbesondere des Todes Jesu am Kreuz. Die reformatorischen Grundeinsichten von Gesetz und Evangelium wie der Rechtfertigung allein aus Gnade nehmen darüber im Beter Gestalt an. Die eingesetzten Bild- und Raumdiskurse wie die Geburtsmetapher für den großen Raum und die Freude, die jenseits des Todes auf den Getauften warten, die Fahrt zu diesem Raum und der Blickwechsel, welcher den Tod im Leben, die Sünde in der Gnade und die Hölle im Himmel betrachtet, sind zentralen biblischen Aussagen entnommen. Bilder und Einzelworte werden zu anschaulichen Belegen des in der Vorbereitung auf das eigene Sterben erfahrbaren Trostes. Sie dienen der Imagination des göttlichen Heilswirkens im Beter, prägen Gottes Heilshandeln ein und erfüllen ihn mit Heilsgewissheit. Vorausgesetzt ist dabei, dass der Leser betend in die biblischen Bilder und Einzelstellen eintritt.

Ein anschauliches Beispiel für den Zusammenhang von biblischem Einzelwort, biblischer Bilderwelt und Frömmigkeitspraxis der Sterbevorbereitung sind Jesu Worte am Kreuz nach Mt 27,46 bzw. Mk 15,34, die für die Überwindung der Hölle stehen und den Beter seiner eigenen Erwählung gewiss machen: »Du musst doch Gott Gott sein lassen und zulassen, dass er mehr von dir weiß als du selbst. Darum sieh das himmlische Bild Christi an, der um deinetwillen in die Hölle gefahren ist und von Gott verlassen war wie einer, der auf ewig verdammt ist, und am Kreuz sprach: Eli, Eli, lama asabthani. O mein Gott, o mein Gott, warum hast

---

zig 2021, 41–71, 66–69; hier: 67: Sie fragt im Umgang mit dem gesamten Stoff der wissenschaftlichen Theologie sowie mit der gesamten christlichen Frömmigkeitspraxis in ihrer geschichtlichen wie gegenwärtigen Gestalt danach, »wie in theologischen Reflexionen Glauben und christliches Leben miteinander in Beziehung gesetzt, d.h. wie theologische Reflexionen über den Glauben mit theoretischen und praktischen Hinweisen eines Lebens im Glauben verschränkt werden.«

[5] Vgl. Martin Luther, Ein Sermon von der Bereitung zum Sterben 1519 (WA 2, (680)685–697), in: Ders., Deutsch-Deutsche Studienausgabe. Bd. 1: Glaube und Leben, hrsg. von Dietrich Korsch, Leipzig 2012, 45–73. Belege aus Luthers Anleitungsschriften werden in diesem Beitrag nach der Deutsch-Deutschen Studienausgabe wiedergegeben.

du mich verlassen? Siehe, in diesem Bild ist deine Hölle überwunden und deine ungewisse Erwählung ist gewiss gemacht.«[6]

Um die Sakramente als Trost und sichtbares Zeichen des göttlichen Willens in der Vorbereitung auf das Sterben hervorzuheben, nutzt Luther Ps 119,105 (»Dein Wort ist meines Fußes Leuchte und ein Licht auf meinem Wege«) in Verbindung mit weiteren elementaren biblischen Bildern: An die Sakramente »soll man sich mit festem Glauben halten wie an den guten Stab, mit dem Jakob, der Patriarch, durch den Jordan ging, oder wie an eine Laterne, nach der man sich richtet und die man immer im Auge behalten soll auf dem finsteren Weg des Todes, der Sünde und der Hölle, wie der Prophet sagt: Dein Wort, Herr, ist ein Licht auf meinem Weg, und Petrus: Wir haben ein Wort Gottes, das gewiss ist, und ihr tut gut, euch daran zu halten. Es kann nichts sonst in Todesnöten helfen, denn mit diesem Zeichen werden alle erhalten, die erhalten werden.«[7]

Luther versteht die Sakramente als »Worte Gottes, die dazu dienen, dass sie uns Christus zeigen und zusagen mit allem seinem Gut, das er selbst ist, gegen Tod, Sünde, Hölle. Nun ist kein lieblicheres, begehrenswerteres Ding zu hören, als dass Tod, Sünde und Hölle vergangen sind. Das geschieht durch Christus in uns, wenn wir das Sakrament recht gebrauchen. Dieser Gebrauch ist nichts anderes als glauben, es sei so, wie die Sakramente durch Gottes Wort zusagen und versichern. Darum ist es nötig, dass man nicht nur die drei Bilder in Christus ansehe und die Gegenbilder damit austreibe und fallen lasse, sondern dass man ein ganz gewisses Zeichen hat, das uns versichert, es ist uns so gegeben; das sind die Sakramente.«[8]

Dass der Glaube in sämtlichen Anfechtungen des Sterbens und des Todes Gewissheit behalten darf, wird über eine Kaskade einprägsamer biblischer Einzelworte vermittelt. Sie setzt mit Psalm 32,8 ein, wird mit dem Trostwort Elisas an dessen Knecht angesichts der Bedrohung durch das übermächtige Heer der Aramäer in 2 Kön 6,16 verbunden und durch eine Reihe von Psalmenzitaten (Ps 34,8; Ps 125,1; Ps 91,11) fortgeführt: »Denn wenn du an die Zeichen und Worte Gottes glaubst, dann hat Gott ein Auge auf dich, wie er Ps 32 sagt: Firmabo etc., das heißt: Ich will meine Augen stets auf dich richten damit du nicht untergehest. Wenn aber Gott auf dich sieht, so sehen mit ihm alle Engel, alle Heiligen, alle Geschöpfe auf dich, und wenn du im Glauben bleibst, halten sie alle die Hand unter dich. Verlässt dich deine Seele, dann sind sie da und empfangen sie, du kannst nicht untergehen. Das ist bezeugt von Elisa, 2 Kön 6, der zu seinem Knecht sprach: Fürchte dich nicht, es ist mehr Unterstützung mit uns als mit ihnen – obwohl die Feinde sie umringt hatten und sie niemand anderen sahen. Aber Gott öffnete dem Knecht die Augen, und da war ein großer Haufen feuriger Pferde und Wagen um sie. So ist es gewiss auch um einen jeglichen, bestellt, der Gott glaubt. Hierher gehören auch die Worte Ps 34: Der Engel Gottes wird sich rings um die

---

[6] A.a.O. 59, 5–12.

[7] A.a.O., 63, 34–42.

[8] A.a.O., 69, 4–13.

lagern, die Gott fürchten, und wird sie erlösen. Ps 125: Die Gott vertrauen, werden fest stehen wie der Berg Zion. Er wird ewig bleiben. Hohe Berge – das sind Engel – sind um ihn her, und Gott selbst umringt sein Volk von nun an bis in Ewigkeit. Ps 91: Er hat dich seinen Engeln befohlen, sie sollen dich auf Händen tragen und dich bewahren, auf deinen Wegen, dass du deinen Fuß nicht an irgendeinem Stein stößt. Über Schlangen und Basilisken sollst du gehen und Löwen und Drachen niedertreten – das heißt: Alle Stärke und List des Teufels werden dir nichts tun. Denn er hat mir vertraut.«[9]

Mehrfach leuchtet im Sermon die aszetische Trias von oratio, meditatio und tentatio auf. Bei der Anfechtung (tentatio) steht die tröstende Funktion des Wortes Gottes im Vordergrund: Gott »zeigt und gibt dir in Christus das Bild des Lebens, der Gnade und der Seligkeit, damit du dich vor dem Bild des Todes, der Sünde und der Hölle nicht entsetzest. Er legt überdies deinen Tod, deine Sünde deine Hölle auf seinen liebsten Sohn und überwindet sie für dich, macht sie für dich unschädlich. Er lässt weiter deine Anfechtung des Todes, der Sünde, der Hölle auch auf seinen Sohn kommen und lehrt dich daran sich zu halten. So macht er die Anfechtung unschädlich, ja sogar erträglich.«[10]

Gottes Segens-Verheißung an Abraham Gen 12,3 wird als biblisches Einzelwort auf die Erwählung des durch das Sterben Angefochtenen bezogen: »Und wenn du Christus und alle seine Heiligen ansiehst und dir wohlgefällt die Gnade Gottes, der sie doch erwählt hat, und ganz fest in diesem Wohlgefallen bleibst, so wirst auch du schon erwählt sein, wie Gott Gen 12 sagt: Alle, die dich segnen, sollen gesegnet sein. Hältst du aber nicht daran fest, sondern fällst du in dir selbst zusammen, dann entsteht in dir ein Widerstand gegen Gott und seine Heiligen, und du kannst in dir nichts Gutes finden. Darum hüte dich davor, denn da will der Teufel dich hintreiben mit viel List.«[11]

Alttestamentliche Szenen wie die Vorbereitung des Sieges Gideons über Midian in Ri 7,16 imaginieren, wie Tod, Sünde und Hölle fliehen, wenn der Beter sich ausschließlich die Bilder Christi und seiner Heiligen einzuprägen beginnt: »Diese drei Bilder oder Streitsachen sind im Voraus Ri 7 angekündigt, wo Gideon die Midianiter mit dreihundert Mann an drei Orten in der Nacht angriff, aber nicht mehr tat, als dass er Trompeten blasen und leere Krüge mit Fackeln darin zusammenschlagen ließ, woraufhin die Feinde flohen und sich selbst töteten. Ebenso fliehen Tod, Sünde und Hölle mit allen ihren Kräften, wenn wir nur Christi und seiner Heiligen leuchtende Bilder in uns einprägen – und zwar in der Nacht, das heißt: im Glauben, der die bösen Bilder nicht sieht noch sehen kann –, dazu uns mit Gottes Wort wie mit Trompeten anstacheln und stärken.«[12]

Entscheidendes Heilmittel gegen die den Sterbenden bedrohende Sündenangst ist das Bild Christi am Kreuz. »Du musst [...] die Sünde nicht anders als im

---

[9] A.a.O., 69, 29–71, 9.
[10] A.a.O., 73, 13–20.
[11] A.a.O., 59, 16–23.
[12] A.a.O., 59, 24–33.

Bild der Gnade ansehen und dieses Bild mit aller Kraft dir einprägen und vor Augen halten. Das Bild der Gnade ist nichts anderes als Christus am Kreuz [...]. Das ist die Gnade und Barmherzigkeit, dass Christus am Kreuz deine Sünde von dir nimmt, sie für dich trägt und vernichtet; dies fest zu glauben und vor Augen zu haben, nicht daran zu zweifeln, das heißt das Bild der Gnade ansehen und in sich bilden.«[13] Das Gebet, die oratio, bleibt auch hier die Voraussetzung für Gottes Trosthandeln: »Er gebietet, du sollst solches von ihm erbitten und der Erhörung gewiss sein.«[14] Bestätigend wird Ps 111,2 als weiteres Einzelwort angeführt: »Warum sollte er dir nicht etwas so Großes auferlegen, wie das Sterben, wenn er so großen Nutzen, Hilfe und Stärke dazu gibt, um zu erproben, was seine Gnade vermag, wie geschrieben steht Ps 111: Die Werke Gottes sind groß und auserwählt nach seinem Wohlgefallen.«[15]

2.2 Eine schlichte Weise zu beten, für einen guten Freund

In der »Schlichten Weise zu beten«[16] führt Luther in den Gebrauch des methodischen Schlüssels des »Vierfachen Kränzleins« für die bibeltextgebundene Gebetspraxis ein. Er veranschaulicht mit dessen Hilfe zunächst anhand des Vaterunsers und der Zehn Gebote als exemplarischen Stücken der Heiligen Schrift für den Freund und Wittenberger Barbier Peter von Beskendorf den Zusammenhang von beruflichem Lebensalltag und christlichem Glauben. Das sorgfältige schriftbezogene Beten wird mit der Arbeit eines guten Barbiers verglichen. Peter Beskendorf ersticht am Ostersamstag 1535 angetrunken seinen Schwiegersohn Dietrich, einen Landsknecht, der sich mit dem Ruf der Unverwundbarkeit gebrüstet hatte. Die Schrift für Meister Peter wird nicht zuletzt dadurch zum Dokument lutherischer Rechtfertigungslehre, dass auch nach der Verurteilung, Begnadigung und Verbannung Beskendorfs aus Wittenberg die Widmung Luthers in den nachfolgenden Drucken aufrechterhalten bleibt.

Das nahezu sakramental verstandene Vaterunser, mit dessen Hilfe der Beter über dem betenden Vollzug in die Christusnachfolge eintritt, ist grundlegendes Modell-Gebet einer schriftbezogenen Gebetspraxis.[17] Die am Vaterunser veranschaulichte Anleitung zum bibelbezogenen Beten kann auf jeden biblischen Text übertragen werden. Ein solches Beten im Raum der Heiligen Schrift ist erhörungsgewisses Beten, da Gott sein Wort für unser Gespräch mit ihm zur Verfügung stellt. Erforderlich ist jedoch zunächst ein Aufwärmen des Herzens des Beters durch Arbeit am äußeren Schriftwort: »Zunächst, wenn ich spüre, dass ich durch

---

[13] A.a.O., 57, 16–24.

[14] A.a.O., 73, 24–25.

[15] A.a.O., 73, 27–30.

[16] Vgl. Martin Luther, Eine schlichte Weise zu beten, für einen guten Freund 1535 (WA 38, (351)358–375), in: Ders., Deutsch-Deutsche Studienausgabe. Bd. 1, 599–631.

[17] Vgl. Georg Nicolaus, Die pragmatische Theologie des Vaterunsers und ihre Rekonstruktion durch Martin Luther, Leipzig 2005.

fremde Arbeit oder Gedanken kalt und unwillig zu beten geworden bin wie denn das Fleisch und der Teufel immerzu das Gebet verwehren und verhindern, nehme ich mein Psalterbüchlein, laufe in die Kammer oder, wenn es der Tag und die rechte Zeit ist, in die Kirche zu den Leuten und fange an, die Zehn Gebote, das Glaubensbekenntnis und, wenn ich noch Zeit habe, etliche Worte Christi, des Paulus oder aus den Psalmen vor mich hin aufzusagen, und das alles, wie es die Kinder tun.«[18]

Danach kann der Heilige Geist selbst die Führung übernehmen. Er beginnt, für uns zu beten und zu predigen: »Oft kommt es vor, dass ich in einem Stück oder einer Bitte mich in so reiche Gedanken verliere, dass ich die anderen sechs alle hintanstehen lasse. Und wenn solche reichen, guten Gedanken kommen, dann soll man die anderen Gebete fahren lassen und solchen Gedanken Raum geben, ihnen still zuhören und sie beileibe nicht unterdrücken. Denn da predigt der Heilige Geist selbst, und ein Wort seiner Predigt ist besser als tausend unserer Gebete, und ich habe auch selbst oft in einem Gebet mehr gelernt, als ich aus vielem Lesen und Nachsinnen hätte lernen können.«[19]

In vergleichbarer Weise sind die Zehn Gebote als Vorlage einer schriftbezogenen Gebetspraxis nutzbar. Das vierfach gewundene Kränzlein von Lehre, Danksagung, Beichte und Gebet bietet auch dazu die entscheidende methodische Hilfe: »Wenn mir aber neben dem Vaterunser noch Zeit und Gelegenheit bleibt, so verfahre ich mit den zehn Geboten genauso und nehme mir ein Stück nach dem anderen vor damit ich ja ganz frei werde zum Gebet, soweit es möglich ist, und mache aus einem jeden Gebet ein vierfach gewundenes Kränzlein: Zum Ersten nehme ich ein jegliches Gebot als eine Lehre, wie es ja auch wirklich ist, und bedenke, was Gott, unser Herr darob so entschieden von mir fordert. Zum Zweiten mache ich eine Danksagung daraus, zum Dritten eine Beichte, zum Vierten ein Gebet«.[20]

Beten vollzieht sich dadurch, dass der Beter einen Ausschnitt aus der Heiligen Schrift im vierfachen Kränzchen dreht und wendet, ihn mit seinen eigenen Worten Gott gegenüber in eine Lehre, eine Beichte sowie einen Dank verwandelt und dies alles betend Gott vorträgt. Biblische Einzelworte wie das unablässige Gebet nach Lk 11,8, 1 Thess 5,17 oder Psalm 1,2 dienen als Orientierungs- und Merkpunkte dieses bibeltextbezogenen Betens.

Persönliches Beten bleibt mit dem Gottesdienst der Christen verbunden. An die Stelle des »stillen Kämmerleins« kann auch der Kirchenraum mit den in ihm gefeierten Gottesdiensten treten. Luther geht davon aus, dass der »Kirchenstuhl« als Raum im Raum ebenfalls einen Schutzraum des Betens bietet. Der Zusammenhang von persönlicher und gottesdienstlicher Gebetsfrömmigkeit wird am Beispiel des »Amen« aus dem Vaterunser verdeutlicht: »Zuletzt bedenke, dass du das Amen jederzeit stark machen und nicht zweifeln sollst, dass Gott dir gewiss mit

[18] LUTHER (wie Anm. 16), 603, 5-12.

[19] A.a.O., 611, 21-29.

[20] A.a.O., 613, 40-615, 5.

aller Gnade zuhört und ja sagt zu deinem Gebet, und bedenke ja auch, dass du nicht alleine da kniest oder stehst, sondern die ganze Christenheit, alle frommen Christen bei dir und du unter ihnen in einmütigem, einträchtigem Gebet, welches Gott nicht verachten kann.«[21]

2.3 Der Kleine Katechismus

Der als Elementarbibel verstandene »Kleine Katechismus«[22] stellt zentrale biblische Einzelworte zur Verfügung, die nicht nur der Vermittlung christlicher Glaubenslehre, sondern zugleich der bibelgebetsorientieren Frömmigkeitspraxis als Ausgangspunkt dienen. Grundlegend ist, dass der Katechismus gebetet und nicht nur gelehrt wird. In der Vermittlung durch den Hausvater wird er für die des Lesens nicht kundigen Knechte und Mägde der Hausgemeinschaft zur geistlichen Anleitungsschrift. Er führt mit seinem Aufbau und den Zehn Geboten als erstem Hauptstück vor Augen, dass Gott uns zuerst durch sein Wort anspricht, bevor wir ihm mit Hilfe seines Wortes zu antworten beginnen.[23]

Die den Kleinen Katechismus bestimmte biblische Einzelspruchfrömmigkeit ordnet den Hauptstücken biblische Einzelverse im Sinne von Merkzeichen zu. Zentrale Abschnitte wie der Taufbefehl oder die Einsetzungsworte des Heiligen Abendmahls sind Bestandteil des Katechismus und werden mit seiner Hilfe betend angeeignet. Zudem ergänzt das Spruchbuch für die einzelnen Stände die Funktion des Kleinen Katechismus als Elementarbibel.[24] Gott spricht durch den gesamten Katechismus hindurch zu uns mittels biblischer Worte und wir antworten ihm ebenfalls mittels solcher. Aufbau und Abfolge der Stücke des Kleinen Katechismus stellen einen geistlichen Erkenntnisweg dar. Gott eröffnet mit dem »Du sollst« des ersten Gebotes das Gespräch des Christen mit ihm.[25]

Elementare Bibelstellen wie der Taufbefehl aus Mt 28,19f oder die Einsetzungsworte des Abendmahls aus den Evangelisten Matthäus, Markus, Lukas und

---

[21] A.a.O., 611, 1–6.

[22] Vgl. Martin Luther, Der Kleine Katechismus 1529 (WA 30, (669) 264–326), in: Ders., Deutsch-Deutsche Studienausgabe. Bd. 1, 571–597.

[23] Vgl. Michael Beyer, Martin Luthers Betbüchlein, in: Lutherjahrbuch 74, 2007, 29–50; hier: 35: Das Rezitieren der Katechismusstücke ist Beten und Anregung, mit Gott zu reden.

[24] Der Haustafel etlicher Sprüche findet sich nicht in der Studienausgabe, sondern WA 30, 523–527 abgedruckt. Die Haustafel stellt eine Kurz-Bibel für heilige Orden und Stände (ordo ecclesiasticus, politicus und oeconomicus) dar und bietet eine den jeweiligen Stand bzw. Beruf besonders betreffende Bibelstelle, ebenfalls wieder als Einzelspruch.

[25] Michael Beyers Thesen beziehen sich auf Luthers »Betbüchlein« von 1522, lassen sich aber meines Erachtens auf den Kleinen Katechismus übertragen: »Wer mit der Absicht zu beten das Eingangswort des traditionell auswendig gelernten und bereits auch altkirchlich als Gebet verstandenen Dekaloges zitiert: ›Ich bin der Herr, dein Gott‹, der lässt zu, dass sich ein Gespräch anbahnt, in dem Gott das erste Wort hat: ich bin der Herr, dein Gott! Und der somit den Beter in eine von ihm dominierte Ich-Du-Beziehung zieht, der diesen dann am Dekalog entlang zu Sündenerkenntnis und -bekenntnis führt.« (Beyer [wie Anm. 23], 36)

den Briefen des Paulus gehören zur geistlichen Grundausrüstung des Christen und sollen betend im Lebensvollzug abgerufen werden. Wenn Luther in der Vorrede vom »Lehren« der Katechismusstücke spricht, meint er mehr als »Verstehen«, sondern immer das damit verbundene Einüben im Frömmigkeitsvollzug, bei dem sich die Kraft von Luthers sprachschöpferischer Übersetzung der Bibel als Hör- und Klang-Raum entfaltet. Morgen-, Abend- und Tischsegen als Transformation des klösterlichen in das häusliche Leben enthalten Anweisungen zum leibbezogenen Vollzug und werden durch das mit ihnen verbundene einsame wie gemeinsame Sprechen von Glaubensbekenntnis und Vaterunser erst vollständig.[26] Die Hausliturgien mit Morgen-, Abend- und Tischsegen formatieren die Wirklichkeitswahrnehmung der Betenden und üben die Haltung des Glaubens für den Alltag ein. Insbesondere beim Tischsegen[27] entfaltet sich eine Fülle sämtlich den Psalmen entnommener biblischer Einzelworte (Ps 145,15f., Ps 106,1, Ps 136,25, Ps 147,9). Sie zeigen, dass das alltagsbezogene Beten immer zugleich schriftbezogen bleibt und auf Gottes Wort als Antwort zurückgreift.

2.4 Die Vorrede zum ersten Band der Wittenberger Ausgabe der deutschen Schriften

Martin Luthers »Vorrede zum ersten Band der Wittenberger Ausgabe der deutschen Schriften«[28] lässt sich ebenfalls als konzentrierte Anleitungsschrift zum geistlichen Leben verstehen. Sie hebt die Bedeutung der Übung für die reformatorische Frömmigkeitspraxis hervor und entfaltet die grundlegende aszetische Trias (»Davids Regel«) von oratio, meditatio und tentatio für den methodischen Umgang des Christen mit der Bibel. Der Heiligen Schrift wird ihr Sinn bzw. ihr Charakter als lebendiges Wort Gottes nur im wiederholten Lesen abgerungen. Luthers Vorrede macht die Bedeutung des äußeren Schriftwortes für die Frömmigkeitspraxis deutlich. Reformatorische Schriftmeditation ist für ihn immer an das äußere Schriftwort gebunden. Theologie studieren heißt für Luther in erster Linie Glauben anhand der Heiligen Schrift zu »üben« und beschreibt eine allen Christen mögliche Frömmigkeitspraxis.

»Davids Regel«, die Luther aus Psalm 119 entnimmt, besteht aus drei miteinander verbundenen Einzelregeln, die er durch den ganzen Psalm hindurch

---

[26] Vgl. FRIEDER SCHULZ, Die Hausgebete Luthers, in: ALBRECHT PETERS, Kommentar zu Luthers Katechismen. Bd. 5: Die Beichte. Die Haustafel. Das Traubüchlein. Das Taufbüchlein. Mit Beiträgen von Frieder Schulz und Rudolf Keller, hrsg. von GOTTFRIED SEEBASS, Göttingen 1994, 191–204, sowie KONSTANZE KEMNITZER/KLAUS RASCHZOK, Art. Abendsegen, in: VOLKER LEPPIN/GURY SCHNEIDER-LUDORFF (Hrsg.), Das Luther-Lexikon, Regensburg 2014, 37.

[27] LUTHER (wie Anm. 22), 597, 5–30.

[28] Vgl. MARTIN LUTHER, Vorrede zum Ersten Band der Wittenberger Ausgabe der deutschen Schriften 1539 (WA 50, (654) 657–661), in: DERS., Deutsch-Deutsche Studienausgabe. Bd. 1, 657–669.

ausführlich angewandt sieht. Oratio (Gebet), meditatio (Meditation) und tentatio (Anfechtung) bilden das Grundgerüst schriftbezogener Frömmigkeit: »Darüber hinaus will ich dir eine rechte Art und Weise zeigen, Theologie zu studieren, in der ich mich geübt habe. [...] Und das ist die Art und Weise, wie der heilige König David im 119. Psalm lehrt, woran sich auch ohne Zweifel alle Patriarchen und Propheten gehalten haben. Darin wirst du drei Regeln finden, die durch den ganzen Psalm hindurch ausführlich angewandt werden. Sie heißen so: Oratio, Meditatio, Tentatio – Gebet, Meditation, Anfechtung.«[29] Meditieren »heißt, nicht allein im Herzen, sondern auch äußerlich die mündliche Rede und die geschriebenen Worte im Buch immer drehen und wenden, wieder und wieder lesen, unter fleißigem Aufmerken und Nachdenken, was der Heilige Geist damit meint. Und hüte dich, dass du nicht überdrüssig wirst oder denkst, es sei genug und du verständest alles bis auf den Grund, wenn du es ein- oder zweimal gelesen, gehört, gesagt hättest. Denn daraus wird nimmermehr ein richtiger Theologe, sondern solche sind wie das unzeitige Obst, das abfällt, ehe es halb reif wird.«[30]

Oratio, meditatio und tentatio sind drei Perspektiven, die der Leser im Umgang mit der Bibel einnimmt, die sich wechselseitig durchdringen und die keinesfalls als Stufenfolge missverstanden werden dürfen. Oratio steht für den grundsätzlichen betenden Umgang mit der Schrift. Meditatio meint, am Buchstaben der Schrift solange zu bleiben, bis der Heilige Geist die Führung ergreift. »Denn Gott will dir seinen Geist nicht geben ohne das äußere Wort, danach richte dich. Denn er hat es nicht umsonst befohlen, äußerlich zu schreiben, zu predigen, zu lesen, zu hören, zu singen, zu sagen usw.«[31] Tentatio ist der Prüfstein und die Erfahrung, wie tröstlich Gottes Wort ist.[32] Das Schriftwort führt in die Anfechtung und tröstet durch sie hindurch.

3. Konturen einer biblischen Einzelspruchfrömmigkeit

In Luthers Anleitungsschriften zum geistlichen Leben zeichnen sich Konturen einer biblischen Einzelspruchfrömmigkeit ab. Sie bestimmt bis in die Gegenwart lutherisch geprägte Frömmigkeit in Gestalt von Tauf-, Konfirmations- und Trauspruch. Dem in den Anleitungsschriften begegnenden Gebrauch biblischer Einzelworte korrespondieren die fett gedruckten Verse in Martin Luthers Bibelübersetzung, die sogenannte Kernstellenmarkierung, als hermeneutischer Schlüssel für die Bibellektüre. Nach ersten Versuchen in Einzeldrucken biblischer Bücher seit 1529 erfolgt in der Bibelausgabe 1539 eine planvolle Konzeption der Kernstellen-Markierung. Es sind Verse oder Einzelsätze, bei denen das Auge des Lesers

---

[29] A.a.O., 663, 27–39.
[30] A.a.O., 665, 20–28.
[31] Ebd., 31–34.
[32] Vgl. ebd., 36–39.

verweilen kann und die Leitfunktion für die Lektüre der Bibel erhalten.[33] Sie zeigen auf den heilenden und Heil schaffenden Inhalt und sind deshalb mehr als bloß ein »frommer Spruch«. Das Verfahren der Kernstellenmarkierung korrespondiert dem Einsatz von Kernstellen in Martin Luthers Anleitungsschriften zum geistlichen Leben. Luther hatte mit einer nicht unerheblichen Zahl von Christen zu rechnen, die im 16. Jahrhundert noch nicht im Besitz einer Voll-Bibel waren, da die Bibelverbreitung in weitere Kreise erst im 17./18. Jahrhundert einsetzt, als durch eine Innovation der Druckverfahren preisgünstige und für viele erschwingliche Bibelausgaben gedruckt werden konnten.[34] Durch die Kernstellen wie durch die biblischen Einzelworte in den Anleitungsschriften wird ein lebendiges Bewegen im Raum der Heiligen Schrift unterstützt. Biblische Einzelworte werden zu Schnittstellen zwischen biblischer Welt und Alltagswelt der Leser. In der Praxis des Tauf-, Trau- und Konfirmationsspruches werden die biblischen Einzelworte mit dem Lebensalltag verwoben, entfalten auf dem unverfügbaren Weg vom äußeren zum inneren Schriftwort ihre Kraft und lassen Gottes Heiligen Geist zu Wort kommen. Der Bibelgebrauch mittels Kernstellen ist ein lebenspraktischer Zugang, der einer kontinuierlichen Auffrischung durch den Gottesdienst und insbesondere durch die Predigt benötigt, um sich nicht zu verselbständigen. Es muss sich dabei jedoch um Gottesdienste und Predigten handeln, welche in erster Linie die Heilige Schrift selbst zu Wort kommen lassen und auf diese und deren »Lektüre« durch die Feiernden bezogen sind.[35]

4. Die Bibel als »Atem-Raum des Heiligen Geistes« (Oswald Bayer)

Was Luthers Anleitungsschriften zum geistlichen Leben zum Modell reformatorisch geprägter Lebensgestaltung macht, ist ihr spezifischer Gebrauch der Heiligen Schrift. Sie und die aus ihr erhobene biblische Einzelspruchfrömmigkeit werden zum Wahrnehmungsinstrument für die Gottesbeziehung im Lebensalltag. Die Erfahrung des zu uns lebendig sprechenden Gottes ist mit Oswald Bayer an die Heilige Schrift als »Atem-Raum des Heiligen Geistes« gebunden.[36] Die Textwelt der Bibel stellt den Raum einer Erfahrung dar, die ich primär nicht mache, sondern erleide. Sie ist Erfahrungs- und Übungsraum. Gott sorgt von sich aus dafür, dass

---

[33] Vgl. Hartmut Hövelmann, Kernstellen der Lutherbibel. Eine Anleitung zum Schriftverständnis (Texte und Arbeiten zur Bibel 5), Bielefeld 1989.

[34] Vgl. Karl-Fritz Daiber/Ingrid Lukatis, Bibelfrömmigkeit als Gestalt gelebter Religion (Texte und Arbeiten zur Bibel 6), Bielefeld 1991.

[35] Vgl. Klaus Raschzok, Predigt als Leseakt. Essays zur homiletischen Theoriebildung, Leipzig 2014.

[36] Vgl. Oswald Bayer, Kämpfender Glaube, in: Eyselein u.a. (wie Anm. 4), 9–26.

ich ihn »wahrnehme«, d.h. bewusst sehe und dann tätig ergreife. Die freie Bewegung im Raum der Schrift stellt eine Erkundungsfahrt dar, gleichsam eine Askese im Sinne einer sportlichen Übung.[37] Alle Christen sollen sich in den Heiligen Schriften frei bewegen bzw. aufhalten »und sich völlig in deren Kraft und Wesen hineinverwandeln lassen.«[38] Anfechtung bedeutet für Bayer nichts anderes als die Geltung des Ersten Gebots: Wer meditiert, »wird damit zugleich in den Streit zwischen dem einen und einzigen Herrn und den vielen Herren [...] verwickelt [...]. Es genügt nicht, um sie und damit um Gottes Allmacht ›allein (zu) wissen‹ und sie damit dem geistigen Auge zeitlos gegenwärtig zu erhalten; er muss sie vielmehr ›auch erfahren‹. [...] Die Anfechtung ist nicht etwa der Prüfstein der Echtheit des Glaubens als der Wahrhaftigkeit und Glaubwürdigkeit des glaubenden Menschen. Sie ist vielmehr der Prüfstein des Wortes Gottes, das in der Anfechtung und gegen sie seine Glaubwürdigkeit und Macht erweist.«[39] Der Lebensalltag wird in den biblischen Text eingebracht und dort betend betrachtet.

5. Aktuelle Bedeutung von Luthers Modellvorstellung der Heiligen Schrift als Wahrnehmungsinstrument einer lebensnahen Frömmigkeit

Die entscheidende Bedeutung der Modellvorstellung der Heiligen Schrift als Wahrnehmungsinstrument einer lebensnahen Frömmigkeit besteht darin, dass diese an den biblischen Text als äußeres Wort gebunden wird. Über dem betenden Umgang mit ihm bzw. über seine Verwendung in der Gotteskommunikation wird der biblische Text zum Medium der Gottesgegenwart und Heilsvermittlung durch den Heiligen Geist. Weiter zeigen Luthers Anleitungsschriften zum geistlichen Leben die hohe Bedeutung des Erlebnis- und Klangraums der Luther-Übersetzung als aszetischem Medium. Schließlich konturiert sich die biblische Einzelspruchfrömmigkeit als wichtiges Instrument und werden methodische Schlüssel für einen solchen Umgang mit der Heiligen Schrift mit dem »vierfachen Kränzlein«, der aszetischen Trias und der Kernstellenmarkierung in Luthers Bibelübersetzung zur Verfügung gestellt.

Johannes Rehm hat im Anschluss an Martin Luther das Konzept einer »lebensnahen Frömmigkeit der Arbeit« und des Lebensalltags entfaltet. Dieses lässt sich durch Luthers Anleitungsschriften zum geistlichen Leben hinsichtlich des Bibelgebrauchs näher konkretisieren. Rehm versteht Frömmigkeit im Rahmen der Berufsarbeit als eigenständigen Strang evangelischer Spiritualität. Der Arbeitsplatz ist der Ort, an den man von Gott berufen worden ist, um sich einzubringen,

[37] Vgl. a.a.O., 14–17.
[38] A.a.O., 18.
[39] A.a.O., 23.

seinen Glauben zu leben und seine Pflicht zu tun. Durch die Anwendung des Rechtfertigungsglaubens auf den Begriff der Arbeit wird ein gesetzliches Missverständnis vermieden. Arbeit ist für Martin Luther alles menschliche Tätigsein in Haus und Hof. Der Arbeitsalltag wird zum Ort der Glaubenspraxis.[40]

Biblische Texte transportieren keine aus ihnen zu erhebende Botschaft, sondern sind Medien der Heilsvermittlung, deren äußeres Wort im betenden Umgang zum inneren Wort der Heiligen Schrift wird.[41]

---

[40] Vgl. JOHANNES REHM, »In Gottes Namen fang ich an ...«. Arbeit als Berufung, in: PETER ZIMMERLING (Hrsg.), Handbuch Evangelische Spiritualität, Bd. 3: Praxis, Göttingen 2020, 760–781.

[41] Dieses Verständnis hat nicht zuletzt Folgen für das Anforderungsprofil des evangelischen Pfarrberufs. Dessen professioneller Umgang mit der Heiligen Schrift hat neben der intellektuell-kommunikativen zwingend auch die geistliche Dimension zu umfassen. Diese spielt jedoch gegenwärtig im Studium der Evangelischen Theologie ebenso wie in der sogenannten Zweiten Ausbildungsphase zum Pfarrberuf, dem Vikariat, keine entscheidende Rolle. Sie bleibt eher zufällig der jeweils individuellen privaten Frömmigkeit von Pfarrerinnen und Pfarrern überlassen, ohne konsequent an die Inhalte des akademischen theologischen Studiums zurückgebunden und damit in gleicher Weise wie diese auch der erforderlichen kritischen akademischen Reflexion zugänglich zu sein.

Überlegungen zu einer umfassenden Reform der Ausbildung zum evangelischen Pfarrberuf

Überlegungen zu einer umfassenden Reform der Ausbildung zum evangelischen Pfarrberuf haben gegenwärtig in erster Linie darauf zu achten, wie Studium, Vikariat und berufliche Praxis angemessen aufeinander bezogen werden können. Nachdem im Bereich des deutschsprachigen evangelischen Theologiestudiums mit der Modularisierung des Pfarramtsstudienganges inzwischen EKD-weit ein gewisser Reformschritt vollzogen worden ist[1], stehen nun vor allem Überlegungen zur sogenannten Zweiten Ausbildungsphase an und muss darüber nachgedacht werden, welche Veränderungen an diesem inzwischen in die Jahre gekommenen Modell vorzunehmen sind. Entscheidend wird insgesamt sein, ob die akademische evangelischen Theologie dabei im Stande ist, über das Fachwissen im engeren Sinne hinaus auch die einzelnen Phasen zu verbinden und ihr geistliches Potenzial für den Pfarrberuf insgesamt (einschließlich des Ruhestandes) zur Geltung zu bringen.[2]

---

[1] Vgl. Michael Ahme/Michael Beintker (Hrsg.), Theologische Ausbildung in der EKD. Dokumente und Texte aus der Arbeit der Gemischten Kommission/Fachkommission I zur Reform des Theologiestudiums (Pfarramt und Diplom) 1993-2004, Leipzig 2005. Spätestens mit der durchgängigen Modularisierung des Studiums durch eine EKD-Rahmenordnung und der Entscheidung für ein grundständiges pfarramtsbezogenes Studium mit dem Abschluss durch einen (mit dem landeskirchlichen Examen zugleich erworbenen) Magister Theologiae ist ein gewisser Abschluss der Reformarbeit erreicht und geht es im Gegensatz zur II. Ausbildungsphase beim Studium lediglich um eine Feinjustierung.

[2] Der Beitrag nimmt Ansätze aus meinen unterschiedlichen Veröffentlichungen zur Theorie des evangelischen Pfarrberufs auf und führt diese fort; vgl. Klaus Raschzok, Ordination als Berufung und Lebensarbeit. Zu einem vernachlässigten Aspekt gelebter Spiritualität im Pfarrberuf, in: Theologische Beiträge 33 (2002), 138–154 (in diesem Band 295–312); Ders., Gefragt, nötig, präsent. Zur Diskussion um den Pfarrberuf, in: Korrespondenzblatt, hrsg. vom Pfarrer- und Pfarrerinnenverein in der evangelisch-lutherischen Kirche in Bayern 123 (2008), 81–91; Ders., Am Ende einer Bestandsaufnahme. Schlussfolgerungen und Konsequenzen für die evangelische Praxis geistlicher Begleitung, in: Dorothea Greiner/Klaus Raschzok/Matthias Rost (Hrsg.), Geistlich Begleiten. Eine Bestandsaufnahme evangelischer Praxis, Leipzig 2011, 199–227; Ders., Pfarrhaus und professionsspezifische Lebenskunst. Die praktisch-theologische Perspektive, in: Thomas A. Seidel/Christopher Spehr (Hrsg.), Das evangelische Pfarrhaus. Mythos und Wirklichkeit, Leipzig 2013, 167–189 (in

Die Reform der Ausbildung zum Pfarrberuf ist eine Kirche wie Theologie fordernde Aufgabe, die sich nicht auf die innerkirchlich gerne postulierte stärker berufspraktische Orientierung im Studium beschränken kann und darf, da dies eine völlige Verkennung der immer noch grundlegenden Einsicht Friedrich Schleiermachers über die Theologie als einer sogenannten positiven Wissenschaft darstellt.[3] Studium, Vikariat, Fortbildung in den ersten Amtsjahren und die Rolle der akademischen Theologie in Kirche und Gesellschaft dürfen nicht voneinander isoliert betrachtet werden, sondern stehen in einem systemischen Zusammenhang. Das gelingende Zusammenspiel zwischen akademischem Studium der Theologie, Zweiter Ausbildungsphase, Fortbildung in den ersten Amtsjahren, Personalpolitik sowie Aus-, Fort- und Weiterbildung der jeweiligen Landeskirche ist entscheidendes Kriterium für ein Nachdenken über eine Reform der Ausbildung zum evangelischen Pfarrberuf. Bleibt das akademische Studium der Theologie für den Pfarrberuf lediglich eine abzuhakende Episode und kann nicht für den Berufsweg fruchtbar gemacht werden, so scheitern sämtliche Bemühungen auf den Folge-Ebenen der Ausbildung zum und auch der Ausübung des evangelischen Pfarrberufs. In der kirchlichen Praxis äußert sich dies zum Beispiel darin, dass Pfarrerinnen und Pfarrer die Predigtaufgabe als einengende Belastung und nicht als Ort des sie für ihre Berufsausübung stärkenden geistlich-theologischen Rückzuges empfinden.[4]

Als eine erste Standortbestimmung stelle ich daher drei Thesen zum Zusammenhang von Theologie und pastoraler Identität meinen Überlegungen voran:

---

diesem Band 171–191); DERS., »Gut, gerne und wohlbehalten« im Schlüsselberuf der Volkskirche arbeiten. Anmerkungen zum Versuch, der Komplexität des Pfarrberufs plakativ gerecht zu werden, in: Nachrichten der Evangelisch-Lutherischen Kirche in Bayern 70 (2015), 260–267; DERS., Das akademische Studium der Theologie: Kein abgeschlossenes Wissen für den evangelischen Pfarrberuf, sondern geistlich-berufliches Potenzial, in: PETRA BOSSE-HUBER/MARTIN ILLERT/ROLAND FRITSCH/PHILIPP WALTER (Hrsg.), Im Dialog mit der Orthodoxie. FS für Reinhard Thöle (Beihefte zur Ökumenischen Rundschau 104), Leipzig 2016, 159–169.

[3] Vgl. FRIEDRICH SCHLEIERMACHER, Kurze Darstellung des theologischen Studiums zum behuf einleitender Vorlesungen. Kritische Ausgabe, hrsg. von HEINRICH SCHOLZ, Darmstadt [4]1977, § 1, und MARKUS BUNTFUSS/MARTIN FRITZ (Hrsg.), Fremde unter einem Dach? Die theologischen Fächerkulturen in enzyklopädischer Perspektive (Theologische Bibliothek Töpelmann 163), Berlin 2014.

[4] Vgl. dazu KONSTANZE KEMNITZER/KLAUS RASCHZOK, Salutogenese in der Gottesdienstlehre, in: ANDREAS VON HEYL/DIES. (Hrsg.), Salutogenese im Raum der Kirche. Ein Handbuch, Leipzig 2015, 535–551, und das diesbezügliche »Kopfschütteln« von MICHAEL KLESSMANN in seiner Rezension zum Band Salutogenese im Raum der Kirche, in: Theologische Literaturzeitung 141 (2016), 1434–1436: Für viele Pfarrerinnen und Pfarrer bedeute »auch das Gottesdiensthalten und Predigen hohe Belastung« (1436).

1. Das akademische Studium der Evangelischen Theologie vermittelt dasjenige Theorie-Potenzial an fachlichem Wissen und damit verbundener Reflexionsfähigkeit (im Sinne einer Theorie-Praxis nach Volker Drehsen[5]), das für die sachgerechte Ausübung des evangelischen Pfarrberufs grundlegend erforderlich ist.

2. Es bereitet jedoch nur bedingt auf seine Transformation in eine pastorale Identität hinein vor, sondern weist diese Aufgabe vorrangig dem zweiten und dritten Ausbildungsabschnitt (Vikariat und erste Amtsjahre) zum evangelischen Pfarrberuf als das Studium komplementär ergänzender Phase zu. Bei diesem Transformationsprozess zwischen Theorie und Praxis kommen dem persönlichen Mentorat im Lehrvikariat wie der Arbeit im Predigerseminar als Orte der berufspraktischen Ausbildung eine entscheidende Schlüsselstellung zu.

3. Zur tragfähigen, den Erfordernissen des evangelischen Pfarrberufs gerecht werdenden pastoralen Identität wird das im Studium erworbene theoretische Wissen und im Lehrvikariat im praktischen beruflichen Vollzug exemplarisch personal Eingeübte durch eine bereits mit dem Studium einsetzende Verschränkung von persönlicher Lebensgestaltung, gedeuteter eigener Glaubenserfahrung (einschließlich der sich vergewissernden Berufung zum geistlichen Amt), reflektierter persönlicher wie fremder Spiritualität, theologischem Fachwissen (dessen Erwerb mit dem Studium keinesfalls abgeschlossen ist) und praktischer beruflicher Erfahrung als kontinuierlich zu vollziehender »Lebensarbeit« im Sinne Otto Haendlers[6].

Das Gelingen einer zukünftigen Reform der Pfarrberufsausbildung hängt entscheidend vom Verständnis akademischer Theologie und deren Stellenwert für die Phasen Studium, Vikariat, Fortbildung in den ersten Amtsjahren sowie für die gesamte pastorale berufliche Praxis einschließlich der Zeit des Ruhestandes ab. Meiner Einschätzung nach kommt dabei lediglich einem Verständnis der akademischen Theologie als Bildung – und nicht als Ausbildung – die dafür erforderliche Leistungsfähigkeit zu und muss deshalb im Vordergrund der Überlegungen stehen.[7]

---

[5] Vgl. Volker Drehsen, Praktische Theologie. Praxis und Theorie. Wahrnehmung. Reflexionskultur gelebter Religion. Religion als Beruf, in: Wilhelm Gräb/Birgit Weyel (Hrsg.), Handbuch Praktische Theologie, Gütersloh 2007, 174–187, v.a. 185.

[6] Vgl. Otto Haendler, Die Predigt. Tiefenpsychologische Grundlagen und Grundfragen (1941), 3. durchgearb. u. erw. Auflage Berlin 1960, 315–319.

[7] Vgl. dazu Bernhard Dressler, Die Kirche - eine Bildungsinstitution? Zum Verhältnis von allgemeiner Bildung, religiöser Bildung und religionsprofessioneller Ausbildung, in: Pastoraltheologie 105 (2016), 447–460, oder Thomas Schlag, Welche Ausbildung braucht das Pfarramt? Eine bildungstheoretische Vergewisserung in den Wellenbewegungen der Kompetenzorientierung, in: Pastoraltheologie 106 (2017), 50–58. Für Dressler steht Theologie als Wissenschaft in einem Spannungsverhältnis zur Religion. »Die Professionalität von Theologinnen und Theologen besteht nicht darin, die gelebte Religion der Menschen, mit denen sie es in ihrem Berufsfeld zu tun haben, klerikal zu normieren oder zu überformen. Sie sollen aber den Menschen in Bildungsprozessen wie auch auf allen Feldern des kirchlichen Verkündigungshandelns Angebote zuspielen, die die Prägung und Kohärenz der empirischen gelebten Religion zu steigern vermögen. Das ist wichtig, weil die Religion

1. Das Studium der Theologie

Entscheidend scheint mir gegenwärtig die Arbeit an der Plausibilität des akademischen Studiums der Theologie als Voraussetzung für den evangelischen Pfarrberuf zu sein.[8] Der Praktischen Theologie kommt innerhalb der theologischen Disziplinen die genuine Verantwortung für das Wachhalten dieser Fragestellung zu.[9] Von daher stellen Pfarrberufstheorie und (nicht auf eine Lehre vom sogenannten Gemeindeaufbau oder Gemeindewachstum eingeschränkte) Kirchentheorie nicht zu vernachlässigende Aufgabenfelder der akademischen Praktischen Theologie dar. Im Studium der Theologie geht es um Arbeit an der personalen, nicht schon an der praxisorientierten Durchdringung theologischer Bildung. Person und theologische Bildung sind dabei zueinander exemplarisch in Beziehung zu setzen. Authentizität ist hier noch nicht hinsichtlich der späteren pastoralen Berufsaufgabe, sondern zunächst in Bezug auf das persönliche Verhältnis zur Tradition und zu den Wissensbeständen der Theologie erforderlich. Im Studium gilt, das kritische Potential der theologischen Wissensbestände zu entdecken und zu pflegen.[10]

---

aufgrund ihrer konstitutiven Inkonsistenz [...] immer der Gefahr unterliegt, in Indifferenz oder Fundamentalismus, gar in Obskurantismus abzugleiten. Damit würde Religion die Fähigkeit zur kognitiven Bezugnahme auf andere, nicht nur theoretisch präsente, sondern im praktischen Leben wirkmächtige Rationalitätsformen verlieren.« (450f.) Eine – im Gefolge Schleiermachers – funktionale Bestimmung von Theologie, insbesondere der Teildisziplin Praktische Theologie hat zur Folge, dass die Frage, was Theologie ist, in dieser Perspektive durch die Frage ersetzt wird, wozu Theologie dient, nämlich der Erhaltung und Gestaltung des christlichen Glaubens als religiöser Praxis (451f.). SCHLAG (wie Anm. 7) spricht von der »Gefahr einer Verkirchlichung akademischer Lehre«: »Für keinen anderen Beruf, abgesehen vom universitären Lehrer, gehörte der zeitlich und materiell [...] garantierte Freiraum für das individuelle Studium wissenschaftlicher Literatur und damit die permanente eigene Bildung so konstitutiv zur Tätigkeit wie eben zum Pfarrberuf.« (51) Gegenwärtig werde jedoch der Fähigkeit zur theologischen Auslegung nur noch in sehr bestimmter Hinsicht eine entscheidende Prägekraft zugetraut (53).

[8] Vgl. CHRISTOPH BERGNER, Der Triumph der funktionalen Kirche. Warum die evangelische Kirche keine Pfarrer mehr braucht, in: Deutsches Pfarrerblatt 116 (2016), 436–439: Nach Bergner besteht in einer funktionalen Kirche kein Bedarf mehr an verantwortlich handelnden, theologisch gebildeten Persönlichkeiten, die sich auf Dauer in den Dienst einer Kirchengemeinde stellen wollen. In der Hierarchie stünden Parochie und seelsorgerliche Dienste weit unten. Was theologisch dran sei und wie es aufzubereiten wäre, entscheiden heute Marketingexperten einer Agentur.

[9] Vgl. meine Definition des Faches Praktische Theologie in: KLAUS RASCHZOK, Kunstlehre der Gestaltung des Glaubens, in: GEORG LÄMMLIN/STEFAN SCHOLPP (Hrsg.), Praktische Theologie der Gegenwart in Selbstdarstellungen (UTB S 2213), Tübingen/Basel 2001, 296–315; hier: 305f. »Durch ihre integrative Funktion im Ganzen der Theologie« hat Praktische Theologie »zugleich in besonderer Weise deutlich zu machen, wie das wissenschaftliche theologische Studium mit seinen einzelnen Disziplinen sinnvoll und angemessen auf die Praxis des Glaubens bezogen ist.« (306)

[10] Vgl. z.B. CHRISTOPH SCHWÖBEL, Was leistet die wissenschaftliche Theologie für die Kirche?, in: Kirchenamt der EKD (Hrsg.), Die Bedeutung der wissenschaftlichen Theologie für

Damit verbunden ist das Ziel, Interesse an der Theologie an sich und nicht lediglich an der Theologie für andere zu wecken. Nur wer ein geklärtes persönliches Verhältnis zur Theologie als Bildung gewinnt, kann sich später vorbehaltlos auf die Herausforderungen der kirchlichen Praxis einlassen. Ergänzend tritt allerdings das probeweise Bewegen im späteren Beruf in Rückkoppelung an die Bildungsbestände evangelischer Theologie hinzu.[11] Somit erfolgt nicht bereits im Studium die Vorbereitung auf eine spätere pastorale Berufspraxis, sondern wird das Studium lediglich hinsichtlich seiner Funktion für die spätere Berufsaufgabe fruchtbar gemacht.

Auch hier besteht wieder eine genuine Aufgabe der Praktischen Theologie darin, zum Beispiel im Homiletischen Seminar, exemplarisch zu plausibilisieren, weshalb etwa die Kenntnis der alten Sprachen, der Exegese, der Kirchengeschichte und der Systematischen Theologie für die verantwortliche Anfertigung einer Predigt notwendig sind.[12] Umgekehrt aber darf auch eine angenommene spätere pastorale Berufspraxis im Studium nicht zum Selektionsinstrument für die Inhalte des Studiums werden. Erforderlich dazu ist die Bereitschaft der akademischen theologischen Lehrerinnen und Lehrer, ihr Fach in Beziehung zur Person der Studierenden wie zur späteren beruflichen Praxis zu setzen, ohne für diese Praxis selbst bereits auszubilden. Akademische Theologie darf nicht zur »praxisfreien« Zone werden, sondern benötigt ein geklärtes Verhältnis zur pastoralen Praxis, aber noch kein vorweggenommenes Engagement in der dafür notwendigen

---

die Kirche, Hochschule und Gesellschaft. Dokumentation der XIV. Konsultation »Kirchenleitung und wissenschaftliche Theologie« (EKD-Texte 90), Hannover 2007, 67–93. Für Schwöbel ist die Leistung der wissenschaftlichen Theologie für die Kirche im theologischen Bildungsgang nicht mit dem ersten theologischen Examen abgeschlossen, sondern umfasst alle drei Phasen der Bildung im Pfarrdienst, die »in integrierter Kooperation von wissenschaftlicher Theologie und Kirche gestaltet« werden sollten (90).

[11] Vgl. Dressler (wie Anm. 7), 453f., der die These vertritt, dass Professionalität im Pfarrberuf ein Resultat von Bildung und Ausbildung zugleich darstellt, denn die »beruflichen Handlungsanforderungen sind [...] nicht allein durch berufliches Regelwissen, sondern nur durch einen je individuellen Berufshabitus auszubalancieren. Diese Berufe verlangen also die Ausbildung von Fähigkeiten, die angesichts der Komplexität und angesichts der niemals identischen, immer unterschiedlichen Situiertheit ihrer Handlungsbedingungen nicht als Verhaltensregeln erlernbar sind. Sie lassen sich nicht standardisieren und nur sehr begrenzt routinisieren, weil sie – anders als ein Handwerk – nicht nach bestimmten mechanischen Regeln funktionieren, die präzise und möglichst unverändert auf bestimmte Situationen anwendbar sind.« Handlungskompetenz in den als Professionen verstandenen Berufen »kann deshalb immer erst in situierten Lernkontexten erworben werden. Deshalb schließt sich bei ihnen in der Regel an das Studium eine zweite praxisbezogene Ausbildungsphase« an.

[12] Vgl. Raschzok (wie Anm. 9), 308: Die integrative Funktion der Praktischen Theologie für das Gesamte des Theologiestudiums lässt sich in exemplarischer Weise am Homiletischen Seminar aufzeigen. Praktische Theologie »gewährt Identität, weil sie dem Pfarrer und der Pfarrerin deutlich macht, wozu sie über eine akademische theologische Ausbildung verfügen.« (309)

praktischen Ausbildung. Zentrale Aufgabe im Studium ist die wissenschaftliche Reflexion der theologischen Traditions- und Wissensbestände. Das Studium hat dabei ein geklärtes Bild auch von der historischen wie gegenwärtigen Praxis des Glaubens zu vermitteln, darf aber nicht kurzschlüssig kontinuierlich nach einer gegenwärtigen Nutzanwendung der Fachkenntnisse fragen.[13]

Strikt abzuweisen ist das, was als gängiges Vorurteil über das akademische theologische Studium immer noch in kirchlichen Kreisen kolportiert wird: Das Theologiestudium bereite nicht auf den Pfarrberuf, sondern auf eine wissenschaftliche Tätigkeit an der Universität vor.

Eine solche Sicht missachtet die mit Schleiermachers Verständnis einer sogenannten Positiven Wissenschaft zwingend verbundene Bildungsfunktion der akademischen Theologie für den späteren Pfarrberuf und trägt vorschnell Kriterien einer Praxisorientierung in das Theologiestudium ein, die ihren angemessenen Ort nicht an der Universität, sondern in den Hochschulen für angewandte Wissenschaften (den früheren sogenannten Fachhochschulen) besitzen, die auf eine unmittelbar an das Studium sich anschließende berufliche Tätigkeit hin ausbilden.[14]

---

[13] Sonja Keller, »Vieles ist im Fluss. Vieles wird neu werden.« Die Organisationssemantik und das Amt des Pastors als theologisch leitendem Hermeneuten, in: Pastoraltheologie 106 (2017), 28–37; hier: 35f. macht darauf aufmerksam, dass Pastorinnen und Pastoren bei ihrer Leitungsaufgabe »wesentlich auf ihre hermeneutischen Kompetenzen angewiesen« sind. »Als Ausleger der Schrift, als Deuter menschlicher Anliegen und Gefühlsregungen sowie als Exegeten klein- und großräumiger Entwicklungen in der Gemeinde und politischer wie sozialer Entwicklungen vor Ort sind Pastoren wesentlich damit befasst, diese ganz unterschiedlichen Zusammenhänge zu lesen, zu deuten und in den Handlungsfeldern zu verarbeiten.« Diese hermeneutischen Fähigkeiten werden grundlegend im theologischen Studium angeeignet.

[14] Vgl. Thomas Schlag/Ralph Kunz, Universitäre Bildung: Forschung, Lehre und Praxis, in: Dies. (Hrsg.), Handbuch für Kirchen- und Gemeindeentwicklung, Neukirchen-Vluyn 2014, 522–530: »Theologische Fakultäten sind von ihrem Auftrag und Selbstverständnis als universitäre Bildungsinstitutionen zu bestimmen. Auch wenn eine wesentliche Aufgabe und Tradition akademischer Theologie darin bestand und besteht, auf den kirchlichen Beruf vorzubereiten, ist der Anspruch auf wissenschaftsbasierte Bildung der Ausgangs- und Orientierungspunkt ihres Selbstverständnisses [...]. Von diesen Bestimmungen her ist das Profil universitärer theologischer Bildung [...] in zweierlei Hinsicht von möglichen alternativen Optionen abzugrenzen: Zum einen von der Option, wonach die theologische Bildungsaufgabe primär auf die praxisorientierte Befähigung zum Pfarrberuf abzielen müsste. Würde sie allerdings ihr institutionelles Heil in dezidiert kirchlichen Ausbildungsstätten wie kirchlichen Fachhochschulen oder entsprechend klar berufsorientierten Ausbildungsgängen suchen, wäre dies insofern problematisch, als damit theologische Bildung den Raum der scientific community überhaupt verließe. Nicht weniger problematisch wäre die Option, den Bezug zur Institution Kirche und dessen Praxis mehr oder weniger ganz aufzugeben. In diesem Fall drohte die Gefahr, dass das theologische Studium seinen Professionsbezug verlöre und damit sowohl für Studierende wie für die kirchliche Öffentlichkeit zu einer vernachlässigbaren Größe für ihre zukünftige Berufsausübung würde.« (522f.)

Die Inhalte des Studiums sind daher auf die Person der Studierenden zu beziehen und (noch) nicht auf eine von diesen gegenüber anderen auszuübenden beruflichen Praxis. Dies hat jedoch zugleich auch Konsequenzen für das Profil der Theologie Lehrenden an der Universität. An ihnen muss diese personale theologische Kompetenz ablesbar sein und nicht der Praxisbezug. Sie unterstützen Studierende dabei, sich ein geklärtes persönliches Verhältnis zu den Inhalten und Stoffbeständen des theologischen Studiums zu erarbeiten und bereiten damit lediglich indirekt auf eine spätere berufliche Praxis vor. Nur die personale und nicht die berufspraktische Orientierung des Studiums gewährt die Freiheit wie Unabhängigkeit der Beschäftigung mit den Inhalten der theologischen Disziplinen.[15] Diese werden im Studium nicht an einer vermeintlichen beruflichen Brauch- oder Verwertbarkeit gemessen, sondern besitzen im Gegenüber zur Person der Studierenden einen Eigenwert und sind als Bildungsgehalte zu verstehen. Im Studium geht es lediglich um ein Offenhalten der Frage der beruflichen Praxis im Sinne des Erkundens. Dies wird zum Beispiel in der Evangelisch-Lutherischen Kirche in Bayern durch die beiden studienbegleitend geforderten Praktika (Gemeindepraktikum und Handlungsfeldpraktikum) und die verbindlichen Einführungsseminare der Kirchlichen Studienbegleitung zum Thema Pfarrberuf erfüllt.

Das Erste Theologische Examen schließlich belegt, ob eine solche Einarbeitung in die Theologie als Wissenschaft gelungen ist. Es bedarf beim Ersten Theologischen Examen auch keiner zwingenden Deckungsgleichheit mit den einzelnen individuellen Studieninhalten. Insofern stellt das Erste Theologische Examen gegenüber dem Studium und seinen Phasen des Grund- und Hauptstudiums nochmals eine eigenständige weitere Bildungsleistung dar und ist in der EKD-Rahmenordnung bewusst der abschließenden Integrationsphase des Studiums zugeordnet.

Voraussetzung für eine solche Sicht auf das Theologische Studium ist die Arbeit an einer konsequenten Wertschätzung der akademischen Theologie im Pfarrberuf und in der Kirche insgesamt.[16] Häufig dagegen findet sich dort eher eine Haltung der Irrelevanz akademischer Theologie, vor allem bei den ehrenamtlich Engagierten in der Kirche. Zu fragen ist, wie es in der kirchlichen Praxis zur gegenwärtigen Marginalisierung der akademischen Theologie kommen konnte. Ein entscheidender Aspekt scheint die Annahme zu sein, Theologie sei etwas,

---

[15] Vgl. dazu Markus Buntfuss, Religion als Beruf. Zwischen pastoralem Amtsverständnis und religiösem Virtuosentum, in: Nachrichten der Evangelisch-Lutherischen Kirche in Bayern 70 (2015), 257–260, der als Vertreter des Faches Systematische Theologie daran erinnert, dass das Studium der Theologie nicht nur der Erlangung professionsspezifischer Kompetenzen, sondern vorrangig der persönlichen Bildung der Studierenden dient und als Formierungsphase der eigenen Persönlichkeit eine der entscheidenden Voraussetzungen für die spätere Ausübung des pastoralen Berufes darstellt.

[16] Kontraproduktiv hierzu ist auch im Gefolge einer (fragwürdigen) Auslegung des neuen, von weitgehend allen deutschen Landeskirchen rezipierten EKD-Pfarrdienstrechts die inzwischen übliche Praxis, Zeiten der Freistellung von Pfarrerinnen und Pfarrern zur Arbeit an einer Dissertation oder einer Habilitationsschrift nicht mehr mit einer Beurlaubung im sogenannten kirchlichen Interesse zu verbinden.

das alle getauften Christen im Sinne eines missverstandenen Allgemeinen Priestertums beherrschten, verstehen und beurteilen könnten.[17] Unterstützt wird diese fatale Annahme häufig auch unbewusst durch das Agieren von Pfarrinnen und Pfarrern, die um einer vermeintliche Nähe zu den Gemeindegliedern willen so auftreten, als verfügten sie über kein akademisches theologisches Studium.

Erforderlich im Studium sind allerdings Disziplinen wie die Evangelische Aszetik als sogenannte Querschnittsdisziplinen. Evangelische Aszetik beispielsweise qualifiziert wissenschaftlich für den sachgerechten Umgang mit verschiedenen Frömmigkeitsstilen und –formen und stellt ein nicht unwesentliches Bindeglied zur personalen Aneignung der Stoffe der Theologie dar, da sie explizit die Person der Studierenden und deren persönlichen Glauben in den Reflexionsprozess mit einbezieht.[18]

Als junger Lehrstuhlinhaber der Praktischen Theologie an der Theologischen Fakultät der Friedrich-Schiller-Universität Jena hatte ich 1997 den bayerischen Pfarrer Dr. Bernd Busch eingeladen, der kurz zuvor von der Münchner Theologischen Fakultät mit einer Studie zum Selbstverständnis evangelischer Pfarrerinnen und Pfarrer zum Doktor der Theologie promoviert worden war.[19] Die Vorstellung seiner Ergebnisse im Kreis der Studierenden hat mich dann an einer Stelle aufhorchen und seither nicht mehr in Ruhe gelassen: Die von ihm interviewten Pfarrerinnen und Pfarrer im Gemeindedienst waren durchgängig der Überzeugung, durch das eigene Studium für eine drei Jahrzehnte währende eigene berufliche Praxis im Pfarrberuf gut vorbereitet zu sein. Sie fühlten sich durch ihr akademisches Theologiestudium für ein ganzes Berufsleben hervorragend ausgerüstet.

Dieses Ergebnis wirkt zunächst für die akademische Theologie äußerst schmeichelhaft und bescheinigt ihr eine gute Arbeit. Beim näheren Hinsehen jedoch lässt diese Aussage zugleich auch erschrecken, vor allem, wenn sie dahingehend verstanden wird, dass das Studium der Theologie Fähigkeiten für den

[17] Vgl. die Bemerkung des Vorsitzenden des Oldenburgischen Pastorinnen- und Pastorenvereins: »In einer lebendigen Kirche werden sich Menschen je nach ihren Gaben ehrenamtlich engagieren [...]. Es fällt aber auf, dass Ehrenamtliche vielfach besonders gern Aufgaben wahrnehmen, die eine grundlegende Ausbildung in Theologie und Seelsorge verlangen. Im Gegenzug sollen Pfarrerinnen und Pfarrer zukünftig vorwiegend ›Coaches‹ von Ehrenamtlichen sowie in Leitung und Management tätig sein. Mit anderen Worten: Pfarrerinnen und Pfarrer sind nicht mehr als Theologen gefragt – das können andere übernehmen – und die vielerlei Gaben und beruflichen Kompetenzen vieler Ehrenamtlicher werden nicht fruchtbar im kirchlichen Leben.« (Andreas Kahnt, Der Dienst der Pfarrerinnen und Pfarrer heute, in: Lutherische Kirche in der Welt. Jahrbuch des Martin-Luther-Bundes 64 (2017), 15–28; hier: 23)

[18] Vgl. Klaus Raschzok, Evangelische Aszetik. Zur Wiederentdeckung einer Disziplin der akademischen Praktischen Theologie und ihrer Forschungs- und Lehrgestalt, in: Ralph Kunz/Claudia Kohli Reichenbach (Hrsg.), Spiritualität im Diskurs. Spiritualitätsforschung in theologischer Perspektive (Praktische Theologie im reformierten Kontext 4), Zürich 2012, 13–36.

[19] Vgl. Bernd A. S. Busch, Zwischen Berufung und Beruf. Ein Beitrag zur Stellung des Pfarrers in unserer Zeit, Leipzig 1996.

Pfarrberuf vermittelt, die so umfassend sind, dass sie im Extremfall über drei Jahrzehnte hinweg keiner Erneuerung oder Weiterführung bedürfen, sondern ein souveränes eigenverantwortliches Arbeiten im Beruf und damit letztlich ohne den Kontakt zur aktuellen theologischen Forschung ermöglichen. Dieser mögliche und durch meine berufliche Erfahrung immer wieder neu bestätigte Trugschluss hat mich seitdem nicht zur Ruhe kommen lassen, weil er den Kern meiner Verantwortung als Theologieprofessor berührt: Wie kann ich so mit Studierenden arbeiten, dass dieser Eindruck gerade nicht entsteht, das absolvierte Studium der Theologie allein wäre so nachhaltig, dass sich damit guten Gewissens ein gesamtes Pfarrberufsleben arbeiten ließe.

2. Das Vikariat

Predigerseminar und Mentorat im Vikariat bilden für den Stellenwert der akademischen Theologie im Pfarrberuf eine entscheidende wie nachhaltige erste Hürde. Anzufragen ist daher, ob sie im Stande oder überhaupt bereit sind, die Verbindung zur akademischen Theologie zu wahren und diese konsequent auf Praxis hin umzuformen, ohne sie zu vernachlässigen oder zu marginalisieren.[20] Stattdessen orientieren sie sich häufig bestenfalls am (lange) zurückliegenden eigenen Studium der Mentorinnen und Mentoren wie der Studienleiter am Predigerseminar. Notwendig ist daher die sorgfältige Beachtung dieser Schnittstelle. Die Studienleiterinnen und Studienleiter am Predigerseminar sollten neben der pastoralen Berufserfahrung auch über eine (meist nicht vorhandene) akademische Qualifikation, zum Beispiel eine Promotion in einer der theologischen Disziplinen, verfügen[21], und die Mentorinnen und Mentoren müssten zumindest eine wie auch

[20] Das in den deutschschweizer evangelisch-reformierten Kirchen neu entwickelte und mit aktuellen pastoraltheologischen Ansätzen, Bildungstheorien und Praxiserfahrungen verbundene Kompetenzstrukturmodell (vgl. Thomas Schaufelberger/Juliane Hartmann (Hrsg.), Perspektiven für das Pfarramt. Theologische Reflexionen und praktische Impulse zu Veränderungen in Berufsbild und Ausbildung, Zürich 2016) verzichtet bewusst auf eine theologische Sprache, da diese ein auf Augenhöhe geführtes Gespräch zwischen Pfarrern und Pfarrerinnen und Laien bezüglich Qualitätsfragen verunmögliche; vgl. Thomas Schaufelberger, Das Kompetenzstrukturmodell mit zwölf Standards für das evangelisch-reformierte Pfarramt, in: A.a.O., 17–32.

[21] Am Nürnberger Predigerseminar der Evangelisch-Lutherischen Kirche in Bayern ist zum Beispiel gegenwärtig (d.h. 2017) außer dem Rektor keiner der Studienleiter durch eine theologische Promotion ausgewiesen. Dies stellt auch eine Anfrage an die landeskirchliche Personal- und Stellenbesetzungspolitik dar. Eine Promotion in der Theologie wird häufig als »Entfernung« von der kirchlichen Praxis missverstanden und ist augenblicklich in der Evangelisch-Lutherischen Kirche in Bayern für einen zielgerichteten Einsatz im Bereich der Aus-, Fort- und Weiterbildung scheinbar eher hinderlich.

immer gestaltete exemplarische Verbindung zur aktuellen akademischen Theologie nachweisen können.[22]

Kritische Anfragen sind zudem an das immer noch vorherrschende Ausbildungsleitbild »Gemeindepfarramt« zu richten, das konsequent durch das Leitbild »Pfarrer/in in der Volkskirche« zu ersetzen wäre. Pfarrerinnen und Pfarrer üben einen verbindenden Schlüsselberuf in den und für die drei Dimensionen des privaten, gemeindekirchlichen wie öffentlichen Christentums in der modernen Volkskirche[23] aus und haben diesen drei Dimensionen von der Plattform der Ortskirchengemeinde[24] aus gleichmäßige Aufmerksamkeit durch ihre Arbeitsleistung zu schenken. Die Zeit der berufspraktischen Ausbildung nach dem Studium hat daher in erster Linie diese volkskirchliche Perspektive in die personal im Studium der Theologie angeeigneten Traditions- und Bildungsbestände zu integrieren, bevor sie sich mit der Gemeindekirchlichkeit als einer der drei Dimensionen bevorzugt auseinandersetzt.

Über Jahrzehnte hinweg – seit der Einführung des, mentorierte Phasen in der Kirchengemeinde begleitenden, Kurssystems – wurde jedoch in den deutschen Predigerseminaren vorrangig auf das Leitbild des Gemeindepfarrers bzw. der Gemeindepfarrerin für das sogenannte gemeindekirchliche Segment der Volkskirche hin ausgebildet. Studienleiter und Studienleiterinnen wie Rektorinnen und Rektoren wurden nahezu ausschließlich danach ausgewählt, ob sie bewährte und erfahrene Gemeindepfarrer waren. Praktisch-theologische Theorieansätze sind daher in Folge von ihnen zumeist auch lediglich unter dem Aspekt der Eignung für

---

[22] Das Heidelberger Modell des Petersstiftes als Predigerseminar der Badischen Landeskirche löst diese Herausforderung formal dadurch, dass die kontinuierliche Mitwirkung der praktisch-theologischen Professorinnen und Professoren der Theologischen Fakultät der Universität Heidelberg an der Vikarsausbildung und den entsprechenden Kursen am Predigerseminar staatskirchenrechtlich verankert ist.

[23] Vgl. die jüngste umfassende Publikation zur Fragestellung einer modernen Volkskirche: DAVID PLÜSS/MATTHIAS D. WÜTHRICH/MATTHIAS ZEINDLER (Hrsg.), Ekklesiologie der Volkskirche. Theologische Zugänge in reformierter Perspektive (Praktische Theologie im reformierten Kontext 14), Zürich 2916, sowie GERALD KRETZSCHMAR, Kirchenbindung. Praktische Theologie der mediatisierten Kommunikation, Göttingen 2007, und DERS., Mitgliederorientierung und Kirchenreform. Die Empirie der Kirchenbindung als Orientierungsgröße für kirchliche Strukturreform, in: Pastoraltheologie 101 (2012), 152–168, oder RAINER HÖFELSCHWEIGER, Mitglied, wer bist Du? Eine kirchentheoretische Studie zur differenzsensiblen Inklusion der religionssoziologisch pluralen Mitglieder evangelischer Kirchen, Leipzig 2011.

[24] Vgl. GERHARD WEGNER, Kirchengemeinde reloaded. Kirchengemeinde zwischen Idealisierung und Verachtung, in: DERS., Religiöse Kommunikation und Kirchenbindung. Ende des liberalen Paradigmas?, Leipzig 2014, 101–122, sowie DERS., Renaissance der Kirchengemeinde? Überraschende Sichtweisen in der 5. Kirchenmitgliedschaftsuntersuchung der EKD, in: Deutsches Pfarrerblatt 116 (2016), 20–23, sowie GERALD KRETZSCHMAR, Im Schatten des Indifferenztheorems. Die Wahrnehmung distanzierter Kirchlichkeit durch die fünfte EKD-Erhebung über Kirchenmitgliedschaft, in: Evangelische Theologie 75 (2015), H. 3, 179–19.

das gemeindekirchliche Leben rezipiert worden, was eine nicht unbedenkliche wissenschaftliche Engführung des Predigerseminarbetriebs wie des Zweiten Theologischen Examens zur Folge hatte. Der anstehende Paradigmenwechsel besteht meines Erachtens in der Ausbildung für das Pfarramt in der Ortskirchengemeinde als Plattform oder »Drehscheibe« der gesamten Volkskirche, unter Einschluss der Sensibilität für unterschiedliche Frömmigkeitsstile, die in der Volkskirche begegnen.[25]

Die Predigerseminarausbildung nimmt gegenwärtig zudem auch eine zu starke Orientierung an der Zusammenarbeit der Pfarrerschaft mit Ehrenamtlichen in der Kirchengemeinde vor. Auf der anderen Seite bestehen erhebliche inhaltliche Defizite in den Bereichen Kirchentheorie, kulturelles Gedächtnis der Kirche und Pfarrberufstheorie. Die vollzogene Klärung der Berufsrolle kann zudem nicht ausschließlich gegenüber gegenwärtigen, wieder weitgehend gemeindekirchlichen Herausforderungen erfolgen, sondern muss grundsätzlicherer Natur sein. Meine Kritik zielt daher auf die häufig anzutreffende Vordergründigkeit der Ansätze einer scheinbar »praxisgerechten« Zweiten Ausbildungsphase, an deren Stelle die Langfristigkeit eines auf theologische Bildung setzenden Konzeptes zu treten hätte, das nicht immer wieder neu auf kurzfristige Entwicklungen des pastoralen Berufsfeldes reagieren müsste.

Weitere augenblickliche wie zukünftige Herausforderungen des Predigerseminarbetriebs werden zunehmend in der Integration der unterschiedlichen Zugangswege zum Pfarrberuf in das überkommene Kurssystem bestehen. Hinzu kommt die Rücksichtnahme auf die wesentlich stärker als bisher differenzierten biografischen Verläufe der Vikarinnen und Vikare und deren aktuellen Lebensphasen bis hin zur Familienfreundlichkeit der Ausbildung und damit verbunden die zunehmende Auflösung des geschlossenen Kurssystems hin zu einem stärker modularen System.

3. Die Fortbildung in den ersten Amtsjahren (FEA)

Erforderlich ist in Verbindung mit diesem Paradigmenwechsel in der Zweiten Ausbildungsphase auch eine Neukonzeption der bisherigen Fortbildung in den ersten Amtsjahren, welche die Zeit des sogenannten Probedienstes nach dem Vikariat begleitet und bisher in der Evangelisch-Lutherischen Kirche in Bayern deutlich auf die persönliche Stabilisierung von pastoralen Berufsanfängerinnen und Berufsanfängern angesichts der aktuellen kirchengemeindlichen An- und Herausforderungen zielt. Sie ist meines Erachtens deutlicher als dritte Qualifikationsphase zu verstehen, die auf der Basis eines bestandenen Zweiten Theolo-

[25] Vgl. Eberhard Hauschildt, Zwei Kirchenfamilien im Protestantismus. Ein Beitrag zur Selbstwahrnehmung der protestantischen Großkirche im deutschen Sprachraum heute, in: Pastoraltheologie 105 (2016), 333–357.

gischen Examens, das die grundlegende Qualifikation für die Ausübung des Pfarrberufs in der Volkskirche bescheinigt, eine weitere Spezialisierung etwa analog zur Facharztausbildung in der Medizin vornimmt und auch für den Pfarrdienst in der Ortskirchengemeinde eine gewisse berufliche Spezialisierung als zu erwerbende Voraussetzung vorsieht. Ähnlich hat hier zum Beispiel auch eine entsprechende, in dieser Phase zu verortende Seelsorgeausbildung oder die gezielte fachliche Vorbereitung für den Dienst auf einer zukünftigen Funktionsstelle ihren Ort. Erforderlich ist dazu jedoch, dass die Pfarrerinnen und Pfarrer im Probedienst nicht vollumfänglich in eine Gemeindepfarrstelle eingewiesen werden, sondern durch entsprechende Aufgabenreduzierung wie persönliche Begleitung zum Beispiel in Gestalt von Supervision auch die entsprechenden Freiräume für ihre Weiterbildung erhalten. Das Studium diente damit dem Erwerb der grundlegenden theologischen Bildung, das Vikariat der Vorbereitung auf den Pfarrberuf der Volkskirche, die Fortbildung in den ersten Amtsjahren schließlich der für jeden dauerhaften Einsatzbereich (einschließlich des klassischen Gemeindepfarramtes) erforderlichen vertieften Aus- und Weiterbildung. Die Zweite Ausbildungsphase könnte damit entlastet werden und sich auf die praxisbezogenen Basisanforderungen des evangelischen Pfarrberufs in der Volkskirche konzentrieren. Sie müsste nicht zugleich ausschließlich auf die Gemeindekirchlichkeit als berufliches Einsatzfeld vorbereiten, könnte dadurch wertvolle Freiräume und vor allem die dadurch entstehende Chance einer stärkeren Vernetzung der Zweiten Phase mit der Theorie durch die Entlastung von dem engführenden Praxistauglichkeitskriterium gewinnen. Die Dritte Aus- bzw. verpflichtende Weiterbildungsphase wäre dann zugleich mit ersten Weichenstellungen in der landeskirchlichen Personalentwicklung verbunden und würde die Qualifikation für einen der jeweiligen Befähigung entsprechenden zielgerichteten Einsatz, auch im Gemeindepfarramt, vermitteln. Dem Vikariat könnte damit die die Ausbildung unterschwellig belastende Selbstverständlichkeit genommen werden, vollständig und ausreichend auf das Gemeindepfarramt vorbereiten zu müssen.

4. Die pastorale berufliche Praxis

In der pastoralen beruflichen Praxis geht es um eine kontinuierliche Transformationsleistung der theologischen Bildung hin zu einer überzeugenden wie lebensfähigen pastoralen Identität als einer aus der Ordination resultierenden Verpflichtung. Theorie und Wertschätzung des eigenen beruflichen Handelns hängen dabei eng zusammen. Die in der Ordination übernommene Verpflichtung schließt nach meinem Verständnis auch die theologische Weiterarbeit und Weiterbildung mit ein, im Sinne einer permanenten lebensarbeitsbezogenen Vernetzung mit der eigenen wie der jeweils fremden persönlichen Frömmigkeit der einzelnen Kirchenmitglieder.[26] Im Pfarrberuf theoriefähig zu bleiben heißt, die Differenz zum nichtprofessionellen Treiben von Theologie wahrnehmen zu können, und aus dieser einem künstlerischen Beruf analogen Spannung zwischen Theorie und Praxis heraus gestalterisch zu arbeiten.[27]

Volker Drehsen spricht in diesem Zusammenhang von der Respezifikationsleistung als der zentralen Aufgabe im evangelischen Pfarrberuf. Pfarrerinnen und Pfarrer agieren seiner Auffassung nach auf Augenhöhe mit dem Priestertum aller Getauften. Ihre Aufgabe besteht darin, die theologischen Einsichten und Aussagen der Kirchenmitglieder fachwissenschaftlich zu respezifizieren und diesen wieder zurückzuliefern, im Sinne eines kritischen wie kreativen Gegenübers.[28] Akademische Theologie ist daher keine Sonderwelt des Rückzuges für Pfarrerinnen und Pfarrer, sondern Teil ihrer alltäglichen Berufsleistung.

Ich warne damit zugleich vor einer lediglich vordergründigen »Verzweckung« akademischen theologischen Fachwissens hinsichtlich der beruflichen Verwendbarkeit durch Pfarrerinnen und Pfarrer. Es geht um viel mehr als nur um Anwendung in der beruflichen Praxis. Entscheidend ist, mittels der Arbeit an und in der akademischen Theologie Wertschätzung für die eigene berufliche Leistung zu gewinnen und diese souverän in das Gespräch mit den Kirchenmitgliedern einzubringen. Allerdings ist dies mit der konsequenten und ständigen Anverwandlung des theologischen Fachwissens in die konkrete Lebens- und Berufsgestalt verbunden, die Teil der in der Ordination versprochenen und im Grunde lebenslang andauernden Berufsaufgabe des geistlichen Amtes ist.

Akademische Theologie ist nichts Weltfremdes und Abständiges, aber sie folgt ihren eigenen Gesetzmäßigkeiten als Fachwissenschaft, und bedarf daher der persönlichen Transformation in die Berufsgestalt. Dies kann die akademische Theologie selbst nur begrenzt leisten. Deshalb ist auch sie auf das Gespräch mit der

---

[26] Vgl. Raschzok, Ordination (wie Anm. 2).

[27] Vgl. Schlag (wie Anm. 7), 55, der den Pfarrberuf »im Sinn eines kreativen pastoralen Künstlertums« versteht; ähnlich bereits Klaus Raschzok, »Methode der Predigt«. Vom homiletischen Nutzen einer zeitgenössischen Künstlertheorie (Thomas Lehnerer), in: Zeitschrift für Theologie und Kirche 97 (2000), 110–127.

[28] Vgl. Drehsen (wie Anm. 5), 185: »Dabei erschöpft sich praktisch-theologische Kompetenz nicht darin, bloße Anwendung einer vorgegebenen Theorie zu sein, umfasst mithin nicht etwa ein Ensemble von möglichen Handlungsanweisungen oder Gebrauchsregeln, sondern zielt als Reflexionswissenschaft auf die berufsspezifische Bildung, Befähigung und Ermutigung zur verantwortlichen, phantasiebegabten, individuell eigenständigen, gegenüber der beruflichen ›Klientel‹ aber auch unverzichtbar ebenso inspirierenden wie argumentationsfähigen Respezifikationspraxis. Dabei kommt nach protestantischem Verständnis dem pastoralen und pädagogischen Berufssubjekt keine den Religionssubjekten hierarchisch übergeordnete, sondern nur eine sachlich begründete, funktionale Autorität zu: Praktische Theologie dient letztlich der religiös-mündigen Subjekt-Inauguration des ›Priestertums aller Gläubigen‹ – und zwar sowohl bei denen, die Religion ›bloß‹ haben, wie auch bei denen, die mit praktisch-theologischer Kompetenz in verantwortungsethischer Weise ›Religion als Beruf‹ betreiben.«

beruflichen Praxis von Pfarrerinnen und Pfarrern angewiesen. Das akademische Studium der Evangelischen Theologie selbst bereitet nur bedingt auf eine Transformation in eine pastorale Identität hinein vor, sondern weist diese Aufgabe vorrangig dem zweiten und dritten Ausbildungsabschnitt zum evangelischen Pfarrberuf als das Studium komplementär ergänzenden Phasen zu. Zur tragfähigen, den Erfordernissen des evangelischen Pfarrberufs gerecht werdenden pastoralen Identität wird das im Studium erworbene theoretische Wissen und im Lehrvikariat im praktischen beruflichen Vollzug exemplarisch personal Eingeübte durch eine bereits mit dem Studium einsetzende Verschränkung von persönlicher Lebensgestaltung, gedeuteter eigener Glaubenserfahrung, reflektierter persönlicher wie fremder Spiritualität, theologischem Fachwissen (dessen Erwerb mit dem Studium keinesfalls abgeschlossen ist) und praktischer beruflicher Erfahrung als kontinuierlich zu vollziehender »Lebensarbeit« im Sinne Otto Haendlers.[29] Allerdings benötigen Pfarrerinnen und Pfarrer dazu eine bereits im Studium der Theologie einsetzende Anleitung, akademische und persönliche geistliche Theologie aufeinander zu beziehen und sie wechselseitig für den Pfarrberuf wie für das persönliche Glaubensleben von Pfarrerinnen und Pfarrern fruchtbar zu machen. Pfarrerinnen und Pfarrer haben damit aus geistlicher Perspektive eine professionelle Aufgabe, von Gottes Gegenwart in akademisch verantworteter und reflektierter Gestalt glaubwürdig zu reden und in ihr angemessen zu handeln.[30]

Eine der bereits angesprochenen großen Gefahren des theologischen Studiums besteht darin, dass dieses den Pfarrer und die Pfarrerin in Sicherheiten wiegt, die schon lange nicht mehr aktuell sind, aber sowohl von den Betroffenen wie deren Gesprächspartnern lange Zeit nicht bemerkt werden, weil sich im Grunde niemand an der mangelnden Aktualität des Fachwissens stört bzw. diese überhaupt bemerkt. Es könnte sich beim evangelischen Pfarrberuf um einen Beruf handeln, der im Unterschied zu anderen akademischen Berufen mit dem Wissen aus dem Studium gerade deshalb so lange zurechtkommen lässt, weil dieses Wissen in seiner Reinform im Raum der Kirche kaum jemanden interessiert, und zudem alle Getauften scheinbar selbstverständlich und kompetent mitsprechen können, wenn es um Fragen der Theologie geht. Das fachliche Niveau würde sich damit im Dauergebrauch kontinuierlich so lange abschleifen, bis es dasjenige der nicht akademisch theologisch gebildeten Gesprächspartner erreicht hätte. Denn das akademische theologische Fachwissen wird im Grunde jenseits des Studiums und schon selbst im Vikariat kaum mehr eingefordert.[31] Für den beruflichen Erfolg

---

[29] Vgl. Haendler (wie Anm. 6).

[30] Vgl. zur Bedeutung der Geistlichen Begleitung für Pfarrerinnen und Pfarrer: Raschzok, Bestandsaufnahme (wie Anm. 2), und die Arbeit des 2007 gegründeten Instituts für evangelische Aszetik an der Augustana-Hochschule Neuendettelsau; vgl. dazu Raschzok (wie Anm. 18).

[31] Vgl. Hannelore Reiner, Welchen Herausforderungen sehen sich junge Pfarrerinnen und Pfarrer besonders ausgesetzt?, in: Lutherische Kirche in der Welt. Jahrbuch des Martin-

von Pfarrerinnen und Pfarrer sind auf den ersten Blick ganz andere Fähigkeiten als die akademische theologische Kompetenz entscheidend und förderlich. Im Verlauf der Berufsausübung besteht für Pfarrerinnen und Pfarrer kaum eine Notwendigkeit der akademischen theologischen Weiterbildung, weder im Blick auf die eigene Identität noch auf die berufliche »Karriere« im Raum der Kirche.

Zur Reform der Ausbildung zum Pfarrberuf gehört daher auch eine verlässliche Personalsteuerung, die nicht von Zufällen und Machtinteressen abhängig ist, sondern gaben- bzw. qualifikationsorientiert arbeitet. Erforderlich ist eine Langfristigkeit dieser Personalsteuerung. Dem Einzelnen müssen verlässliche, seiner Qualifikation, Begabung und Persönlichkeit entsprechende Einsatz-Zusage-Perspektiven gegeben werden. Bisher dagegen erfolgte eine berufliche Qualifizierung in der Phase der Fortbildung in den ersten Amtsjahren wie im unmittelbaren Anschluss daran zumeist auf Zufall hin. Von daher ist eine Reform der Stellenvergabe- bzw. Stellenbesetzungspraxis dringend erforderlich und Bestandteil der umfassenden Reform der Ausbildung zum evangelischen Pfarrberuf.[32] Die Stellenvergabe darf nicht mehr dem ausschreibungsbedingten Zufall überlassen bleiben, sondern muss sich dann konsequent im Rahmen gezielter Personalentwicklung vollziehen.

Die Rückkoppelung kirchenleitender Entscheidungen mit der akademischen Theologie spielt auch bei der Besetzung von Funktionspfarrstellen mit hohen fachwissenschaftlichen Voraussetzungen wie in den Arbeitsbereichen Predigerseminar, Pastoralkolleg, Evangelische Akademie, Amt für Gemeindedienst oder Gottesdienst-Institut bzw. -Arbeitsstellen keine Rolle mehr. Selbst dort, wo in den einzelnen Arbeitsbereichen eine intensive Kooperation mit der akademischen Theologie gepflegt wird, entscheiden die zuständigen Fachabteilungen der meisten Landeskirchenämter bei der Auswahl von Bewerberinnen und Bewerbern autonom und ohne fachliche Begleitung durch Theologieprofessorinnen und Theologieprofessoren.

Der Erlanger Praktische Theologe Peter Bubmann hat daher in seinen Überlegungen zum Verhältnis von Praktischer Theologie und Kirchenleitung kritisch angemerkt, dass »die Mitwirkung der wissenschaftlichen Theologie an der Bildung von kirchlichen Professionen und Berufen nicht mit dem ersten Examen einden« dürfe und alle Phasen der pastoralen Bildung »in integrierter Kooperation von wissenschaftlicher Theologie und Kirche gestaltet« werden sollten.[33]

Luther-Bundes 64 (2017), 189–198, die dieses Dilemma auf die prägnante Formel »Gut ausgebildet, aber nur wenige wollen es hören/wissen« (194) bringt.

[32] Diese Forderung findet sich bereits im Thesenpapier »Pfarrberuf 2020«, vgl. Klaus Raschzok/Karl-Heinz Röhlin u.a., Pfarrberuf 2020. Von der Zukunft eines Schlüsselberufes der Kirche, in: Nachrichten der Evangelisch-Lutherischen Kirche in Bayern 65 (2010), 308–312.

[33] Peter Bubmann, Praktische Theologie und Kirchenleitung in der Spannung zwischen Theoriearbeit und der Forderung nach berufspraktischer Orientierung, in: Pastoraltheologie 106 (2017), 59–67; hier: 63.

Ein für die Berufsphase nicht zu unterschätzender Ort des dezidierten Rückzuges aus der akademischen Theologie ist gegenwärtig auch das Pastoralkolleg. Hier vollzieht sich seit einigen Jahren EKD-weit eine deutliche, die übrige akademische Theologie ausblendende Fokussierung auf den Bereich der Spiritualität und der Salutogenese. Bundesweit beschränken sich die Kurse deshalb auf einige wenige Referentinnen und Referenten und bilden nicht mehr die Fülle der akademischen Theologie ab. Weiterbildungsverantwortliche wiegen sich dabei häufig in der Sicherheit, aus dem breiten Spektrum der akademischen Theologie das in ihren Augen jeweils Sachgerechte und Angemessene für die Bedürfnisse der Pfarrerinnen und Pfarrer auszuwählen. Hier wiederholt sich die schon seit langem vor allem bei Evangelischen Akademien und ihren Studienleitern, aber auch in den evangelischen Stadtakademien und Foren zu beobachtende Tendenz, ohne die entsprechende eigene Qualifikation urteilen, Themen und Referenten auswählen und auf eine explizite Beratung und Rücksprache mit der wissenschaftlich-akademischen Theologie verzichten zu können. Die Auswirkungen dieser Praxis sind fatal, weil neben anderen Faktoren auch das (klassische) eigene theologische Studium als scheinbare Ration für ein ganzes Berufsleben dazu verführt.

Die erforderliche Achtung vor dem eigenen Beruf darf ebenfalls nicht zu geringgeschätzt werden. Wenn ich zu Pfarrkonferenzen und auf Pfarrkonvente eingeladen bin, um über Fragen und Herausforderungen des evangelischen Pfarrberufs zu sprechen, betone ich immer wieder, wie entscheidend ist, dass Pfarrerinnen und Pfarrer mittels einer Theorie des Pfarrberufes ihre eigene berufliche Leistung wertschätzen und damit auch begrifflich formulieren können.[34] Diese Theoriefähigkeit stellt meines Erachtens eine entscheidende Voraussetzung der beruflichen Stabilität dar. Pfarrerinnen und Pfarrer arbeiten in einem Berufsfeld, das auf den ersten Blick jedem getauften Kirchenmitglied ohne professionelle Qualifikation zugänglich zu sein scheint bzw. von einer Theorie des allgemeinen Priestertums her zugänglich sein muss. Pfarrerinnen und Pfarrer agieren in diesem Feld professionell und tun dies jedoch immer zugleich in Kommunikation mit Kirchenmitgliedern ohne diese akademisch-theologische Qualifikation, das heißt auf Augenhöhe. Dies kann sehr leicht dazu führen, dass Pfarrerinnen und Pfarrer den Blick auf ihre eigentliche berufliche Leistung »Theologie« verlieren und dazu tendieren, sich eine berufsfremde »Virtuosität« auf anderen Gebieten als ihrem beruflich eigenen anzueignen, die sie von der Mehrzahl der Kirchenmitglieder unterscheidet und auszeichnet, vom Gitarrenspieler bis zum Entertainer, Alleinunterhalter, Computer- oder Sozialexperten oder Trauerbegleiter. Die eigentliche professionelle Qualifikation wird damit zurückgedrängt.

Viele Pfarrerinnen und Pfarrer, die ich erlebe, sind nur sehr bedingt imstande, gegenüber engagierten Kirchenmitgliedern, vor allem im Kreis der Ehrenamtlichen, das ihrem Amt und Beruf Eigene zum Ausdruck zu bringen. Aufgabe der Pfarrberufstheorie ist hier, im Blick auf die eigene berufliche Wertschätzung sprachfähig zu werden bzw. zu bleiben und damit der Gefahr zu wehren, dass die

---

[34] Vgl. z. B. RASCHZOK, Gefragt (wie Anm. 2).

ständige Kommunikation auf Augenhöhe mit Nicht-Professionellen in die Theorievergessenheit führt und der Eindruck entsteht, als könnten Nicht-Professionelle selbstverständlich die gleichen Leistungen erbringen. Umgekehrt aber darf natürlich auch keine Abgrenzung hin zu den engagierten Gemeindegliedern mittels einer diesen unverständlichen »Fachsprache« erfolgen. Doch im Raum der beruflichen Selbstreflexion des Pfarrberufes hat diese ihren Ort. Ich möchte deshalb Pfarrerinnen und Pfarrer dazu ermutigen, in der Selbstwahrnehmung ihres Berufes und im kollegialen Austausch eine eigenständige akademische Sprache für das zu pflegen, was Pfarrerinnen und Pfarrer im Beruf tun, als Ausdruck der Wertschätzung und Erinnerung an die Würde dieses Berufes, die im kirchengemeindlichen Alltag zunehmend unterzugehen bzw. verloren zu gehen droht.

Ich könnte dies mit zahlreichen Praxisbeispielen untermauern und denke dabei vor allem daran, wie Kirchenvorstandsmitglieder, Prädikantinnen und Prädikanten, Diakoninnen und Diakone, Synodale oder Erzieherinnen und Erzieher in Kindertagesstätten scheinbar theologisch hoch selbstbewusst agieren. Erzieherinnen übernehmen im Kindertagesstättengottesdienst selbstverständlich auch die Verkündigung, weil sie dazu sich kompetent fühlen, und verführen den Pfarrer oder die Pfarrerin damit dazu, aus Gründen der Wertschätzung des sogenannten »allgemeinen Priestertums« in die Statisten- oder Staffagerolle zurückzutreten. Ich denke an ehrenamtliche Mitarbeiterinnen und Mitarbeiter, die in der Gottesdienstarbeit genau zu wissen scheinen, wie ein ansprechender Gottesdienst zu gestalten ist, und dieses vehement gegenüber Pfarrerinnen und Pfarrern artikulieren. Und ich erlebe Synodalpräsidentinnen und Synodalpräsidenten, die ganz selbstverständlich die Rolle des geistlichen Amtes mit übernehmen und theologische Kompetenz im Gespräch mit der Pfarrerschaft oder bei öffentlichen Anlässen beanspruchen. Der Münchener Soziologe Armin Nassehi würde hier vom Phänomen der authentischen Selbstpräsentation sprechen, das für ihn zunehmend die Gruppe der sogenannten hoch religiös Engagierten im Raum der evangelischen Kirchen kennzeichnet.[35] Dass hier ein Missverständnis des allgemeinen Priestertums aller Getauften vorliegt und wir einem fatalen, falsch verstandenen Zusammenhang von allgemeinem Priestertum und akademischer Theologie in den protestantischen Kirchen und damit einem massiven Nivellierungsfaktor für die Ausübung des evangelischen Pfarrberufs begegnen, sei nur am Rande angemerkt.[36]

---

[35] Vgl. Armin Nassehi, Religiöse Kommunikation: Religionssoziologische Konsequenzen einer qualitativen Untersuchung, in: Bertelsmann Stiftung (Hrsg.), Woran glaubt die Welt? Analysen und Kommentare zum Religionsmonitor 2008, Gütersloh 2009, 169–203.

[36] Vgl. dazu die hilfreichen Überlegungen von Dressler (wie Anm. 7), 452f., für den Theologie »Expertise für die Förderung der christlichen Religion« bereit zu stellen hat. »Bildungsprozesse sollen aber nicht die an ihnen teilnehmenden Menschen zu Experten machen. Sie sollen bei Laien die ›Kommunikationsfähigkeit mit Experten‹ fördern. Reziprok soll Expertenwissen so kommuniziert werden, dass Laien es verstehen können, ohne Experten werden zu müssen.« Zur Integration des Bildungsgedankens in theologische Ausbildungsziele merkt Dressler an, dass Allgemeinbildung auf gebildetes Laientum und damit auf Kommunikationsfähigkeit mit Experten ziele. »Dem entspricht komplementär die

Oder, ich erlebe Pfarrerinnen und Pfarrer, die etwa bei einer Beerdigungsansprache sich darauf beschränken, die Deutung des Lebens des Verstorbenen lediglich aus der Perspektive der Angehörigen und ihren Erzählungen wiederzugeben, um »nahe bei den Menschen« zu sein, und sich im Grunde auf die wortreiche Spiegelung der Interpretation der Angehörigen beschränken. Sie verzichten dabei zugleich auf die ihnen allein zukommende eigenständige Verkündigung und Weiterführung bzw. sogar möglicherweise erforderliche Korrektur des Erlebens und der Deutungen der Angehörigen aus der Perspektive der biblischen Botschaft.

Wenig beachtet wird bisher auch die Verfallszeit akademischen theologischen Wissens. Ein Vergleich des evangelischen Pfarrberufs mit anderen Professionsberufen wie dem Arzt- oder dem Juristenberuf zeigt, dass dort die akademische berufliche Weiterbildung als eine selbstverständliche Pflicht verstanden bzw. sogar die Voraussetzung der laufenden Berufsausübung darstellt, und zum Teil berufsständisch verpflichtend wie bei den Ärzten geregelt ist, um die eigene aktuelle Berufszulassung nicht zu verlieren. Pfarrerinnen und Pfarrer dagegen verhalten sich gegenüber der akademischen Theologie äußerst zurückhaltend. Sie übersehen dabei, dass sich auch in der akademischen Theologie wie in den anderen akademischen Disziplinen das fachliche Wissen innerhalb immer kürzerer Zeiträume umschichtet, verändert und neu organisiert. Es gibt auch eine Verfallszeit des theologischen Fachwissens.[37]

Im klassischen Fortbildungsangebot der Landeskirchen für Pfarrerinnen und Pfarrer findet sich gegenwärtig relativ wenig an akademischer Theologie. Eine Durchsicht der Themen von Pfarrkonferenzen und Pfarrkonventen würde EKD-weit dieses Bild bestätigen. Im Vordergrund stehen neben organisatorischen Fragen des Pfarrberufs in der Regel pragmatische Fragestellungen, häufig aus Gebieten jenseits der Theologie, von wenigen Ausnahmen abgesehen: So pflegte das monatlich erscheinende Korrespondenzblatt des Pfarrerinnen- und Pfarrervereins in der Evangelisch-Lutherischen Kirche in Bayern über einige Monate hinweg die

---

Fähigkeit von wissenschaftlich Ausgebildeten, Wert und Bedeutung ihrer Expertise für Laien verständlich und damit für die Lebenswelt bedeutsam zu machen.« Bei der christlichen Religion gibt es jedoch fließende Übergänge zwischen professionellem Expertentum und Laien. »Religiöse Kompetenz, die in Lernprozessen zu erwerben ist, beruht nämlich auf von ihr selbst zu unterscheidenden, aber nicht zu trennenden Glaubensgewißheiten, für die im Unterschied zur Experten-Laien-Differenz das ›allgemeine Priestertum aller Getauften‹ gilt.« (454f.) »Dabei ist zu beachten, dass es um die Unmittelbarkeit der durch Christus vermittelten Gottesbeziehung geht. Sachgerecht ist deshalb nicht von ›allgemeinem Theologentum‹ die Rede.« (455)

[37] Dies wird allein an den Ausgaben der Zeitschrift »Verkündigung und Forschung« der letzten beiden Jahrzehnte offensichtlich. Ursprünglich genuine Aufgabe dieser Zeitschrift war, Pfarrerinnen und Pfarrer über den jeweils aktuellen Stand der theologischen Disziplinen auf dem Laufenden zu halten.

Serie »Update«, in der Theologieprofessorinnen und Theologieprofessoren allgemeinverständlich über aktuelle Veränderungen ihres Fachgebietes Rechenschaft ablegten.[38]

5. Die Phase des Ruhestandes

Aufgrund der aus der Ordination resultierenden lebenslangen Berufung zum Geistlichen Amt muss beim evangelischen Pfarrberuf auch die Phase des Ruhestandes mit in die Überlegungen zu einer umfassenden Reform der Ausbildung einbezogen werden. Die Herausforderung des Ruhestandes besteht darin, akademische Theologie, jahrzehntelange Berufserfahrung, lebenslangen Auftrag zum Geistlichen Amt und die zumindest in den ersten Ruhestandsjahren einsetzende und zu nutzende Freiheit von verpflichtenden beruflichen Aufgaben neu im Sinne der Lebensarbeit erneut miteinander zu verschränken und ins Spiel zu bringen.

Das spezifische Potential der Pfarrerinnen und Pfarrer im Ruhestand wird augenblicklich in den kirchlichen Zukunftsperspektiven und Überlegungen zum Pfarrberuf noch viel zu wenig in den Blick genommen und genutzt. Hier würde sich ein freiwilliger, den jeweiligen Fähigkeiten und beruflichen Fertigkeiten entsprechender qualifizierter wie begrenzter Einsatz etwa nach dem Modell der sogenannten »Zehnt-Gemeinschaft« nahelegen.[39] Unterstützt werden müsste dieser zeitlich begrenzte Einsatz in der Vertretung der aktiven Pfarrerinnen und Pfarrer jedoch durch Assistenz-Maßnahmen wie ein gut ausgestattetes sogenanntes »Ruhestands-Pfarramtsbüro« auf Dekanatsebene (mit Besprechungsraum und Sekretariat sowie ggf. erforderlichen weiteren Arbeitsmitteln wie Kopiergerät, Predigtliteratur oder aktuellen Agenden) für die organisatorische Begleitung der Einsätze bis hin zu Fahrdiensten u. ä. Mit solchen Maßnahmen könnten gegen den ansonsten unvermeidlichen »Rückzug aus der Fläche« zumindest partiell Alternativen in den Blick genommen werden. Der zukünftig wohl unvermeidliche Rückzug der Hauptamtlichen könnte damit zumindest teilweise durch einen solchen Einsatz von Ruheständlern im Verbund mit entsprechend qualifizierten Ehrenamtlichen aufgefangen werden. Die Kosten eines solchen Ruhestandseinsatzes dürften angesichts der aufgrund der abnehmenden Zahl aktiver Pfarrerinnen und Pfarrer eingesparten Gehälter problemlos kompensiert werden.

---

[38] Vgl. z. B. Alexander Deeg, Inszenierung, Sinndeutung und die Torheit des Predigers. Neuere Entwicklungen in der Homiletik seit der »ästhetischen Wende«, in: Korrespondenzblatt 129 (2014), 104–109.

[39] Die in Jerichow (Altmark) angesiedelte »Zehntgemeinschaft« besteht aus Ruhestandspfarrerinnen und Ruhestandspfarrern aller deutschen Landeskirchen, die sich freiwillig dazu verpflichtet haben, einen Teil ihrer Lebenszeit jährlich (in der Regel etwa vier Wochen am Stück) für die Vertretung von Pfarrstellen in kirchlich ausgedünnten Gebieten zur Verfügung zu stellen.

Ein spezifisches Potenzial der Pfarrerinnen und Pfarrer im Ruhestand könnte zudem darin bestehen, dass diese Gruppe über die entsprechende Zeit wie Motivation verfügen würde, sich erneut mit aktuellen Entwicklungen in der akademischen Theologie auseinanderzusetzen und diese mit ihrer bisherigen Berufstätigkeit wie ihrer Lebenserfahrung zu einer neuen Einheit verbunden an die im aktiven Pfarrberuf Stehenden zu vermitteln. Konsequent hätten daher die evangelischen Landeskirchen auch Modelle der Weiterbildung wie Begleitung ihrer Pfarrerinnen und Pfarrer im Ruhestand zu entwickeln.[40]

6. Die alternativen Zugänge zum Pfarrberuf

Aufgrund der durch die hohen Ruhestandsversetzungen in der Pfarrerschaft zu erwartenden personellen Engpässe, die auf klassischem Wege über Theologiestudium und Vikariat nicht mehr aufzufüllen sein werden, erhalten zukünftig alternative Zugangswege zum Pfarrberuf eine große Bedeutung und treten neben den klassischen Zugangsweg. Zu unterscheiden sind dabei Zugangswege in den hauptamtlichen und in den ehrenamtlichen Dienst. Letztere spielen augenblicklich nur eine eher untergeordnete Rolle und sind bei den für die Ausbildung zum Pfarrberuf Verantwortlichen noch kaum im Blick.

Zugangswege in den hauptamtlichen Dienst sind die sogenannten Second-carreer-Studien- und Ausbildungsgänge wie zum Beispiel die ein- und die vierjährige Pfarrverwalterausbildung in der Evangelisch-Lutherischen Kirche in Bayern an der Augustana-Hochschule Neuendettelsau, das augenblicklich in der Regel einjährige Spezial-Vikariat für Ordinierte aus anderen Kirchen, vor allem der internationalen Partnerkirchen sowie die Anerkennung alternativer Studiengänge als Eingangsvoraussetzung für das klassische Vikariat. Das dem klassischen Vikariat vorgeschaltete Studienjahr am in die Augustana-Hochschule integrierten Neuendettelsauer Studienseminar für Pfarrverwalter setzt eine mindesten dreijährige biblisch-theologische Ausbildung und eine zehnjährige hauptberufliche Erfahrung im Raum der Kirchen voraus, das vierjährige Modell (dem ebenfalls das klassische Vikariat folgt) einen mittleren Bildungsabschluss und mindestens zehn Jahre kirchliches ehrenamtliches Engagement. Wie die Erfahrungen der Neuendettelsauer Pfarrverwalter-Ausbildung, aber auch des berufsbegleitend angebotenen Marburger Masterstudiengangs Theologie zeigen, steigt der Altersdurchschnitt der interessierten Bewerber zunehmend an und begegnen dort immer wieder hoch engagierte Personen, die im Grunde nur noch wenige Berufsjahre bis zum Ruhestand im Pfarrdienst arbeiten können und deren Ausbildung nur

[40] Erste Schritte in diese Richtung beschreitet die Evangelisch-Lutherische Kirche in Bayern mit der Möglichkeit einer (allerdings augenblicklich noch äußerst bescheidenen) finanziellen Entschädigung für einen langfristigeren Vertretungseinsatz von Pfarrerinnen und Pfarrern im Ruhestand.

hinsichtlich eines zu erwartenden ehrenamtlichen Engagements im Pfarrdienst im Ruhestand verantwortbar erscheint. Hier könnten neue Modelle eines akademisch qualifizierten Ehrenamtes über die Prädikanten-Ausbildung und –beauftragung hinaus zur vollen Ordination im Ehrenamt analog zur einjährigen Pfarrverwalterausbildung ansetzen. Ein solches möglicherweise berufsbegleitendes und damit zeitlich gestrecktes Ausbildungsjahr könnte Module der akademischen Theologie, der Geistlichen Begleitung, der Seelsorge und der Leitung enthalten und in ein ebenso berufsbegleitendes Ehrenamts-Vikariat mit der Ordination als Abschluss einmünden. Der Einsatz dieses qualifizierten Ehrenamtes im Pfarrdienst zur Unterstützung von Pfarrerinnen und Pfarrern im Gemeindedienst könnte über die von Prädikanten im Regelfall wahrgenommenen Aufgaben der Verkündigung und der Sakramentsverwaltung (Abendmahl) auch Seelsorge und Kasualien wie ausgewählte und ausgegliederte Leitungsaufgaben vollumfänglich beinhalten.

7. Die Rolle der kirchlichen Hochschulen

Den beiden kirchlichen Hochschulen in Neuendettelsau und Wuppertal kommt bei einer Reform der Pfarrberufsausbildung eine nicht zu unterschätzende Rolle zu. Am Beispiel der Augustana-Hochschule könnte diese über die bisher bereits wahrgenommene Verantwortung für die Pfarrverwalter-Ausbildung hinaus in einer stärkeren Beteiligung bei der Vernetzung der einzelnen Ausbildungsphasen, in der Begleitung der alternativen Zugänge zum Pfarrberuf einschließlich der Steuerung erforderlicher Nachqualifikationen, der exemplarischen Verbindung von Bildung und Persönlichkeit im Studium, der Pflege der Spiritualität in wissenschaftlicher Reflexion, wie sie das Fach Evangelische Aszetik ermöglicht, der Einbindung der individuellen wie gemeinschaftlichen Lebensgestalt in die klassische akademische wissenschaftliche Theologie und in der Beteiligung der Lehrenden als kirchliche Mitarbeiter in Leitungsentscheidungen im Personalbereich in konziliarer Funktion bestehen. Die Landeskirchen könnten zudem die kirchlichen Hochschulen als fachtheologische Zentren und wissenschaftliche Dienstleister wesentlich intensiver als bisher für sich nutzen und in Anspruch nehmen. Anzudenken wäre schließlich auch die Mitwirkung an einer fachwissenschaftlichen Qualifikation herausgehobener ehrenamtlicher Funktionen in den Landeskirchen, die beispielsweise über die bisherige klassische Prädikantenausbildung hinausreichen würden.

8. Die Herausforderung

Akademische Theologie ist als Potenzial für den Pfarrberuf, als widerspenstiges Element wie als dem Geistlichen Amt in besonderer Weise anvertrautes Wissen neu wertzuschätzen, wenn eine umfassende Reform der Ausbildung zum Pfarrberuf gelingen soll. Theologisches Fachwissen als geistlich-berufliches Potenzial meint daher, dass das akademische theologische Studium dann gut für ein ganzes (auch den Ruhestand einschließendes) Berufsleben als Pfarrer oder Pfarrerin ausrüstet, wenn es nicht als ein mit dem Examen abgeschlossenes Wissen, sondern als erworbenes Potenzial verstanden wird, um damit immer wieder neu im Verlauf der beruflichen Arbeit den Kontakt zur akademischen Theologie aufzunehmen, durch den Anschluss an sie berufsfähig zu bleiben und darüber im Sinne einer persönlichen Stabilität die eigene Arbeitsleistung wertschätzen zu können. Das Studium vermittelt die Fähigkeit, theologisch selbständig arbeiten zu können, und sich die entsprechenden Sachverhalte zu erarbeiten. Es stellt jedoch kein abgeschlossenes Wissen zur Verfügung, das so ausreichend gestaltet ist, dass es eine drei Jahrzehnte andauernde Berufstätigkeit ohne jeglichen Rückbezug an die aktuelle theologische Theoriebildung ermöglichen könnte.[41]

Eine an meinem Lehrstuhl entstandene empirische Untersuchung von Christoph Victor hat danach gefragt, weshalb im Pfarrberuf bei vergleichbar ungünstigen Ausgangsvoraussetzungen der Berufsausübung den einen die Berufsausübung gelingt und erfüllt und die anderen an die Grenze ihrer Belastbarkeit führt. Das überraschende Ergebnis: Wer gelernt hat, persönliche Lebens- und Glaubenserfahrung, theologisches Fachwissen und möglicherweise Fertigkeiten aus einem früher erlernten Beruf, einer Freizeitbeschäftigung, dem Elternhaus oder einem sportlichen Engagement kontinuierlich zu einer stimmigen Einheit zu vernetzen, hat große Chancen, trotz widriger äußerer Rahmenbedingungen im Pfarrberuf zu bestehen, eine hohe Berufszufriedenheit zu entwickeln und andere Menschen für den christlichen Glauben überzeugend zu begeistern.[42]

Dazu zu befähigen, theologisches Fachwissen kontinuierlich als ein für den evangelischen Pfarrberuf unentbehrliches geistlich-berufliches Potenzial zu verstehen und in die berufliche pastorale Praxis bis einschließlich in den Ruhestand hinein transformieren zu können, stellt daher die für eine zukünftige Reform der Ausbildung zum Pfarrberuf zentrale wie grundlegende Herausforderung dar.

---

[41] Für den Bereich der Homiletik habe ich dies im folgenden Band aufzuzeigen versucht: Klaus Raschzok, Predigt als Leseakt. Essays zur homiletischen Theoriebildung, Leipzig 2014. Über meinen gesamten Theorieansatz im Fach Praktische Theologie informieren: Andreas von Heyl/Konstanze Evangelia Kemnitzer (Hrsg.), Modellhaftes Denken in der Praktischen Theologie. FS für Klaus Raschzok, Leipzig 2014.

[42] Vgl. Christoph Victor, Pfarrer sein in wechselnden Gesellschaften. Eine qualitative Untersuchung zu Identität und Alltag im Pfarrberuf, Leipzig 2005.

Der Gottesdienst als Übungsweg des Gebetes

Zur rituellen Logik der Grundform 1 des Evangelischen Gottesdienstbuches

1. Besonderheiten ritueller Logik

Die auf Martin Luthers Gottesdienstschriften zurückzuführenden Grundformen des evangelischen Gottesdienstes[1] unterscheiden sich signifikant hinsichtlich ihrer jeweiligen rituellen Logik. Dies wird vor allem an Aufbau, Anliegen und Stellung ihrer einzelnen Gebete wie betenden Handlungen deutlich, die im Grunde nicht untereinander austauschbar sind. Während zum Beispiel das kirchenjahresbezogene Tages- bzw. Kollektengebet der Grundform 1 des Evangelischen Gottesdienstbuches (Gottesdienst mit Predigt und Heiligem Abendmahl) einem klaren Aufbau folgt, der aus einer präzise benannten Heilstatsache eine einzige Bitte und deren Folge für die Betenden ableitet, dient das leicht mit ihm zu verwechselnde Eingangsgebet der Grundform 2 des Evangelischen Gottesdienstbuches (Predigtgottesdienst) dazu, in den Gottesdienst einzuführen und Gott um einen von seinem Segen begleiteten persönlichen Ertrag zu bitten. Das Eingangsgebet übernimmt damit Anliegen des vorbereitenden Betens, die im Tagesgebet der Grundform 1 im Wesentlichen vom Confiteor bzw. Rüstgebet[2] getragen werden. Ähnlich

---

[1] Vgl. zu den drei auf Martin Luthers Gottesdienstschriften zurückzuführenden Grundformen KLAUS RASCHZOK, Lutherische Liturgische Identität. Zur Phänomenologie des liturgisch-räumlichen Erlebens, Leipzig 2020, 47–50. Das Evangelische Gottesdienstbuch. Agende für die Evangelische Kirche der Union und für die Vereinigte Evangelisch-Lutherische Kirche Deutschlands, Berlin, Bielefeld und Hannover 1999 unterscheidet bei den Gottesdiensten an Sonn- und Feiertagen zwischen Grundform I: Gottesdienst mit Predigt und Abendmahl und Grundform II: Predigtgottesdienst. In der Evangelisch-Lutherischen Kirche in Bayern wird bei den Gottesdiensten an Sonn- und Feiertagen zwischen G[rundform] 1: Gottesdienst mit Predigt und Abendmahl, G 2: Predigtgottesdienst, G 3: Kindergottesdienst und G 4: Gottesdienst mit Predigt und Abendmahl. Alte Form unterschieden, vgl. Gottesdienst feiern. Gottesdienste an Sonn- und Feiertagen. Ordnungen und liturgische Texte, hrsg. vom Landeskirchenrat der Evangelisch-Lutherischen Kirche in Bayern, München 2014 (sog. Ringbuchagende).

[2] Vgl. KONRAD MÜLLER, Das ›Vorbereitungsgebet‹, in: Der Sonntagsgottesdienst. Ein Gang durch die Liturgie, hrsg. von PETER BUBMANN/ALEXANDER DEEG (FS für Martin Nicol), Göttingen 2018, 99–108. Dort beschreibt Müller die Kontroversen über *funktionale* und *rezeptionsästhetische* Fragen, die nach 1945 bezüglich des Confiteor aufgebrochen waren: »Welche Aufgabe konnte [...] ein Confiteor im Gottesdienstablauf überhaupt haben? Was war seine Absicht? Wie wirkte es auf die Gemeinde? [...]

unterscheiden sich auch die Abendmahlsgebete dieser beiden Grundformen. In der dem Mess-Typus und seiner rituellen Logik folgenden Grundform 1 werden die Einsetzungsworte und das Vaterunser in einen Kranz weiterer, an Gottvater durch Christus und den Heiligen Geist gerichteten eucharistischen Gebete eingebunden. Der Predigtgottesdienst nach der Grundform 2 beschränkt sich, wenn die Feier des Heiligen Abendmahls einbezogen ist, im Grunde auf das Vaterunser als das entscheidende Abendmahlsgebet und kennt stattdessen eine eher meditative, den Einsetzungsworten vorausgehende Abendmahlsbetrachtung. Auch entfallen beim Gottesdienst nach Grundform 2 sämtliche die biblischen Lesungen und die Predigt begleitende lesungs- und verkündigungsorientierte, im Wechsel mit der feiernden Gemeinde gesprochenen oder gesungenen, die göttliche Präsenz im biblischen Wort bestärkenden betenden Voten. Die Gebete in Grundform 1 werden weitgehend vom Altartisch aus, in Grundform 2 von der Kanzel aus an Gott gerichtet und nehmen daher unterschiedliche Perspektiven ein. Beim dritten, gemeinschaftsorientierten Grundtypus des evangelischen Gottesdienstes, in dessen Linie nicht nur die Stundengebete, sondern auch der sogenannte »andere Gottesdienst« zu sehen ist, steht das wechselseitige und gleichberechtigte Beten zweier sich idealiter in einem Chorgestühl einander gegenüber versammelnden Beterinnen- und Betergruppen im Vordergrund, die abwechselnd das betende Handeln im Gottesdienst tragen, ohne dass dazu eine explizite Leitung durch einen Liturgen oder eine Liturgin erforderlich ist. In diesem gemeinschaftsorientierten Typus können sich die einzelnen Gebete auch am stärksten Formen des persönlichen und privaten Betens annähern, während die Gebete in den ersten beiden Grundformen immer öffentliche Gebete der Kirche sind.

Zu den rituellen Besonderheiten des Mess-Typus und damit der Grundform 1 des Evangelischen Gottesdienstbuches zählt weiter, dass der Gottesdienst die Feiernden in eine Welt anderer Ordnung führt. In ihr sind Zeit und Raum für den Augenblick der gottesdienstlichen Feier wie aufgehoben und fallen irdischer und

---

Ein entscheidender Schritt [...] war es schließlich, dem Confiteor einen neuen Namen zu geben. Was [...] vordem nur traditionell als *Confiteor* bzw. als *Rüstgebet* bezeichnet worden war, wurde im Lauf der Diskussionen schließlich *Vorbereitungsgebet* genannt. Das Confiteor müsse [demnach] in Entsprechung zu jenem Gebet verstanden werden, das viele vor dem Gottesdienst still in der Bank sprächen, bevor sie sich setzen. [...] Der Begriff Rüstgebet war und ist demgegenüber anders konnotiert. ›Rüstgebet‹ bringt zum Ausdruck, dass durch das Confiteor die Gemeinde ›zugerüstet‹ wird. Die Gottesdienstgemeinde bereitet sich nicht selbst vor. Vielmehr soll sie vom Liturgen in Stand gesetzt werden, das Evangelium recht zu hören. Dabei erlebt sich das Gemeindeglied passiv als jemanden, der in rechter Weise eingestimmt, vielleicht sogar besser: eingedacht und ins gottesdienstliche Geschehen eingeführt wird, so dass in jenen verkündigenden und zusprechenden Elementen des Confiteor etwas an ihm geschehen soll, was er sich nicht selbst sagen, zumindest nicht sich selbst nahebringen kann.« (99f). Mit Blick auf die performative Funktion des Confiteor als einer Sprechhandlung greift der Verfasser in diesem Beitrag den Begriff *Rüstgebet* wieder auf, obwohl ihm dessen problematische Konnotationen durchaus bewusst sind. Vgl. dazu auch KONRAD MÜLLER., Das Confiteor. Studien zu seiner Gestalt und Funktion im Gottesdienst sowie im Leben der Kirche, Leipzig 2021.

himmlischer Gottesdienst in eins, um dann am Ende die Feiernden wieder in den Lebensgottesdienst des Alltags zurückkehren zu lassen. Die Aufhebung von Zeit und Raum wird mittels biblischer Imagination an verschiedenen Handlungsorten betend evoziert. So führt das Gloria die Feiernden auf das Hirtenfeld von Bethlehem und lässt sie in den Lobpreis der Engel einstimmen, während Präfation und Sanctus vor den himmlischen Thron Gottes führen und in den Gesang der himmlischen Mächte und Gewalten einstimmen lassen. Vor der Austeilung der Abendmahlsgaben schließlich führt das »Christe, du Lamm Gottes« (Agnus) an den Thron des Lammes aus der Offenbarung des Johannes und lässt die Feiernden am Lobgesang der Erlösten teilhaben. Grundform 2 des Evangelischen Gottesdienstbuches, der Predigtgottesdienst-Typus, ist dagegen stärker an einer Verschränkung der biblischen Botschaft mit der Lebenswelt der Feiernden orientiert.

Auf je typische Weise zeichnen sich die drei Grundformen des evangelischen Gottesdienstes so durch ihre Traditionskontinuität[3] aus. Sie lassen trotz des je aktuell gestalteten und vollzogenen Betens und biblischen Verkündigens die Verbindung zu den ihnen zugrunde liegenden geschichtlich gewachsenen Gottesdienstformen erkennen und beschränken diese nicht lediglich auf ein protestantisches oder reformatorisches Prinzip des Gottesdienstes. Grundform 1 des Evangelischen Gottesdienst folgt dem sich seit den ersten christlichen Jahrhunderten entwickelnden Typus der Messe, der auch nach der Reformation in den lutherischen Kirchen bis heute die sonntägliche Regelform des Gottesdienstes geblieben ist.[4] Grundform 2, der Predigtgottesdienst, orientiert sich am im Spätmittelalter gewachsenen Typus des Prädikantengottesdienstes aus den Städten, während der Gemeinschaftstypus auf das klösterliche Stundengebet und die Tagzeitengottesdienste zurückzuführen ist.

Traditionskontinuität sichert dabei, dass die Sprache der Liturgie auch in ihrer kreativen Erneuerung erkennbar bleibt und nicht zur Repristination musealer Liturgieformen verkommt. Sie beschreibt ein gottesdienstliches Handeln nach aus der Tradition entlehnten Regeln in Richtung auf eine neue, zukünftige Gestalt des Gottesdienstes, die dennoch ihre Verbindung zur geschichtlich gewachsenen Gestalt nicht verleugnet und der Grammatik der biblisch-christlichen Tradition[5] entspricht. Sie schließt jedoch aus, dass sich Gottesdienstgestaltung zu stark an wandelnden Erwartungen der Feiernden und deren jeweiligen kulturellen oder geistlichen Präferenzen orientiert und der Gottesdienst als zentrale Ausdrucksgestalt des Glaubens dem Belieben der ihn Gestaltenden überlassen bleibt. Durch den

[3] Vgl. Raschzok (wie Anm. 1), 95–102 (Traditionskontinuierlicher Gottesdienst. Eine terminologische Neuschöpfung und ihre Begründung).

[4] Vgl. Klaus Raschzok, Lutherische Liturgie vom 17. bis zum 19. Jahrhundert in: Jürgen Bärsch/Benedikt Kranemann (Hrsg.), Geschichte der Liturgie in den Kirchen des Westens. Rituelle Entwicklungen, theologische Konzepte und kulturelle Kontexte. Band 1: Von der Antike bis zur Neuzeit, Münster 2018, 575–646.

[5] Vgl. George A. Lindbeck, Christliche Lehre als Grammatik des Glaubens. Religion und Theologie im postliberalen Zeitalter (Theologische Bücherei 90), München 1994.

gottesdienstlichen Vollzug wird die Heilsgeschichte lebendig erhalten, indem sie mit ihren einzelnen Ereignissen aktuell durch die Feiernden vor Gott in der Kraft der Heiligen Geistes vergegenwärtigt wird.

Zur rituellen Logik des Gottesdienst nach Grundform 1 des Evangelischen Gottesdienstbuches gehört weiter, dass sein Vollzug nur vom sogenannten Erlebnis- und nicht vom sogenannten Transport-Modell her plausibel zu machen ist. Beim innerkirchlich beliebten Transport-Modell werden Inhalte und Einsichten durch die den Gottesdienst Leitenden zu den im Gottesdienst Versammelten hin transportiert. Beim Erlebnis-Modell dagegen evoziert die Feier des Gottesdienstes ein gemeinsames Erleben der Gottesbegegnung. Der Gottesdienst wird zum Ort, an dem Gott selbst einlädt, und stellt nicht ein irgendwie geartetes Angebot kirchlich Verantwortlicher dar. Das Erlebnis-Modell geht davon aus, dass im Gottesdienst über das einer rituellen Logik folgende gemeinsame Erleben ein Begegnungsgeschehen zwischen Gott und Mensch in Gang kommt, das diese Inhalte erst erzeugt. Sie werden nicht transportiert, sondern im Begegnungsgeschehen hervorgebracht. Gottesdienst ist daher keine kirchliche Veranstaltung, sondern eine Form, die Gottesbeziehung gemeinsam modellartig zu leben und damit einzuüben, damit sie sich im Lebensalltag als Lebensgottesdienst entfalten kann. Gottesdienst als feierbezogene Auslegung biblischer Texte in der Haltung der Erwartung der heilschaffenden Selbstvergegenwärtigung des dreieinigen Gottes ist so Teil eines lebendigen Geschehens, das in der schöpferischen Aufnahme durch die Feiernden als »Körperarbeit am Leib Christi« verstanden werden kann.[6]

Alexander Deeg hebt in seinen Thesen zur Zukunft des evangelischen Gottesdienstes in diesem Sinne hervor, dass »Gottesdienste [...] – normativ formuliert – nicht zuerst und nicht vor allem ›Angebote‹, die kirchlich Verantwortliche für andere organisieren, sondern Orte« sind, »an die Gott selbst einlädt, und Feiern, in denen sich die Kirche als Leib Christi neu erfährt; sie sind Zeiten, die gewährt werden – und Gabe im gefüllten Sinne des Wortes.«[7] Sie »haben ihren Sinn nicht primär darin, dass sie andernorts gemachte Erfahrungen deuten, einordnen und reflektieren, sondern dass in ihnen selbst religiöse Erfahrung geschieht.«[8] Daher folgen sie einer paradoxen liturgischen Handlungslogik: »Das zu gestalten, was sich jeder Handhabbarkeit entzieht – und genauso liturgisches Erleben zu ermöglichen.«[9]

---

[6] Vgl. KLAUS RASCHZOK, Traditionskontinuität und Erneuerung. Praktisch-theologische Einsichten zu Kirchenraum und Gottesdienst, Leipzig 2014, 102–105. Eine Weiterführung des dort skizzierten, auf Rainer Volp zurückgehenden Ansatzes des Gottesdienstes als Körperarbeit am Leib Christi wird das Gespräch mit dem Konzept des »Spirituellen Embodiments« zu suchen haben, vgl. MAJA STORCH/EVA MARIA JÄGER/STEFAN KLÖCKNER, Spirituelles Embodiment. Stimme und Körper als Schlüssel zu unserem wahren Selbst, München 2021.

[7] ALEXANDER DEEG, In Gottes Namen ... 20 Fragen und Thesen zur Zukunft evangelischer Gottesdienste in metamodernen Zeiten, in: Pastoraltheologie 113 (2024), 227–248; hier: 237.

[8] A.a.O., 239.

[9] Ebd.

2. Erschwernisse aktueller gottesdienstlicher Praxis

Die Besonderheiten der rituellen Logik insbesondere der Grundform 1 des Evangelischen Gottesdienstbuches sind jedoch augenblicklich in der gottesdienstlichen Praxis kaum mehr erkennbar. Die kosmische Dimension des Betens und die Verwandlung der Feiernden durch den Gebetsweg in die Kirche und der Gottesdienst als Eintreten in eine andere Ordnung befinden sich jenseits der den Kirchenmitgliedern scheinbar zumutbaren Vorstellungswelt. Das protestantische augenblickliche Zentralkriterium des »nahe bei den Menschen sein« in Verbindung mit den Kriterien »Niedrigschwelligkeit« und »Verstehbarkeit« erschweren den Zugang zur rituellen Logik des Mess-Typus erheblich. Dazu zählen auch die Verwechslung der Liturgen- mit der Moderatorenrolle, das Verständnis des Gottesdienstes als Veranstaltung mit persönlicher Moderation, der inzwischen übliche Beifall des »Publikums« nach jedem Musikstück und die amüsanten Bemerkungen der Moderierenden sowie die eher zufällige Unterbrechung des gottesdienstlichen Verlaufes durch unterhaltsame Musikdarbietungen. Da Gottesdienste sich möglichst nahe am »wirklichen Leben« bewegen sollen, kommt es zur Dominanz des sogenannten Transportmodells. Die Wegstruktur des Mess-Typus ist, zum Teil durch Auslassungen liturgischer Elemente, weitgehend nicht mehr erkennbar bzw. wird durch Zwischenbemerkungen, Aufforderungen und Erklärungen seitens der Liturginnen und Liturgen verstellt. Die einzelnen Gebete folgen häufig nicht mehr ihren klassischen Architekturen und bleiben untereinander austauschbar. Von daher kommt es zudem zu einer Zufälligkeit der Verteilung der Gebetsanliegen im Gottesdienst oder zu deren Vervielfachung. Der Gottesdienst wird als alltagsnahe Welt missverstanden, in der (zu viele) biblische Worte eher als Zumutung für die Gottesdienstgemeinde gelten. Die biblischen Worte müssen in erster Linie übersetzt und inhaltlich zu den Feiernden transportiert. Weitgehend kommt es auch zu einem Verlust der Stille, an deren Stelle gerne die Geselligkeit tritt, die bereits mit dem inzwischen üblichen Plaudern der Feiernden auf ihren Plätzen bis zum Glockenläuten einsetzt. Die Kreativität der Liturginnen und Liturgen zielt auf Verständlichkeit, Nähe zu den Menschen und Nachvollziehbarkeit und nicht auf die Schönheit der Liturgie mit ihrer jeweils kreativ neu zu füllenden Gebetsarchitektur.

Die Auflösung der rituellen Logik des Gottesdienstes nach Grundform 1 setzt bereits mit dem Evangelischen Gottesdienstbuch von 1999 ein: Weg und Architektur der einzelnen betenden Stationen werden selbst dort inkonsequent abgebildet und die in der von Frieder Schulz für das Evangelische Gottesdienstbuch verfassten Liturgiedidaktik dokumentierten eigenen Regeln nur bedingt eingehalten. Oft erfüllen die abgedruckten Gebete in der Textsammlung die zuvor skizzierten Kriterien nicht, da auf vorhandene liturgische Materialien aus Praxis und Literatur zurückgegriffen und im Gegensatz zur gleichzeitig erarbeiteten »Reformierte(n) Liturgie«[10] auf ein eigenständiges regelorientiertes Verfassen der Gebete und liturgischen Elemente weitgehend verzichtet wurde. Hier setzte die Kritik des von der Liturgischen Konferenz vorgelegten Dokumentes »Gottesdienst feiern« an, die darauf zielte, in einer zukünftigen Agende sich stärker auf die modellhafte Beschreibung der einzelnen gottesdienstlichen Elemente und ihres Ablaufs zu konzentrieren.[11]

3. Aszetische Konturierung des gottesdienstlichen Weg-Modells

Als hilfreich könnte sich daher eine aszetische Konturierung[12] des Weg-Modells des Gottesdienstes nach Grundform 1 als Übungsweg des Gebetes erweisen. Für die Weg-Metapher zur Beschreibung des gottesdienstlichen Erlebens stehen in der Literatur Modelle von Wilhelm Löhe[13], Carl Adolph Gerhard von Zezschwitz[14], Christhard Mahrenholz[15], Alexander Schmemann[16], Manfred Josuttis[17], Martin Nicol[18] und anderen zur Verfügung. Insbesondere Martin Nicols Ansatz, dass der

---

[10] Vgl. Reformierte Liturgie. Gebete und Ordnungen für die unter dem Wort versammelte Gemeinde. Im Auftrag des Moderamens des Reformierten Bundes erarbeitet und hrsg. von Peter Bukowski/Arend Klompmaker/Christiane Nolting/Alfred Rauhaus/Friedrich Thiele, Wuppertal und Neukirchen-Vluyn 1999. Die darin enthaltenen Gebete wurden weitgehend von Sylvia Bukowski neu für die Reformierte Liturgie verfasst.

[11] Vgl. Gottesdienst feiern. Erwägungen zur Fortführung des agendarischen Reformprozesses in den evangelischen Kirchen. Ein Dokument der Liturgischen Konferenz, in: Michael Meyer-Blanck/Klaus Raschzok/Helmut Schwier (Hrsg.), Gottesdienst feiern. Zur Zukunft der Agendenarbeit in den evangelischen Kirchen, Gütersloh 2009, 26–79.

[12] Vgl. zum Begriff »aszetisch« Christian Eyselein/Christel Keller-Wentorf/Gerhard Knodt/Klaus Raschzok (Hrsg.), Evangelische Aszetik. Ein Programm macht Schule, Leipzig 2021.

[13] Vgl. Wilhelm Löhe, Vorwort zur ersten Auflage der Agende für christliche Gemeinden des lutherischen Bekenntnisses, in: GW 7/1, 9–16.

[14] Vgl. Carl Adolph Gerhard von Zezschwitz, Unser Gottesdienst nach seinem Wesen und inneren Gang. Gepredigt am zweiten Sonntag nach Epiphanias im Universitätsgottesdienste zu Erlangen, Erlangen 1878.

[15] Vgl. Klaus Raschzok, Gottesdienst und Geistliches Amt bei Christhard Mahrenholz (1900–1980). Ein Beitrag zum Verständnis von Band I des VELKD-Agendenwerkes, in: Konstanze Kemnitzer (Hrsg.), Gussformen der Gottesdienstgestaltung. Das Agendenwerk der VELKD zwischen Neuaufbruch und Restauration, Leipzig 2021, 283–317.

[16] Vgl. Alexander Schmemann, Die Eucharistie, in: Ders., Aus der Freude leben. Ein Glaubensbuch der orthodoxen Christen (Edition CARDO III), Köln 2003, 20–48.

[17] Vgl. Manfred Josuttis, Der Weg in das Leben. Eine Einführung in den Gottesdienst auf verhaltenswissenschaftlicher Grundlage, München 1991.

[18] Vgl. Martin Nicol, Weg im Geheimnis. Plädoyer für den Evangelischen Gottesdienst, Göttingen 2009.

Gottesdienst nach Grundform 1 des Evangelischen Gottesdienstbuches einen durchgängigen »Weg im Geheimnis« vom Überschreiten der Schwelle zum Kirchenraum an inszeniert, erweist sich als hilfreich. Martin Nicol macht deutlich, dass es nicht darauf ankommt, in der gottesdienstlichen Feier ein bestimmtes Ziel zu erreichen, auf das hin die Liturgin oder der Liturg die Feiernden dem Mystagogen vergleichbar führen, sondern dass der gemeinsame Vollzug des gesamten Gottesdienstes ein Bewegen im Geheimnis Gottes darstellt. Gottesdienst stellt für Nicol »eine eigentümliche von anderen Vollzügen charakteristisch unterschiedene Weise das Gottesgeheimnis zu begehen«[19] dar. »Der liturgisch geordnete Gottesdienst macht das Geheimnis Gottes in markanter Wegführung begehbar. [...] Das Leitbild vom ›Weg im Geheimnis‹ vernetzt die Rede vom Gottesdienst mit der liturgischen Tradition wie mit der Dogmatik. Es kennzeichnet den Gottesdienst als eine Weise, Erfahrungen zu machen und Einsichten zu gewinnen in einer ebenso tröstlichen wie befremdlichen Gotteswirklichkeit.«[20] Ich versuche deshalb, Martin Nicols Ansatz aufzunehmen und den Gottesdienst nach der Grundform 1 in aszetischer Perspektive als einen Übungsweg des Gebetes zu verstehen. Dieser Übungsweg des Gebetes nimmt ernst, dass die in Grundform 1 vorgesehenen und traditionskontinuierlich aktuell weiterzuentwickelnden Gebete einer jeweils spezifischen Architektur folgen, den Charakter des öffentlichen Betens der Kirche tragen, von den biblischen Bildern bestimmt werden und insbesondere die aus dem Psalmengebet herrührende eigentümliche Struktur aufweisen, dass die Beter zunächst Gott selbst die entscheidenden Heilstatsachen vorhalten, bevor er den Betenden diese wiederum zueignet und sie so in Glieder seines Volkes und damit in die Kirche verwandelt.

Die rituelle Logik des Gottesdienstes als Übungsweg des Gebetes besteht im übenden Abschreiten eines in seiner Fülle vollständigen kirchenjahresorientierten Gebetsweges.[21] Die einzelnen Gebete speisen sich aus biblischen Texten, aus Elementen aus der Frühzeit des Christentums und aus der gottesdienstlichen Tradition, die über dem Vollzug bewahrt bleiben und gerade so aus ihrer möglichen Musealität geholt werden. Dazu gehören auch die sogenannten Klangwörter des Evangeliums und deren differenzierter Gebrauch wie Loben, Preisen, Anbeten, Bekennen, Segnen, Bereiten. Klangwörter brauchen sich nicht auf, sondern entfalten sich in den Betenden und befördern die Imagination des Evangeliums. Biblische Bilder und Topoi werden betend wachgehalten und vor dem Vergessen und Verstummen bewahrt. Über die unterschiedlichen Gottesanreden hält die Vielfalt der Gebete im Ablauf des Gottesdienstes zugleich auch die verschiedenen Gottesnamen der biblischen und heilsgeschichtlichen Tradition in ihrer Schönheit und Vielfalt wach.[22]

---

[19] A.a.O., 19.

[20] A.a.O., 28.

[21] Vgl. RASCHZOK (wie Anm. 1), 59–94 (Die Tiefenstruktur des lutherischen Gottesdienstes).

[22] Vgl. den von den EKD-Kirchen einhellig abgelehnten Entwurf: Die Taufe. Entwurf zur Erprobung. Taufbuch für die Union Evangelischer Kirchen in der EKD. Agende III, Teilband

Mittels dieses differenzierten Betens treten die Gottesdienst Feiernden in einen Raum der göttlichen Gegenwart ein. Das Eintreten in diesen Raum hat Auswirkungen auf die Feiernden selbst und verändert sie. Aus den Einzelnen wird die betende Kirche. Gottesdienst zielt so auf die Verwandlung der Feiernden in die Kirche. Die Kirche betet, lobpreist und handelt – aber sie wird Kirche erst über der gottesdienstlichen Feier. Gottesdienst als Übungsweg des Gebetes vollzieht sich in der Begegnung mit der Heiligen Schrift, die das Grundprinzip der betenden Gottesbeziehung vorgibt, in der Praxis des vielfältigen Betens, in der leiblichen Begegnung mit dem dreieinigen Gott, in der Gemeinschaft der Himmel und Erde umspannenden Kirche, in welche die Betenden verwandelt werden und in Verbundenheit mit dem Gottesvolk Israel. Gebete im Gottesdienst werden von den Feiernden im Sinne einer Handlung vollzogen. Mit ihnen werden die Feiernden in Zeiten und Räume versetzt, die ihnen im Alltagsleben erst einmal nicht zugänglich sind. Raum und Zeit werden für einen Augenblick aufgehoben und die am Gottesdienst Teilnehmenden ihren kreatürlichen Bedingungen enthoben. Es kommt zur Weitung des begrenzten eigenen Horizontes durch das übende Abschreiten des gottesdienstlichen Gebetsweges.

4. Gottesdienst als Übungsweg des Gebetes nach der Grundform 1 des Evangelischen Gottesdienstbuches

4.1 Eröffnung und Anrufung

Der Gottesdienst nach der Grundform 1 (Gottesdienst mit Predigt und Heiligem Abendmahl als Mess-Typus)[23] setzt unter dem Glockenläuten mit Akten des *vorbereitenden Betens* ein. Die Liturgin oder der Liturg beten zusammen mit den Mitgliedern des liturgischen Teams (Mesner bzw. Mesnerin, Kantor bzw. Kantorin, Lektor bzw. Lektorin, Abendmahlshelfer bzw. Abendmahlshelferin) in der Sakristei um einen gesegneten gemeinsamen Dienst. Sind außer dem Liturgen oder der Liturgin keine weiteren Mitglieder des liturgischen Teams an der Leitung des Gottesdienstes beteiligt, tritt an die Stelle des gemeinsamen Sakristeigebetes ein stilles persönliches Gebet. Parallel dazu bereiten sich auch die Feiernden auf ihren Plätzen im Kirchenraum betend auf den gemeinsamen Gottesdienst vor. Herkömmlicherweise geschieht dies stehend und im Stillen, bevor die Feiernden mit-

1 der VELKD für evangelisch-lutherische Kirchen und Gemeinden, Hannover 2018, der für die Form I den vom Liturgischen Ausschuss der VELKD unternommenen Versuch dokumentiert, in den Gebetsanreden der Vielfalt der biblischen Gottesnamen zu entsprechen.

[23] Zur Veranschaulichung wird auf Gebetstexte aus dem Evangelischen Gottesdienstbuch (wie Anm. 1) und aus Gottesdienst Feiern (wie Anm. 1), der aktuellen Ringbuchagende der Evangelisch-Lutherischen Kirche in Bayern, zurückgegriffen.

tels der Liedanschlagtafeln ihr Gesangbuch durch die eingelegten Bändchen präparieren und teilweise bereits die im Gottesdienst gesungenen Lieder meditieren oder memorieren. Die zweite, nun gemeinsame Phase des vorbereitenden Betens setzt im Kirchenraum nach dem eröffnenden trinitarischen Votum und der Salutation als wechselseitigem Gruß mit dem Zuspruch von Gottes Gegenwart im jeweiligen Handeln und mit dem Rüstgebet bzw. Confiteor ein. Liturgin bzw. Liturg und feiernde Gemeinde vergewissern sich gegenseitig darin, dass sie zum Gottesdienst allein aus Gottes erbarmender Gnade und nicht aufgrund ihrer Leistung oder Würdigkeit vor Gott zusammenkommen können: Auf das »Wir sind versammelt, um Gottes Wort zu hören und das Mahl des Herrn miteinander zu feiern. Gott begegnet uns in seiner großen Güte. Vor ihm erkennen wir, was uns schuldhaft von ihm trennt. Darum lasst uns um seine Barmherzigkeit bitten« sprechen Liturg/in und Gemeinde zusammen: »Der allmächtige Gott erbarme sich unser. Er vergebe uns unsere Sünde und führe uns zum ewigen Leben. Amen.«[24] Zur Besonderheit des Rüstgebetes oder Confiteors gehört, dass an dieser Stelle Gott noch nicht direkt angesprochen wird, sondern sich das Gebet zwar bereits vor ihm, aber noch in der indirekten Rede vollzieht. Diese betont den grundsätzlichen unendlichen Abstand zwischen Mensch und Gott, welcher immer wieder neu der von Gott her geschehenden Überwindung bedarf, die über dieser Weise des Betens zugesprochen wird.

Insgesamt schreiten die Gottesdienst Feiernden im Teil A. Eröffnung und Anrufung eine Sequenz von Gebeten ab, die sich hin zur direkten Gottesanrede im Du des Tagesgebets steigert, von der indirekten Rede vor Gott im Rüstgebet bzw. Confiteor über die an die Rede Israels an Gott in den Psalmen anknüpfende Weise des Gebetes und dem Einstimmen in das Gloria der Engel auf dem Hirtenfeld von Bethlehem mit dem zunächst unendlichen Abstand zwischen Gott und Mensch hin zur Klarheit des Tagesgebetes und seiner unmittelbaren persönlichen Gottesanrede im Du. Die indirekte Rede spricht etwas vor Gott aus, ohne ihn bereits direkt anzusprechen. Es handelt sich um ein Beten im ehrfürchtigen Abstand und um eine betende Annäherung, die sich zunächst der Worte Israels und der Engel bedient.

Der nach der Kirchenjahreszeit wechselnde Psalm bzw. Introitus führt in das *biblische Beten* in der Gemeinschaft mit Israel als dem erstberufenen Gottesvolk und wird mit dem Gloria patri »Ehre sei dem Vater und dem Sohn und dem Heiligen Geist, wie im Anfang, so auch jetzt und alle Zeit und in Ewigkeit. Amen«[25] als Zeichen der Zugehörigkeit der christlichen Gemeinde zum Volk Gottes abgeschlossen. Das Gloria patri darf nicht als Zeichen der Bemächtigung oder der Ausgrenzung Israels durch uns Christen missverstanden werden.

Kyrie und Gloria führen schließlich in das *lobpreisende Beten*. Das Kyrie als Huldigungsruf und Bitte um göttliches Erbarmen greift den griechischen Kyrios-

---

[24] Evangelisches Gottesdienstbuch, 88.

[25] A.a.O., 89.

Titel für Christus aus der Heiligen Schrift auf. Es ist eine ehrfurchtsvolle Gottesanrede, die wie auf Knien vollzogen und in der der Herrscher der Welt um sein Erbarmen angerufen wird. Im Gloria stimmen die Feiernden mit dem »Ehre sei Gott in der Höhe und auf Erden Fried, den Menschen ein Wohlgefallen« in den Lobgesang der Engel und himmlischen Chöre auf dem Hirtenfeld bei Bethlehem nach Lukas 2,13–14 mit ein. Auch hier beten sie mit Worten der Heiligen Schrift und entfalten die Heilsgeschichte im Lobpreis durch eine Kumulation der verschiedenen Gottesprädikate in der Haltung der ehrfürchtigen lobpreisenden Anrede: »Wir loben dich, wir beten dich an, wir preisen dich, wir sagen dir Dank um deiner großen Ehre willen, Herr Gott, himmlischer König, Gott, allmächtiger Vater, Herr, eingeborner Sohn, Jesu Christe, du Allerhöchster. Herr Gott, Lamm Gottes, ein Sohn des Vaters, der du hinnimmst die Sünd der Welt: erbarm dich unser [...], der du sitzest zu der Rechten des Vaters: erbarm dich unser. Denn du bist allein heilig, du bist allein der Herr, du bist allein der Höchst, Jesu Christe, mit dem Heilgen Geist in der Herrlichkeit Gott des Vaters.«[26]

Die Gebetssequenz erreicht schließlich mit dem dem *heilsgeschichtlichen Beten* zuzuordnenden Tages- bzw. Kollektengebet einen ersten Höhepunkt an betender Klarheit gegenüber dem göttlichen Du. Kurzformeln des Glaubens werden darin betend eingeübt. Die Kunst besteht in der Beschränkung auf ein einziges Gebetsanliegen, das aus einer göttlichen Eigenschaft oder Heilstat abgeleitet wird. Das kirchen- und festjahresjahresbezogene Tagesgebet folgt dabei einem immer gleichbleibenden Aufbau: Auf die der Fülle der biblischen Gottesanreden entnommene Anrede (a) folgt eine Aussage über Gottes Heilswirken (b), aus der eine spezifische Bitte abgeleitet (c) und durch einen Folgesatz im Blick auf unser deshalb von Gott erhofftes Verhalten weitergeführt wird (d). Die trinitarische Konklusion (e) schließt das klar aufgebaute Tagesgebet ab, das mit dem Amen der Feiernden bekräftigt und zum gemeinsamen Gebet gemacht wird (f): »Lebendiger Gott (a), durch die Auferstehung deines Sohnes hast du dem Tod die Macht genommen und sagst heute aller Welt den Sieg des Lebens an (b). Öffne unsere Ohren, bewege unsere Herzen (c) und lass uns einstimmen in das Osterlob deiner Zeugen (d). Durch unseren Herrn Jesus Christus, der mit dir und dem heiligen Geist lebt und herrscht in Ewigkeit (e). Amen (f).«[27]

Das Tagesgebet darf nicht mit dem Eingangsgebet aus der verkündigungsorientierten Grundform 2 des Evangelischen Gottesdienstes verwechselt werden, das ausschließlich der Einstimmung in den Gottesdienst und der Bitte um eine von Gottes Gegenwart gesegneten Feier dient und in der Regel ohne Kirchenjahresbezug gebetet wird. Es handelt sich um ein bibeltext- und heilsgeschichtlich gebundenes Beten, das die Schönheit der biblischen Gottesanreden und der göttlichen Heilsgeschichte nutzt und eine Haltung der Gewissheit und des Vertrauens zum Ausdruck bringt.

---

[26] A.a.O., 92f.

[27] Gottesdienst feiern, Bd. I, für Ostersonntag, 243.

4.2 Verkündigung und Bekenntnis

Verkündigungsbezogenes, hymnisches und *interzessorisches Beten* bestimmen die nächste Phase des Gottesdienstes nach dem Mess-Typus. Zum *verkündigungsbezogenen Beten* gehören die lesungsbegleitenden Voten und Rufe sowie die verschiedenen Gebete des sogenannten Kanzelauftrittes wie das Kanzelgebet um den Segen des Predigtwortes und das Predigtschlußgebet, das die Möglichkeit bietet, die Anliegen der Predigt noch einmal betend vor Gott zu entfalten. Die Präsenz des göttlichen Wortes löst eine Haltung des ehrfürchtigen Lesens wie Zuhörens aus. Sie bezeugt dem, der in den biblischen Lesungen handelt, den Respekt der Feiernden. Der die Predigt umschließende Kranz der Gebete lässt ahnen, dass es in ihr um das Gotteswort im Menschenwort geht. Predigtbegleitende Voten und Gebete wie Kanzelgruß, Bitte um den Segen des göttlichen Wortes, Predigtschlussgebet und Kanzelsegen bringen gegenüber Gott die Erwartung zum Ausdruck, dass er durch die schriftauslegende menschliche Predigt selbst zu Wort kommt.

Die Lesung aus dem Alten Testament und die Epistel können mit dem wechselseitigen Votum zwischen Lektor/in und Gemeinde: »Worte der Heiligen Schrift.« »Gott sei Lob und Dank«[28] beschlossen werden. Im dreifach wiederholten Halleluja stimmen die Feiernden gemeinsam mit den himmlischen Heerscharen in den mit einem kirchenjahresbezogen wechselnden Psalmwort verbundenen Lobpreis ein und treten in den Modus des *hymnischen Betens* ein: »Halleluja, Halleluja, Halleluja. Herzlich lieb habe ich dich, HERR, meine Stärke! HERR, mein Fels meine Burg, mein Erretter! Halleluja, Halleluja, Halleluja.«[29] Das Evangelium wird mit dem zwischen Lektor/in und Gemeinde im Wechsel gesprochenen oder gesungenen »Ehre sei dir Herr.« »Lob sei dir, Christus«[30] beschlossen. Prediger bzw. Predigerin grüßen in der Vollform des Kanzelauftrittes die Gemeinde mit dem Kannzelgruß »Gnade sei mit euch und Friede von Gott, unserm Vater, und dem Herrn Jesus Christus.« Sie bitten anschließend vor der Verlesung des biblischen Predigttextes: »Lasst uns in der Stille um den Segen des Wortes bitten«, beenden die Lesung mit »Der Herr segne an uns dies Wort« und können die Predigt vor dem Kanzelsegen »Der Friede Gottes, welcher höher ist als alle Vernunft, bewahre eure Herzen und Sinne in Christus Jesus« mit einem Gebet beschließen, das für den Dienst des göttlichen Wortes an der Gemeinde dankt und gegebenenfalls Anliegen der Predigt betend vor Gott aufnimmt.[31] Die Gemeinde eignet sich auch die Gebete des sogenannten Kanzelauftrittes mit ihrem jeweiligen »Amen« an.

---

[28] Evangelisches Gottesdienstbuch, 98.

[29] A.a.O., 99, Psalm 18,2 für den 2. Sonntag nach Trinitatis.

[30] Evangelisches Gottesdienstbuch, 101.

[31] Vollform nach Agende für evangelisch-lutherische Kirchen und Gemeinden. Band I: Der Hauptgottesdienst mit Predigt und heiligem Abendmahl und die sonstigen Predigt- und Abendmahlsgottesdienste. Ausgabe Bayern, Berlin 1957, 208f., hier sprachlich geglättet. Evangelisches Gottesdienstbuch und Gottesdienst feiern verzichten weitgehend auf die Elemente des sogenannten Kanzelauftrittes.

Die Abkündigungen stellen kein durch gelegentliche Gebetseinschübe unterbrochenes Info-Board für Veranstaltungen der Kirchengemeinde und für die Nennung von Gemeindegliedern, die getauft oder getraut werden oder verstorben und bestattet worden sind, dar. Funktion der Abkündigungen ist nichts anderes als die Nennung von Anliegen, die der Fürbitte der versammelten Feiernden empfohlen werden. Diese müssen nicht unmittelbar in das Fürbittgebet im Gottesdienst aufgenommen, sondern können auch mit hinaus in den persönlichen Gebetsalltag getragen werden. Die diesem Verständnis entsprechende Einführung lautet dann nicht: »Wir laden herzlich ein zu den Gottesdiensten und Veranstaltungen der heute beginnenden Woche«, sondern: »Wir nehmen die folgenden Anlässe, Gottesdienste, Veranstaltungen und Personen in unsere Fürbitte mit auf.«

Das entweder vor oder nach der Predigt vollzogene Glaubensbekenntnis (Credo), das wie ein Hymnus nicht angesagt oder eingeleitet, sondern nur mit seiner ersten Zeile vom Liturgen oder dem Lektor angestimmt wird, gehört zum *hymnischen Beten*. Es entfaltet vor dem dreieinigen Gott lobpreisend die gesamte Heilsgeschichte. Im Mess-Typus steht zudem das Nicaeno-Konstantinopolitanum mit seinem »Wir glauben« und nicht das Apostolikum mit seinem aus der Taufe herrührenden »Ich glaube« im Mittelpunkt.

Das *interzessorische Beten* bestimmt schließlich die Fürbitten bzw. das Allgemeine Kirchengebet, das ähnlich wie das Tagesgebet einem festen Aufbau bzw. einer festliegenden Reihenfolge der Anliegen folgt, die fürbittend vor Gott getragen werden. Diese folgt den Bitten des Vaterunsers im Sinne eines Modellgebets, während das Vaterunser selbst in das eucharistische Beten gehört. Die Reihenfolge der Anliegen setzt mit den Bitten um das Kommen des Reiches Gottes ein, gefolgt von den Bitten um die Ausbreitung des Evangeliums und den Dienst an und in der Kirche, für Staat und Gemeinwesen und insbesondere für den Frieden auf der Welt, für Haus und Beruf, für Notleidende aller Art und am Ende für die versammelte gottesdienstliche Gemeinde, zu der auch die bereits Heimgegangenen gehören, derer immer in den Fürbitten gedacht werden sollte. Es ist der Ort, an dem die versammelte und zur Kirche gewordene gottesdienstliche Gemeinde einen stellvertretenden Liebes-Dienst an Gesellschaft und Welt übt. Das Allgemeine Kirchengebet enthält keine meditativen Anteile und stellt auch keine Weiterführung der Anliegen aus der Predigt dar. Mit dem Fürbitt- bzw. Allgemeinen Kirchengebet tritt die Kirche betend vor Gott in Jesu Nachfolge für die einzelnen Anliegen ein und vollzieht das Gebet der Kirche, in welche die Gottesdienst Feiernden verwandelt worden sind.

4.3 Abendmahl

Im Abendmahlsteil folgen auf das *gabenbezogene* das *lobpreisende* und das *eucharistische Beten*. Auch sie gehorchen wiederum einer jeweils spezifischen Architektur. Das *gabenbezogene Beten* begleitet die Bereitstellung der Abendmahlsgaben und bittet um deren gesegnete Verwandlung einschließlich der Feiernden in Leib und Blut Christi. Der seit Hippolyt von Rom um 215 nach Christus übliche Präfationsdialog und die Präfation selbst vollziehen die Vereinigung des hier auf Erden gefeierten mit dem himmlischen Gottesdienst und werden durch ein lobpreisendes bekennendes Beten bestimmt. Beim Großen Lobgebet (Präfation) folgen auf einen immer gleichen Eingangsteil (I) ein nach Kirchenjahr oder Anlass mit Bezug auf die Stationen des Heilshandelns Christi wechselnder Mittelteil (II) und ein Schlussteil, der die jetzt einsetzende Vereinigung des himmlischen und des irdischen Gottesdienstes ausspricht (III), die im Dreimalheilig (Sanctus) vollzogen wird und die gesamte Abendmahlsfeier über andauert. Das Sanctus als Lobpreis des Himmel und Erde verbindenden Gottesdienstes schließt auch die Heimgegangenen mit ein. Zeit und Raum sind für den Augenblick der gottesdienstlichen Feier wie aufgehoben.

Bei der Bereitstellung der Abendmahlsgaben beten Liturg oder Liturgin: »Himmlischer Vater, heilige dieses Brot und diesen Wein, damit sie uns Zeichen des neuen Lebens werden in Christus. Wie aus vielen Körnern das Mehl gemahlen und ein Brot daraus gebacken wird und wie aus vielen Beeren gekeltert Wein und Trank fließ, so lass uns alle in diesem Mahl ein Leib werden in Jesus Christus, in dem wir uns einander schenken und hingeben.«[32] Im Präfationsdialog vollzieht sich eine wechselseitig zugesprochene Beziehungsvergewisserung: »Der Herr sei mit euch – und mit deinem Geiste«, »Die Herzen in die Höhe – wir erheben sie zum Herrn.« »Lasst uns Dank sagen dem Herrn, unserm Gotte – das ist würdig und recht.« Beim Präfationsgebet bitten die versammelten Feiernden durch Liturg oder Liturgin: »Wahrhaft würdig ist es und recht, dass wir dich, heiliger Herr, allmächtiger Vater, ewiger Gott, zu allen Zeiten und an allen Orten loben und dir danken durch Jesus Christus, unsern Herren. (I) Ihn hast du gesandt zu deinem Volk, damit es das Kommen seines Heils erfahre und erfüllt werde, was verheißen haben die Propheten (II). Darum loben die Engel deine Herrlichkeit, beten dich an die Mächte und fürchten dich alle Gewalten. Dich preisen die Kräfte des Himmels mit einhelligem Jubel. Mit ihnen vereinen auch wir unsere Stimmen und bekennen ohne Ende (III): Heilig, heilig, heilig [...].«[33]

Im Dreimal Heilig (Sanctus) »Heilig, heilig, heilig ist der Herr Zebaoth. Alle Land sind seiner Ehre voll. Hosianna in der Höhe. Gebenedeit sei, der da kommt im Namen des Herrn. Hosianna in der Höhe«[34] fallen der immerwährende Gesang der Engel und himmlischen Mächte vor Gottes himmlischem Thron aus der Berufungsvision des Propheten Jesaja (Jes 6,3) und das »Hosianna« der Menge beim Einzug Jesu in Jerusalem (Mt 21,9) ineinander. Es ist der Lobgesang der Kirche, der Schöpfung und Kosmos einbezieht.

---

[32] Evangelisches Gottesdienstbuch, 109.

[33] Gottesdienst feiern, G1, 30–32 und De-tempore-Einschub für die Adventssonntage, 291.

[34] Gottesdienst feiern, G1, 33.

Das im engeren Sinne *eucharistische Beten* umfasst als ein mögliches Modell[35] das zweiteilige Abendmahlsgebet, welches die Einsetzungsworte und das Christuslob der Gemeinde umschließt. Beide Teile des Abendmahlsgebetes folgen wiederum einem festen Aufbau. Zum Abendmahlsgebet I mit dem Charakter der Epiklese gehören der Dank für Gottes Schöpfung in der Aufnahme des Schöpferlobs, für die Heilsgeschichte und Bundestreue, die Nennung und Entfaltung der Stationen des Heilswirkens Christi und die Einsetzungsworte, die Teil des Abendmahlsgebetes werden können: »Wir loben dich, Herr des Himmels und der Erde. Du hast dich über deine Geschöpfe erbarmt und deinen Sohn Mensch werden lassen. Wir danken dir für die Erlösung, die er am Kreuz für uns vollbracht hat. Wir bitten dich: Sende auf uns herab den Heiligen Geist, heilige und erneuere uns an Leib und Seele, damit wir unter diesem Brot und Wein Leib und Blut Christi zu unserem Heil empfangen, wenn wir tun, was er uns geboten hat.«[36]

Auch die Einsetzungsworte (Verba testamenti) lassen sich als zentrales Ereignis des Heilswirkens Gottes und damit ihre Verlesung als Teil des großen Gebetshandelns im Abendmahl verstehen. Das Evangelische Gottesdienstbuch setzt deshalb an dieser Stelle äußerst zurückhaltend ein »Denn« in eckige Klammern, welches dem »unser Herr Jesus Christus in der Nacht da er verraten ward« vorangeht und damit die Möglichkeit bietet, die Einsetzungsworte betend zu interpretieren.[37] Auf die Einsetzungsworte folgen das bekennende Christuslob der Gemeinde: »Groß ist das Geheimnis des Glaubens: Deinen Tod, o Herr verkündigen wir und deine Auferstehung preisen wir, bis du kommst in Herrlichkeit« als betender Zwischenruf mit Christusanrede. Die eucharistischen Gebete richten sich bis zum Agnus Dei sonst jedoch durchgängig an Gott Vater durch Christus, der mit den Feiernden in der Kraft des Heiligen Geistes betet. Das Vaterunser vollzieht in besonderer Weise ein Beten mit Christus vor dem Vater. Von Christus, der gegenwärtig wird, wird nur vermittelt zum Vater im Heiligen Geist gesprochen. Christus wird in diesem Geschehen gegenwärtig, gerade deshalb aber nicht angeredet, weil Gottvater der Handelnde bleibt. Die Anrede an Gott-Vater im eucharistiebezogenen Beten ist nicht zufällig und kann nicht ohne Folgen für den inneren Zusammenhang des Abendmahlsgeschehens durch die Christus-Anrede, die persönlicher und näher klingen mag, ausgetauscht werden.

Zum anschließenden Abendmahlsgebet II mit dem Charakter der Anamnese gehören das Gedenken der zentralen Stationen des Heilswirkens Christi, die Bitte um den Heiligen Geist, der die Empfangenden in der Gemeinschaft der Kirche zum Zeugnis und Dienst in der Welt befähigt und die Hoffnung auf die endzeitliche

---

[35] In der Tradition der lutherischen Kirchen sind verschiedene Varianten des eucharistiebezogenen Betens möglich, auf die in diesem Zusammenhang nicht näher eingegangen wird. Die hier vorgelegte Nachzeichnung des Abendmahlsteils folgt der sogenannten »Ersten Form« der Grundform 1 des Evangelischen Gottesdienstbuches.

[36] Evangelisches Gottesdienstbuch, 113.

[37] Vgl. Raschzok (wie Anm. 6), 169–194 (Der Streit um das Eucharistiegebet in den Kirchen der Reformation).

Vollendung wach hält, das Amen der feiernden Gemeinde, das Vaterunser als Gebet der Gemeinschaft mit dem Auferstandenen und das »Christe, du Lamm Gottes« (Agnus) als *lobpreisendes Gebet* gegenüber dem in Brot und Wein gegenwärtigen Auferstandenen: »So gedenken wir, himmlischer Vater, deines Sohnes, wir gedenken seines Leidens und Sterbens. Wir preisen seine Auferstehung und Himmelfahrt und vertrauen auf seine Herrschaft über alle Welt. Wir bitten dich, Gott: Wie alle, die seinen Leib empfangen, ein Leib sind in Christus, so bringe deine Gemeinde zusammen von den Enden der Erde und lass uns mit allen Gläubigen voll Freude das Mahl feiern in deinem Reich. Durch Jesus Christus sei dir im Heiligen Geist Preis und Anbetung jetzt und immerdar und von Ewigkeit zu Ewigkeit.«[38] Das Vaterunser vollzieht die Gemeinschaft mit dem Auferstandenen, so dass unmittelbar im Anschluss der göttliche Friede eintreten und gegenseitig weitergegeben werden kann. Beim »Christe, du Lamm Gottes« (Agnus) werden die Feiernden vor dem Thron des Lammes aus der Offenbarung des Johannes zur Anbetung versammelt und in die Schau des Sehers Johannes aus der Apokalypse entführt. Gedenken und Bitten im Rahmen des *eucharistiebezogenen Betens* beziehen sich auf den engen Kreis derer, die zur Kirche gehören, im Unterschied zu den Fürbitten, die einem weiteren Kreis darüber hinaus gelten.

Zur Austeilung der Abendmahlsgaben treten die Feiernden in einer betend-ehrfürchtigen Haltung an den Altartisch, lassen sich die Gegenwart des Auferstandenen in Brot und Wein persönlich zusprechen und bringen, wie noch an zahlreichen Orten üblich, diese Ehrfurcht dem in und über den Elementen gegenwärtigen Christus durch eine Verneigung gegenüber den Elementen beim Herantreten und Verlassen des Altartisches körpersprachlich zum Ausdruck. Die Austeilung des Heiligen Abendmahls wird mit dem begrifflich knapp und präzise formulierten Dankgebet für die im Abendmahls zugewendeten Heilsgaben beschlossen. Auch dieses ist schlicht und elementar aufgebaut: »Wir danken dir, allmächtiger Herr und Gott, dass du uns durch deine heilsame Gabe erquickt hast, und bitten dich: Lass sie in uns wirksam werden zu starkem Glauben an dich und zu herzlicher Liebe unter uns allen. Durch unsern Herrn Jesus Christus, deinen Sohn, der mit dir und dem Heiligen Geist lebt und regiert von Ewigkeit zu Ewigkeit.«[39] Über die von ihr innerlich wie dezidiert mitgesprochenen Gebete ist die feiernde Gemeinde durchgängig durch ihr bestätigendes Amen, das ihr vom Liturgen oder der Liturgin nicht abgenommen werden darf, an den einzelnen Gebeten beteiligt.

Zu den besonderen Kennzeichen des *eucharistischen Betens* gehören die Klangwörter des Evangeliums als Schlüsselformulierungen, die dem eucharistischen Beten in der tradierten gottesdienstlichen Sprache weitgehend vorbehalten sind: Loben, Danken, Preisen, Einstimmen, Gedenken, Bitten, wahrhaft, würdig und recht, billig und heilsam usw. Über dem eucharistischen Beten wird in besonderer Weise ein Beziehungsnetz geknüpft, indem die Christusbeziehung verfloch-

---

[38] Evangelisches Gottesdienstbuch, 116f.

[39] A.a.O., 120.

ten wird in die Beziehung zu Gottvater durch den Heiligen Geist, zu den Verstorbenen, zu den Engeln und der himmlischen Welt, zu den Mitmenschen, zu den Mitgeschöpfen und der Schöpfung wie zu Israel als dem ersterwählten Gottesvolk. Für einen Augenblick kehrt der Einklang mit Gottes Schöpfung und ihren Geschöpfen wieder zurück, der mit der Vertreibung aus dem Paradies verloren gegangen ist.

4.4 Sendung und Segen

Wechselgruß (Salutation), die Entlassung mit nochmaliger Danksagung (Benedicamus) und einem kurzen Preisen und Rühmen der göttlichen Gegenwart: »Gehet hin im Frieden des Herrn« »Gott sei Lob und Dank« und auch der über den Feiernden ausgebreitete Aaronitische Segen: »Der Herr segne dich und behüte dich. Der Herr lasse sein Angesicht leuchten über dir und sei dir gnädig. Der Herr erhebe sein Angesicht auf dich und gebe dir Frieden« mit dem beschließenden »Amen« der Feiernden sind Teil des den offiziellen Gottesdienst beschließenden *segens- und sendungsbezogenen Betens*, das wieder zurück in den Lebensalltag führt und begleitet. Spiegelbildlich zum parallelen vorbereitenden Beten teilt sich das *nachbereitende Beten* auf zwei Orte wie Personengruppen auf: das stille Gebet der Feiernden an ihren Plätzen vor dem Verlassen des Kirchenraumes beim Orgelnachspiel und des währenddessen aus dem Kirchenraum ausgezogenen liturgischen Teams in der Sakristei, bei dem vor Gott noch einmal dankend auf die Feier des Gottesdienstes zurückgeblickt wird. Eine persönliche Begegnung an der gottesdienstlichen Feier Beteiligten kann sich danach im Vorraum der Kirche oder auf dem Kirchenvorplatz anschließen.

5. Eine Typenlehre gottesdienstlichen Betens

Wird der lutherische Gottesdienst mit Predigt und Heiligem Abendmahl nach dem Mess-Typus als Übungsweg des Gebetes verstanden, so begegnen in ihm die verschiedenen Modi des Betens: das vor- und nachbereitende Beten, das stille Beten, das lobpreisende Beten, das biblische Beten (Psalmen), das schriftbezogene und schriftbetrachtende Beten, das heilsgeschichtlich orientierte Beten, das verkündigungsbezogene Beten, das hymnische Beten, das interzessorische Beten, das eucharistische Beten als gabenbezogenes, lobpreisendes, anamnetisches und epikletisches, Himmel und Erde (einschließlich der Verstorbenen) verbindendes Beten, das segensbezogene Beten, das choralische Beten (da viele Choräle in Gebetsform als Gottesanrede gestaltet sind) und das wiederholende Beten (Gebetsrufe, Kurz- und Stoßgebete). Dem persönlichen Beten wird in den »stillen Gebeten« Raum gewährt. Die persönlichen Gebetsmodi vermischen sich jedoch nicht mit den übrigen gottesdienstlichen Gebeten. Im Gottesdienst nach dem Modell der Lutherischen Messe (= G 1) wird auf diese Weise ein gemeinsamer Ubungsweg[40] des Glaubens beschritten, der die Gottesbegegnung in Wort und Sakrament insbesondere über die Fülle des Betens und seiner Formen erschließt und die Übenden an der biblisch fundierten Heilsgeschichte aktiv teilhaben lässt. Sie setzen sich im Gottesdienst darüber der biblischen Bilderwelt aus und treten in die »Imagination des Evangeliums« (Konstanze Kemnitzer[41]) als einen sie ergreifenden Prozess ein, der sie selbst wiederum lebensfähig für die Bewältigung ihres Alltags macht. Insofern ist der Gottesdienst nach dem Modell der Grundform 1 eine Lebensform und keine Vermittlung von Informationen oder Impulsen über den christlichen Glauben.[42] Er bedarf jedoch des Erlernens und der Einübung in seine spezifische rituelle Logik, da er sich nicht von selbst erschließt. Diese beschränkt sich nicht, wie das Evangelische Gottesdienstbuch von 1999 annahm, auf gleichbleibende ablauforientierte Grundstrukturen, sondern schließt insbesondere die Architektur der verschiedenen nacheinander abgeschrittenen Gebetsmodi wesentlich mit ein, die einer kreativen und jeweils sich neu weiter entwickelnder gottesdienstlicher leib- und beziehungsorientierter Sprache zu Grunde liegen und diese zugleich mit der Heiligen Schrift und der gottesdienstlichen Tradition verbinden. Gebete werden zudem nicht einfach von schriftlichen Vorlagen abgelesen, sondern leiblich-sinnenhaft vollzogen.

Zugrunde gelegt wurde hier ein liturgiephänomenologischer Zugang, der die Struktur des Mess-Typus nicht aus seinem geschichtlichen Entstehungskontext abzuleiten versucht, sondern am damit verbundenen Erleben ansetzt. Liturgiephänomenologie beschreibt das gottesdienstliche Erleben in seiner Sinnenfältigkeit und nicht in seiner Bedeutung wie auch nicht in seiner Entstehung oder Ursprungsbedeutung. Es geht um die Gegenwart. Rituelle Logik ist die Logik des im Vollzug zu erlebenden und nicht des historisch Gewachsenen. Die Frage lautet: Was tun wir im Gottesdienst?, und nicht: Warum tun wir etwas im Gottesdienst? Die einzelnen Elemente des Gottesdienstes werden nicht aus ihrer (vermeintlichen) Geschichte, sondern aus ihrem Sinnzusammenhang heraus erklärt. Dahinter steht die Erfahrung, dass ein Verständnis des Gottesdienstes in seiner historischen Entwicklungsgeschichte für das Erleben der gottesdienstlichen Feier sich als nur bedingt hilfreich erweist, aber lange Zeit in Kreisen der evangelischen Pfarrerschaft

---

[40] Vgl. CHRISTIAN EYSELEIN/TOBIAS KASPARI (Hrsg.), Glauben üben. Praxisfelder evangelischer Aszetik, FS für Christel Keller-Wentorf, Leipzig 2022.

[41] Vgl. KONSTANZE KEMNITZER, »The Imagination-Loop« als liturgietheoretisches Modell, in: KONRAD MÜLLER/KLAUS RASCHZOK (Hrsg.), Mysterium, Imagination und Emotion. Zur Phänomenologie gottesdienstlichen Erlebens, Leipzig 2023, 87–104.

[42] Vgl. KONRAD MÜLLER, Gesellschaft, Kirche, Diakonie und Gottesdienst. Herausforderungen und Perspektiven, in: HANNS KERNER/KONRAD MÜLLER/KLAUS RASCHZOK (Hrsg.), Gottesdienste und Andachten in ausgewählten Feldern diakonischen Handelns. Eine empirische Studie im Auftrag des Gottesdienst-Instituts der Evangelisch-Lutherischen Kirche in Bayern, Leipzig 2022, 355–380.

im Vordergrund stand und sich hoher Beliebtheit erfreute. Rituelle Logik verdeutlicht das im Vollzug zu Erlebende, nicht das historisch Gewachsene. Sie fragt danach, was wir im Gottesdienst im Sinne der actio tun und nicht, warum wir etwas im Gottesdienst tun. Es geht um das Erschließen dessen, was die Feiernden im Gottesdienst an Handlungen vollziehen. Die Gebete versetzen uns dabei an verschiedene biblisch konnotierte und imaginierte Orte und lassen uns als Feiernde dort jeweils mit in den Lobgesang einstimmen.

Ging Manfred Seitz in seinen Überlegungen zu einer geistlichen Meditation der Liturgie[43] noch von einem weitgehend wortwörtlichen Gebrauch der Agenden aus, so ist sein Ansatz heute im Zeichen einer traditionskontinuierlich orientierten Gottesdienstpraxis dahingehend zu erweitern, dass über die Meditation modellhaft dokumentierter gottesdienstlicher Elemente in den Agenden hinaus zugleich auch die sprachliche wie inhaltliche Architektur der einzelnen Gebete des Gottesdienst mit zu meditieren ist, um sich als Mitfeiernde für ein verantwortliches, dem Allgemeinen Priestertum der Getauften entsprechendes gottesdienstliches Mitbeten geistlich übend zu präparieren.

---

[43] Vgl. Hans-Christoph Schmidt-Lauber/Manfred Seitz (Hrsg.), Der Gottesdienst. Grundlagen und Predigthilfen zu den liturgischen Stücken, Stuttgart 1992 und dort Manfred Seitz, Über das innere Teilnehmen am Gottesdienst. Eine pastoralliturgische Katechese, 259–273.

Ein aszetischer Zugang zur Homiletik

Die »Predigtlehre« (1971) von Rudolf Bohren als geistliche Übungsanleitung

1. Predigt und geistliche Übung

Obwohl Rudolf Bohren 1964 in seiner Einführung in die Praktische Theologie zeitgleich mit Manfred Seitz die Wiederentdeckung der Aszetik als akademischer Teildisziplin propagiert hatte, entwickelte er in der Folge im Gegensatz zu seinem Heidelberger Vorgänger und späteren Erlanger Kollegen keine eigenständige Aszetik weder als Vorlesung, noch in seinen Veröffentlichungen.[1] Stattdessen löste Rudolf Bohren mit seiner 1971 erschienenen »Predigtlehre« das aszetische Desiderat von 1964 vollumfänglich im Sinne der Matrix einer geistlichen Übungsanleitung im Umgang mit dem Wort Gottes ein.[2] Aufgrund seiner reformierten Prägung stellte die Predigt für Bohren in ihrer engen Verbindung von Predigtvorbereitung und Hörereignis der Gemeinde das paradigmatische Zentrum evangelischer Frömmigkeitspraxis dar. Rudolf Bohrens Predigtlehre kommt damit eine bisher in der Forschung nur am Rande beachtete Sonderstellung sowohl innerhalb der homiletischen wie zugleich auch der aszetischen Theoriedebatten zu.[3] Sie aktualisiert

---

[1] Vgl. Klaus Raschzok, Evangelische Aszetik. Zur Wiederentdeckung einer Disziplin der akademischen Praktischen Theologie und ihrer Forschungs- und Lehrgestalt, in: Christian Eyselein/Christel Keller-Wentorf/Gerhard Knodt/Klaus Raschzok (Hrsg.), Evangelische Aszetik. Ein Programm macht Schule, Leipzig 2021, 41–71.

[2] Vgl. Rudolf Bohren, Predigtlehre (1971), München ^{3}1974. Die gegenüber der 1.Auflage von 1971 weitgehend unveränderte 6. Auflage Gütersloh 1993 ist bis heute als book-on-demand beim Verlag lieferbar.

[3] Bezeichnenderweise fehlt Bohren bei Christian Albrecht/Martin Weeber (Hrsg.), Klassiker der protestantischen Predigtlehre. Einführungen in homiletische Theorieentwürfe von Luther bis Lange, Tübingen 2002. Emanuel Hirsch und Ernst Lange dagegen sind eigene Bearbeitungen gewidmet. Auch Alexander Deeg, Ereignis des äußeren Wortes. Die Bedeutung der Predigt für die Praxis evangelischer Spiritualität, in: Peter Zimmerling (Hrsg.), Handbuch Evangelische Spiritualität. Bd. 3: Praxis, Göttingen 2020, 205–230 ignoriert Bohrens Predigtlehre. Lediglich Jantine Nierop, Die Gestalt der Predigt im Kraftfeld des Geistes. Eine Studie zu Form und Sprache der Predigt nach Rudolf Bohrens Predigtlehre (Homiletische Perspektiven 4), Wien/Zürich/Berlin 2008, würdigt als eine der wenigen homiletischen Studien zu Bohren die aszetische Dimension von dessen Predigtlehre.

den im 19. Jahrhundert noch für Wilhelm Löhe selbstverständlichen Zusammenhang von Predigt und geistlicher Übung[4], der in der deutschsprachigen Praktischen Theologie der zweiten Hälfte des 20. Jahrhunderts von Manfred Seitz[5] und zuvor von dessen akademischem Lehrer Eduard Steinwand wachgehalten wurde. Eine wichtige Rolle kommt der Predigt als geistlicher Übung auch in der nordamerikanischen Homiletik etwa bei Jerry L. Schmalenberger[6] zu. Konstanze Kemnitzer und Klaus Raschzok konnten diese aszetische Dimension der Predigt im Zusammenhang der salutogenetischen Funktion des Gottesdienstes für den evangelischen Pfarrberuf schließlich neu akzentuieren.[7]

Im öffentlichen kirchlichen Bewusstsein dagegen spielt die geistliche Dimension der Predigtarbeit und ihre Bedeutung für die Identität des geistlichen Amtes

---

[4] Vgl. Wilhelm Löhe, Der Evangelische Geistliche. Dem nun folgenden Geschlechte evangelischer Geistlichen dargebracht 1852–1858 (GW 3, 2, 7–317), 204: »Die erste Anwendung der Schrift muß auf die eigene Seele geschehen, dann erst auf die Seelen der Gemeinde. So gibt's dann ein Prediger aus der Tiefe der Seele, ein herrliches Reden, das zu Herzen geht [...]«. Daher ist die meditatio bei der Predigt nicht bloß »Studium«, sondern zugleich auch »geistliche Übung«.

[5] Vgl. bei Manfred Seitz, Praxis des Glaubens. Gottesdienst, Seelsorge und Spiritualität, Göttingen 1978 die Aufsätze »Zum Problem der sogenannten Predigtmeditation« (1969), 21–32, und »Der Weg vom Text zur Predigt – gepredigt«, 33–41, sowie Eduard Steinwand, Die Predigtvorbereitung als geistliche Übung. Ein Vortrag vor dem Ferienkurs der Erlanger Fakultät 1956, in: Manfred Seitz (Hrsg.), Verkündigung, Seelsorge und gelebter Glaube. Gesammelte Aufsätze von Eduard Steinwand, Göttingen 1964, 11–22.

[6] Vgl. Jerry L. Schmalenberger, The Preacher's Edge, Lima, Ohio 1996, der vom doppelten Gewinn des Predigens für den Prediger selbst wie für seine Gemeinde spricht. Je älter er werde, umso mehr sei er davon überzeugt, dass Gott das Predigen mindestens in gleicher Weise für den Gewinn des Predigers geschaffen habe als für das, was sich in der gottesdienstlichen Versammlung in der Predigt vollziehe (9). Privileg des geistlichen Amtes sei, wöchentlich in der Predigtvorbereitung Gedanken für die Nöte der Gemeinde zu gewinnen und zugleich immer das eigene Amt wie das eigene Leben refokussieren zu dürfen. Predigerinnen und Prediger verfügten über den Luxus wöchentlicher stiller Zeit und dürften von den täglichen Amtsaufgaben ruhen. »It's almost like a spiritual retreat when we get to feed on the scripture and dialogue directly and anew with the Almighty. As we prepare to preach, we are refreshed, refocused, and reminded of life's priorities [...]. As we go into that period of time called sermon preparation, we learn once more who we are und what our relationship to God, who called us to preach, can be. The others in our community view us as holy people who speak directly for and with God.« (11) Predigt sei daher keine belastende Arbeit im Pfarrberuf, sondern Quelle göttlicher Energie. Dennoch sei sie in der Vorbereitung wie im Vollzug mit körperlich wahrnehmbarer Anstrengung verbunden, da Predigen und mentale Gesundheit in engem Zusammenhang stehen würden (14).

[7] Vgl. Konstanze Kemnitzer/Klaus Raschzok, Salutogenese in der Gottesdienstlehre, in: Andreas von Heyl/Konstanze Kemnitzer/Klaus Raschzok (Hrsg.), Salutogenese im Raum der Kirche. Ein Handbuch, Leipzig 2015, 535–551. Jetzt abgedruckt in: Klaus Raschzok, Lutherische Liturgische Identität. Zur Phänomenologie des liturgisch-räumlichen Erlebens, Leipzig 2020, 175–190. Vgl. auch Klaus Raschzok, Predigt als Leseakt. Essays zur homiletischen Theoriebildung, Leipzig 2014, der insbesondere 27–30 auf die Predigtarbeit als geistliche Übung eingeht.

so gut wie keine Rolle mehr und führt zu einer Infragestellung dieser bisher selbstverständlichen Praxis. Indikatoren dafür sind die im Zusammenhang der Covid-19-Pandemie lauter werdenden Forderungen nach Effektivierung der Predigtarbeit und des Gottesdienstangebotes[8] ebenso wie die Tatsache, dass die Predigtvorbereitung häufig den letzten noch verbliebenen Zeitpuffer im Pfarrberuf darstellt, der keiner Kontrolle unterliegt und für die eigene Frei- bzw. Familienzeit genutzt werden kann. Die rückgängige Zahl traditionskontinuierlicher Sonntagmorgengottesdienste mit bibeltextbezogener Predigt, der pandemiebedingte Zwang zu verkürzten Gottesdienstformaten von maximal 45minütiger Dauer, der seit längerem zunehmende Anspruch ehrenamtlicher wie nicht ordinierter hauptamtlicher Mitarbeitender, selbst verkündigen zu können und zu dürfen sowie das hohe Interesse der Pfarrerschaft an einer Ausbildung in Geistlicher Begleitung trotz des nur geringen Bedarfs an Begleitung in den Kirchengemeinden[9] verstärken

[8] Vgl. dazu die in vielen evangelischen Wochenzeitungen abgedruckte epd-Meldung »Zuwenig Reichweite. Professor: Predigt verschlingt Ressourcen«, z. B. in: Sonntagsblatt. Evangelische Wochenzeitung für Bayern Nr. 16 vom 18. April 2021, 8, in der Heinzpeter Hempelmann einen gerechteren Umgang mit kirchlichen Ressourcen fordert. »Er kritisiert, dass die größte Masse der personellen Ressourcen – nämlich die Pfarrerinnen und Pfarrer – zur Versorgung eines immer kleiner werdenden Teils der Kirchenmitglieder eingesetzt werden. So binde das Vorbereiten und Halten der Sonntagspredigt bis zu einem Drittel der Arbeitszeit, erreiche aber nur zehn bis zwanzig Personen.« Ähnlich 2019 die Kirchgangsstudie der Liturgischen Konferenz (Liturgische Konferenz, Kirchgangsstudie 2019. Erste Ergebnisse (pdf-Download www.liturgische-konferenz.de, Abruf 22.8.2020), 23: »Der normale Sonntagsgottesdienst, der das öffentliche Bild des Gottesdienstes nach wie vor stark prägt, ist dagegen nur für eine überschaubare Zielgruppe attraktiv. Seinem Anspruch eines für alle gültigen Hauptgottesdienstes wird er meist nicht gerecht. Angesichts schwindender personeller und finanzieller Ressourcen, vor allem mit Blick auf die geringe Reichweite, sollte vielerorts engagierter und ergebnisoffener über seinen Fortbestand diskutiert werden.« Vgl. auch Dieter Becker, Unnot des Evangeliums. Wie man evangelische Kirche abschafft, in: Deutsches Pfarrerblatt 121 (2021), 304–305; hier: 305: »Gottesdienst ist ja durch die Unnot des Evangeliums lokal unnötig geworden; einerseits durch den sang- und klanglosen Rückzug einer Vielzahl von Pfarrpersonen aus diesem ehemals vehement verteidigten Wichtigkeitsbereich. Die (restliche und schon vor Corona marginale) Anzahl der Gemeindeglieder, die Präsenzgottesdienste besuchten, sind durch die Erfahrungen seit Corona darin bestärkt, dass ›eigentlich‹ sonntags nichts fehlt, weil man ja problemlos auf digitale und mediale Angebote zurückgreifen kann.«

[9] Vgl. Klaus Raschzok, Am Ende einer Bestandsaufnahme. Schlussfolgerungen und Konsequenzen für die evangelische Praxis Geistlicher Begleitung, in: Dorothea Greiner/Klaus Raschzok/Matthias Rost (Hrsg.), Geistlich Begleiten. Eine Bestandsaufnahme evangelischer Praxis, Leipzig 2011, 199–227; hier: 207f.: »Die Leistung einer Ausbildung in Geistlicher Begleitung für Pfarrberuf und Kirche darf nicht auf das zukünftige Erteilen Geistlicher Begleitung fixiert bleiben [...]. Sie dient zunächst einmal der Sprachfindung des Glaubens, der Inkulturation von Frömmigkeit, führt zu einer Veränderung [...] des Gottesdienstes und der Predigt von Pfarrerinnen und Pfarrern.« Geistliche Begleitung entwickelt sich als »Ersatz für die [...] stärker in den Hintergrund tretende wöchentliche Predigtvorbereitung für den traditionskontinuierlichen Gottesdienst als regelmäßiger geistlicher Übung im Pfarrberuf.«

dieses Phänomen und gefährden auf Dauer die geistliche Identität von Pfarrerinnen und Pfarrern.

2. Rudolf Bohren und die Wiederentdeckung der Aszetik als Teildisziplin der Praktischen Theologie 1964

Rudolf Bohren weist in der 1964 erschienenen Einführung in das Studium der evangelischen Theologie der Aszetik bzw. der Lehre vom christlichen Leben unter den sieben Sachgebieten der Praktischen Theologie (Homiletik, Katechetik, Liturgik, Poimenik, Diakonik, Kybernetik) den ersten Rang zu. Er begründet dies damit, dass für »die alten Reformierten [...] theologia practica weitgehend die Lehre von der vita spiritualis (geistliches Leben) der Gemeinde«[10] war. In der Aszetik geht es »um die theologische Grundlage der kirchlichen und weltlichen Existenz des Christen und darum um eine Voraussetzung für alle anderen Sachgebiete. Auch weist die Aszetik darauf hin, dass Theologie nicht ohne persönliche Betroffenheit studiert werden kann.«[11] Die wiedergewonnene Teildisziplin Aszetik hat sich dem Umgang mit der Schrift (meditatio), dem Gebet (oratio) und der Anfechtung (tentatio) zu widmen. »Wendet sich die historisch-kritische Exegese zunächst der Entstehung der Texte zu, so bedenkt die Meditation die Gegenwart und Zukunft des Textes«.[12] Oratio macht deutlich, dass der Theologiestudent auf die Übung des Betens nicht verzichten kann und sich Kenntnis der Gebetsliteratur erwerben muss. Die tentatio schließlich steht dafür, dass die Aszetik von der Anfechtung und darüber von der Erfahrung mit dem Wort zu reden hat. Praktische Theologie übernimmt durch die Aszetik im Haus der Wissenschaft die Stimme der Gemeinde und übt eine Scharnierfunktion aus, da es im Studium der Theologie nicht um eine Einübung in die Praxis, sondern um ein »Aufnehmen und Sehen der kirchlichen Probleme«[13] geht. Der Blick wird nicht auf die Handhabung der zukünftigen Praxis gelenkt, sondern auf die theologischen Fragen und Aufgaben, »die die Praxis stellt«[14]. Diese aus dem Gespräch mit der biblisch-reformierten Tradition entwickelte spirituelle Gestalt der Praktischen Theologie stellt 1964 einen Antwortversuch auf die bedrängenden Herausforderungen einer zunehmend unkirchlicher werdenden Gesellschaft dar. Bohren entwickelt damit einen phänomenologisch-performativen Praxisbegriff zur Imagination komplexer Praxis, an welcher

---

[10] Vgl. RUDOLF BOHREN, Einführung in das Studium der evangelischen Theologie. Unter Mitarbeit von RUDOLF BOHREN/MANFRED LINZ/ROBERT BACH/GEORG EICHHOLZ/JÜRGEN MOLTMANN/KARL GERHARD STECK/ERNST WOLF, München 1964, 25.

[11] A.a.O., 28.

[12] A.a.O., 26.

[13] A.a.O., 24.

[14] Ebd.

er seine Leser partizipieren lässt und in der diese sich dem Wirken des Heiligen Geistes aussetzen. Im Rückblick erhalten Bohrens Ausführungen von 1964 den Charakter von Prolegomena seines praktisch-theologischen Lebensentwurfes.[15]

Anders als Manfred Seitz entfaltet Rudolf Bohren nach 1964 die Aszetik nicht weiter als Teildisziplin der Praktischen Theologie und meidet eine explizite Verwendung des Begriffs.[16] Im Gegensatz dazu lässt sich sein gesamtes praktisch-theologisches Werk als geistliche Übungslehre an der Heiligen Schrift verstehen.[17] Sie wird von ihm jedoch nie als Programm ausgeführt, sondern im Rahmen eines sich um Gottes Ehre bewegenden Horizontes in das Werk eingearbeitet. Aszetik stellt für Bohren damit ein geistliches Prinzip und keine Teildisziplin der akademischen Praktischen Theologie dar. Die Beweggründe dafür, weshalb Bohren Praktische Theologie als Aszetik treibt, ohne den Begriff selbst explizit weiter zu gebrauchen, bleiben offen. Sie könnten mit der unsystematischen, künstlerisch-spontanen Arbeitsweise Bohrens zusammenhängen und wären damit nicht als Abgrenzung zu dessen Heidelberger Lehrstuhl-Vorgänger Manfred Seitz zu deuten.[18]

---

[15] Vgl. Raschzok (wie Anm. 1), 46.

[16] In Bohrens Studien zum Thema Fasten und Askese leuchten nochmals deutliche Rückbezüge zur Aszetik auf (Vgl. Rudolf Bohren, Fasten und Feiern. Meditationen über Kunst und Askese, Neukirchen-Vluyn 1973). Danach fehlen die Bezüge bis zu Rudolf Bohren, Praktische Theologie als Wissenschaftskritik. Anmerkungen zu Günther Grass: »Über das Sekundäre aus primärer Sicht«, in: Predigen aus Leidenschaft, hrsg. von der Evangelischen Akademie Baden, 1996, 79–102, 100: Dort revidiert Bohren den 1964 noch erhobenen Gesamtanspruch der Praktischen Theologie auf die Aszetik: »Ich hatte seinerzeit Aszetik als Fach der Praktischen Theologie postuliert, und ich habe – um meiner selbst willen immer wieder über das Gebet gelesen [...]. Heute möchte ich mein seinerzeitiges Postulat widerrufen. Die Praktische Theologie kann nicht leisten, was der Theologie als ganzer aufgetragen ist, anbetenden Gehorsam zu lehren und vorzuleben.« Vgl. zu Bohren auch Raschzok (wie Anm. 1), 44–46.54–57.

[17] So kommt Psalm 1 im gesamten Werk von hohe Bedeutung zu. Bohrens Grundthese erinnert in immer neuen Variationen daran, dass die Beziehung zur Heiligen Schrift durch Übung wachgehalten wird. Vgl. z. B. Rudolf Bohren, Psalm 1 (1969), in: Ders., Geistvoll. Eine Auslese, hrsg. von Rudolf Landau, Stuttgart 2013, 30–34, 33: »Wenn du nur ein Wörtlein aus dem unendlichen Schatz der Schrift begreifst, dann setze dich dazu wende es hin und her, nage daran und knurre darüber.« Übung ist so lange notwendig, bis ein Bibelvers uns packt: »Wenn Gott uns sein Wort gibt in der Schrift, erfordert das von uns Training wie das Bergsteigen, tägliche und nächtliche Übung.«

[18] Diese auf ein Gespräch mit Manfred Seitz zurückgehende Vermutung habe ich in Raschzok (wie Anm. 1), 54f. vertreten. Dem brieflichen Austausch mit Dr. Rudolf Landau, Bohrens früherem Heidelberger Assistenten, verdanke ich die hier geäußerte alternative Deutung, weshalb Bohren den mit Seitz gemeinsamen Ansatz nicht weitergebaut habe: Bohren »war von der Denk- und Schreib- und Lehrart ganz anders, die beiden sind da sehr unterschieden. Leider haben sie sich nie zu einem langen Gespräch getroffen!« Und: »Ich habe Bohren niemals mehr über Aszetik sprechen hören (außer in dem Beitrag vor der SMD in Marburg, aus dem ›Fasten und Feiern‹ dann entstand – aber da war er schon auf dem langen, unvollendeten Weg zur Theologischen Ästhetik.« (Brief vom 30.6.2021) Landau stellt deshalb infrage, dass Bohren sich in Heidelberg überhaupt von Seitz habe abgrenzen

Vielmehr löst Rudolf Bohren, so meine These, 1971 in der Predigtlehre die 1964 erhobene Forderung einer Wiedergewinnung der Aszetik als Teildisziplin der Praktischen Theologie bereits vollumfänglich ein. Er kann sich von seiner reformierten Prägung her ganz auf die Predigt als zentralen Ort der Frömmigkeitspraxis konzentrieren, während Manfred Seitz aufgrund seiner lutherischen Prägung in der Aszetik den gesamten wahrnehmbaren Glauben im Blick behält. Seitz begründet mit der Aszetik eine wissenschaftliche Disziplin, während für Bohren Aszetik als geistliche Übungslehre im Umgang mit der Heiligen Schrift die implizite Matrix seiner Praktischen Theologie bildet und später in die ästhetische Praktische Theologie transformiert wird. Sie ermöglicht Bohren im Rückblick, die »Predigtlehre« als ein Stück »irregulärer Ästhetik« zu charakterisieren.[19]

Manfred Seitz hatte 1964 zeitgleich zu Bohrens »Einführung in die Praktische Theologie« seine grundlegende Vorlesung »Entwurf einer Lehre vom geistlichen Leben (Evangelische Aszetik)« an der Augustana-Hochschule Neuendettelsau gehalten und in ihr ein explizites Programm einer wissenschaftlichen Aszetik entfaltet. Sein Erlanger akademische Lehrer Eduard Steinwand (1890–1960) dürfte ihn mit den Grundfragen einer wissenschaftlichen evangelischen Aszetik vertraut gemacht haben. Seitz versteht Steinwand unter Rückbezug auf Bohrens Einführung von 1964 als aszetischen Theologen, dessen gesamte Praktische Theologie »von einer geistlichen Haltung und von dem Bestreben dazu zu erziehen«[20] getragen gewesen sei. Prägend für die Ausarbeitung einer evangelischen Aszetik wird für Manfred Seitz auch die intensive Beschäftigung mit der katholischen aszetischen Literatur und der in ihr enthaltenen wissenschaftlichen Anleitung zum geistlichen Leben. Den eigentlichen Schlüssel für seine Aszetik findet Seitz aber bei Otto Zöckler (1833–1906), dem Greifswalder Ordinarius für Dogmatik und Apologetik.[21] Bei ihm entdeckt Seitz sein eigentliches Vorbild einer wissenschaftlichen evangelischen Aszetik. Durchgängig zielt damit die Annäherung an die Aszetik bei Seitz im Gegensatz zu Bohren immer auf die Wiedergewinnung einer akademischen Disziplin der Praktischen Theologie. Manfred Seitz arbeitet bis zu seinem Tod auf den verschiedensten Ebenen konsequent weiter am Proprium einer evangelischen Aszetik.[22]

---

wollen. Das hätte nicht zu seiner Persönlichkeit gepasst. Seitz wäre in Heidelberg überhaupt nicht im Blickfeld Bohrens gewesen und komme auch in dessen Vorlesungen und Büchern nicht vor, da Bohren Seitz wahrscheinlich nicht oder nur sporadisch gelesen habe (Brief vom 10.7.2021).

[19] Vgl. Rudolf Bohren, Daß Gott schön werde. Praktische Theologie als theologische Ästhetik, München 1975, 6, der sein Buch als »eine Art Nachlese zur ›Predigtlehre‹, die wohl schon ein Stück irregulärer Ästhetik darstellt« versteht. »Das in der ›Predigtlehre‹ bereits Angelegte galt es also auf das Allgemeine hin zu entfalten.«

[20] Seitz, Verkündigung (wie Anm. 5), 8.

[21] Vgl. Otto Zöckler, Kritische Geschichte der Askese. Ein Beitrag zur Geschichte christlicher Sitte und Kultur, Frankfurt am Main und Erlangen 1863.

[22] Vgl. Raschzok (wie Anm. 1), 46–54.58–60. Seitz erreicht nach 1964 nicht die Tiefe, die Bohren in der Predigtlehre wie in der Gebets-Vorlesung (vgl. Rudolf Bohren, Das Gebet 1,

3. Rudolf Bohrens »Predigtlehre« 1971 als aszetischer Entwurf

Bereits in Rudolf Bohrens Vortrag »Die Gestalt der Predigt«[23] von 1953 begegnen wie in einem Präludium alle entscheidenden Topoi der »Predigtlehre« von 1971. Sie sind jedoch noch nicht vollständig in die 1964 von Bohren propagierten und 1971 in der »Predigtlehre« realisierten aszetischen Kategorien eingezeichnet. Ausgangspunkt ist 1953 das Dilemma der die Predigtarbeit dominierenden historisch-kritischen Exegese. Sie lasse den Prediger ratlos damit zurück, wie er die Botschaft auszurichten habe, auch wenn er meine, ganz genau zu wissen, was in seinem biblischen Text stehe.[24] Predigt wird von Bohren als gottgewirktes Geschehen verstanden, in welchem sich Akte und Szenen des großen Dramas des Heils vollziehen und das Drama Gottes mit uns Menschen seinen Fortgang nimmt.[25] Obwohl die »Gestalt der Predigt [...] eine Gestalt der Freude«[26] sei , bleibt sie für den Prediger geistliche Anfechtung und versetzt ihn in Furcht und Zittern, weil sie den kommenden Herrn anzukündigen wagt. Die innere Gestalt der Predigt ist deshalb das Gebet und der Prediger mit Augustinus ein betender Sprecher.[27] Gottes Wort will »nicht ohne uns Ereignis werden [...]. Darum ist die Arbeit an der Predigt eine so strahlend schöne Sache. Wir dürfen bei Gottes Tat dabei sein, auch wenn dieses Dabeisein uns das Sterben bringt. So ist denn alle Mühe um die Predigt eine sinnvolle Mühe, und alle Verzagtheit und Müdigkeit und Verzweiflung, die den Prediger dabei überfallen will, kann zur Freude führen.«[28]

Erst in der »Predigtlehre« 1971 legt Bohren die aszetische Matrix von meditatio – oratio – tentatio auch seinen homiletischen Überlegungen zu Grunde. Dieser

---

unter Mitarbeit von FRANK KARPA hrsg. und eingeleitet von MANFRED JOSUTTIS [edition bohren 2], Waltrop 2003, und DERS., Das Gebet 2, unter Mitarbeit von HELMUT DEMMER hrsg. und eingeleitet von MANFED JOSUTTIS [edition bohren 4], Waltrop 2005) in der aszetischen Durchdringung gelingt. Beide bleiben im Bereich der Aszetik auf ihre Weise fragmentarisch und schaffen keine Gesamtdarstellung der Praktischen Theologie als Aszetik bzw. der Aszetik als praktisch-theologischer Teildisziplin.

[23] Vgl. RUDOLF BOHREN, Die Gestalt der Predigt (1953), in: GERT HUMMEL (Hrsg.), Aufgabe der Predigt (Wege der Forschung CCXXXIV), Darmstadt 1971, 207–231.

[24] A.a.O., 207: »Wenn ich als Pfarrer meine Predigt vorbereite und mit Kommentar und Konkordanz den Text durcharbeite, so dass ich ganz genau zu wissen meine, was da steht, dann kann mich die Ratlosigkeit überfallen, weil ich nicht weiß, wie nun die Botschaft auszurichten ist.«

[25] Vgl. a.a.O., 228.

[26] A.a.O., 208.

[27] Vgl. a.a.O., 230. Bohren verweist 231 auf das Spurgeon-Zitat: »›Betet immer auf der Kanzel, während ihr das Lied angebt, während ihr das Kapitel lest und während ihr predigt. Haltet die eine Hand leer zu Gott empor, daß er sie fülle, und mit der andern teilet der Gemeinde aus, was ihr empfangen habt [...]. Betet für die Gemeinde, während ihr ihr predigt; redet mit Gott von ihr, während ihr mit ihr von Gott redet‹«.

[28] A.a.O., 231.

Schritt ist allerdings dann nicht sofort erkennbar, wenn von Bohrens »Predigtlehre« ein herkömmliches Lehrbuch der Homiletik oder eine Anleitung zum Predigen erwartet wird. Denn seine »Predigtlehre« trägt den Charakter eines der Geistlichen Begleitung vergleichbaren vertrauten Gespräches mit dem Leser. Gemeinsam wird der Gegenwart Gottes in dessen heiligem Geist im Predigen nachgespürt. Die Predigtlehre durchschreitet den geistlichen Raum, in dem die Predigt sich formt und entwirft ein Modell der Predigt, an dem sich Grunderfahrungen und Grundvoraussetzungen studieren lassen.[29] Bohren zeichnet im Sinne der theonomen Reziprozität nach, was sich zwischen dem biblischen Text und dem Prediger geistlich vollzieht und im Vollzug der Predigt mit dem Hörer fortsetzt. Predigen wird deshalb in der »Predigtlehre« zur Glaubens- und Gebetsübung. Das Wunder der Gegenwart des Geistes in der Predigt bleibt zwar wie alle Wunder unverfügbar, setzt aber im Umgang mit biblischen Texten eine übende Praeparatio beim Prediger wie beim Hörer voraus. Bohrens Predigtlehre steht damit in der Nähe zu Luthers Erfahrung im Traktat für Meister Peter, dass der Geist in uns zu beten und die Schrift auszulegen und zu predigen beginnt.[30] Weil die Predigtlehre dem Phänomen auf der Spur ist, dass der Geist unsere Sprache benutzt, um sich in das Gespräch zwischen Prediger, biblischem Wort und Hörer einzumischen, darf sie gerade nicht beschreiben, wie die Predigt effektiv und zielgerichtet verfertigt wird. Sie führt in das geistliche Zentrum des homiletischen Arbeitens und klammert das im herkömmlichen Verständnis Methodische weitgehend aus. Das Buch wird deshalb von Bohren auch nicht als ein mit dem Leser zielstrebig-linear zu durchschreitender Prozess konzipiert, sondern nähert sich kreisend-verweilend dem Geschehen der Predigt an. Notwendig ist eine übende Lektüre der Predigtlehre im Sinne des verweilenden und nicht verbrauchenden Lesens.[31] Bohrens Predigtlehre wird zur geistlichen Situationsbeschreibung des

---

[29] Vgl. zum Modellbegriff in der Praktischen Theologie Andreas von Heyl/Konstanze Evangelia Kemnitzer (Hrsg.), Modellhaftes Denken in der Praktischen Theologie. FS für Klaus Raschzok, Leipzig 2014, und hier vor allem die Einführung der beiden Hrsg. 11–14.

[30] Vgl. Martin Luther, Eine schlichte Weise zu beten, für einen guten Freund 1535 (WA 38, 358–375): »Oft kommt es vor, dass ich in einem Stück oder einer Bitte mich in so reiche Gedanken verliere, dass ich die anderen sechs alle hintanstehen lasse. Und wenn solche reichen guten Gedanken kommen, dann soll man die anderen Gebete fahren lassen und solchen Gedanken Raum geben, ihnen still zuhören und sie beileibe nicht unterdrücken. Denn da predigt der Heilige Geist selbst [...]« (zit. nach Deutsch-Deutscher Studienausgabe 1, 611).

[31] Vgl. Manfred Seitz, Wilhelm Löhe lesen – ein Portal, in: Detlev Graf von der Pahlen, Wilhelm Löhe. Sein Zeugnis, sein Leben. Ein Löhe-Brevier, Neuendettelsau 2008, 7–13. – Im Grunde bewegt sich Bohren auf den Spuren Hans Asmussens und dessen Seelsorgelehre, die auch kein klassisches Seelsorge-Lehrbuch darstellte. Vgl. dazu Klaus Raschzok, Hans Asmussen (1898–1968). Seelsorge als Gespräch von Mann zu Mann, in: Ders./Karl-Heinz Röhlin (Hrsg.), Kleine Geschichte der Seelsorge im 20. Jahrhundert. Biografische Essays. FS Richard Riess, Leipzig 2018, 21–30; hier: 29: »Asmussens Seelsorgelehre (von 1934) stellte für eine ganze Generation von durch die Bekennende Kirche geprägten Pfarrern ein wichtiges Identifikationsbuch dar, das in kürzester Zeit drei Auflagen erlebte.

gesamten Predigtgeschehens. »In Gottes Warten hinein bereiten wir uns auf die Predigt vor, in sein Warten hinein reden wir, predigen wir, hören wir die Predigt. Unser Predigen ist ein von ihm selbst erwartetes Reden.«[32] Predigt entsteht aus dem Hören auf die Heilige Schrift, wird in der meditatio zum sabbatlichen heiligen Spiel in der Gestalt des Wunders, vollzieht mit der oratio eine in die Doxologie mündende betende Übung und führt mit der tentatio als Anfechtungsgeschehen den Prediger und seine Hörer an die Grenze des menschlich Aussprechbaren.

Im Zusammenhang der meditatio charakterisiert Bohren das Predigen als »heiliges Spiel mit Worten, nicht ein Sakralspiel, eher ein Kinderspiel, ein Spiel der ›Kindlein‹, die reden lernen!«[33] Predigen ist Hören auf die Schrift und damit ein Hören Christi selbst. Die Predigt ist ein Wagnis, in dem wir unser Leben einsetzen.[34] Bohren spricht vom Bewußtsein, beim Predigen und beim Verfassen einer Predigtlehre immer »Lehrling« und »Anfänger« zu bleiben. »Das Wort will immer neu gehört, immer von neuem gesagt werden.«[35] Predigt wird verstanden als Wunder, weil »der, von dem die Rede ist, sich in das Reden über ihn einmischt, selbst das Wort ergreift«[36]. Predigtvorbereitung trägt den Charakter eines sabbatlichen Geschehens. »Wer Prediger werden will, muß mit dem Sabbat anfangen, mit Ruhe, mit einer Zeit, die Gott heiligt. [...] Möglicherweise hat der Prediger

---

Seine Seelsorgelehre beschreibt nicht methodisch Seelsorge, sondern versucht, die Identität des Seelsorgers theologisch zu stärken und ihn auf die amtsgemäße Praxis hinzuweisen. Inmitten aller politischen wie kirchenpolitischen Arbeit der Bekennenden Kirche betont sie, dass es um die Amtshandlungen und mit ihnen um die elementaren Vorgänge in der Gemeinde geht, auf die gerade jetzt Sorgfalt und Engagement zu verwenden seien. [...] Asmussens Buch ist als Gespräch des erfahrend-verstehenden Praktikers mit den Praktikern in den Gemeinden und deren Herausforderungen wie Enttäuschung zwischen empirischer Erfahrung und theologischem Ethos bzw. Anspruch zu lesen.«

[32] Bohren (wie Anm. 2), 27. – Vgl. Nierop (wie Anm. 3) mit der von der persönlichen Begegnung mit Bohren bestimmten Rekonstruktion der Voraussetzungen der »Predigtlehre« in Karl Barths Homiletik. Predigen ist für Bohren ein »zutiefst spirituelles Geschehen [...]: der Prediger ist von ganzem Herzen Gott zugewandt als der einzigen Quelle der Kraft und Wirkung der Predigt. Die Spiritualität betrifft freilich nicht nur den Ursprung der Predigt, sondern auch ihre Zukunft. Bohren weist daraufhin, dass, wenn der Prediger den Namen ausruft, dieser Namen für die Gemeinde wieder anrufbar wird. ›Die Predigt ruft einen aus, der anzurufen ist.‹ Die Predigt, die als Gebet ergeht, nimmt ins Gebet. Ihre verborgene Innenseite soll in der Reaktion der Gemeinde also öffentlich zum Tragen kommen. Damit ist es nach Bohren das Ziel aller Predigt, den Namen so zu artikulieren, dass ein neues Hören und Antworten in der Gemeinde möglich wird.« (113) Nach Nierop stellt Bohrens Beschreibung der Predigt als Wunder eine Art von Gebetsanleitung dar. Der Prediger wird beim Predigt-Machen und Predigt-Halten nicht alleine gelassen. »Wenn man die Predigt als Wunder versteht, kann man naturgemäß keine Predigtlehre als Predigt-Anleitung schreiben. Man kann aber eine Anleitung geben, wie man das Wunder der Predigt zu erwarten hat. [...] In Erwartung des Predigtwunders betet man um es.« (114)

[33] Bohren (wie Anm. 2), 18.

[34] Vgl. a.a.O., 19.

[35] A.a.O., 31.

[36] A.a.O., 24.

seine Identität zusammen mit dem Sonntag verloren; er wird sie nur wiederfinden, indem er selbst sonntäglich existiert.«[37]

Anhand von Psalm 1 als Vorrede zur gesamten Heiligen Schrift betont Bohren den übend-wiederholenden Charakter der meditatio. Sie »zeigt ihr Wesen als ein Sich-Wiederholen des Wortes, und in diesem Sich-Wiederholen des Wortes vollzieht sich das Hören auf das Wort. Meditation geschieht demnach aus Glauben auf Glauben hin – und also in der Furcht Gottes.«[38] Darüber lebt der Prediger »schon nicht mehr ›jenseits von Eden‹. Wiederkehr des Paradieses kündigt sich an.«[39] Psalm 1 und Joh 15 stehen in einem engen Zusammenhang. »Meditation stellt das Bemühen dar, in Christus zu bleiben, damit er in uns bleibe und wir viel Frucht tragen, und dieses Bemühen um das Bleiben in Christus ist das Bemühen um das Bleiben im Wort. Diese Bemühung vollzieht sich in der Weise der Wiederholung. Diese Weise der Wiederholung ist nichts anderes als Erinnerung. Wer sich des Wortes Jesu erinnert, der bleibt im Wort. – Predigt als ein Akt des Erinnerns zu verstehen [...] beginnt damit, daß der Prediger anfängt, das Wort zu wiederholen und also sich zu erinnern.«[40]

Bohren weist auf den Spielcharakter des Meditierens wie des Predigens hin, der signalisiert, »daß Gott selbst im Meditieren (und im Predigen) zu Worte kommen soll. Der Meditierende darf mitmischen.«[41] Der Meditierende »liest Gott vor, damit Gott selbst seinen Namen heiligt. Gott wird an seine Geschichte erinnert, damit sein Heil neu, geschehe [...]; seine Verheißungen werden ihm vorgetragen, damit er sie einlöse. Der Meditierende führt also nicht nur Selbstgespräch und übt nicht nur Selbsterinnerung. Im Wiederholen des Wortes erinnert er Gott an seine Taten und Worte, damit neue Taten geschehen. Im Erinnern lobt er den kommenden Gott. In diesem Betracht ist Meditation nicht zu trennen vom Gebet.«[42] Notwendig dazu ist ausgesparte zweckfreie Zeit. »Damit aber die Schrift für uns geöffnet bleibt, bedarf es des stillen oder noch besser des lauten Lesens und Wiederlesens der Schrift.«[43] Für Bohren vollzieht die Meditation die Exegese, »indem sie der Spur des Textes in Zeit und Welt hinein folgt, und also den Hörer im Text entdeckt und ›erfindet‹.«[44] Bohren bezeichnet diesen Schritt als Vorfinden des im Text eingewohnten Hörers. Im Predigt-Spiel kann der Prediger sich seinen Einfällen überlassen und dem Predigen vorauseilen. Er sammelt und skizziert, stellt Material bereit und entwirft Einzelzüge seiner Predigt. »Viele Theologen lernen deshalb nie predigen, weil sie das Spielen verlernt haben.«[45] Die meditatio wird

[37] A.a.O., 47.
[38] A.a.O., 350.
[39] A.a.O., 351.
[40] Ebd.
[41] A.a.O., 354.
[42] A.a.O., 355.
[43] A.a.O., 359.
[44] A.a.O., 363.
[45] A.a.O., 373.

von Bohren als lebendiges Prozeßgeschehen verstanden, das seine Zeit einfordert. Jeder »Handwerker ist zutiefst gekränkt, wenn man von ihm verlangt, daß er sein Geschäft in einer Zeit vollenden soll, die ihm nicht erlaubt, solide zu arbeiten. Vielleicht darf ich als Diener am Wort auch verlangen, daß die Gemeinde respektiert: dieser Mann braucht zur Vorbereitung der Predigt Zeit. – Der wichtigste Teil meiner Vorbereitung ist die Freizeit, die ich mir als Prediger nehme.«[46] Spiegelbildlich dazu steht auch der hörenden Gemeinde ihr Anteil an diesem geistlichen Prozess zu. Der Hörer soll über die ihm einzuräumende Zeit der Stille im Gottesdienst ebenfalls Gelegenheit erhalten, in diesen geistlichen Prozess einzutreten.[47]

Rudolf Bohrens ludisches Verständnis der meditatio wie der gesamten Predigt erinnert an Romano Guardinis Überlegungen zur Messe als heiliges Spiel. In reformierter Ausprägung tritt bei Bohren jedoch konsequent die Heilige Schrift an die Stelle der Messe[48]. Bohrens Spielgedanke könnte durch Johannes Calvins »Himmelsreise« der gottesdienstlich versammelten Gemeinde angeregt worden sein. Für Calvin werden die Feiernden für den Augenblick der Versammlung von Christus abgeholt und in den Himmel versetzt, um dort in kindlicher Weise auf die Stimme Christi selbst zu hören.[49]

Meditation und Gebet sind für Bohren nicht voneinander zu trennen. Alles Predigen ist daher immer auch »eine Art Gebetsanleitung; dann ist der Prediger der Vorbeter der Gemeinde.«[50] Wird die Predigt aber in der oratio zur Doxologie, dann ist Gott selbst ihr erster Hörer. Predigt kann als Wort in Gottes Ohr verstanden werden und trägt liturgischen Charakter. Umgekehrt gewinnt der Prediger mit Gott als seinem ersten Hörer Freiheit von seinen Hörern.[51] Zugleich vollzieht

---

[46] A.a.O., 374.

[47] Vgl. a.a.O., 387.

[48] Vgl. ROMANO GUARDINI, Vom Geist der Liturgie (1918), Freiburg [18]1953, 48–60. Anstelle der Messe ließe sich für Bohren »Wort Gottes« einsetzen, z.B. 54.59: »Der Sinn der Liturgie ist der, daß die Seele vor Gott sei sich vor ihm ausströme, daß sie in seinem Leben, in der heiligen Welt göttlicher Wirklichkeiten, Wahrheiten, Geheimnisse und Zeichen lebe [...]«. Es geht darum, Zeit für Gott zu verschwenden und die zweckgetriebene Tätigkeit im Gebet aufgeben lernen.

[49] GREGOR ETZELMÜLLER, Was geschieht beim Gottesdienst? Die eine Bibel und die Vielfalt der Konfessionen, Leipzig 2014, 54f. zeigt, wie das Nebeneinander der biblischen Auffassung, »dass Christus mit seinem Leib im Himmel ist, einerseits und der Verheißung Christi, dass er uns an seinem Leib und Blut Anteil geben will, andererseits« dazu führt, »dass der Hauptakzent der Genfer Abendmahlsvermahnung auf der Ermahnung der Gläubigen liegt, ihre Gemüter und Herzen zu erheben, um bis zum Himmel zu gelangen. Damit die Gemeinde ihre Sinne auf das Himmlische richten kann, ergreift nach dem Selbstverständnis der Genfer Liturgie Christus selbst die Initiative. [...] Vorausgesetzt ist [...], dass Christus zu seiner Gemeinde im Wort hinabsteigt, um sie zu sich empor zu führen. Weil Christus in den Sakramenten zu den Seinen herabsteigt, um sie zu sich emporzuführen, können die Gläubigen ihre Sinne und Gemüter über die irdischen Dinge erheben, um bis zum Himmel zu gelangen, wo Christus wohnt.«

[50] BOHREN (wie Anm. 2), 105.

[51] Vgl. a.a.O., 455.

sich dieser Weg des Predigers zum Hörer in demütiger Haltung: »Wer predigen will, steht [...] als Bettler vor der Schrift, und als Bettler macht er sich auf den Weg zum Hörer, dem er als Bittender begegnet.«[52]

Jede Predigt wird für Bohren »aus der Anfechtung geboren«. Tentatio bedeutet, dass, wenn »der Prediger alles weiß, was er zu sagen hätte, und doch nichts zu sagen hat, [...] er sich in dieser Anfechtung« befindet. »Hier darf der Prediger nicht ausweichen. Obschon der Prediger in dieser Spanne das Wort noch nicht zwingend hat, bleibt er nicht wortlos. Vielmehr wird das Murmeln aus Ps 1 lautstark.«[53] Wird diese Spanne »in der Gegenwart des Geistes überwunden, erweist sich der Zwang als ein zunehmender. Er wächst von der Disposition zur Niederschrift: Der Prediger gerät aus der Gefangenschaft des Textes in die Gefangenschaft der neuen Predigt.«[54] Der Prediger hat »am Text das Fürchten gelernt [...]. In der Furcht Gottes ist der Name mächtig geworden.«[55] Die Anfechtung, nichts zu sagen zu haben«, ist im »Vertrauen auf den heiligen Geist« als »Spanne zwischen dem Wissen und dem Müssen auszuhalten.[56] Der Prediger bleibt »auch nach der Fertigstellung der Predigt ein Angefochtener«[57].

Daß die »Predigtlehre« trotz ihrer Fragmentarität abgeschlossenen Charakter trägt, wird an den Nachworten Bohrens zu den Auflagen 1980 und 1993 der unveränderten Predigtlehre deutlich. Während das Nachwort zur 4. Auflage von 1980 von der Kritik an Ernst Lange und dessen homiletischem Verfahren bestimmt wird[58], steht beim Nachwort zur 6. Auflage von 1993 die von Bohren differenzierter ausgearbeitete Predigtanalyse im Vordergrund.[59] Bohren gelingt in beiden Nachworten jedoch nur bedingt, die geistliche Tiefe seiner Ausführungen von 1971 aufrechtzuerhalten und weiterzuführen. Seine Entscheidung, auf eine zeitgemäße Überarbeitung zu verzichten, begründet er damit, dass die »Predigtlehre« kein herkömmliches homiletisches Lehrbuch darstelle, das der Aktualisierung bedürfe, sondern zu einem – in meinen Worten – »geistlichen Klassiker« geworden ist.

Die verschiedenen Hinweise, die sich in Bohrens späteren Veröffentlichungen finden, vertiefen die in der Predigtlehre entfaltete aszetische Dimension, ohne den

[52] A.a.O., 473.

[53] A.a.O., 380.

[54] Ebd.

[55] Ebd.

[56] Vgl. a.a.O., 380f.

[57] A.a.O., 383.

[58] Vgl. Rudolf Bohren, Zur Situation in der Homiletik. Nachwort zur 4. Auflage, in: Ders., Predigtlehre, 4. veränd. und erw. Auflage München 1980, 554–562; hier: 560: »Was die Prediger heute brauchen, sind primär nicht neue homiletische Verfahren, sondern vielmehr ein neues Vertrauen ins Wort, ins Wort der Heiligen Schrift und in das, was sie selber von der Schrift her zu sagen haben.«

[59] Vgl. Rudolf Bohren, Rückblick und Ausblick. Nachwort zur 6. Auflage, in: Ders., Predigtlehre, Gütersloh 6. Auflage 1993, 564–567; hier: 564: Die Predigtlehre erscheint unverändert, da das zeitbedingte zu ihr gehöre. Der Erfolg der Predigtlehre stehe »im Widerspruch [...] zu einer zunehmenden Verelendung der Predigt.«

Begriff selbst ins Spiel zu bringen. Deutlich bleibt, wie Bohren weiter an der Funktion der Predigt wie der Predigtlehre als geistlicher Übungsanleitung festhält und ihr Zentrum im Umgang mit dem Wort Gottes sieht. So präzisiert er in »Ich glaube an den heiligen Geist« von 1969 sein Modell der Predigt als kindliches geistliches Spiel. »Predigen heißt ja lateinisch praedicare, heißt vorsagen, vorsprechen, so wie man ein Kind das Sprechen lehrt, ein Wort vorspricht, damit es dieses Wort lerne.« Wir werden zu Darstellern unseres Textes, indem wir diesen nachbuchstabieren. »Der Text ist gegeben, vorgesagt – wir sind nun dran, ihn nachzusagen.«[60]

In Bohrens Heidelberger Vorlesung »Auslegung und Redekunst« aus dem Wintersemester 1976/77 finden sich die aszetische Linie der »Predigtlehre« weiterführende Impulse. Bohren verzichtet jedoch auch hier auf die Verwendung aszetischer Begrifflichkeit und konstatiert betrübt, dass der Glaube, »daß ihre Predigt wenig oder nichts nützt, [...] heute bei den meisten Predigern größer als ein Senfkorn« sei. »Ich halte diesen Glauben für einen Irrglauben. Viele Pfarrer reduzieren ihre Arbeit an der Predigt. Sie gleichen den babylonischen Turmbauern nach der Zerstreuung, ›daß sie es lassen mussten, die Stadt zu bauen.‹ Aber nun soll in der Predigt nicht Babel gebaut werden, sondern Zion. Die Predigt soll erbauen, den unbehausten Menschen einhausen ins Wort.«[61] Im Zusammenhang der meditatio erweitert Bohren sein homiletisches Modell um die raumhafte Dimension. »Wenn wir aber nicht nur nach der Zeit, sondern auch nach dem Raum fragen, dann ist das Neue Testament nicht nur rückwärts im Blick auf das Alte auszulegen, sondern auch vorwärts im Blick auf die Gemeinde, denn der Auferstandene existiert als Gemeinde.«[62] Der Prediger wird zum »Leser für andere. Seine Aufgabe ist darüber hinaus, das Volk Gottes in den wahren Volksbüchern, in Bibel und Gesangbuch zu unterrichten, also lesen zu lehren. Wenn der Pfarrer nicht Allotria treibt in seinem Amt, wird er die Funktion des Lesers wahrnehmen. [...] Die Misere vieler Pfarrer besteht darin, dass sie nicht mehr lesen, dass sie zu theologischen Analphabeten werden oder solche bleiben. Predigten von Analphabeten aber machen die Gemeinde nicht mündig.«[63] Darüber hinaus ergänzt Bohren sein Modell des biblischen Textes personal-relational. »Der Text schaut dich an, wenn du ihn anschaust«, spricht er die zukünftigen Predigerinnen und Prediger an. »Nicht nur du hast ein Auge, sondern auch der Text. Jeder Text, den wir anschauen, schaut auch uns an. Ich denke, wenn die Apokalypse vom Geist als den sieben Augen Gottes spricht (vgl. Offb 5,6), dann wird da, wo ein Text Heiliger

---

[60] RUDOLF BOHREN, Geistvoll. Eine Auslese, hrsg. von RUDOLF LANDAU, Stuttgart 2013. Darin: Ich glaube an den Heiligen Geist (1969), 35–38; hier: 36ff.

[61] RUDOLF BOHREN, Auslegung und Redekunst. Unter Mitarbeit von ROGER SCHMIDT hrsg. und eingeleitet von MARTIN NICOL (edition bohren 3), Waltrop 2005, 33.

[62] A.a.O., 69.

[63] A.a.O., 90.

Schrift uns anschaut, Gottes Auge uns anschauen, dergestalt, dass wir sehend werden.«[64]

Predigt ist für Bohren ein Übungsgeschehen, das dem Grundsatz der theonomen Reziprozität folgt: Die Stimme des Lesers vermag den toten Buchstaben zu begeistern und zum Leben zu erwecken, genauso wie der göttliche Geist selbst. »Ich mache eine Predigt, damit Gott ausgedrückt werde. Ich fertige einen neuen Text in der Hoffnung an, dass er brauchbar werde für Gottes eigene Sprache. Ich, der Prediger, soll Gott, den Dreieinigen zum Ausdruck bringen. Das ist eine nur dem Glauben mögliche Unmöglichkeit.«[65] Der Wiederholung kommt bei diesem Lesen große Bedeutung zu. Jedes Lesen verändert den Text. »Das Lesen begeistert den toten Buchstaben. Die Stimme erweckt ihn zum Leben.«[66] Und: »Die Kunst des Lesens besteht dann darin, dem Text die Stimme zu geben, die er braucht.«[67] Schließlich ist mit dem Hörer »ähnlich umzugehen wie mit dem Text. Der Hörer ist wie der Text zu lesen und zu übersetzen.«[68]

4. Die »Predigtlehre« von 1971 und ihr Kontext bei Emanuel Hirsch und Ernst Lange

Die in einem vergleichbaren Zeitkontext entstandenen homiletischen Entwürfe von Rudolf Bohren, Ernst Lange und Emanuel Hirsch verbindet das persönliche Gespräch, das sie je auf unterschiedliche Weise als erfahrene wie verständnisvolle Lehrer mit ihrem Leser führen, um an dessen Sorgen und Fragen als auf ganz verschiedene Weise Angefochtenem zu partizipieren und ihm Einblick in das Geheimnis der Predigt zu gewähren. Gemeinsam legen sie Wert auf die persönliche Beziehung des Predigers zu seinen Hörern wie zum biblischen Text und gehen davon aus, dass der Prediger mit seiner Predigt das Gespräch fortsetzt, das der erfahrene Predigtlehrer mit ihm geführt hat. Bohren wie Lange und Hirsch beschreiben die Predigtarbeit dabei als Anfechtungsgeschehen. Bei Bohren ist es die geistliche Anfechtung, bei Lange die Anfechtung gegenüber einer zu mächtigen, den Prediger hemmenden Erwartung an exegetischer Versiertheit und und bei Hirsch die Not des einsamen, über der Predigtarbeit sich zurückziehenden Predigers, dem er ein aufmerksamer und verständiger Begleiter sein möchte. Zu den Gemeinsamkeiten der drei Autoren gehört auch, dass sie sich bei der Beschreibung der Predigtarbeit immer auf die individuelle Vermittlungsleistung des Predigers konzentrieren.

---

[64] A.a.O., 106.
[65] A.a.O., 170.
[66] A.a.O., 174.
[67] A.a.O., 176.
[68] A.a.O., 180.

Die Anfechtungserfahrung des Predigers, für die Ernst Lange Abhilfe anbietet, resultiert aus einer homiletischen Theorie, die allein aus der aufopferungsvoll-zeitraubenden Exegese des biblischen Textes heraus zur Predigt zu gelangen versucht und den predigenden Praktiker im Gemeindepfarramt allein schon zeitlich überfordert.

Auf unterschiedliche Weise setzen sich Bohren, Hirsch und Lange in ihren Entwürfen mit den Folgen eines Predigtverständnisses der Dialektischen Theologie und der Vorstellung auseinander, Predigt vollziehe sich scheinbar unabhängig von der konkreten Situation. Sie markieren dieses Verständnis als unmöglichen Versuch. Der zeitgenössische Prediger, den diese Zumutung in die Anfechtung führt, benötigt dringend Entlastung durch eine neue Homiletik. Gemeinsam ist Bohren, Hirsch und Lange aber auch, dass sie die Predigt als empfindlichste und die Identität im evangelischen Pfarrberuf gefährdendste Aufgabe verstehen. Doch lediglich Bohren gelingt es, die göttlichen und menschlichen Anteile an der Predigt in ein ausgewogenes Verhältnis zueinander zu setzen, welches er mit Hilfe der geistlich-theologischen Figur der theonomen Reziprozität beschreibt. Hirsch und Lange tendieren im Gegensatz zu Bohren eher zu einem intellektuellen, Lange zudem zu einem soziologisch anmutenden »Verfahren«.

Für die postulierte Nähe von Emanuel Hirschs »Predigerfibel« von 1964 zu Rudolf Bohrens »Predigtlehre« kommt es entscheidend darauf an, anstelle eines von der Kritik kolportierten Zerrbildes des unter Druck in der einsamen Kammer arbeitenden Predigers den von Hirsch intendierten heilsamen Rückzug in das Gespräch zwischen Bibel und Hörern, das auf dem gemeinsamen Erleben unter der Woche aufbaut und erst dann den Rückzug sucht, in den Vordergrund zu rücken. Hirsch reduziert die homiletische Theorie auf die individuelle Vermittlungsleistung des theologisch-wissenschaftlich gebildeten Predigers. Die Predigerfibel verlagert die Unruhe ihrer Entstehungszeit nach innen und gewährt der Verunsicherung der Zeit dadurch methodisch Raum, dass sie sich als Lektüre für angefochtene Prediger präsentiert. Hirsch versteht seine Predigerfibel als »seelsorgerliche und persönliche Zwiesprache mit dem einsam seine Predigt vorbereitenden Prediger«[69] und spricht von der großen »Kunst der Meditation, welche in der guten Predigt die Seele ist«. Sie hat »mit den biblischen Worten oder kirchlichen Vorstellungen so lange sinnend umzugehen, bis das Wesentliche und das Unwesentliche sich dem Prediger scheiden.«[70]

---

[69] Emanuel Hirsch, Predigerfibel, Berlin 1964, Zur Einführung, unpag.

[70] A.a.O., 26. – Vgl. Andreas Kubik, Einleitung, in: Emanuel Hirsch, Predigerfibel. Neu hrsg., eingeleitet und mit einem Register versehen von Andreas Kubik, Waltrop 2013, XXI: Hirsch erreicht eine Tiefe der konstitutiven Bedeutung der Subjektivität des Predigers wie kein anderer Autor. Predigt erfährt ihre eigentliche Konkretion erst in der Rezeption der Hörenden. Vgl. Lars Charbonnier, »Die eigentliche Predigt hält sich der Hörer selbst« – Begann die rezeptionsästhetische Wende in der Homiletik bei Hirsch?, in: Andreas Kubik (Hrsg.), Predigen im Angesicht der Moderne. Emanuel Hirschs »Predigerfibel« im Lichte klassischer und neuere homiletischer Fragestellungen (Praktische Theologie in Geschichte und Gegenwart 26), Tübingen 2018, 97–113: Die Predigt erhält für Hirsch erst in der

Emanuel Hirsch und Ernst Lange stimmen darin überein, dass sich die Relevanz einer Predigttheorie erst in der konkreten Predigtarbeit zeigt. Predigttheorie gewinnt für Lange wie für Hirsch ihre Plausibilität und Legitimation durch die Dokumentation der eigenen konkreten Predigtpraxis und damit im methodisch reflektierten und praktisch erprobten Weg vom einzelnen biblischen Text zur Predigt. Während Lange von der Predigt eine Klärung der sozialen und politischen Wirklichkeit der Hörer erwartet, zielt die Predigt bei Hirsch auf deren Herzen.[71]

5. Die »Predigtlehre« als geistliche Übungsanleitung: Versuch einer Würdigung

In theonomer Reziprozität gelingt Rudolf Bohren mit seiner »Predigtlehre« von 1971 eine bis heute überzeugende Beschreibung des geistlichen Übungsweges der Predigtarbeit wie des gottesdienstlichen Vollzugs der Predigt gemeinsam mit den Hörerinnen und Hörern.[72] Da dieser spezifisch aszetische Zugang bei der Rezeption von Bohrens »Predigtlehre« kaum eine Rolle spielt und insgesamt von einem geistlichen Defizit gegenwärtiger Homiletik ausgegangen werden muss, bleibt die

---

Zwiesprache des Hörers mit Gott den entscheidenden Sinn (97). Predigt bei Hirsch habe ihr Ziel in der innerlichen Glaubensbewegung der Hörenden (98). Damit versteht Kubik m.E. Hirschs Predigerfibel auch als eine im Grunde aszetische Homiletik.

[71] Vgl. Jan Hermelink, Predigen als Arbeit an der »Situation«. Homiletische Korrespondenzen zwischen Emanuel Hirsch und Ernst Lange, in: Kubik (wie Anm. 70), 127–150. – Im Brief an einen Prediger, in: Predigtstudien II/1, Stuttgart 1968, 7–17 wählt Lange die praxisorientierte Form der kollegialen Anrede an einen Gemeindepfarrer, der wie Lange Sonntag für Sonntag zu predigen hat und dem eine Homiletik aus der Praxis für die Praxis angeboten wird. Seine Problemanzeige: Ich rede als Prediger in Bildern, die nichts veranschaulichen und spreche Erfahrungen an, in denen meine Hörer nicht wirklich erfahren sind. Es liegt nicht an der Botschaft, sondern an der Übersetzung, nicht an Gott, sondern an mir und meiner Art zu predigen. Die Problemlösung besteht in einem wirklichkeitsgerechten Predigtverständnis und in der Entmythologisierung der Predigtaufgabe. Schließlich macht Lange, in: Zur Theorie und Praxis der Predigtarbeit (1968), in: Ders., Predigen als Beruf. Aufsätze zu Homiletik, Liturgik und Pfarramt, hrsg. von Rüdiger Schloz (Edition Ernst Lange 3), München 1982, 9–51, auf den seines Erachtens begrenzten Auftrag des Predigers aufmerksam. Der Prediger ist nicht mehr verantwortlich dafür, dass Gottes Wort geschieht. Predigtlehre hat sich auf den homiletischen Akt zu konzentrieren und die Predigt als praedicatio verbi divini den systematisch-theologischen Erwägungen zuzuweisen.

[72] Sie ist Jeremias Gotthelfs Verständnis des Pfarrers als einem, der die Kunst des Lesens in den beiden Büchern der Heiligen Schrift wie des Lebens praktiziert, verwandt und hebt die im Pfarrberuf notwendige Präsenz vor der aufgeschlagenen Heiligen Schrift als Wahrnehmungsschärfung für Phänomene gelebten Lebens hervor, vgl. Raschzok, Leseakt (wie Anm. 7), 11–13.317–319, sowie Ders., Gefragt, nötig, präsent. Zur Diskussion um den Pfarrberuf, in: Korrespondenzblatt, hrsg. vom Pfarrer- und Pfarrerinnenverein in der evangelisch-lutherischen Kirche in Bayern 67 (2007), 353–356.

»Predigtlehre« ein bis heute nicht im vollen Umfange ausgeschöpftes Werk. Sie wird inzwischen gerne belächelt, weil sie über weite Strecken noch auf einem konventionellen Prediger-Bild und damit auf Voraussetzungen aufbaut, die fünf Jahrzehnte später so im evangelischen Pfarrberuf nicht mehr gegeben sind. Erforderlich ist daher, Rudolf Bohrens »Predigtlehre« in erster Linie als klassischen geistlichen Text und weniger als Teil der homiletischen Fachliteratur einzuordnen. Ihr bleibender Ertrag besteht dann darin, die Predigt als ein dem evangelischen Pfarrberuf Identität gewährendes geistliches Übungsgeschehen zu verstehen. Der in der »Predigtlehre« beschriebene konstitutive Zusammenhang von Lesen, Üben und Beten darf nicht vernachlässigt werden, da eine Homiletik, die die geistlichen Fragestellungen hinter sich lässt, ihre Existenzberechtigung verliert und zur intellektuell-theologischen Rhetorik wird, welche die Predigt zur religiösen Rede degradiert.[73] Wo die aszetische Dimension der Homiletik in Vergessenheit gerät, verliert der evangelische Pfarrberuf zunehmend seine geistliche Identität und droht mit ihm die ganze Kirche Schaden zu nehmen.

[73] Vgl. z.B. Wilhelm Gräb, Predigtlehre: Über religiöse Rede, Göttingen 2013.

Evangelische Frömmigkeit im lebensweltlichen Kontext

Die Krippe als Element des Weihnachtschristentums

Die an der Schwelle zwischen öffentlichem Kirchenraum und bürgerlichem Haus angesiedelte häusliche Weihnachtskrippe[1] stellt seit dem 19. Jahrhundert auch im Raum protestantisch geprägter Glaubenspraxis ein wichtiges Element neuzeitlich-bürgerlicher Weihnachtsfrömmigkeit dar, das bis heute nichts an Faszination verloren hat. Krippenspiritualität wurde lange Zeit von kirchlicher Seite unterschätzt, weil zu wenig bewusst war, welche Bedeutung dem Umgang mit der Hauskrippe für diese besondere Spielart des christlichen Glaubens, die mit Matthias Morgenroth als »Weihnachtschristentum«[2] bezeichnet wird, zukommt. Ich greife dazu mit der sogenannten Plößberger Hauskrippe exemplarisch auf ein wenig bekanntes, weil eher ungewöhnliches evangelisches Phänomen zurück. Plößberg ist ein evangelisch geprägter kleiner Ort bei Weiden in der Oberpfalz mit einer bis heute lebendigen Krippentradition und Krippenbaupraxis.

1. Krippenbegeisterung im frühen 20. Jahrhundert

Zwei Stimmen des frühen 20. Jahrhunderts stehen für die Krippenbegeisterung, die in unserem deutschsprachigen Kulturraum seit Ende des 19. Jahrhunderts ungebrochen anhält, Menschen aus allen Berufen und sozialen Schichten oft unabhängig von der offiziellen kirchlichen Frömmigkeit über den Bau oder die bloße Aufstellung einer häuslichen Weihnachtskrippe zusammenführt und wie in Plößberg eine ganze Ortschaft zu ergreifen vermag. Die beiden Stimmen verdeutlichen

---

[1] Vgl. grundlegend Gerhard Bogner, Das neue Krippen Lexikon. Wissen – Symbolik – Glaube. Ein Handbuch für den Krippenfreund, Lindenberg und Beuron 2003, der 380–382 auch kurz auf den Beitrag des Protestantismus zur Weihnachtskrippe eingeht, sowie Bernhard Rüth/Ingeborg Rüth, Krippenbau und Krippenschau zwischen Andacht und Brauchpflege, in: Jürgen Bärsch/Christel Köhle-Hezinger/Klaus Raschzok (Hrsg.), Heilige Spiele. Formen und Gestalten des spielerischen Umgangs mit dem Sakralen, Regensburg 2022, 229–247.

[2] Vgl. Matthias Morgenroth, Weihnachts-Christentum. Moderner Religiosität auf der Spur, Gütersloh 2002.

das Geheimnis des Krippenbauens und den persönlichen Ertrag des Einsatzes beim Bau einer Weihnachtskrippe.

Der Jesuit Josef Kreitmaier (1874–1946) verrät in seinem 1919 in München veröffentlichten Bändchen »Die Weihnachtskrippe – ein Weckruf zur Freude« den Lesern etwas vom Geheimnis des Krippenbauens, wenn er schreibt:

»Sorge dafür, dass deine Familienkrippe in möglichst viele Teile zerlegbar und wandlungsfähig ist. In der eigenen Arbeit liegt einer der Hauptreize der Krippe. Je mehr du dich beim Aufstellen deiner Krippe selbst betätigen musst, um so mehr werden Lust, Liebe und Befriedigung wachsen. Welche Beseeligung gewährt es, den Stall aufzubauen, Hügel zu formen, die Figuren bald so, bald so zu gruppieren, Wacholderzeige und zarte, samtene Moosstücke im Walde zu sammeln, damit die Schäflein ja recht weich gehen, oder schlanke Palmen zu gestalten. Welch traute Abendfreuden sind es, beim Lampenlicht zusammenzusitzen, und die Krippenfiguren für die Feier vorzubereiten und nachts durch süße Träume dafür belohnt zu werden! Das alles muß man erlebt haben, um die Bedeutung der Krippe als Freudenspender für den religiösen Sinn und den Familiengeist voll zu würdigen und ihr begeisterter Apostel zu werden.«[3]

Der 1927 in Wiesbaden mit dem Titel »Vom frohen Krippenbauen. Geist und Praxis der Weihnachtskrippe« erschienene Band von Hans Sauerland (1899-1966) steht für die katholische Jugendbewegung der 1920er Jahre, die zugleich auch eine Krippenbewegung darstellt. Im Abschnitt »Vom Geist des Krippenbauens« – ein bewusster Anklang an Romano Guardinis epochale Schrift »Vom Geist der Liturgie« – beschreibt Hans Sauerland die Veränderungen, die sich vom ersten Adventssonntag an in seinem häuslichen Arbeitszimmer über dem Krippenbauen vollziehen und erzählt dem Leser, welche Gesprächspartner sich als Gäste bei ihm einstellen, um die Tag für Tag wachsende Weihnachtskrippe zu bestaunen und mit ihm darüber ins Gespräch kommen. Christus soll in uns durch die Weihnachtskrippe wiedergeboren werden. Das ist das Ziel allen Krippenschaffens, so schreibt Sauerland. Die Heilige Familie wird zum Mitbewohner des Hauses, denn: Wenn ich eine Krippe baue, lade ich »gleichsam das Jesuskind und die ganze heilige Familie zu Gast; sie wohnen in diesen Advents- und Weihnachtswochen mit mir unter einem Dach. So oft ich aus dem Dienst heimkomme, den Kopf voll Ärger und unnützer Gedanken, und in dies Zimmer trete, umfängt mich das heiligste Geheimnis, und flugs klärt sich aller Wirrwarr der Gedanken und Gefühle. Ich könnte eine volle Stunde lang vor meiner Krippe stehen und die unermessliche Symbolik, die dort jede Figur und jedes Ding ausstrahlt, durchdenken. Dieses Sichbesinnen auf das Höchste und Tiefste im Menschenleben: Geburt und Dasein, Erlösung und Gnadenheil, ist wie ein reinigendes Bad der Seele. Alles Halbe, Unfruchtbare, Unwesentliche und Unsaubere geht unter in einem Strom von Helle und Heilsgewißheit. Ich arbeite noch einmal so gut und leicht, wenn ich so einen Trunk

[3] Josef Kreitmaier, Die Weihnachtskrippe – ein Weckruf zur Freude, München 1919, 33f.

aus den lebendigen Quellen getan habe.«[4] Und: »Beim Krippenbauen entscheidet nicht die äußerliche Schönheit, der Prunk und Aufwand, sondern die innere Schönheit, die in der tiefsten und lebendigsten Wiedergabe des Weihnachtsgeheimnisses besteht.«[5] Denn: »Die selbstgebaute Krippe ist der schönste Seelenspiegel; darum stehe ich so gern davor und betrachte sie. Aus der Anlage des Ganzen, aus der Zahl und Stellung der Figuren lässt sich der Charakter und die Herzensneigung des Krippenbauers fast mit Sicherheit erraten.«[6]

2. Die Plößberger Hauskrippe: Kennzeichen und Besonderheiten

Die Plößberger Hauskrippe lässt sich aus kulturwissenschaftlicher Sicht als festgefügtes Sortiment vorformatierter Handlungssequenzen verstehen. Die Plößberger Krippenfreunde beachten bis heute die überlieferten und gewachsenen Regeln. Sie halten sich an den gemeinsamen Maßstab und arbeiten die ca. 10 cm großen Figuren aus einem einzigen Stück Holz. Sie schnitzen sie selbst, übernehmen auch die farbige Fassung, beachten den Kanon der Szenen und kennen die für Plößberg »kanonisierten« gleichen Typen und Figurenkonstellationen. Auf diese Weise entsteht eine geschlossene Hauskrippenlandschaft. Das Vertraute wiederholt sich in den Hauskrippen, die sich als hochgradig formalisierte Modellkonstruktionen verstehen lassen, die durch Verlässlichkeit ausgezeichnet sind. Ihr Betrachter kann sich darauf verlassen, dass er immer wieder neu das Vertraute sieht, und dennoch jeweils aufs Neue davon fasziniert sein wird.

Zum Geheimnis der Plößberger Hauskrippe gehören die wiederkehrenden Typisierungen der Figuren und Szenen, die gleichsam austauschbar bleiben und auf jeder der Hauskrippen ihren Ort finden könnten. Sie stellen eine im Format den Zinnfiguren, Modelleisenbahnen, Spielzeug-Dampfmaschinen, Puppenstuben, Kaufläden und Ritterburgen des ausgehenden 19. Jahrhunderts vergleichbare Miniaturwelt dar und sind wie diese Teil einer bürgerlichen Reduzierungskultur. Die ganze Welt, ja sogar die ganze Heilsgeschichte findet auf diese Weise Platz in der bürgerlichen Wohnstube. Es handelt sich um eine Form der Weltbemächtigung durch Miniaturisierung, die wiederum der Wahrnehmungsschärfung dient. Krippenfreunde wie die Plößberger sind daher autonome Experten einer spezifisch bürgerlich-christlichen Weltdeutung.

---

[4] Hans Sauerland, Vom frohen Krippenbauen. Geist und Praxis der Weihnachtskrippe. Mit Krippenentwürfen von Karl Steiner, Wiesbaden 1927, 13. Es handelt sich um den katholischen Verleger und »Bestseller-Autor« Hans Hümmeler, der seine Werke unter dem Pseudonym Hans Sauerland veröffentlichte.

[5] A.a.O., 21.

[6] A.a.O., 37.

Die Weihnachtskrippe als symbolische Raumkonfiguration und Miniaturwelt wird in Plößberg in den Alltagsraum eingebracht. Sie ist auf Zeit Teil der Wohnküche, des Wohnzimmers oder des Esszimmers. Für einige Wochen vollzieht sich in den Häusern und Familien ein Leben mit der Krippe im Alltagsraum. Dabei kommt es zu einer sympathischen Verhäuslichung der christlichen Religion. Und auch wenn es sich dabei um eine artifiziell erstellte Wirklichkeit aus zweiter Hand handelt, gewährt sie dennoch denen, die mit ihr umgehen und sich in sie versenken, Sicherheit und Geborgenheit. Krippenbauer und ihre Familien vergewissern sich damit des tragenden Grundes allen Lebens. Sie gestalten den christlichen Glauben durch ihre eigenen kunsthandwerklichen Ausdrucksmittel in der Krippenlandschaft auf eigenständige Weise mit. Seit der Mitte des 19. Jahrhunderts wird auf diese Weise die »Welt der kleinen Leute« als ein dem großbürgerlichen Lebensentwurf sichtlich überlegenes kulturelles Konzept über die Krippenlandschaften in den Häusern entfaltet und auf sinnlich-leibliche Weise in das Bewusstsein der Krippenbesitzer und ihrer Gäste gerufen.

Die sinnenhafte Ordnung der ganzen Welt wird in der Miniaturwelt des Plößberger Krippenberges abgebildet. Dahinter steht ein überzeugter und starker Glaube an die Vitalität und Unzerstörbarkeit des Kleinen, der in der Verehrung der Krippe mit dem Jesuskind als Zentrum jeder Krippenlandschaft wurzelt. Dieser spezifische Krippen-Glaube folgt einer zuverlässigen Ordnungslogik. Selbst dadurch, dass Szenen wie der Bethlehemitische Kindermord oder die Vertreibung aus dem Paradies und damit die menschliche Schuld und Sünde Raum in der Krippenlandschaft erhalten, wird diese Ordnungslogik nicht gefährdet. Der Plößberger Krippenberg lässt sich deshalb als ein geschlossenes Weltbild verstehen. Mit ihm wird eine Art von zweiter Sinnebene über die Alltagswirklichkeit gelegt.

Alles, was zur Hauskrippe gehört, wird in Plößberg von den Krippenfreunden selbst hergestellt, geschnitzt, bemalt, gefasst, gebaut und immer wieder neu arrangiert. Gerhard Bogner spricht von ortsgebundener Volkskunst in Hausfleißarbeit mit einem kollektiven Bewusstsein. Mindestens 71 verschiedene Themen von der »Apfelernte« bis zum »Ziehharmonikaspieler« lassen sich auflisten. Die Figuren sind von den jetzigen Besitzern der Hauskrippen oder ihren Vorfahren geschaffen. Meist sind sie aus Lindenholz geschnitzt, werden starkfarbig bemalt und mit glänzendem Firnis gefasst. Es handelt sich um verfeinerte Grobschnitzereien. Alle Figuren werden einschließlich des nicht angeleimten Standbrettes aus einem einzigen Stück Holz geschnitzt. Die Plößberger Hauskrippe pflegt ein gegenüber anderen Krippen deutlich erweitertes Programm der biblischen Geschichten aus dem Alten und Neuen Testament. Es reicht von Adam und Eva über die Hochzeit zu Kana, den zwölfjährigen Jesus im Tempel, die Steinigung des Stefanus, Jesus als Kinderfreund, Jesus und die Jünger, den barmherzigen Samariter, Jesus am Jakobsbrunnen bis zu Josef und seinen Brüdern und der Opferung Isaaks. Nicht wenige dieser Szenen sind auf einer festen Grundplatte zusammenmontiert und werden wie ein Solitär in den Krippenberg eingestellt.

Zu den biblischen Szenen treten Bettler, Bürger, Handwerker, Bauern, Wanderer, Händler, Senn und Sennerin und viele andere Eigenheiten wie das »Goaßweibl«, das »Butterfaßl«, der Faulenzer, das »Korbweibl«, der »Wurzelstolperer«, der »Hutlupfer«, die Sonntagsruhe, der Apfeldieb, der Bärenkampf, Liebesszenen und die Figur des Schlotfegers hinzu. Schluchten und darüber hinwegführende Brücken prägen darüber hinaus das Bild des Plößberger Krippenberges. In seiner Waldlandschaft gibt es Holzfrevler und Wilderer. Immer wieder wird dadurch das Risiko des Lebens aufgedeckt und das Gelingen eines glänzenden Überganges in Szene gesetzt. Auf diese Weise wird ein großes Spiel mit relativ bescheidenen handwerklichen Mitteln zur Aufführung gebracht, und die ganze Welt im Kleinen steht den Beschauern anschaulich vor Augen.

Der Plößberger Krippenberg im Wohnraum ist aus Platzgründen meist sehr steil angelegt, um möglichst wenig Grundfläche in den Häusern einzunehmen und stattdessen den Raum bis zur Zimmerdecke auszunützen. Die Geburt Jesu und selbst die Stadt Bethlehem sind vom heimatlichen Oberpfälzer Wald umgeben, der wie ein noch unberührtes Refugium den Szenen Raum gewährt. Die Sehnsucht nach dem ländlichen Lebensraum als Rückzugs- und Heimatort einer industrialisierten Gesellschaft drückt sich darin als eine umfassende Suche nach der Heimat aus. Die Plößberger Hauskrippe erhält aber zugleich auch Hauskapellencharakter. Sie wird zum Ort der persönlichen Andacht und der Aneignung biblischer Szenen. Das gesamte Evangelium wird individuell in Szene gesetzt und mit regionalen Szenen und Figuren zu einer neuen Einheit verbunden.

Auf einem Krippenberg gelten andere Ordnungen von Zeit und Raum als in der realen Alltagswelt, wie zum Beispiel die Synchronizität der Szenen aus der biblischen Geschichte, die Integration der heimatlichen Alltagswelt in die biblische Welt, die Aufhebung von Zeit und Raum. Plößberger Krippen sind Hauskrippen, mit denen in der Weihnachtszeit gelebt wird. Sie werden von manchen Familien deshalb bewusst in der Küche und nicht im Wohnzimmer aufgebaut, um zwischen Weihnachten und Epiphanias wirklich mit ihr zu leben. Eckbank und Esstisch werden eigens umgestellt, damit Raum für den häuslichen Krippenberg entsteht.

Dieses gemeinsame »Format« der im Einzelnen recht unterschiedlichen Plößberger Hauskrippen vermittelt Orts-Identität. Der immer gleiche Maßstab der ca. 10 cm hohen Figuren, ihre Farbigkeit und die Landschaft verbinden. Dennoch besteht für die einzelnen Krippenbauer eine individuelle Gestaltungsfreiheit. Entscheidend ist die gemeinsame Überzeugung: Die Arbeit an den Krippen und Figuren geschieht ausschließlich für den eigenen Bedarf und nichts von den Figuren wird an Fremde verkauft. Historische Plößberger Figuren werden von den Krippenfreunden sogar über den Antiquitäten- und Kunsthandel zurückgekauft, wenn sie dort angeboten werden.

Weitere Plößberger Besonderheiten sind in der Regel der Verzicht auf gemalten Hintergrund und stattdessen ein Gebirge aus Ästen, Zweigen, Schwämmen, Moosen, Rinden und Wurzeln und Wacholderbüsche als Rahmung. Die Kulisse der Stadt Bethlehem nimmt dabei breiten Raum ein. Auch sind verschiedene Handlungsebenen ineinander verschränkt.

Die Plößberger Krippentradition setzt Mitte des 19. Jahrhunderts ein. Als um 1830 infolge der Industrialisierung in Plößberg die bisher favorisierte Herstellung von Mehlsiebtüchern zum Erliegen kommt und stattdessen der Glasschmelzofenbau forciert wird, wandern die Plößberger Ofenbauer saisonal in Arbeitskolonnen bis in den Orient. Nach Hause zurückgekehrt vertreiben sie sich in den Wintermonaten die Zeit mit Schnitzarbeiten und stellen Krippenfiguren für den eigenen Bedarf her.[7]

Die Plößberger Hauskrippen entstehen so zwischen den beiden Polen Heimat und Kleinbürgertum als einem spezifischen sozialkulturellen Milieu und repräsentieren einen machtvollen eigenständigen Lebens- und Kulturentwurf. Der Volkskundler Hermann Bausinger bezeichnet in diesem Sinne Heimat als »Kompensationsraum, in dem die Versagungen und Unsicherheiten des eigenen Lebens ausgeglichen werden, in dem aber auch die Annehmlichkeiten des eigenen Lebens überhöht erscheinen: Heimat als ausgeglichene, schöne Spazierwelt.«[8]

Eine uns heute kaum mehr bewusste, aber wichtige Voraussetzung für die prägenden Alltagsszenen im Plößberger Krippenberg ist der Paradigmenwechsel in der Auslegung des Krippengeschehens, der sich zwischen dem Ende des 17. und dem Beginn des 19. Jahrhunderts vollzieht: Die Volksszenen werden nun Teil der Inkarnation des Gottessohnes. An ihnen lässt sich ablesen und mit den Händen greifen, dass Gottes Sohn wirklich Mensch geworden ist in der Krippe. Eine Epoche zuvor dagegen werden die Alltagsszenen in der Krippe als Zeichen für die Blindheit der Welt ausgelegt, die zur selben Zeit, als Christus geboren wird, ihren weltlichen Geschäften nachgeht. In dieser Weise deutet etwa der Jesuit Wolfgang Rauscher noch gegen Ende des 17. Jahrhunderts in einer Krippenpredigt die volksreichen und volkstümlichen Szenen der Weihnachtskrippe als Kontrast zum Heilsgeschehen.

3. Protestantische Krippenfrömmigkeit

Plößberg mit seiner langen Vorgeschichte des getrennten und doch gemeinsamen Zusammenlebens von Protestanten und Katholiken im für die Oberpfalz typischen Simultaneum spielt mit seinen Krippenbergen eine wichtige Rolle für die protestantische Krippenfrömmigkeit. Wir können davon ausgehen, dass hier eine wechselseitige Befruchtung im Krippenschaffen stattgefunden hat.

[7] Vgl. Gerhard Bogner/Paul Sessner, Das Plößberger Krippenparadies, Dachau 1995. Zahlreiche Informationen entstammen auch den vom Verfasser 2010 im Rahmen der Vorbereitungen der 9. Plößberger Krippenausstellung mit Plößberger Krippenbauern geführten Gesprächen.

[8] Hermann Bausinger, Heimat und Identität, in: Konrad Köstlin/Hermann Bausinger (Hrsg.), Heimat und Identität. Probleme regionaler Kultur, Neumünster 1980, 9–24; hier: 13.

Die Bedeutung der Hauskrippe für die protestantische Frömmigkeitstradition wird in der Regel jedoch unterschätzt, da sich die volkskundliche Krippenforschung über Jahrzehnte hinweg auf künstlerisch bedeutsame Krippen konzentrierte und die volkstümlichen schlichten geschnitzten ebenso wie die »Massenproduktion« von Krippenfiguren aus Papiermasse, Pappmaché oder bedrucktem Papier nicht in den Blick nahm, die typisch für das protestantische Haus gewesen sind. Offen bleiben muss, ob die Anregungen der Plößberger Schnitzer im 19. Jahrhundert nicht aus solcher Massenproduktion industriell hergestellter gedruckter oder aus Gips oder Pappmaché industriell gefertigten Krippenfiguren stammen, die dann in winterlicher Heimarbeit nachgeschnitzt wurden und damit in den Händen der Krippenbauer auch vom Material her eine ganz persönliche Aufwertung und Wertsteigerung erfahren haben.

Zur wenig bekannten protestantischen Krippentradition gehört der von Johann Hinrich Wicherns »Innerer Mission« inspirierte Gustav Jahn (1818–1888), der Hausvater der Züllchower Anstalten bei Stettin. Er begründet 1858 im Rahmen der Arbeit seines Fürsorge- und Rettungshauses für Jugendliche eine Spielwarenhandlung, die sich auf die sogenannte »Züllchower Weihnachtsindustrie« spezialisiert und in Thüringen aus Pappmaché gefertigte Krippenfiguren zusammen mit in den Züllchower Anstalten gefertigten Gebäuden aus Holz weltweit verkauft. Herstellung und Vertrieb der bewusst als »evangelisch« bezeichneten Weihnachtskrippen sind für Gustav Jahn in erster Linie durch den missionarischen Auftrag und weniger durch den finanziellen Ertrag für die Züllchower Anstalten motiviert. Sein Sohn und Nachfolger Fritz Jahn (1863-1931) wirbt im 1913 im Verlag der Züllchower Anstalten erschienenen »Wegweiser für Mütter« dafür, dass keine christliche Familie es sich nehmen lassen sollte, »zu Weihnachten einen kleinen plastischen Krippenbau«[9] aufzustellen. Die Züllchower Weihnachtskrippen orientieren sich motivisch an der in den evangelischen Häusern weit verbreiteten »Bibel in Bildern« von Julius Schnorr von Carolsfeld, deren Spuren auch auf den Plößberger Krippenbergen noch nachzuweisen sind.[10]

---

[9] Fritz Jahn, Auslese von Kinderspielzeugen, Beschäftigungs- und Gesellschaftsspielen. Wegweiser für Mütter, Züllchow bei Stettin 1913, 9.

[10] Vgl. Werner Dicke, Gustav Jahn. Ein Leben im Dienst der Inneren Mission Pommerns, Stettin 1940, 21; Fritz Jahn, Kurze Geschichte der Züllchower Anstalten zu Züllchow bei Stettin. Denkschrift zum 60jährigen Jubiläum 3. August 1891, Stettin 1892, 30, schreibt über seinen Vater Gustav Jahn: »Mit seiner Weihnachtsindustrie beschaffte« er »aber nun nicht nur seiner Anstalt einen nicht unbedeutenden materiellen Gewinn, sondern [...] erzielte [...] mit derselben den fast noch höher ausschlagenden Gewinn, daß er der Weihnachtsbescherung in vielen Häusern wieder ein christliches Gepräge gab.« Gustav Jahn hätte seine »Weihnachtsindustrie« immer als Werk der Inneren Mission verstanden; vgl. Ders.; 100 Jahre Züllchower Anstalten, in: Heimatkalender für Pommern 1931, 82-85; hier: 83f.: »... unsere Weihnachtsindustrie mit ihren evangelischen Krippenfiguren«; Wolfgang Seyfried, Die Züllchower-Züssower Diakonen- und Diakoninnengemeinschaft in Geschichte und Gegenwart. Ein Beitrag zur Diakonatsgeschichte (Diakonat - Kirche - Diakonie 5), Leipzig 2020, 37.

Ein literarisches Zeugnis für die typisch protestantische Papierkrippentradition[11] im evangelischen Oberschlesien findet sich beim Schriftsteller Gustav Freytag (1816–1895), der von den Weihnachtsvorbereitungen in seinem protestantischen Vaterhaus in Kreuzburg aus dem ersten Drittel des 19. Jahrhunderts erzählt:

»Viele Wochen vor Weihnachten sind die Knaben in emsiger Tätigkeit, denn als ein Hauptschmuck des Festes wird nach Landesbrauch das Krippel aufgestellt, Bilder der Krippe, in der das Kindlein liegt, mit Maria und Josef, den Hl. Drei Königen und den anbetenden Hirten und ihren Schafen und darüber der glitzernde Stern und Engel. [...] Die Figuren kauften die Kleinen auf Bilderbögen, schnitten sie mit der Schere aus und klebten ein flaches Hölzlein mit Spitze dahinter, damit die Bilder in weicher Unterlage hafteten. Der heiligen Familie aber, dem Ochsen und Eselein wurde ein Papphaus«[12] gebaut.

Im erwachenden Industriezeitalter setzt eine Verklärung des ländlichen Lebens ein. Die Entstehungszeit der Plößberger Hauskrippentradition beginnt daher nicht zufällig ab dem Jahr 1840. Sie ist auch Ausdruck eines neuen Selbstbewusstseins der kleinbürgerlichen Schichten im erwachenden Industriezeitalter. Die Bürger schätzen die Verklärung des ländlichen Lebens. Ein Beispiel dafür ist die Verbreitungsgeschichte des Weihnachtsliedes »Stille Nacht«. Sein weltweiter Erfolgsweg beginnt mit dem 1832 in einem Leipziger Hotel improvisierten Adventskonzert einer Zillertaler Sängergruppe, die im Hauptberuf auf dem Leipziger Weihnachtsmarkt Lederwaren verkauft und den begeisterten Bürgern der aufstrebenden Messestadt Einblick in die heimatliche ländliche Idylle des Zillertals gewährt.[13]

Weihnachtliches Brauchtum unterliegt einem permanenten Wachstums- und Veränderungsprozess. Seine Ausformungen erwecken dennoch zugleich den Eindruck, ganz alt zu sein, und sie verlangen nach Wiederholung, wie in jedem Jahr. Ein Beispiel für dieses Phänomen weihnachtlichen Brauchtums ist der durch Gerhard Bogner in Plößberg nach alpenländischen Vorbildern wohl erst in den 1980er Jahren angeregte Brauch, den Gästen beim häuslichen Krippenschauen ein »Krippenwasser« aufzuwarten, das inzwischen von einer örtlichen Brennerei hergestellt und als »Plößberger Krippenwasser« etikettiert wird.[14]

Vergegenwärtigen wir uns mit Blick auf die Plößberger Krippenlandschaft die Leistung der Weihnachtskrippe für diejenigen, die an ihr arbeiten, und für die, die sich betrachtend in sie hineinversenken. Die Krippe vermittelt das Erlebnis der

---

[11] Vgl. Thomas Roth, Papierkrippen, in: Christa Pieske, Das ABC des Luxuspapiers. Herstellung, Verarbeitung und Gebrauch 1860 bis 1930 (Schriften des Museums für Deutsche Volkskunde Berlin 9), Berlin 1983, 202–204, und Norbert Langenbach, Weihnachtskrippen aus Papier, Husum 2006.

[12] Gustav Freytag, Erinnerungen aus meinem Leben (Gesammelte Werke Bd. I), Leipzig 1887, 35.

[13] Vgl. Wolfgang Herbst, Stille Nacht! Heilige Nacht! Die Erfolgsgeschichte eines Weihnachtsliedes, Zürich und Mainz 2002, 74–83.

[14] Vgl. eine diesbezügliche mündliche Mitteilung Plößberger Krippenbauer.

Gegenwärtigkeit des Abgebildeten. Der Jesuit Philip de Berlaymont, einer der ersten Theoretiker der Weihnachtskrippe, legt 1619 mit seinem in Köln erschienenen Werk »Paradisus puerorum« eine hilfreiche Beschreibung dessen vor, was eine Weihnachtskrippe leistet. Er schreibt:

In »einer Hausruine, an deren strohernem Dach ein in die Höhe ragender Stern befestigt ist, wird zwischen Maria und Joseph die Krippe mit dem Kinde aufgestellt. Hirten und Engel sind anwesend und das Ganze ist so geschickt arrangiert, daß das Frömmigkeitsgefühl der Beschauer aufs lebhafteste erregt wird. Sie glauben dem wunderbaren Ereignis selbst beizuwohnen, mit eigenen Ohren das Wimmern des Kindes und die himmlische Musik zu hören, mit eigenen Händen die Windeln zu betasten, und ein heiliger Schauer erfasst sie.«[15]

Am Übergang vom 18. zum 19. Jahrhundert wird die Weihnachtskrippe in Deutschland in der Bürgerstube heimisch und wird unter dem Weihnachtsbaum, der ebenfalls erstmals in diesem Zeitraum begegnet[16], aufgestellt. Krippenhaus und Krippenlandschaft werden zur persönlichen Schöpfung des Krippenbesitzers und zur Angelegenheit der Familie. Damit kommt es zu einer Verhäuslichung der religiösen Raumkonfiguration. Der Krippenraum wird in die private Festkultur eingepasst. Zugleich vollzieht sich die Veralltäglichung der Krippendarstellung in ihrer Angleichung an die Stilformen der Alltagskultur. Die Szenen um die Geburt Jesu in Bethlehem werden in die soziale Raumwelt der bürgerlichen Kleinfamilie eingespielt und sind damit Teil einer bürgerlichen Familienreligiosität. Die symbolische Raumwelt aus dem fernen heiligen Land wird in die heimische Lebensregion transferiert.

Rudolf Berliner, der Pionier der Krippenforschung, schreibt 1955 in seinem Standardwerk zur Weihnachtskrippe:

»Die Kunstform der Krippe erwies sich als durch ihren religiösen Zweck bedingt und nicht durch ein primäres Interesse an der Lösung eines stilistisch-artistischen Problems. Es ging darum, dem Beschauer, oft zunächst in erster Linie sich selbst als dem Stifter oder Erbauer, das Erlebnis der Gegenwärtigkeit des Abgebildeten zu vermitteln und ihm die Selbstidentifizierung mit den Anbetenden zu erleichtern. Als lebend sollte die Weihnachtskrippe reiner Form wirken [...]«.[17] Weihnachtskrippen lassen sich als »anschauliche Rekonstruktionen der Geburtsgeschichte Christi, die im Beschauer das Gefühl erregen sollten, dem Geschehen

---

[15] Philip de Berlaymont, Paradisus puerorum, Coloniae Agrippinae 1619, 68 :»... stramineam exstruunt casam, iminentem tecto stellam defingunt, medium Virginem et Josephum collocant in praesepi infantem, Pastoribus Angelos admiscent, idque tam apposite, ut intuentes maximum pietatis sensum experiantur, et se tanto mysterio interesse, vagitus aure excipere, fascias ipsas contrectare, Angelorum concertum audire, non sine horrore quodam sacro, existimunt.« Zit. nach Rudolf Berliner, Die Weihnachtskrippe, München 1955, 179/Anm. 194 in dessen deutscher Übersetzung.

[16] Vgl. Bernd Brunner, Die Erfindung des Weihnachtsbaums (Insel-Bücherei 1347), Berlin 2011.

[17] Berliner (wie Anm. 15), 9.

selbst beizuwohnen«[18], verstehen. Sie sind »Darstellungen mit der Geburt Christi verbundener Ereignisse, bei denen im wirklichen dreidimensionalen Raume möglichst körperlich und lebendig wirkende Figuren so verteilt sind, dass im Betrachter das Gefühl entsteht, ihnen selbst beizuwohnen, damit in ihm die religiösen Gefühle in jener Stärke erregt werden, die dem erlebten Wunder angemessen ist.«[19]

Die Erregung des Gegenwartsgefühles ist somit Ziel der Krippe. Es sollen religiöse Gefühle ausgelöst werden, die an die Weihnachtsvorgänge anknüpfen können, bis hin zur Selbstidentifizierung des Beschauers mit den historischen Personen. Es geht um eine teilnehmende Betrachtung.

Bei den beiden italienischen Krippenforschern Gioia und Fernando Lanzi findet sich im Jahr 2000 ein aufschlussreicher Hinweis zur Funktion der Krippe. Sie schreiben:

»Ein wesentliches Merkmal der Krippe ist [...] die Umkehrung der Perspektive, die ähnlich wie im Fall der Ikonen den Betrachter in sich hineinzieht, und so durch einen tiefgreifenden psychologischen Prozeß die Zuschauer und Adressaten in Darsteller und Akteure verwandelt.«[20]

4. Das Phänomen des Weihnachtschristentums

Das Weihnachtschristentum stellt eine Form moderner Religiosität dar. Es war die Leistung des Theologen und Germanisten Matthias Morgenroth, diese Form neu ins Bewusstsein zu holen. Das Weihnachtschristentum lässt sich als exemplarische religiöse Gestaltung der bürgerlichen Welt und damit als ein Phänomen moderner bürgerlicher individueller Frömmigkeit verstehen. Matthias Morgenroth vertritt in seiner im Jahr 2002 veröffentlichten Studie die These, dass das gelebte Christentum der Gegenwart vor allem ein Weihnachtschristentum ist.

Weihnachten zählt mit Taufe, Trauung, Konfirmation und Bestattung zu den Schnittpunkten zwischen individualisierter Religion und offiziellem Christentum. Weihnachten ist die spezifisch bürgerlich-moderne Form christlicher Religion, aufs engste verknüpft mit der Genese der bürgerlichen Gesellschaft und ihren Wertvorstellungen. Dabei besteht ein Ungleichgewicht zwischen der allgemeingesellschaftlichen Akzeptanz des Phänomens Weihnachten mit seiner kulturellen Präsenz auf der einen und dem Desinteresse der Theologie auf der anderen Seite.

Die Mehrheit der Christen bleibt der engen Kirchlichkeit fern und geht doch einmal im Jahr an Weihnachten regelmäßig in den Gottesdienst. Weihnachten ist ein Fest, das Individuum, Gesellschaft und Kirche miteinander verzahnt. Es kann als ein volkskirchliches Fest bezeichnet werden. Für viele ist es die Form der

[18] A.a.O., 13.

[19] A.a.O., 14.

[20] Gioia und Fernando Lanzi, Krippenfiguren aus aller Welt. Geschichte und Tradition, Düsseldorf und Zürich 2000, 245.

Teilhabe am öffentlichen und kirchlichen Christentum schlechthin, die regelmäßig alle Jahre wieder wahrgenommen wird und durch den vorgeschalteten Advent einen relativ langen Zeitraum im Jahreserleben einnimmt.

In der Weihnachtszeit ist zusammengerückt, was ursprünglich über das ganze Kirchenjahr verteilt war: Die Besinnung auf existenzielle Themen, das Leben mit Heiligentagen, der Kirchgang, die private Andacht und die Lektüre besinnlicher Poesie. Die gesamte primäre Lebenswelt wird religiös erfahrbar, aus der Perspektive der Menschwerdung Christi.

Weihnachten ist zudem dasjenige christliche Fest, an das sich die eigene Lebensgeschichte anhaftet und in dessen Licht das eigene Leben gedeutet wird: Lebensgeschichte, Weltgeschichte und Heilsgeschichte werden miteinander verknüpft.

Weihnachten wird durchgängig bestimmt von einer privatisierten Frömmigkeit. Die Deutungshoheit ist dabei in die Hände der außerkirchlichen Religiosität gelangt. Die Weihnachtsreligiosität ist eine Stimmungsreligiosität und eine Festreligion, keine Glaubensreligion. Sie dient der Inszenierung individualisierter Religiosität, hält aber zugleich immer noch den Kirchenbezug fest: Sie zeichnet sich aus durch leibhafte Teilnahme, Wahrnehmung der Welt als geschlossenem Kosmos mit einer Sichtbarkeit der Heiligen, Integration der unterschiedlichsten Menschen, Lebensstile und Glaubensbekenntnisse. In erster Linie ist die Weihnachtsreligiosität nicht-reflexiv, sondern wird von Stimmungen und Atmosphären geprägt.

Die Weihnachtszeit lässt sich als die Inszenierung einer ganz besonderen Zeiterfahrung verstehen. Das Weihnachtszimmer wird zur Privatkathedrale des Bürgertums und korrespondiert dem Kirchenraum. Weihnachts-Rituale haben ihren bevorzugten Ort im häuslichen Bereich. Sie werden vom intimen Feierkreis mit seiner Miniaturwelt bestimmt.

Der Weihnachtsmarkt lässt sich dabei als Fest-Raum mit einer bunten, märchenhaften Warenwelt verstehen, die den städtischen winterlichen Alltag hinter sich lässt. Seine festliche Atmosphäre mit Bummeln, Pausieren, Trinken, Essen, Hören und Reden bestimmt die Besucher. Sie bewegen sich auf einem Fest-Platz an der Grenze zwischen Kulturraum und Naturraum, Licht und Finsternis, Kälte und Wärme. Diese Grenzsituation macht überhaupt erst die Behaglichkeit des eigenen Wohnraums bewusst.

Die Christvesper im Kirchenraum lebt von der gemeinsamen Auslegung und Deutung, die in der häuslichen Feier ihre Fortsetzung findet. An beiden Orten ist es für einen Augenblick möglich, spielerisch zu glauben. Die Weihnachtskrippe wird im 19. Jahrhundert in die neu entstehende Weihnachtsfeier im bürgerlichen Haus integriert. Sie fungiert als ein religiöses Element der privaten Feier, das auf die Kirche und die biblische Geschichte zurückverweist. Häusliche Weihnachtsfeier und Hauskrippe gehen dabei eine enge Verbindung zueinander ein.[21]

---

[21] Vgl. MORGENROTH (wie Anm. 2), und DERS., Heiligabend-Religion. Von unserer Sehnsucht nach Weihnachten, München 2003, sowie MAURICE BAUMANN/ROLAND HAURI (Hrsg.), Weihnachten – Familienritual zwischen Tradition und Kreativität (PTh 95), Stuttgart 2008, sowie

Das Weihnachtschristentum ist ein angemessener Ort für die Inszenierung individualisierter Religiosität, nämlich eines Lebensgefühls. Der spielerische Umgang mit der Krippe spiegelt diese Haltung. Das spielerische Moment des Glaubens erhält seinen legitimen Ort. Es handelt sich um eine andere Zeit mit eigenen Spielregeln. An Weihnachten wird die Welt als geschlossener Kosmos wahrgenommen, als eine geschlossene und sinnvoll geordnete Wirklichkeit. Die Hauskrippen stellen uns diese vor Augen.

5. Die Plößberger Hauskrippe als Element des Weihnachtschristentums

Das Weihnachtsfest gewinnt erst im 19. Jahrhundert seinen familiären Charakter. Die Hauskrippe ist ein wesentliches Element dieser Entwicklung. Von daher ist die Kirchenunabhängigkeit der Hauskrippen ein wichtiges Kennzeichen ihrer Zugehörigkeit zum Weihnachtschristentum. So ist es nicht zufällig, dass wie hier in Plößberg die Weihnachtskrippen erst im ausgehenden 20. Jahrhundert wieder in den evangelischen wie in den katholischen Kirchenraum einziehen, und zwar im bewußt veränderten, größeren Maßstab als in den Hauskrippen.

Die Plößberger Hauskrippen lassen sich als ein Element dieses Weihnachtschristentums verstehen. Dies beginnt mit dem Wechsel der Deutungshoheit von den Professionellen zu den Laien. Wer einmal einen Plößberger Hauskrippenschnitzer vor seinem Krippenberg erlebt und von seinen aufgebauten biblischen Szenen erzählen gehört hat, wird dies nachvollziehen können. Hinzu kommt der sinnenhaft-sinnliche Umgang mit der Krippe. Eine ganz andere Welt gewinnt inmitten der Alltagswelt Raum. Übergänge zwischen den beiden Welten stellen sich ein. Und wie im Weihnachtschristentum der Advent als das ganze Kirchenjahr in nuce verstanden werden kann, hat das ganze Kirchenjahr auf dem Krippenberg Platz, vom Sündenfall bis zum Gang nach Emmaus.

Die Miniaturwelt als Modellwelt ist ein Teil des bürgerlichen Phänomens der Weihnacht. Auch die Markierung des Übergangs zwischen den beiden Welten mit dem Zaun um die Krippenlandschaft ist ein typischer Zug des Weihnachtschristentums, ebenso wie das Phänomen des Naturraumes mit dem Wald in der Wohnstube. Die Natur wird von außen hereingeholt. Inmitten des Winters wird es grün. Naturraum und menschlicher Lebensraum befinden sich im Übergang. Erwachsene dürfen hier wieder Kinder sein und sich für eine begrenzte Zeit dem kindlichen Spiel mit der Krippe widmen. Die Deutung der eigenen erwachsenen Lebenswelt aus einer anderen, nämlich einer religiösen Ordnung heraus, ist in dieser Zeit zulässig und braucht nicht verschämt verschwiegen werden.

Ingeborg Weber-Kellermann, Das Weihnachtsfest – Eine Kultur- und Sozialgeschichte der Weihnachtszeit, München 1987.

Hauskrippen sind Orte der persönlichen Frömmigkeit, die zugleich auch öffentlich zugänglich gemacht wird, für die Gäste beim Plößberger Krippenschauen an den Wochenenden um das Weihnachtsfest und in der großen, von den Plößberger Krippenfreunden im mehrjährigen Abstand durchgeführten Krippenschau. Ein Wechsel der Deutungshoheit, wie er das Weihnachtschristentum kennzeichnet, ist eingetreten, wenn die Plößberger Familien für eine begrenzte Zeit mit ihrem Krippen in den Häusern leben und eine veränderte Wahrnehmung des Alltags sich darüber einstellt. Auf dem Plößberger Krippenberg gelten – wie im gesamten Weihnachtschristentum – andere Ordnungen von Zeit und Raum als in der realen Alltagswelt, für eine begrenzte Zeit: Ob es nun die Synchronizität der Szenen aus der biblischen Geschichte, die Integration der heimatlichen Alltagswelt in die biblische Welt oder die Aufhebung von Zeit und Raum ist. Diese anderen Ordnungen und die Berechtigung, mit Hilfe der Weihnachtskrippe die eigene Lebenswelt mit Kinderaugen wahrzunehmen, entsprechen den Kennzeichen des Weihnachtschristentums. Analog dazu verlaufen die Strukturen der privaten Weihnachtserzählungen, die an das Weihnachtsevangelium angedockt werden und darüber Sinntiefe und Sinnstiftung erfahren.[22]

6. Die Welt der kleinen Leute: Die Hauskrippe als bürgerliche Miniaturwelt

Die Krippe ist Bestandteil der bürgerlichen Welt geworden. Sie partizipiert am Weihnachtschristentum als bürgerlichem Phänomen und ist damit Teil eines souveränen kulturellen Entwurfs der Weltdeutung. Wichtig ist dabei, dass es sich bei der bürgerlichen Weltdeutung um einen Lebensentwurf mit Zukunft handelt, im Sinne einer Emanzipationsbewegung gegenüber dem gehobenen Bürgertum und dem Adel. In den Miniaturwelten besitzen die sogenannten »kleinen Leute« die Deutungshoheit, nicht die Professionellen. Die Verkleinerung des Maßstabs führt zu einer Erweiterung des Wahrnehmungshorizontes. Die Krippe ermöglicht, im bürgerlichen Haus die Ordnung der Welt wahrzunehmen. Die Welt wird fassbar. Eine Weitung durch Verkleinerung vollzieht sich. Die ganze Heilsgeschichte passt in einen Krippenberg, und dieser findet Raum in der bürgerlichen Wohnstube.

Die Versenkung ist der typische Zugangsweg zur Miniaturwelt. Man könnte auch von einer Form der Andacht sprechen. Der Betrachter taucht in die hier geschaffene Welt ein und bewegt sich virtuell in ihr. Dabei vollzieht sich ein Verschmelzen der Sinnhorizonte. Am Ende ist nicht mehr klar, wo er sich eigentlich genau befindet. Alltägliche Realität und fiktionale Modellwelt interagieren. Dieses Spiel mit den Raummodellen besitzt eine wirklichkeitserschließende Funktion

---

[22] Vgl. PETRA ZIMMERMANN, Das Wunder jener Nacht. Religiöse Interpretation autobiografischer Weihnachtserzählungen, Stuttgart 1992.

und eröffnet den Zugang zu einem Wirklichkeitsentwurf, der möglicherweise zu einer anderen Zeit des Jahres keinen Raum im Leben des Betrachters erhält.

Der Krippenbauer ist der Konstrukteur der Miniaturwelt. Seine Hin- und Her-Bewegung zwischen Alltags- und Krippen-Welt stößt ein Fließgeschehen an. Die räumlichen Bedingtheiten geraten in Fluss. Es kommt zu einem Pendeln der Blicke zwischen verschiedenen Wirklichkeiten, zwischen der fiktiven und der realen Welt, welches neue Sichtmöglichkeiten und Sinnzusammenhänge eröffnet.

Die Plößberger Hauskrippen erfahren durch den alljährlichen Aufbau des Krippenberges mit den Naturmaterialien und der Aufstellung der Figuren und der einzelnen Szenen eine jeweils neue Re-Inszenierung. Damit liegt ein wichtiges Strukturelement des Weihnachtschristentums vor, wie auch der weihnachtliche Schmuck des Hauses als ein solcher Re-Inszenierungsakt verstanden werden kann. Weihnachtswelten bedürfen der Re-Inszenierung ebenso wie der Wiederholung.[23]

Die Weihnachtskrippe wird in das Ensemble der bürgerlichen Miniaturwelten eingebunden. Stall von Bethlehem und bürgerliches Haus treten in Beziehung zueinander. Ein spezifisches Moment christlicher Frömmigkeit kommt darüber zum Tragen: Die Beziehung zwischen Alltagswelt und biblischer Welt und deren wechselseitige Durchdringung. Die kleine Alltagswelt der Plößberger Bürgerhäuser wird für eine begrenzte Zeit in einen größeren Wirklichkeitshorizont eingebettet. Das schon erwähnte hohe Selbstbewusstsein der Plößberger Krippenbauer korrespondiert dem überzeugenden bürgerlichen Lebensentwurf. Die Krippen sind Teil der Heimatwelten. Sie gehören mit in das Repertoire der Heimatinszenierung.[24]

Weihnachtskrippen vermindern damit die Transzendenzspannweite christlicher Religion. Religion wird nicht nur in den Zwischenfällen des Alltagslebens und seinen Krisen verortet, sondern mitten im Alltagsleben. Es handelt sich allerdings um eine Form von Religion, die nur begrenzt lebbar ist und in der Advents- und Weihnachtszeit ihren Ort hat. Man könnte sie auch als die Aneignung eines geistlichen Vorrates verstehen, der das Jahr über, wenn die eigene Lebenswelt weniger sinnlich erfahrbar wird, aufgezehrt werden kann.

7. Hauskrippenfrömmigkeit und »große Theologie«

Nicht die große Theologie, sondern die Poesie nimmt sich des Weihnachtsfestes an: Kalendergeschichten, Hausbuch, Alltagsgeschichten, Weihnachtsanthologien

---

[23] Vgl. Wolfgang Steck, En miniature – Alltagswelt im Kleinformat, in: Klaas Huizing/Christian Bendrath/Markus Buntfuss/Matthias Morgenroth (Hrsg.), Kleine Transzendenzen. FS für Hermann Timm (Symbol – Mythos – Medien 10) Münster, Hamburg und London 2003, 274–310. Steck sieht im Krippenbauen und Krippensammeln einen originären Typus privater Religiosität, den er als eine Spielart der »Religion der kleinen Leute« bezeichnet (308).

[24] Vgl. Christel Köhle-Hezinger, Heimatinszenierungen, in: Hermann Voesgen (Hrsg.), Ganz nah dran, Kulturarbeit in der Region, Hagen 1994, 133–139.

gehören zum Weihnachtschristentum konstitutiv dazu. Das Weihnachtsfest ist nahezu aus dem Raum des Gottesdienstes ausgewandert. Dies hängt sicherlich auch damit zusammen, dass nur wenige Erzählungen der Weltliteratur sich als so kulturbildend und zu dichterischer Produktion anregend wie das Weihnachtsevangelium erweisen. Die ganz private Weihnachtsgeschichte, die von vielen Menschen erzählt wird, verdeutlicht Weihnachten als dasjenige Fest, an das sich die eigene Biografie anheftet und in dessen Licht schließlich das eigene Leben gedeutet wird. Mit Hilfe der weihnachtlichen Erzählangebote wird die eigene Lebensgeschichte erzählt. Nochmals wird deutlich, dass die Deutungshoheit des Weihnachtsfestes aus der »großen« Theologie ausgewandert ist und in den Händen der »Laien« liegt.

Friedrich Schleiermachers »Weihnachtsfeier« von 1806 ist der einzige große Text der neueren protestantischen Theologie, der sich bis heute ausführlich mit dem Weihnachtsfest auseinandersetzt. Friedrich Schleiermacher führt seine Leser in den feiernden häuslichen Kreis im Haus von Ernestine und Eduard, ihrem Mann, einem Theologieprofessor, am Heiligen Abend mit Kindern und Freunden hinein. Die kleine Schrift ist damit zugleich ein Dokument der im 19. Jahrhundert sich entwickelnden häuslichen Feier am Heiligen Abend.

Friedrich Schleiermacher erkennt als erster theologischer Denker die sich in der neuzeitlichen protestantischen Frömmigkeit vollziehende Schwerpunktverschiebung vom Karfreitag zum Weihnachtsfest. Friedrich Schleiermacher verdeutlicht das Hineinversetzen in die Figurenwelt der Krippe am Beispiel der kleinen Sophie, der Tochter des Theologieprofessors. Sophie besitzt eine mechanische Krippe mit einer Fülle an biblischen wie kirchengeschichtlichen Szenen und einer zunächst für den Betrachter versteckten Darstellung der Geburtsgeschichte Jesu:

»Man mußte den Engeln und den Hirten nachgehn, die auch um ein Feuer versammelt waren, man öffnet eine Thüre ganz in der Wand des Bildwerkes, das Haus war nur als Dekoration aufgetragen, und man erblikkt in einem Gemach, das also eigentlich außerhalb liegt, die heilige Familie. Alles ist dunkel in der ärmlichen Hütte, nur ein verborgenes starkes Licht bestrahlt das Haupt des Kindes, und bildet einen Widerschein auf dem vorgebeugten Angesicht der Mutter.«[25] Sophie kniet einige Augenblicke vor ihrem Werk, »unverwandt in das kleine Gemach hineinschauend.«[26] Dann schildert Schleiermacher uns den Dialog der Sophie mit ihrer eigenen, hinter ihr stehenden Mutter: »o Mutter! Du könntest

---

[25] Friedrich Schleiermacher, Die Weihnachtsfeier. Ein Gespräch (Halle 1806), in: Hermann Patsch (Hrsg.), Friedrich Daniel Ernst Schleiermacher. Schriften aus der Hallenser Zeit 1804–1807 (Kritische Gesamtausgabe. Erste Abteilung: Schriften und Entwürfe Bd. 5), Berlin und New York 1995, 41–98; hier: 48f. Vgl. zu Schleiermachers »Weihnachtsfeier« Morgenroth (wie Anm. 2), 93–107.

[26] Schleiermacher (wie Anm. 25), 49.

ebenso gut die glükliche Mutter des göttlichen Kindleins sein, und thut es Dir denn nicht weh, daß Du es nicht bist?«[27]

Immer noch besteht die Gefahr, dass die »große Theologie« die Bedeutung des Weihnachtschristentums und der Weihnachtskrippe unterschätzt und als nachgeordnete, quasi semi-authentische Frömmigkeitsform versteht. Ein Beispiel dafür aus der zweiten Hälfte des 20. Jahrhunderts bietet der katholische Priester und Landesvorsitzende des Verbandes Bayerischer Krippenfreunde, Erich Lidel, der sich an vielen Stellen zur Krippenfrömmigkeit geäußert und angemerkt hat, dass die meditative Begegnung mit Gott sich idealiter eigentlich vorwiegend in der Auseinandersetzung mit der Passion Christi ereigne. Für diejenigen, welche diese alleinige Konzentration auf das Leiden nicht ertrügen, böte die Beschäftigung mit dem freudigen Ereignis der Geburt Christi jedoch eine alternative Möglichkeit der Meditation. Die Krippe soll – auch wenn sie keine künstlerische Qualität besitzt – den Menschen vor der Säkularisierung seines Daseins bewahren. Aber es handelt sich bei ihr um eine Art Frömmigkeit zweiter oder dritter Wahl!

Ein wichtiger Repräsentant der theologischen Beschäftigung mit dem Phänomen des Weihnachtschristentums ist der katholische Theologe und schlesische Volksschriftsteller Joseph Wittig (1879–1949), der seine Krippenfiguren ins Gespräch mit der »großen« Theologie bringt und von ihnen das Staunen und die Ehrfurcht zu lernen beginnt. Die »Welt der kleinen Leute« spielt in seinem Werk eine entscheidende Rolle und liefert ihm das Material seiner Theologie. In ihr sieht er ein wesentliches Zukunftspotenzial für Glauben und Kirche, das jedoch von der offiziellen Kirche und der akademischen Theologie sträflich vernachlässigt wird. Am Beispiel Joseph Wittigs wird deutlich, was die Begegnung zwischen Alltagstheologie und akademisch-intellektueller Theologie zu leisten vermag, und wie sehr die beiden Partner aufeinander angewiesen sind und sich ein lebendiger Austausch vollzieht. Joseph Wittig führt uns mit dem Glatzer Bergland als seiner Heimat in eine Plößberg vergleichbare Hauskrippenregion. Sein literarisches Werk erzählt immer wieder von der Krippenbegeisterung und Krippenleidenschaft der »kleinen Leute« dieser ärmlichen, vom Bergbau geprägten Region in Schlesien.[28] So schreibt er: Mein »Großvater und, soviel ich weiß, auch mein Urgroßvater waren gerade solche Menschen; das ganze Jahr über, wenn sie irgend einmal Zimmerei und Weberei aufgeben konnten, schnitzten sie an ihren Krippenfiguren oder bauten Häuser von Bethlehem.«[29]

---

[27] Ebd. – Vgl. KLAUS RASCHZOK, Heilige Spiele. Eine Einführung aus der Perspektive des Faches Praktische Theologie, in: BÄRSCH/KÖHLE-HEZINGER/RASCHZOK (wie Anm. 1), 37–60; hier: 38–40 (zu Schleiermachers Weihnachtsfeier).

[28] Vgl. KLAUS RASCHZOK, Coram Deo – Grundzüge und Konsequenzen christlicher Humanität. Zum Werk von Joseph Wittig (1879–1949), in: THOMAS A. SEIDEL/SEBASTIAN KLEINSCHMIDT (Hrsg.), Coram Deo versus homo Deus. Christliche Humanität statt Selbstvergottung (GEORGIANA 6), Leipzig 2021, 124–159.

[29] JOSEPH WITTIG, Die Christgeburt auf der Straße nach Landeck. Geschichten, Gedichte und Gedanken aus dem Nachlaß, Leimen und Heidelberg 1981, 23f.

Liebevoll ersteht in den Texten Joseph Wittigs das Glatzer Bergland als eine weitere, im Gegensatz zu Plößberg heute untergegangene Hauskrippenlandschaft. So begegnen der Großvater als Krippenbauer und seine Farben in der Erzählung »Das geleimte Jesuskind«, die von einem Streit unter den frommen Großeltern handelt, der beim zu heftigen Auspacken der Krippenfiguren am heiligen Abend dazu führt, dass das Jesuskind zerbricht und sich die beiden Ehepartner schließlich über der Leimaktion vor der Christmette wieder versöhnen. »Gold, Weihrauch und Myrrhen« hat wiederum den Großvater Johannes Nepomuk Wittig als Krippenbauer im Zentrum. Der kranke Vetter, der die mechanische Krippe der Familie geerbt hatte, und auch der Großvater selbst bauen seit Jahren an ihren mechanischen Krippen. Jährlich erweitern beide ihre Krippen und treten bei Besuchen in einen regen Austausch darüber ein. Als der Großvater von der lebensbedrohlichen Erkrankung seines Vetters erfährt, macht er sich sofort auf den Weg zu einem Besuch. Als er im Haus des Vetters eintrifft, sind dort bereits die Nachbarn und der Pfarrer zum Versehgang versammelt, aber der Sterbenskranke gesundet über dem Anblick der mitgebrachten Gaben seines Vetters, der Jerusalemer Balsam, Tabak und ein Stück Lindenholz aus seinem Schnupftuch hervorholt. Er sieht auf dem Krankenbett liegend das Stück Lindenholz lange an und meint dann strahlend: »Ich sehe schon das Kindlein! Es liegt schon fertig mitten drin! Ich brauche nur das Holz ringsum abzuschneiden!«[30]

Die Erzählung »Meine neuen Heiligen Drei Könige« widmet sich der »erblichen Krippenbelastung« des katholischen Theologieprofessors Joseph Wittig an der Breslauer Universität, die er selbst in der Karwoche nicht zurückhalten kann. Joseph Wittig erzählt von seinem Besuch bei einem Verwandten in dessen »Werkstatt für christliche Kunst« am Fuß des schlesischen Annaberges an einem Karsamstag, an dem er seinen »Krippengedanken« zu entfliehen versucht, und wie er dort zufällig auf einem Schrank eine Krippenarbeit entdeckt, die er kurzerhand ersteht. Joseph Wittig beschreibt schließlich das gelehrte fachtheologische Gespräch mit den am Annaberg erworbenen Krippenfiguren in seinem Arbeitszimmer in Breslau. Diese richten unverblümt aus ihrer Lebenserfahrung heraus Anfragen an die akademische Theologie, und Joseph Wittig bekennt dabei:

»Im geheimen tat es mir ja [...] sehr leid, dass ich Theologie studiert hatte und das Schnitzmesser nicht führen konnte. Es ist nämlich etwas ganz Wunderbares, so kleine Figürlein ganz nach und nach aus dem Lande des Lindenholzes hervortreten zu lassen. Luft und Duft des Lindenholzes weht dem Schnitzer entgegen bei jedem Schnitt. Wie aus dem fernen Orient kommen Wohlgerüche und Spezereien. Zuerst erscheinen die Gestalten wie im Nebel, noch ganz ohne bestimmte Umrisse. Dann tritt das Gesichtlein hervor, so keck oder so fromm, so kindlich oder so männlich, wie es sich der Meister denkt. Dann sieht man die kleinen Stiefel, die Hosen, den Rock und den Mantel. Es ist, als ob sich die kleine Brust höbe und

[30] Joseph Wittig, in: Paul M. Laskowsky, Das Joseph Wittig Buch. Joseph Wittig in Memoriam. Ausgewählte Kapitel aus seinen Büchern mit einer Würdigung seines Lebenswerkes, Stuttgart 1949, 54f.

senkte. Man fühlt ordentlich das kleine Herz, das darin pocht. Eine Mutter kann ihr neugeborenes Kindlein nicht inniger lieben als ein echter Bildschnitzer seine Figürlein. Dieses Kommen aus der Ferne, dieses immer deutlicher, immer schöner Werden ist gar zu wundersam.«[31]

8. Abschluss: Die abgebaute Hauskrippe nach Joseph Wittig

Joseph Wittig berichtet in seinen Erinnerungen an die Kindheit auch vom ergreifenden Moment des alljährlich wiederkehrenden Abbaus der Weihnachtskrippe im schlesischen Elternhaus, der im heimatlichen Dialekt als »Einreißen der Geburt« bezeichnet wird. In den letzten Tagen vor Maria Lichtmess wird deutlich, so schreibt er, dass »unsere kleine Welt nicht für die Ewigkeit geschaffen«[32] war. Sorgfältig wird alles in Kisten verpackt und ruht nun bis zum kommenden Advent. Das Jesuskind aus der Krippe erhält dabei vom Vater einen besonderen Aufbewahrungsort:

Und »wenn Gott auch die Welt deiner Jugendzeit oder gar schon die deines Mannesalters eingerissen hat, so glaube nicht, dass sie für immer zerstört sei. Es ist alles gut verpackt und aufbewahrt. Nichts geht davon verloren. Du darfst es nun den Sommer und Herbst über nicht mehr sehen. Aber es kommt die Adventszeit, in der alles neu vergoldet, geordnet und aufgestellt wird, ›wenn der Herr wiederkommen wird!‹«.[33]

Das ist Weihnachtschristentum: Es gibt eine Zeit des Jahres, in der alles anderen Regeln folgen darf, als sonst, und wir die Welt wieder mit Kinderaugen zu sehen beginnen. Eine abgegrenzte Zeit, in der ein biblisch fundierter christlicher Glaube auch von den Skeptikern gelebt werden darf. Ein Raum, in dem die Welt für einen Augenblick wie stillsteht und sich auf die Geburt des Gottessohnes ausrichtet, und in dem sich die Verfertiger wie die Beschauer bewegen und etwas von der heilsamen Kraft spüren können, die von dem göttlichen Kind in der Krippe ausgeht. Die Plößberger Hauskrippen und Krippenberge laden dazu auf liebevolle Weise ein und stellen damit wie alle Krippen und Krippenlandschaften ein unverzichtbares Element des modernen Weihnachtschristentums dar.

---

[31] Joseph Wittig, Herrgottswissen von Wegrain und Straße. Geschichten von Webern, Zimmerleuten und Dorfjungen (Der Gesamtausgabe viertes Buch), Gotha 1928, 146.

[32] A.a.O., 110.

[33] A.a.O., 116. Vgl. dazu Steck (wie Anm. 23), der das saisonale Auspacken und Einräumen von befristet inszenierten Raumwelten zu Weihnachten als einen spezifischen Spielmodus bezeichnet. Das jahreszeitliche Verschwinden und Wiederaufbauen verleihe den Dingen eine geheimnisvolle Aura (295).

Weihnachten im evangelischen Pfarrhaus

1. Martin Luther, das Weihnachtsfest und das evangelische Pfarrhaus – zwischen Fiktion und historischer Realität

Dem evangelischen Pfarrhaus wird im Laufe des 19. Jahrhunderts im Zusammenhang des einsetzenden Interesses an Martin Luthers Familienleben[1] auch eine Vorbildfunktion für die häusliche familiäre Weihnachtsfeier im Weihnachtszimmer unter dem mit leuchtenden Kerzen geschmückten Christbaum zugeschrieben. Martin Luthers Haushalt im ehemaligen Wittenberger Schwarzen Kloster wird auf diese Weise in der historischen Verklärung nicht nur zur Geburtsstätte des evangelischen Pfarrhauses[2], sondern zugleich des bürgerlichen deutschen Familienlebens[3] und der sogenannten deutschen Familienweihnacht. Dieser Zu-

---

[1] Vgl. Georg Rietschel, Luther und sein Haus, Halle an der Saale 1888, der davon spricht, dass sich 1525–1546 im alten Augustinerkloster in Wittenberg ein deutsches Familienleben (3) mit Luthers Familienzimmer als «echt deutsche(r) ›Wohnstube‹« (12) entfaltet hätte. Wie «Luthers gesamte Persönlichkeit, so bleibt auch sein Haus ein Vorbild für jedes christliche, für jedes deutsche Haus.« (58) Ähnlich Wilhelm Baur, Das deutsche evangelische Pfarrhaus. Seine Gründung, seine Entfaltung und sein Bestand (1877), Bremen 1884, 71ff: «Luther, [...] das Weib an der Seite, die Laute in der Hand, die Kinder jubeln umher, Melanchthon in der Nähe und die anderen Freunde. [...] Das deutsche Volk kannte hinfort kein edleres Leben, und die deutschen Pfarrhäuser taten wohl, den Lutherschen Typus festzuhalten.«

[2] Vgl. Johannes Schilling, Leitbild Luther? Martin Luther, das deutsche Pfarrhaus und der evangelische Pfarrerstand, in: Leben nach Luther. Eine Kulturgeschichte des evangelischen Pfarrhauses, hrsg. vom Deutschen Historischen Museum, Bönen [2]2014, 33–39: Die evangelische Welt hat in ihrer Vorstellung Luthers Haus zum Pfarrhaus und die Lutherfamilie zur Pfarrerfamilie gemacht (35). Luthers Familie gilt als Paradigma einer evangelischen Familie und Luther selbst als Persönlichkeit, deren Eigenschaften auf die Person von Pfarrern adaptiert werden können (38).

[3] Vgl. Siegfried Weichlein, Pfarrhaus, in: Christoph Markschies/Hubert Wolf (Hrsg.), Erinnerungsorte des Christentums, München 2010, 642–653; hier 648: «Bildungsbürgertum

sammenhang wird anhand einer populären Lutherlebensillustration, seiner Spuren in Theologie und Literatur wie im persönlichen Erleben von Pfarrhausbewohnerinnen und Pfarrhausbewohnern einer näheren Betrachtung unterzogen.

Carl August Schwerdgeburth: Dr. Martin Luther im Kreise seiner Familie (vgl. Anm. 6)

Eine ikonische Schlüsselstellung[4] kommt dabei dem weit verbreiteten Stahlstich[5] »Dr. Martin Luther im Kreise seiner Familie zu Wittenberg am Christabend 1536« des Weimarer Hofkupferstechers Carl August Schwerdgeburth (1785–1878) zu.[6]

---

und Pfarrhaus hatten in der Autonomie von religiösen Obrigkeiten einen gemeinsamen Fluchtpunkt, der das Pfarrhaus zum ethischen Vorbild machte.«

[4] Vgl. die Bildunterschrift SB [= Shirley Brückner], in: Leben nach Luther, a.a.O., 32: Schwerdgeburth habe mit seinem Weihnachtsbild «und der Vorstellung vom vorbildlichen ersten Pfarrhaus und einer deutschen Familienweihnachtsfeier unter dem Christbaum nicht nur seine Ikone geschaffen, sondern auch das bis heute vermutlich wirkmächtigste Geschichtsbild des evangelischen Pfarrhauses.«

[5] Das 1820 in Amerika ursprünglich zum Druck von Banknoten entwickelte grafische Tiefdruckverfahren des Stahlstichs, auch Siderographie genannt, ermöglicht im Gegensatz zum Kupferstich die Erstellung von Kopien in nahezu unbegrenzter Zahl und eignet sich aufgrund seiner hohen Konturenschärfe und Detailtreue wie durch die Wiedergabe feinster Linien und Schraffuren vor allem für sehr kleine Darstellungen in der Buchillustration, ohne allerdings die satte Tiefe des Kupferstichs zu erreichen.

[6] Vom Stahlstich existieren unterschiedliche Formate wie in der Darstellung angereicherte Fassungen. Die Beschreibung geht von der vollständigen Fassung des Motivs im Bestand des Deutschen Historischen Museums Berlin aus, die wegen ihres Formates wohl ursprünglich nicht der Buchillustration, sondern mit entsprechender Rahmung als Wandbild für das evangelische Haus gedient haben könnte; Dr. Martin Luther im Kreise seiner Familie zu

Der 1843 datierte Stahlstich verortet die fiktive Szene »Dr. Martin Luther im Kreise seiner Familie zu Wittenberg am Christabend 1536«[7] in einem hohen, getäfelten Raum mit einem großen Stufenofen in der linken Ecke, dessen rechte Wand mit einem mit Bleiglasrundungen gefüllten Doppelfenster, einen schmalen Erker abschließend, versehen ist. Der Raum orientiert sich am Zustand der sogenannten »Lutherstube« im ehemaligen Schwarzen Kloster in Wittenberg im frühen 19. Jahrhundert.[8] Auf einem massiven hölzernen Kastentisch (oder direkt dahinter) ist ein Weihnachtsbaum mit aufgesteckten brennenden Wachs-Lichtern, einer Engelsfigur als Spitze[9] und weiteren an ihm hängenden kleinen Schmuckelementen platziert. Unter seinen Zweigen liegen ein Deckelkrug, eine Spielzeugarmbrust[10], ein Reiter auf einem Pferd, Bücher, Nüsse und Äpfel. Die Personen um den Tisch lassen sich aufgrund verschiedener ikonografischer Hinweise identifizieren: In zentraler Position Martin Luther als Hauptfigur der Szene, sitzend und mit von

---

Wittenberg am Christabend 1536. Carl August Schwerdgeburth (1785–1878) 1843. Stahlstich. 30,6 x 35,3 cm. Berlin, Deutsches Historisches Museum (Gr 60/519), abgebildet in: Leben nach Luther (wie Anm. 2), Katalog Nr. 22, 32. Die Kunstsammlungen der Veste Coburg besitzen ein motivgleiches Blatt im Format 17,05 x 24,4 cm (in: Joachim Kruse, Luthers Leben in Illustrationen des 18. und 19. Jahrhunderts. Ausstellungskatalog Kunstsammlungen der Veste Coburg, Coburg 1980, 170, Kat. Nr. 60.8).

[7] Der «Christabend 1536« könnte ein Hinweis auf Luthers Kinder-Weihnachtslied «Vom Himmel hoch« von 1535 sein, das zum Christfest 1536 möglicherweise erstmals in Luthers Familie gesungen wurde.

[8] Vgl. Insa Christiane Hennen, Das Lutherhaus Wittenberg. Ein bauhistorischer Rundgang, Wittenberg 2002: Nach der sog. Hausrechnung von 1542 gehörte die «Lutherstube« zur Wohnung der Familie Luthers (81). «Von ihrer heutigen Ausstattung geht die Wandtäfelung mit der umlaufenden Sitzbank sicher auf Luther zurück. Das Paneel wie auch die geputzten Wandflächen im Bereich des Ofens und die Felder zwischen den schwarz abgesetzten Deckenbalken dürften ursprünglich nur hell getüncht gewesen sein. Die kassettierte Holzdecke fehlte zunächst.« (82) «Der Kastentisch und der Fenstersitz passen ihren Formen nach ebenfalls in die Zeit Luthers. Beide Möbelstücke mussten jedoch im Laufe der Zeit umfassend restauriert werden«, da Souvenirjäger die Originalsubstanz erheblich geschmälert hatten (82). Die mit Malereien verzierte Decke wie auch die Bemalungen der Wände und der Ofen sind Zutaten des 17. Jahrhunderts. Die Stube wurde allmählich zur Gedenkstätte ausgebaut. 1655 erster Hinweis auf Gedenkstätte. Der Ofen ist 1602 datiert und zeigt ein Bildprogramm mit den Evangelisten und der Allegorie der Musik (82f.).

[9] Vgl. Renate Jost, Das göttliche Mädchen. Jesus als das Weiblich-Göttliche in Vergangenheit und Gegenwart (Internationale Forschungen in Feministischer Theologie und Religion. Befreiende Perspektiven 9), Berlin 2019, 108 zur auf dem Schwerdgeburth-Stahlstich zwischen Engel und Christkind changierenden Sitte der Baumbekrönung durch eine Engels- bzw. Christkindfigur, die im 19. Jahrhundert nach und nach im ganzen deutschen Raum üblich wird.

[10] Die Spielzeug-Armbrust verweist auf Luthers Brief von der Veste Coburg an seinen Sohn Johannes vom 19. Juni 1530 mit der metaphorischen Erzählung von einem paradiesischen Garten für brave lern- und betfreudige Kinder, die dort mit kleinen Pferdchen, Pfeifen, Pauken und Lauten spielen und mit kleinen silbernen Armbrüsten schießen: vgl. WA.B 5, 377f. (Nr. 1595) und Günther Christlein (Hrsg.), Martin Luther an sein vierjähriges Hänschen, Dillingen an der Donau 1996.

Lukas Cranachs Lutherbildnissen her vertrauter, im Gegensatz zu früheren Fassungen des Motivs sprechend durchgearbeiteter Physiognomie, mit der Laute in der Hand. An der rechten Seite Luthers auf einem Stuhl sitzend Katharina von Bora, seine Ehefrau, jetzt mit einer vornehmeren Haube als auf den anderen Fassungen. Sie dürfte Margarethe (1534-1570), das jüngste der fünf Kinder[11] des Hauses, auf ihrem Schoß halten. Dahinter, abgestützt auf Katharina von Boras Stuhllehne, steht Philipp Melanchthon, jetzt auch wie Luther mit von Cranachs Bildnissen her vertrauter klassischer Physiognomie. Der deklamierend die rechte Hand ausgestreckte Junge im Erker zwischen den beiden Hälften der Fensterbank dürfte Johannes (1526–1575), Luthers ältester Sohn, sein. Vor ihm schräg stehend mit vor der Brust zum Gebet gefalteten Händen wohl Magdalena (1529–1542), die älteste Tochter, und neben ihr wahrscheinlich der Kantor an der kursächsischen Hofkapelle in Torgau und spätere Hofkapellmeister Johann Walther (1496–1570), Luthers musikalischer enger Mitarbeiter und Weggenosse. Auf den Knien Katharina von Boras wippt Luthers zweiter Sohn Martin (1531–1565) mit einer Spielstockfigur in der Hand, während der dritte Sohn Paul (1533–1593) ein Fähnchen in der Hand haltend links neben Luther hinter dem Kastentisch steht. Luthers Kindern sind typische Rollen des bürgerlichen Weihnachtsabends zugeordnet. Sie deklamieren die Weihnachtsbotschaft, hören dieser andächtig betend zu, sind vom Lichterbaum fasziniert, spielen fröhlich mit den weihnachtlichen Geschenken und singen und musizieren unter dem Weihnachtsbaum im Kreis der Familie, der Freunde und der Verwandten. Die auf der Ofenbank links sitzende alte Frau mit einem Hündchen zu Füßen soll wohl die »Muhme Lene«[12] sein, nämlich Magdalene von Bora, eine Tante Katharina von Boras und wie diese ehemalige Nonne im Zisterzienserinnenkloster Nimbschen, die eine Zeit lang mit im Hause Luthers lebte. Am rechten Wandpfeiler lehnt ein Spielreifen mit Stab und weiter rechts außen ein Körbchen mit Flachs oder Wolle auf einem vor die Wand gerückten Tischchen.

Die beiden wohl früheren und ebenso in unterschiedlichen Formaten existierenden Fassungen verzichten auf den Deckelkrug am Kastentisch, auf die Katze

---

[11] Vgl. BK [= Katharina Bärenfänger], Art. Kinder Luthers, in: Volker Leppin/Gury Schneider-Ludorff (Hrsg.), Das Luther-Lexikon, Regensburg 2014, 341-344. Die Tochter Elisabeth (1527-1528) war bereits früh verstorben.

[12] Vgl. Dies., Art. Muhme Lene, in: Das Luther-Lexikon (wie Anm. 11), 488f.: Die Muhme Lene wird erstmals 1530 von Luther als Hausgenossin erwähnt. Im 19. Jahrhundert erfolgt die nicht zwingende Gleichsetzung von «Muhme« mit «alter Tante«. «Muhme« kann jedoch grundsätzlich eine weibliche Seitenverwandte bezeichnen kann. Muhme Lene wird aufgrund dieser Engführung mit Magdalena von Bora identifiziert, einer betagten Tante Katharinas, die kurz nach dieser aus dem Kloster Nimbschen geflohen war. Ab 1537 wird sie nicht mehr in Luthers Briefen erwähnt und ist wohl 1537 verstorben. Luthers Tischreden von 1539 könnten darauf hindeuten, dass der Name Muhme Lene innerhalb der Lutherfamilie auf eine weitere Person übergegangen ist: Seit 1542 lebte im Schwarzen Kloster eine Nichte Luthers, Lene Kaufmann.

zu Füßen der Muhme Lene, auf den Spielreifen am Wandpfeiler, auf die kleidsamer durchgearbeitete Haube Katharinas und auf den Kantor Johann Walter. Luthers Sohn Johannes hat auf ihnen den rechten Arm emporgereckt, Paul trägt statt des Fähnchens die Stabfigur von Martin und die Wand-Ornamentierung bleibt unvollständig durchgearbeitet. Außerdem fehlt das Körbchen mit dem Flachs.[13]

Der Weimarer Hofkupferstecher Carl August Schwerdgeburth (1785–1878) hat zwischen 1843 und 1862 sieben weitere Momentaufnahmen aus dem Leben Martin Luthers gefertigt und daraus in Loseblattform eine thematische Serie geschaffen.[14] Als am wirkmächtigsten erweist sich dabei das Blatt mit Luther als frommem Familienvater, der in trauter Runde für die musikalische Begleitung des Weihnachtsabends sorgt. Schwerdgeburth nutzt für seine fiktive Szene im Hause Luthers zeitgenössisches historisches Wissen um Personen, Räume, Kostüme und Artefakte, welches er zielgenau einsetzt. Joachim Kruse spricht deshalb von einer dem zeitgenössischen Theater vergleichbaren, scheinbare Authentizität erzeugenden totalen Reproduktion der Vergangenheit, welche Historien-Bilder wie Zeugnisse des 16. Jahrhunderts selbst betrachten lässt.[15] Der Lichterbaum auf Schwerdgeburths Stahlstich erweckt zudem fälschlicherweise den Eindruck, als sei der Weihnachtsbaum bereits zur Zeit der Reformation verbreitet gewesen bzw. sogar von Martin Luther selbst eingeführt worden. Historisch belegt ist aber nur 1539 die Nachricht über die Aufstellung eines Baumes im Straßburger Münster, während sich der Brauch eines geschmückten Baumes zu Weihnachten erst gegen Ende des 18. Jahrhunderts überregional in Deutschland durchsetzt. Auch in Wittenberg ist der Nadelbaum zur Weihnacht erst im 18. Jahrhundert belegt, und die bürgerlichen Familien beginnen erst im ausgehenden 18. Jahrhundert, sich am Heiligen Abend unter dem Weihnachtsbaum zu versammeln.[16] Die hartnäckig sich im öffentlichen Bewusstsein haltende Vorstellung, Luther habe den Weihnachtsbaum und mit ihm die »deutsche Weihnacht« erfunden, setzt um 1850 ein[17] und ist eng mit der Wirkungsgeschichte des Schwerdgeburth-Stahlstiches verbunden. Deutsche Auswanderer verbreiten schon früh in Nordamerika eine an Schwerdgeburth angelehnte Darstellung Martin Luthers unter dem Weihnachtsbaum, so dass andere Amerikaner bereits um 1860 meinen, ein solcher Baum sei seit Luther in jeder deutschen Weihnachtsstube vertreten.[18] Schwerdgeburths Blatt »Dr. Martin Luther im Kreise seiner Familie zu Wittenberg am Christabend 1536« ist daher als biedermeierliches Genrebild im Zusammenhang des erwachenden deutschen

---

[13] Vgl. Kat. Nr. 60.7, 10,8 x 14,7 cm aus dem Bestand der Kunstsammlungen der Veste Coburg, in: KRUSE (wie Anm. 6), 170.

[14] Vgl. a.a.O., 166-171, Kat. Nr. 60.1 - 60.9.

[15] Vgl. a.a.O., 20.

[16] Vgl. BERND BRUNNER, Die Erfindung des Weihnachtsbaums, Berlin ^{2}2012, 10-12 und 22.

[17] Vgl. SIGRID NAGY, Es wuchs ein Baum im Paradies. Wie Luther im 19. Jahrhundert zum Weihnachtsbaum kam, Weimar 2003, 7.

[18] Vgl. ELKE STRAUCHENBRUCH, Luthers Weihnachten, 2. erw. Aufl. Leipzig 2014, 139.

Nationalgefühls mit seiner Begeisterung für die großen Persönlichkeiten der eigenen Geschichte und nicht als historische Darstellung zu verstehen. Es gehört in den Zusammenhang der ab Mitte der 20er Jahre des 19. Jahrhunderts zahlreichen grafischen Lutherzyklen, die in der um 1825 im Bilderbogenverlag Friedrich Campe in Nürnberg veröffentlichten Grafikfolge von Peter Carl Geißler ihren Ausgangspunkt besitzen und mit Gustav Königs Lutherfolge 1851 zum Abschluss gelangen. In der zweiten Hälfte des 19.Jahrhunderts dominieren dann großformatige Historiengemälde zu Luther und der Reformationszeit.[19] Im Gegensatz zu den klassischen Lutherbildnissen, die seit dem frühen 16. Jahrhundert Porträts und allegorische Darstellungen Luthers beinhalten, stellen die Lutherlebenillustrationen des 19. Jahrhunderts meist ein historisches Ereignis aus seiner Vita vor Augen.

Das Motiv des trauten Beisammenseins der Familienmitglieder im Hause Luthers und des Reformators als musizierenden pater familias korrespondiert der Entwicklung des bürgerlichen Weihnachtsfestes mit seinem Exodus aus dem Kirchenraum in das private gemütliche Weihnachtszimmer, der im 19. Jahrhundert einsetzt. Matthias Morgenroth, der das Weihnachtsbrauchtum als religiöse Gestaltung der bürgerlichen Welt deutet, spricht davon, dass das Wohnzimmer am Heiligen Abend in die »private Kathedrale der Hausfrömmigkeit« und ihrer Individualreligiosität verwandelt wird, in der sich die Weihnachts-Christen unter dem Tannenbaum zur Andacht versammeln.[20]

Der Schwerdgeburth-Stahlstich zu Luthers Weihnachtsabend enthält bereits alle wesentlichen Bestandteile der von Morgenroth herausgearbeiteten bürgerlichen Weihnachtsfrömmigkeit: das Weihnachtszimmer, den geschmückten Weihnachtsbaum mit Lichtern, die Geschenke für die Kinder und die Krippe unter dem Weihnachtsbaum – für die bei Schwerdgeburth der die biblische Verse der Weihnachtsgeschichte deklamierende Knabe steht –, die innige Weihnachtsandacht im Kreis der Familie, das gemeinsame Musizieren und Singen der Weihnachtslieder. Nach Morgenroth beruht diese spezifisch moderne bürgerliche Gestalt christlicher Festpraxis auf der Aufnahme älterer Elemente der Tradition, die auf spezifisch moderne Weise transformiert werden.[21]

Das beschriebene Phänomen der häuslichen Familienweihnacht ist zugleich im Zusammenhang der emotionalen Aufwertung der Eltern-Kind-Bezeichnung auf Gemälden und Darstellungen des 19. Jahrhunderts zu verstehen. Malerei und Graphik leisten einen wichtigen Beitrag dazu, ein neues bürgerliches Leitbild der

---

[19] Vgl. JUTTA STREHLE, Luthers Leben in Bildern. Ausgewählte Grafiken des 19. Jahrhunderts. Aus den Sammlungen der Lutherhalle Wittenberg, Lutherstadt Wittenberg 1993, unpag. – Vgl. die Einführung bei KRUSE (wie Anm. 6), 8–20, der darauf hinweist, dass die Blätter nicht nur der Buchillustration dienten, sondern vor allem als Wandschmuck für das evangelische Haus genutzt werden konnten.

[20] Vgl. MATTHIAS MORGENROTH, Weihnachtschristentum. Moderner Religiosität auf der Spur, Gütersloh 2002, 32 und 214.

[21] Vgl. a.a.O., 42.

Familie und die damit verbundenen Rollenmodelle seit dem späten 18. Jahrhundert zu instituieren.[22] So werden seit dem späten 18. Jahrhundert Familienporträts nicht länger allein vom Adel in Auftrag gegeben, sondern mehr und mehr auch vom Bürgertum. »Auf diesen Gemälden tritt die emotionale Aufwertung der Eltern-Kind-Beziehung besonders in der Darstellung des Vaters hervor, der als zärtlicher Ehemann und liebevolle Bezugsperson der Kinder porträtiert wird. Dazu werden typisch weibliche Gesten auf ihn übertragen und verbinden sich mit seiner erzieherischen Funktion.«[23] Schwerdgeburths Stahlstich erfüllt dabei das vom Wiener Künstler Johann von Sonnenfels 1786 propagierte Schema des idealen Familienporträts: »Ein Vater wird auf seine Familie mit Liebe sehen; eine Mutter wird ihren sorgfältigen Blick auf ein vor ihr spielendes Kind geheftet haben; ein kleiner Knab wird jugendlich mutwillig scherzen; ein anderer [...] sich in die Falten seiner Mutter schmiegen.«[24] Konstitutive Rollenmuster für den bürgerlichen Familiendiskurs sind der treusorgende Vater, die fürsorgliche Mutter, die wohlgeratenen Kinder und die Requisiten bürgerlichen Wohnens. Zu den eingesetzten ikonografischen Strategien gehört auch das Musterbild der Familie als affektiver Verbund ohne störende Dritte, getragen durch Elternliebe, geschwisterliche Zuneigung, weibliche Anmut und Tugendhaftigkeit, Pflege und Bildung der Kinder, Moral- und Pflichtbewusstsein.[25] Eng damit verbunden ist zudem die Entstehung des eigenen Kinderzimmers. »Zur Genese der bürgerlichen Kindheit gehört, dass Kinder zunehmend von Erwerbsarbeit und ›Arbeiten im Verbund der Großfamilie‹ entlastet werden und mehr Zeit für Spiel und Schulausbildung haben. Dadurch erhält die Kindheit ›mehr und mehr den Charakter eines Schonraumes‹«[26]

Die evangelische Pfarrerschaft partizipiert an diesen Umbruchprozessen als ein »nach Umfang und Bildung, Status und Selbstverständnis im frühen 19. Jahrhundert ohne Zweifel [...] wichtiges Segment des gebildeten Bürgertums.«[27] Zudem hatten sich im Pfarrhaus bei Schwerdgeburth Martin Luther zugeschriebene »zentrale Elemente bürgerlichen Familienlebens entwickelt. Die Familie hatte sich intimisiert und emotionalisiert. Die ehelichen Rollen und Autoritätsstrukturen

---

[22] Vgl. Albrecht Koschorke/Nacim Ghanbari/Eva Esslinger/Sebastian Sustek/Michael Thomas Taylor, Vor der Familie. Grenzbedingungen einer modernen Institution, München 2010, 22.

[23] Ebd.

[24] Zit. nach a.a.O., 26.

[25] Vgl. a.a.O., 26f.

[26] A.a.O., 154.

[27] Oliver Janz, Kirche, Staat und Bürgertum in Preussen. Pfarrhaus und Pfarrerschaft im 19. und frühen 20. Jahrhundert, in: Luise Schorn-Schütte/Walter Sparn (Hrsg.), Evangelische Pfarrer. Zur sozialen und politischen Rolle einer bürgerlichen Gruppe in der deutschen Gesellschaft des 18. bis 20. Jahrhunderts (Konfession und Gesellschaft 12), Stuttgart/Berlin/Köln 1977, 128–147; hier: 132.

ähnelten den Verhältnissen im übrigen Bürgertum. Das Interesse am Kind und seiner Erziehung war ausgeprägt.«[28]

Die rezeptionsgeschichtlich entscheidende Rolle für die Verbreitung von Luthers Familienweihnachtsdidylle kommt dem Erfurter Karl Reinthaler zu, der 1843 in Erfurt für das dortige Martinsstift die Erstausgabe seines »Weihnachtsbüchlein für alle Christkinder« mit dem Titel »Adam und Christus oder der Christbaum in M. Luthers Kinderstube« veröffentlicht.[29] Reinthalers Weihnachtsbüchlein enthält als Anhang zusammengestellt auch »Sangweisen und Saitenspiel zum Christbaum in M. Luthers Kinderstube«. Die vierte Auflage des Weihnachtsbüchleins erscheint 1863 in Erfurt. Der evangelische Theologe, Pädagoge und Schriftsteller Karl Christian Wilhelm Reinthaler (1794–1863) ist Initiator und Leiter des 1821 im Erfurter Augustinerkloster gegründeten Martinsstiftes, einer caritativen Einrichtung zur Erziehung hilfsbedürftiger, verwaister und verwahrloster Kinder. Er stellt in seinem Weihnachtsbüchlein zum 22. Jahrestag des Martinsstiftes 1843 ein mit vier Stahlstichen illustriertes Buch zusammen, das Andachten, Choräle und Kirchenlieder sowie drei fiktive »Weihnachtsgespräche« aus dem Kreis der Familie Luther enthält. Ergänzt wird der Textband durch die mit Noten zu 80 Kirchenliedern ausgestatteten »Sangweisen und Seitenspiel«.

Das Weihnachtsbüchlein wird in drei verschiedenen Ausgaben angeboten: Einer großformatigen auf sogenanntem Propatria-Papier (Format 340 x 430mm,) und zwei preiswerteren Ausführungen, einmal auf sogenanntem Velin-Papier (Papier mit sehr gleichmäßiger Oberfläche) und einmal als Druck auf billigerem Papier ohne Stahlstiche. Das Frontispiz bildet ein Stahlstich nach Schwerdgeburths Kupferstich eines fiktiven Weihnachtsabends im Kreise der Familie Luther.

Johannes Falks Wirken in Weimar mit dem Lutherhof als Rettungshaus für durch den Krieg heimatlos gewordene Jungen seit 1823 regte Reinthaler an, auch im preußischen Erfurt eine Gesellschaft der Freunde in Not zu gründen und sich der Erziehung notleidender Kinder anzunehmen.[30] Reinthaler richtet 1821 in einem Flügel des Augustinerklosters das erste Rettungshaus Preußens, das Martinsstift ein und gibt Falks wenige Tage vor dessen Tod abgeschlossenes Buch »Dr. Martin Luther und die Reformation in Volksliedern« heraus.[31] Reinthaler und seine Frau Dorothea halten jedes Jahr im Martinsstift eine Weihnachtsfeier ab, bei der sie das Christkind als Geschenk Gottes in den Mittelpunkt stellen, wie auch die Erinnerung daran, dass Luther mit seiner Feier in der Familie die Grundlagen dieses Weihnachtsfestes gelegt hatte. Zum 22. Gemeinsamen Weihnachtsfest des Martinsstiftes gibt Reinthaler das Büchlein mit dem Titel »Adam und Christus oder der Christbaum in M. Luthers Kinderstube« mit Kindergesprächen heraus. Es erscheint seit 1843 im Verlag des Martinsstiftes in mindestens vier Auflagen und

---

[28] Ebd.

[29] Vgl. KARL REINTHALER, Adam und Christus oder der Christbaum in M. Luthers Kinderstube. Ein Weihnachtsbüchlein für alle Christenkinder, Erfurt 1843.

[30] Vgl. STRAUCHENBRUCH (wie Anm. 18), 131f.

[31] Vgl. a.a.O., 132f.

wird durch den Stahlstich Schwerdgeburths geziert. Reinthaler weist darauf hin, dass so die Stube aussah, in welcher Luther zwanzig Jahre lang die stillen Freuden einer gesegneten Ehe genossen habe. Im dritten Weihnachtsgespräch weist die am Ofen sitzende Muhme Lene auf den Weihnachtsbaum hin: »Schaut nur an unsere geschmückte Stube, den herrlichen Baum mit seinen vielen Lichtern und niedlichen Sachen! Leben wir nicht jetzt schon auf unserer armen Erde im Paradiese? Und wie wird's erst sein, wenn einst unser Glaube in Schauen verwandelt wird, und wir das ewige Weihnachtsfest mit allen Engeln feiern droben im Himmel!«[32] Beim Weihnachtsabend im Hause Luthers werden miteinander Weihnachtslieder gesungen. Luthers Sohn Martin trägt der Familie vor, was den Hirten auf dem Felde verkündigt wurde, und Paul berichtet von dem, was die Hirten in der Krippe vorgefunden haben. Der Lichter-Baum im Weihnachtszimmer wird bewundert und festgestellt, dass die Bäume im himmlischen Garten noch viel größer und prächtiger sind.[33]

Ein weiterer entscheidender Beitrag zur Rezeption von Schwerdgeburths weihnachtlicher Luther-Familien-Idylle stammt vom Braunschweiger Pastor Willhelm Beste[34]. Dieser hielt anlässlich des 300. Todestages Martin Luthers am 17. Februar 1846 in den »Literarischen Abendunterhaltungen zu Braunschweig« einen Vortrag über »Luthers Kinderzucht« und bezog sich unter anderem auf den Stich Schwerdgeburths, der mit Veränderungen unbekannter Herkunft versehen der Publikation des Vortrags als Frontispiz diente.[35]

Bestes Vortrag zu Luthers Kinderzucht will seine Zuhörer in das Haus Martin Luthers eintreten lassen, um ihnen zu zeigen »wie Dr. Martin Luther thatsächlich seine Kinder erzog«. Luther habe im Kreise seiner Familie »die Reformation der deutschen Kirche« vergessen können und die eigenen Kinder nicht durch den Leib ermüdende Predigten, »sondern durch seine ganze kinderfreundliche Erscheinung durch sein ganzes gemüthreiches, inniges Sein und Treiben« reformiert. »Da erzählte er seinen Kindern von dem lieben Gotte, klimperte die Laute, blies die Flöte oder neckte seine Käthe, die ein Kind auf den Armen trug, das durch die runden Scheiben in den Garten sah«.[36] Die Privatsphäre von Luthers Familie wird durch Beste als ein der Vorlage Schwerdgeburths sehr ähnliches Vorstellungsbild imaginiert. Luther wird nicht als willensstarker Reformator, sondern als frommer Familienvater imaginiert, der in trauter Runde in einer Atmosphäre bürgerlicher

[32] A.a.O., 135f.

[33] Vgl. a.a.O., 136. Vgl. auch NAGY (wie Anm. 17), 29–44 zu Karl Reinthaler. Nagy bietet eine fundierte Ableitung des Stahlstichs aus dem Kontext der Spiel- und Andachtspraxis des Erfurter Martinsstiftes. Strauchenbruch wie Nagy nehmen jedoch die zeitgleiche literarische Rezeption des Schwerdgeburth-Stahlstiches durch Wilhelm Beste nicht zur Kenntnis.

[34] Vgl. JOHANNES BESTE, Wilhelm Beste. Ein Lebensbild, Wolfenbüttel 1891.

[35] Vgl. WILHELM BESTE, Luther's Kinderzucht in Lehren und Lebensbildern dargestellt. Ein Vortrag, am Abende vor Luther's Todesfeier, den 17. Februar 1846 gehalten, Braunschweig 1846.

[36] A.a.O., 11f.

Gediegenheit agiert und für musikalische Begleitung sorgt. Nach Beste treffe der Stahlstich den »Sinn und Ton in Luthers Hause richtig«, denn Luther erfülle »durch das behagliche und glückliche Sein, Lieben und Geben, Leben und Weben unter seinen Kindern [...] die nothwendige Anforderung, die er an Aeltern stellte, ›eine zarte, feine, lustige Obrigkeit der Kinder zu sein.‹«[37] Wilhelm Beste legt 1843 auch seine »Geschichte Catharina's von Bora. Nach den Quellen bearbeitet« im Druck vor. Im zweiten Abschnitt »Der Ehestand« schildert er Katharina von Bora als gute Ehefrau und Mutter. Er setzt sich dabei mit der Polemik zeitgenössischer katholischer Schmähschriften zur Ehe Luthers auseinander. Insgesamt deutet Beste Luthers Ehe als Kern von dessen Privatleben. In der Einleitung beschreibt er sein literarisches Ziel, das er im Aufsuchen der lebensbildenden Gedanken der durch Luther geschehenen Kirchengründung insbesondere in dessen Privatleben sieht. »Hier hören wir ihn singen und spielen, scherzen und über das gemeine Leben reden, hier sehen wir ihn den Garten bauen und drechseln, erkennen aber zugleich, wie das Alles in die religiöse Betrachtung sich einordnet«.[38]

Zahlreiche Autoren des ausgehenden 19. und des frühen 20. Jahrhunderts verknüpfen in der Folge die Aussage, Luther sei der Erfinder des Weihnachtsbaumes, mit dem Stahlstich. Erzählungen des 19. Jahrhunderts berichten, Luther habe sogar den Baumschmuck eigenhändigt angefertigt. Eine Rezeption des Stahlstiches vollzieht sich auch im Volks- und Laienspiel, dessen Bühnendekoration sich nach dem Familienzimmer in Luthers Hause auf Schwerdgeburths Stich richtet. Luthers Weihnachtsabend wird schließlich als lebendes Bild im Dezember 1925 bei einer öffentlichen Schulweihnachtsfeier in Radebeul bei Dresden aufgeführt.[39]

Demgegenüber ist Luthers historische Leistung für den Wandel des Weihnachts- zum Familienfest festzuhalten. Die Luther-Rezeption des 19. Jahrhunderts kann in der Tat mit ihrer Zuschreibung der bürgerlichen Familienweihnacht an Martin Luthers Familienleben an historische Eckpunkte anknüpfen. Luther wollte das Weihnachtsgeschehen in den Mittelpunkt stellen und die Freude der Kinder über die Geburt Jesu durch Geschenke vergrößern. Luther ist auch die Etablierung des Christkindes als Gabenbringer in der Familie anstelle von Nikolaus zu verdanken.[40] Inge Mager spricht davon, dass das »Ehepaar Luther [...] das Kloster nicht nur als äußere Hülle für die großbürgerliche, gesellschaftliche und caritative Entfaltung des evangelischen Hausstandes gebraucht« hat, »sondern beide haben das Familienleben auch inhaltlich durch klösterliche Elemente geprägt, strukturiert und bereichert.«[41] Die Hausgemeinschaft trat an die Stelle des früheren Konventes

---

[37] A.a.O., 17f.

[38] Wilhelm Beste, Die Geschichte Catharina's von Bora nach den Quellen bearbeitet, Halle 1843, VIf.

[39] Vgl. Nagy (wie Anm. 17), 7–10.

[40] Vgl. Strauchenbruch (wie Anm. 18), 67f.

[41] Inge Mager, Vom Mönchs- und Nonnenkloster zum Wittenberger Familienkloster, in: Wolfgang Breul-Kunkel/Lothar Vogel (Hrsg.), Rezeption und Reform. FS für Hans

»und bewahrte klösterliches Erbe in protestantischen Gesellschaften für Jahrhunderte auf.«[42] Ein wichtiger Anteil an der Verwirklichung von Luthers Vision einer klösterlichen Gesamtgesellschaft komme auch Katharina von Bora zu. »Das Wittenberger Familienkloster ist später [...] zur Urform nicht nur des evangelischen Pfarrhauses, sondern des deutschen evangelischen Familienlebens überhaupt geworden. Insbesondere das 20. Jahrhundert hat Martin und Katharina Luther zu einem idealen Braut- und Ehepaar hochstilisiert und mit hoher Identifikationskraft ausgestattet.«[43] Dorothee Schlenke sieht ergänzend »Martin Luthers Bedeutung für unser Weihnachten [...] weniger in der Etablierung eines spezifisch protestantischen Brauchtums oder gar Weihnachtsfestes, sondern in der bündigen und theologisch pointierten Auslegung des Weihnachtsevangeliums im Horizont seiner reformatorischen Theologie sowie in der wirkungsgeschichtlich bedeutsamen Vermittlung desselben durch seine Weihnachtslieder. Soweit rekonstruierbar, werden Grundlinien der Theologie Luthers und seiner Deutung der Weihnachtsgeschichte bereits im kritisch modifizierenden Umgang mit dem Weihnachtsbrauchtum seiner Zeit erkennbar.«[44] Luther ist ab 1530 bemüht, den Schwerpunkt des weihnachtlichen Geschenkebrauchs vom Nikolaustag am 6. Dezember näher an das Weihnachtsfest selbst zu binden und mit der Wiederbelebung des bereits spätmittelalterlich als Gabenbringer bezeugten »Christkindes« zu koppeln. Luther beschenkt seine Kinder zu Nikolaus, zu Weihnachten und zu Neujahr. Die Bindung des Geschenkebrauchs an das Christkind und das Weihnachtsfest setzen sich allerdings erst nach Luthers Tod in den protestantischen Reichsgebieten durch.[45]

2. Das »Dichterhaus, das das Pfarrhaus spiegeln darf«: Weihnachtliche literarische Pfarrhaus-Spuren bei Friedrich Schleiermacher, Jochen Klepper und Ina Seidel

Friedrich Schleiermachers Novelle »Die Weihnachtsfeier« von 1806 ist der einzige Text der neueren protestantischen Theologie, der sich ausführlich mit dem Weihnachtsfest auseinandersetzt und zugleich die sich im Laufe des 19. Jahrhunderts

---

Schneider (Quellen und Studien zur hessischen Kirchengeschichte 5), Darmstadt und Kassel 2001, 35–48; hier: 41.

[42] A.a.O., 43.

[43] A.a.O., 47.

[44] Dorothee Schlenke, Weihnachten bei Martin Luther – Theologie, Brauchtum und Musik, in: Hermann Josef Riedl/Dorothee Schlenke (Hrsg.), Weihnachten. Theologische, kulturwissenschaftliche und religionspädagogische Perspektiven (Übergänge. Studien zur Theologie und Religionspädagogik 25), Berlin 2020, 109–132; hier: 110.

[45] Vgl. a.a.O., 113f.

entwickelnde häusliche Feier am Heiligabend mit der Geburt des »Weihnachtszimmers« als »Privatkathedrale des Bürgertums« (Matthias Morgenroth) dokumentiert. Geschildert wird der feiernde Kreis der Kinder und Freunde am Weihnachtsabend im Züge des Pfarrhauses tragenden Heim von Ernestine und Eduard, einem Hallenser Theologieprofessor. Familie, Haus und Freundeskreis und insbesondere die Rolle der Gastgeberin beim Arrangieren des Weihnachtszimmers wie der Vorbereitung der Bescherung werden dabei als Ort gelebter bürgerlicher Frömmigkeit vorgestellt:

»Der freundliche Saal war festlich aufgeschmückt, alle Fenster des Hauses hatten ihre Blumen an ihn abgetreten; aber die Vorhänge waren nicht heruntergelassen, damit der hereinleuchtende Schnee an die Jahreszeit erinnern möchte. Was von Kupferstichen und Gemälden sich auf das heilige Fest bezog, zierte die Wände [...]. Die zahlreich und hoch gestellten durchscheinenden Lampen verbreiteten ein feierliches Licht, welches doch zugleich schalkhaft mit der Neugierde spielte. Denn die bekannten Dinge zeigte es deutlich genug; das Fremde aber und Neue konnte nur langsam und bei genauer Betrachtung recht bestimmt wahrgenommen werden. So hatte es die heitere und verständige Ernestine angeordnet, damit nur allmählig die halb im Scherz halb ernsthaft aufgeregte Ungeduld sich befriedigte und die bunten kleinen Gaben noch ein Weilchen von einem vergrößernden Schimmer umgeben blieben.

Alle nämlich, die den eng verbundenen Kreis bildeten, Männer und Frauen, Jünglinge und Mädchen, hatten es diesmal ihr übertragen, das, womit sie einander erfreuen wollten, einem Jeden zusammenzustellen [...]. Nun hatte sie es vollbracht. Wie man in einem Wintergarten zwischen den immergrünen Stauden die kleinen Blüten des Galanthus und der Viole noch unter dem Schnee oder unter der schirmenden Dekke des Mooses hervorholen muß: so war Jedem sein Gebiet durch Epheu, Myrten und Amaranthen eingehegt, und das zierlichste lag unter weißen Dekken oder bunten Tüchern verhüllt, indeß die größeren Geschenke rundumher oder unter den Tafeln mußten aufgesucht werden. [...] Jedem lag nun ob, zu den einzelnen Gaben den Geber aufzufinden. Die Gesellschaft wartete in den anstoßenden Zimmern, und die Ungeduld gab dem Scherz, der unterdeß getrieben wurde, einen leichten Stachel. Unter dem Vorwande, zu errathen oder zu verraten, wurden Gaben ersonnen, deren Beziehung auf kleine Fehler und Gewohnheiten, auf lustige Vorfälle und lächerliche Mißverständnisse oder Verlegenheiten nicht zu verkennen waren [...].

Nicht lange, so öffnete Ernestine die Thüre, an der sie angelehnt stehen blieb. Allein anstatt daß die muntere Schaar begierig, wie man erwarten sollte, zu den besezten Tafeln geeilt wäre, wendeten sich in der Mitte des Saales, wo man das Ganze überschauen konnte, alle Blikke auf sie. So schön war die Anordnung und ein solch vollkommner Ausdrukk ihres Sinnes, daß unbewußt und nothwendig Gefühl und Auge zu ihr hingezogen wurden. [...] Als hätte man das übrige schon genossen, und als wäre sie die Geberin von Allem, so sammelte man sich um sie her. Das Kind umfaßte ihre Knie und schaute sie mit den großen Augen an, ohne Lächeln aber unendlich lieblich; die Freundinnen umarmten sie; Eduard küßte ihr schönes heruntergeschlagenes Auge [...]. Sie mußte selbst das Zeichen geben zur Besiznehmung. – Wenn ich es euch zu Dank bestellt habe, ihr Lieben! sagte sie, so vergeßt nur nicht über dem Rahmen das Bild, und bedenkt, daß ich nur den festlichen Tag und Eure fröhliche Liebe geehrt habe, deren Zeichen Ihr mir anvertrautet. Kommt nun, und sehe Jedes, was ihm beschert ist, und wer nicht verständig zu rathen weiß, lasse sich geduldig auslachen.«[46]

Für den Pfarrerssohn Jochen Klepper spiegelt das eigene Dichterhaus in besonderer Weise am Weihnachtsfest das Pfarrhaus.[47] Und erst »wenn es ein Weihnachten erlebt hat, hat ein Haus sein Gesicht erhalten«[48], notiert er am 24.12.1935 in seinem Tagebuch. Zwei Jahre später, am 24.12.1937, notiert er dort: »Wie festlich war Vaters Christnacht!« und kommt dann auf den Weihnachtsabend in seinem Berliner Dichterhaus zu sprechen: Nach der Bescherung und dem festlichen Abendessen »wurden die Weihnachtsbücher [...] durchgeblättert, danach die Stube wieder verdunkelt, weil nur im Renaissancezimmer die Tannenleuchter auf dem flachen, alten Schranke brannten und der hohe Silberleuchter inmitten der zarten Pracht des Wintergartens angesteckt wurde. Da war nun der Punsch auf dem Teewagen arrangiert, mit viel Silber, altem Porzellan, Äpfeln, Nüssen in der Beuthener Bernsteinschale (von meiner frühesten Kindheit an war es Weihnachten so), Hannis herzlichem Weihnachtsgebäck.«[49]

Ina Seidel verortet in der Rahmenhandlung ihres 1938 erschienen Romans »Lennacker« die symbolische Heimkehr des dezidiert nicht die jahrhundertelange familiäre Tradition als evangelischer Pfarrer fortsetzenden Hans Lennacker in das verlorene elterliche Pfarrhaus am Heiligen Abend. Die Atmosphäre des weihnachtlichen Pfarrhauses spiegelt sich in dem von Ulrike Lennacker, der Schwester des lange verstorbenen Vaters Hans Lennackers als Domina geleiteten Damenstift für alt gewordene unverheiratete Töchter evangelischer Pfarrersfamilien, das er als deren Gast ansteuert:

»Am 24. Dezember im Jahre des Waffenstillstandes 1918, nachmittags gegen fünf Uhr, ging der verabschiedete Oberleutnant der Infanterie, nunmehr Student

---

[46] FRIEDRICH DANIEL ERNST SCHLEIERMACHER, Die Weihnachtsfeier. Ein Gespräch (1806) = Schleiermacher, Schriften aus der Hallenser Zeit 1804–1807 (Kritische Gesamtausgabe. Este Abteilung. Schriften und Entwürfe Bd. 5, hrsg. von HERMANN PATSCH, Berlin und New York 1995), 43–98; hier: 43–45.

[47] Vgl. JOCHEN KLEPPER, Unter dem Schatten seiner Flügel. Aus den Tagebüchern der Jahre 1932–1942, hrsg. von HILDEGARD KLEPPER, Stuttgart 1983, 703 im Zusammenhang der Schilderung des familiären Weihnachtsabends am 24.12.1938: »Bei den Noten auf meinem Weihnachtstisch liegt die letzte Adventspredigt, die Pastor Brinkmann mir schickte, liegen die Pastorenbriefe, als wäre das Ersehnte Wirklichkeit geworden: Dichterhaus, das das Pfarrhaus spiegeln darf, von dem ich im ›Ewigen Haus‹ für alle Pfarrhäuser schreiben möchte.«

[48] A.a.O., 322.

[49] A.a.O., 535. – Zu Jochen Kleppers Pfarrhaus-Bild und Martin Luthers Haus als Urbild der deutschen bürgerlichen Familie seit dem ausgehenden 18. Jahrhundert vgl. HARTMUT LEHMANN, «Das ewige Haus«. Das lutherische Pfarrhaus im Wandel der Zeiten, in: Jahrbuch für Berlin-Brandenburgische Kirchengeschichte. Sonderband Berlin 1984, 177–200.

der Medizin, Hans Lennacker, den Michelsberg in der Stadt Frauenfelde hinauf und suchte, nicht nur von der früh einfallenden Dämmerung, sondern mehr noch durch den ihn umwirbelnden Schneesturm behindert, nach der Hausnummer 27. Er befand sich durchaus nicht allein auf der Straße und hätte sich wohl einmal bei einem Menschen erkundigen können; gewiß hätte ihm jedes Kind das Katharinenstift weisen können, das sein Ziel war. Aber einmal war dieser junge Mensch von jenem allen selbständigen Naturen innewohnenden Eigensinn besessen, der sich fremden Beistandes nur im äußersten Notfall bedienen mag, und dann war er ja bis vor kurzem Soldat gewesen, und dieses erstmalige Betreten einer fremden Stadt nahm in seiner Vorstellung ganz ungewollt das Wesen eines Aufklärungsganges an [...]. Endlich aber hatte ihn auch der Weg durch die von einem, wennschon noch so bescheidenen festlichen Treiben belebten Gassen mit einem in seiner Lage nur allzu verständlichen Gefühl des Verlassen- und Einsamseins erfüllt [...]. Der Jubel der Kinder, die sich die Zeit bis zur Bescherung mit Schlittenfahren und Schneeballwerfen verkürzten – der Anblick des Christmarktes, auf dem die Händler begannen, ihren bunten Kram abzuräumen und die Buden zusammenzuschlagen, während die Weihnachtsbaummänner den Vorübergehenden ihre letzte Ware zu Schleuderpreisen anboten – die Frauen und Mägde, die, von köstlichem Backstubenbrodem umwölkt, Stollen und Pfefferkuchen auf verhüllten Brettern nach Hause trugen, und die erleuchteten Fenster der Häuser, hinter denen manchen der geschmückte Christbaum zu sehen war: das alles gemahnte ihn gar zu sehr an seine Heimatstadt Gerdesheim, wo es jetzt ebenso zugehen mochte wie hier, so, wie er es in jedem Kindheitswinter von neuem erlebt hatte – nur, daß dort für ihn niemals wieder ein Christbaum geschmückt, ein Kuchen gebacken, ein Tisch gedeckt stehen würde. Der Oberleutnant Hans Lennacker, der jetzt ein Student war, [...] hatte beim Verlassen des Bahnhofs den Hut fest in die Stirn gedrückt, den Mantelkragen hochgeschlagen und war mit zusammengepreßten Lippen voranmarschiert, immer dem summenden Glockengeläut nach [...]. Dann war er in einen, aus Seitenstraßen beständig sich speisenden Strom von Fußgängern geraten, die alle der gleichen Richtung zustrebten; als er mit ihnen in die Straße, die sich Michelsberg nannte, eingebogen war, hatte das Geläut sich plötzlich verändert. In großen schallenden Wellen stürzte es jetzt auf ihn ein und nun war er im innersten Wirbel der rufenden, saugenden, lockenden Kreise. Er hatte die Augen erhoben und vor sich am Abschluß der engen ansteigenden Straße ein hohes spitzbogiges Tor golden in der Finsternis klaffen gesehen. Aus diesem Tor quoll das Licht, das sich ihm und denen, die seinen Weg gingen, gleich einem aus Strahlen und Glockengedröhn gewölbten Schacht entgegenzubauen schien. ›Das ist Sankt Michael – da hat also mein Großvater gepredigt‹, hatte Hans sich in Erinnerung an den letzten Brief seiner Tante Ulrike gesagt«.[50]

Ina Seidel führt ihren Titelhelden nach dem Besuch der Christvesper in das Weihnachtszimmer des Damenstiftes: »Alsbald sah er sich in einem saalartig

[50] INA SEIDEL, Lennacker. Das Buch einer Heimkehr (1938), Stuttgart 1960, 7f.

großen Zimmer, in dem ein langer Tisch mit zahlreichen Gedecken eine bevorstehende Mahlzeit zu gewährleisten schien. Eine zweite Tafel trug einen Aufbau von Gegenständen unterschiedlichster Art; da gab es sowohl Kleidungsstücke als Bücher, Regenschirme und hauptsächlich Filzschuhe von jedem Ausmaß. Zu Füßen des hohen, sparsam mit Äpfeln, goldenen und silbernen Kugeln und blanker Lametta geschmückten Christbaumes stand eine figurenreiche bunte und lustige Weihnachtskrippe.«[51] Und plötzlich »erscholl Musik. [...] Was war das doch für ein Lied? Lennacker, der eben das höchste Licht zum brennen gebracht hatte, blieb, auf den Stab gestützt, mit gesenktem Kopf neben dem Weihnachtsbaum stehen. War das wirklich ›Ihr Kinderlein, kommet!‹, wie es daheim die Großmutter gespielt hatte, wenn die Mutter ihn mit dem Geläut der silbernen Schelle zur Bescherung hereinrief? Lennacker blickte verwirrt nach der Türe am Saalende: die alten Damen kamen herein, eine hinter der anderen. Mit dünnen zitternden Stimmen sangen sie tapfer die Worte des Liedes mit. Neben dem Gabentisch aber stand die Domina, klopfte mit den Knöcheln der Rechten den Takt in die Fläche der Linken und brummte mit immer wieder versagendem Baß wenigstens annähernd die Melodie. Jetzt erst [...] nahm Lennacker wahr, daß ein Halbkreis von Stühlen bereitgestanden hatte; die Domina setzte sich in einen vereinzelten Sessel unmittelbar vor der Krippe. Die Steckelberg huschte zu ihr hinüber und reichte ihr eine aufgeschlagene Bibel, und nun hörte Lennacker von der tiefen und rauhen Stimme seiner Tante die Weihnachtsgeschichte noch einmal verlesen.«[52]

3. Das Weihnachtsfest im evangelischen Pfarrhaus in der persönlichen Erinnerung seiner Bewohner

Albert Schweitzer (1875–1965) erzählt, wie er mit den Geschwistern im Studierzimmer des väterlichen Pfarrhauses Dankesbriefpflichten nachkommen musste, die bereits im Vorfeld die Weihnachtsfreude geschmälert hatten:
»Der unheimlichste Ort war mir das Studierzimmer meines Vaters. Nur wenn ich unbedingt mußte, setzte ich den Fuß hinein. Der Büchergeruch, der darin herrschte, nahm mir den Atem. Und daß mein Vater immer am Tisch saß und studierte und schrieb, dünkte mir etwas furchtbar Unnatürliches. [...] Einmal im Jahr mußte ich aber mit der Studierstube Bekanntschaft machen. Das war zwischen Weihnachten und Neujahr. Da kam der Tag, an welchem es nach dem Morgenessen aus dem Munde des Vaters hieß: ›Heute aber werden die Briefe geschrieben! Die Weihnachtsgeschenke nehmt ihr an. Aber wenn's dann heißt, an die Dankbriefe gehen, da seid ihr zu faul. Darum dran!‹ [...] Oh diese Stunden, während deren ich mit meinen Schwestern im Studierzimmer saß, die Bücherluft einatmete, die Feder meines Vaters auf dem Papier kratzen hörte, im Geiste bei

[51] A.a.O., 23f.
[52] A.a.O., 24f.

den Kameraden war, die auf ihren Schlitten den Weg hinter der Kirche heruntersausten [...] und an Onkel, Tanten, Taufpaten und andere Geber von Weihnachtsgeschenken Briefe schreiben sollte! Und was für Briefe! So etwas Schweres für die Feder ist mir in meinem Leben überhaupt nicht mehr vorgekommen. Alle Briefe hatten naturgemäß denselben Inhalt: 1. Dank für das von dem Betreffenden gespendete Weihnachtsgeschenk nebst Versicherung, daß es von allen Geschenken mir am meisten Freude gemacht habe. 2. Aufzählung der sämtlichen Geschenke. 3. Neujahrswünsche. Bei gleichem Inhalte sollte doch jeder Brief von dem anderen verschieden sein! Und in jedem türmte sich die furchtbare Schwierigkeit auf, einen guten Übergang von den erhaltenen Weihnachtsgeschenken zu den Neujahrswünschen zu finden. Von der Not zu guter Letzt jedesmal das gerade passende Schlußkompliment anzubringen, will ich gar nicht reden! Jeder Brief sollte zuerst ins unreine geschrieben und dem Vater vorgelegt werden. Dann hieß es ihn verbessern oder neu bearbeiten und zuletzt auf einen schönen Briefbogen ohne Fehler und ohne Tintenklecks abschreiben. Oft ging's zum Mittagessen, und ich hatte noch nicht einmal eines von den sechs oder sieben erforderlichen Schreiben entworfen! Jahrelang habe ich die Mahlzeiten zwischen Weihnachten und Neujahr mit meinen Tränen gesalzen. Einmal fing ich gleich nach der Bescherung am Christfest, im Hinblick auf die dadurch unvermeidlich gewordenen Briefe, zu weinen an!«[53]

Der im thüringischen Köstritz geborene Johannes Keßler (1865–1933), Prinzenerzieher der beiden ältesten Söhne Kaiser Wilhelm II., erzählt vom Schmerz des ihm als Strafe versagten Besuchs des elterlichen Pfarrhauses am Weihnachtsfest:

»Ich sehe noch vor mir das kleine, tiefverschneite thüringische Dörfchen Bröckau. Die Mutter weckt uns drei Kinder. Obgleich es noch dunkle Morgenstunde ist, ist doch der Schlaf schnell aus den Augen gerieben: es ist Weihnachtsmorgen! Es soll zur Christmette gehen! Deutlich steht das Bild vor meiner Seele: der Vater im Talar, die Mutter meine beiden Schwestern an der Hand, unsere treue Marie mit der Laterne voran, so gehen wir, von alt und jung gegrüßt, zum kleinen Dorfkirchlein. In dieser Stunde ist es viel zu klein, denn was nicht krank zu Bett liegt, ist auf den Beinen. Jetzt, beim Eintritt in das Kirchlein, kam für uns Kinder das Wichtigste. Das alte, schlichte Gotteshaus hatte keinerlei Beleuchtung, doch jeder Kirchgänger hatte seine Lichtkerze mitgebracht, zündete sie an und tropfte sie vor seinem Platze fest. Ein unvergessliches Bild war dies flackernde Lichtermeer. [...] Auf dem Altar stand geheimnisvoll dunkel das große Weihnachtstransparentbild. Und jetzt kamen die spannenden Augenblicke. Während mein Vater die Weihnachtgeschichte vorlas, zündete der Küster hinter dem Transparent ein Licht nach dem anderen an und bei der Weihnachtsbotschaft: ›Euch ist heute der Heiland geboren‹, erstrahlte das Bild mit der Heiligen Familie, den Hirten und Ochs und Esel in hellem Glanze. Atemlos folgte ich diesen märchenhaften Vorgängen und mußte von meiner Mutter festgehalten werden, damit ich nicht zum Altar

---

53 Albert Schweitzer, Aus meiner Kindheit und Jugendzeit (1924), München 1996, 26f.

vordrängte. In jenen Augenblicken war ich so stolz auf meinen Vater, daß er wie der liebe Gott befehlen konnte: ›Es werde Licht!‹ In jenen Augenblicken ist wohl zum ersten Male in mir der Wunsch erwacht, auch Pfarrer zu werden, um einmal Christmette halten zu dürfen. [...] Ich war Gymnasiast in dem damals noch kleinen, nur durch sein evangelisches Gymnasium bekannten westfälischen Städtchen Gütersloh. Auf unserer Schule war beides harmonisch vereint: große Strenge und herzliche Milde, feste Gebundenheit und fröhlich Freiheit. [...] Mein bester Freund ein sehr fleißiger und wohlerzogener Schüler, an dem ich mit besonderer Liebe hing, hatte heimlich geraucht, ein israelitischer Bürger hatte es gesehen, angezeigt und mein Freund Georg war streng bestraft worden. Mein Freundesherz war über den Denunzianten tief empört, und als ich ihm auf der Straße begegnete, zog ich ehrfurchtsvoll vor ihm die Mütze ab und fragte: ›Herr Salomon, haben Sie nichts zu schachern?‹ Natürlich war das ein richtiger Dummerjungenstreich, aber schließlich von Kameradschaftsgeist eingegeben. Auch ich wurde angezeigt und [...] mit Karzer bestraft. Mein sehr strenger Vater, empört, nicht über die Strafe der Lehrer, sondern über ›die unerhörte Frechheit seines Bengels‹, fügte die für mich noch viel härtere Strafe hinzu, daß ich am nahen Weihnachtsfeste nicht nach Hause kommen durfte, sondern in meiner Pension ohne jede Bescherung den Heiligabend wie im Arrest zubringen sollte. Mein Brief mit der Bitte um Verzeihung und dem Gelöbnis um Besserung, die inständigen Bitten meiner Mutter, eine Fürsprache meiner Pensionsmutter – alles vergeblich. Mein allererstes Weihnachten nicht im Elternhaus!«[54]

Der lutherische Erweckungsprediger Heinrich Kemner (1903–1993) beschreibt im Rückblick auf seine Tätigkeit als Gemeindepfarrer, wie sich die Gestaltung des Weihnachtsabends im Pfarrhaus an die Weihnachtserzählung anzuhaften und diese auszulegen vermag:

»Die Christvesper in der Vorortgemeinde einer Großstadt ist zu Ende. Kaum bin ich in meiner Wohnung, da klopft es an meine Tür. Ein Junge von etwa zehn Jahren bittet mich im Auftrage der Mutter, ihr heute abend das Abendmahl zu reichen. Unverzüglich machen wir beide uns auf den Weg in das Arbeiterviertel. Nach einer Weile stehen wir vor einer riesigen Mietskaserne. Langsam steigen wir die Treppe hoch, immer höher, immer höher. [...] Endlich stehen wir oben im Dachgeschoß in einem armseligen, kümmerlich erleuchteten Raum. Es begrüßt mich ein Mann, wohl vierzig, sein zerfurchtes Gesicht wirkt im Kerzenlicht wie eine Maske. Es ist gelb und eingefallen. Im Halbkreis sehe ich sechs Kinder wie die Orgelpfeifen mit verweinten Augen am Bett der Mutter stehen. Ja, die Mutter, nun sehe ich sie erst. Unter der Dachschräge liegt sie in ihrem Bett, vom Tod gezeichnet. Sie streckt mir ihre kalte Hand entgegen. Ein Hustanfall hindert sie am Sprechen. Welches Bibelwort kann ich hier in diesem Augenblick [...] wählen? Schließlich schlage ich den 23. Psalm auf. Beim Vorlesen des Textes unterbricht sie mich schon nach dem ersten Vers. Sie greift nach meiner Hand und haucht mit röchelnder, stockender Stimme: ›Früher habe ich gedacht, man könnte nur sagen:

[54] JOHANNES KESSLER, Ich schwöre mir ewige Jugend, Leipzig 1935, 268–270.

mir wird nichts mangeln, wenn man alles hat, was das Herz begehrt. In jungen Jahren habe ich davon geträumt, einen lieben Mann, nette Kinder, ein schönes Heim, keine Schulden zu haben und vor allen Dingen Gesundheit [...] Das Heim sehen Sie. Dort stehen mein Mann und die Kinder! Was soll aus ihnen werden?‹ Ihre Augen bekamen einen überirdischen Glanz, als sie stockend fortfuhr: ›Herr Pastor, es ist Heiligabend, heute muß ich sterben.‹ Sie griff nach ihrer Bibel und drückte sie auf ihr Herz: ›Jetzt kann ich sagen, mir wird nichts mangeln. Jetzt kann ich mein Konfirmationslied singen:

> ›Jesus funkelt mir im Herzen wie ein guldnes Sternelein.
> Er vertreibt mir Angst und Schmerzen, Er ist mein, und ich bin sein.
> Drum ergreif' ich ihn mit Freuden, Wenn ich soll von hinnen scheiden.
> Er ist meines Lebens Licht: Jesus laß' ich ewig nicht.‹

Zurück ging mein Weg, vorbei an den Villen der Reichen. Kinderjubel drang an mein Ohr, Glanz und Flimmer von Kerzen durchdrang die Vorhänge der Fenster, es war ja Heiligabend! Ob sie alle reich waren, die da scheinbar gesichert, ohne Sorgen und Leid ihr Weihnachtsfest feierten? Das stille Leuchten in den Augen der sterbenden Frau begleitete mich bis in den Weihnachtsmorgen. Beim Läuten der Weihnachtsglocken wurde mir ihr Tod mitgeteilt.«[55]

Der Rummelsberger Diakon und Pfarrerssohn Helmut Bomhard (1922–2017) erinnert sich an das Weihnachtszimmer seiner Kindheit in Weihenzell, einem Dorf bei Ansbach, in dem es erst ab Mitte der 1930er Jahre elektrisches Licht gab und in dessen Pfarrhaus der höchste und lichterreichste Weihnachtsbaum des Dorfes stand:

»An die ersten Weihnachten meines Lebens habe ich keine konkreten Erinnerungen. Es war nur der Baum mit den brennenden Kerzen und der helle Schein der das Kind erstaunte und entzückte. Wenn wir sonst nur eine einzelne Kerze auf dem Leuchter hatten um durch das dunkle Haus zu gehen, waren es auf einmal viele an dem Christbaum, die ein ungewohnt helles warmes Licht ausstrahlten. Nach dem ersten Staunen stimmte der Vater das Lied an ›Vom Himmel hoch ...‹ Wir sangen die ersten drei Strophen. Als mein ältester Bruder groß genug war um mit Verstand zu lesen, durfte er das Evangelium von der Geburt in Bethlehem vorlesen. Dann kam die 6. Strophe: ›Des laßt uns alle fröhlich sein ...‹ mit dem Stichwort ›... zu sehn, was Gott uns hat beschert‹. Nach heutigen Maßstäben war es nicht viel, was der einzelne in der Familie bekommen hat; und doch war die Überraschung, das Glück des Beschenktwerdens jedes Jahr groß. In unserem Dorf war es Sitte, daß die Kinder in der Weihnachtszeit zum ›Christbaumschauen‹ kamen. Da staunten sie über unsern großen Baum, der vom Boden bis zur Decke reichte; bei ihnen stand oft nur ein Bäumchen auf dem Tisch. Sie bewunderten die Krippe mit dem Jesuskind im Stall, Maria und Josef, die Hirten und Tiere. Sie durften in den Plätzchenteller langen, den die Mutter gefüllt hatte [...]. Beim

---

[55] Heinrich Kemner, Erlebtes und Erfahrenes, Moers 1973, 17–19.

Begutachten unserer Geschenke kam oft die Frage: ›Wos hatt'n dees 'kost?‹ Wir konnten natürlich keinen Preis angeben, es war halt ein Weihnachtsgeschenk. Aber bei uns Brüdern bildete sich die Meinung: ›Wir sind reich‹. Als wir das einmal dem Vater sagten, sprach er lächelnd ›Ja, kinderreich‹.«[56]

Ursula Reichardt (1925–2018), Tochter des Pfarrers und Kirchenrates Heinrich Schick, Pfarrer in Rothenburg ob der Tauber und ab 1934 an der Reformations-Gedächtniskirche in Nürnberg, erinnert sich, wie die Kinder in der Weihnachtszeit im Pfarrhaus im Mittelpunkt stehen:

»Die Advents- und Weihnachtszeit meiner Kinderzeit in Rothenburg sind mir noch immer in lieber Erinnerung. Unsere große geräumige Wohnung im 2. Stock des Pfarrhauses in der Klostergasse war auch für diese Zeit besonders geeignet. Zwischen einer großen Diele, die mit dem dahinter liegenden Steingang durch eine Fensterscheibe verbunden war, zeigte sich immer an den vier Adventssonntag, wenn es dunkel wurde ein kleiner ›Engel‹ geschmückt mit einem goldenen Krönchen, weißem Kleid und goldenen Flügelchen. Es war schon eine Tradition im Elternhaus meiner Mutter (Pfarrhaus auf dem Land). Daß zu dieser Zeit meine Puppe fehlte ist mir eigentlich nicht bewusst aufgefallen, auch daß unsere Dora, die schon im Elternhaus meiner Mutter war und über viele Jahre uns Kinder mit erzog, immer um diese Zeit Bier im Krügle auf dem Kapellenplatz für Vater holte. Wurde es dann draußen nacht, so guckte man einige male in die Diele, ob das ›Adventsengelchen‹ schon zu sehen war. Welch große Freude, wenn man es am Fenster entdeckten. Wir stellten kleine Fragen, es konnte ja nur mit dem Köpfchen nicken oder mit dem Kopf verneinen und seine Flügelchen durch Drehen zeigen. Fasziniert standen wir am Ende der Diele und wenn es dann weggeflogen war, lagen Kleinigkeiten für den Kaufladen auf dem Fenstersims.

Das große Eckzimmer mit dem schönen alten Erker war auch das Weihnachtszimmer. Die Christbaum-Tanne kam über viele Jahre per Express aus Kötzting im Bayerischen Wald [...]. Ein Kriegskamerad (Arzt) meines Vaters aus dem 1. Weltkrieg schickte ihn uns jedes Jahr als Weihnachtsgeschenk. Darunter stand die wunderschöne Krippe [...]. Bis zum Heiligen Abend war das Zimmer verschlossen und erst durch ein Läuten eines Glöckchens und dem Lied ›Ihr Kinderlein kommet‹ öffnete sich die Tür. Die Weihnachtsgans durfte auch nicht fehlen. Vater Lutz, ein Bauer aus Aidenau bei Geslau, etwa 8 Kilometer entfernt, brachte sie uns per Fahrrad bei jedem Wetter als Geschenk. Dazu gab es immer Mehlklöße und Selleriesalat. Ab 1934 in Nürnberg wurde vieles weiter gepflegt. Ob es schon in Rothenburg, weiß ich nicht mehr, aber bestimmt in Nürnberg wurde am heiligen Abende vor der Christmette um 9 Uhr der Stollen angeschnitten. Eine kleine Begebenheit möchte ich doch noch hinzufügen. 1936 hatten drei von uns Geschwistern Scharlach, den wir abgeschieden von der Familie sechs Wochen zu Hause absolvierten. Diese Zeit fiel auch in den Advent. Das Engelchen sollte uns doch auch wieder an Sonntagen überraschen. Man kam auf die Idee, es an einer

[56] Persönliche schriftliche Mitteilung im Zusammenhang eines Schreibaufrufes meines Lehrstuhls von 2005.

Schnur vom dritten Stock an das darunterliegende Fenster zu lassen. Der Glaube an den Adventsengel war leider damit zu Ende, denn wir entdeckten die Schnur.«[57]

Hans Roser (1931–2005) erzählt vom Heiligen Abend im elterlichen fränkischen Pfarrhaus:

»Der Heilige Abend stand ganz im Zeichen weihnachtlicher Vorbereitungen. Für den Vater und den Ältesten war die Hauptaufgabe, einen Christbaum aus dem Wald hinter dem Haus zu holen und ihn zu schmücken. Das Märchen, dies würde vom Christkind bei Nacht und Nebel besorgt, banden die Eltern dem Achtjährigen nicht mehr auf. Fast tat es ihm leid, sich nicht mehr auf die weiße Gestalt mit der kleinen Krone und dem großen Tragkorb freuen zu können, die in im Vorjahr mit ihrer hohen Stimme trotz vieler Zweifel zittern gemacht hatte, bis er dahinterkam, daß es die ältere Tochter eines Nachbarn war.

Eigene Gottesdienste wurden am Heiligen Abend nicht angeboten. Die Christmesse galt als katholisch. Statt dessen lief alles, was gehen konnte, am ersten Feiertag zur Kirche. Riesenhohe Fichtenbäume waren im Chorraum aufgebaut. Sie ragten sogar noch über die Orgelempore hinaus. Dem Hans blieb schleierhaft, wie der Mesner es geschafft hatte, alle Kerzen anzuzünden, auch die obersten. Seit Schuljahrsbeginn war er Orgelbub , was bedeutete, daß er den gewaltigen Blasbalg, den der übermächtige Schrank barg, ständig voll Luft pumpen mußte. Heute war er vom weihnachtlichen Kerzenwunder abgelenkt. Immer wieder trieb es ihn vom Tretbalg hinter der Orgel zur Brüstung der Empore vor, um die bunten Kerzen und Kugeln zu bewundern, die vor ihm strahlten. Einmal schaute er bewundernd, grübelnd und suchend so lange hinunter, bis allmählich die Orgel verstummte. ›Allmächt, der ist die Luft ausgegangen, ich hab' das Pumpen vergessen‹, schoß es dem weihnachtlich gestimmten Chorbuben durch den Kopf. Den Blicken des Schulfräuleins zufolge, die hinter dem Manual verzweifelt auf Luft hoffte, konnte er sich auf einiges gefaßt machen. Am Nachmittag des hohen Festes gingen die Dorfkinder gerne in die Häuser ihrer Altersgenossen, um die Christbäume zu besichtigen. Erwartungsvoll hielten sie ihre ›Scharmützel‹ in der Hand, voller Hoffnung, sie möglichst schnell gefüllt zu bekommen. Eifrig öffneten sie zu Hause die mit Plätzchen gefüllte Tüten und berichteten, wer den schönsten Christbaum habe.«[58]

Für Pfarrer Martin Bartholomäus (1937–2021) bleiben die weihnachtlichen Erinnerungen an das väterliche Pfarrhaus in Hetzelsdorf am Rande der Fränkischen Schweiz mit dem Auftrag verbunden, an diesem Tag in besonderer Weise Leid und Not des anderen in das eigene Leben hereinnehmen:

»1956 trat unser Vater seine letzte Pfarrstelle an; unsere Familie war noch vollständig, Eltern und fünf Kinder, von denen ich der älteste war. Mein Vater hatte eine flächenmäßig große Gemeinde zu betreuen. Der Terminkalender im

---

[57] Persönliche schriftliche Mitteilung im Zusammenhang eines Schreibaufrufes meines Lehrstuhls von 2005.

[58] Hans Roser, Im Dorf daheim. Kindheit in Franken unter Kreuz und Hakenkreuz, Nürnberg [2]1981, 134f.

Pfarrhaus richtete sich nach den Gottesdiensten [...] sowie nach sonstigen Aufgaben des Vaters; gemeinsames Essen war oft nicht möglich, gemeinsames Feiern noch weniger, schon gar nicht an Weihnachten. So hatte meine Mutter für die vielen häuslichen Aufgaben, Gelegenheiten, Feiern etc. zu sorgen. Das Leben der Pfarrersfamilie war eingebettet in das Leben der Dorfgemeinde, und die Menschen im Dorf hingen mit einer großen Liebe an der Pfarrersfamilie, besonders an den Kindern. [...] 1945 hatten wir in Hellmitzheim/Mittelfranken alles verloren. Auf äußeren Reichtum wurde daher weniger Wert gelegt [...]. Daher wurden wir Kinder angehalten, an andere Menschen zu denken, ihnen einen Gruß zu bringen, eine weihnachtliche Karte, Kranke zu besuchen, gemeinsam zu singen, gemeinsam Flöte zu spielen, auch im Gottesdienst. Wir haben als Kinder und Heranwachsende diese Aufgaben gerne übernommen. Das Eingebettetsein im Dorf war wichtiger als ein isoliertes Weihnachtsfest. Das Musizieren gab es auch am Heiligen Abend, wenn Vater für kurze Zeit anwesend war. Die Weihnachtsgeschichte nach Lukas wurde noch einmal gelesen oder vorgetragen, ein gemeinsames Lied wurde gesungen, die Geschenke unter dem liebevoll geschmückten Christbaum wurden aufgemacht und bearbeitet. Streit in der Familie wurde tunlichst vermieden beziehungsweise aufgeschoben. Auf die gemeinsame Feier folgte gutes Essen. Die Bücher wurden ausgepackt, jeder konnte sich in sie vertiefen. Allmählich verbreitete sich eine Weihnachtsseligkeit. Zentral am Heiligen Abend war die Christvesper, bei der zu spüren war, wie viele Menschen eigentlich im Dorf wohnten und in den auswärtigen Orten. [...] Am 1. Weihnachtsfeiertag hatte Vater Geburtstag, aber erst um 21.00 Uhr. Die Geschenke für den Vater lagen unter dem Weihnachtsbaum im guten Zimmer, das während des Jahres kaum betreten werden durfte. Mancherlei Post bezog sich auf den 25.12., den Geburtstag des Vaters. Aber schon stand der zweite Feiertag vor der Türe, mit eigener langer Predigt, die von Weihnachten schon wieder in den Alltag hinüberleitete. Einige Wochen nach Weihnachten des Jahres 1970 nahm sich meine Mutter das Leben und mit ihr starb vieles von Häuslichkeit, Liebe, Geborgenheit, Präsenz und Begleitung. Die Familie fing an, auseinander zu fallen. Einen Tag nach Weihnachten nahm sich im Jahre 1971 mein kleiner Bruder das Leben im Alter von 19 Jahren, der zweite schwer zu ertragende Einschnitt in das Familienleben. [...] Weihnachten heißt: getragen werden von Gott, gestärkt werden für das kommende Jahr, von den Verheißungen Gottes leben, von den unsichtbaren Mächten, von denen Dietrich Bonhoeffer spricht. Weihnachten heißt: dünnhäutig werden, Leid und Not der anderen Menschen hereinnehmen in das eigene Legen, aber auch das Evangelium besonders bedenken in seiner Tiefe und Herrlichkeit. Weihnachten heißt, immer wieder der Toten zu gedenken, auf andere Menschen zugehen, die einen lieben Menschen aus ihrer Mitte verloren haben. Weihnachten heißt: den verborgenen Glanz der Christnacht erahnen und festhalten für jeden Tag im kommenden Jahr, soweit und solange die eigenen Kräfte reichen.«[59]

[59] Persönliche schriftliche Mitteilung im Zusammenhang eines Schreibaufrufes meines Lehrstuhls von 2005.

Horst Becker (geboren 1926), in den ausgehenden 1950er Jahren als Missionar in Ost-Afrika tätig, erinnert sich an die dortigen besonderen Umstände des Weihnachtsfestes im Pfarrhaus und beschreibt, wie die typisch deutsche Art, Weihnachten in der Familie zu begehen, keine Anreicherung durch die afrikanische Weihnachtsfest-Erfahrung erfährt und sich bei der Rückkehr in die Heimat nicht weiter ausgewirkt hat:

»In Tanzania war für uns in der Familie Weihnachten ein Fest mit ›deutschen‹ Ingredienzien – soweit es diese überhaupt gab. Im angrenzenden ›Waldstück‹ schlugen wir einen Nadelbaum, der Föhre verwandt. Die dünnen Zweiglein konnten die mitgebrachten Kerzenhalter kaum befestigen. Kerzen gab es. Aber in der Hitze (südlich des Äquators ist ja gerade Sommer!) bogen sie sich bereits im Laufe weniger Stunden. Die Krippe war mit den Kindern selbst gebastelt. Adventskalender war mitgebracht. Singen und Flöten konnten wir ohne weitere Hilfsmitteln. Den kleinen Kindern wurde die Geschichte der Christgeburt in deutscher Sprache erzählt, denn die Gottesdienste fanden natürlich in der Landessprache statt, die den Kindern noch nicht geläufig war. Selbstverständlich nahm die Familie an diesen lokalen Gottesdiensten teil. Sie wurden mit großer Freude, unter Mitwirkung etlicher Chöre in der geschmückten Kirche, auch mit Christbaum und viel Glitzer gefeiert. Bei den Einheimischen konzentrierte sich das Feiern auf die Gemeinde. Familienfest ist das Weihnachtsfest dadurch, dass sich alle Familienmitglieder im Eltern-(Stamm-)Haus einfinden. Dazu fahren sie oft 600 und mehr Kilometer. Wenn es die Post gut mit uns meinte, kamen für die Kinder Päckchen aus Deutschland an, die beim Auspacken großen Jubel auslösten. Zum ›Feiern‹ in der Familie gehörte gemeinsames Essen mit Alleinstehenden, Singen und Plaudern – bis der nächste Gottesdienst begann. Christvespern waren unbekannt; sie wurden gelegentlich von Ausländern eingeführt. Immerhin muss man bedenken, dass es auf dem Land keine Straßenbeleuchtung gibt und die Wege im Dunkeln nicht ungefährlich sind. In den fünf Jahren des Dienstes in Ostafrika haben sich keine speziellen Traditionen familiären Feierns herausgebildet. Das Eingebundensein in die feiernde einheimische Kirche war und blieb der Höhepunkt des Festes.«[60]

Eva Leipprand (geb. 1947), die Tochter des bayerischen Landesbischofs Hermann Dietzfelbinger, berichtet über das familiäre Weihnachtsfest im vom Vater Anfang der 1950er Jahre geleiteten Predigerseminar in Nürnberg:

»Es ist Weihnachten. Wir stehen vor der Tür des Weihnachtszimmers, die schon seit gestern, obwohl sie sonst immer offen steht, nicht mehr geöffnet werden darf. Man darf auch nicht durchs Schlüsselloch schauen, sonst bläst einem das Christkind die Augen aus [...]. Jetzt haben wir uns vor der Tür aufgestellt, der Größe nach, vorne der große Bruder, dann die große Schwester, dann die Buben, dann die Mädele, erst die Schwester und ich zum Schluß [...] und kann es nicht aushalten [...]. Vorne geht die Tür vom Eßzimmer auf, die Mutter läuft über den

[60] Persönliche schriftliche Mitteilung im Zusammenhang eines Schreibaufrufes meines Lehrstuhls von 2005.

Gang in die Küche und wieder zurück. Sie zeigt uns ein feierliches, geheimnisvolles Gesicht, muß aber auch lachen über uns, wie wir zappeln in der Reihe und es nicht erwarten können. Ich höre, wie sie durch die Doppeltür vom Eßzimmer ins Wohnzimmer geht, es raschelt noch ein bißchen, dann endlich klingelt das Glöckchen, die Tür geht auf. Das Wohnzimmer sieht ganz anders aus als sonst. Das wichtigste ist der Christbaum in der Ecke, groß bis zur Decke und voller roter Kerzen. Alle Lampen sind aus, im Kerzenlicht sehe ich im Hintergrund die weißen Decken auf dem Tisch, auf dem Buffet und der Kommode, wo die Geschenke liegen, aber die sind nicht das Wichtigste an Weihnachten, sagt der Vater, die kommen später dran. Während der Vater die Weihnachtsgeschichte vorliest, schaue ich mir die Kerzen an [...]. Wenn der Vater mit der Weihnachtsgeschichte fertig ist, singen wir Ihr Kinderlein kommet und schauen uns die Krippe an unten am Christbaum, ob alles so stimmt wie im Lied. Wir singen noch mehr Weihnachtslieder, werden aber allmählich ungeduldig, weil wir endlich die Geschenke sehen wollen, die auf ihren weißen Decken auf uns warten. Der Vater würde gerne noch ein Lied mehr singen und noch etwas aus der Bibel lesen, aber die Mutter sagt ach Hermann, was sie sonst nicht tut. Während wir die Geschenke, anschauen, paßt der Vater auf, daß der Christbaum nicht anbrennt.«[61]

Im Gegensatz zu den bei Christine Eichel dokumentierten Klagen der Pfarrerskinder, der Beruf des Vaters behindere einen familiären Heiligen Abend[62], schildern Elisabeth (geb. 1984) und Michael (1988–2015) Niekel das mit dem familiären Heiligen Abend verknüpfte weihnachtliche Programm des Vaters als eher sportlich-bereichernd und die ganze Familie in heilige Spannung versetzend. Beide erzählen vom Weihnachtsprogramm der mittelfränkischen Marktgemeinde, in der ihr Vater Pfarrer war, und zeigen, in welcher Weise das Pfarrhaus und seine Bewohner voll darin involviert sind und wie das familiäre Weihnachtsabend-Ritual des Pfarrhauses daran angeglichen wird:

»Weihnachten im Pfarrhaus ist anders als in sogenannten Privathäusern, warum?« fragt Elisabeth Niekel und antwortet: »Weil es am 24.12. noch rund geht, wenn bei anderen schon die weihnachtliche Ruhe eingekehrt ist und der Hauptakteur der Weihnachtsgottesdienste im Pfarrhaus wohnt. [...] Als Pfarrerskind war es für uns zum Beispiel ganz normal, auch ›dienstlichen‹ Besuchern die Haustür zu öffnen. Gerade vor Weihnachten ging da noch so mancher aus und ein. Wenn nicht schon in den Tagen vorher, dann kam oft am 24.12. vormittags oder mittags zum Beispiel noch der Posaunenchorleiter und hat die Vortragsstücke für den

---

[61] Eva Leipprand, Woher alles kommt. Erzählung, Tübingen 2006, 110–113.

[62] Vgl. Christine Eichel, Das deutsche Pfarrhaus. Hort des Geistes und der Macht, Berlin 2012, 93: «Eines teilen die meisten Pfarrersfamilien: Zwiespältige Erinnerungen an das Fest der Feste, an Weihnachten. Anders als in der kerzendurchglänzten Weihnachtsstube Luthers werden die Weihnachtstage im Pfarrhaus als Hochzeiten von Stress und Hektik geschildert. Während andere feiern, gleicht besonders der Heilige Abend einer Rushhour. Kaum eine Pfarrersfamilie kann hohe Feiertage in Muße zubringen, so wenig wie die Sonntage.«

Posaunenchor mit Hilfe des technisch versierten Pfarrerskindes kopiert. Um 15 Uhr war in der ersten zur Pfarrei gehörenden Gemeinde der Heiligabendgottesdienst. Vor und während der Konfirmandenzeit habe ich im Krippenspiel mitgemacht. Am Anfang als ›Flötenengel‹ und später als Präparandin und Konfirmandin dann auch in einer Sprechrolle. Bevor um 17.45 Uhr der zweite Heiligabendgottesdienst war, war Zeit, daheim noch ein paar Plätzchen zu essen und Tee zu trinken. Manchmal haben wir nachmittags auch noch Programmzettel bzw. Liedzettel für abends gefaltet, wenn es nicht schon mittags erledigt war. Dafür wurden wir als Pfarrerskinder gerne eingespannt, wobei es mit vereinten Kräften auch relativ schnell erledigt war. Papa hat extra Einkerbungen ins Papier geschnitten, wo die Falze hin sollten.

Das Pfarrhaus stand in unmittelbarer Nähe zum Gemeindehaus und natürlich zur Kirche. Vom ersten Stock aus, wo wir wohnten, hatten wir dann immer die volle Übersicht auf den Kirchplatz und zum Gemeindehaus, wo sich die Krippenspieler vorher trafen. Auch als ich selbst nicht mehr im Krippenspiel mitspielte, haben wir daher hautnah das geschäftige Treiben mitbekommen und zum Beispiel gesehen, wie sich der Parkplatz mit den Autos der Gottesdienstbesucher zügig gefüllt hat. Nach dem zweiten Gottesdienst sind dann immer noch die Kirchenvorsteher mit ins Amtszimmer im Erdgeschoss des Pfarrhauses gekommen und haben die Einlagen aus dem Gottesdienst gezählt. Meist kam auch noch eine Freundin von meiner Schwester [...] mit zu uns in unsere Wohnküche und sie haben sich gegenseitig ihre Weihnachtsgeschenke übergeben. Es hat dann immer noch ein bisschen gedauert, bis auch der Papa da war. Er hat meist noch die Kostüme vom Krippenspiel im Gemeindehaus geordnet. Alle Krippenspieler sind übrigens immer in einem Zug vom Gemeindehaus in die Kirche eingezogen, die mit Kerzen in den Bänken erleuchtet war. Der Einzug war immer sehr feierlich. Während wir auf Papa gewartet haben, hatten wir genug Zeit, um in Ruhe das Essen vorzubereiten. An Heiligabend gab es abends immer was Kleines, Schnelles, aber doch nicht alltägliches wie Pizzasemmeln, getoastete Sandwiches, Hawaitoast oder gefülltes Weißbrot. Mittags gab es am 24.12. oft Wiener und Weißwürste. Das Abendessen war meistens erst so gegen 19.45 Uhr oder auch später. Danach wechselten wir ins Wohnzimmer, ins Weihnachtszimmer. Zuerst haben wir immer einige Weihnachtslieder gesungen. Jeder durfte sich was wünschen. Dann gab es noch eine weihnachtliche Geschichte, allerdings erst als wir schon größer waren. Meine Schwester hat meistens etwas Passendes ausgesucht und auch vorgelesen. Dann war die Bescherung, so ungefähr gegen 21.00 Uhr, also relativ spät. Bei uns sollte nicht ein wildes ›Geschenke-Überhäufen‹ im Mittelpunkt stehen und so haben wir die Geschenke auch sorgfältig verteilt. Einer nach dem anderen hat seine Geschenke an die anderen verteilt und wir haben auch immer alle zugeschaut, bis einer ausgepackt hat, dann erst kam der nächste dran. So ist es auch viel schöner, als wenn alle gleichzeitig auspacken. Papa ist dann nach der Bescherung oder manchmal auch schon bei der Geschichte von Müdigkeit nach den Gottesdiensten übermannt worden. Auch war ja dann immer die ganze Spannung der vorweihnachtglichen Vorbereitungen, insbesondere auf den

Heiligabend hin, von ihm abgefallen. Er hat dann oftmals schon auf dem Sofa ein Nickerchen gemacht, während wir noch die Geschenke betrachteten, Plätzchen aßen und den geschmückten Christbaum betrachteten, der übrigens immer echte Kerzen hatte, auch als wir noch klein waren. Ein Wassereimer stand stets in der Nähe. Unser Baum wurde immer aus dem Wald geholt, zusammen mit zwei großen Christbäumen für die Kirche. Es war jedes Jahr eine Fichte, die bis zur Decke unserer 3,20 Meter hohen Räume reichte. Der Schmuck war über die Jahre fast gleich [...], mit Strohsternen, Holzfiguren, künstlichen Äpfeln, gebastelten Sachen wie Tüll-Engelchen und anderes. [...] Geschmückt haben wir den Baum am Abend des 23. Dezember, seit ich ca. 16 Jahre alt war, habe ich das jedes Jahr übernommen. Am Heiligabend hat Papa immer auch Kerzen unten beim Fenster neben der Eingangstür aufgestellt. Das hatten sie in seiner Familie schon so gemacht. Die Kerzen waren für Verwandte in Schlesien. [...] Ich denke Weihnachten im Pfarrhaus war auf Grund des Berufs des Vaters schon anders, aber ich kenne es ja auch nicht anderes und wollte es in seiner Form, wie es war, nicht missen. Irgendwie hat die ganze dienstliche Geschäftigkeit im Haus auch zum Weihnachtserlebnis gehört. Trotzdem war Weihnachten bei uns auch besinnlich und von einer speziellen Atmosphäre umgeben. Vom Wohnzimmer aus konnten wir [...] bis zum Marktplatz schauen, wo der beleuchtete Gemeinde-Christbaum stand und vom anderen Fenster hatten wir den Blick auf den angestrahlten weißen Kirchturm.«[63]

Ihr Bruder Michael Niekel, als jüngstes von drei Kindern im Pfarrhaus aufgewachsen, ergänzt:

»Am 24.12. selbst begann das alljährliche Programm vormittags mit dem Aufbau der Krippe – das war immer mein Ressort. Der Baum hingegen wurde immer am Vortag von meiner Schwester geschmückt. Aber zurück zum Heiligen Abend. Um 15.00 Uhr war die erste Christvesper in der kleineren der beiden Gemeinden. Es gab zwar eine kurze Predigt, doch der Interessenfokus war in der Regel auf das Krippenspiel gerichtet. Die ›Krippenspiel-Karriere‹ begann schon im Kindergottesdienstalter als Flötenengel. Dazu wurden wir mit Bettlaken als Engelsgewand umwickelt, sangen und spielten auf der Blockflöte ›Vom Himmel hoch‹ in der Verkündigungsszene an die Hirten. Während der Präparanden- und Konfirmandenzeit übernahm man dann eine Sprechrolle. Nach dem ersten Gottesdienst hatte man dann noch ein wenig Zeit zum Verschnaufen [...]. Die zweite Christvesper begann um 17.45 Uhr, aber der Kirchenparkplatz war schon lang vorher voll. Das konnte man von unserer Wohnung im ersten Stock immer gut beobachten. Die Kirche selbst war nur mit Kerzen erhellt [...]. Zu Beginn zogen mein Vater und die Krippenspielakteure ein. Der Gottesdienst verlief dann wie der andere, nur im größeren Rahmen. Wenn dann am Ende ›O du fröhliche‹ angestimmt wurde, begleitet von Orgel und Posaunenchor, und die ganze Gemeinde im Stehen inbrünstig mitsang, dann war für mich Weihnachten.

---

[63] Persönliche schriftliche Mitteilung im Zusammenhang eines Schreibaufrufes meines Lehrstuhls von 2005.

Nach dem Gottesdienst war es jedes Mal aufs Neue ein Wunder, wie schnell sich doch so ein voller Parkplatz leeren kann. Doch nicht alle gingen sofort nach Hause, denn der Weg der Krippenspielakteure führte sie erst noch ins Gemeindehaus, das direkt hinter dem Pfarrhaus war, um die Kostüme auszuziehen. Ein paar Kirchenvorstände kamen dann noch mit ins Pfarramt um die Kollekte zu zählen. [...] Als dann auch die Kirchenvorstände gegangen waren, war alles von 100 auf 0 heruntergefahren. Von der Betriebsamkeit der zurückliegenden Stunden und Tage war fast nichts mehr zu spüren. Nachdem mein Vater dann noch schnell die Abkündigungen für den ersten Weihnachtstag fertig gemacht hatte, konnten wir – meistens gegen kurz vor acht – mit dem Essen beginnen. [...] Ja, Weihnachten im Pfarrhaus war natürlich anders, als in sogenannten Privathaushalten. Aber dennoch darf man das sich nicht zu abgehoben vorstellen: wir saßen ja schließlich auch nicht mit Heiligenscheinen unterm Christbaum. Aber dass es dennoch ein kleines bisschen anders war, das stelle ich besonders jetzt fest, wo mein Vater im Ruhestand ist und wir gewissermaßen die Seiten gewechselt haben.«[64]

In ähnlicher Weise erinnert sich die Theologiestudentin Lisa Maria Scholpp (geb. 1990) an die Einbindung der gesamten Pfarrersfamilie in die weihnachtlichen Aktivitäten der Kirchengemeinde. Sie zeigt, wie es der elterlichen Pfarrersfamilie trotz hoher beruflicher Beanspruchung des Vaters gelingt, uneingeschränkt an den persönlichen Ritualen des Weihnachtsabends festzuhalten:

»Pfarrerskind zu sein ist manchmal wirklich lästig [...]. Da wird man – sobald man sich als Pfarrerskind outet – schon mal mit großen, ernsten Augen angeschaut und allen Ernstes ohne Gesichtsentgleisung gefragt: ›Sag mal, dürft ihr im Pfarrhaus eigentlich lachen?‹ [...]

Wer meine Eltern, meine drei jüngeren Geschwister und mich jedoch näher kennt, wird feststellen, dass wir ganz und gar nicht dem Klischee entsprechen, das in den Köpfen mancher Mitmenschen verankert ist. Wir sind eine laute und sehr lebhafte Familie, lachen viel und speziell meine Brüder haben oftmals nur Flausen im Kopf. Aber wie jede Familie haben auch wir unsere Rituale, wenn es auf Festtage zugeht. [...] Die Adventszeit ist im Hause Scholpp geprägt von Stress und Vorfreude. Am meisten jedoch von Vorfreude. Da werden die von der Mutter selbstgebastelten Adventskalender befüllt (natürlich so, dass nicht jedes Kind die gleiche Süßigkeit am selben Tag bekommt, damit es möglichst viel Zoff gibt), das Weihnachtsoratorium von Johann Sebastian Bach unter der Leitung von John Eliot Gardiner läuft im CD-Player rauf und runter, die Weihnachtsbäckerei wird eröffnet. Natürlich dürfen auch die Adventskränze nicht fehlen, die meine Mutter zusammen mit dem in der Kirchengemeinde angesiedelten Kreativteam schon Monate vorher bindet, um sie auf dem Adventsbasar zu verkaufen. Unserer Familie wird – warum auch immer – jedes Jahr ein besonders großer Adventskranz zugedacht, den wir feierlich im Esszimmer aufstellen, wo er dann auf seinen großen Tag wartet. Mein Vater geht mit dem katholischen Kollegen und dem Förster in

[64] Persönliche schriftliche Mitteilung im Zusammenhang eines Schreibaufrufes meines Lehrstuhls von 2005.

dieser Zeit in den Wald und schlägt traditionell den Tannenbaum für den Kirchenraum und den für unser Wohnzimmer. Da im Pfarrhaus als Altbau ziemlich hohe Decken zu finden sind, ist der Wettbewerb welche Tanne wohl größer ist schon vorprogrammiert. [...] Je näher der Heilige Abend rückt, desto aufgeregter werden alle. Die letzten Besorgungen werden gemacht, mein Vater ist noch seltener zuhause anzutreffen als sonst, da die Krippenspiel-Proben auf Hochtouren laufen. Mittlerweile spielt keines meiner Geschwister mehr mit, sie sind ja nicht mehr klein. Stattdessen beraten wir uns über mögliche Geschenke für die Eltern, rasen gehetzt in die Stadt, um diese zu besorgen, damit am Heiligen Morgen bloß alles da ist. Wenn der Heilige Morgen kommt, gibt es ein gemeinsames Frühstück und die Tanne, die längst im Wohnzimmer aufgestellt ist, wird geschmückt. Als wir Kinder waren, haben wir den Tannenbaumschmuck selbst gemacht. Aus Salzteig wurden verschiedene Formen ausgestochen, im Ofen gebrannt und dann bemalt. So ergab es lauter rote, blaue und gelbe Sterne, Schaukelpferde und Engel, die neben den aus Tonpapier ausgeschnittenen Motiven meiner Mutter und der Lichterkette am Weihnachtsbaum ihren Platz fanden. An der Spitze des Baumes wird ein keiner Engel aus Watte befestigt, den mein heute 20jähriger Bruder in der Schule selbst gemacht hat. Als wir älter wurden, kamen Christbaumkugeln und Kerzen dazu in der Hoffnung, wir wären nicht mehr ganz so chaotisch und würden nicht allzu viel kaputt machen [...]. Nach dem Schmücken des Weihnachtsbaums und dem Aufstellen unserer originalen Bethlehemer Krippe, schließen meine Eltern bis auf den heutigen Tag das Wohnzimmer ab – und das Geheimnis, das das Weihnachtszimmer ausstrahlt, bleibt seltsamerweise bis heute noch immer dasselbe. Man läuft trällernd durchs Haus, die Stimmung ist gut, man wartet auf den Abend. Der Heilige Abend, sowie auch die Weihnachtstage sind von zahlreichen Gottesdiensten geprägt. Der Marathon beginnt am Heiligen Nachmittag um 16 Uhr mit dem Familiengottesdienst mit Krippenspiel [...]. Seit wir Kinder zu alt für das Krippenspiel sind, besuchen wir eher den Gottesdienst um 18 Uhr mit Predigt statt Krippenspiel, in dem kaum noch junge Familien zu sehen sind. In der Praxis heißt das aber, dass wir unseren Vater [...] ab 15 Uhr nicht mehr sehen, weil er für den ersten Gottesdienst die Podeste für das Krippenspiel mit aufbaut, eine letzte Lichtprobe mit dem Bühnentechniker durchführt und die aufgeregten Kinder zu bestärken sucht. Zwischen den Gottesdiensten hilft er ebenso beim Umbau und entfernt mit dem Kirchendiener Podeste. Meistens bleibt er auch nach dem 18 Uhr Gottesdienst länger, hilft beim Abbau, bei der Säuberung des Kirchenraumes und beim Zählen der Kollekte. Meine Mutter, meine Geschwister und ich gehen derweil heim und kochen alle zusammen, noch ganz beseelt vom Schlusslied des Gottesdienstes, welches traditionell ›O du fröhliche‹ (EG 44) ist, ohne das es für niemanden von uns richtig Weihnachten wird. Auch das Essen am Heiligen Abend ist mittlerweile ritualisiert. Es gibt Beefsteak mit Kartoffelsalat. So gutes Fleisch gibt es bei uns auch nur am Heiligen Abend, was dazu führt, dass man sich oft schon Sekunden nach dem Essen auf das nächste Jahr freut. Mein 20jähriger Bruder ist für das Braten zuständig, wir anderen decken den Tisch ausnahmsweise mit Servietten, zünden Kerzen und den Adventskranz an und legen Musik auf. Natürlich wie immer in der Advents- und Weihnachtszeit den Dauerbrenner: Das Bachsche Weihnachtsoratorium. Gegessen wird dann, wenn unser Vater heim kommt, meistens also gegen 19.30 Uhr. Anschließend beginnt der wichtigste Teil des Abends: Die Bescherung. Und auch sie ist seit ich denken kann strengstens ritualisiert. Das Weihnachtszimmer wird kurz geöffnet [...]. Meine Geschwister und ich legen unsere Geschenke unter den Weihnachtsbaum, während meine Eltern im Esszimmer bleiben. Dann verlangt die Tradition, dass wir alle vier es uns einen Stock höher in einem der ›Kinderzimmer‹ gemütlich machen und uns die Zeit vertreiben, bis unsere Eltern mit dem Weihnachtsglöckchen klingeln und ›Ihr Kinderlein kommet‹ (EG 43) singen. [...] Wenn das Glöckchen dann endlich klingelt, stürmen die jüngsten oft als Erste die Treppe hinunter [...]. Unten angekommen, stehen unsere Eltern vor dem geöffneten Weihnachtszimmer, die Kerzen brennen am Baum, eine frische Schale mit Plätzchen und anderen Süßigkeiten steht auf dem Tisch (auch das ist etwas Besonderes, solche Süßigkeiten gibt es nur einmal im Jahr), es riecht nach Tanne, Zimt und Mandeln. Vor der Tür des Weihnachtszimmers wird in aller Form ›Ihr Kinderlein kommet‹ (EG 43) zu Ende gesungen, bevor wir hineingehen. [...] Um 23 Uhr gehen wir meist alle in die Christmette [...]. Und so wird der Abend beschlossen.«[65]

4. Die Vorbildfunktion des evangelischen Pfarrhauses für die Gestaltung des bürgerlichen Weihnachtsfestes

Die Spannung zwischen der Vorbildfunktion des evangelischen Pfarrhauses für die Gestaltung der bürgerlichen Weihnacht und der tatsächlichen Belastung, die die Familie im Pfarrhaus am Weihnachtsfest einengt, was die familiäre Feier anbelangt, wird von den meisten Pfarrhausbewohnern nicht als solche empfunden. Sie zeigen großes Verständnis für die hohe Inanspruchnahme von Pfarrerinnen und Pfarrern am Weihnachtsfest und nehmen die Seelsorge-Bedürftigkeit vieler Menschen gerade in der Weihnachtszeit sehr ernst.

Weihnachten im evangelischen Pfarrhaus wird damit auf eine spezifische Weise Teil des Weihnachtschristentums, das nach Matthias Morgenroth eine Form moderner Religiosität darstellt. Der familiäre Weihnachtsabend im bürgerlichen Weihnachtszimmer mit Weihnachtsliedern, Verlesen des Weihnachtsevangeliums, Bescherung und dem Weihnachtsbaum in der Mitte wird auch im evangelischen Pfarrhaus in besonderer Weise gepflegt und die soziale Funktion des Pfarrhauses wird insbesondere im Umfeld des Weihnachtsfestes in der Zuwendung an Einsame, Außenstehende, Alte, Kranke, Einsame und Verlassene deutlich. Auch

[65] Persönliche schriftliche Mitteilung im Zusammenhang eines Schreibaufrufes meines Lehrstuhls von 2005.

die These Morgenroths von der Verschiebung der Deutungshoheit an Weihnachten[66] bildet sich zugleich im evangelischen Pfarrhaus ab. Denn dessen Bewohner sind nicht nur an der kirchlichen, sondern auch an der häuslich-familiären Gestaltung des Weihnachtsfestes maßgeblich beteiligt. Der Pfarrer als pater familias gibt in der häuslichen Feier seine Deutungshoheit an die Familie ab. Die Söhne und Töchter musizieren zusammen mit den Eltern, und Verwandte und Freunde beteiligen sich daran als Teil des engeren familiären Kreises im Weihnachtszimmer.

5. Weihnachtsfrömmigkeit und evangelischer Pfarrberuf

Weihnachtsfrömmigkeit war lange Zeit, vor allem seit den 1960er Jahren, ein beliebtes Ziel des Spottes der engagierten Christen in den Kirchengemeinden einschließlich der Pfarrerschaft. Gerade deshalb gehört zur Aufgabe des evangelischen Pfarrhauses, hier wertschätzende Wahrnehmung für die Form des Weihnachtschristentums zu üben und dieses zugleich exemplarisch mitzugestalten. Dem evangelischen Pfarrberuf kommt eine besondere Verantwortung für die Pflege einer Weihnachtsfrömmigkeit als aktueller Feiergestalt des volkskirchlichen Christentums zu, die nicht vernachlässigt werden darf. Das evangelische Pfarrhaus ist auch gegenwärtig noch einer der herausragenden Orte, das Weihnachtsfest individuell wie authentisch zu gestalten und mit an seiner Veränderung zu arbeiten. Spannend wäre, die Zusammenhänge zwischen Berufsmotivation und dem Erleben des Weihnachtsfestes im Pfarrhaus näher zu untersuchen. Das je und je verschiedene evangelische Pfarrhaus sensibilisiert seine Bewohner für die rituelle Gestaltung des inzwischen zentralen Festes der Christenheit. Eine nicht zu unterschätzende Aufgabe bleibt dabei die Arbeit an der Rückkoppelung der häuslichen Feierpraxis zum Anlass des Weihnachtsfestes, der Menschwerdung Gottes. Ebenso ist auch das Aufrechterhalten dieser Spannung dem evangelischen Pfarrhaus aufgetragen. Die autobiografischen Zeugnisse machen deutlich, dass die Weihnachtspraxis im evangelischen Pfarrhaus an der Spannung zwischen familiärem Ritual und der Sorge um das Weihnachtschristentum in seinen sich ausdünnenden kirchengemeindlichen Berührungspunkten partizipiert. Die von Schweizer Theologinnen und Theologen vorgelegte empirische Untersuchung des familiären Weihnachtsrituals zeigt, wie zunehmend die Familie im Mittelpunkt steht und die theologischen wie kirchengemeindlichen Verbindungslinien zu verdrängen droht. »Die gelebte Religiosität des Weihnachtsrituals lehnt sich an Symbole, die ihr die biblischen Berichte und christlichen Traditionen liefern, und hat sich seit der Zeit der Entstehung des familiären Festes im 19. Jahrhundert allmählich von deren

---

[66] Vgl. Morgenroth (wie Anm. 20), 124.

theologischen Gehalten und Deutungen distanziert und verselbstständigt.«[67] Evangelische Pfarrerinnen und Pfarrer mit ihren Familien können an dieser Stelle mit daran arbeiten, die Verlagerung der religiösen Praxis in neue Orte und Strukturen einerseits zu akzeptieren und andererseits zugleich als ihre besondere Chance die Verbindung zu deren Ursprungsorten Bibel, Tradition und Kirche lebendig halten.

---

[67] Maurice Baumann, Postmoderne Religiosität und Praktische Theologie, in: Ders./Roland Hauri (Hrsg.), Weihnachten – Familienritual zwischen Tradition und Kreativität (Praktische Theologie heute 95), Stuttgart 2008, 197–218; hier: 199.

Im anderen den »Gegenstand der erlösenden Liebe Gottes« sehen (Wilhelm Löhe)

Aszetische Impulse für eine hamartiologisch perspektivierte Diakoniewissenschaft

1. Die stillschweigende Abkehr von hamartiologischen Theologumena in der Diakoniewissenschaft des ausgehenden 20. Jahrhunderts

Eine erste Sichtung aktueller diakoniewissenschaftlicher Konzepte auf Spuren des evangelischen Sündenverständnisses[1] hin macht deutlich, dass die Begriffe Sünde und Schuld offensichtlich keine Rolle mehr spielen.[2] Eine vage Nähe zur Ausgangsfrage deutet sich nur dann noch an, wenn von der Diakonie als Dienst der

---

[1] Eine gute Zusammenfassung des evangelischen Sündenverständnisses bietet WILFRIED HÄRLE, Dogmatik, Berlin und New York 1995, Kapitel 13: Die gefallene Welt (Hamartiologie) und Kapitel 14: Die versöhnte Welt (Soteriologie), 456–599.

[2] Einen Spiegel der Irrelevanz der hamartiologischen Fragestellung für die gegenwärtige Diakoniewissenschaft stellt das Diakonische Kompendium (GÜNTER RUDDAT/GERHARD K. SCHÄFER (Hrsg.), Diakonisches Kompendium, Göttingen 2005) dar, dessen Sachregister weder »Sünde« noch »Schuld« als Begriffe verzeichnet und lediglich den Begriff »Schuldnerberatung« nennt. – Sporadisch wird in den gegenwärtigen diakoniewissenschaftlichen Konzepten noch auf den Sündenbegriff im Zusammenhang der Fragmentarität menschlichen Handelns hingewiesen, so z.B. REINHARD TURRE, Diakonik. Grundlegung und Gestaltung der Diakonie, Neukirchen-Vluyn 1991, 163: »Auch die ganzheitliche Begleitung muß mit der Sünde rechnen. Das heißt, auch die besten Absichten und das noch so gute menschliche Bemühen werden nicht vor der Verkehrung in Falsches und Schuldhaftes gefeit sein. Der Mensch wird als Sünder nicht nur vor Gott, sondern auch an seinem Nächsten schuldig.« – Auch ANNETTE NOLLER, Sünde in der Sozialen Arbeit: Die Dynamik des Sündenbegriffs im interdisziplinären Dialog, in: Glaube und Leben 20 (2005), 164–177 bestätigt zunächst für den Bereich der Literatur der Sozialen Arbeit die Irrelevanz des evangelischen Sündenbegriffes. Sie zeigt aber zugleich auf, wie aus interdisziplinärer Neugier und mittels der Fachlichkeit anderer Wissenschaftssysteme wechselseitig hilfreiche Erkenntnisse gewonnen und mit Hilfe des theologischen Sündenbegriffes Ressourcen für die solidarische Gestaltung eines menschenwürdigen Gemeinwesens erschlossen werden können.

Versöhnung gesprochen wird.[3] Lediglich im Bereich der ökumenischen Diakonie im Zusammenhang der Aktion »Brot für die Welt« wird bis Ende der 80er Jahre des 20. Jahrhunderts von der Sündenverstrickung Europas und Nordamerikas im Sinne einer Schuld des Überflusses und Sünde des ausbeuterischen Wohlstandes gesprochen.[4]

Dörte Gebhard konnte in ihrer Untersuchung zur theologischen Anthropologie der Diakonie zeigen, dass im Zusammenhang der Rezeption der Humanwissenschaften in der Diakonie seit dem Ende der 60er Jahre des 20. Jahrhunderts eine »stillschweigende Abkehr von [...] hamartiologischen, in der Tradition der neuzeitlichen Diakonie des vorigen Jahrhunderts fest verwurzelten Theologumena« stattfindet und damit »ein wichtiger Aspekt des Menschseins, sein Schuldigwerden, auf längere Sicht in der diakoniewissenschaftlichen Diskussion in Vergessenheit« geriet.[5] Im Gegensatz dazu kam in der Mitte des 19. Jahrhunderts der theologischen Sündenlehre bei der Bestimmung des Propriums christlicher Diakonie gegenüber staatlich-humanitärer Hilfe eine entscheidende Rolle zu.[6] So spricht Johann Hinrich Wichern 1849 in seiner Denkschrift »Die innere Mission der deutschen evangelischen Kirche« davon, dass das Ziel der inneren Mission ist, »die aus der Sünde und ihren Folgen hervorgehenden einzelnen Notstände des Volkes durch das Wort Christi und die Handreichung brüderlicher Liebe zu heben.«[7] Auffälligerweise nimmt Wichern bei seiner strategischen Verwendung des Sündenbegriffs anders als etwa Wilhelm Löhe im Gebrauch hamartiologischer Figuren im diakonischen Zusammenhang eine Entpersonalisierung der Rede von der Sünde vor und fokussiert auf die zu bekämpfenden »Notstände«, anstelle die »Notleidenden« näher in den Blick zu nehmen.

Johannes Degen schließlich kritisiert 2003 den plakativen Einsatz theologischer Zentralbegriffe wie etwa der Sündenvergebung in der Diakonie-Denkschrift der EKD »Herz und Mund und Tat und Leben. Grundlagen, Aufgaben und

---

[3] Vgl. Theodor Strohm/Karl Heinz Bierlein, Diakonie als Versöhnung – Kirche und Diakonie, in: Michael Schibilsky/Renate Zitt (Hrsg.), Theologie und Diakonie (Veröffentlichungen der Wissenschaftlichen Gesellschaft für Theologie 25), Gütersloh 2004, 150–166.

[4] Vgl. Konstanze Evangelia Kemnitzer, Der ferne Nächste. Zum Selbstverständnis der Aktion »Brot für die Welt« (DIAKONIE 8), Stuttgart 2008, 136.

[5] Dörte Gebhard, Menschenfreundliche Diakonie. Exemplarische Auseinandersetzungen um ein theologisches Menschenverständnis und um Leitbilder, Neukirchen-Vluyn [2]2002, 126. Die Studie macht auf eine Reihe theologischer Defizite gegenwärtiger Diakoniewissenschaft aufmerksam und benennt die zurückhaltende Paulus-Rezeption bei den theologischen Begründungen der Diakonie, die sich weitgehend auf Matthäus bzw. die übrigen synoptischen Evangelien stützen, als eine der Ursachen (99). Dörte Gebhard fordert in diesem Zusammenhang eine stärkere theologische Reflexion des fragmentarischen Charakters des Menschseins in diakoniewissenschaftlichen Konzepten (ebd.).

[6] Vgl. a.a.O., 126.

[7] Johann Hinrich Wichern, Die innere Mission der deutschen evangelischen Kirche. Eine Denkschrift an die deutsche Nation (1849), in: Ders., Sämtliche Werke, hrsg. von Peter Meinhold, Bd. I, Berlin und Hamburg 1962, Nr. 22, 175–366; hier: 180.

Zukunftsperspektiven der Diakonie«[8] von 1998, in dessen Folge darauf verzichtet wird, deren Relevanz für die Praxis sozialen Handelns der Diakonie näher zu reflektieren.[9] Degens Vorwurf zielt auf eine zu vorschnelle »Anwendung« dogmatisch-theologischer Begriffe auf Diakonie hin und macht damit darauf aufmerksam, dass Diakoniewissenschaft einen spezifischen Praxis-Modus der gesamten Theologie darstellt, der sich nach seinem Verständnis auf das Assistenzhandeln beim Weg zum selbstbestimmten Leben hin ausrichtet, das im Zentrum heutiger Diakonie steht, und an dem die Dogmatik wie alle anderen theologischen Einzeldisziplinen querschnittartig beteiligt ist.[10] Diakoniewissenschaft bestimmt daher wie gegenwärtig die Praktische Theologie insgesamt ihr Verhältnis zur Dogmatik neu. Dogmatik kann dabei lediglich die vorstellungslogische Ordnung dessen zur Verfügung stellen, was sich im diakonischen Handeln vollzieht, dort aber die Gestalt eines spezifischen Praxis-Modus von Theologie annimmt, der nur unzureichend als Applikation dogmatischer Aussagen auf das Praxisgeschehen hin beschrieben werden kann, sondern von der Diakoniewissenschaft als spezifische Ereignisgestalt zu erfassen und zu beschreiben ist. Beide Perspektiven dürfen nicht gegeneinander ausgespielt werden, sondern stehen in einem fruchtbaren Spannungsverhältnis zueinander und ergänzen sich wechselseitig.[11]

---

[8] Vgl. Herz und Mund und Tat und Leben. Grundlagen, Aufgaben und Zukunftsperspektiven der Diakonie. Eine evangelische Denkschrift, hrsg. vom KIRCHENAMT DER EKD, Gütersloh 1998.

[9] Vgl. JOHANNES DEGEN, Freiheit und Profil. Wandlungen der Hilfekultur – Plädoyer für eine zukunftsfähige Diakonie (LLG 13), Gütersloh 2003, 36. »Die Auffassung von dem, was christlich als Sünde aufgefasst wird, muss in diesem Zusammenhang natürlich auch verlassen werden. Der die neuzeitliche Diakonie seit Johann Hinrich Wichern prägende Handlungsansatz war stets davon bestimmt, dass der äußere Akt des Helfens, der Fürsorge, der Liebestätigkeit ›nur‹ etwas Sekundäres ist, zumindest aber seine Vollständigkeit erst dadurch erfährt, dass die ›rettende Liebe‹ die Menschen aus ihrer sündigen Weltverfallenheit dem ›rettenden Heiland‹ zuführt und so aus der ›äußeren‹ Mission eine ›Innere Mission‹ werden läßt.« (40)

[10] Vgl. JOHANNES DEGEN, Diakoniewissenschaft aus unternehmensleitender Perspektive. Biografische Prolegomena, in: Pastoraltheologie 97 (2008), 315–327, der Diakoniewissenschaft als eine »Querschnittfunktion von Theologie« versteht (321).

[11] Vgl. DIETRICH KORSCH, Theologie, in: WILHELM GRÄB/BIRGIT WEYEL (Hrsg.), Handbuch Praktische Theologie, Gütersloh 2008, 833–842: Dogmatik bietet der Praktischen Theologie hermeneutische Modelle an, um das Reden und Handeln beim individualitätsgründenden Sinn religiöser Kommunikation zu halten und verhilft damit zur Strukturierung des Materials religiöser Kommunikation.

2. Wilhelm Löhes aszetischer Gebrauch der Sündenvorstellung in seinen Überlegungen zur Barmherzigkeit

In diesem Zusammenhang erweist es sich als hilfreich, Wilhelm Löhes auf die Ausbildung der Diakonissen zielende Überlegungen zur Barmherzigkeit genauer zu studieren. Denn Wilhelm Löhe nimmt dort beim Einsatz des Sündenbegriffes eine veränderte Akzentsetzung gegenüber Johann Hinrich Wicherns die gängige diakoniewissenschaftliche Diskussion prägenden Gebrauch vor und nutzt den Sündenbegriff in aszetischer, d.h. auf die Gestalt des Glaubens hin ausgerichteter Weise für seine Überlegungen. Seine Äußerungen können daher – aus der Perspektive einer ästhetisch orientierten Praktischen Theologie – als kreative Transformationsleistung im Umgang mit der dogmatischen Tradition auf die diakonische Praxis hin gewürdigt werden.[12] Eine grundlegende Stärke des Ansatzes von Wilhelm Löhe ist zudem, dass er Diakonie niemals selbständig, sondern immer nur im Zusammenhang seiner Vision einer zukünftigen lutherischen Kirche fokussiert. In der Diakonie realisiert sich diese Kirche vorab exemplarisch.[13]

Löhe entwickelt sein Verständnis der Barmherzigkeit von der Heiligung der gefallenen Schöpfung durch Gottes gnädige Zuwendung her. An dieser partizipiert jegliches diakonische Handeln. Diakonie hat es daher nicht unmittelbar mit der Sünde, sondern lediglich mit den Folgen der Sünde zu tun. Sie ist nicht wie bei Wichern stärker akzentuiert ein Kampf gegen die Sünde (diese Linie verfolgte Löhe zunächst in seinen frühen Traktaten[14]). Vereinfacht gesagt werden bei Wichern durch die Sünde verursachte Notstände behoben, während bei Löhe an der Heiligung der gefallenen Schöpfung mitgearbeitet wird. In seiner Schrift »Von der Barmherzigkeit« zeichnet Löhe das diakonische Handeln der Kirche in einen weiten heils- und kirchengeschichtlichen Horizont ein. Durch das Abschreiten dieses Horizontes im Neuendettelsauer Diakonissenunterricht wird das konkrete diakonische Handeln über die hier vermittelte Bildung in einen Raum eingestellt, der dem konkreten Einzelhandeln auf gestalthaft-sinnliche Weise Bedeutung verleiht und es in Gottes umfassenden Heilsplan einzeichnet.

---

[12] Vgl. zu diesem Ansatz Klaus Raschzok, Der praktische Theologe Wilhelm Löhe, in: Hermann Schoenauer (Hrsg.), Wilhelm Löhe (1808–1872). Seine Bedeutung für Kirche und Diakonie, Stuttgart 2008, 189–222.

[13] Vgl. dazu Anne Stempel de Fallois, Das diakonische Wirken Wilhelm Löhes. Von den Anfängen bis zur Gründung des Diakonissenmutterhauses Neuendettelsau (1826–1854) (Diakoniewissenschaft 2), Stuttgart/Berlin/Köln 2001, v. a. 329. »Diakonie diente nach Löhe nicht zuerst zur leiblichen Armenpflege, sondern dem erhöhten Herrn [...]. Diakonie geschah immer im Licht und zugleich in der Umsetzung der ewigen Verheißung. Sie stand damit schon auf Erden in den Vorhallen des ewigen Heils und half am Bau der Gemeinschaft der Heiligen, am Bau der heiligen Kirche.« (330)

[14] Vgl. z.B. Wilhelm Löhe, Dina. Wider die Jugendlust (1833): GW 3, 1, 13–19, oder Ders., Die Tochter der Herodias. Für Eltern und Kinder (1835): GW 3, 1, 20–33.

Die Diakonisse ist für Löhe diakonische Führungs- bzw. Präge-Kraft und weniger – als zum Beispiel für Theodor Fliedner – erst einmal schlichte diakonische Arbeits-Kraft. Sie benötigt daher neben der im engeren Sinne beruflichen auch eine umfassende intellektuelle wie geistliche Bildung, die ihr im Neuendettelsauer Diakonissenhaus in den Anfangsjahren vermittelt wurde. Löhes Diakonissenausbildung trug zunächst stärker den Charakter einer »Akademie« für höhere Töchter als einer praktisch-beruflichen Schule und zielte in den Anfangsjahren vor allem auf junge Frauen aus dem gehobenen Mittelstand, sowohl aus dem Bürgertum wie aus dem Adel. Einen besonders hohen Anteil der Schülerinnen stellten dabei die Pfarrerstöchter.[15] Die durch Wilhelm Löhe im Neuendettelsauer Diakonissenhaus vermittelte umfassende Bildung war nur bedingt praxisorientiert, sondern zugleich auf die Prägung geistlicher Persönlichkeiten ausgerichtet. Neben den berufsbezogenen und den biblisch-theologischen Fächern wurden im Neuendettelsauer Diakonissenhaus in den Anfangsjahren auch Französisch und Altgriechisch ebenso wie Geschichte und Literatur gepflegt und erhielten die Diakonissen eine Einführung in den Umgang mit dem Kirchenraum und seiner Ausstattung.[16]

Indem der Umgang mit der Sünde bei Löhe aszetisch, d. h. in Bezug auf die Gestalt des aktuellen Glaubensvollzugs in der beruflichen Praxis reflektiert wird, begegnen wir hier einer im Grunde modernen Perspektive. Wilhelm Löhe verortet die Sünde in einer aszetischen Beschreibung diakonischen Handelns und verzichtet darauf, sie für die Zwecke seiner Diakonie strategisch auszuwerten. Er entwirft damit – etwas anders akzentuiert als Wichern – Diakonie im Sinne eines Gegenmodells zur Welt vom Heiligungshandeln Gottes her.[17]

---

[15] Vgl. dazu STEMPEL DE FALLOIS (wie Anm. 13), 331.

[16] Vgl. HARALD JENNER, Von Neuendettelsau in alle Welt. Entwicklung und Bedeutung der Diakonissenanstalt Neuendettelsau/Diakonie Neuendettelsau 1854–1891/1900, Neuendettelsau 2004, 69–103.198–222. – Zur Diakonissenausbildung Wilhelm Löhes als Gegenentwurf zu Theodor Fliedners Diakonissenanstalt, der über das Ziel der rein fachlichen Ausbildung hinausweist, vgl. STEMPEL DE FALLOIS (wie Anm. 13), 319, und HEIDE JUNG, Die Erziehungs- und Bildungsarbeit des Theologen Wilhelm Löhe, Diss. phil. Erlangen-Nürnberg 1998. – Zum kirchenraumbezogenen Unterricht vgl. KLAUS RASCHZOK, Einführung in Wilhelm Löhes »Schmuck der heiligen Orte«, in: WILHELM LÖHE, Vom Schmuck der heiligen Orte (1857/58). Für die Wilhelm-Löhe-Kulturstiftung Neuendettelsau hrsg. von HERMANN SCHOENAUER. Kommentiert und bearbeitet von BEATE BABERSKE-KROHS und KLAUS RASCHZOK, Leipzig 2008, 9–65.

[17] Vgl. CHRISTIAN ALBRECHT, »Ganz antik und ganz modern«. Das Werk Wilhelm Löhes in kulturgeschichtlicher Perspektive, in: SCHOENAUER (wie Anm. 12), 135–151; hier: 141.

2.1 Wilhelm Löhes Schrift »Von der Barmherzigkeit. Sechs Kapitel für jedermann, zuletzt ein siebentes für Dienerinnen der Barmherzigkeit«[18] von 1858/60

Barmherzigkeit wird in den sieben Kapiteln der aus dem Neuendettelsauer Diakonissenunterricht entstandenen Schrift von Gott und nicht vom Menschen her definiert. Sie ist »eine Beziehung der Liebe und Güte auf das Elend«[19], die in Ewigkeit währt. Das Elend würde wiederkehren, wenn die Barmherzigkeit nicht an den Pforten des Himmels Wache halten würde. So ist Barmherzigkeit eine »immerfortwährende innere Regung und Bewegung des Gottes, der die Welt erschuf und der nicht aufgehört hat, sie zu lieben, deshalb, daß sie fiel.«[20] Barmherzigkeit wird verstanden als Zustand einer endlosen Regung und Bewegung des göttlichen Herzens gegen die verlorene Welt im Sinne einer endlosen Reihe an sie gewendeter göttlicher Wohltaten. Diakonische Persönlichkeiten partizipieren an dieser göttlichen Bewegung. Sie vollziehen diese nicht aus eigener Kraft und eigenem Vermögen heraus.

»Das größte Elend, welches es gibt, dazu auch die Mutter und Quelle jedes andern Elends, ist die Sünde. Bezieht sich die Barmherzigkeit auf die Sünde, so hat sie die größte Arbeit und am meisten zu überwinden; sie kommt alsdann in ein Ringen mit der Gerechtigkeit und Heiligkeit und in ein Feuer der Bewährung, aus dem sie hervorgeht mit neuem Namen; denn sie heißt alsdann nicht mehr Barmherzigkeit, sondern Gnade. Gnade ist Barmherzigkeit in ihrer Beziehung auf die Sünde und zu dem Sünder. Nachdem die Barmherzigkeit zum Heile der Sünder den Sieg gewonnen hat und sich, wie die Schrift sagt, rühmet wider das Gericht, werden ihr alle übrigen Beziehungen leichter, denn sie hat es von nun an nur mit den Folgen der Sünde zu tun.«[21] Alles menschliche Elend stammt aus der Sünde, die selbst das größte Elend ist. Um seiner Sünde willen ist der Mensch ein Gegenstand der göttlichen Gerechtigkeit geworden, welche den Schuldigen strafen muß. Am Menschen vollzieht sich ein Widerstreit der göttlichen Wirkungen. An ein und demselben gefallenen Wesen arbeiten die Gerechtigkeit und die Barmherzigkeit als zwei Hände Gottes. Eine verwundet, die andere verbindet die Wunden. Daher ist in der Diakonie das menschliche Subjekt Objekt des göttlichen Handelns, das ihm widerfährt.[22]

»Da gehen also die Schalen der Waage auf und nieder, das Zünglein aber, welches beide in die Ruhe bringt, ist in dir selbst; denn, so wie du bist, kannst du

---

[18] Wilhelm Löhe, Von der Barmherzigkeit. Sechs Kapitel für jedermann, zuletzt ein siebentes für Dienerinnen der Barmherzigkeit (1858/60): GW 4, 466–523.

[19] A.a.O., 467f.

[20] A.a.O., 468.

[21] A.a.O., 468f.

[22] Vgl. a.a.O., 469.

zwar nichts Gutes tun, aber du kannst alles Gute hindern, das dir dein Gott tun will.«[23]

Grundannahme Löhes bleibt: »Der Herr, dein Gott, hat seit den Zeiten des Falls die ganze Menschheit wunderbar geführt«[24]. Jesu Werk und Leiden stellt darin den Höhepunkt der Vereinigung der Barmherzigkeit und Gerechtigkeit dar.[25] Im Laufe der Geschichte der Christenheit bereitete der Herr »Samenkörner zukünftigen Segens. Er ließ die Herrlichkeit seiner heiligen Kirche gegenüber dem Verderben der Königreiche nur desto schöner leuchten, seine Heiligen strahlten die Welt mit göttlicher Barmherzigkeit an, und der Eindruck der ihnen widerfahrenen und von ihnen kommenden Barmherzigkeit ist noch lebendig«[26].

Am Ende seines Durchgangs durch die Heils- wie Kirchengeschichte resümiert Löhe: »Da hast du nun in einem Überblick der neuen wie der alten Zeit die Spuren der Barmherzigkeit und Gerechtigkeit; wir konnten beide nicht voneinander trennen.«[27]

Wilhelm Löhe stellt konsequent das göttliche Handeln in den Vordergrund. Der Mensch kann an ihm partizipieren oder dieses abweisen. »Seitdem die Menschheit fiel, ist Gott sich treu geblieben in seinem gnädigen Willen, sie zu retten«[28]. Diakonie ist damit nichts anderes als ein freundliches Zeichen der Gegenwart des Herrn bei seiner Gemeinde.[29] Im Dienst der Diakonie wird der Herr in gleicher Weise gegenwärtig wie in Wortverkündigung und Sakrament. Auch die Toten empfangen Barmherzigkeit, werden nicht vergessen. Da der Herr sie nicht vergessen, sondern auferwecken will, konnte auch die Kirche sie nicht vergessen, sondern legte sie mit Ehrfurcht und heiligem Dienst als Samenkörner Gottes in die Erde.[30]

Im siebten, an die Diakonissen als »Dienerinnen der Barmherzigkeit« in spezieller Weise gerichteten Kapitel, zeigt Löhe, dass zur erforderlichen Bildung einer Diakonisse Kenntnisse und Studium allein nicht ausreichen. Sie benötigt auch eine beiden korrespondierende Ausbildung und Heiligung des Gemütes im Sinne der geistlichen Übung.[31] Was jede Magd kann, soll die Diakonisse aufgrund der Heiligung ihres Gemütes »in adeliger Weise« können. Durch »die edle Art und Anmut, mit welcher sie alles tut, soll sie andern die Einsicht erleichtern, wie sehr sich alle Berufsgeschäfte eines jeden Menschen, auch eines jeden Weibes zu priesterlichen Werken machen lassen.«[32] Die Umwandlung der Berufsgeschäfte zu

---

[23] A.a.O. 470.
[24] Ebd.
[25] Vgl. a.a.O., 475.
[26] A.a.O., 477.
[27] A.a.O., 481.
[28] Ebd.
[29] Vgl. a.a.O., 487.
[30] Vgl. a.a.O., 498.
[31] Vgl. a.a.O., 520.
[32] A.a.O., 522.

priesterlichen Werken wird als Option an den Diakonissen ablesbar, ist aber grundsätzlich jedem getauften Christen möglich. In der »adeligen« Berufsausübung wird die alltägliche und auch niedere Arbeit zum Gottesdienst im Sinne lutherischer Berufsethik. Der Lebensberuf wird als ein ganzheitliches Geschehen verstanden. Referenzgestalt dazu ist unter anderem die heilige Elisabeth von Thüringen in Löhes Rosenmonaten heiliger Frauen.[33]

Wilhelm Löhes Äußerungen zur Kleidung der Diakonissen, welche das katholische Ärmlichkeitsideal strikt ablehnen und stattdessen die Anmut der Braut Christi bis hinein in die Körperlichkeit betonen, führen diese Überlegungen konkret weiter.[34] Wilhelm Löhe gestaltet – mit Christian Möllers Worten gesprochen – aus der Bewusstheit des heilsamen Risses der Sünde heraus sein Diakonissenhaus. Die Souveränität, Anmut und Adeligkeit der Diakonissen hat im heilsamen Riss ihren Ursprung, der nicht »zugekleistert«, sondern in der regelmäßigen persönlichen geistlichen Übung offen gehalten wird. Zwischen den höchsten und den niedrigsten Beschäftigungen einer Diakonisse gibt es keinen Unterschied, da das Werk der Barmherzigkeit als ein geistliches geistlich zu treiben ist.

Wilhelm Löhes anspruchsvolles Konzept einer Diakonissenanstalt gelangte erst durch den vermehrten Zustrom junger Frauen aus dem ärmlich-ländlichen Milieu Frankens und Schwabens gegen Ende des 19. Jahrhunderts an eine Grenze. Innerhalb der Neuendettelsauer Diakonissenschaft kommt es nun – bei immer noch gleicher Grundbildung im Diakonissenhaus – zu intellektuellen Abstufungen und zur Differenzierung zwischen Führungspersönlichkeiten und eher gewissenhaft-einfältigen »Arbeitsdiakonissen«.

2.2 Wilhelm Löhes Diakonissenspiegel »Zur Selbstprüfung der Probeschwestern« (1865/73)[35]

Wilhelm Löhes spezifisch aszetischer Gebrauch des Sündenverständnisses zeigt sich auch im 1865/73 entstandenen Diakonissenspiegel »Zur Selbstprüfung der Probeschwestern« vor der Aufnahme in die Gemeinschaft. Löhe zeigt dort, dass in der Gemeinschaft der Diakonissen eingeübt wird, was die Gemeinschaft der Sünder bedeutet.

»Hältst du die Schwestern für Engel, die keine Mängel an sich tragen?«, lautet die entscheidende, auf die Diakonissengemeinschaft zielende Frage. »Sie würden dich morgen enttäuschen. Es hat keine mehr Tugend und Heiligung, als ihr nach Abzug ihrer Fehler übrig bleibt. Kannst du denn Menschen achten und lieben, die

---

[33] Vgl. Wilhelm Löhe, Rosen-Monate heiliger Frauen, Stuttgart 1860, 328–338 (nicht in GW aufgenommen!). Auch die »Rosen-Monate« Löhes als Sammlung der Legenden heiliger Frauen zielen auf die geistliche Bildung.

[34] Vgl. Wilhelm Löhe, Von der Kleidung der Frauen (1858): GW 4, 455–458, 457, über den Unterschied der Diakonissenkleidung zur Kleidung mancher römischer Frauenorden als Ausdruck ihrer Weltentsagung.

[35] Wilhelm Löhe, Zur Selbstprüfung der Probeschwestern (1865/73): GW 4, 536–539.

du fehlen siehst, und mit Ehrfurcht denen entgegenkommen, die so vieles an sich haben, was nicht ehrwürdig ist?«[36]

In einer Gemeinschaft sündiger Menschen werden veränderte Erfahrungen gesammelt und eingeübt. »Wer in eine Gemeinschaft von sündigen Menschen eintritt und selbst ein Sünder ist, der darf nicht vergessen, daß ihm ein jeder in der Gemeinschaft zu tragen geben wird und daß einer des andern Last wird tragen müssen, wenn das Gesetz der Liebe erfüllt werden soll. Kannst du dich einer solchen Mühe hingeben?«[37]

Alles Miteinander zielt darauf, in den »unvollkommenen Abbildern der Braut des Herrn seine eigene Herrlichkeit«[38] zu erkennen und zu verehren und die Schwesterngemeinschaft, »so mangelhaft sie sein mag, als ein Heiligtum ansehen«[39]. Die angestrebte Veränderung vollzieht sich über einen bewussten Sehvorgang als Wahrnehmung aus der Gottesperspektive, der geistlich einzuüben ist und daher erst einmal, ähnlich wie das Zulassen des heilsamen Risses in Christian Möllers theologischer Metapher, Mühe bereitet.

2.3 Wilhelm Löhes Diktat »Von der seligen Übung der Barmherzigkeit« (1858)[40]

Das Diktat »Von der seligen Übung der Barmherzigkeit« von 1858 bietet eine weitere geistliche Übungsanleitung, mit deren Hilfe die Leserinnen zur Selbst- und Fremdwahrnehmung bezüglich der Sünde aus der Gottesperspektive angeleitet werden, um sich in den anderen dem Bild des leidenden Christus anzunähern. Die Barmherzigkeit erweist sich dazu, so Löhes Grundannahme, als »erfinderisch und eine große Künstlerin«[41]. Barmherzigkeit ist keine Handlung, sondern ein Zustand, aus welchem Handlungen fließen. Sie ist die Grundtugend des christlichen Verhaltens gegenüber anderen und damit die Form aller Amtstugenden der Diakonisse. Die Unbarmherzigkeit dagegen ist die größte von deren Amtssünden.[42] Löhe gibt in dieser Schrift sieben konkrete, vom reformatorischen Sündenverständnis durchdrungende Anweisungen für den praktischen Umgang mit den Herausforderungen des Diakonissenberufes:

(1) In allen Leidenden soll die Diakonisse Gegenstände ihrer heiligen Liebe erkennen. Wie eine Mutter unter ihren Kindern immer dasjenige am meisten liebt, welches leidet, so soll die Diakonisse auch sich diejenigen ihre nächsten sein

[36] A.a.O., 537.
[37] Ebd.
[38] Ebd.
[39] A.a.O., 539.
[40] WILHELM LÖHE, Von der seligen Übung der Barmherzigkeit (1858): GW 4, 462–465.
[41] A.a.O., 463.
[42] Vgl. ebd.

lassen, die leiden. Je elender der Leidende, desto näher sei er dem Herzen der Diakonisse als das ähnlichste Bild des Herrn, der am Kreuz hing.[43]

(2) Regelmäßig soll die Diakonisse der Elenden und Leidenden in ihrem Morgen- und Abendgebet gedenken und sich wegen der Schwachheit und Vergesslichkeit ein Gedenkbuch der Fürbitten anlegen: »Mit roten Sternen zeichne dir diejenigen an, bei deren Namen du nicht bloß an die Fürbitten erinnert wirst, sondern an deine Schuld, weil du ihr Elend mit verschuldest.«[44] Die Diakonisse soll jedoch nicht nur eine Buchführerin ihrer Fürbitten sein, sondern ihre Seele an die Fürbitte selber gewöhnen. Es geht um eine Haltung des fürbittenden Eintretens für andere, die aus der menschlichen Seele wie selbstverständlich fließt.

(3) »Vergib alle Tage siebenmal siebenzigmal, wenn es sein müsste, dem Nächsten. Du sollst nicht blind werden für die Fehler deiner Brüder; ein reines Auge sieht die Sünde auch an anderen und läßt sich nicht täuschen; aber du sollst die Sünde, die dir wehgetan, vergeben von Grund der Seelen und in der Kunst des Vergebens und Bedeckens immer gleichen Schritt halten mit deiner Fertigkeit, die Sünde anderer zu entdecken.«[45] Löhe verweist dazu auf Christus, der in der Bergpredigt auch das Vergeben zur Barmherzigkeit rechnet. Die Sünde ist am anderen sowohl zu sehen wie zu vergeben.

(4) Schließlich soll die Diakonisse darüber nachdenken, ob es nicht Rat gibt, das Elend derer, für das sie betet, zu mindern. Sie soll dabei aber mit ihrem Rat vorsichtig und bescheiden umgehen, da nichts unleidlicher ist als ein Rat mit der Miene der Erfahrung, der den Kranken am Ende nur beschwert. Stattdessen soll sie den goldenen Apfel des Rates, von dem die Diakonisse sicher weiß, dass er gut ist, auf einer silbernen Schale ihrem Gegenüber präsentieren.

(5) »Widme dich, soviel du kannst, dem Dienst der Elenden persönlich.«[46] Die Erweisung der Barmherzigkeit ist auf die persönliche Beziehung angewiesen und stellt einen Dienst dar, der in Achtung und Liebe getan wird. Am anderen ist nicht allein die Sünde, sondern immer der Gegenstand der erlösenden Liebe Gottes zu sehen. Damit wird eine veränderte Perspektive, von der Gnade her, eingeübt. Die Diakonisse soll zudem nicht eher vom Elend weichen als Gott und seine Engel. Barmherzigkeit ist damit Partizipation am Dienst Gottes und seiner Engel an den gefallenen Geschöpfen. Die Ebene der persönlichen Beziehung wird zum Ort der Konkretion des heilsgeschichtlichen Handelns Gottes. Die Begegnung findet auf Augenhöhe statt, vollzieht sich aber im Wissen um die universale heilsgeschichtliche Einbindung. Vergleichbar ist hier Löhes Verhältnis zu den Verstorbenen und seine Vorstellung von der engen Verbindung zwischen der irdischen und der

---

[43] Vgl. a.a.O., 463f.
[44] A.a.O., 464.
[45] Ebd.
[46] Ebd.

himmlischen Schar der Heiligen. Zwischen ihnen besteht für Löhe nur ein gradueller Unterschied. Dieser macht ein Gedenken der Verstorbenen seitens der Lebenden und die Fürbitte der bereits Verstorbenen für die noch Lebenden möglich.[47]

(6) Unter keinen Umständen soll sich die Diakonisse die heilige und selige Pflicht erlassen, zu geben, da niemand so arm ist, dass er nicht etwas habe, finde oder erwerben könne, womit er auch anderen dienen kann. Barmherzigkeit kann keine ihrer Erweisungen entbehren, ohne selbst krank zu werden und zu sterben, da sie ein fragiles und gefährdetes Gebilde darstellt.

(7) Die Diakonisse soll bis in den Tod hinein barmherzig sein und ihre Arbeit der Barmherzigkeit nicht beschließen, ehe sie stirbt.

In der täglichen geistlichen Übung, zu der die sieben Anweisungen anleiten, wird die Sünde von der Diakonisse als eine vor Gott überwundene betrachtet. Wilhelm Löhe hat damit einen entscheidenden Perspektivenwechsel vorgenommen. Die Diakonisse ist auf diesem Wege an Gottes Werk der Heiligung beteiligt und übt diese Haltung immer wieder neu geistlich ein. Sie kämpft nicht einfach gegen die Sünde. Löhes Katalog einer Diakonissenpersönlichkeit nimmt damit schon ein Stück weit den diakoniewissenschaftlichen Paradigmenwechsel des ausgehenden 20. Jahrhunderts vorweg, den Wolfgang Stegemann als Kommunikation des Evangeliums bezeichnet hat.[48] Eine intensive personale Beziehung in aller professioneller Tätigkeit vollzieht diese Kommunikation des Evangeliums und nimmt über die persönliche geistliche Übung die Aspekte von Sünde und Schuld mit hinein als zentrales Geschehen.

Wilhelm Löhe verortet die Sünde in seinen Überlegungen zur Barmherzigkeit in einer aszetischen Perspektive. Ich sehe darin die Chance eines veränderten Zugangs zur Hamartiologie für den Bereich der Diakoniewissenschaft. Die Rede von der Sünde erhält damit auf der Ebene der spirituellen Persönlichkeitsbildung der Verantwortungsträger wie der einzelnen Mitarbeitenden der Diakonie ihren Ort. Auf die strukturell-organisatorische Ebene wirkt sich diese hamartiologische Perspektive jedoch immer erst sekundär im Sinne eines Durchdringens und nicht im Sinne einer unmittelbaren Anwendung aus. Wilhelm Löhe hat dabei ernst genommen, dass die Sünde aus dogmatischer Perspektive vorrangig eine personale Kategorie der Gottesbeziehung darstellt. Er fokussiert in seiner Vorstellung der Heiligung immer auf die einzelne christliche Persönlichkeit, die in den umfassenden und universalen göttlichen Heiligungsdienst genommen wird.

---

[47] Vgl. Raschzok (wie Anm. 12), 219.

[48] Vgl. Wolfgang Stegemann, Diakonie als »Kommunikation des Evangeliums«. Neutestamentliche Argumente für einen Paradigmenwechsel im Diakoniebegriff, hrsg. von der Diakoniewissenschaftlichen Sozietät der Augustana-Hochschule (= Neuendettelsauer Beiträge), Neuendettelsau 2006: Diakonie vermittelt und verkündigt das Evangelium von der Gerechtigkeit und Liebe Gottes in einem auch unseren Körper im umfassenden Sinne beteiligenden Kommunikationsakt (17f.). Vgl. dazu auch die Stegemanns Ansatz weiterführenden Überlegungen von Anni Hentschel, Gibt es einen sozial-karitativ ausgerichteten Diakonat in den frühchristlichen Gemeinden?, in: Pastoraltheologie 97 (2008), 290–306.

Einen weiteren Beleg für die aszetische Verortung des Sündenbegriffs im Bereich des diakonischen Handelns liefert Wilhelm Löhes persönliche geistliche Praxis bei Leitungs- und Verwaltungsvorgängen seiner 1854 gegründeten Neuendettelsauer Diakonissenanstalt. So eröffnet Löhe den von ihm angelegten Akt »Schuldenregister der Diaconissenanstalt Neuendettelsau« am 1. September 1856 mit einem schriftlich vorangestellten Gebet, das ihn und seine Nachfolger vor Gott stellt und ihrer unweigerlichen Verstrickung in die Sünde vergewissert. »Der ewig reiche Gott, zu dessen Ehre diese Diaconissenanstalt errichtet ist«, heißt es dort, »wolle nach seiner Gnade der Sünden derer nicht gedenken, welche es auf Seinen großen Namen gewaagt haben; keinen Menschen wolle Er durch das Haus Schaden nehmen lassen, sondern ER lasse uns u. andere erfahren, daß ER mit uns ist. Amen.«[49] Auf der anderen Seite nutzt Löhe wie selbstverständlich das zeitgenössische moderne Bankenmanagement und seine intensiven Kontakte zur Nürnberger und Frankfurter Finanz- und Handelsszene, um in finanziellen Entscheidungen seiner Projekte höchst professionell vorzugehen. Zugleich durchsetzt er diese Professionalität im Umgang mit Finanzen und Leitungsentscheidungen konsequent geistlich und bezieht darin auch die menschliche Verfasstheit als vor Gott stehende begnadigte Sünder mit ein.

3. Konsequenzen und Perspektiven für eine hamartiologisch perspektivierte Diakoniewissenschaft

Auch wenn Christian Möller seine Metapher vom »heilsamen Riss« nicht bewusst in eine Verbindung zu Wilhelm Löhe gestellt hat, so zeigt sich doch eine gewisse strukturelle Nähe. In beiden Fällen wird die Sünde zwar betrachtet, aber immer schon als eine von Gott überwundene. Zudem findet bei beiden Konzepten ein Perspektivenwechsel statt, der sich ausdrücklich als heilsam erweist. Christian Möller geht davon aus, dass der Riss der Sünde, der die menschliche Existenz zerrissen macht, dann heilsam wird, wenn er vor Gott gebracht wird. Durch Gottes Vergebung wird der Riss der Sünde zu einem heilsamen Riss, der bleibend auf Gottes Gnade angewiesen macht. Heilsam ist dieser Riss, weil er zu einer Möglichkeit für das Kommen des Geistes Gottes wird, »der in mich einströmen kann, so lange der Riss meiner Existenz im Bekenntnis der Sünde offen gehalten wird.«[50]

In seiner »Einführung in die Praktische Theologie« hat Christian Möller auch Überlegungen zur Diakoniewissenschaft vorgestellt und für eine »Selbstvergessene Diakonie« plädiert, deren Selbstvergessenheit dadurch möglich wird, dass der

---

[49] Zit. nach Matthias Honold, Löhe und sein Verhältnis zu Finanzen – eine erste Annäherung, in: Schoenauer (wie Anm. 12), 417–436; hier: 417.

[50] Christian Möller, Der heilsame Riss. Impulse reformatorischer Spiritualität, Stuttgart 2003, 9.

väterliche Blick auf unverfügbare Weise die Handelnden begleitet. Dazu komme es, indem Räume aufgesucht werden, in denen es zum – nicht machbaren – Ereignis der Selbstvergessenheit kommen kann.[51] Bereits in der Lehre vom Gemeindeaufbau hatte Möller sich 1990 mit der diakonischen Dimension der Gemeinde im Licht von Gottes Dienst im Abendmahl beschäftigt und auf die Spiritualität als entscheidendes Defizit diakonischer Einrichtungen hingewiesen. Schon damals versuchte er, Diakonie als ein Eintreten in den väterlichen Blick zu beschreiben, der an denjenigen zu wirken beginnt, die sich im diakonischen Handeln eingestehen, die Forderungen der Bergpredigt nicht aus eigener Kraft verwirklichen zu können.[52]

So lässt sich von Christian Möllers Überlegungen zum »heilsamen Riss« her der Fokus der diakonischen Persönlichkeit und ihrer Spiritualität konsequent als einer der Orte innerhalb der gegenwärtigen Diakoniewissenschaft beschreiben, an welchem die Impulse einer hamartiologisch orientierten Praktischen Theologie sich als hilfreich erweisen können.

Christian Möllers Modell einer selbstvergessenen Diakonie kann zunächst nur von der einzelnen diakonischen Persönlichkeit ausgehen. Offen bleibt die Frage einer institutionentheoretischen Weiterführung, z.B. für eine unternehmerisch orientierte Diakonie. M. E. führt der Weg dazu konsequent über die spirituelle Bildung und Durchdringung der Mitarbeiterschaft bis hin zu den Leitungspersonen. Auch Leitung benötigt dieses Aufsuchen der Räume, in denen Selbstvergessenheit Ereignis werden kann. An Wilhelm Löhe wurde deutlich, wie eine die Sünde ernst nehmende reformatorische Spiritualität und unternehmerische Professionalität in einem diakonischen Unternehmen nicht unvereinbar, sondern strikt aufeinander bezogen sind.

Christian Möllers Figur des heilsamen Risses ist als Versuch einer metaphorischen Theologie[53] und als kreative Weiterführung eines traditionellen theologischen Denkmodells lutherischer Provenienz zu werten. Sie setzt bei der Spiritualität und nicht bei einer grundsätzlichen Zielbestimmung christlich-diakonischen Handelns ein. Möllers eigener Anteil besteht dabei in der kreativen Erweiterung der Metapher vom Riss um den energetischen Aspekt des durch den offen gehaltenen Riss möglichen Einströmens lebensbeflügelnden Heiligen Geistes. Die Grenze dieser Metaphorik besteht darin, dass sie nicht systematisierend auf das gesamte Feld der Praktischen Theologie ausgeweitet werden kann. Die Metapher des

[51] Vgl. CHRISTIAN MÖLLER, Einführung in die Praktische Theologie, Tübingen und Basel 2004, 257-262.

[52] Vgl. CHRISTIAN MÖLLER, Lehre vom Gemeindeaufbau. Bd. 2: Durchblicke - Einblicke - Ausblicke, Göttingen 1990, 355-381.

[53] Zur metaphorischen Theologie vgl. MARKUS BUNTFUSS, Tradition und Innovation. Die Funktion der Metapher in der theologischen Theoriesprache (Theologische Bibliothek 84), Berlin/New York 1997, sowie DERS., Metaphern - Schlüssel zur religiösen Kommunikation, in: KLAUS TANNER (Hrsg.), Religion und symbolische Kommunikation, Leipzig 2004, 38-51.

heilsamen Risses stellt eine hilfreiche und kreative Perspektive dar, die an begrenzter Stelle im Sinne eines heuristischen Instrumentes Einsichten zu eröffnen und Entdeckungen zu vollziehen mag. Von daher ist sie als ein kreativer Baustein einer zukünftigen Diakoniewissenschaft einzubringen und hat dort vorrangig im Bereich der spirituellen Persönlichkeitsbildung ihren angemessenen Ort.

Meine Überlegungen nehmen somit Johannes Degens Anregung auf, die Relevanz theologischer Begriffe für das soziale Handeln in der Diakonie herauszuarbeiten, und zeigen über Wilhelm Löhes aszetischem Sünden-Konzept Möglichkeiten der Realisierung auf. Diakonie als Assistenz auf dem Weg zu einem selbstbestimmten Leben nach Johannes Degen benötigt die Wahrnehmung des heilsamen Risses der Sünde, um offen zu bleiben für den als Durchscheinen der größeren Wirklichkeit Gottes beschriebenen Vorganges im Sinne einer weiteren gestalthaften Präzisierung.[54]

Beate Hofmann und Michael Schibilsky deuten 2001 die Diskussion um Spiritualität in der Diakonie als erneute Zuwendung zu den Sinnfragen, welche die Diskussionen um Unternehmenskultur, die vorwiegend ökonomisch orientiert waren, ablösen.[55] Die Bedeutung der Spiritualität für die Diakonie führt zu einem veränderten Nachdenken über die Rolle der Persönlichkeit im diakonischen Handeln und in der diakonischen Unternehmenskultur.[56]

In diesem Zusammenhang gehen Alfred Jäger und Klaus Hartmann davon aus, dass es auch eine Spiritualität der Arbeit und des Umgangs mit den Menschen und Dingen gibt, welche die diakonische Unternehmenskultur entscheidend prägen: »Die Kirchlichkeit eines diakonischen Unternehmens wird [...] in einer besonderen Spiritualität manifest.«[57] Diakonische Unternehmenskultur bedarf daher der

---

[54] Vgl. DEGEN (wie Anm. 9), 25. Dieser spricht von der das soziale Tun durchscheinenden größeren Wirkichkeit Gottes als eines nicht operational zu handhabenden Qualitätsmerkmals der Diakonie und geht davon aus, dass das herkömmliche Hilfeehtos der Diakonie mit seiner Für-Kultur durch eine Mit-Kultur abgelöst werden muss, die als Assistenz auf einem Weg zum selbstbestimmten Leben zu bestimmen ist (37). Diese Assistenz auf einem Weg zum selbstbestimmten Leben bleibt m.E. offen für das, was Löhe aus der Gottesperspektive Heiligung nennt. Lebensdiakonie nach Johannes Degen begleitet Menschen als Bild Gottes auf dem Weg der Selbstwerdung und in ihrer Weltverantwortung (40).

[55] Vgl. BEATE HOFMANN/MICHAEL SCHIBILSKY (Hrsg.), Spiritualität in der Diakonie. Anstöße zur Erneuerung christlicher Kernkompetenz (Diakoniewissenschaft 3), Stuttgart 2001.

[56] Vgl. CORNELIA COENEN-MARX, Dem Geist Gottes Raum geben. Spiritualität als diakonische praxis pietatis, in: HOFMANN/SCHIBILSKY (wie Anm. 55), 47–60: Ist »uns, die wir in der Diakonie arbeiten, noch bewusst, daß Lebensbrüche und Krisen, Sterben und Trauern, der Kampf um Gesundheit und Heilung eben nicht nur medizinische und soziale, sondern religiöse Herausforderungen sind?« (52)

[57] ALFRED JÄGER/KLAUS HARTMANN, Diakonische Kirche und neues Management, in: MICHAEL SCHIBILSKY/RENATE ZITT (Hrsg.), Theologie und Diakonie (Veröffentlichungen der Wissenschaftlichen Gesellschaft für Theologie 25), Gütersloh 2004, 350–369; hier: 362.

nachhaltigen Pflege, jedoch »immer im Wissen darum, dass die Tiefe der Spiritualität letztlich nicht durch Menschen machbar ist«, sondern aus der stillen Gegenwart Gottes lebt.[58]

Rainer Wettreck schließlich beschreibt als gegenwärtige Herausforderung der deutschen Diakonie nach ihrer Transformation in diakonische Unternehmen im Wettbewerb die konsequente diakonische Markenbildung, welche sich in einer diakonischen Unternehmensentwicklung durch konsequente Wahrnehmung religiöser und normativer Orientierungen der Diakonie im Arbeitsalltag und in der Bearbeitung von Defiziten durch Bildung, Systemen und Strukturen vollzieht. Christlichkeit darf dabei nicht mehr als additive Mehrleistung definiert oder in verschiedenen Variationen an Einzelpersonen delegiert sein, sondern ist als organisationsrelevant, ablaufrelevant, arbeitsprozessbezogen und orientierend in den Entscheidungen und Handlungen der Gesamtorganisation durchzubuchstabieren.[59]

Damit erfolgt eine Umkehr gegenüber einer Phase, in welcher »Spiritualität im diakonischen Alltag fremd« wurde und »Werte [...] nicht aus dem Diakonischen, sondern allenfalls aus dem Fachkanon der jeweiligen Helferberufe abgeleitet« wurden. »Auf Diakonie behaftet zu werden, hatte etwas Befremdendes, Beängstigendes, ja Peinliches und Übergriffiges.«[60] Dem gegenüber wird gegenwärtig das Diakonische nicht mehr allein auf gute Arbeitsqualität reduziert, sondern es wird neu danach gefragt, wozu im hoch professionalisierten Berufsalltag das Christentum gut sein könnte. Dabei kommt der Spiritualität als Bildung eine entscheidende Funktion zu. »Nach innen und außen plausibel ist eine Diakonie, die die besten humanistischen Orientierungen der Helferberufe wertschätzt und vertieft – und mit christlichen Überzeugungen verbindlich in die Organisation und Gesellschaft einträgt.«[61]

Persönlichkeitsbildung im beruflichen Kontext der Diakonie sowie Seelsorge und Kommunikation als Querschnittskompetenz aller Mitarbeitenden in einem diakonischen Unternehmen kommen dabei die entscheidende Rolle zu. Bewusst kann hier, wie von Rainer Wettreck gefordert und am Beispiel Löhes aufgezeigt, an diakonische Traditionen des 19. Jahrhunderts angeknüpft werden.[62] Mitarbeiter in der Diakonie benötigen von ihren Führungskräften ein eigenes Profil auch in christlich-diakonischer Hinsicht. Erst wenn Mitarbeiter auf deutliche Optionen stoßen, können sie selber deutlich werden. Menschen bilden sich an der Andersheit des anderen. »Führungskräfte in der Diakonie brauchen darum eine eigene spirituelle und werteorientierte Position (auch wenn sie fragmentarisch ist).«[63] Erforderlich ist dazu eine systemische Einbettung des diakonischen Profils sowie

---

[58] Ebd.

[59] Vgl. Rainer Wettreck, Spiritualität, Werte, Organisation. Diakonische Identität und Profilierung im Gesundheitsmarkt, in: Wege zum Menschen 60 (2008), 472–487; hier: 473f.

[60] A.a.O., 475.

[61] A.a.O., 477f.

[62] A.a.O., 478.

[63] A.a.O., 479.

dessen organisatorische Verbindlichkeit. Die »Persönlichkeit« der Mitarbeiter ist nicht mehr nur Privatsache, sondern geht den Kern des Unternehmens an. Denn die aufgetragene und übernommene Rolle wird persönlich, d.h. mit der fachlichen, kommunikativen und auch existentiell-spirituellen Kompetenz, die der handelnden Person zu eigen und situativ verfügbar ist, gestaltet und somit individuell ausgefüllt. So gehört die Persönlichkeitsbildung zur Professionalität hinzu – als Ort, an dem das Ineinander von Fachwissen und -können, Situationswahrnehmung und -verarbeitung, Berufsphilosophie und Werteorientierung dauerhaft amalgamieren.[64]

Es geht darum, gut mit Grenzen und Niederlagen umzugehen und das Versuchte, das Gebrochene und das Fragmentarische und auch die Fehler und Lernschritte zu achten. »Die Diakonie ist in der Pflicht, Angebote für Stärkungs-, Lern- und Reifeprozesse im Umgang mit den existentiellen Fragen des Berufsalltags zu machen.«[65] Diakonische Identität ist Koproduktion aller Beteiligten und kein Expertenkonzept, das angewendet wird. Es geht um einen ständigen gemeinsamen Orientierungs- und Bildungsprozess, der Dienstgemeinschaft auch als Diskursgemeinschaft versteht. »Diakonie ist dann wahrhaft Diakonie – und ›Kirche‹, wenn sie es systematisch für möglich hält, dass Gott in ihren Arbeitsalltag ›einfällt‹.«[66]

Der Ansatz einer im Sinne von Christian Möllers »heilsamen Riss« hamartiologisch perspektivierten Diakoniewissenschaft geht vom Ganzen der Theologie aus und erschliesst diese im konkreten Vollzug. Wie in Löhes Leitfaden wird das Involviert-Sein in die heilsgeschichtlichen Zusammenhänge im alltäglichen beruflichen Tun verortet und geistlich reflektiert. Wer Aufgaben in der Diakonie wahrnimmt, kommt unwillkürlich mit Sünde und Schuld anderer, seiner Institution und persönlich in Berührung. Dafür in aller Qualitätsorientierung, die notwendig ist, den Blick zu schärfen und die theologischen Kategorien von Sünde und Schuld in der konkreten Berufsarbeit einer diakonischen Einrichtung zu kontextualisieren, will eine in hamartiologischer Perspektive entfaltete Diakoniewissenschaft beitragen. Es geht ihr um eine Haltung vor Gott, die Gelassenheit gewährt – aber dabei zugleich nicht aus der Verantwortung entlässt und Schuld und Versagen beim Namen nennen darf, indem sie zur gelebten Lehre von der Rechtfertigung des Sünders allein aus Gnade wird. Der evangelische Begriff von Sünde stellt ein aszetisches Instrument zum Umgang mit Grenzen und Fragmentarität dar.

Wilhelm Löhes diakonietheoretische Schwerpunktsetzung beim Sündenbegriff auf die Mitarbeit am Heiligungshandeln Gottes ist im Grunde eine sehr moderne.[67] Sie entspricht der tiefsinnigen Analyse Wilhelm Gräbs über die sprachlose Wiederkehr der Sünde. Im Sinne eines religionskulturellen Transformations-

[64] Vgl. a.a.O., 482.
[65] A.a.O., 483.
[66] A.a.O., 487.
[67] Vgl. dazu auch Gerd Theissen, Die Bibel diakonisch lesen: Die Legitimitätskrise des Helfens und der barmherzige Samariter, in: Gerhard K. Schäfer/Theodor Strohm (Hrsg.), Diakonie – biblische Grundlagen und Orientierungen. Ein Arbeitsbuch zur theologischen

prozesses – so Wilhelm Gräb – wird Sünde gegenwärtig »mit Beziehungsstörung assoziiert, mit der Verletzung des Menschlichen, mit Schuldigwerden. Sie kann immer noch in Gestalt eines geradezu ungeheuren Schuldbewusstseins fortbestehen – aber nicht Gott gegenüber. Deshalb wird auch nicht mehr von der Sünde gesprochen. Das Drama der menschlichen Freiheit spielt sich nicht mehr vor einem göttlichen Richterstuhl ab. Die Fehlsteuerung der Freiheit erscheint vielmehr als Verletzung des Gesetzes des Lebens, als Verbrechen gegenüber der Menschlichkeit, als Selbstentfremdung, als Verlust der Mitte und des inneren Gleichgewichts.«[68] Die neu gestellte Aufgabe, die sich schon Mitte des 19. Jahrhunderts in Löhes Schwerpunktsetzung abzeichnet, besteht für Gräb darin, Gott »ganz auf die Seite des Evangeliums [zu] rücken und den Glauben an ihn als eine menschliche Möglichkeit des lebensdienlichen Umgangs mit menschlicher Schulderfahrung begreifen. Theologisch sollten wir uns also dezidiert an dem Evangelium Jesu von der Rechtfertigung des Sünders orientieren.«[69] Kirche stellt dabei einen erfahrbaren Raum zur Verfügung, »der vollständig umgeben ist vom Schutze der Vergebung.«[70]

Wilhelm Löhes aszetische Impulse für den Umgang diakonischer Persönlichkeiten mit eigener wie mit fremder Sünde und Schuld sowie sein Verständnis des diakonischen Handelns als menschliche Mitwirkung an der göttlichen Heiligung, welche sich in der nicht enden wollenden gnädigen Zuwendung Gottes zu seinen fehlenden, immer wieder neu in das Versagen verstrickten Menschen vollzieht, zielen in diese Richtung. Sie erhalten daher für eine hamartiologisch perspektivierte Diakoniewissenschaft wieder neue Bedeutung:

Am anderen – und mit ihm auch an der diakonischen Persönlichkeit selbst – wird nicht allein die Sünde, sondern zugleich der Gegenstand der erlösenden Liebe Gottes sichtbar. Dieser aus der geistlichen Übung geschenkte »väterliche«

Verständigung über den diakonischen Auftrag (Veröffentlichungen des Diakoniewissenschaftlichen Instituts der Universität Heidelberg 2), Heidelberg [3]1998, 376–401: »Hilfe und Hilfsmotivation sind allgemeine menschliche Phänomene. In ihnen leuchtet ebenso die Ebenbildlichkeit des Menschen immer wieder auf wie seine Endlichkeit. Dies Aufleuchten der Ebenbildlichkeit geschieht in einer Welt, in der sich die besten Hilfsabsichten in Widersprüche verstricken müssen: Moderne Kritik an der Hilfe als kaschierter Herrschaft, als dysfunktionaler Gegenselektion und psychischer Selbstausbeutung deckt diese Verstrickung auf. Aber diese Welt ist nach christlichem Glauben nicht auf ihre Unerlöstheit festgelegt. Mitten in ihr beginnt eine neue Schöpfung. Im Licht dieser neuen Schöpfung kann Hilfe zur Herrschaftsreduktion, zur rettenden Gegenselektion, zum Zeugnis für eine souveräne Liebe werden, durch die Helfer und Hilfsadressaten sich selbst finden. Christlich motivierte Diakonie teilt die Würde natürlichen Helfens, teilt die ganzen Widersprüche der Hilfe - aber sie lebt von der Hoffnung, daß diese Widersprüche nicht das letzte Wort sind.« (401)

[68] Wilhelm Gräb, Der menschliche Makel. Von der sprachlosen Wiederkehr der Sünde, in: Pastoraltheologie 97 (2008), 238–253; hier: 250f.

[69] A.a.O., 251.

[70] A.a.O., 253.

Blick befreit für das eigene Handeln, ohne die Fragmentarität jeglicher menschlichen Existenz außer acht zu lassen, und vermag aus der persönlich erfahrenen Gotteszuwendung heraus entscheidende Ressourcen einer geistlich durchdrungenen modernen Diakonie jeweils neu zu erschließen.

»Frau Dekan hat ein sehr gutes Harmonium in mein Zimmer stellen lassen.«

Die Nördlinger Brautbriefe Christian Geyers von 1887 als Quelle zur Sozialgeschichte des evangelischen Pfarrberufs

Der im April 1887 vom Ansbacher Konsistorium als Privatvikar des erkrankten Dekans Karl Klein nach Nördlingen entsandte spätere Nürnberger Hauptprediger Christian Geyer (1862–1929), der zusammen mit Friedrich Rittelmeyer (1872–1938) als eine der eindrucksvollsten protestantischen Predigergestalten der ersten Hälfte des 20. Jahrhunderts gilt[1], berichtet kurz nach seiner Ankunft in Nördlingen am 16.4.1887 seiner Ansbacher Verlobten Anna Fritz (1864–1928):

> *Frau Dekan hat ein sehr gutes Harmonium in mein Zimmer stellen lassen. Meine Verpflegung ist eine sehr gute – doch wirst Du mir es erlassen im einzelnen alle meine Genüsse aufzählen zu müssen. Mittags und abends wird zu Tisch ein leichter Rot-Wein (allgemeine französische Sitte) getrunken. (3)*[2]

Das im Familienbesitz erhaltene, insgesamt 37 Briefe umfassende Konvolut der Brautbriefe[3] Christian Geyers enthält sämtliche von diesem während seines Nördlinger Privatvikariates zwischen dem 16. April und dem 15. August 1887

---

[1] Vgl. Klaus RASCHZOK, Christian Geyer und Friedrich Rittelmeyer. Porträt einer homiletischen Freundschaft, in: Göttinger Predigtmeditationen 59 (2004/2005), 132-148, sowie WOLFGANG TRILLHAAS, Christian Geyer. Zu seinem 100. Geburtstag, in: Nachrichten der Evangelisch-Lutherischen Kirche in Bayern 17 (1962), 273-276, und FRIEDRICH RIESSBECK, Die Predigt bei Christian Geyer, 2 Bde., Diss. theol. Erlangen 1978.

[2] Brautbriefe 1887. Christian Karl Ludwig Geyer an Anna Johanna Eleonora Fritz. Maschinenschriftliche Übertragung des im Familienbesitz befindlichen Originalkonvoluts, 68 Seiten. Der Enkelin Christian Geyers, Frau Anne Fries, Nürnberg, danke ich herzlich für eine mir 1995 überlassene Kopie der Übertragung. Die Brautbriefe werden nach den Seitenzahlen der maschinenschriftlichen Übertragung zitiert.

[3] Zur Gattung der Brautbriefe vgl. z.B. für den Bereich kirchlicher Persönlichkeiten KARL JOHANN PHILIPP SPITTA, Briefe an seine Braut (1836-1837), hrsg. von WALTER SCHMIDTHALS, Göttingen 2008, JOHANN HINRICH WICHERN, Jugend- und Brautbriefe sowie Tagebuchblätter aus den Jugendjahren, Hamburg 1901, ADOLF UND ANNA STOECKER, Brautbriefe, hrsg. von DIETRICH VON OERTZEN, Schwerin 1913, HILDE ENTERLEIN/ALBRECHT SCHÖNHERR, Laß es uns trotzdem miteinander versuchen. Brautbriefe aus der Zeit des Kirchenkampfes 1935-1936, Gütersloh 1997, oder DIETRICH BONHOEFFER/MARIA VON WEDEMEYER, Brautbriefe Zelle 92: 1943-1945, hrsg. von RUTH-ALICE VON BISMARCK u.a., München 1992.

zum Teil mehrmals wöchentlich an die Verlobte gerichtete Briefe[4] und stellt eine wichtige Quelle für eine alltagsbezogene Sozialgeschichte des evangelischen Pfarrberufs im ausgehenden 19. Jahrhundert[5] dar. Die Briefe zeichnen sich durch zahlreiche weit über die persönlich-private Kommunikation der Verlobten hinausreichende Hinweise und zum Teil detaillierte Schilderungen der Einbindung der evangelischen Pfarrerschaft der ehemaligen freien Reichsstadt Nördlingen in das bürgerliche Umfeld des Wilhelminischen Zeitalters aus[6] und bilden eine wichtige Ergänzung der insgesamt seltenen Einblicke in das Milieu bürgerlicher Pfarrhauskultur[7]. Zudem dokumentieren sie am Beispiel der Predigtpraxis des jungen Theologen und deren Rezeption durch die Nördlinger Bevölkerung anschaulich den sich gegen Ende des 19. Jahrhunderts in Kirche und Gesellschaft vollziehenden Modernisierungsschub[8] und stellen damit ein bisher in der Forschung unbeachtetes Vorspiel zum sogenannten ›freien Nürnberger Protestantismus‹[9] dar.

---

[4] Ergänzend zu den Brautbriefen von 1887 können Christian Geyers autobiografische Notizen von 1929 hinzugezogen werden, die aus dem Rückblick ebenfalls plastisch auf die Zeit als Nördlinger Privatvikar eingehen, vgl. CHRISTIAN GEYER, Heiteres und Ernstes aus meinem Leben, München 1929, v.a. 96–105.

[5] Zur Geschichte des evangelischen Pfarrberufs vgl. MARTIN GREIFFENHAGEN (Hrsg.), Das evangelische Pfarrhaus. Eine Kultur- und Sozialgeschichte, Stuttgart[2] 1991, sowie DERS., Pfarrerskinder. Rückblicke auf ein protestantisches Elternhaus, Gütersloh 1987, und DERS., Pfarrerskinder. Autobiographisches zu einem protestantischen Thema, Stuttgart 1982; LUISE SCHORN-SCHÜTTE/WALTER SPARN (Hrsg.), Evangelische Pfarrer. Zur sozialen und politischen Rolle einer bürgerlichen Gruppe in der deutschen Gesellschaft des 18. bis 20. Jahrhunderts, Stuttgart 1997; WILHELM GRÄB, Der Pfarrer als Musterprotestant. Zum Wandel einer kirchlichen Funktionselite, in: FRIEDRICH WILHELM GRAF/KLAUS TANNER (Hrsg.), Protestantische Identität heute, Gütersloh 1992, 246–255; FRANK-MICHAEL KUHLEMANN, Bürgerlichkeit und Religion. Zur Sozial- und Mentalitätsgeschichte der evangelischen Pfarrer in Baden 1860–1914 (Bürgertum. Beiträge zur europäischen Gesellschaftsgeschichte 20), Göttingen 2002.

[6] Zur allgemeinen Orientierung vgl. DIETMAR–H. VOGES, Nördlingen seit der Reformation. Aus dem Leben einer Stadt, München 1998, darin insbesondere die Kapitel »Handwerk, Handel und Gewerbe - Wirtschaftsstrukturen in Nördlingen im 19. Jahrhundert«, 297–329, »Die Stadt Nördlingen in den Jahren der Reichsgründung 1870/71«, 330–353, sowie »Die Stadt Nördlingen um die Jahrhundertwende 1900«, 354–381. Vgl. zur kirchengeschichtlichen Orientierung die Beiträge in GERHARD MÜLLER u.a. (Hrsg.), Handbuch der Geschichte der Evangelischen Kirche in Bayern, Zweiter Band 1800–2000, St. Ottilien 2000, v.a. HARTMUT BÖTTCHER, Die Entstehung der evangelischen Landeskirche und die Entwicklung ihrer Verfassung (1806–1918), 1–29, REINHOLD FRIEDRICH, Kirchliches Leben und Frömmigkeit 1806–1918, 97–120, MANFRED SEITZ, Kirchlich-theologische Entwicklungen 1870–1918. Konsistorial- und Synodalgeschichte, 137–147, und WOLFGANG ZORN, Die Kirche vor der Herausforderung der Industrialisierung, 149–161.

[7] Vgl. CHRISTEL KÖHLE-HEZINGER, Pfarrvolk und Pfarrersleut, in: GREIFFENHAGEN (wie Anm. 5), 247–276, v. a. 272f.

[8] Vgl. WERNER K. BLESSING, Politik und Kirche (bis 1914), in: GERHARD MÜLLER u.a. (wie Anm. 6), 69–95; hier: 90.

[9] Vgl. WALTHER VON LOEWENICH, Christian Geyer. Zur Geschichte des »freien Protestantismus« in Bayern, In: Jahrbuch für fränkische Landesforschung 24 (1964), 283–318,

1. *Frau Dekan ist doch sehr unglücklich dran.* Einblicke in die Praxis eines Privatvikariates

Der Pfarrerssohn Christian Geyer ist beim Antritt seines Nördlinger Privatvikariates 24 Jahre alt, seine Verlobte Anna Fritz, die Tochter des Ansbacher Regierungspräsidenten, ist zwei Jahre jünger. Beide kennen sich bereits aus der Ansbacher Gymnasialzeit Christian Geyers und haben sich am 6.4.1885 in Ansbach verlobt[10]. Christian Geyer hat sich neben der Privatvikarstätigkeit auf die Theologische Anstellungsprüfung vorzubereiten, die zwei Jahre nach der Aufnahmeprüfung in Ansbach abzulegen war[11]. Die Eheschließung war erst mit bestandener Anstellungsprüfung, der sich daran anschließenden Ordination zum Geistlichen Amt und der Übertragung der ersten Pfarrstelle möglich. Nach seinem Studium der Theologie und der Philosophie in Erlangen und Leipzig bestand Christian Geyer als Jahrgangsbester die Theologische Aufnahmeprüfung. Darauf absolvierte er den einjährigen Militärdienst beim königlich-bayerischen ›Leibregiment‹ in München sowie den knapp einjährigen Aufenthalt im den jeweils drei Jahrgangsbesten vorbehaltenen Münchener Predigerseminar[12]. Nach einer kurzen Zeit als Vertreter seines erkrankten Vaters auf der Pfarrstelle Röckingen wurde der junge Theologe vom Ansbacher Konsistorium als Privatvikar von Dekan und Hauptprediger Karl Klein[13] nach Nördlingen beordert, um einen Teil der Aufgaben des

---

und WOLFGANG TRILLHAAS, Der freie Protestantismus im 20. Jahrhundert und die »Nürnberger Richtung«, in: DERS., Perspektiven und Gestalten des neuzeitlichen Christentums, Göttingen 1975, 159–170.

[10] Vgl. GEYER (wie Anm. 4), 35.

[11] Vgl. die Bemerkung in GEYER (wie Anm. 4), 104, daß er die *reichlich bemessene freie Zeit* zur gründlichen Vorbereitung auf die Theologische Anstellungsprüfung genutzt habe.

[12] Das Münchener Predigerseminar wurde 1834 durch eine Stiftung König Ludwigs I. begründet und bestand bis 1940. Es war in seiner Arbeit eng mit dem Münchener Oberkonsistorium verbunden und lediglich den drei Jahrgangsbesten des jeweiligen Examensjahrganges vorbehalten. Vgl. OSKAR DAUMILLER, Das Predigerseminar in München. Festschrift anläßlich seines hundertjährigen Bestehens, München 1934.

[13] Karl Klein war bis zu seiner Berufung auf die Nördlinger Hauptprediger- und Dekansstelle 1882 Pfarrer im elsässischen Fröschweiler und hatte mit der »Fröschweiler Chronik« und ihrer detaillierten Schilderung der Schlacht von Wörth vom 8. August 1870 dem Deutsch-Französischen Krieg von 1870/71 ein weit beachtetes und bis 1911 insgesamt 27 Auflagen erreichendes literarisches Denkmal gesetzt (vgl. KARL KLEIN, Fröschweiler Chronik. Kriegs- und Friedensbilder aus dem Jahre 1870 (1882), München [27]1911. Für Christian Geyer stellt die Begegnung mit der Deutsch und Französisch sprechenden Ehefrau des Dekans und ihrem durch die französische Herkunft geprägten Haushalt eine wichtige Erweiterung seines kulturellen Horizontes dar, die er gerne zur Pflege der französischen Konversation und Lektüre nutzt. Vgl. zu Karl Klein auch Georg MONNINGER, Was uns Nördlinger Häuser erzählen, Nördlingen 1984. Nachdruck der ersten Auflage Nördlingen 1915, 10: »Von den neueren Hauptpredigern sei des Dekans Karl Klein gedacht, der als Pfarrer von Fröschweiler 1870 den blutigen Tag von Wörth erlebte und von 1882 bis 1885 als Hauptprediger die Verehrung und Liebe der hiesigen Gemeinde erntete.« Die Berufung von Karl Klein auf die

schwer psychisch Erkrankten und seit 1885 in der Pflegeanstalt Kaufbeuren Untergebrachten zu übernehmen. Das Ansbacher Konsistorium nahm damit Rücksicht auf die schwierige familiäre Situation der Nördlinger Dekansfamilie mit ihrer großen Zahl noch die Schule besuchender bzw. im Studium befindlicher Kinder. Eine vorzeitige Pensionierung von Dekan Karl Klein und der damit zwangsläufig verbundene Auszug aus dem geräumigen Dekanatsgebäude hätte in Verbindung mit den Unterbringungskosten des Erkrankten für die Familie eine finanzielle Katastrophe bedeutet.

Christian Geyer gewährt seiner Verlobten im Brief vom 19.4.1887 Einblick in diese prekäre Situation, indem er ein Zwiegespräch mit Pfarrer Pauli[14] wiedergibt:

> *Ich* [Christian Geyer]*: Frau Dekan ist doch sehr unglücklich dran, man sollte es ihr gönnen, daß sie die Stelle möglichst lange behält. Pauli: Die ganze Sache ist verfahren, Klein gehört pensioniert, es sterben manchmal Pfarrer und dann ist es auch nicht anders. Ich: Aber wenn einer stirbt, braucht man keine Irrenhauspension zu zahlen. Er: Sie hätten ihn auch nicht I. Classe unterbringen zu brauchen. Hier heißts: Dickthun oder leih mir einen Kreuzer (infam!) Ich: (entschuldige, daß ich Dich ins Gespräch gebracht habe) Ich halte es für sehr verzeihlich, wenn eine Frau, die ihren Mann herzlich liebt, so gut für ihn sorgt, wie sie nur kann; ich bin überzeugt, meine Braut würde auch nicht anders gehandelt haben, wenn ich in der Lage wäre.* (5)

Am 8.6.1887 schreibt er über die weiterhin aussichtslose Situation des erkrankten Nördlinger Dekans:

> *Karl Klein [= der älteste Sohn] war Dienstags in Kaufbeuren – das alte Elend, Herr Dekan von geradezu entsetzlicher, beständiger Angst geplagt; heute ist er nach Erlangen zurück.* (40)

In der Nördlinger Pfarrerschaft stößt diese Vertretungslösung des Dekans und Hauptpredigers an der St. Georgskirche durch einen Privatvikar zunächst auf Skepsis. Es wird durchgängig erwartet, daß auch die evangelischen Gemeindeglieder gegen einen solch jungen Vertreter protestieren werden. Die Dekansaufgaben im engeren Sinne wurden von einem der anderen Nördlinger Pfarrer und die Predigten am Sonntagvormittag in der Nördlinger St. Georgskirche ebenso wie die Christenlehre bis zu Christian Geyers Ankunft von den übrigen Nördlinger Pfarrern im Wechsel übernommen. Aufgrund der positiven Erfahrungen mit Christian Geyer setzt das Ansbacher Konsistorium die Praxis der Vertretung des

---

Nördlinger Hauptpredigerstelle läßt etwas vom Selbstverständnis des Nördlinger Magistrates erkennen, der damit dem Konsistorium in Ansbach eine ausgewiesene Persönlichkeit des national orientierten Protestantismus aus dem Elsaß präsentiert hatte.

[14] Der gebürtige Münchner Julius Friedrich Hermann Pauli (1836–1892) war zuletzt 1. Pfarrer und Stadtpfarrer in Nördlingen; freundliche Auskunft von Frau Margarete Kreglinger, Sekretärin des Evang.-Luth. Dekanats Nördlingen am 29.3.2011.

erkrankten Dekans durch Privatvikare noch bis in Christian Geyers spätere Tätigkeit auf den Nördlinger Pfarrstellen III bis I fort.[15] Der Einsatz Geyers stellt für das zuständige Konsistorium in Ansbach ein erhebliches Wagnis dar. Im Vertrauen auf seine überragenden Studien- und Examensleistungen wie auf seine ausgewogene Persönlichkeit und die durch Militärdienst und Münchener Predigerseminar erreichte menschliche Reife wird er mit dieser schwierigen Aufgabe betraut, die in keiner Weise mit der herkömmlichen Situation eines Privatvikariates zu vergleichen ist. Diese geht üblicherweise von einer Anwesenheit des durch den Privatvikar zu Unterstützenden auf der Stelle aus, der zugleich Mentorenfunktion für den Kandidaten übernimmt und ihn schrittweise in die Amtsaufgaben der Stelle einführt. Aufgrund des Gesundheitszustandes von Dekan Klein und seiner Unterbringung in der Kaufbeurer Pflegeanstalt ist dies hier jedoch nicht möglich. Hinzu kommt der außergewöhnliche Umstand, daß die Vertretungsleistung der spezifischen Hauptpredigertätigkeit an einer der größten Kirchen der bayerischen protestantischen Landeskirche einem Berufsanfänger übertragen wird.[16]

Als Privatvikar ist Christian Geyer im Nördlinger Dekanat bei der Familie des erkrankten Dekans untergebracht und wird dort auch versorgt. Mit der Stelle des Privatvikars ist ein begrenztes Aufgabenfeld verbunden, das lediglich in der Übernahme der Predigten des Hauptpredigers und seiner Christenlehreverpflichtungen besteht.[17] Seelsorgerliche Tätigkeiten wie Hausbesuche oder die Übernahme von Kasualien dagegen waren nicht vorgesehen – wie für Pfarramtskandidaten dieser Zeit allgemein üblich.

Für heutige Verhältnisse unvorstellbar ist die optimale postalische Infrastruktur mit einer zweimal täglichen Briefzustellung (auch an den Samstagen) und der Möglichkeit, Briefe in die Postabteile der durch Nördlingen fahrenden Schnellzüge am Bahnsteig einzuwerfen. Im Schreiben vom 16.5.1887 ist davon die Rede, daß auf diese Weise ein Brief nach Ansbach noch am selben Tag dort zugestellt wird und seine Empfängerin erreicht:

Rechtzeitig wird mein Brief ankommen, denn ich gedenke ihn in den 9.17 Schnellzug zu werfen; da ist er um 11 Uhr bei Euch. (25)

---

[15] Vgl. GEYER (wie Anm. 4), 115. In Nördlingen gab es die Pfarrstellen I bis III, wobei die erste als ›Stadtpfarrer‹ hervorgehoben war, und zusätzlich die diesen vorgeordnete Hauptpredigerstelle mit der Dekansfunktion.

[16] Vgl. KLAUS RASCHZOK, Konfessionelle Identität in ökumenischer Perspektive. Facetten der Nördlinger Kirchengeschichte, in: Jahrbuch des Historischen Vereins für Nördlingen und das Ries 29 (1999), 97–123.

[17] Der Besuch der Sonn- und Feiertagsschulen war im Königreich Bayern für die 12–18jährigen seit 1803 verpflichtend und erfolgte in enger Verbindung mit der von und in der Kirche gehaltenen Katechese, vgl. BÖTTCHER (wie Anm. 6). Die Christenlehre diente als religiöse Ergänzung der Sonntagsschule, vgl. FRIEDRICH (wie Anm. 6), 113.

Nördlingen war im ausgehenden 19. Jahrhundert einer der wichtigen Eisenbahnknoten im Königreich Bayern an der ersten europäischen Fernbahnstrecke zwischen Lindau und Hof (Saale) sowie Übergangs- und Grenzbahnhof in das Netz der Königlich-Württembergischen Staatsbahn, so daß Verbindungen in alle Richtungen bis in die späte Nacht hinein existieren und Christian Geyer Umsteigezeiten von Freunden und Verwandten auf dem Nördlinger Bahnhof zu kurzen persönlichen Begegnungen nutzen kann, von denen er im Briefwechsel berichtet.

Im Herbst 1887 wird Christian Geyer die zweite Pfarrstelle in Altdorf vom Ansbacher Konsistorium übertragen. Die Eheschließung mit Anna Fritz erfolgt am 25.10.1887 in Röckingen. 1889 kehrt Christian Geyer auf Wunsch des Nördlinger Magistrates wieder nach Nördlingen zurück, der ihn zunächst auf die freiwerdende III. Pfarrstelle präsentiert und ihm anschließend den Wechsel bis zur I. Pfarrstelle und damit die Position des Nördlinger Stadtpfarrers bereits in jungen Jahren ermöglicht.[18] 1895 verlässt Christian Geyer Nördlingen auf eigenen Wunsch, um am neuerrichteten Bayreuther Protestantischen Lehrerseminar die Stelle des Präfekten anzutreten und die Bayreuther Zeit dazu zu nutzen, mit einer Arbeit über die Nördlinger Kirchenordnungen des 16. Jahrhunderts an der Philosophischen Fakultät der Universität Erlangen im Fach Geschichte zum Dr. phil. zu promovieren.[19] Im August 1902 tritt er schließlich die Stelle des Hauptpredigers an der Nürnberger St. Sebalduskirche an, die er bis zu seinem Tod innehaben wird und von der aus er seine überregionale Bedeutsamkeit als Predigergestalt persönlich wie literarisch entfalten kann.

Christian Geyer zeichnet sich schon in jungen Jahren durch seine weitgespannten Interessen und seine Weltzugewandtheit aus, die in den Briefen immer wieder anklingen: Der weiße Pudel Kyon an seiner Seite, das Musizieren auf Klavier, Harmonium, Orgel und Cello, die literarischen Interessen, das naturwissenschaftliche Hobby Geologie und seine unbefangene Art, mit den Kindern der befreundeten Familien Umgang zu halten und mit ihnen zu spielen, widersprechen dem tradierten Bild des in sich gekehrten, weltabgewandten jungen evangelischen Geistlichen, wie es etwa der Präsident des Münchener Protestantischen Oberkonsistoriums Hermann von Bezzel um die Wende vom 19. zum 20. Jahrhundert in seiner Schrift »Der Dienst des Pfarrers« gezeichnet hatte.[20]

Aus der Perspektive einer Sozialgeschichte des evangelischen Pfarrberufes lassen sich drei thematische Schwerpunkte der Brautbriefe Christian Geyers benennen:

---

[18] Geyer spricht in seiner Autobiographie von einer neuen Ära in Nördlingen, in der Pfarrer Freundschaft untereinander zu pflegen beginnen: Die Gemeinde, die seit langem nicht anders wusste, als dass jeder ihrer Pfarrer seinen Weg ging, sah nun mit Erstaunen und Freude die Pfarrer miteinander spazieren gehen und sonst Freundschaft pflegen. Vgl. Geyer (wie Anm. 4), 116.

[19] Vgl. Christian Geyer, Die Nördlinger evangelischen Kirchenordnungen des 16. Jahrhunderts. Ein Beitrag zur Geschichte des protestantischen Kirchenwesens, München 1896.

[20] Vgl. Hermann Bezzel, Der Dienst des Pfarrers. Mahnungen und Betrachtungen, Neuendettelsau o. J.

Sie bieten zunächst anschauliche Informationen über die Umstände und Rahmenbedingungen eines sogenannten Privatvikariates in einer schwäbisch-bayerischen Kleinstadt.[21] Sodann enthalten sie Aussagen über erste Predigterfahrungen des Kandidaten Christian Geyer, insbesondere über die wechselseitigen Reaktionen von Hörergemeinde und Prediger auf die von ihm vertretene neue, sogenannte ›moderne‹ Predigtweise.[22] Schließlich bieten sie eine Fülle an Details zur Alltagskultur des kleinstädtischen evangelischen Pfarrhauses wie des Pfarrberufs im ausgehenden 19. Jahrhundert.

Der Brief stellt ein wichtiges Kommunikationsmedium des späten 19. Jahrhunderts für angehende Ehepartner dar. Bereits in seiner Militärzeit war Christian Geyers intensive briefliche Kommunikation mit der Verlobten seinen Vorgesetzten aufgefallen.[23] Humorvoll äußert er sich dazu von Nördlingen aus am 23.5.1887 gegenüber seiner Verlobten, welche eine häufigere briefliche Antwort einfordert, und der er mitteilt, daß er ihr lediglich so oft antworte, wie sie ihm schreibe:

> *Ich bin mir bewußt, Dir in jeder Woche 2 mal geschrieben zu haben, bisweilen 3 mal, wenn Du willst schreibe ich auch 4 mal. Es geschieht Dir aber dann recht, wenn ich durchs Examen falle. (30)*

Christian Geyer läßt seine Verlobte über die regelmäßigen Briefe mit ihren plastischen Schilderungen Anteil an seinen Aufgaben im Privatvikariat nehmen. Damit ermöglichen die Briefe zugleich das schrittweise Hineinwachsen der Braut in die eigene zukünftige Rolle als Pfarrfrau bzw. bieten Anstoß zur Auseinandersetzung mit der zu übernehmenden Rolle. Die Briefpartnerin wird in den Lebensalltag des Pfarrberufes und des Pfarrhauses als kultureller Institution mit hineingenommen. Unterstützt wird diese Funktion der Brautbriefe durch die ausgesprochen erzählerische Gabe Christian Geyers, die mit dessen Drang zur Veranschaulichung in der Predigt korrespondiert, und die sein gesamtes Lebenswerk durchzieht.

Im Nördlinger Dekanshaus beeindruckt ihn insbesondere die ungezwungene und offene Kommunikation. Christian Geyer integriert sich in die Familie des Dekans und übernimmt streckenweise die Rolle eines ›erwachsenen‹ Sohnes, der in Vertretung des erkrankten ›Familienoberhauptes‹ partiell in die Rolle des Haus- und Familienvaters eintritt. Auf diese Weise wird er zu einer wichtigen Stütze für die Ehefrau von Dekan Klein, die sich zunehmend damit auseinandersetzen muss,

---

[21] Vgl. zur Veranschaulichung der sich auch in Christian Geyers Brautbriefen spiegelnden zunehmenden Bedeutung der Kleinstadt im ausgehenden 19. Jahrhundert den Beitrag von Hans Heiss, Heimat und Kleinbürgertum. Zum stillen Einklang zweiter Begriffe, in: Thomas Althaus (Hrsg.), Kleinbürger. Zur Kulturgeschichte des begrenzten Bewußtseins, Tübingen 2001, 151–173.

[22] Vgl. Friedrich Niebergall, Wie predigen wir dem modernen Menschen?, 2 Bde. Tübingen 1905/1906, und Ders., Die moderne Predigt, Tübingen 1929. Der homiletische Fachterminus ›moderne Predigt‹ geht unter anderem auf Niebergall zurück.

[23] Vgl. Geyer (wie Anm. 4), 90, über die damals täglichen Briefe der Verlobten, was in München Aufsehen erregt.

daß der gesundheitliche Zustand ihres Ehemannes sich nicht mehr bessern wird und er bis zum Lebensende in einer psychiatrischen Pflegeanstalt verbleiben muß.

2. *Meine gestrige Predigt ist mir sehr gut gelungen.* Erste Erfahrungen mit der ›modernen Predigt‹ in Nördlingen

Die Briefe kommen immer wieder auf das Phänomen der (über)vollen Nördlinger St. Georgskirche bei Christian Geyers Predigten zu sprechen. So schreibt er am 24.4.1887:

> *Meine gestrige Predigt ist mir sehr gut gelungen. Vielleicht die frischeste, die ich noch gehalten habe. Die Kirche war gesteckt voll, ziemlich viele Leute standen noch, während den Sonntag vorher doch noch für etwa 300 Leute und darüber Platz gewesen wäre. Die Nördlinger sind zufrieden. Sie möchten nur, dass ich etwas langsamer spräche. Der Abstand zum Adagio der anderen Herren ist allerdings ein großer. (12)*

Am 20.5.1887 klingt die Ambivalenz an, die der junge Prediger angesichts seiner von der Nördlinger Gemeinde geschätzten Predigtgabe empfindet:

> *Zu Himmelfahrt war die Kirche sehr voll. Bertha Laible holte sich im Dekanat einen Stuhl, da sie keinen Platz mehr finden konnte. Leider entsprach meine Predigt der vollen Kirche sehr wenig. Sie fiel aus wie ihr Herr: lang und mager. Daß gleichwohl die Leute behaupteten, es sei meine beste gewesen, bestätigt nur meine Behauptung vom letzten mal. (29)*

Die Briefe reflektieren das eigene, zum Teil ambivalente Empfinden des Predigers, berichten über Rückmeldungen von Gemeindegliedern auf die von ihnen als neu empfundene ›moderne‹ Predigtweise Christian Geyers, schließen Vergleiche mit der konventionellen Predigtpraxis der anderen Nördlinger evangelischen Geistlichen mit ein und beschreiben an einer Reihe von Stellen die sorgfältige und zeitlich aufwendige Vorbereitungspraxis des Privatvikars. Eine längere Briefpassage vom 2.5.1887 bringt dies anschaulich zum Ausdruck:

> *Meine gestrige Predigt, die Kirche war gedrückt voll, und die Predigtkritik beschäftigt natürlich die Nördlinger. Dem einen ist es nicht recht, daß ich das Wort »Loreley« vorgebracht habe, ein anderer hat gefunden, daß der Satz, dass die Christen nichts von »hochseligen« Monarchen wüßten, auf den Amtsrichter Himmelpfost gemünzt gewesen sei. Die Neuendettelsauer Diakonissinnen hüllen sich in undurchdringliches Schweigen. Sie werden erst in die Kirche kommen, wenn mein »Luthertum« unumstößlich bewiesen ist –; und der alte Rektor Beibler sagt: Münchener Lutheraner (eine Sekte der ich angehören soll) sind überhaupt keine Lutheraner. Also mit dem habe ich es verschüttet –*

wodurch? Ich weiß es nicht. Ich habe nicht die leiseste Ahnung: doch ist auch der Mangel der »Landpost« in meinen Händen schon aufgefallen. Enthusiastische Anhänger sind die Nördlinger Bauern. »Den verstehen wir« sagen sie, und mich lassen sie nicht wieder fort. Kurz, ich bin eben ein Bauernpfarrer, und keiner für überspannte Neuendettelsauer Weiblein. (19)

In demselben Brief vom 2.5.1887 berichtet Christian Geyer der Verlobten über die Nachmittagspredigt von Pfarrer Hofstätter:

Nachmittags war ich bei Hofstätter in der Kirche. [...] *Er hat gute Gedanken, aber alles sehr allgemein gehalten. Ich konnte nicht aufmerken. Vorzüglicher Styl – aber er las. Die Kirche entsetzlich leer. (19)*

Bei der ersten ›Knabenchristenlehre‹ für die bereits schulentlassene männliche Jugend kann Christian Geyer seine Erfahrungen aus dem Militärdienst einsetzen:

Erste Knabenchristenlehre gestern. Der Aufsichtslehrer bereitete mich vor: es sei eine geradezu entsetzliche Bande! – Ich hörte von der Sakristei aus Lachen und Plaudern, ging hinaus und rief mit Stentorstimme, gerade wie wenn ich vor der Front stünde: Ruhe. Die Gemeindeglieder erschraken ganz. Aber die Kerle waren ruhig. Ich verlangte nach dem Aufruf rasches Aufstehen, klare und laute Antwort und präzis. Ich lobte die, welche etwas wußten, erzählte Geschichten, Sprichwörter, gab manchem einen ganz unmerklich humoristischen Hauch – und es ging ganz vortrefflich. (19)

Im selben Brief vermerkt er kritisch über die Predigtpraxis der beiden Kollegen, daß es ihnen schade, daß sie ihre Predigt von der Kanzel ablesen würden und in ihrer Ausdrucksweise beim Predigen überhaupt nicht volkstümlich seien:

Weißt, aber die Pfarrer wollen es nicht so machen. Sie stehen auf hoher Kanzel und halten hohe Reden, und die Bauern unten kapieren es nicht. Und wenn nun ein so lumpiger Vikar sagt, die Sünde sei im Anfang mit schönen Gewändern angetan und singe so schön und verlockend wie die Loreley – so kommt das den Leuten schon »weltlich« vor. Aber in dem Stück gebe ich nicht nach. (20)

Insbesondere irritiert ihn die erlebte Diskrepanz zwischen Predigtpraxis und wissenschaftlicher Gelehrsamkeit der beiden Nördlinger Pfarrer. Am 10.5.1887 erzählt er der Verlobten, daß Pfarrer Hofstätter auf der Pfarrkonferenz einen vorzüglichen Vortrag über Albrecht Ritschls Theologie gehalten habe:

Merkwürdig, wie klar und verhältnismäßig einfach er schwer wissenschaftliche Probleme behandeln kann; man sollte meinen, er müßte diese Einfachheit und Klarheit noch soweit steigern können, daß auch seine Predigten etwas populärer würden. (23)

Christian Geyer selbst achtet strikt darauf, frei zu sprechen und memoriert die schriftlich ausgearbeiteten Predigten sorgfältig auf Spaziergängen. Die Predigt-Stimmung wird von ihm als ein interaktives Geschehen wahrgenommen und beschrieben. Er spricht davon, daß die Zuhörer selbst dem Prediger die besten Gedanken herauslocken würden, so am 29.5.1887:

> *Ich habe heute sehr lang gepredigt, es war ein schöner Anblick. Die Kirche war überfüllt. Es standen die Gänge gedrängt voll Leuten, und selbst in den alten Chorstühlen, saßen Männlein, Weiblein und Kinder. Ich war froh, daß mir die Predigt gut gelungen ist, viel besser als meine Examenspredigt. So ist es ja meistens, und es ist ganz gut, daß es so ist. (34)*
>
> *Es ist eine große Freude, vor Tausenden predigen zu dürfen, und Du kannst Dir nicht vorstellen, in welche Stimmung man dabei kommt. Es ist, als ob die Zuhörer einem die besten Gedanken herauslockten. (35)*

Die eigene Motivation zur Predigt wird durch die voll besetzte Kirche erheblich gesteigert. Über dem Vollzug stellt sich jene Predigtbegeisterung im Prediger ein, die er am 23.5.1887 beschreibt:

> *Es ging mir an diesem Sonntag recht gut. Die Kirche war sehr voll. Es gehen namentlich viele Männer in die Kirche, und das weiß ich zu schätzen. Die Neuendettelsauer Schwestern blieben Sonntags ostentativ fort – alle 7 – sei es, daß sie meine nicht allzu hohe Meinung von ihrer Urteilsfähigkeit, oder, was das Wahrscheinlichere ist, meine Fürbitte für den Kaiser abhält.* (30)
>
> *Die Arbeit an den Predigten nimmt mein Intresse [!] doch vor allem in Anspruch, und Du wirst es begreiflich finden, daß ich dafür auch mit viel mehr Freude arbeite, als für andere Dinge. Es ist mir ein eigenartiges Gefühl, wenn ich drunten die würdigen und gescheiten Herren der hiesigen Haute volée sitzen oder stehen sehe, welche gespannt aufmerken, aber das Gefühl, das ich dabei haben könnte, kommt mir nur, wenn ein anderer predigt, mir ist, Gottlob, alle Ängstlichkeit fern – entschuldige diesen schauderhaften Satz! der nur sagen will, daß es mir in der Phantasie weniger geheuer zumute ist als in der Wirklichkeit.* (31)

Dennoch meldet sich bei Christian Geyer auch ein gewisser Verdruß angesichts des permanenten Predigtzwanges, den er im Rahmen seines Nördlinger Dienstes empfindet. Am 17.5.1887 klagt er der Verlobten:

> *Übermorgen habe ich zu predigen, dann Sonntags, dann Donnerstags, dann wieder Sonntags: Es wäre mir schon recht lieb, wenn ich etwas anders auch zu thun hätte als nur zu predigen – aber es ist so auch recht für kurze Zeit. (28)*

Ebenso schreibt er im Brief vom 25.5.1887:

Währenddem sitze ich warm und weich in Nördlingen, und die Leute sagen: Sie haben mich sehr erbaut! oder: Sie haben ein recht schönes Lied singen lassen, und Frau Dekan verwöhnt sogar meinen Hund in großartiger Weise. Nur das viele Predigen ist mir jetzt doch nahezu zuwider, ein wenig andere Arbeit dazwischen –, nun später ist's ja alles zu machen. Aber schön ist es: »Ich bin ein freier Mann und kümmere mich um Niemand«. (32).

Am 27.7.1887 berichtet er davon, wie die Arbeit an der Predigt auf selbstverständliche Weise in den häuslich-familiären Alltag der Gastfamilie integriert ist:

Ich habe heute früh meine »Kornpredigt« geschrieben und den Hund gewaschen, heute Nachmittag gehe ich auf den Karlshof und lerne unterwegs meine Predigt. Frau Dekan will mitgehen und versprach, recht brav zu sein, so wird's schon gehen. Geht es aber dennoch nicht, so gehe ich recht zeitig wieder nach Hause. (61)

Am 7.8.1887 erzählt er der Verlobten nochmals von der methodisch unverfügbaren Erfahrung des motivierenden Wechselspiels zwischen Predigthörern und Prediger[24]:

Sieh, nun konnte ich Samstags erst recht nicht schreiben, denn denke, gegen 6 Uhr wurde ich erst mit dem Schreiben meiner Predigt fertig – und sie wollte mir nicht gefallen. Aber als ich sie heute hielt, kam mir während der Rede Feuer und Freude und Begeisterung, und als ich Amen sagte, hatte ich das Gefühl, eine meiner besten gehalten zu haben. So lautlose Stille, wie sie heute war, habe ich noch nicht leicht gehabt. (64)

Eine wichtige Rolle in der Predigtvorbereitung spielt dabei die Lektüre der Predigten bedeutender Prediger des 17., 18. und 19. Jahrhunderts wie Jacques Saurin (1677–1730)[25], Christian Scriver (1629–1693), Friedrich Schleiermacher (1768–1834) und Charles Haddon Spurgeon (1834–1892). Am 11.7.1887 schreibt er der Verlobten:

Nächsten Mittwoch wollen wir miteinander (Frau Dekan, Pfr. Endres und Fam. und Stadtpfarrer) nach Kloster Majingen, woselbst eine sehr stattliche Wallersteinsche Bibliothek sich befindet. Desgleichen wollen wir von jetzt an regelmäßig französisch lesen und

---

[24] Vgl. Klaus Raschzok, »Methode der Predigt«. Vom homiletischen Nutzen einer zeitgenössischen Künstlertheorie (Thomas Lehnerer), in: Zeitschrift für Theologie und Kirche 97 (2000), 110-127.

[25] Jacques Saurin (1677-1730), protestantischer reformierter französischer Theologe, wurde 1701 Pfarrer einer Refugiésgemeinde in London und 1705 in Den Haag und galt als einer der größten Kanzelredner seiner Zeit. Vgl. Jacques Saurin, Sermons, 12 Bde., 1749, Chr. Weiss (Hrsg.), Sermons choisis de Saurin avec une notice sur sa vie, 1854, sowie Alexandre Vinet, Histoire de la Prédication parmi les Réformés de France au 17. siècle, 1860.

zwar die Sermons (Predigten) von Saurin, dem größten in der 1. Hälfte des 18. Jhdts. wirkenden Predigers der französisch reformierten Kirche, der in Haag lebte und starb. (49)

Am 14.7.1887 schließlich teilt er der Verlobten mit unverkennbarem Stolz mit:

Ich habe mir – aber lache mich nicht aus, denn ich habe es auch bezahlt – Schleiermachers Predigten gekauft und lese derzeit also den größten französischen und den größten deutschen Prediger. (51)

Christian Geyer erlebt in den Monaten seines Nördlinger Privatvikariates seine eigenen Gaben und Fähigkeiten als Prediger. Er reflektiert die eigene Predigtpraxis bereits zu diesem Zeitpunkt äußerst sorgfältig. Sie beruht auf umfassender und langfristig einsetzender Vorbereitung sowie auf dem Bemühen um Veranschaulichung, Verständlichkeit, Lebendigkeit und Lebensnähe. Christian Geyers eigener, weltzugewandter Lebensstil spiegelt sich in der Predigt und deren Aufnahme bei den Predigthörern. Christian Geyer erlebt, wie das Nördlinger evangelische Bürgertum äußerst positiv auf seine ›moderne‹ Predigtweise reagiert und höchst emotional daran partizipiert. So schreibt er am 16.5.1887:

Auf das Urteil des Haufens gebe ich nicht viel, denn dasselbe besagt nur, daß mich die Leute verstehen. Aber sehr gefreut hat es mich, daß gestern der würdige alte Rat Rohmer – der frühere Besitzer der Buchhandlung – mir sagte, ich hätte nach seiner Meinung ganz den richtigen Weg in meiner Predigtweise eingeschlagen (25).

Am 17.5.1887 berichtet er wiederum von den Reaktionen der Nördlinger auf seine Predigt:

Meine Sonntagspredigt, die mich beim Halten so unbefriedigt ließ – hat sehr guten Eindruck gemacht. Gestern war der treffliche Abgeordnete Frickhinger mit Frau bei Frau Dekan und mir und hat mich sehr ermutigt. Das freut mich, daß gerade die gebildetsten Zuhörer ein volles Verständnis für die von mir beliebte volkstümliche und verständliche Art haben. Die Spießbürger reden so ähnlich wie die Röckinger Bauern: Wie die meinten, ich solle auf die Röckinger Pfarre heiraten, so meinen jene, ich solle auf die hiesige Hauptpredigerei heiraten, auch nach Abgabe einer Entschädigung an Frau Dekan wäre es eine sehr gute Anfangsstelle – die Leute reden halt, wie sie's verstehen: Aber gelungen wär's, wenn Du hier auf einmal als die Frau Hauptpredigerin auftauchtest. (27)

Am 13.7.1887 dann bezieht er sich nochmals auf seine Erfahrungen mit der Predigt:

Gestern morgen war hier 50.j. Stiftungsfest des Waffenbrüder-Vereins, und schon gegen 5 Uhr wurde ich von donnernden Kanonen geweckt. Umso mehr war ich erstaunt, die Kirche überfüllt anzutreffen, fast wie am Pfingstsonntag. Es mag dies wohl zum Teil daher gekommen sein, daß in gewissen Kreisen ein dunkles Gerücht ging, es sei dies meine letzte

> *Predigt. Jedenfalls war ich sehr angenehm enttäuscht, denn man predigt vor einer vollen Kirche noch einmal so leicht wie vor einer leeren.* (55)

Eine der Freiheiten seiner gegenüber den Nördlinger älteren Pfarrern veränderten Predigtvorbereitungspraxis besteht in den samstäglichen Spaziergängen.[26] Die bereits ausgearbeitete Predigt wird auf einem Spaziergang gelernt. Ungewöhnlich für die damalige Praxis ist auch, wie er im Brief vom 25.5.1887 berichtet, daß er seine beim Konsistorium einzureichende Examenspredigt von einer kalligraphisch begabten Schülerin abschreiben läßt, welche ihm Hauptlehrer Löfflad vermittelt habe.

In seiner Autobiographie geht Christian Geyer rückblickend auf die positiven ersten Nördlinger Predigterfahrungen ein, die auf einer von Anfang seiner beruflichen Praxis an sorgfältigen und frühzeitig beginnenden Predigtvorbereitung beruht hätten. *Daß die Predigt Gottes Wort ist, darf unsere menschliche Sorgfalt nicht hindern, sondern muß sie steigern.*[27] Christian Geyer hebt insbesondere hervor, welche Herausforderung es für ihn bedeutete, in Nördlingen als Privatvikar zu wirken: *Ich sollte fortan einer großen Stadtgemeinde in einer der größten und schönsten Kirchen Bayerns Sonntag für Sonntag predigen, wobei nach der herrschenden Ordnung die mir im Alter an Dezennien überlegenen Pfarrer meine Zuhörer waren.*[28] Er habe aufgrund dieser Herausforderung seine Predigtweise jedoch nicht geändert und wie bereits in seinen ersten Vikariatswochen im heimatlichen Röckingen auf die bildliche Veranschaulichung der Predigtgedanken geachtet. Lediglich *gedanklich glaubte ich der neuen Zuhörerschaft etwas mehr zuzumuten als meiner Landgemeinde.*[29]

3. *Frau Dekan hat mir für meine Ankunft vorzügliche Cigarren auf den Tisch gestellt.* Einblicke in die Alltagskultur eines evangelischen Pfarrhauses

Schließlich gewähren die Brautbriefe Christian Geyers auch Einblick in die Phase des Übergangs von der traditionellerweise kulturell bestimmten Atmosphäre des Pfarrhauses zur modernen Freizeitbeschäftigung. Immer wieder geht Christian Geyer in den Briefen auf den liebenswürdigen wechselseitigen Umgang ein, den

---

[26] Unverständnis und Mißfallen in der Kollegenschaft ernten die Samstagsspaziergänge Geyers in Nördlingen. Die wesentlich älteren Pfarrer können sich nicht vorstellen, daß ein Prediger mit seiner Vorbereitung am Samstag bereits fertig werden würde, GEYER (wie Anm. 4), 103.

[27] A.A.O., 97.

[28] A.a.O., 102.

[29] A.a.O., 103.

er im Hause des Nördlinger Dekans erlebt. Am 8.5.1887 erzählt er von der Rückkehr von einer kurzen Reise:

> *Frau Dekan hat mir für meine Ankunft vorzügliche Cigarren auf den Tisch gestellt, und an Dein Bild frische Blumen und Efeublätter gesteckt, auch – wie ich jetzt gerade bemerke – zwei schöne Veilchensträußlein auf den Schreibtisch gesetzt. (21)*

Ebenso berichtet er im Brief vom 29.5.1887, der vornehmlich der bevorstehenden Examenspredigt gewidmet ist, von derartigen Aufmerksamkeiten:

> *Frau Dekan hat, wie ich eben sehe, ein wunderhübsches Rosenknöspchen, mit Zypressenblättern umgeben, an Dein Bild gesteckt, und in die zwei Blumenväschen Stiefmütterchen gethan. Es schlägt gerade ½ 12 Uhr, und es ist mir sehr behaglich zumute. Heute Nachmittag wird die Predigt geschrieben, und es ist mir leid, daß ich nicht eine wie die heutige, oder die vor 8 Tagen in Ansbach halten kann. Es fehlt ihr der Schwung und der Gedankenreichtum. (34)*

Am 1.6.1887 berichtet er der Verlobten, wie er von der Hochzeit seines Bruders in Memmingen kurz vor Mitternacht todmüde in Nördlingen angekommen sei:

> *Frau Dekan war bis dahin aufgeblieben, weil sie meinte, ich könnte vielleicht doch noch kommen – eine gute Frau – und die Mädchen haben mir einen großen Strauß Feldblumen ins Zimmer gestellt. Kyon [= der weiße Pudel Geyers] war brav gewesen, nur am letzten Abend hat er stellenweise geheult. (36)*

Ähnliches klingt in einem Mitte Juni 1887 geschriebenen, »Freitag, 10 ¼ Uhr« bezeichneten Brief über seine Rückkehr von einer Reise in sein Elternhaus nach Röckingen an, bei der ihn unter anderem auch liebevolle handgearbeitete Geschenke der Töchter der Gastgeberin erwarten:

> *Zu Hause hatte Frau Dekan Blumen auf den Tisch gestellt, dabei lag eine sehr hübsche Cigarrenspitze mit einem Meerschaumhund, und Frieda hat mir sogar ein Lesezeichen gestickt, auf welchem steht »Aus Liebe«. Sie hat übrigens lange geschwankt, ob sie »Aus Freundschaft« oder »Aus Liebe« darauf sticken soll und nachher sogar leise Gewissensbisse bekommen, wie mir Frau Dekan erzählte. (44)*

Zur Alltagskultur eines gehobenen Pfarrhauses des ausgehenden 19. Jahrhunderts gehören die im Hause von Dekan Klein erlebte Tisch-, Hausmusik-, Konversations- und Geselligkeitskultur einschließlich der wechselseitigen Aufmerksamkeiten der Hausfrau und ihrer zum Teil noch schulpflichtigen Kinder. Hinzu treten gemeinsame Spaziergänge, das Spiel mit den Kindern der Familie und Gespräche mit den älteren, studierenden bzw. das Gymnasium besuchenden Söhnen. Eine entscheidende Rolle kommt auch der Hausmusikpflege zu, in die Christian Geyer aufgrund seiner Fähigkeiten an Klavier, Orgel und Cello sofort wie selbstverständlich integriert wird.[30] Stücke von Beethoven, Mendelssohn, Schumann, Schubert und Haydn werden gemeinsam erarbeitet und gesungen. Musizierpartner sind die Söhne des Hauses, der Nördlinger Stadtkantor Friedrich Wilhelm Trautner und Bertha Laible, die zukünftige Schwiegertochter und Verlobte des ältesten Sohnes, die im Hause des Dekans verkehrt. Mehrfach wird in den Briefen dabei das Harmonium erwähnt, das seine Blütezeit gegen Ende des 19. und zu Beginn des 20. Jahrhunderts als eine Art Heimorgel und Hausinstrument des bürgerlichen Mittelstandes in Deutschland erlebt.[31]

Bereits kurz nach seiner Ankunft in Nördlingen berichtet Christian Geyer der Verlobten am 30.4.1887:

> *Donnerstag abend war ich mit der gesamten Honoratioren–Gesellschaft im Sixten, gestern arbeitete ich meine Predigt, Mittag kam mein Cello, unglaublicherweise ohne die gewünschten Noten, sodaß es mir nichts nützt. Abends kam Frl. Laible, um 4händig zu spielen (Pastoralsymphonie von Beethoven). Ich habe mir auch 2 Bände Schumann–Lieder gekauft und singe manchmal. Es sind großartige Sachen darin. (17)*

Am 20.5.1887 schreibt er der Verlobten über das gemeinsame Musizieren mit der im Nördlinger Dekanshaus verkehrenden Rektorentochter Bertha Laible, die ausgezeichnet Klavier spiele:

> *Die ganze 2. Cellosonate von Mendelssohn spielten wir vom Blatt – eine Kleinigkeit für uns, aber »musikalisch« ist sie übrigens doch nicht, und als ich ihr sagte, sie sollte die Bach-Sonate doch etwas »dicker« spielen, brachte sie's nicht zu Stande. (29)*

Neben dem Spiel auf Harmonium, Klavier und an der Orgel der St. Georgskirche[32] pflegt Christian Geyer auch den Gesang und erwähnt im Brief vom 14.7.1887:

> *Gestern hat Kern mir wieder meine Schumann-Lieder gebracht, und ich fange wieder an zu singen. Morgen Abend soll auch womöglich aus dem Triospielen etwas werden, es sollte mir wenigstens liebsein! (52)*

Am 15.7.1887 berichtet er:

---

[30] Zum evangelischen Pfarrhaus als lebendige Pflegestätte der Musik vgl. OSKAR SÖHNGEN, Die Musik im evangelischen Pfarrhaus, in: GREIFFENHAGEN, Pfarrhaus (wie Anm. 5), 302.

[31] Zum Harmonium vgl. CHRISTEL KÖHLE–HEZINGER, Das Harmonium oder: Frommes Schwellen, sanfte Bewegung, in: SIEGFRIED BECKER u. a. (Hrsg.), Volkskundliche Tableaus. FS für Martin Scharfe, Münster u. a. 2001, 183-202, sowie CHRISTIAN AHRENS/GREGOR KLINKE, Das Harmonium in Deutschland. Bau, wirtschaftliche Bedeutung und musikalische Nutzung, Frankfurt am Main 2001.

[32] Zur Kirchenmusik in Nördlingen vgl. FRIEDRICH WILHELM TRAUTNER, Die große Orgel in der St. Georgs-Hauptkirche zu Nördlingen, Nördlingen 1899, sowie DERS., Zur Geschichte der evangelischen Liturgie und Kirchenmusik in Nördlingen. Eine Studie, Nördlingen 1913.

Der musikalische Abend verlief recht nett. Wir spielten ein Trio von Beethoven und einen Satz von Haydn; einige Schubertmärsche 4händig, dazu sang ich mit Frl. Laible einige Duetten. (53)

Trotz der zum Teil angespannten Stimmung unter den Nördlinger Pfarrern pflegt die protestantische Pfarrerschaft des Nördlinger Rieses jenseits der dienstlichen Kontakte einen geselligen Umgang miteinander. Eine wichtige Rolle spielen dabei die von Geyer als »Pfarrersgesellschaft« bezeichneten Zusammenkünfte auf dem Karlshof im Karthäusertal an den Mittwochnachmittagen. Am 22.7.1887 notiert er:

Mittwochs war ich auf der Pfarrersgesellschaft in Karlshof (Karthäusertal), 2 Std. von hier. (57)

Zu dieser über die institutionellen Grenzen eines Dekanates hinweg sich konstituierenden Mittwochsgesellschaft bemerkt er rückblickend in der Autobiographie: *Jeden Mittwochnachmittag ging ich auf den im Kartäusertal schön gelegenen Karlshof, wo sich eine meist zahlreiche Gesellschaft von umliegenden Pfarrern mit ihren Familien einfand.*[33] Unter anderem werden dort Mendelssohn–Lieder im Freien eingeübt und vorgetragen, und vergnügt sich die Gesellschaft beim gemeinsamen Kegelspiel.[34] Für diese familiären Treffen nehmen die Teilnehmer zum Teil mehrstündige Fußwege in Kauf.[35]

Einen erheblichen Teil seiner Zeit verbringt Christian Geyer in der ersten Phase seines Vikariates mit Besuchen. Er kann dabei an familiäre wie freundschaftliche Beziehungen seines Elternhauses und an die gemeinsame Studentenverbindung Uttenruthia anknüpfen. Geyer wird umgekehrt auch in die Häuser des Nördlinger gehobenen Bürgertums eingeladen und verkehrt mit Lehrern und dem Stadtkantor. Da Geyer als Privatvikar keine Hausbesuche zu machen braucht und auch keine Kasualien wie Taufen, Trauungen und Beerdigungen übernehmen darf, reduziert sich der Kontakt zum einfacheren Teil der Bevölkerung der Stadt auf den Gottesdienst und auf den Religionsunterricht bzw. die Christenlehre am Sonntagnachmittag.

Eine Reihe von Briefstellen sind Beobachtungen des humorvoll wahrgenommenen Nördlinger Kleinstadtbürgertums gewidmet. So schreibt Christian Geyer am 28.4.1887:

Ich muß zu aller der Wichtigthuerei, da jeder in kleinstädtischem Größenwahn sich als eine Hauptperson aufspielt, herzlich lachen; gehe weiter mit meinen 3 Mädeln auf die

---

[33] GEYER (wie Anm. 4), 104.

[34] Vgl. ebd.

[35] Beim Karlshof handelt es sich um »ein Domanialgut der Fürsten von Oettingen-Wallerstein [...] unweit der Ruine Hohhaus« gelegen (Vgl. GEORG MONNINGER, Das Ries und seine Umgebung, Nördlingen 1883 = Nachdruck Nördlingen 1984, 111f.).

Marienhöhe und spiele Schneiderlein oder sonst etwas, lerne Dogmen- und Kirchengeschichte, befleißige mich größter Freundlichkeit gegen Hofstätter und Pauli, was dieselben auch anerkennen und freue mich in Gesang und Musik meines Daseins. (16)

Am 2.5.1887 bewegt ihn die Aufmerksamkeit, die seine Person in Nördlingen und Umgebung zu erwecken scheint:

Es ist ein eigenartiges Gefühl, in einer kleinen Stadt so der Haupt-Klatsch-Gegenstand zu sein. Wenn mans da allen Leuten recht machen wollte. Dem einen rede ich zu schnell. Der andere sagt, meine Lebhaftigkeit sei das Beste. Der Spießer hat mir noch am besten gefallen, der im Wirthshaus gesagt hat: Ich will noch kein endgültiges Urtheil über ihn absprechen, aber meiner Frau hat er nicht ganz gefallen. Aber die Leute kommen. Wenn auch nur Neugierde ist, sie kommen doch. Der alte Ackermann hat gesagt: »Ein solches ›Maul‹ wie der hat kein Zweiter« und offenbar hat das Gerücht von meinem »Maul« auch Leute herbeigelockt, die man seit Jahren nicht mehr in der Kirche gesehen hat. Sie sollten sich wohl auch ein »Urtheil« bilden. Wer sehen will, wie dumm die halbgebildeten Leute sind, wie unwiderstreblich dumm, der muß in eine solche kleine Stadt kommen. Aber schön ist es und es läßt sich leben. (19f.)

Schließlich heißt es im Brief vom 11.7.1887:

Aber Schatz! was es für Waschweiber in der Welt gibt. Geht in Rothenburg an der Tauber und Umgegend doch die Rede, ich hätte hier einmal eine Predigt angefangen: Noblesse oblige! Es ist zwar wahr, nur daß ich selbstverständlich sagte: »Adel verpflichtet«. In pastoralen Kreisen, die mir nicht einmal dem Namen nach bekannt sind, figuriere ich als der »Sprüchwörterpfarrer«, und noch vieles andere sei dort zu hören, was ich aber hier nicht alles wieder zu erfahren brauche. Jetzt plagen sich die Leute gar noch mit dem lumpigen Vikar von Nördlingen, das ist doch sehr spaßig? (49)

Die evangelische Pfarrerschaft erscheint als Teil einer gebildeten bürgerlichen Oberschicht der Kleinstadt, zu der Apotheker, Buchhändler, Verleger, Lehrer und Ärzte gehören. Der Pfarrberuf stellt sich als bürgerlicher Beruf dar, der seinen Angehörigen aufgrund der verfügbaren zeitlichen Spielräume so etwas wie eine Frühform der später ab der Mitte des 20. Jahrhunderts ausgeprägten Freizeitgestaltung ermöglicht. Die Nördlinger protestantischen Pfarrer sind anders als ihre Vorgängergenerationen inzwischen finanziell so gut situiert, daß sie nicht mehr durch nebenbei betriebene Landwirtschaft sich einen Teil ihres Lebensunterhaltes verdienen müssen, was nicht zuletzt auf die inzwischen geregelte Pfarrbesoldung im Königreich Bayern zurückgeht.[36]

---

[36] Vgl. BÖTTCHER (wie Anm. 6), 18, zum Einkommensrecht der evangelischen Geistlichen in Bayern von 1810/1812, das ein geregeltes Mindesteinkommen mit funktions- und stellenbezogenen Zulagen kennt.

4. Fazit

Christian Geyers Brautbriefe von 1887 erschließen das kirchliche und gesellschaftliche Alltagsleben der bayerisch-schwäbischen Kleinstadt Nördlingen im ausgehenden 19. Jahrhundert aus der Sicht des 25jährigen Vikars und gewähren darüber aufschlußreiche Einblicke in das soziokulturelle Milieu des Nördlinger gehobenen Bürgertums und seiner evangelischen Pfarrerschaft, insbesondere in die Geselligkeit des evangelischen Pfarrhauses als Ort der Musik- und Literaturpflege wie der gehobenen Konversation. Sie spiegeln auf liebevolle Weise das kirchliche Leben Nördlingens vor 1900 und markieren zugleich, wie die sogenannte ›moderne Predigt‹ in einem traditionellen bayerisch-schwäbischen protestantischen Milieu erlebt wird, als sie mit Christian Geyer erstmals Einzug in den Gottesdienst erhält. Die in den Briefen zum Teil detailliert geschilderte Alltagswelt eines Privatvikars im evangelischen Nördlingen des ausgehenden 19. Jahrhunderts erweist sich dabei zugleich als konsequente und bisher kaum wahrgenommene Vorgeschichte eines der bedeutendsten protestantischen Prediger der ersten Hälfte des 20. Jahrhunderts.

Bereits am Anfang seines beruflichen Wirkens wird somit deutlich, daß Christian Geyers spätere Wirksamkeit und Ausstrahlung auf konsequenter intensiver Predigtvorbereitung, umfassender Partizipation am alltäglichen Leben seines Umfeldes, wissenschaftlicher Sorgfalt sowie auf methodisch reflektierter eigener Predigterfahrung und strikter Beachtung der Rückmeldungen von Hörerinnen und Hörern beruht. Die ›moderne Predigt‹ erweist sich darüber hinaus als eine zugleich am Studium der großen Predigtgestalten des 18. und des 19. Jahrhunderts geschulte Aufbruchbewegung. Deutlich wird zudem die Bedeutung des Predigtgeschehens für eine protestantisch geprägte Kleinstadt im Zusammenhang des sich im ausgehenden 19. Jahrhundert vollziehenden gesamtgesellschaftlichen Modernisierungsschubs.

Das evangelische Pfarrhaus

Ein Beitrag zur professionsspezifischen Lebenskunst

Spätestens seit dem 19. Jahrhundert wird der Begriff »Pfarrhaus« zur Metapher für den evangelischen Pfarrberuf und seine umfassende, die eigene Familie und das (damals noch selbstverständliche) Hauspersonal einschließende Berufsausübung.[1] Indem »Pfarrhaus« den Lebensraum dieses Berufes umschreibt, wird wie beim Begriff »Kirche« nicht mehr streng zwischen architektonischem Gebäude und Berufsausübung getrennt und das Pfarrhaus als Institution des bürgerlichen Protestantismus zum hervorgehobenen anderen Ort einer besonderen, kulturell herausragenden Existenzform, welche sich durch die Pflege der Literatur, der Musik, des Gespräches, der Gastlichkeit und der Geselligkeit auszeichnet.

Insbesondere seit Ende der 1960er Jahre haben sich im evangelischen Pfarrhaus deutliche Umbrüche vollzogen und dessen Funktion verändert: An die Stelle der auf ihre eigenständige Berufsausübung verzichtenden, den Ehemann unterstützenden Pfarrfrau ist die berufstätige Ehefrau des Pfarrers getreten; der evangelische Pfarrberuf wird zunehmend von Frauen ausgeübt, deren Ehepartner keinesfalls selbstverständlich in die alte Rolle der Pfarrfrau eingetreten, sondern eigenständig berufstätig sind, aber weiterhin zusammen mit den Kindern im Pfarrhaus leben. Durch die Möglichkeit der Stellenteilung für Ehepaare im Pfarrdienst, aber auch durch Teildienstverhältnisse einzelner Pfarrerinnen und Pfarrer wird es im Pfarrberuf notwendig, wie in anderen Berufen zwischen Arbeitszeit und Freizeit exakter zu trennen. In einzelnen Landeskirchen wurde zudem für im Teildienst tätige Pfarrerinnen und Pfarrer die Pflicht aufgehoben, am Dienstsitz im Pfarrhaus wohnen zu müssen. Beherrschten Ende der 1960er Jahre noch Fragen der Vereinbarkeit alternativer Lebensformen mit dem Pfarrhaus die Debatten, so beschränken diese sich gegenwärtig auf die Frage des Zusammenlebens gleichgeschlechtlicher Lebenspartner im Pfarrhaus. Die Zunahme von als Singles den Pfarrberuf Ausübenden (als freiwillige Lebensform oder infolge von Ehescheidungen) stellt die Frage nach der Größe des Wohnraums im Pfarrhaus. Die

---

[1] Deutlich wird dies an der Literatur zum evangelischen Pfarrberuf, die bis in die erste Hälfte des 20. Jahrhunderts in den Titeln der Veröffentlichungen zwischen Pfarrhaus und Pfarrberuf nicht deutlich genug differenziert und beide Begriffe gleichsetzt, vgl. z.B. HERMANN WERDERMANN, Der evangelische Pfarrer in Geschichte und Gegenwart. Im Rückblick auf 400 Jahre evangelisches Pfarrhaus, Witten 1925.

seit den 1960er Jahren zurückgehenden Kinderzahlen in den Pfarrfamilien wie der seit den 1930er Jahren einsetzende Wegfall des Hauspersonals stellen die Frage, ob die überkommenen Pfarrhäuser nicht überdimensioniert sind und ihre Bewohner mit zu hohen Energiekosten belasten. Die seitdem neu errichteten Gemeindehäuser haben Teilfunktionen des Pfarrhauses übernommen, wie die des Wohnzimmers als Versammlungsraum für kleinere Gruppen von Konfirmanden, für Bibelkreise oder Sitzungen.

Ging es in den 1960/70er Jahren um die Vereinbarkeit des Lebens im Pfarrhaus mit sexueller Befreiung und alternativen Lebensformen, so geht es heute – mit Ausnahme der Diskussion um die gleichgeschlechtlichen Lebenspartnerschaften – um die Vereinbarkeit von Beruf und Wohnen im Pfarrhaus und deren Unterstützung durch bauliche Maßnahmen. Hinzu kommt, dass in einigen Kirchengemeinden der Wohnstandard der Pfarrhäuser zunehmend unter den vergleichbarer Gesellschaftsgruppen sinkt, und ein bürokratischer innerkirchlicher Umgang mit dem Pfarrhaus entsprechende Innovationen behindert. Bei Pfarrhausneubauten haben sich die Landeskirchen in ihren Pfarrhausrichtlinien vom Leitbild der Großzügigkeit und Gastlichkeit verabschiedet, die Raumprogramme auf ein bescheidenes Einfamilienhaus-Maß reduziert und damit die wachsende Wohnflächenzahl wie -qualität der meisten im eigenen Haus wohnenden Gemeindeglieder unterschritten.

Nicht zuletzt hat sich seit dem ausgehenden 19. Jahrhundert für den Pfarrberuf die Frage des Ruhestandswohnsitzes gestellt. Das »alte« Pfarrhaus wurde in der Regel vom Stelleninhaber auf Lebenszeit bis zu dessen Tod bewohnt, da die Gemeindearbeit bei Erkrankung oder Gebrechlichkeit notfalls mit Unterstützung eines ins Haus aufgenommenen Privatvikars aufrechterhalten werden konnte. Damit bestand das heute Pfarrerinnen und Pfarrer belastende Problem der Suche oder der Finanzierung einer Ruhestandswohnung nicht. Nur Pfarrwitwen waren beim frühzeitigen Tod des Ehepartners gezwungen, das Pfarrhaus zu verlassen. Berufsständische Selbsthilfeeinrichtungen sorgten aber seit dem 19. Jahrhundert für Abhilfe mit Wohnraum für Pfarrwitwen und gegebenenfalls noch minderjährige Pfarrerskinder.

Der evangelische Pfarrberuf stellt in der Normalform des Gemeindepfarramtes gegenwärtig einen der letzten Berufe dar, dessen Ausübung mit der Pflicht zum Wohnen am Arbeitsplatz in einem öffentlich zugänglichen Pfarrhaus verbunden ist. War es in früheren Jahrzehnten noch selbstverständlich, dass Ärzte ihre Praxis im Wohnhaus unterhielten, Lehrerinnen und Lehrer im Schulgebäude, Bahnhofsvorsteher im Bahnhofsgebäude, Polizisten mit der Familie in der Polizeistation, Förster im Forsthaus oder sogar Bankdirektoren über den Geschäftsräumen ihrer Bank wohnten, so hat sich für diese Berufe inzwischen eine Differenzierung zwischen Arbeitsplatz und Wohnraum vollzogen, die nicht zuletzt eine Folge der modernen Kommunikationstechnologie mit der Möglichkeit der ständigen Erreichbarkeit auch außerhalb des Arbeitsplatzes ist. Damit bleibt der evangelische Pfarrberuf ein Beruf ohne deutlich abgrenzbare Privatsphäre, da auch der Umgang mit dieser einen Teil der professionellen Berufsausübung darstellt. Hinzu kommt, dass Pfarrerinnen und Pfarrer die einzige kirchliche Berufsgruppe sind, die über eine ungeregelte, nach oben hin offene Arbeitszeit verfügt und im Zweifelsfall immer für dienstliche Belange verfügbar ist. Diese Umstände machen aus praktisch-theologischer Sicht für den Pfarrberuf eine professionsspezifische Lebenskunst erforderlich, um auf der öffentlichen Bühne des Pfarrhauses zusammen mit dem Ehe- oder Lebenspartner und gegebenenfalls der gesamten Familie dahingehend authentisch zu agieren, dass es weder zur gespielten »Heuchelei« eines vorbildlichen Ehe- bzw. Partnerschafts- und Familienlebens, noch zu einer auf Dauer ungesunden »Prostitution« des Privaten kommt, sondern Rückzugsräume entstehen, die selbst wiederum Modellcharakter für Kirche und Gesellschaft erhalten und sich insbesondere in Lebenskrisen zu bewähren vermögen.

1. Ein privater Lebensbereich von großem öffentlichem Interesse

Manfred Josuttis beschreibt das evangelische Pfarrhaus als »Konfliktfeld, das von zahlreichen Spannungen durchzogen wird. Es ist ein privater Lebensbereich von großem öffentlichen Interesse. Die Schwankungen ›zwischen dem Bedürfnis des Wohnens nach Abgeschlossenheit und dem Interesse an Zugänglichkeit von außen‹, die menschliches Wohnen generell charakterisieren, sind hier besonders stark ausgeprägt. Der umfriedete Raum, den jede menschliche Wohnung für ihre Bewohner bildet, soll hier für die Außenwelt zur Bühne werden, auf der die Möglichkeit friedvollen Lebens zur Darstellung kommt. Weil zur pastoralen Arbeit das Erzählen der heiligen Mythen, das Vollziehen der heiligen Riten und die Darstellung des heiligen Lebens gehört, ist das Pfarrhaus für seine Insassen nicht einfach Zufluchtsstätte und Erholungsraum, sondern Arbeitsplatz, der zum beruflichen Alltag gehört, weil er von der sozialen Umgebung kontrolliert und kritisiert wird. Das gilt bis in die intimsten Räume des Hauses hinein [...]. Pfarrer und Pfarrerin sollen [...] bis in die Schlafzimmer hinein, deutlich machen, dass die elementare Antinomie zwischen Sexualität und Sozialität in einem mehr oder weniger harmonischen Familienleben aufzuheben ist.«[2] Diese klassische Definition von 1979 umschreibt trotz der eingetretenen Veränderungen und Umbrüche immer noch zutreffend die spezifische Ausgangssituation wie die Erwartungen, denen sich die praktisch-theologische Beschäftigung mit dem Thema »Pfarrhaus« zu stellen hat.

---

[2] Manfred Josuttis, Im umfriedeten Haus ein umstrittenes Zimmer. Überlegungen zu einem Konflikt in der Kirche, in: Richard Riess (Hrsg.), Haus in der Zeit. Das evangelische Pfarrhaus heute (1979), München [2]1992, 163–171; hier: 163.

2. Pfarrhaus-Diskurse im Überblick

Das Pfarrhaus bildet einen eigenständigen Topos der klassischen Pastoraltheologie vor allem des 19. Jahrhunderts.[3] Am Ausgang des 19. Jahrhunderts setzt dann eine von Pfarrern im Gemeindedienst und nicht von Theologieprofessoren betriebene Pfarrhausforschung ein, deren Spuren sich schließlich im 1936 gegründeten Pfarrhaus-Archiv des Verbandes der deutschen Pfarrervereine in Wittenberg, heute in Eisenach, niedergeschlagen haben.[4] Das Fach Praktische Theologie wendet sich dem Thema Pfarrhaus erneut in den 1970/80er Jahren zu, als gesellschaftliche Umbruchprozesse wie die Liberalisierung der Sexualität, die Akzeptanz alternativer Lebensformen zur Ehe und die sogenannte antiautoritäre Erziehung auch im evangelischen Pfarrberuf sich abzeichnen und das Pfarrhaus als selbstverständliche Institution durch seine Bewohner hinterfragt wird. Gegenwärtig spielt das Thema Pfarrhaus mit Ausnahme des Theorieentwurfs von Wolfgang Steck aus dem Jahr 2000 in der akademischen Praktischen Theologie und ihrer Pfarrberufstheorie nur eine eher marginale Rolle. Wie der evangelische Pfarrberuf, so wird auch das Thema Pfarrhaus in eigenständigen und wenig miteinander verbundenen kirchlichen, berufsständischen, sozial- und kulturwissenschaftlichen, pastoralpsychologischen, historischen wie literarischen Diskursen bearbeitet und hat eine Disziplinen- und Interessengruppen-spezifische Ausdifferenzierung erfahren.

Für den sozialwissenschaftlichen Diskurs ist exemplarisch die Studie von Matthias Geist zur religiösen Erziehung und Sozialisation evangelischer Pfarrerskinder in Österreich der Geburtsjahrgänge 1950 bis 1978 zu nennen.[5] Matthias Geist kann darin zeigen, dass Pfarrerskinder von ihrem gesellschaftlichen Umfeld her einer starken öffentlichen Beobachtung ausgesetzt sind und sich deshalb in besonderer Weise von ihren Eltern geschützt empfinden. Sie nehmen die internen Verhältnisse zwischen den Familienmitgliedern durch das Leben im Pfarrhaus intensiver als andere Kinder wahr und erfahren darüber häufig ihre prägende Berufsmotivation für eine sozial ausgerichtete Tätigkeit. Die persönliche Religiosität erwachsener Pfarrerskinder artikuliert sich vorwiegend als Lebensethik. Das

---

[3] Vgl. EBERHARD WINKLER, Das Pfarrhaus als Vorbild?, in: JOHANN FRIEDRICH ENKE (Hrsg.), Das evangelische Pfarrhaus in der Neuzeit, Eisenach 1990, 84–91.

[4] Vgl. z. B. WILHELM BAUR, Das deutsche evangelische Pfarrhaus. Seine Gründung, seine Entfaltung und sein Bestand, Bremen [4]1896, EDUARD MEUSS, Lebensbild des evangelischen Pfarrhauses vornehmlich in Deutschland. Ein Beitrag zur Kulturgeschichte und Pastoraltheologie, Bielefeld [2]1884, LUDWIG BÄTE/KURZT MEYER-ROTERMUND (Hrsg.), Das Buch vom deutschen Pfarrhaus, 1920, FRANZ BLANCKMEISTER, Vierhundert Jahre sächsisches Pfarrhaus, Rothefelde 1929, JOSEPH VIKTOR WIDMANN, An den Menschen ein Wohlgefallen. Pfarrhausidyll, Frauenfeld [5]1913, u. REINHOLD BRAUN, 400 Jahre evangel. deutsches Pfarrhaus. Eine Abendfeier, Dresden 1925.

[5] Vgl. MATTHIAS GEIST, Selbst- und Weltumgang im Pfarrhaus – Beobachtungen zu Begriff und Verständnis von »sozialer Kompetenz«, in: Wiener Jahrbuch für Theologie 2 (1998), 243–263.

Leben im Pfarrhaus führt zum Erwerb spezifischer sozialer Kompetenzen wie der Aneignung eines sozialen Gewissens durch Wahrnehmung und Nachahmung und einer erhöhten Sensibilität für den eigenen Selbst- und Weltumgang. Das im Pfarrhaus erfahrene Lernen im eigenen Familienverband schafft ein spezifisches Sensorium für die Entstehung und Bewältigung von Problemen und Konflikten. Relativ früh setzen im Pfarrhaus aufgewachsene Kinder bewusst ihre kommunikativen Fähigkeiten ein. Allerdings steht die soziale Kompetenz von Pfarrerskindern nur in seltenen Fällen im Zusammenhang mit spezifisch-christlichem Gedankengut.

Breite Aufmerksamkeit findet das evangelische Pfarrhaus im kulturhistorischen Diskurs. Der französische Germanist Robert Minder beschäftigt sich bereits 1962 mit dem Bild des Pfarrhauses in der deutschen Literatur (1962).[6] Oliver Janz zeigt in seiner Dekonstruktion des von nationalem und völkischem Gedankengut bestimmten Mythos des deutschen Pfarrhauses, wie der evangelische Pfarrberuf sich noch lange von der rasant voranschreitenden Verwissenschaftlichung und Ausdifferenzierung der akademischen Berufswelt abzugrenzen vermochte. »Das Pfarrhaus stand für die Einheit von Verstandes- und Herzensbildung, Wissenschaft und Religion, Theorie und Praxis.«[7] Das ländliche Pfarrhaus wahrte die Merkmale des »ganzen Hauses« und viele Züge altbürgerlichen Lebens.[8] Die im 19. und frühen 20.Jahrhundert sich formierende eigenständige Pfarrhausliteratur neigte zu einer Überhöhung des Pfarrhauses als Kern und Sinnbild bildungsbürgerlichen Lebens.[9] Dietlind Pichler versucht in einer kulturhistorischen Detailstudie die Differenz des österreichischen eigenständigen Typus des evangelischen Pfarrhauses im Gegenüber zum deutschen bürgerlichen Pfarrhaus anhand der Auswertung der Korrespondenz einer Pfarrfrau und von Tagebüchern aus dem ausgehenden 19. und frühen 20. Jahrhundert zu bestimmen.[10]

Ein eigenständiger zeitkirchengeschichtlicher, nur von Betroffenen geführter Diskurs beschäftigt sich mit dem evangelischen Pfarrhaus in der ehemaligen

[6] Vgl. ROBERT MINDER, Das Bild des Pfarrhauses in der deutschen Literatur von Jean Paul bis Gottfried Benn, in: DERS., Kultur und Literatur in Deutschland und Frankreich. Fünf Essays, Frankfurt am Main 1977, 46–75.

[7] Vgl. OLIVER JANZ, Das evangelische Pfarrhaus als deutscher Erinnerungsort, in: Jahrbuch für Berlin-Brandenburgische Kirchengeschichte 64 (2003), 86–103. Eine leicht abweichende Fassung in: ETIENNE FRANÇOIS/HAGEN SCHULZE (Hrsg.), Deutsche Erinnerungsorte. Bd. 3, München 2001, 221–238.

[8] Vgl. JANZ (wie Anm. 7), 90.

[9] Vgl. a.a.O., 102.

[10] Vgl. DIETLIND PICHLER, Das Leben im Pfarrhaus – Ein bürgerliches Leben? Skizzen aus Oberösterreich, in: Jahrbuch für die Geschichte des Protestantismus in Österreich 120 (2004), 167–235; vgl. dazu auch KLAUS RASCHZOK, *Frau Dekan hat ein sehr schönes Harmonium in mein Zimmer stellen lassen.* Die Nördlinger Brautbriefe Christian Geyers von 1887 als Quelle zur Sozialgeschichte des evangelischen Pfarrberufs, in: DIETMAR SCHIERSNER u.a. (Hrsg.), Augsburg, Schwaben und der Rest der Welt. Neue Beiträge zur Landes- und Regionalgeschichte. FS für Rolf Kiessling, Augsburg 2011, 325–340 (in diesem Band 153–170).

DDR.[11] Für den pastoralpsychologischer Diskurs zum Pfarrhaus ist vor allem auf die amerikanische Fachliteratur zu verweisen.[12]

Innerhalb des ethischen Diskurses um die Beurteilung der Homosexualität zu verorten ist die kontrovers und hoch emotioal geführte Debatte um das Zusammenleben gleichgeschlechtlicher Paare im Pfarrhaus, die in den evangelischen Landeskirchen seit einigen Jahren geführt und nicht unbeträchtliche Verwerfungen zwischen den einzelnen Frömmigkeitsgruppen zur Folge hat.[13] Christa Spilling-Nöker hat eine Dokumentation dieser Diskurse seit 1979 zusammengestellt und ausgewertet.

Im Gegensatz zu den Diskursen zum evangelischen Pfarrhaus gibt es zu dessen katholischem Pendant kaum vergleichbare Studien. So besteht ein erhebliches Forschungsdefizit zur Lebenskultur der katholischen Priester im deutschsprachigen Kulturraum.[14]

3. Der kirchenamtliche Diskurs

Das neue Pfarrdienstgesetz der Evangelischen Kirche in Deutschland (EKD) aus dem Jahr 2010, das augenblicklich von den einzelnen Landeskirchen für ihr innerkirchliches Recht adaptiert wird, geht selbstverständlich von der ungebrochenen Existenz des Pfarrhauses aus. Auch im Umfeld der Beratungen in den entsprechenden synodalen Gremien der einzelnen Kirchen wie der EKD kam es zu keiner Infragestellung. So bestimmt § 38 Satz 1 des Pfarrdienstgesetz der EKD kategorisch: »Gemeindepfarrer und Gemeindepfarrerinnen sind verpflichtet, am Dienstsitz zu wohnen. Eine für sie bestimmte Dienstwohnung haben sie zu beziehen. Ausnahmen können in besonders begründeten Fällen genehmigt werden.« Dies wird in der Begründung zum neuen Pfarrdienstgesetz der EKD schließlich näher entfaltet: »Die Residenzpflicht als Pflicht der Pfarrerinnen und Pfarrer, im Gemeindebezirk zu wohnen, ist unerlässlich, damit Pfarrerinnen und Pfarrer das

---

[11] Vgl. z.B. Christine Lieberknecht, Pfarrhaus in der Bewährung: das Beispiel DDR, in: Zeitwende 70 (1999), 109–115 oder Eberhard Winkler, Das evangelische Pfarrhaus in Ostdeutschland 1945–1995, in: Jürgen Henkys (Hrsg.), Einheit und Kontext. FS für Peter C. Bloth, Würzburg 1996, 379–394.

[12] Vgl. Linda Hilemann, The Unique Needs of Protestant Clergy Families: Implications for Marriage and Family Conseling, in: Journal of Spirituality In Mental Health 10 (2008), 11–144.

[13] Vgl. Christa Spilling-Nöker, Wir lassen Dich nicht, Du segnest uns denn. Zur Diskussion um Segnung und Zusammenleben gleichgeschlechtlicher Paare im Pfarrhaus, Berlin/München 2006.

[14] Vgl. Erwin Gatz, Einleitung, in: Ders. (Hrsg.), Wie Priester leben und arbeiten. Quellen zur Lebenskultur und Arbeitswelt des deutschen Seelsorgeklerus seit dem Ende des 18. Jahrhunderts, Regensburg 2011, 35–38; hier: 35, und Andreas Wollbold, Als Priester leben. Ein Leitfaden, Regensburg 2010.

Lebensumfeld ihrer Gemeindeglieder kennen. Die Pflicht, im Pfarrhaus oder einer anderen bereit gestellten Dienstwohnung zu wohnen (Dienstwohnungspflicht), hat erhebliche praktische Bedeutung für die Mobilität der Pfarrerschaft, da ohne Pfarrhaus und Dienstwohnung die Besetzung vakanter Stellen häufig wesentlich erschwert und verzögert würde.«

Deutlich gemacht wird dabei, dass »die Bedeutung des Pfarrhauses über eine bloße Wohnstätte für Pfarrerinnen und Pfarrer und ihrer Familien hinaus« geht. »Es ist räumlicher Ausdruck der Untrennbarkeit von Amt und Person und des Pfarrdienstes als Profession mit seiner hohen Zeitsouveränität und ständigen Vermischung von Berufs- und Privatleben. Teilweise wird es auch zur Projektionsfläche und Orientierungspunkt für Vorstellungen vom gelungenen Leben.« Benannt wird ebenso, dass die in den Landeskirchen übliche Praxis, bei übergemeindlichen Pfarr- und Funktionsstellen auf die Dienstwohnungspflicht zu verzichten, gravierende Folgen für die Berufszufriedenheit der Pfarrerinnen und Pfarrer im Gemeindedienst besitzt: »Die Akzeptanz des Pfarrhauses wird darüber hinaus gemindert durch den vergleichenden Blick der Gemeindepfarrerinnen und -pfarrer auf übergemeindliche Pfarrstellen, Teilstellen und unständige Stellen, die meist nicht mit einer Dienstwohnungspflicht verbunden sind. In manchen Gliedkirchen ist auf diese Weise ein Viertel der Pfarrerschaft ohne Dienstwohnungspflicht. Ihre Entlastung durch die Trennung von Dienst- und Privatleben, die mögliche staatliche Förderung eines eigenen Heims und die hohen steuerlichen Mietwerte in manchen Pfarrhäusern führen dazu dass sich eine wachsende Zahl von Gemeindepfarrerinnen und -pfarrern benachteiligt fühlt und bei Stellenentscheidungen die Kosten des Wohnens im künftigen Pfarrhaus in die Überlegung einbezieht.« Von daher sei es »notwenig, alle Anstrengungen zur Erhaltung des evangelischen Pfarrhauses zu unternehmen und seine Wertschätzung in kirchenleitenden Gremien und der Pfarrerschaft zu erhöhen. [...] Praktisch-organisatorische und finanzielle Aspekte wirken zusammen und bedürfen der rechtlichen Regelung, damit das Pfarrhaus seine professionsethischen Funktionen erfüllen und ein Zeichen für Gegenwart und Anteil christlichen Lebens in der Gesellschaft sein kann.«

Erstmals reagiert das Pfarrdienstgesetz der EKD auch auf die gesundheitlichen Belastungen, die infolge von Asbest- oder Holzschutzmittelverseuchten Pfarrhäusern und Dienstwohnungen in den letzten Jahrzehnten eingetreten sind: »Eine Dienstwohnung muss angemessen, zumutbar und beziehbar sein [...]. Weist ein vorliegendes Gutachten eine Gesundheitsgefährdung [...] nach, so dürfen Pfarrerinnen und Pfarrer im Einzelfall aus dem Pfarrhaus und der Dienstwohnung ausziehen. Grundsätzlich ist unter dem Gesichtspunkt der Fürsorgepflicht von dem jeweiligen Dienstherrn der Pfarrerinnen und Pfarrer sicherzustellen, dass diese durch die Verpflichtung zum Bewohnen einer Dienstwohnung keiner von dieser ausgehenden gesundheitlichen Belastung ausgesetzt werden.«[15]

---

[15] Begründung zum Pfarrdienstgesetz der EKD zu § 38 Residenzpflicht, Dienstwohnung, Stand 10. November 2010.

4. Der berufsständische Diskurs

Auffällig ist die zwischen dem EKD-Pfarrdienstgesetz samt Erläuterungen und den aktuellen Zufriedenheitsstudien im Pfarrberuf zum Thema Pfarrhaus zu beobachtende Diskrepanz. Die von den landeskirchlichen Pfarrer- und Pfarrerinnenvereinen bzw. Pfarrervertretungen veranlassten sogenannten Berufszufriedenheitsstudien weisen durchgängig darauf hin, dass das Wohnen im Pfarrhaus aus Sicht der Betroffenen problematisch geworden ist und wesentlichen Anteil an der Unzufriedenheit im Pfarrberuf trägt.[16] Bei den Berufszufriedenheitsdiskursen rückt mit dem Pfarrhaus die Frage der Altersvorsorge im Pfarrberuf in den Blick, die in früheren Diskursen so gut wie keine Rolle spielte. Pfarrerinnen und Pfarrer sehen sich durch die Pflicht, im Pfarrhaus zu wohnen, deutlich gegenüber vergleichbaren Berufsgruppen benachteiligt, weil sie aufgrund der ihnen verbleibenden finanziellen Spielräume während ihrer Berufstätigkeit kein Wohneigentum erwerben und selbst bewohnen können.

Wolfgang Nethöfel macht deutlich, wie die Wohnzufriedenheit entscheidenden Einfluss auf die Gesamtzufriedenheit der Pfarrerinnen und Pfarrer ausübt.[17] In Bezug auf die Akzeptanz des Pfarrhauses lassen sich zum Beispiel für die Evangelische Kirche in Kurhessen und Waldeck deutliche Alterseffekte nachweisen. »So beschreiben 28,7 % der bis 39-jährigen das Pfarrhaus als ›Leben auf dem Präsentierteller‹, während es sich bei den 40–49jährigen nur noch um 23,7 % und bei den über 50-jährigen gerade noch um 16,4 % handelt. Auch hier lässt sich ein Zusammenhang mit sich wandelnden Leitbildern vermuten. In diesem Kontext müssen aber auch Kohorteneffekte berücksichtigt und geprüft werden. So ist die geregelte Instandhaltung beispielsweise gerade für die Jüngeren wichtig, ganz im Gegensatz zur unterdurchschnittlich oft genannten Anpassung an ortsübliche Mieten. Neben dem beschriebenen Alterseffekt ist zu beobachten, dass vor allem Alleinstehende sowie Kinderlose unzufrieden mit ihrer Wohnsituation sind. Als

---

[16] Vgl. Dieter Becker/Richard Dautermann (Hrsg.), Berufszufriedenheit im heutigen Pfarrberuf. Ergebnisse der ersten Pfarrzufriedenheitsbefragung in Korrelation zu anderen berufssoziologischen Daten, Frankfurt am Main 2005 (= die erste Vollerhebung unter 1800 Pfarrerinnen und Pfarrern der Evangelischen Kirche in Hessen und Nassau), Herbert Dieckmann, Wir arbeiten hochmotiviert und unsere Gemeinden wissen das zu schätzen! Eine Auswertung der hannoverschen PastorInnenbefragung von 2004, in: Hannoversches Pfarrvereinsblatt 111 (2006), H. 1, 7–14, INSTITUT FÜR WIRTSCHAFTS- UND SOZIALETHIK MARBURG (Hrsg.), Antworten – Fragen – Perspektiven. Arbeitsbuch zur Pastorinnen- und Pastorenbefragung der Evangelisch-lutherischen Landeskirche Hannovers, 2005, PFARRERINNEN- UND PFARRERAUSSCHUSS DER EVANGELISCHEN KIRCHE VON KURHESSEN UND WALDECK (Hrsg.), Pfarrberuf heute. Dokumentation zur Tiefenauswertung der Befragung »pfarrberuf heute«, Kassel 2007.

[17] Vgl. Veronika Drews/Stefan Griesel/Wolfgang Nethöfel, »Weichgespült« oder »Stonewashed«? – Stand und Funktion kirchlicher Mitarbeiterbefragungen in den Landeskirchen, in: Stefan Bölts/Wolfgang Nethöfel (Hrsg.), Pfarrberuf heute. Befragungen und Studien zum Pfarrberuf, Berlin 2010, 312–321; hier: 313.

zentrales Problem wird von ihnen, so haben vertiefende Interviews ergeben, in erster Linie die Größe der Pfarrhäuser gesehen. Die Analyse der Faktoren, die eine Residenzpflicht tragbarer machen würden, zeigt deutlich Handlungsbedarf für die Kirchenleitung«[18].

Eine eigenständige, fragebogengestützte Befragung der Pfarrfrauen und Pfarrmänner hinsichtlich ihrer Zufriedenheit mit dem Leben im Pfarrhaus wurde in der Oldenburgischen Kirche im Jahr 2010 auf Initiative der Pfarrfrauen-Vertretung hin durchgeführt. Die Residenzpflicht wird grundsätzlich als sinnvoll akzeptiert, aber die meisten Pfarrhäusler würden, wenn sie die Wahl hätten, doch lieber in einem eigenen Haus wohnen, wenn die Möglichkeit dazu bestünde.[19]

Trotz dieses empirischen Befundes halten die EKD-Landeskirchen im Gemeindepfarramt an der Residenz- und Dienstwohnungspflicht fest und investieren in erheblichem Maße in die Bestandserhaltung ihrer Pfarrhäuser und Dienstwohnungen. In der Praxis führt dies in Einzelfällen dazu, dass Pfarrerinnen und Pfarrer sich zwar formal an die Rechtslage halten und ihr Pfarrhaus mit allen damit verbundenen finanziellen bzw. steuerlichen Pflichten beziehen, dort selbst aber nur noch ihr Amts- bzw. Studierzimmer unterhalten, während die Familie in erreichbarer Entfernung im eigenen Privathaus wohnt und aufgrund der modernen Kommunikationstechnologie durch Anrufweiterschaltung und Mobiltelefon die dienstliche Erreichbarkeit auch bei Abwesenheit vom Pfarrhaus sichergestellt ist. Häufig führen infolge Asbest- oder Holzschutzmittelverseuchung unbewohnbar gewordene Pfarrhäuser in Folge verzögerter landeskirchlicher Hilfsmaßnahmen dazu, dass Pfarrerinnen und Pfarrer in »Selbsthilfe« Privathäuser im Umfeld ihrer Kirchengemeinde beziehen und nach Instandsetzung des Pfarrhauses zusammen mit ihrer Familie nicht mehr zu einer Rückkehr bereit sind.

5. Der akademische praktisch-theologische Diskurs

In den Debatten der 1970/80er Jahre wird vor allem die Infragestellung des Pfarrhauses als Lebensform durch seine Bewohner reflektiert. Bezeichnend dafür ist der Titel des 1990 von Manfred Josuttis und Dietrich Stollberg herausgegebenen Bandes *Ehe-Bruch im Pfarrhaus. Zur Seelsorge in einer alltäglichen Lebenskrise.*[20] Josuttis beschreibt dort, wie im Pfarrhaus Religion und Biografie aufeinander prallen. »Für den Protestantismus konzentrieren sich diese Konflikte im Pfarrhaus, das in den letzten beiden Jahrzehnten dramatische Veränderungen im Lebensstil seiner Bewohner gesehen hat. Zunächst wurden auch sie erfasst von

[18] A.a.O., 315f.

[19] Vgl. Verena Hennings, Leben im Pfarrhaus. Eine sozialwissenschaftliche Untersuchung aus der Oldenburgischen Kirche, Oldenburg 2011, 25.

[20] Vgl. Manfred Josuttis/Dietrich Stollberg (Hrsg.), Ehe-Bruch im Pfarrhaus. Zur Seelsorge in einer alltäglichen Lebenskrise, München 1990.

der allgemeinen Tendenz zur Liberalisierung sexualethischer Normen. Pfarrerinnen sind eingezogen, Pfarrfrauen haben sich selbständig gemacht, Pfarrerehen sind zerbrochen, Paare ohne Trauschein, Homosexuelle sogar wollen darin gemeinsam leben.«[21] »Die Lebensführung des Amtsträgers ist [...] konstitutiver Bestandteil seines Amtes.«[22] Bereits im Rahmen seiner 1982 erstmals veröffentlichten zeitgenössisches Pastoraltheologie mit dem bezeichnenden Titel »Der Pfarrer ist anders« hatte Manfred Josuttis jene das Leben im Pfarrhaus bestimmende Rollendiffusion als Teil der pastoralen Existenz in der Gegenwart beschrieben. »Der Pfarrer lebt in einem besonderen, sozial begrenzten und definierbaren Raum, der sich von der gesellschaftlichen Realität sehr vieler Gemeindeglieder unterscheidet. [...] Religion und Profession fallen bei ihm zusammen, damit weitgehend auch Arbeit und Freizeit, und auch die Trennung von Beruf und Familie ist [...] noch nicht vollständig vollzogen.«[23]

Erhellend ist auch das gerne in der Pfarrhausliteratur zitierte Gedicht *Pfarrhaus (für pfarrer w.)* von Reiner Kunze, das die Freiräume eines Pfarrhauses beschreibt, in dem selbst die religiöse Alltagspraxis für seine Bewohner und Gäste nicht mehr verbindlich gemacht wird: »Wer da bedrängt ist findet / mauern, ein / dach und / muss nicht beten.«[24]

Martin Greiffenhagen betont 1984, dass aufgrund der zunehmenden Berufstätigkeit der Pfarrfrau das Pfarrhaus in eine neue Phase seiner Geschichte eintritt. Sein Funktionsverlust mischt sich mit einem neuen Verständnis christlicher Praxis. Die Pfarrfrau übt ihren eigenen Beruf aus. Dies führt zur Ausbildung einer eigenen Identität einschließlich der geistlichen Existenz der Pfarrfrau. »Gebet, Kirchgang, Bibellesung und häusliche Andachten verlieren auf diese Weise ihre Selbstverständlichkeit, werden zu religiösen Aktivitäten, welche die Ehefrau und die Kinder jeweils selber verantworten. Das nimmt dem Pfarrer als Vater und Ehemann viel historische Last, kostet ihn aber auch Autorität in der Familie und in der Gemeinde. Er steht nun stärker für sich, kann die Familie nicht mehr in seinen Beruf einspannen. Andererseits steht er der Gemeinde gegenüber nicht mehr mit seiner ganzen Familie ›im Wort‹ und muß nicht fürchten, daß mangelnder Kirchgang seiner Kinder ihm als eigene Glaubensschwäche oder den Pfarreltern als Mangel an christlicher Erziehung angerechnet wird.«[25]

Dietrich Stollberg charakterisiert 1984 das Pfarrhaus in der Spannung zwischen psychotherapeutischer Ambulanz und Psychopatient und geht auf berufsspezifische Grundkonflikte ein, die mit der Ausnahmesituation des Lebens einer

---

[21] Manfred Josuttis, Das heilige Leben, in: A.a.O., 11–26; hier: 11.

[22] A.a.O., 13.

[23] Manfred Josuttis, Der Pfarrer ist anders. Aspekte einer zeitgenössischen Pastoraltheologie, München [4]1991, 12.

[24] Reiner Kunze, Die wunderbaren Jahre, Frankfurt am Main 1986, 191.

[25] Martin Greiffenhagen, Einleitung, in: Ders. (Hrsg.), Das evangelische Pfarrhaus. Eine Kultur- und Sozialgeschichte, Stuttgart 1984, 7–22; hier: 21.

Pfarrfamilie verbunden sind.[26] Für ihn gilt, Abschied zu nehmen von der mit dem Pfarrhaus verbundenen krankmachenden Sehnsucht nach dem Paradies wie der in Kirchenkreisen beliebten, aber fatalen Glaubwürdigkeitsideologie.[27] Die Bewohner eines Pfarrhauses erleben Zerreißproben wie das Leiden am großen Haus und machen die Erfahrung, dass ein verbeamteter Bürger mit Familie einen Beruf hat, der von seiner Unbürgerlichkeit im Grunde nur von einem armen Wanderprediger ausgeübt werden dürfte.[28] Kirchengemeinden müssten lernen, ihre Riesenansprüche an Pfarrer und Pfarrerinnen abzubauen und selbst Verantwortung zu übernehmen. Nur auf diese Weise kämen die seelsorgerischen Funktionen des Pfarrhauses wie das Gewähren von Asyl, das Ersetzen von Familie und als Beichtstuhl wieder neu zum Tragen.[29]

Richard Riess versteht 1979 das Pfarrhaus als *Haus in der Zeit*. Es ist für viele Menschen eine Stätte, »an die sich stillschweigend die Sehnsüchte und Wünsche heften: nach einem gelingenden Leben im Wechselspiel von Aufbruch und Heimkehr, Abschied und Zuhausesein.«[30] Riess sieht jedes Pfarrhaus als einen Organismus eigener Art.[31] »Das evangelische Pfarrhaus ist heute in vielfältige Konflikte hineingezogen: Probleme von Ehe und Erziehung, geistlicher Erneuerung und politischer Einstellung. Mit seiner Existenz ist es zu einem eigenen Konfliktfeld geworden. [...] Das Pfarrhaus, schon von Berufs wegen mit dem ›Heiligen‹ in Berührung, scheint in unserer Gesellschaft ein guter Garant dafür zu sein: für Treue und Integrität, Menschlichkeit und Ethos, Transzendenz und Engagement – Attribute, die seit alters für das Pfarrhaus und vom Pfarrhaus selbst in Anspruch genommen worden sind.«[32] Der Absolutheitsanspruch, den diese Attribute entfalten können, ist problematisch. »Hinter den einzelnen Konflikten, wie sie der Pfarrer, die Pfarrfrau und die Pfarrerskinder je verschieden erleben, wird unversehens immer wieder ein Grundkonflikt sichtbar: ob und inwieweit das ›Heilige‹ in das ›Profane‹ wirklich eingeht, ob – mit anderen Worten – das Pfarrhaus ein ›normales Haus‹ oder ob es eben doch nicht von ›dieser Welt‹ ist.«[33] »Das Pfarrhaus kann nicht ein Modell für besonders heroische Menschlichkeit sein, um so die Sehnsüchte und die Wünsche anderer zu leben. Es müsste sonst an seinen Allmachts- und Erlösermotiven zugrunde gehen. Wir sind hier an einem Punkt angekommen, an dem wir herausgefordert werden, den ideologisch gehaltenen Mythos vom Pfarrhaus zurückzunehmen und ein theologisch ausgerichtetes Menschenbild

---

[26] Vgl. Dietrich Stollberg, Das Pfarrhaus als psychotherapeutische Ambulanz und als Psychopatient, in: Greiffenhagen (wie Anm. 25), 395–412; hier: 398.

[27] Vgl. a.a.O., 401.

[28] Vgl. a.a.O., 405.

[29] Vgl. a.a.O., 406ff.

[30] Richard Riess, Zur Einstimmung, in: Ders. (Hrsg.), Haus in der Zeit. Das evangelische Pfarrhaus heute, München 1979, 7–16; hier: 8.

[31] Vgl. a.a.O., 9.

[32] A.a.O., 11f.

[33] A.a.O.., 13.

vom Pfarrhaus zu begründen, das sich beispielsweise an der Unterscheidung von Gesetz und Evangelium orientiert. Das evangelische Pfarrhaus kann es daher mit guten Gründen ablehnen, ein Modell für besonders hohe Moralität darzustellen. Es kann aber sehr wohl – wenn schon modellhaft – auf Möglichkeiten verweisen, dass wir alle nur aufgrund von bereits geschehener Versöhnung mit und inmitten von Schuld, Zweifel und Elend leben können.«[34]

Wolfgang Steck ist derjenige evangelische Praktische Theologe, der eine umfassende Theorie des evangelischen Pfarrhauses entwickelt und nach einer Reihe von Vorarbeiten[35] in Band 1 seiner Gesamtdarstellung der Praktischen Theologie im Jahr 2000 unter der Überschrift »Das Pfarrhaus als symbolische Lebenswelt« realisiert und in seine protestantismustheoretisch fundierte Gesamtkonzeption einer Beschreibung der Strukturen der religiösen Lebenswelt wie der Konturen neuzeitlichen Christentums eingeordnet hat.[36]

Am Pfarrhaus, so schreibt er bereits 1983, wird die Kontraktion des religiösen Berufes deutlich ablesbar. Auch wenn es das klassische evangelische Pfarrhaus längst nicht mehr gibt, stellt dieses weiterhin einen Lebensraum dar, »in dem sich Person und Beruf des Pfarrers nicht voneinander lösen, sondern gerade ihre innigste Verbindung miteinander eingehen.«[37] »Der Pfarrer möchte das familiäre Leben und die häusliche Kultur privat halten, abgeschlossen und intim. Und kaum eine Familie individualisiert ihre eigenen Verhältnisse mit solcher Hingabe wie die pastorale. Aber sein Beruf holt den Pfarrer ein und seine Familie [...]. Wie ein Seelsorger redet er mit seinen Kindern, wie ein Liturg zelebriert er Tischgebet und Abendlied. Die Ritualisierung des Lebens verdichtet sich im Ablauf des familiären Tagesrhythmus. Und das Medium seines Berufs, die Sprache, wird nirgends intensiver gepflegt als in den Gesprächen, die tags und nachts im Pfarrhaus geführt werden.«[38] Auch wenn das Pfarrhaus kleiner geworden und die Ehefrau des Pfarrers nicht mehr Pfarrfrau sein will, und die Türe des Pfarrhauses öfter geschlossen bleibt, realisiert sich für den Pfarrer die Emanzipation vom Beruf »in der untrennbaren Einheit von Beruf und Person. Er ist die öffentliche Individualität und der private Berufsträger. Und diese Dialektik kennzeichnet auch die pastorale Ehe.«[39] Für Wolfgang Steck lebt der evangelische Glaube davon, »daß die Verbindung von Individualität und Öffentlichkeit, von Leben und Beruf nicht nur gelehrt, sondern auch dargestellt wird. Die Identität der Lebensführung und die Sinnhaftigkeit der

---

[34] A.a.O., 14.

[35] Vgl. Wolfgang Steck, Das Pfarrhaus darf nicht sterben, in: Pastoraltheologie 72 (1983), 394–397, sowie Ders., Im Glashaus: Die Pfarrfamilie als Sinnbild christlichen und bürgerlichen Lebens, in: Greiffenhagen (wie Anm. 25), 109–125.

[36] Vgl. Wolfgang Steck, Praktische Theologie. Horizonte der Religion. Konturen des neuzeitlichen Christentums. Strukturen der religiösen Lebenswelt, Bd. 1, Stuttgart 2000, 577–590.

[37] Steck (wie Anm. 35), 396.

[38] Ebd.

[39] A.a.O., 397.

Lebenseinstellung drücken sich sinnbildlich in der Existenz des evangelischen Pfarrhauses aus.«[40]

Wolfgang Steck wählt 1984 die Metapher des »Hauses auf dem Berge« zur Kennzeichnung des Pfarrhauses. Es ist »der zur Anschauung gewordene Inbegriff frommen Familienlebens, ein Exempel praktischen Christentums. Und doch bleibt das Haus der heiligen Familie seltsam unwirklich, in eine Aura gehüllt, die es dem Himmel näher rückt als der Erde.«[41] Das Pfarrhaus ist zu verstehen als exemplarischer Ausschnitt städtischer, bürgerlicher Lebenswelt auf dem Lande. »Seinen Bewohnern erscheint das Pfarrhaus denn auch als eine Bühne, ihr familiäres Leben als Theater. Als spielten sie ihr privates Leben andern vor, als führten sie ihre Ehe für andere, erzögen ihre Kinder für andere, als inszenierten sie die intimen Szenen des Familienlebens für andere; kurz: als führten andere Regie im Glashaus, so stellt sich der Pfarrfamilie ihre eigene Welt dar, jene bürgerliche Lebenswelt, die sich das klassische bürgerliche Theater als Spiegel ihrer selbst schuf und die Puppenstube als Miniatur ihres Lebenskreises. Aus dem Glashaus dringt vor allem das nach draußen, was nur für seine Bewohner bestimmt war. Draußen verliert es dann seine ursprüngliche, seine lebendige Bedeutung. Sinnleer und gebrochen kommt es schließlich durch die gläsernen Wände zurück, ein Zerrbild pastoralen Familienlebens.«[42] Dies stellt eine entscheidende Belastung für die Bewohner des Pfarrhauses dar und gefährdet ihren Lebensstil. Die Transparenz der Außenwände des Pfarrhauses widerspricht der Idee des bürgerlichen Hauses, das davon lebt, dass seine Innenseite gerade nicht eingesehen werden kann. Das bürgerliche Haus stellt die intime Gegenwelt der kultivierten Persönlichkeit im Sinne eines Kunstwerks individueller Lebensgestaltung dar. Die Idee der bürgerlichen Familie findet im Pfarrhaus ihre exemplarische Verwirklichung als ein »Sinnbild unverwechselbarer Lebensidentität«.[43] Nirgends wird die Einheit von reformatorischem Glauben und protestantischer Lebensführung so greifbar wie im evangelischen Pfarrhaus. »Der Beruf des protestantischen Geistlichen ist deshalb ohne sein Haus nicht zu beschreiben und nicht zu begreifen.«[44]

Jede Pfarrfamilie erstellt ihre eigene, unverwechselbare Lebenswelt. Sie entwickelt ihre eigenen Lebensformen und ihr charakteristisches Milieu. »Sie entwirft die Innenwelt des Glashauses, indem sie in ihrer Weise auf die Geschichte der Pfarrfamilie zurückgreift.«[45] Im Pfarrhaus realisiert sich die harmonische Verwebung von Arbeit und Leben mit ihrer untrennbaren Einheit von Arbeitszeit und Lebenszeit. Es gibt dort keine Trennung von Innenwelt und Außenwelt, da sie vom Vater des Hauses außer Kraft gesetzt ist. Der Pfarrer »ist zu Hause, was er von

---

[40] Ebd.

[41] Steck, Im Glashaus (wie Anm. 35), 109.

[42] A.a.O., 110.

[43] A.a.O., 111.

[44] A.a.O., 113.

[45] A.a.O., 114.

Berufs wegen ist.«[46] Das Pfarrhaus ist kein ideales Haus und auch kein vorbildliches. Aber die Distanz zu den anderen Häusern belegt symbolisch die Unvergleichbarkeit der Häuser. So wie der Pfarrer kann keiner sein. Das Pfarrhaus wird damit zum Sinnbild und zum anschaulichen Symbol christlichen und zugleich bürgerlichen Lebens.[47]

Im Abschnitt »Das Pfarrhaus als symbolische Lebenswelt« seiner Pfarrberufstheorie von 2000 zeigt Wolfgang Steck, wie Berufsarbeit und Privatleben in der traditionellen Gestalt des Gemeindepfarramtes ineinander übergehen, während in der bürgerlichen Lebenswelt die öffentliche und die private Lebenssphäre auseinander treten und es zur Trennung von Arbeitswelt und Freizeit kommt. Der Pfarrberuf als eine integrale Lebensform findet seine sozialkulturelle Manifestation in der Lebenskultur des protestantischen Pfarrhauses.[48]

»Das evangelische Pfarrhaus, eine originäre Produktion des neuzeitlichen Protestantismus, stellt eine gegenüber der kirchlichen Religionsorganisation eigenständige, mit dem Beruf der Pfarrer und Pfarrerinnen dagegen untrennbar verbundene religiöse Institution dar.«[49] Historisch gesehen erhält das Pfarrhaus seine klassische Gestalt erst in der Epoche des Bürgertums. Es findet seine Blütezeit im Rahmen des gegenüber dem kirchlichen Christentum reservierten, aber von der Figur des Pfarrers faszinierten Bildungsbürgertums. Das Pfarrhaus wird zum symbolischen Medium, in dem sich die Ideen der bürgerlichen Weltanschauung bündeln. Es hat den Status einer zugleich realen wie symbolischen Wirklichkeit.[50]

Wolfgang Steck markiert die entscheidenden Wandlungsprozesse des Pfarrhauses. »Auf dem Hintergrund der Säkularisierung der häuslichen Lebensformen verflüchtigte sich die spezifisch religiöse Signatur des originären Lebensstils«.[51] Zu den Wandlungsprozessen gehören weiter die Egalisierung der Alltagskonventionen, die Entkirchlichung der Frömmigkeitspraxis und die Pluralisierung der privaten Lebensformen. »Im Zeichen kultureller Pluralisierung und Synkretisierung verbindet sich das traditionelle hochbürgerliche Pfarrhausmilieu [...] auf teils organische, teils spannungsreiche Weise mit charakteristisch modern-religiösen, beispielweise der Kirchentagskultur entlehnten und teilweise von religiös grundierten politischen Überzeugungen geprägten Teilkulturen sowie mit den innovativen Lebensstilen alternativer Szenen. Im evangelischen Pfarrhaus bringen sich damit einerseits die Individualisierungstendenzen und andererseits die Integrationspotentiale der protestantischen Religionskultur in herausgehobener Weise zur Geltung.«[52]

---

[46] A.a.O., 117.

[47] Vgl. a.a.O., 123f.

[48] Vgl. Steck (wie Anm. 36), 576.

[49] A.a.O., 577.

[50] Vgl. ebd.

[51] A.a.O., 577f.

[52] A.a.O., 579.

Das Pfarrhaus wird zum anschaulichen Exempel für die integrale Funktion der Religion in der sich zunehmend ausdifferenzierenden modernen Lebenswelt. Im Pfarrhaus vollzieht sich eine untrennbare Verwebung von privater und beruflicher Lebenssphäre. In der Verberuflichung der privaten Lebenswelt und der Privatisierung der öffentlichen Berufsausübung des Pfarrers gehen öffentlicher und privater Raum ineinander über.[53]

Steck verdeutlicht dies am Amtszimmer, das eine Privatisierung erfährt und zum Aktionsraum der Privatseelsorge wird, welcher den Aufbau einer intimen Kommunikationsatmosphäre und die Herstellung einer persönlichen Vertrauensbasis ebenso wie die Zusicherung der Verschwiegenheit ermöglicht und damit zur *Seelsorgestube* wird. Umgekehrt wird der private Wohnraum der Pfarrfamilie in die gemeinschaftliche Religionspraxis einbezogen und zum Veranstaltungsort für pietistische Erbauungsstunden als Urform des späteren Hauskreises. Steck spricht von der Anreicherung des Pfarrhauses mit neuartigen sozialen Funktionen. Es erhält den Status einer gegenüber dem Kirchengebäude selbständigen religiösen Institution, und im Wohnzimmer des Pfarrers versammelt sich eine Kultgemeinschaft außerhalb des Gottesdienstes. Je deutlicher sich gruppengemeinschaftliche Religionskultur im Pfarrhaus etablierte, um so markanter traten traditionalistisch orientiertes Kirchenchristentum und innovative Laienfrömmigkeit auseinander. »Indem sich der bürgerliche Protestantismus von der Institution der Kirche löste und sich statt dessen in der privaten Lebenswelt verortete, gewann das Pfarrhaus seine selbständige Bedeutung für die protestantische Religionskultur. Es wurde zum institutionellen Ort alltagspraktischer Seelsorge und Gemeinschaftsfrömmigkeit.«[54] Für die Gegenwart konstatiert Wolfgang Steck einen Bedeutungsschwund des Pfarrhauses, der mit einem Verlust des eigenständigen Profils der im Pfarrhaus verorteten Lebenskultur einher geht. Äußerlich ablesbar wird dies allein schon an der Assimiliation des Baustils der neu errichteten Pfarrhäuser an gängige Vorstellungen moderner Wohnkultur wie in der Angleichung der privaten Lebensformen der Pfarrfamilie an die allgemeinen Standards, insbesondere die Trennung von Privatleben und Berufsarbeit. Das Pfarrhaus verdankt seine Entstehung der Kombination von zwei neuzeitlichen Entwicklungen: der Privatisierung der Religion und der Professionalisierung des Pfarrberufs. Der Pfarrer als Person tritt dabei an jene Stellen, die der Protestantismus ursprünglich dem Pfarrhaus zugeordnet hatte. Damit verbunden vollzieht sich eine Professionalisierung des Pfarrberufs, die zur Auflösung der Symbiose von privater und beruflicher Lebenswelt und zur Emanzipation der privaten Lebensgemeinschaft von ihrer Inanspruchnahme durch den Beruf führt.[55]

In den aktuellen Pfarrberufstheorien von Isolde Karle, Ulrike Wagner-Rau und Christian Grethlein wird das Thema Pfarrhaus nur am Rande behandelt. Isolde Karle versteht den Pfarrberuf 2001 aus berufstheoretischer Perspektive wie den

[53] Vgl. a.a.O., 580.

[54] A.a.O., 588.

[55] Vgl. a.a.O., 588f.

Beruf des Juristen, des Arztes und des Lehrers als eine Profession. Er ist als Profession auf die Vermittlung christlicher Inhalte verpflichtet und hat dabei der Kommunikation unter Anwesenden Rechnung zu tragen. Professionen haben immer mit existentiellen Situationen zu tun. Authentische Kommunikation, basierend auf gegenseitiger Anerkennung und Wertschätzung, Takt, Güte und soziale Geschicklichkeit dienen ihnen als soziale Mechanismen der wechselseitigen Verständigung. Professionen genießen den Schutz des Vertrauens. Aber sie muten ihren Trägern auch Professionsethiken mit Bindungen für die gesamte Lebensführung zu. Im Gegenzug bedürfen diese des besonderen Fürsorgeschutzes. Dieses wechselseitige Verhältnis wird von Isolde Karle als *Package-Deal* bezeichnet. Hier verortet sie auch das für Pfarrerinnen und Pfarrer im Gemeindedienst verpflichtende Wohnen im Pfarrhaus am Dienstort. Es gehört zu den professionsethischen Verpflichtungen. Umgekehrt hat aber auch der Dienstgeber für eine angemessene Form des Wohnens in diesem Pfarrhaus zu sorgen. Freiheit und Bindung des evangelischen Pfarrberufs sind durch die Sachthematik bestimmt, dass Pfarrerinnen und Pfarrer die Auggabe haben, das Evangelium zu verkündigen und in Seelsorge, Unterricht und Gottesdienst reflektiert und differenziert zu vermitteln.[56] Funktionale Theorien wie die von Isolde Karle aufgenommene Systemtheorie zeichnen sich dadurch aus, dass sie eine Reihe von belastenden Aspekten des Pfarrberufs wie zum Beispiel das verpflichtende Wohnen im Pfarrhaus als selbstverständlich und für den Beruf konstitutiv zu erklären vermögen. Der Begriff Professionalität bezieht sich »auf die besondere Typik und Struktur der Professionsberufe [...]. Ein wesentliches Kennzeichen von Professionen ist es, dass sie allesamt keine strikte Trennung von Person und Beruf vorsehen und Bindungen für die gesamte Lebensführung erzeugen. Der Grund für diese ungewöhnliche Koppelung von Person und Beruf ist darin zu sehen, dass die Professionen zentral von ihrer Glaubwürdigkeit leben. Dass das Vertrauen eine so zentrale Rolle für die Professionen spielt, liegt daran, dass die Professionen mit existentiellen Problemen, die unmittelbar die menschliche Identität berühren zu tun haben, und damit mit Problemen die für die Individuen ungewöhnlich riskant und persönlich sind«.[57] Der Entwurf von Isolde Karle bindet einige der bisherigen Funktionen des Pfarrhauses an die Person des Pfarrers zurück. Karle geht davon aus, dass Professionsberufe keine Trennung von Person und Beruf kennen und Bindungen für die gesamte Lebensführung erzeugen. Im Vordergrund steht die Person des Pfarrers bzw. der Pfarrerin, nicht mehr das gesamte Lebensumfeld, für

[56] Vgl. ISOLDE KARLE, Der Pfarrberuf als Profession. Eine Berufstheorie im Kontext der modernen Gesellschaft, Gütersloh ²2001, und weitere Publikationen wie z.B. DIES., Pastorale Kompetenz, in: Pastoraltheologie 89, 200, 508–523; DIES., Wozu Pfarrerinnen und Pfarrer, wenn doch alle Priester sind? Zur Professionalität des Pfarrberufs, in: Deutsches Pfarrerblatt 109 (2009), 3–9, oder DIES., Pfarrerinnen und Pfarrer zwischen Interaktion und Organisation, in: DIES. (Hrsg.), Kirchenreform. Interdisziplinäre Perspektiven, Leipzig 2009, 177–198.

[57] KARLE, Wozu Pfarrerinnen und Pfarrer (wie Anm. 56), 3.

das die Metapher Pfarrhaus stand. In neueren Veröffentlichungen ortet Isolde Karle eine deutliche Tendenz zur Deprofessionalisierung im Pfarrberuf. »Person und Beruf sind in den Professionen zwar nicht identisch, aber vielfältig aufeinander bezogen. Pfarrerinnen und Pfarrer empfinden diese Überschneidung von Person und Amt zunehmend als Zumutung, die sie nicht länger gewillt sind zu tragen. Sie schätzen zwar die Gestaltungsspielräume im Gemeindepfarramt und die hohe Handlungsautonomie [...]. Sie äußern aber zugleich verstärkt den Wunsch nach einer deutlicheren Trennung von Beruf- und Privatleben.«[58] Bezeichnend erscheint, dass Isolde Karle diese Tendenz zwar an Fragen der Lebensführung im Pfarrberuf wie Umgang mit Ehescheidung, Erziehung der Kinder oder des Zusammenlebens gleichgeschlechtlicher Partner im Pfarrberuf, nicht aber am Pfarrhaus selbst deutlich macht.

Christian Grethlein versteht 2009 den Pfarrberuf als theologischen Beruf.[59] Der Pfarrberuf als wesentliches Erkennungsmerkmal evangelischer Kirche bedarf der theologischen Kompetenz, insofern Theologie in Aufnahme reformatorischer Einsicht die Vermittlungsaufgabe mit umfasst. So ist für ihn die didaktische Aufgabe konstitutiver Bestandteil jeder theologischen Reflexion.[60] Hier vollzieht sich gegenwärtig ein berufssoziologischer Transformationsprozess von der lebensförmigen Profession zum funktionsbezogenen Beruf. Dieser Beruf genießt zwar in der Bevölkerung immer noch hohes Ansehen, aber es zeigen sich bereits gegenläufige Tendenzen, die Grethlein in der Einkommensreduktion, der steuerlichen Behandlung der Dienstwohnung, den für die Bedürfnisse überdimensionierten Pfarrhäusern festmacht und von einem unausgeglichenen *Package-Deal* spricht. Die Attraktivität des Pfarrberufs ist zurückgegangen. Verstärkt wird dies durch die Entwicklung zum Teilzeit-Beruf, verbunden mit der Tendenz zur Feminisierung. Auch Pfarrerinnen und Pfarrer, die vom Teildienst in den Volldienst wechseln, würden die dort eingeübte Abgrenzung zwischen Dienst und Freizeit beibehalten.[61] Das Pfarrhaus stellt dabei für ihn den anschaulichen Ausdruck des Pfarrberufs als Lebensform dar.[62] Mit der Ordination im Ehrenamt würde zudem die bisher selbstverständliche Alimentation für den Pfarrberuf aufgehoben. Im Berufsbild bestimmt zunehmend nicht mehr das Amt, sondern die Persönlichkeit den Beruf.[63]

---

[58] A.a.O., 4.

[59] Vgl. CHRISTIAN GRETHLEIN, Pfarrer – ein theologischer Beruf, Frankfurt am Main 2009.

[60] Vgl. a.a.O., 71–82.

[61] Vgl. a.a.O., 83–86.

[62] Vgl. a.a.O., 86f.

[63] Vgl. a.a.O., 87f. Vgl. hierzu auch VOLKER DREHSEN, Vom Amt zur Person. Wandlungen in der Amtsstruktur der protestantischen Volkskirche. Eine Standortbestimmung des Pfarrberufs aus praktisch-theologischer Sicht, in: International Journal for Practical Theology 2 (1998), 263–280.

Ulrike Wagner-Rau nimmt 2009 eine Ortsbestimmung des evangelischen Pfarrberufs »auf der Schwelle« vor.[64] Sie fokussiert ihre pastorale Berufstheorie auf den Raum zwischen Innen und Außen, der von dem Pfarrer bzw. der Pfarrerin als spezifischer Ort wahrgenommen werden muss, da hier die wichtigen Begegnungen und Bewegungen stattfinden, die das Evangelium in den Alltag der Menschen und umgekehrt entscheidende Impulse in die Auslegung des Evangeliums tragen.[65] Dem Pfarrberuf kommt eine Schlüsselrolle in der Kommunikation des Evangeliums zu, die Individualität ermöglicht, aber persönliche Glaubwürdigkeit und eine exemplarische evangelische Lebenssicht und Lebensweise als pastorale Kompetenzen erforderlich macht.[66] Der geistliche und zugleich professionelle Beruf des Pfarrers bzw. der Pfarrerin vollzieht sich in der Spannung zwischen den Grenzen des kirchlichen Lebens auf der einen und den dialogischen Prozessen in einer von Pluralität und Differenz gekennzeichneten Kultur auf der anderen Seite.[67] Zum Pfarrhaus merkt Ulrike Wagner-Rau an, dass sich die bis heute für die Moderne charakteristische Trennung von Beruf und Privatleben im Pfarrhaus nicht in gleicher Schärfe wie in der Gesellschaft realisiert. Es handelt sich um einen geistlichen Beruf, der persönlich verantwortet und kommunikativ seinen Ort in einer Institution besitzt, die ihrerseits ebenfalls einem umfassenden Veränderungsprozess unterliegt.[68] Bezeichnenderweise spielt das Thema Pfarrhaus in Ulrike Wagner-Raus fünftem Kapitel »Kulturen der Gastfreundschaft« bis auf die Bemerkung, dass Pfarrerinnen und Pfarrer ein Haus bewohnten, das ihnen nicht gehört, sondern in dem sie selbst Gast sind, keine Rolle.[69]

Als Ergebnis kann festgehalten werden, dass in den aktuellen Theorieansätzen zum evangelischen Pfarrberuf das Thema des Pfarrhauses nur eine marginale Rolle spielt.

6. Pfarrhaus und professionsspezifische Lebenskunst

Von daher ist zur Klärung auf weitere Überlegungen zum evangelischen Pfarrberuf aus dem Theorieensemble der Praktischen Theologie sowie deren konsequente Verknüpfung mit dem Thema Pfarrhaus zurückzugreifen. Dies führt zu einer für das Leben im Pfarrhaus erforderlichen professionsspezifischen Lebenskunst, welche Familienangehörigen bzw. Ehe- oder Lebenspartner des Pfarrers bzw. der Pfarrerin mit einschließt.

---

[64] Vgl. Ulrike Wagner-Rau, Auf der Schwelle. Das Pfarramt im Prozess kirchlichen Wandels, Stuttgart 2009.

[65] Vgl. a.a.O., 7.

[66] Vgl. a.a.O., 10f.

[67] Vgl. a.a.O., 13.

[68] Vgl. a.a.O., 32.

[69] Vgl. a.a.O., 97–118; hier: 101.

Die Unsicherheit im Selbstverständnis des evangelischen Pfarrers ist für Willhelm Gräb ein Phänomen des neuzeitlichen Protestantismus. Mit dem durch die Reformation propagierten Priestertum aller Getauften konnte es keine theologische Begründung der besonderen Würde des geistlichen Amtes mehr geben. Im Rahmen der spätmittelalterlichen Ständelehre war die Autorität des geistlichen Amtes qua göttlicher Einsetzung dagegen noch möglich und führte zum geistlichen Standesbewusstsein. Die sozialgeschichtlichen Veränderungen mit dem Aufkommen des Bürgertums führten dann dazu, dass evangelische Pfarrer sich nicht mehr allein über das geistliche Amt, sondern über ihren Beruf definierten: Eine religiös-sittliche Bildungsaufgabe stand nun im Vordergrund und bildete einen bürgerlichen Beruf aus, der den sogenannten Leistungseliten zuzurechnen war. Pfarrer üben bis heute Religion als ihren bürgerlichen Beruf aus. Sie kommunizieren die Deutungsangebote der christlichen Religion im Kontext unterschiedlicher Lebensformen und Alltagskulturen. Dem Pfarrer kommt daher eine religionsproduktive Gestaltungsaufgabe zu: Er muss den objektiven kirchlichen Auftrag jeweils im Modus persönlicher Anverwandlung repräsentieren. Das Amt wird zur persönlichen Gestaltungsaufgabe seines Trägers.[70]

Für Wolfgang Steck gehört der Beruf der Pfarrer und Pfarrerinnen in herausgehobener Weise zu den integralen Institutionen, in denen sich einerseits die verschiedenen Dimensionen religiöser Lebenspraxis ineinander verweben und andererseits die unterschiedlichen Gestalten des neuzeitlichen Christentums – private, kirchliche und öffentliche Religionskultur – miteinander verschränken. Wie sich in der alltagspraktischen Ausübung des Pfarrerberufs die vielfältigen Erscheinungsformen kommunikativ praktizierter Religion bündeln, so verdichten sich in den religiös angereicherten Vorstellungen vom Pfarrer die Attribute des neuzeitlichen Persönlichkeitsideals – Frömmigkeit und Bildung, persönliche Einfühlungsgabe und soziales Engagement – zu einem symbolischen Porträt der exemplarischen Individualität.[71]

Aus einer spirituellen Perspektive heraus kann der evangelische Pfarrerberufs von der Ordination zum geistlichen Amt her beschrieben werden. Die Ordination hat eine Integrationsleistung aus theologischer Qualifikation, Berufung und lebenslanger geistlicher Verpflichtung bzw. Inanspruchnahme durch Christus als den Herrn der Kirche zur Folge. Ähnlich wie Otto Haendler von der Predigt als Lebensarbeit gesprochen hatte,[72] entfaltet sich die Ordination als Lebensarbeit im Pfarrberuf. Sie umfasst die kontinuierliche Erarbeitung einer stimmigen Einheit aus göttlicher Berufung, theologischer Qualifikation, Persönlichkeit und Situation im jeweils lebendigen Kontakt mit Menschen. Und es geht um mehr als nur

---

[70] Vgl. Wilhelm Gräb, Die kulturelle Bedeutung des religiösen Berufs, in: Ders., Lebensgeschichten - Lebensentwürfe - Sinndeutungen. Eine Praktische Theologie gelebter Religion, Gütersloh 1998, 304-333.

[71] Vgl. Wolfgang Steck (wie Anm. 36), 554.

[72] Vgl. Otto Haendler, Die Predigt. Tiefenpsychologische Grundlagen und Grundfragen (1941), Berlin [3]1960, 315-319.

um religiöse Kommunikation: Ordination und die mit ihr verbundene öffentliche Verkündigung und Sakramentsverwaltung führen in eine kontinuierliche Christus-Beziehung und zum Handeln im Feld der Christusgegenwart mit Auswirkungen für den, der sich diesem Feld aussetzt.[73] Eine neue, einer künstlerischen Leistung vergleichbare, biographisch vermittelte Einheit entsteht, die sich nicht auf eine bloße Addition von Kompetenzen reduzieren lässt. Der Pfarrberuf ist, so formuliert es Dietrich Stollberg, ein Amt, bei dem Beruf und Berufung in eins fallen. Person und Tätigkeiten sind schwer voneinander zu trennen, wenngleich zu unterscheiden. Pfarrer benötigen einen klaren kirchlichen und geistlichen Schwerpunkt in ihrer Arbeit.[74] Die Erinnerung an ihre Ordination hilft ihnen dabei.[75]

Damit sind die Herausforderungen einer zukunftsfähigen ars pastoralis benannt, welche den evangelischen Pfarrberuf stärker als künstlerische Gesamtleistung versteht und auf diese Weise versucht, die spirituelle Dimension über die Handlungsdimension hinaus mit einzubeziehen. Grundlegend für die Ausübung des Pfarrberufs ist die durch ihn vollzogene exemplarische Beziehungsarbeit am Leib Christi. Pfarrerinnen und Pfarrer vollziehen in ihrer Berufs- wie Lebensgestaltung eine Darstellung des christlichen Glaubens in der persönlichen Anverwandlung. Wenn Pfarrerinnen und Pfarrer Religion als ihren Beruf ausüben, so fordert dies von ihnen eine permanente Transformationsleistung gegenüber der nicht als Beruf ausgeübten Religion der getauften Christen. Religion als Beruf partizipiert an der Religionspraxis aller Getauften, unterscheidet sich aber auch wiederum signifikant von ihr. Mit dieser Herausforderung ist im Pfarrberuf zu leben und umzugehen. Der professionelle Umgang mit Beziehungen lässt sich jedoch nicht allein im Rahmen funktionaler Theoriemodelle beschreiben, und die hilfreichen funktionalen Theorieannahmen zum Pfarrberuf bedürfen der Ergänzung um die beziehungsorientierte spirituelle Dimension.

---

[73] Vgl. Manfred Josuttis, Die Einführung in das Leben. Pastoraltheologie zwischen Phänomenologie und Spiritualität, Gütersloh 1996 u. Ders., Segenskräfte. Potentiale einer energetischen Seelsorge, Gütersloh 2000.

[74] Vgl. Dietrich Stollberg, Der Pfarrberuf zwischen Anspruch und Wirklichkeit, in: Pastoraltheologie 89 (2000), 498–507, 506.

[75] Vgl. Klaus Raschzok, Ordination als Berufung und Lebensarbeit. Zu einem vernachlässigten Aspekt gelebter Spiritualität im Pfarrberuf, in: Theologische Beiträge 33 (2002), 138–154 (in diesem Band 295–312). – In der umfangreichen praktisch-theologischen Pfarrhaus-Literatur der 1970/ 80er-Jahre wird der Aspekt der Spiritualität im Pfarrhaus lediglich aufgenommen von Dieter Voll, Das evangelische Pfarrhaus und die Praxis geistlichen Lebens, in: Riess, Haus in der Zeit (wie Anm. 30), 252–265. – Zum Gesamtansatz des Autors vgl. auch das Thesenpapier »Pfarrberuf 2020. Von der Zukunft eines Schlüsselberufes der Kirche«, das als Download auf der Homepage des Pfarrer- und Pfarrerinnenvereins in der Evangelisch-Lutherischen Kirche in Bayern abzurufen ist (www. pfarrverein-bayern.de) sowie Klaus Raschzok, Gefragt, nötig, präsent. Zur Diskussion um den Pfarrberuf, in: Korrespondenzblatt [hrsg. vom Pfarrer- und Pfarrerinnenverein in der evangelisch-lutherischen Kirche in Bayern] 123 (2008), 81–91.

Nur auf diese Weise kann es gelingen, im Pfarrhaus den Beruf des Pfarrers bzw. der Pfarrerin öffentlich zu leben, ohne den Zwängen postmoderner Berufstätigkeit zu verfallen. Grundlegend dafür ist, dass die verlorene Einheit von Leben und Arbeiten auch im Pfarrhaus nicht auf Dauer, sondern lediglich exemplarisch wie fragmentarisch aufgehoben bleibt. Das Pfarrhaus bietet ein Dach für verschiedene Lebensentwürfe im Pfarrberuf, die dadurch miteinander verbunden sind, dass sie sich als umfassende Lebensarbeit und als je eigene Anverwandlung eines Lebens aus dem christlichen Glauben verstehen, und dazu bereit sind, darüber auch öffentlich Rechenschaft abzulegen, ohne die Grenzen partnerschaftlicher und familiärer Intimität sich verletzen zu lassen. Dies setzt eine geklärte Vorstellung eines ganzheitlichen Lebens im Pfarrberuf wie die Bereitschaft voraus, daran kontinuierlich gemeinsam zu arbeiten und auch Rückschläge und Enttäuschungen offen zu ertragen, weil sie integraler Teil eines solchen Lebensmodells sind. Und: Leben im Pfarrhaus gestaltet sich in den unterschiedlichen Berufs- und Lebensphasen verschieden. Auch dies ist im Raum der Kirche zu akzeptieren.

Weitere Voraussetzungen sind Rückzugsräume im Pfarrhaus, vergleichbar der Klausur im Kloster, die von Außenstehenden zu achten sind und nicht übertreten werden bzw. Gegenstand der öffentlichen Wahrnehmung sein dürfen. Die Entscheidung über den Grad an Öffentlichkeit des Lebens im Pfarrhaus muss dessen Bewohnern überlassen bleiben und darf nicht fremdbestimmt werden. Notfalls dürfen die Bewohner des Pfarrhauses hier auch einen Konflikt in Kauf nehmen, um Grenzen zu setzen.

7. Zur Zukunft des Pfarrhauses

Wie werden die evangelischen Kirchen weiter mit dem Thema Pfarrhaus umgehen? Was ist erforderlich? Inwieweit muss es zu einer Öffnung für Alternativen zur Dienstwohnungspflicht im Gemeindepfarramt kommen? Ist es vorstellbar, Gemeindepfarrstellen sowohl mit als auch ohne verpflichtende Dienstwohnung zu gestalten und differenziert auszuschreiben? Was bedeutet dies für eine Theorie des evangelischen Pfarrberufes? Muss damit Fulbert Stefffensky recht gegeben werden, der die Pfarrhäuser an ihr Ende gekommen sieht: »Die alte Figur des evangelischen Pfarrers war nicht zu denken ohne das Pfarrhaus. Er lebte nicht allein, er war nicht nur, der er war. Er lebte in einem Haus, an dem viele gebaut haben und das viele erbaute. Mar war nicht auf abstrakte Weise Pfarrer, diese Menschen lebten in einem sozialen Arrangement, in szenischen Kontexten, die sie nicht selber und nicht allein hergestellt hatten.« Die Zeit der Pfarrhäuser ist vorbei. »Auch die Pfarrhäuser sind zu dezenten Wohnungen mit Ikea-Möbeln geworden, und kaum mehr als eine Generation wird darin wohnen.«[76]

---

[76] Fulbert Steffensky, Das alte Pfarrhaus und der neue Pfarrer, in: Wort und Antwort 51, 2010, 19–22; hier: 19 u. 21.

Zur Leistung des evangelischen Friedhofs für den Glaubensvollzug

Ein kirchlicher Lern- und Lebensraum

1. Kennzeichen eines evangelischen Friedhofs: Das Bewusstsein der Verantwortlichen für dessen spezifische Leistung

Ein evangelischer Friedhof zeichnet sich dadurch aus, dass die für ihn Verantwortlichen ein Bewusstsein für dessen spezifische Leistung für den Glaubensvollzug ausbilden – und dieses lohnt Aufwand und Verpflichtung zur Trägerschaft und schlägt sich in einer daraus resultierenden Haltung nieder. Letztere kann als gelebte Spiritualität des kirchlichen Friedhofes bezeichnet werden und versteht sich als konsequentes bzw. im Grunde sogar konstitutives Element des kirchlichen Handelns an den Verstorbenen. Der Friedhof wird damit als ein kirchlicher Lern- und Lebensraum verstanden, mit dessen Hilfe Sterben, Tod und Trauer aus der Perspektive der christlichen Auferstehungshoffnung zur Darstellung gelangen. In diesem kirchlichen Lern- und Lebensraum vollziehen sich spezifische Formen der Seelsorge an den Trauernden, ein umfassendes Gedenken der Verstorbenen sowie ein heilsames Zur-Ruhe-Kommen und andächtiges Versenken der diesen Ort aufsuchenden Lebenden.

Diese Leistung darf keinesfalls aufgrund der rechtlichen Rahmenbedingungen für Friedhöfe in kirchlicher Trägerschaft, wie sie zum Beispiel für die Evangelisch-Lutherischen Kirche in Bayern gelten, in den Hintergrund treten, sondern ist zu diesen jeweils in ein ausgewogenes Verhältnis zu setzen. Kirchengemeindliche Friedhöfe sind »Bereiche des kirchlichen Haushaltes, die für sich selbst stehen und wirtschaften und vom Gesamtdeckungsprinzip ausgenommen sind.«[1] Deshalb sind die Friedhofsträger »zum kostendeckenden Wirtschaften verpflichtet, eine Finanzierung des Friedhofs aus allgemeinen kirchlichen Mitteln ist grundsätzlich nicht möglich.«[2]

Den haushaltsrechtlichen Bestimmungen stehen die Leitlinien des kirchlichen Lebens der Vereinigten Evangelisch-Lutherischen Kirche Deutschlands

---

[1] Hans-Peter Hübner: Evangelisches Kirchenrecht in Bayern, München 2020, 495f.

[2] A.a.O., 496.

(VELKD) gegenüber, die selbstverständlich davon sprechen, dass von Christinnen und Christen erwartet wird, »dass sie der Toten gedenken und für die Pflege der Friedhöfe sorgen.«[3]

Die Aufgabe einer gelebten Spiritualität des evangelischen Friedhofes besteht darin, dieser Spannung unter den jeweils sich verändernden gesellschaftlichen Bedingungen und angesichts eines kontinuierlichen Wandels der Bestattungskultur aus dem christlichen Glauben heraus kreativ gerecht zu werden und darüber dem Friedhof weiterhin seinen angemessenen Ort im Raum der Kirche zukommen zu lassen.

2. Ausgewählte Stationen einer gelebten Spiritualität des Friedhofs

Der Weg zu einer gelebten Spiritualität des evangelischen Friedhofes beginnt mit Martin Luthers Paradigmenwechsel im kirchlichen Verständnis des Friedhofs von der Sorge um das Seelenheil der Verstorbenen hin zu deren würdigem Ruheort. Dieser wird nun zum Andachts- und Verkündigungsort insbesondere für die Angehörigen der Verstorbenen wie für die Lebenden generell und stellt seinen Besuchern den in der Auferweckung Christi von den Toten vollzogenen Sieg über den schrecklichen Tod handgreiflich-tröstend vor Augen.[4]

Wilhelm Löhes Friedhofskonzept lässt sich als Fortführung von Luthers Paradigmenwechsel wie als kreative Reaktion auf den zunehmenden Verlust der religiösen Bedeutung des (außerörtlichen) Friedhofs im 19. Jahrhundert verstehen. In seiner 1857/1858 als Unterrichtsmittel für die Neuendettelsauer Diakonissenausbildung diktierten Schrift »Vom Schmuck der heiligen Orte« versteht er den Friedhof als heiligen Ort wie als Aufgabe der Kirchengemeinde und gewinnt damit den außerörtlichen Friedhof neu als geistlichen Stärkungsort der Glaubenden zurück. Die Ablösung des Kirchhofes durch den außerörtlichen Friedhof führte vor allem in den Städten zu einem religiösen Bedeutungsverlust des Bestattungsortes. Löhe setzt sich mit dieser Entwicklung kritisch-kreativ auseinander und nimmt eine geistliche Transformation wichtiger Anliegen der frühen Friedhofsreformbewegung des 19. Jahrhunderts vor. So orientiert er sich am zeitgenös-

[3] Leitlinien kirchlichen Lebens der Vereinigten Evangelisch-Lutherischen Kirche Deutschlands (VELKD). Handreichung für eine kirchliche Lebensordnung, Gütersloh 2003, 92.

[4] Vgl. Ferdinand Franz Wallraf, Ueber den neuen stadtkölnischen Friedhof zu Melaten. Kritische Auswahl unter den darzu gelieferten Inschriften samt der Darstellung einer Einrichtung desselben, wie sie für den Ort und den Geschmack der Zeit passte, Köln 1809, sowie Reiner Sörries, Schlafhäuser und ein sanft Ruhebett. Martin Luther und die Bestattungs- und Friedhofskultur, in: Hans-Peter Hübner/Klaus Raschzok (Hrsg.), Evangelische Friedhöfe in Bayern, München 2021, 27–43.

sischen Kölner Melaten-Friedhof von 1810 wie am katholischen Theologen Ferdinand Franz Wallraf und seiner 1809 in Köln publizierten Schrift über den Friedhof, in welcher dieser die Errichtung von Ruhesitzen auf den Friedhöfen vorschlägt, die die Besucher zum heilsamen Andenken an die Verstorbenen einladen und einstimmen sollen. Löhe war dabei wohl auch Martin Luthers Schrift »Ob man vor dem Sterben fliehen möge« bekannt.[5]

In § 30 des »Schmucks der heiligen Orte« zeichnet Wilhelm Löhe das Idealbild des schlichten christlichen Friedhofes als Schlafstätte der Leiber der Verstorbenen im Schutzraum des Gekreuzigten. Der Auferstandene bleibt an das Zeichen des Kreuzes gebunden. Dieses ist als Siegeszeichen durch das Ostergeschehen auf die Auferstehung der Toten hin transparent geworden: »In der Mitte des Kirchhofs von Osten nach Westen sehend schickt sich ein hohes Kreuz, dem alle Leichname gewissermaßen ins Angesicht sehen; alle die Todten ruhen unter dem Schutz des Gekreuzigten, harren auf ihn und erwarten von ihm ihres Leibes Erlösung.«[6]

Der Friedhof wird zum geistlichen Stärkungsort für die Christen. Die hier von Löhe in Anlehnung an Luther gebrauchte Schlaf-Metapher greift zudem eine zeitgenössische Linie der Todesbilder des 19. Jahrhunderts auf und interpretiert sie geistlich-biblisch. Er partizipiert dabei am zeitgenössischen Wandel des Friedhofes zum ästhetisch-melancholischen Verweilort und gibt diesem erneut eine christliche Formatierung. In diesen Zusammenhang gehört auch die Stiftung des neuen außerörtlichen Neuendettelsauer Dorffriedhofes[7] durch ihn und seine früh verstorbene Ehefrau Helene kurz nach dem Amtsantritt als Pfarrer in Neuendettelsau 1837 ebenso wie die 1860/61 erfolgte Anlage eines eigenen Friedhofes für das Diakonissenmutterhaus.

Eine wichtige Rolle bei Löhes Friedhofskonzept spielt auch der Gedanke der Pilgerschaft des Volkes Gottes. Sowohl der neue Dorffriedhof wie auch der Diakonissenfriedhof machen für die Besucher einen Weg vom Ort bzw. vom Diakonissenmutterhaus aus erforderlich, der einem Pilgerweg gleicht. Der Pilgerzug der Lebenden zum Friedhof und der andächtige Aufenthalt dort trägt damit für Löhe gottesdienstliche Züge, da die Besucher des Friedhofes – wie sonst im sonntäglichen Gottesdienst in der Kirche – eine Rast auf ihrem Pilgerzug zum himmlischen Jerusalem einlegen, der auferstandene Christus ihnen dabei entgegenkommt und ihnen für einen Augenblick eine Zeit der gemeinsamen Rast schenkt.[8]

---

[5] Vgl. Klaus Raschzok, Einführung in Wilhelm Löhes »Schmuck der heiligen Orte«, in: Wilhelm Löhe, Vom Schmuck der heiligen Orte (1857/58), kommentiert und bearbeitet von Beate Baberske-Krohs und Klaus Raschzok, Leipzig 2008, 9–65; hier: 36–38.

[6] Löhe (wie Anm. 5), § 30, 88.

[7] Vgl. Erika Geiger, Wilhelm Löhe 1808–1872. Leben - Werk - Wirkung (Testes et testimonia veritatis 3), Neuendettelsau 2003, 121f.: Helene und Wilhelm Löhe erwerben einen außerhalb des Dorfes gelegenen Acker und schenken ihn der Gemeinde für die Anlage eines Kirchhofs. Auch die Tore und ein Teil der Umgebungsmauer werden von dem Pfarrersehepaar gestiftet.

[8] Vgl. Wilhelm Löhe, Drei Bücher von der Kirche 1845. Löhe-Studienausgabe 1, Neuendettelsau 2006, 25, 200.

Die bayerische Agende des 19. Jahrhunderts nimmt sowohl bei der Bestattungs- und Einsegnungsformel wie im Weihegebet für einen neuerrichteten Friedhof die tragenden Motive und Metaphern von Löhes Friedhofsspiritualität auf. Neuendettelsauer Diakonissen schließlich transportieren diese Spiritualität weiter in die bayerischen Kirchengemeinden.

Insbesondere die Gebete zur Einweihung eines neuen oder erweiterten Gottesackers bieten so Bausteine einer Spiritualität des evangelischen Friedhofes und führen die Impulse von Luther und Löhe fort. Unter Bezugnahme auf 1 Kor 15 wird der Friedhof als Schlaf- und Ruhestätte der Verstorbenen und Saatfeld für die erwartete Auferweckung von den Toten sowie als Ort des Trostes für die trauernden Angehörigen bezeichnet. Nach der bayerischen Handagende von 1918 soll diese Stätte »zu einer Ruhe- und Friedensstatt und zu einem Saatfeld« bestimmt werden, darauf Gott, der Herr, den Leib der Bestatteten einst »zur himmlischen Herrlichkeit erwecken« werde. »Die hier ihre Toten zur Erde bestatten, die tröste mit dem starken, alles Leid überwindenden Trost Deines göttlichen Wortes, daß alle, die im Glauben sterben, nicht verloren, sondern in Deiner Hut wohl geborgen sind.«[9]

Das erste Weihegebet der Agende bittet darum, dass der neue Friedhof »zur Ruhestätte unserer Toten, zu Deinem Acker, darauf Du Samen säest, der da reife für den Tag der Auferstehung«[10], geheiligt werde. »Sammle Dir hier viel reife Garben für den großen Erntetag in Deinem Reich; tröste mit Deinen Gaben in Christo, unserem Heiland, alle Betrübten, die hier an den Gräbern ihrer Lieben trauern; tritt zu den Einsamen und Verlassenen mit Deiner trostvollen, freundlichen Verheißung; laß jede Klage hier in Dank gegen Deine Liebe, jeden Seufzer in Lob Deiner göttlichen Erbarmung und jeden Kummer in Hoffnung sich wandeln.«[11] Der Friedhof wird so zu einem Ort der Transformation der Trauernden. Alle, die dieses geheiligte Land betreten, mögen schließlich »erweckt werden, zu bedenken, was zu ihrem Frieden dient; behüte es, damit, die hier schlafen, im Frieden in ihren stillen Kammern ruhen, bis sie Deine Stimme hören.«[12] Auch im zweiten in der Agende angebotenen Weihegebet wird der Friedhof als »Ruhestätte der nach Gottes Willen Entschlafenen«[13] bezeichnet, über den Gott seinen Frieden walten lassen möge, »bis Er, der Allmächtige der die Schlüssel des Todes und der Hölle in Seiner Hand trägt, sie rufen wird zur seligen Auferstehung!«[14]

Noch Band IV der VELKD-Einweihungsagende von 1951 wird von dieser biblischen Bild- und Vorstellungswelt für den Friedhof bestimmt und versteht ihn als

---

[9] Handagende zum Gebrauche bei Taufen, Krankenkommunionen und Begräbnissen. Abdruck aus der Agende für die evangelisch-lutherische Kirche in Bayern, II. Teil, Ansbach 1918, 127.

[10] A.a.O., 128.

[11] A.a.O., 128 f.

[12] A.a.O., 129.

[13] A.a.O., 130.

[14] Ebd.

Ruhestätte der hier geborgenen Entschlafenen, als Saatfeld der erwarteten Auferstehung von den Toten und als Gedenkort der eigenen Sterblichkeit der Besucher. Im Glauben an Jesus Christus, der dem Tode die Macht genommen und Leben und unvergängliches Wesen ans Licht gebracht hat, »bergen wir hier unsere Toten und bitten dich: Heilige diese Stätte zu einem Ort des Friedens für die Entschlafenen, zu einem Saatfeld, daraus du sie dereinst zur himmlischen Herrlichkeit auferwecken wirst. Die hier ihre Toten zur Erde bestatten, tröste mit dem Trost deines göttlichen Wortes [...] und weil wir alle nicht wissen, wie bald wir von hinnen gerufen werden, so erwecke uns zu steter Bereitschaft auf unser Ende und mache uns reich an Früchten des Glaubens und der Liebe, die da bleiben ins ewige Leben.«[15]

Bereits in der 1987 als Ausgabe Bayern erschienen Neubearbeitung von VELKD-Agende Band IV tritt die biblische Metaphorik des Friedhofes stark zurück und wird lediglich noch aufgerufen, aber nicht mehr näher entfaltet und auf den Ort selbst bezogen. Insgesamt fällt die Zurückhaltung gegenüber der biblischen Anschaulichkeit, die sich auf dem Friedhof nahelegen würde, auf. Stattdessen wird in den Einweihungsgebeten eines Friedhofes ein stärker christologischer Ausgangspunkt gewählt: »Gott der Hoffnung und des Trostes, du hast gewollt, daß dein Sohn in ein Grab gelegt werde, aus dem er als Sieger über den Tod erstand. Im Glauben an ihn bergen/begraben wir hier unsere Entschlafenen. Mache diesen Friedhof zu einem Ort des Gebetes, der Hoffnung und des Friedens. Laß unsere Verstorbenen bei der Ankunft deines Sohnes zum ewigen Leben auferstehen. Erfülle die Herzen ihrer Angehörigen mit Trost und Zuversicht.«[16]

Auch im zweiten der insgesamt drei angebotenen Weihegebete wird vor allem die Christusbeziehung hervorgehoben und um Christi Nähe in der eigenen Sterbestunde gebeten. Christus schenke ein gnädiges Gericht und führe die Verstorbenen vor das Angesicht des Vaters.[17] Das dritte Gebet dankt Gott für das »Wort des Lebens in unserer Welt des Todes«, erinnert an die Auferweckung Jesu als »Bürgen des ewigen Lebens« und aktualisiert Gottes Zusage aus der Offenbarung des Johannes, einmal alle Tränen von unseren Augen abzuwischen. »Darum befehlen wir alle Toten, die wir auf diesem Friedhof bestatten, deinem Erbarmen. Laß die Hoffnung an diesem Ort stärker sein als Trauer und Leid. Erwecke unsere Herzen und Sinne durch deinen Geist, daß wir das Ziel unsres Lebens bedenken und getrost darauf zugehen«.[18]

Seit dem ausgehenden 20. Jahrhundert haben sich die kirchlichen Friedhöfe konsequent mit den Veränderungen der Bestattungskultur wie insbesondere der

---

[15] Agende für evangelisch-lutherische Kirchen und Gemeinden. Bd. IV: Ordinations-, Einsegnungs-, Einführungs- und Einweihungshandlungen, Neuendettelsau 1951, 166.

[16] Agende für evangelisch-lutherische Kirchen und Gemeinden. Bd. IV: Ordination und Einsegnung. Einführungshandlungen. Einweihungshandlungen. Ausgabe Bayern, neubearb. Ausg., Hannover 1987, 189.

[17] Vgl. a.a.O., 190.

[18] A.a.O., 190.

enormen Zunahme der Feuerbestattung und in ihrer Folge der Beisetzung von Aschenurnen auseinandergesetzt. Neben der Errichtung von kolumbariumsartigen Urnen-Anlagen, die durch den direkten Blick auf das eingestellte Urnenbehältnis oder eine dieses verdeckende Platte mit den Daten des Verstorbenen den trauernden Angehörigen den Verzicht auf die Metapher des Begrabens und des in der Erde Vergehens der zu Asche gewordenen sterblichen Überreste zumuten, wurden Gemeinschaftsgräberfelder für die Urnenbestattung angelegt, die Möglichkeit von Baumbestattungen geschaffen und eigene Grabstätten für die sogenannten Schmetterlings-, Sternen- bzw. Engelskinder angelegt. Die kirchlichen Friedhöfe stellen damit ihre bergende Funktion für die sterblichen menschlichen Überreste über die klassische Erdbestattung hinaus auch alternativen Bestattungsformen zur Verfügung. Diese finden auf den evangelischen Friedhöfen lediglich in der konsequenten Ablehnung sogenannter klassischer anonymer Bestattungen ohne jegliche Namensnennung der Verstorbenen ihre Grenze.

Auch wenn zwischen dem Eintritt des Todes und der Bestattung der Aschenurne auf dem Friedhof die den Augen der Angehörigen wie der Öffentlichkeit in Deutschland entzogene Station der Verbrennung des Leichnams im Krematorium tritt, und durch diese die natürliche Transformation des lebenden in den toten und im Sarg in die Erde gelegten menschlichen Körpers unterbrochen wird, können die klassischen christlichen Metaphern des Friedhofes als Schlaf- und Ruheort der Verstorbenen bis zur Auferweckung von den Toten noch bedingt ihre Funktion erfüllen. Allerdings muss dabei auf die frugale pflanzliche Dimension der Gräber-Metaphorik wie zum Beispiel des »Saatfeldes für die Auferstehung von den Toten« oder den Vergleich des Sterbens und Begrabens mit dem Weizenkorn, das in der Erde stirbt und erst dann neue Frucht bringt, verzichtet werden.

An die Stelle dieser bislang dominierenden Friedhofs-Metaphorik treten stärker alttestamentliche Metaphern wie das Auflösen des Menschen in Staub (zum Beispiel Psalm 103,15–17a) oder des Verdorrens wie Gras (Psalm 102) in den Vordergrund. Die aktuelle Bestattungs-Agende der lutherischen Kirchen von 1996 spricht bei der Trauerfeier aus Anlass einer Einäscherung davon, dass wir den Leib des Verstorbenen dahingeben, »daß er Staub und Asche werde.«[19] Bei der Bestattung der Urne wird die Trauergemeinde aufgefordert, vor Gott des Verstorbenen zu gedenken. Unter dreimaligem Erdwurf mit den Worten »Erde zur Erde, Asche zu Asche, Staub zum Staube« wird schließlich seine »Asche in Gottes Acker«[20] gelegt.

Erhalten bleibt jedoch auf dem kirchlichen Friedhof insbesondere durch die Namensnennung wie die Lebens- und Sterbedaten am Bestattungsort die Vorstellung, dass es sich bei den hier in welcher Gestalt auch immer Bestatteten um Gottes geliebte, vor ihm einmalige und unverwechselbare Geschöpfe handelt, die diese nach christlichem Verständnis auch über ihren Tod hinaus bleiben und

---

[19] Agende für evangelisch-lutherische Kirchen und Gemeinden. Bd. III: Die Amtshandlungen. Teil 5: Die Bestattung, neubearb. Ausg., Hannover 1996, 107.
[20] A.a.O., 113.

deren sterbliche Überreste im Schutzraum des Friedhofs ruhen bzw. an die dort auch darüber hinaus generell erinnert wird.[21]

Damit wird einer Spiritualität des Friedhofes ein klassisches Repertoire an biblischen Metaphern sowie an ihnen orientierten geistlichen Leistungsbeschreibungen bereitgestellt. Diese können, indem ihr Ort im kulturellen Gedächtnis der Christen erinnernd aufbewahrt wird, auf dem Friedhof auch unabhängig von der jeweils aktuellen Verkündigung bzw. Seelsorge ihre Funktion als Imagination des Evangeliums entfalten und in den trauernden Angehörigen wie in den weiteren Besuchern des Friedhofes selbsttätig tröstend wirken, indem sie die persönliche Gottesbeziehung des Einzelnen durch die von der jeweiligen Metapher ausgehende Kraft evozieren bzw. aktivieren. Durch das Gespräch mit aktuellen kulturwissenschaftlichen Ansätzen können diese Metaphern darüber hinaus eine Plausibilisierung wie Vertiefung erfahren.

3. Kulturwissenschaftliche Plausibilisierung und Vertiefung einer gelebten Spiritualität des Friedhofs

Aus kulturwissenschaftlicher und insbesondere gedächtnistheoretischer Sicht stellt der kirchliche Friedhof neben dem Kirchengebäude, dem Pfarrhaus und dem Gemeindehaus einen weiteren wichtigen Erinnerungsort des Christentums dar.[22] Er verlängert ähnlich wie der Kirchenraum das Familiengedächtnis und das Gedächtnis einer Gemeinschaft über das der menschlichen Erinnerung hinaus herkömmlich Zugängliche und Vorstellbare[23] und vollzieht dieses auch unabhängig von der jeweiligen Liege- bzw. Ruhezeit der einzelnen Grabstätten. Der Friedhof wird damit im Fluss der Alltagskommunikation zu einer Zeitinsel im Sinne eines

---

[21] Vgl. das Kommunique »Menschenwürde auch beim Sterben und im Tod« der Bischofskonferenz der Vereinigten Evangelisch-Lutherischen Kirche Deutschlands von 2004: Trauernde sollen ihre Verstorbenen bei Gott geborgen und in der christlichen Gemeinschaft aufgehoben wissen. »Die Würde eines Menschen muss auch im und nach dem Tod bewahrt bleiben.« Verstorbene müssen als unverwechselbare Persönlichkeiten klar erkennbar sein. »Die Stärke des christlichen Glaubens ist eine Gedenke- und Erinnerungskultur die den Menschen als Ebenbild des lebendigen Gottes im Gedächtnis behält.« (Als Anhang abgedruckt in: Klaus Grünwaldt/Udo Hahn (Hrsg.), Vom christlichen Umgang mit dem Tod. Beiträge zur Trauerbegleitung und Bestattungskultur, 2. verb. Auflage, Hannover 2005, 101–103; hier: 102 f.).

[22] Vgl. Christoph Markschies/Hubert Wolf (Hrsg.), Erinnerungsorte des Christentums, München 2010. Unerklärlich bleibt, weshalb der Band selbst auf den Friedhof als eigenständigen Erinnerungsort des Christentums verzichtet.

[23] Vgl. dazu Klaus Raschzok, Traditionskontinuität und Erneuerung. Praktisch-theologische Einsichten zu Kirchenraum und Gottesdienst, Leipzig 2014, 229 f. unter Hinweis auf die soziologische Kirchenraumtheorie von Hans-Georg Soeffner.

Ortes vollkommen anderer Zeitlichkeit bzw. Zeitenthobenheit, die nach christlicher Überzeugung auf die Zukunft hin offenbleibt und erst durch die erwartete Wiederkunft Christi zur Auferweckung der Toten und zum Gericht begrenzt wird.

Das einzelne Grab ermöglicht nicht nur eine Verortung der Trauer um den hier bestatteten Verstorbenen, sondern zugleich auch der Erinnerung an die Verstorbenen. Der christliche Glaube stellt aus kulturwissenschaftlicher Perspektive eine spezifische Erinnerungskultur dar. Das »Christentum als Offenbarungsreligion ist nicht anders denn als Erinnerungsreligion zu denken. Erinnerung gehört zum Wesen des Christentums und Erinnerungsorte waren im Christentum lange bekannt [...]. Im Grunde ist das Christentum selbst nichts anderes als eine große Topographie von Erinnerungsorten.«[24] Denn die Identität einer Gesellschaft, ihre symbolische Sinnwelt, die Vertrauen und Orientierung stiftet, ist wesentlich bestimmt von prägenden historischen Erfahrungen, die immer neu erinnert und gegenwärtig gesetzt werden müssen. Das kulturelle Gedächtnis ruht auf Fixpunkten in der Vergangenheit, deren Erinnerung durch die kulturelle Formung (Texte, Riten, Denkmäler) und institutionalisierte Kommunikation (Rezitation, Begehung, Betrachtung) wachgehalten wird. Das kollektive Gedächtnis stellt so einen Bestand an Wiedergebrauchstexten bereit, die einer Gesellschaft Stabilität und Identität verleihen.[25] In der Erinnerung bringt sich der Erinnerte (= Christus) selbst zur Geltung und setzt Vergangenheit Gegenwart und Zukunft ins Verhältnis.[26]

Aus kulturwissenschaftlicher Sicht und insbesondere aus der Perspektive einer philosophischen Atmosphärentheorie, wie sie etwa Gernot Böhme vertritt[27], kommt der raum- und atmosphärentheoretischen Leistung des Friedhofes als Ensemble eine wichtige Rolle zu. Bei der innerkirchlichen Beschäftigung mit dem Friedhof stand bisher zu sehr die einzelne Grabstätte bzw. das einzelne Grabmal im Vordergrund und wurde insbesondere durch das Instrument der Friedhofsordnungen einer meist eher formalen gestalterischen Reglementierung unterworfen. Dahinter trat die Leistung des *Friedhofs als Ensemble* zurück.

Zur Leistung des Friedhofes als Ensemble gehören die zur Verfügung gestellte Umfriedung, die damit markierte Abgeschiedenheit von der Welt der Lebenden, die Nähe zum Naturraum und beim *kirchlichen* Friedhof dessen christliche Formatierung zum Beispiel durch die Portalgestaltung, durch Inschriften, bildliche Darstellungen, ein aufgerichtetes Steinkreuz und schließlich die Friedhofskirche oder Friedhofskapelle mit ihrer Glocke. Diese einzelnen Elemente verbinden sich mit den verschiedenen gottesdienstlich-rituellen Begehungen einer christlichen Gedenkkultur im Zusammenhang des Kirchenjahres (wie zum Beispiel Ostern oder

---

[24] Christoph Markschies/Hubert Wolf: »Tut dies zu meinem Gedächtnis«. Das Christentum als Erinnerungsreligion, in: Dies. (wie Anm. 22), 10–27; hier: 11.

[25] Vgl. a.a.O., 11f.

[26] Vgl. a.a.O., 27.

[27] Vgl. z.B. Gernot Böhme, Atmosphäre. Essays zur neuen Ästhetik, Frankfurt am Main 1995.

am Johannistag oder am Ende des Kirchenjahres), den auf dem Friedhof vollzogenen christlichen Bestattungen, dem gemeinschaftlichen oder persönlichen Gebet für die Verstorbenen an den Gräbern und insgesamt mit der symbolischen kirchlichen Präsenz als Trägerin des Friedhofes. Aus diesen einzelnen Elementen formt sich eine spezifische Atmosphäre, welche trauernden Angehörigen wie weiteren Besuchern des Friedhofes einen mit Worten des Religionsphilosophen Hermann Schmitz »kultivierten« Umgang[28] mit den auf dem Friedhof präsenten Gefühlen Sterben, Tod und eigener Vergänglichkeit ermöglicht, die in dieser verdichteten Weise an anderen Orten eher selten anzutreffen sind und sich des Einzelnen, der ihre Wirkung zulässt, bemächtigen können.

Der Friedhof wird damit zum Instrument eines »Framings« (von englisch frame = Rahmen) des Umgangs mit Sterben, Tod und Trauer im Deutungsraster der christlichen Auferstehungshoffnung. Die sich daraus entwickelnde spezifische Räumlichkeit und Atmosphäre des kirchlichen Friedhofes wird durch artefaktorientierte Zugänge unterstützt, indem der Friedhof einen nicht nur symbolischen, sondern auch materialen Berge- und Verwahr-Ort der sterblichen Überreste durch die Kirche darstellt. Der Friedhof ist Aufbewahrungsort der der Kirche anvertrauten sterblichen Überreste der Verstorbenen, die ihr als imaginärer Gemeinschaft und zum bewahrenden Gedächtnis übergeben bzw. anvertraut werden. Der Friedhof verbindet seine Eigenschaft als bergender Ort für die ihm anvertrauten Überreste der Verstorbenen mit der Erwartung eines menschlich nicht näher begreifbaren endzeitlichen Wandlungsgeschehens, das nur von Gott als seinem Urheber her beschreibbar wird. Der kirchliche Friedhof sichert auf diese Weise zugleich den bei Beerdigungen inzwischen deutlich rückgängigen Kirchenbezug der Verstorbenen wie der Trauergemeinde auf nicht-verbale körperbezogen-artefaktorientierte Weise. Die Kirche in Gestalt der den Friedhof tragenden Kirchengemeinde ist damit bei der Beerdigung bzw. Bestattung symbolisch präsent und entlastet die Durchführung der kirchlichen Handlung.

Die Leistung des kirchlichen Friedhofes entsteht aus dem Zusammenspiel einer Vielzahl sozialer Handlungen mit jeweils unterschiedlichen Artefakten wie Atmosphären. Der kirchliche Friedhof bietet auf diese Weise seinen Besuchern einen spezifisch christlichen Umgang mit Sterben, Tod und Trauer an, indem er zum Schutzraum wird, der seinen Besuchern auf diskrete Weise Ruhe und Abstand zum Alltag gewährt und als sozialer wie zugleich imaginärer Raum der Gemeinschaft Kirche erleben lässt und darüber diese und ihren auferstehungsbezogenen Glauben unaufdringlich zur Darstellung bringt.

Die auf dem Friedhof als Ort ermöglichte Imagination des Evangeliums korrespondiert dem sich auf ihm vollzogenen Geschehen. Begriff und Anschauung verlaufen dabei ineinander. Die besondere Chance der biblischen Deutung besteht darin, an der Materialität des Friedhofes anzuknüpfen und nicht auf eine stärker abstrakte theologische Begrifflichkeit zurückgreifen zu müssen. Die sich auf dem

---

[28] Vgl. HERMANN SCHMITZ, Das Göttliche und der Raum (System der Philosophie III/4), Bonn ²1995, 279.

Friedhof realiter als Verwesungsgeschehen vollziehenden Wandlungsprozesse lassen sich mittels der biblischen Metaphorik wiederum in Beziehung zu Gottes Handeln setzen und gewinnen dadurch ergreifende Anschaulichkeit für den, der sich diesem Geschehen aussetzt.

Der Friedhof stellt damit auch einen spezifischen Ort der Berührung dar: Er ermöglicht ein Sich-Aussetzen gegenüber dem auf dem Friedhof manifesten Tod, der unweigerlich einmal auch jeden Besucher ereilen wird. Dieses Sich-Aussetzen vollzieht sich als emotionale körpersprachliche Berührung. Ähnlich kann auch der Glockenklang auf dem Weg zum Begräbnisort als körperlich-seelische Berührung empfunden werden. Berührung heißt, das zuzulassen, was auf dem Friedhof sich an mir und meinem gesamten Körper zu vollziehen beginnt. Der Friedhof wird so zum Anschauungs-Ort der im Grunde unanschaulichen christlichen Auferstehungshoffnung, die sich natürlicher Bilder und Metaphern bedient, mit deren Hilfe an konkreten Artefakten angeknüpft und in die in Gottes Hand liegende Zukunft geblickt werden kann.

Der Friedhof kann damit kulturwissenschaftlich – zusammenfassend – als ein »Sakrotop« im Sinne der Definition von Torsten Cress beschrieben werden. Sakrotop bezeichnet einen »religiös konnotierten Kontext, der von bestimmten Aktivitäten getragen wird und durch eine bestimmte Stimmung gekennzeichnet ist, in den man ›eintreten‹ kann, aber auch ›hineinfinden‹ muss, und in dem Möglichkeiten zu bestimmten Erfahrungen angelegt sind.«[29] »Sakrotope entfalten sich mit der Durchführung spezifischer Handlungen und sind [...] das Ergebnis eines Vollzugsgeschehens. Sie sind nicht von Dauer, sondern werden über bestimmte Zeitabschnitte aufrechterhalten und vergehen wieder.«[30] Sie entstehen an eigens hierfür angelegten Orten unter Einbezug eines weiten Spektrums von Artefakten und anderen materiellen Entitäten wie räumlichen Arrangements, Figuren, Bilder, Gerüchen, Farben oder Licht. Der Begriff betont dabei gleichermaßen die performative wie die materielle Dimension eines religiösen Kontextes.[31]

4. Kirchentheoretisch-poimenische Konsequenzen

Der Friedhof stellt wie zum Beispiel die Kasualien Taufe, Trauung und Bestattung oder die Konfirmation ein weiteres Überschneidungsfeld zwischen privatem, kirchlichem und öffentlichem Christentum dar. So kann beim kirchlichen Friedhof von einem seelsorglichen Dienst der Kirchengemeinde an der gesamten Volkskirche gesprochen werden. Für die kirchengemeindlichen Trägerverantwortli-

[29] Torsten Cress, Sakrotope – Studien zur materiellen Dimension religiöser Praktiken (Kulturen der Gesellschaft 23), Bielefeld 2019, 10.

[30] Ebd.

[31] Vgl. ebd.

chen eines Friedhofes umfasst dieser Dienst neben einer umfassenden »Bestattungsdiakonie«[32] zugleich auch die stellvertretende Wahrnehmung von Aufgaben des Gedenkens der Verstorbenen unabhängig von deren jeweils persönlicher *confessio* bzw. der kirchlichen Bindung ihrer Angehörigen.

Der kirchliche Friedhof ist mehr als nur eine Dienstleistung. Eine Dienstleistung orientiert sich vorwiegend am Einzelnen und weniger an der Gemeinschaft. Der Aspekt der Gemeinschaft dagegen spielt beim kirchlichen Friedhof eine entscheidende Rolle, weil er mit dem Auflassen einer Grabstätte nach dem Ende der Liege- bzw. Ruhezeit noch nicht zu Ende ist, sondern auf dem Friedhof als Ensemble zugleich die Erinnerung an alle dort Bestatteten bewahrt wird.
Praktische Fragen und Konsequenzen bestehen zum Beispiel in Überlegungen, wie auch derer auf einem kirchlichen Friedhof gedacht werden kann, deren Gräber nach einer entsprechenden Ruhezeit aufgelassen wurden bzw. aufgelassen werden sollen? In diesen Aufgabenkreis gehört auch die Frage einer Pflege der Gräber jenseits der häufig als Belastung empfundenen individuellen Verantwortung der Angehörigen und Maßnahmen, die verhindern, dass die Grabfelder mangels Belegung ausgedünnt und verwüstet erscheinen.

Aus poimenischer Perspektive gilt es schließlich, die bestehenden Querverbindungen zwischen Trauerarbeit und Friedhof deutlicher zu beachten und diese in einer nachgehenden Seelsorge oder in kirchlichen Trauergesprächsgruppen thematisierte Verbindung stärker bewusst zu gestalten und auch als für den christlichen Glauben legitim zuzulassen. Aus seelsorgerlicher Verantwortung heraus haben die für einen kirchlichen Friedhof Verantwortlichen sich auch offen zu halten für einen Bewusstseinswandel der Sterbenden in ihren Verfügungen und Vorstellungen wie von deren Angehörigen. Der kirchliche Friedhof stellt einen »empfindlichen« Ort für Angehörige und deren Begegnung mit Kirche dar, der vor allem seitens der hier hauptamtlich Tätigen eine hohe Sensibilität erfordert. Hier ist immer zu beachten, dass es sich bei den Hinterbliebenen und Angehörigen nicht um Kunden eines Geschäftsbetriebes oder Dienstleisters, sondern um, wenn auch möglicherweise selbst eher kirchendistante, aber in der Trauersituation suchende Kirchenmitglieder handelt, die von ihrer Kirche einen letzten Dienst für ihre verstorbenen Angehörigen erbitten und diesen auf dem Friedhof in Auftrag geben.

Dem allem dient eine bewusste Pflege der mit dem Friedhof verbundenen kirchlichen Praxis und Bewusstseinsbildung für die Leistung des kirchlichen Friedhofes. Unterstützt wird diese durch eine regelmäßige und damit verlässliche Fürbitte für die Verstorbenen im sonntäglichen Gottesdienst, die sich stellvertretend durch die Gottesdienst feiernde Gemeinde auch ohne ständige Beteiligung bzw. Anwesenheit der betroffenen Angehörigen vollzieht. Insbesondere für Kirchengemeinden, die selbst Träger eines kirchlichen Friedhofes sind, sollte diese

---

[32] Sabine Bobert, Die neuen Entwicklungen der Bestattungskultur aus theologischer Sicht, in: Vom christlichen Umgang mit dem Tod. Beiträge zur Trauerbegleitung und Bestattungskultur, hrsg. von Klaus Grünwaldt/Udo Hahn, 2. verb. Auflage, Hannover 2005, 55–86; hier: 71.

Gebetspraxis im Allgemeinen Kirchengebet selbstverständlich sein und nicht – wie es leider häufig geschieht – unterlassen werden.

5. Gemeindepädagogische Folgerungen

Der Friedhof stellt als Lern- und Lebensraum eine ernstzunehmende kirchliche Bildungsaufgabe dar. Im Grunde ist analog zur Kirchenpädagogik auch eine eigenständige Friedhofspädagogik zu entwickeln. Zur notwendigen Arbeit am Bewusstsein für die Leistung des Friedhofes gehört auch das Verhältnis der verantwortlichen evangelischen Pfarrerinnen und Pfarrer zum Friedhof, das einer regelmäßigen Klärung und Festigung bedarf, da diesen aufgrund ihrer Schlüsselstellung bei der Bestattung und auch bei der Begleitung Sterbender wie Trauernder eine zentrale Rolle für die Einübung einer christlichen Spiritualität des Friedhofes zukommt.

Beispielhaft hierfür steht der in den 1950er Jahren unternommene Versuch einer Integration der Friedhofsthematik in das Studium der Evangelischen Theologie durch Professor Dr. Fritz Fichtner in Erlangen. Fichtner, von 1949 bis 1960 erster Ordinarius für Christliche Archäologie und Kunstgeschichte an der Theologischen Fakultät der Friedrich-Alexander-Universität Erlangen, bezog Fragen des Friedhofes, seiner Gestaltung und seiner Ordnung regelmäßig wiederkehrend in sein Lehrangebot mit ein und legte, angeregt durch sein persönliches Engagement in der Kriegsgräberfürsorge, an der Erlanger Theologischen Fakultät ein Archiv »Friedhof und Denkmal« an und pflegte mit seinen Studierenden die enge Zusammenarbeit mit der von ihm mitbegründeten »Arbeitsgemeinschaft Friedhof und Denkmal e.V.«, dem späteren Träger des 1992 eröffneten Museums für Sepulkralkultur in Kassel. Zukünftigen Pfarrern sollte auf diese Weise der Blick für Fragen geöffnet werden, die unweigerlich während ihrer pfarramtlichen Praxis auf sie zukommen würden.[33]

Ein langfristiges heutiges Ziel bestünde darin, für Pfarrerinnen und Pfarrer bzw. dazu befähigte Personen innerhalb der einzelnen Kirchengemeinden die inzwischen weitgehend an Bestatter, Friedhofsgärtner und Steinmetzbetriebe abgegebene praxisorientierte Beratungskompetenz für den Friedhof im Rahmen des Kasualhandelns der Kirche wieder zurückzugewinnen und damit den Angehörigen auch Hilfestellungen für Fragen der Grabgestaltung oder der Grabpflege anbieten zu können.

[33] Vgl. Peter Poscharsky, Die Geschichte des Seminars für Christliche Archäologie und Kunstgeschichte der Theologischen Fakultät der Friedrich-Alexander-Universität Erlangen-Nürnberg, in: Ders., Gestalteter Glaube. Gesammelte Aufsätze aus der Christlichen Archäologie und Kunstgeschichte, hrsg. von Klaus Raschzok, Leipzig 2014, 21–37; hier: 34–37.

Der kirchliche Friedhof ist daher als integraler Bestandteil kirchlicher Öffentlichkeitsarbeit zu verstehen wie zu pflegen. Ihm ist Eingang in die Gemeindepädagogik zu verschaffen, insbesondere durch die Verknüpfung von Einsichten der Trauerarbeit mit dem Verständnis des Friedhofes als Sakrotop, welche Bestandteil kirchenleitenden Grundwissens sein sollten, ebenso wie durch die selbstverständliche und liebevolle Pflege der über die Bestattung hinausgehenden gottesdienstlichen Angebote auf dem Friedhof, die diesen auch einer möglicherweise eher kirchendistanten Teilnehmergemeinde näher erschließen und vertraut machen können.

6. Schlussfolgerungen

Schließlich ist zu fragen, wie eine Landeskirche Aktivitäten von Kirchengemeinden fördern kann, die ihren kirchlichen Friedhof ausdrücklich als Teil ihres Seelsorge- und Verkündigungsauftrages verstehen. Sollen bzw. können in einem solchen Fall kirchliche Friedhöfe entgegen der bisherigen Haushaltsrechtslage auch aus Kirchensteuermitteln bezuschusst werden? Welche Voraussetzungen sollten dann erfüllt sein?

Was benötigt der kirchliche Friedhof an kirchenleitender Unterstützung, damit er eine Zukunft hat? Sollen kirchliche Friedhöfe auch dann, wenn sie etwa eine wirtschaftliche Grenze erreicht haben, aus Kirchensteuermitteln bezuschusst oder stattdessen lieber an die Kommune abgegeben werden? Welchen Stellenwert hat dabei nicht zuletzt auch die Verantwortung der gesellschaftlichen Öffentlichkeit für den kirchlichen Friedhof, insbesondere wenn dieser als Monopolfriedhof fungiert und vielleicht sogar aufgrund seiner Denkmäler eine wichtige Bedeutung für die (Orts-)Geschichte besitzt?

Spielt der Friedhof (ab einer bestimmten Größe) bei der aktuellen Landesstellenplanung der Evangelisch-Lutherischen Kirche in Bayern oder zumindest bei der Aufstellung der Dienstordnung für einen Pfarrer oder eine Pfarrerin eine nennenswerte Rolle? Da die aktuelle Landesstellenplanung hier die Verantwortung dem jeweiligen Dekanatsbezirk als der sogenannten »mittleren Ebene« überträgt, müsste dieser bei der Zuweisung von Stellenkontingenten auch im Pfarrdienst die Friedhofsthematik berücksichtigen, wenn sie einen bewussten Arbeitsschwerpunkt der betreffenden Kirchengemeinde darstellt. Dekaninnen und Dekane müssten zugleich bei der Erstellung der Dienstordnung für die betreffende Pfarrerin oder den betreffenden Pfarrer entsprechende Zeitkontingente für die bewusste Arbeit an einer Spiritualität des evangelischen Friedhofes vorsehen.

7. Gute seelsorglich-theologische Gründe für den evangelischen Friedhof

Fazit: Es gibt zwar keinen zwingenden und insbesondere eindeutig biblisch fundierten Auftrag zum kirchlichen Friedhof, aber sehr wohl gute seelsorglich-theologische Gründe, die für den kirchlichen Friedhof sprechen und seine umfassende Leistung für den Glaubensvollzug deutlich machen. Deren Bejahung geht jedoch mit der bewussten Aneignung und kontinuierlichen Pflege einer gelebten Spiritualität des Friedhofes als kirchlichem Lern- und Lebensraum einher, die nicht zuletzt auch der persönlichen Gottesbeziehung angesichts von Sterben, Tod und Trauer immer wieder neu abzuringen ist.

Spiritualität im Kontext des Wirtschaftens

Spiritualität als Kernkompetenz im sozialen Unternehmen

1. Was ist christliche Spiritualität?

Spiritualität bezeichnet nach christlichem Verständnis den vom Heiligen Geist Gottes gewirkten, Gestalt gewordenen und damit sinnlich wahrnehmbaren christlichen Glauben, der sich in die Alltagsexistenz hinein auswirkt.[1] Mit Manfred Seitz liegt der »Glaube eines Menschen an Gott bzw. an Jesus Christus [...] wie alles Religiöse tief in der menschlichen Person verborgen. Er ist aber bestrebt, sich zu äußern und eine Gestalt anzunehmen. Das gehört zu seinem Antwortcharakter und zu seiner Gemeinschaftsbezogenheit.«[2] Nach reformatorischer Tradition vollzieht sich Spiritualität auf den drei grundlegenden Feldern der Praxis des Gebets (oratio), des Umgangs mit der Heiligen Schrift (meditatio) und der Bewährung des Glaubens in der Anfechtung (tentatio). Der christlichen Spiritualität eignet ein spezifischer Übungscharakter, da sich ihre Gehalte lediglich im einübenden Nachvollzug geistlicher Praxis aneignen lassen und die durch den Heiligen Geist gewirkte Frömmigkeit daher immer zugleich der Übung bedarf. Da die Spiritualität immer auch den Beruf als eine selbstverständliche Form des Lebens-Gottesdienstes der Christen mit einschließt, nötigt sie zugleich zu einer Klärung des Verhältnisses von Professionalität und christlicher Frömmigkeitspraxis. Schließlich

---

[1] Vgl. Gerhard Ruhbach, Evangelische Spiritualität - Überlegungen und Kriterien, in: Ders., Theologie und Spiritualität. Beiträge zur Gestaltwerdung des christlichen Glaubens, Göttingen 1987, 122-130; hier: 123; Manfred Seitz, Praxis des Glaubens. Gottesdienst, Seelsorge und Spiritualität, Göttingen 1978; Ders., Erneuerung der Gemeinde. Gemeindeaufbau und Spiritualität, Göttingen 1985; Michael Schibilsky, Spiritualität in der Diakonie. Annäherungen aus dem Alltag, in: Beate Hofmann/Michael Schibilsky, (Hrsg.), Spiritualität in der Diakonie. Anstöße zur Erneuerung christlicher Kernkompetenz (Diakoniewissenschaft 3), Stuttgart 2001, 7-26; hier: 11f.; Beate Hofmann, Feministische Spiritualität. Entdeckungen bei der Begegnung zweier Frauenkulturen, in: Dies./Schibilsky (wie Anm. 1), 27; Christian Möller, Der heilsame Riss. Impulse reformatorischer Spiritualität, Stuttgart 2003; Fulbert Steffensky, Schwarzbrot-Spiritualität, Stuttgart 2005; Peter Zimmerling, Evangelische Spiritualität. Wurzeln und Zugänge, Göttingen 2003, 15f.

[2] Manfred Seitz, Art. Frömmigkeit II. Systematisch-theologisch, in: TRE 11 (1983), 674-683; hier: 674.

zielt der übende Vollzug christlicher Spiritualität auf die geistlich-theologisch verantwortete Kunst der Unterscheidung (discretio), um die vielfältigen Praxis-Gestalt-Phänomene alltagsbezogener Frömmigkeit einer begründeten kritischen Sichtung und Beurteilung zu unterziehen.[3] Ihren wissenschaftlichen Ort innerhalb der evangelischen Theologie hat die Spiritualität in der dem Fach Praktische Theologie zugeordneten und über Jahrzehnte vernachlässigten Teildisziplin der Aszetik.[4] Diese stellt eine Querschnittswissenschaft dar, welche sich als Reflexion des Gesamtbereichs des geistlichen Lebens und des gestalteten Glaubens versteht und im Gespräch mit den übrigen theologischen Disziplinen diejenigen Lebensfelder und Frömmigkeitsformen erforscht, auf denen sich christliche Existenz konkretisiert.[5] Evangelische Aszetik als Teildisziplin der akademischen Praktischen Theologie macht darauf aufmerksam, dass Theologie nicht ohne persönliche Betroffenheit studiert werden kann und ein sachgerechter Vollzug des christlichen Glaubens der Anleitung, Einübung und wissenschaftlichen Reflexion bedarf, die als aszetische Kompetenz zu beschreiben ist.

Das Grundproblem einer theologischen Beschäftigung mit Spiritualität besteht darin, dass es sich dabei um ein Bewegen an der Grenze dessen handelt, was wissenschaftlich aussagbar ist. Hilfreich ist es daher, auf Überlegungen des Züricher Theologen Ingolf U. Dalferth zurückzugreifen. Nach ihm gibt es kein Wahrnehmen ohne Gottes Gegenwart: »Stets leben wir in Gottes Präsenz, auch wenn wir das nicht wahrzunehmen meinen oder wahrhaben wollen. Wäre Gott nicht gegenwärtig, gäbe es nichts wahrzunehmen und niemanden, der etwas wahrnehmen könnte.«[6] Wir sind unter »den Bedingungen unserer faktischen, durch Sünde gekennzeichneten Existenz [...] nicht nur nicht in der Lage, Gott ohne weiteres in allen Wahrnehmungen wahrzunehmen, sondern Gott ist auch nicht

---

[3] Vgl. Gerhard Knodt, Geistliches Leben einüben. Von »Unterscheidungsgabe« und »Praxis« bei den Wüstenvätern und heute, in: Theologische Beiträge 40 (2009), 255–272.

[4] Vgl. Rudolf Bohren, Praktische Theologie, in: Ders. (Hrsg.), Einführung in das Studium der evangelischen Theologie, München 1964, 9–32; Manfred Seitz, Art. Askese IX. Praktisch-theologisch, in: TRE 4 (1979), 250–259; Christoph Joest, Manfred Seitz und die Entwicklung einer evangelischen Aszetik, in: Geist und Leben 68 (1995), 196–212; Sabine Bobert-Stützel, Frömmigkeit und Symbolspiel. Ein pastoralpsychologischer Beitrag zu einer evangelischen Frömmigkeitstheorie (Arbeiten zur Pastoraltheologie 37), Göttingen 2000; Albrecht Schödl, »Unsere Augen sehen nach dir«. Dietrich Bonhoeffer im Kontext einer aszetischen Theologie, Leipzig 2006.

[5] An der Augustana-Hochschule Neuendettelsau wurde 2007 das »Institut für Evangelische Aszetik« als einziges Spezialinstitut im Raum der deutschsprachigen akademischen Evangelischen Theologie gegründet, das sich in der Grundlagenforschung zur evangelischen Aszetik und der Beratung und Begleitung von kirchlichen Institutionen in Fragen evangelischer Frömmigkeitspraxis engagiert.

[6] Ingolf U. Dalferth, Gedeutete Gegenwart. Zur Wahrnehmung Gottes in den Erfahrungen der Zeit, Tübingen 1997, 2.

jeder Gegenwart auf dieselbe Weise gegenwärtig.«[7] Daher gehört es »zu den Aufgaben der Theologie, die Bedingungen zu erhellen, zu entfalten und zu prüfen, unter denen Gottes Gegenwart wahrgenommen wurde und wird.«[8] Die Wahrnehmung von Gottes Gegenwart ist jedoch keine Wahrnehmung unter oder neben anderen: »Wir können sie nicht für sich und als besondere Wahrnehmung neben anderen wahrnehmen, sondern nur anhand dessen, dem sie gegenwärtig ist, wenn wir es wahrnehmen. Nun gibt es aber nichts, was wir wahrnehmen und wahrnehmen können, dem sie nicht gegenwärtig wäre. Deshalb wird und wurde Gottes Gegenwart als Gegenwart Gottes nur anhand bestimmter Wahrnehmungen wahrnehmbar – solcher nämlich, bei denen wir nicht umhin können, sie als Wahrnehmungen von Gottes verborgener Gegenwart zu bestimmen, auch wenn andere sie nicht so bestimmen mögen [...]. Wir können Gottes Gegenwart also niemals für sich wahrnehmen, sondern immer nur so, dass wir sie in, mit und unter anderen Wahrnehmungen wahrnehmen.«[9] Aufgabe der kirchlichen Praxis ist es daher, andere in die Lage zu versetzen, selbst die Wirklichkeit wahrzunehmen, die sie im Gottesdienst und ihren weiteren Lebensäußerungen verkündet.

Friedrich Wintzer macht darauf aufmerksam, dass Frömmigkeit als personale Gottes- und Weltbeziehung des Menschen in einer Spannung zwischen der individuellen und personspezifischen Aneignung des Glaubens einerseits und seiner lehrmäßigen Gestalt andererseits steht, da die christliche Frömmigkeit nicht normativ als System religiöser Lebenswelt vorgegeben ist, sondern auf einer personspezifischen Teilhabe an den Bereichen der christlichen Frömmigkeit beruht. Frömmigkeit ist daher konsequent mit Hilfe einer Hermeneutik der religiösen Lebenswelt zu beschreiben.[10] Die »Frage nach den Gestaltungsformen des Glaubens und der Frömmigkeit nicht ernst zu nehmen, hieße, in bezug auf den Glauben sprachlos zu werden«[11], da der Glaube die Alltagswirklichkeit transparent für die dahinter oder darunter liegende Wirklichkeit Gottes macht.[12]

Für Corinna Dahlgrün stellt christliche Spiritualität keine Privatsache dar, sondern ist immer mit der Gemeinschaft verbunden, aus der sie erwachsen ist. In phänomenologischer Perspektive sind daher die Komponenten der Beziehung zwischen Gott und Mensch, eine dadurch konstituierte Gottes- bzw. Transzendenzerfahrung auf Seiten des Menschen, eine Gestaltung dieser Beziehung im Lebensverlauf durch den Menschen, eine damit zusammenhängende Gestaltung

---

[7] A.a.O., 4.

[8] A.a.O., 6.

[9] A.a.O., 8.

[10] Vgl. FRIEDRICH WINTZER, Frömmigkeit als eine Grundperspektive der Praktischen Theologie, in: DERS./HENNING Schroer/JOHANNES HEIDE (Hrsg.), Frömmigkeit und Freiheit. Theologische, ethische und seelsorgerliche Anfragen (Hermeneutica 5), Rheinbach-Merzbach 1995, 13–21; hier: 19.

[11] A.a.O., 21.

[12] Vgl. BERNWARD WOLF, Diakonische Identität und Spiritualität. Persönliche und institutionelle Aspekte, in: HOFMANN/SCHIBILSKY (wie Anm. 1), 61–71; hier: 61.

des Weltverhältnisses und die Reflexion des entsprechenden Erlebens und Tuns für Spiritualität konstitutiv.[13]

Da Spiritualität keinen speziellen Teilbereich im Leben oder Arbeiten darstellt, sondern das Gesamtkonzept des Arbeitens oder Lebens in der Perspektive des christlichen Glaubens beschreibt, ist sie für Joachim Reber auch im Bereich diakonischer Unternehmen kein Lebens- und Arbeitsbereich neben anderen, sondern beschreibt die Art und Weise, sein Leben zu führen und seine berufliche Aufgabe zu gestalten. Es existiert daher keine religiöse Sonderwelt, die abseits vom beruflichen Alltag in den Einrichtungen der Diakonie und der Caritas zu verorten wäre. Spiritualität gewinnt vielmehr genau in diesem Alltag ihre Gestalt.[14] Dieses existenzielle Spiritualitätsverständnis geht im Grunde davon aus, dass es keinen »unspirituellen« Menschen gibt und die Kunst im Umgang mit diesem Phänomen darin besteht, sich und anderen die je eigenen Spiritualitäten bewusst zu machen und in einen fruchtbaren Dialog zueinander zu bringen. Christliche Spiritualität lebt aus dem Vertrauen auf den Heiligen Geist als Beistand Gottes.[15]

Alfred Jäger und Klaus Hartmann gehen ebenfalls von einer solchen, die diakonische Unternehmenskultur entscheidend prägenden Spiritualität der Arbeit und des Umgangs mit den Menschen und Dingen aus. »Die Kirchlichkeit eines diakonischen Unternehmens wird [...] in einer besonderen Spiritualität manifest.«[16] Diakonische Unternehmenskultur bedarf daher der nachhaltigen Pflege, jedoch »immer im Wissen darum, dass die Tiefe der Spiritualität letztlich nicht durch Menschen machbar ist«, sondern aus der stillen Gegenwart Gottes lebt.[17]

2. Spiritualität in der Diakonie: Entwicklungslinien

Der über Jahrhunderte hinweg selbstverständliche Zusammenhang von Diakonie und Spiritualität wurde zunächst seit der Mitte des 20. Jahrhunderts durch die zunehmende Professionalisierung der diakonischen Tätigkeiten unterbrochen. Im Gefolge einer marktorientierten unternehmerischen Diakonie kam es dann gegen Ende des 20. Jahrhunderts zu einer ersten Rückgewinnung der Spiritualität auf der Ebene der diakonischen Praxis als einer unmittelbaren Konsequenz der im Rahmen der Leitbildentwicklung sich vollziehenden Profilierung des diakonischen

---

[13] Vgl. Corinna Dahlgrün, Christliche Spiritualität. Formen und Traditionen der Suche nach Gott, Berlin/New York 2009, 3f.

[14] Vgl. Joachim Reber, Spiritualität in sozialen Unternehmen. Mitarbeiterseelsorge – spirituelle Bildung – spirituelle Unternehmenskultur, Stuttgart 2009, 18.

[15] Vgl. a.a.O., 19f.

[16] Alfred Jäger, A./Klaus Hartmann, Diakonische Kirche und neues Management, in: Michael Schibilsky/Renate Zitt (Hrsg.), Theologie und Diakonie (Veröffentlichungen der Wissenschaftlichen Gesellschaft für Theologie 25), Gütersloh 2004, 350–369; hier: 362.

[17] Ebd.

Auftrages. Nur zögerlich dagegen findet gegenwärtig das Thema Spiritualität auch Eingang in die Ebene der Führung eines diakonischen Unternehmens. Im Gegensatz zur Leitbildorientierung, bei der die akademische Theologie mit ihren Disziplinen Dogmatik und Ethik eine wichtige Hilfestellung für die diakonische Profilbildung zu leisten vermochte,[18] wirkt sich hier die bisher weitgehende Vernachlässigung der Spiritualität durch die akademische evangelische Theologie aus. Vor allem mangelt es an den für die diakonische Reflexion der Spiritualität erforderlichen anschlussfähigen wissenschaftlichen Vorarbeiten.

Michael Schibilsky hat immer wieder auf diesen Zusammenhang aufmerksam gemacht. Da die akademische Theologie dem Thema Spiritualität immer noch mit spürbarer Skepsis begegne, tauche das Thema in großen Einrichtungen der Diakonie nicht »als theologisch fundiertes Thema auf, sondern als Anfrage an professionelles Handeln in helfenden Berufen.«[19] Damit meldete sich in den Einrichtungen der Diakonie »erneut die Frage nach den geistlichen Grundlagen der eigenen Arbeit zu Wort. Nach jahrelangen ökonomisch motivierten Diskussionen um die Unternehmenskultur diakonischer Einrichtungen werden nun Sinnfragen, weltanschauliche Grundlagen und sich wandelnde Frömmigkeitsformen zum Ausgangspunkt gemeinsamer Überlegungen.«[20] So entsteht ein Bedarf an professionell diakonischer Reflexion dieser christlichen Kernkompetenz, der zunächst einmal durch die Etablierung verfügbaren Wissens über die Spiritualität des Menschen in allen an der Kultur des Helfens beteiligten Professionen diakonischer Arbeit gestillt wird.[21] Es geht um den Respekt vor der spirituellen Dimension jedes Menschen. Daher ist dieser Lebensbereich innerhalb der diakonischen Arbeit fachlich angemessen zu berücksichtigen und zu erschließen, da Spiritualität in der Diakonie täglich im Berufsalltag begegnet.[22]

Der katholische Caritaswissenschaftler Isidor Baumgartner weist darauf hin, dass die in Caritas und Diakonie professionell Tätigen seit den 1960er Jahren gewohnt waren, »ihre Praxis vorzugsweise mit den Kategorien ihres Faches zu reflektieren und zu konzipieren [...]. Theologische und spirituelle Deutungsmuster einzubeziehen ist man wenig geübt oder hat allenfalls nachrangigen Stellenwert.«[23] Da die »herkömmliche Propriumsrede nicht an den Praxiserfahrungen der Mitarbeiter anzuschließen vermag, bleiben die der Praxis innewohnenden spirituellen Tiefenerfahrungen ungehoben und unentfaltet. Praxis kann nicht als Ort und

---

[18] Vgl. Uwe Mletzko, Das Leitbild als theologisches Element der Qualitätssicherung, in: Diakonie-Jahrbuch 2001, 69–72; hier: 70ff.

[19] Schibilsky, Spiritualität (wie Anm. 1), 7.

[20] Ebd.

[21] Vgl. a.a.O., 12.

[22] Vgl. a.a.O., 13.

[23] Isidor Baumgartner, Auf der Suche nach einer überzeugenden Form der kirchlichen Diakonie, in: Walter Fürst (Hrsg.), Pastoralästhetik. Die Kunst der Wahrnehmung und Gestaltung in Glaube und Kirche (Quaestiones Disputatae 199), Freiburg/Basel/Wien 2002, 221–234; hier: 224.

Quelle von individueller und gemeinschaftlicher Glaubenserfahrung, auch nicht als theologiegeneratives Geschehen, erschlossen werden.«[24] Erforderlich ist daher eine Personalentwicklung, die »praktisch-theologischen und spirituellen Reflexionen einen integrierten festen Platz gibt.«[25] Spiritualität als »handlungsrelevante Basiskompetenz« und nicht als frommer Überbau gehört wesentlich zur institutionellen Erkennbarkeit diakonischer Einrichtungen und Unternehmen.[26]

Nur wenig weiterführend erweist sich der Versuch von Corinna Dahlgrün, diakonische Spiritualität lediglich als den Geist der Gottes- und Nächstenliebe zu verstehen, der sich letztlich auf den in der innerkirchlichen Wahrnehmung gegenwärtiger Diakonie beliebten Aufweis konventioneller Aporien beschränkt. »Früher wurde Frömmigkeit erwartet, sie gehörte zum Anforderungsprofil für Menschen, die in der Diakonie tätig waren, und vor allem war sie strukturell einbezogen. Heute ist zwar noch immer die Kirchenzugehörigkeit als Einstellungsvoraussetzung erforderlich, aber wie die einzelnen es mit der Religion halten, ist ihre Privatsache. Wichtiger sind die Fragen der Finanzierung des Marktes, des Wettbewerbs, und leider kann es daraus sogar in einem diakonischen Unternehmen vorkommen, dass die mit den Betreuten praktizierte Spiritualität Privatsache der Mitarbeiter ist.«[27] »Diakonie und Caritas dürfen zu keinem Zeitpunkt vergessen, dass neben organisierter und ethisch reflektierter Professionalität diakonische Spiritualität, schlicht: Frömmigkeit unverzichtbar ist. Sie dürfen nie aus dem Blick verlieren, was sie im Kern bestimmt: das Gebot, Gott zu lieben und den Nächsten wie sich selbst. Dann – und nur dann – sind Liebeshandeln und Qualitätsmanagement kein Widerspruch.«[28] Diese im Grunde konventionelle Position beschränkt sich letztlich darauf, von der unternehmerischen Diakonie eine Rückkehr zum Doppelgebot der Liebe zu fordern, ohne dieses in angemessenen Kategorien näher zu beschreiben.

Als ebenfalls nicht unproblematisch erweist sich der exemplarisch an der Position von Annette Noller skizzierte Versuch, zwischen theologischer Reflexion mit praktischer Relevanz zum wertorientierten Profil diakonischer Arbeit hin (z.B. als Grundlage ethischer Positionen der Diakonie) auf der einen und Spiritualität als weichem Faktor diakonischer Unternehmenskultur auf der anderen Seite zu unterscheiden. Spiritualität wird dabei jedoch nicht mehr in angemessener Weise gleichwertig der wissenschaftlichen Reflexion zugänglich. Der wechselseitige Zusammenhang von Spiritualität als Lebensgestalt und Dogmatik wie Ethik als Lehrgestalt des Glaubens gerät darüber aus dem Blick. »Zu den weichen Faktoren diakonischer Unternehmenskultur«, so Annette Noller, »ist die Spiritualität zu zählen. Wertorientierte christliche Arbeit lebt von den gemeinschaft- und sinnstif-

---

[24] Ebd.

[25] A.a.O., 225.

[26] Vgl. ebd.

[27] Dahlgrün (wie Anm. 13), 324f.

[28] A.a.O., 325f

tenden Formen christlicher Spiritualität. Spiritualität rekurriert auf den Geist Gottes, der uns im Gottesdienst wie auch im alltäglichen Leben geleitet, der die Schöpfung durchweht, der die Kinder Gottes zur Freiheit beruft, sie in den Notlagen des Lebens vertritt und der zum Beten hilft (Römer 8; Joh 16). Spiritualität durchdringt das Miteinander und vermittelt das Wissen, dass unser Leben von Energien durchwaltet ist, deren heilsame Kräfte in der Beziehung, in der Berührung und im Gebet erfahrbar werden. Zur diakonischen Spiritualität gehört das Wissen um die jahreszeitlichen und alltäglichen Abläufe des Lebens, das Wissen um die Notwendigkeit von Ritualen, die das Zusammenleben und Alltagsleben strukturieren. Diakonische Spiritualität hat viele Gesichter. Zu ihr zählt die traditionelle Andacht, die spirituelle Gemeinschaft der Mutterhausdiakonie. Zu ihr zählen die Gebete von Behinderten, Meditationen und kleine Rituale wie z.B. die Handauflegung und Salbung am Krankenbett. Zur diakonischen Spiritualität gehört das sozialkritische Engagement in den bürgerschaftlich engagierten Initiativen und die Arbeit von Ehren- und Hauptamtlichen in der Hospizbewegung, die getragen ist von der Überzeugung, dass unser Leben einen weiteren und tieferen Horizont hat, als es für die Leistungsmerkmale einer ökonomisch ausgerichteten Gesellschaft erkennen lassen.«[29]

Als hilfreich erweist sich die von Rainer Wettreck beschriebene gegenwärtige Herausforderung der deutschen Diakonie nach ihrer Transformation in diakonische Unternehmen im Wettbewerb. Er sieht diese in der erforderlichen konsequenten diakonischen Markenbildung, welche sich in einer diakonischen Unternehmensentwicklung durch konsequente Wahrnehmung religiöser und normativer Orientierungen der Diakonie im Arbeitsalltag und in der Bearbeitung von Defiziten durch Bildung, Systemen und Strukturen zu vollziehen hat. Christlichkeit darf dabei nicht mehr als additive Mehrleistung definiert oder in verschiedenen Variationen an Einzelpersonen delegiert sein, sondern ist als organisationsrelevant, ablaufrelevant, arbeitsprozessbezogen und orientierend in den Entscheidungen und Handlungen der Gesamtorganisation durchzubuchstabieren.[30] Damit erfolgt eine Umkehr gegenüber einer Phase, in welcher »Spiritualität im diakonischen Alltag fremd« wurde und »Werte [...] nicht aus dem Diakonischen, sondern allenfalls aus dem Fachkanon der jeweiligen Helferberufe abgeleitet« wurden. »Auf Diakonie behaftet zu werden, hatte etwas Befremdendes, Beängstigendes, ja Peinliches und Übergriffiges.«[31] Dem gegenüber wird gegenwärtig das Diakonische nicht mehr allein auf gute Arbeitsqualität reduziert, sondern es wird neu danach gefragt, wozu im hoch professionalisierten Berufsalltag das Christentum gut sein könnte. Dabei kommt der Spiritualität als Bildung eine wesentliche Funktion zu. »Nach innen und außen plausibel ist eine Diakonie, die die besten

---

[29] Annette Noller, Diakonische Qualität evaluieren – wertorientierte Arbeit profilieren, in: Diakonie Jahrbuch 2001, 33–37; hier: 36.

[30] Vgl. Rainer Wettreck, Spiritualität, Werte, Organisation. Diakonische Identität und Profilierung im Gesundheitsmarkt, in: Wege zum Menschen 60, 2008, 472–487; hier: 473f.

[31] A.a.O., 475.

humanistischen Orientierungen der Helferberufe wertschätzt und vertieft – und mit christlichen Überzeugungen verbindlich in die Organisation und Gesellschaft einträgt.«[32]

Persönlichkeitsbildung im beruflichen Kontext der Diakonie sowie Seelsorge und Kommunikation als Querschnittskompetenz aller Mitarbeitenden in einem diakonischen Unternehmen kommen dabei die entscheidenden Rollen zu. Bewusst kann hier, wie von Rainer Wettreck gefordert und am Beispiel Wilhelm Löhes aufgezeigt, an diakonische Traditionen des 19. Jahrhunderts angeknüpft werden.[33] Mitarbeiter in der Diakonie benötigen von ihren Führungskräften ein eigenes Profil auch in christlich-diakonischer Hinsicht. Erst wenn Mitarbeiter auf eindeutige Optionen stoßen, können sie selber deutlich werden. Menschen bilden sich an der Andersheit des anderen. »Führungskräfte in der Diakonie brauchen darum eine eigene spirituelle und werteorientierte Position (auch wenn sie fragmentarisch ist).«[34] Erforderlich ist dazu eine systemische Einbettung des diakonischen Profils sowie dessen organisatorische Verbindlichkeit. Die »Persönlichkeit« der Mitarbeiter ist nicht mehr nur Privatsache, sondern geht den Kern des Unternehmens an. Denn die aufgetragene und übernommene Rolle wird persönlich, d.h. mit der fachlichen, kommunikativen und auch existentiell-spirituellen Kompetenz, die der handelnden Person zu eigen und situativ verfügbar ist, gestaltet und somit individuell ausgefüllt. So gehört die Persönlichkeitsbildung zur Professionalität hinzu – als Ort, an dem das Ineinander von Fachwissen und -können, Situationswahrnehmung und -verarbeitung, Berufsphilosophie und Werteorientierung dauerhaft amalgamieren.[35]

Es geht darum, gut mit Grenzen und Niederlagen umzugehen und das Versuchte, das Gebrochene und das Fragmentarische und auch die Fehler und Lernschritte zu achten. »Die Diakonie ist in der Pflicht, Angebote für Stärkungs-, Lern- und Reifeprozesse im Umgang mit den existentiellen Fragen des Berufsalltags zu machen.«[36] Diakonische Identität ist Koproduktion aller Beteiligten und kein Expertenkonzept, das angewendet wird. Es geht um einen ständigen gemeinsamen Orientierungs- und Bildungsprozess, der Dienstgemeinschaft auch als Diskursgemeinschaft versteht. »Diakonie ist dann wahrhaft Diakonie – und ›Kirche‹ –, wenn sie es systematisch für möglich hält, dass Gott in ihren Arbeitsalltag ›einfällt‹.«[37]

Joachim Reber schließlich zeichnet in seiner Studie zur Spiritualität in sozialen Unternehmen nach, wie die gelebte Spiritualität der Mitarbeiter und Mitarbeiterinnen einen Schlüsselfaktor und ein »Kapital« darstellen, das es zu pflegen

---

[32] A.a.O., 477f.
[33] Vgl. a.a.O., 478.
[34] A.a.O., 479.
[35] A.a.O., 482.
[36] A.a.O., 483.
[37] A.a.O., 487.

und zu fördern gilt. Eine lebendige Spiritualität bedarf »der sorgenden Verantwortung und der bewussten strukturellen Verankerung in der Organisation«[38]. Notwendig ist eine angemessene spirituelle Bildung und Begleitung der Mitarbeitenden, für welche die entsprechenden personellen und finanziellen Ressourcen bereitzustellen sind. Dies hat zugleich eine veränderte Perspektive zur Folge. Mitarbeiter und Mitarbeiterinnen der Caritas wie der Diakonie werden inzwischen nicht nur auf ihren Auftrag und ihre Verantwortung hin angesprochen, sondern sie werden auch wahrgenommen als Menschen, die ihrerseits Anspruch haben auf spirituelle Bildung und seelsorgerliche Begleitung. Die Caritas wird damit zum pastoralen Handlungsfeld mit den Teilbereichen Mitarbeiterseelsorge, Spirituelle Bildung und Spirituelle Unternehmenskultur.[39]

Nicht uninteressant ist die bei Joachim Reber am Beispiel der Diözese Rottenburg dokumentierte und für evangelische Landeskirchen noch mühsam vorstellbare bewusste Eingabe von diözesanem pastoralen Personal in das von der Organisationslogik her »fremde« System der Caritas, um dieses von innen heraus als selbstverständlichen Teil von Kirche mit zu gestalten. Spiritualität in sozialen Unternehmen ist für Joachim Reber kein Sonderfeld, sondern der »Geist«, der das Unternehmen, seine Mitarbeitenden und das, was sie tun, prägt. Das Ideal dieser Spiritualität »ist ein soziales Unternehmen, das der heilige Geist durchformt und belebt.«[40]

3. Spiritualität und Professionalität

Spiritualität und Professionalität widersprechen einander nicht, sondern bedingen sich in einem diakonischen Unternehmen wechselseitig. Zur Professionalität diakonischer Praxis gehört die Beachtung der spirituellen Dimension auf allen Ebenen des Unternehmens. Das Spezifikum evangelisch-lutherischer Spiritualität besteht darin, dass auch der Beruf als ein legitimer Ort der Glaubensnachfolge und des Lebens-Gottesdienstes verstanden und ernst genommen wird und deshalb Spiritualität und Professionalität zueinander in einer kommunikativen Beziehung stehen. Wenn zu den prägenden Kennzeichen evangelisch-lutherischer Spiritualität ihre Schrift-, Gebets- und Gottesdienstbezogenheit gehört, dann hat es das Interesse eines diakonischen Unternehmens zu sein, diesen Schrift-, Gebets- und Gottesdienstbezug im Wechselspiel mit Professionalität und Innovativität zu pflegen, um auf diese Weise im diakonischen Unternehmen einen menschlich letztlich unverfügbaren geistlichen Raum zu errichten, der sich auf das gesamte Arbeiten des Unternehmens auswirkt, aber zugleich nicht unmittelbar für die Arbeitsleistung verrechenbar ist.

---

[38] Reber (wie Anm. 14), 11.

[39] Vgl. a.a.O., 14ff.

[40] A.a.O., 20.

Spiritualität als Herzstück eines diakonischen Unternehmens wird auf diese Weise zum Motor. Sie kann daher als ein wesentlicher Vitalitätsfaktor eines christlichen sozialen Unternehmens verstanden werden. Spiritualität ist dabei zunächst nichts anderes als ein durchbeteter Raum, der eine Strukturierung erfährt. Es geht um das Vertrauen darauf, dass die Präsenz von Spiritualität in einem sozialen Unternehmen dessen Atmosphäre verändert und Raum gerade auch für eine den Aufgaben angemessene Professionalität schafft. Spiritualität und Professionalität schließen sich nicht gegenseitig aus, sondern befördern einander. Dies stellt eine befreiende Erfahrung dar. Wenn sich diakonische Unternehmen bewusst für das Wirken des Heiligen Geistes öffnen, so bedeutet dies keineswegs, dass sie damit ihre unternehmerische Professionalität verlassen, sondern sie geradezu stärken, indem sie auch dieses Feld in Verbindung mit dem Geist Gottes bringen.

Spiritualität meint also gerade nicht die Pflege geistlicher Nischen in einem diakonischen Unternehmen, sondern ein zentrales Konzept der Unternehmensführung, demgegenüber es keine »harten« und spiritualitätsfreien Bereiche im Sinne einer unzulässigen Aufspaltung gibt.

Isidor Baumgartner hat nachdrücklich gezeigt, dass dabei christliche Koordinaten nicht einfach additiv als »frommer Überbau« in die Diakonie eingebracht, sondern ihre Impulse den professionell Tätigen zur Verfügung gestellt werden.[41] Es geht darum, mit der Spiritualität christliches Lebenswissen vitalisierend und inspirierend in die Konzepte der Institutionen hineinzusprechen und sie zugleich als in den Herzen aller Beteiligten schlummernde Ressource zu hegen.[42]

Da Spiritualität keine additive Mehrleistung ist, kann sie auch nicht durch die Führungskräfte eines diakonischen Unternehmens an Einzelpersonen wie z.B. theologische Vorstandsmitglieder, Klinikseelsorger oder Ethikbeauftragte delegiert werden. Sie stellt vielmehr eine Selbst-Entwicklungsleistung der kirchlichen Organisationen dar, welche in die strikte Zuständigkeit aller der Unternehmensleitung angehörigen Führungspersönlichkeiten gehört. Aufgrund der Langfristigkeit von Spiritualität erweist sie sich als ein von erheblicher Nachhaltigkeit geprägter Faktor der Unternehmensstabilisierung.

4. Spiritualität und Unternehmensführung

Spiritualität und Unternehmensführung stellen einen bisher noch wenig reflektierten Bereich dar. Dies hängt damit zusammen, dass in der Diakoniewissenschaft immer noch zwischen den beiden Ebenen der Persönlichkeitsbildung von Führungskräften und der Steuerung eines diakonischen Unternehmens unterschieden wird und ein konsequenter Einbezug der spirituellen Perspektive in das Leitungshandeln eher die Ausnahme darstellt. Gelingt es jedoch, innerhalb wie

[41] Vgl. BAUMGARTNER (wie Anm. 23), 225.

[42] Vgl. a.a.O., 231.

außerhalb des Unternehmens, Führungsentscheidungen bei aller notwendigen Professionalität zugleich auch als vor Gott verantwortete und ihm abgerungene Entscheidungen zu vermitteln, so verändert sich dieses Bild. Führungspersönlichkeiten in christlich geprägten sozialen Unternehmen haben sich dann die Frage zu stellen: Lasse ich zu, dass meine professionell verantworteten Entscheidungen zugleich auch vor Gott verantwortete sind? Schaffe ich in einem diakonischen Unternehmen Orte, Räume und Zeiten, an denen diese doppelte Sicht eingeübt werden kann?

Da die unternehmerische Investition in Spiritualität nicht verrechenbar ist, muss sie als selbstverständliche Voraussetzung eines diakonischen Unternehmens verstanden werden. Wer den Raum der Spiritualität einschränkt, spart nur vordergründig und kurzfristig ein. Die Pflege der Spiritualität ist in die Pflege eines diakonischen Unternehmens als selbstverständliche Aufgabe zu integrieren. Spiritualität ist kein christliches Begleitprogramm eines sozialen Unternehmens, sondern eine Dimension der Unternehmensführung.

Dabei gilt es, den Zusammenhang von Übung und Spiritualität zu beachten. Spiritualität ist kein Programm, sondern ein Übungsweg. Dies gilt es ernst zu nehmen.

Geistliche Bildung von Mitarbeiterinnen und Mitarbeitern vollzieht sich in erster Linie als Anleitung zu den einfachen Formen und Modellen des christlichen Glaubens. Gefordert ist lediglich die Bereitschaft von Mitarbeiterinnen und Mitarbeitern, sich auf christliche Spiritualität – wenn auch tastend – einzulassen. Es geht dabei nicht um den Zwang zur Übernahme eines Gedankengebäudes, sondern um das Einlassen auf eine Übung und damit auf eine spezifische spirituelle Praxis.

Aufgabe der in einem diakonischen Unternehmen tätigen Pfarrerinnen und Pfarrer ist die grundlegende Sorge für das allgemeine Priestertum, auch und gerade im Bereich der Führungsaufgaben und Führungspersönlichkeiten. Nicht die Pfarrerinnen und Pfarrer sind ausschließlich die für Spiritualität und spirituelle Praxis Zuständigen. Ihre Aufgabe ist es vielmehr, die Spiritualität auf allen Ebenen der Unternehmensführung in ihrer Selbständigkeit zu fördern und mit dem theologischen bzw. insbesondere aszetischen Diskurs zu verknüpfen.[43] Sie vollziehen damit nach Volker Drehsen eine für den Pfarrberuf konstitutive Respezifikationsleistung.[44]

Spiritualität als sinnlich wahrnehmbare, geistgewirkte Gestalt des christlichen Glaubens, der Bedeutung geschenkt wird, unterscheidet sich von einem christlichen Programm und reicht weit über ein Leitbild hinaus. Die Vielgestaltigkeit christlicher Spiritualität in einem diakonischen Unternehmen gilt es zu

---

[43] Vgl. zu diesem Verfahren ALBRECHT SCHÖDL, »Unsere Augen sehen nach dir«. Dietrich Bonhoeffer im Kontext einer aszetischen Theologie, Leipzig 2006

[44] Vgl. VOLKER DREHSEN, Praktische Theologie, in: WILHELM GRÄB/BIRGIT WEYEL (Hrsg.), Handbuch Praktische Theologie, Gütersloh 2007, 174–187; hier: 185.

achten. Sie ist immer auch abhängig von dem diesem Unternehmen eigenen Institutionengedächtnis. Spiritualität als quergelagerte Dimension eines diakonischen Unternehmens ist nicht instrumentalisierbar, sondern markiert einen entscheidenden Vitalitätsfaktor des sozialen Unternehmens. Spiritualität stellt einen bereiteten Raum zur Verfügung. Es handelt sich nicht um ein operationalisierbares Programm. Spiritualität ist auch kein vermarktbares Produkt, sondern ein Kennzeichen des Raumes, den ein diakonisches Unternehmen bildet.

Zur christlichen Spiritualität gehört schließlich auch die Kunst der discretio, d.h. die Kunst der Unterscheidung. Sie wird von Führungskräften zwar täglich professionell ausgeübt, kann nun jedoch auch zugleich geistlich verantwortet werden.

Bei der Implementierung der Spiritualität geht es neben der Präsenz sinnlicher Zeichen des christlichen Glaubens vorrangig um die Anleitung und die gemeinsame Übung der kleinen und einfachen Formen christlicher Spiritualität und der Ermutigung dazu. Cornelia Coenen-Marx geht in ihren Überlegungen zur Spiritualität als diakonische praxis pietatis ausdrücklich auf die Frage der Spiritualität in der Leitung eines diakonischen Unternehmens ein. »Daß wir [...] dem Geist Gottes Raum geben in unserem Unternehmen, ist nicht nur eine Frage der Seelsorge und der Ökonomie. Das hat zu tun mit Zeitgestaltung und Raumplanung, mit Kulturarbeit und Fortbildung, mit der Gestaltung der religiösen wie der persönlichen Feste, mit Angeboten der Begleitung in Krisen- und Übergangssituationen [...]. Daß wir dem Geist Gottes Raum geben, ist vor allem eine Frage an uns selbst. Denn Management in der Diakonie hat es mit lebendigen Prozessen zu tun, in denen Störungen zur Normalität gehören. Wer Macht wahrnimmt, muß in besonderer Weise dafür aufmerksam bleiben, dass eben nicht alles machbar ist - und dass das Zufallende zur Diakonie Gottes gehört. Wie wir dem Raum geben und die Chancen ergreifen, die sich uns bieten, daran zeigt sich unsere Spiritualität.«[45]

Spiritualität im diakonischen Unternehmen beschreibt eine Querdimension und kein Programm. Es geht um die Orientierung an einer geistlichen Wirklichkeit, die nicht hergestellt, wohl aber gepflegt und von Gott im Gebet erbeten werden kann. Dem Gebet kommt für ein diakonisches Unternehmen somit eine hohe Bedeutung zu. Trägerinnen und Träger dieser Gebetspraxis können vor allem die mit dem diakonischen Unternehmen verbundenen geistlichen Gemeinschaften sein.

Die Durchdringung eines diakonischen Unternehmens mit dem Heiligen Geist Gottes setzt voraus, dass die Leitenden und die Mitarbeitenden bereit sind, sich dieser Kraft auszusetzen. Dies geschieht in der christlichen Perspektive durch Gebet, Hören auf die Heilige Schrift und Befragen von Herausforderungen auf Gottes Anruf hin.

Der katholische Pastoraltheologe Rolf Zerfass beschreibt die spezifische Aufgabe des Theologen im Rahmen diakonischer Unternehmensführung als Kunst der Aufmerksamkeit. »Wer an der Kultur eines Unternehmens arbeiten will, muss

---

[45] Cornelia Coenen-Marx, Dem Geist Gottes Raum geben. Spiritualität als diakonische praxis pietatis, in: Hofmann/Schibilsky (Hrsg.), (wie Anm. 1), 47–60; hier: 59f.

seine Aufmerksamkeit kultivieren, das heißt lernen, zwischen seinen Wahrnehmungen und seinen Wünschen zu unterscheiden, sowie zwischen den eigenen und den fremden Wahrnehmungen.«[46] Die Rolle des Theologen besteht darin, zunächst einmal Materialien aus dem kulturellen Gedächtnis der Christenheit in das Gespräch einzuspielen.[47] »Kulturentwicklung braucht Kontemplation; ihr erster Gesprächspartner ist die Spiritualität, die Erfahrung der Glaubenden, der Humusboden aller Theologie.«[48] Dabei ist mit der Dynamik des Geistes Gottes zu rechnen. Störungen sind daher einfach als Spannungen innerhalb des Systems und damit als Ausdruck seiner Vitalität zu begreifen.

Joachim Reber entfaltet schließlich ein ausgearbeitetes Konzept einer Spiritualität der Führung: Führungskräfte sind für das Thema Spiritualität im sozialen Unternehmen von enormer Bedeutung. Sie sind es, die notwendige Entscheidungen treffen und die relevanten Strukturen und Prozesse verbindlich im Unternehmen verankern können. »Ohne dass die Führungskräfte davon überzeugt sind, wird eine spirituelle Kultur auf Dauer im Unternehmen nicht gedeihen.«[49] Christliche Spiritualität der Führung stellt ein wichtiges Aufgabenfeld pastoraler Begleitung und spiritueller Bildung in sozialen Unternehmen dar. Spirituelle Begleitung und Bildung von Führungskräften sucht nach geeigneten Anschlussstellen bei den Aufgaben und Anforderungen, die Führungskräften gestellt sind. Voraussetzung ist Kenntnis und Reflexion der Führungsarbeit. Führungsarbeit ist hingeordnet auf den Unternehmenszweck und das Unternehmensprofil. Caritas und Diakonie werden von Reber als soziale Dienstleistungsunternehmen und Non-profit-Organisationen unter marktwirtschaftlichen Bedingungen verstanden. Zugleich sind Caritas und Diakonie eine Wesensäußerung der Kirche. Auch für diese spezifisch christliche Dimension tragen Führungskräfte Verantwortung. Spirituelle Begleitung und Bildung kann Führungskräfte in beiden Dimensionen ihres Führungshandelns unterstützen. Sie wird Angebote machen, die dazu dienen, den unternehmerischen Anforderungen stand zu halten und die allgemeinen Managementaufgaben fruchtbar und sinnstiftend zu gestalten. Und sie wird sich in Angeboten konkretisieren, die Führungskräfte unterstützen, die spezifisch-christliche Dimension des Unternehmens mit Leben zu füllen. Spirituelle Bildung bietet damit Chancen zur Reflexion der konkreten Führungsarbeit, zum Beispiel durch die Analyse ethischer Konfliktfelder. Sie leistet einen Beitrag zur Erweiterung des theologischen Reflexionshintergrundes von Führungskräften und hilft mit dazu, dass Führungskräfte sowohl in ihrer Persönlichkeit wie auch in ihrem Glauben wachsen können.[50]

---

[46] Rolf Zerfass, Diakonische Unternehmenskultur und der Part des Theologen, in: Diakonie-Jahrbuch 2002, 69–77; hier: 69.

[47] Vgl. a.a.O., 70.

[48] Ebd.

[49] Reber (wie Anm. 14), 121.

[50] Vgl. a.a.O., 122.

Das Modell des von Joachim Reber entwickelten spirituellen Coachings der Leitungskonferenz sozialer Unternehmen dient dem bewussten Wahrnehmen und heilsamen Gestalten des Geistes, aus dem heraus gelebt und gearbeitet wird. Sie lebt von der nüchternen Beobachtung. Die Nachfrage und Rückmeldung spiegelt den Leitungskräften ihr Handeln aus einer anderen Perspektive. Spezifische christliche Betrachtungsweisen werden damit in den Diskurs eingebracht. Joachim Reber unterscheidet dazu die fünf Beobachtungsfelder Atmosphärisches, Persönliches, Ethisches, Weltanschauliches und Strategisches.[51] Spirituelles Coaching steht unter dem Siegel der Verschwiegenheit.[52]

Spiritualität ist für Reber ein Führungsthema. Es geht nicht um etwas Zusätzliches zur Führungsarbeit, sondern um den Geist, in dem und aus dem heraus diese Führung gestaltet und gelebt wird. Spiritualität der Führung ist aber auch »das Bewusstsein, dass es bei keiner Führungsaufgabe auf uns allein ankommt. Eine christliche Spiritualität der Führung ist getragen von der Überzeugung und dem Vertrauen, dass es für die Unternehmen und Einrichtungen [...] selbst auch eine Führung von Gott her gibt.«[53]

5. Historische Modelle diakonischer Spiritualität

Bei der Durchdringung eines diakonischen Unternehmens mit dem heiligen Geist Gottes kann an das institutionelle Gedächtnis eines diakonischen Unternehmens angeknüpft werden, allerdings nicht im Sinne einer Repristination, sondern einer kreativen Transformation.[54] Es ist im einzelnen Unternehmen danach zu fragen, wo sich innerhalb der eigenen Geschichte mögliche Spuren zeigen, in denen es verheißungsvoll erscheint, weiter zu gehen und darüber zugleich nach Neuem Ausschau zu halten. Am Beispiel der Diakonie Neuendettelsau und ihrer Gründergestalt Wilhelm Löhe kann exemplarisch studiert werden, wie das Vertrauen auf das Wirken des Geistes Gottes die unternehmerische Professionalität geradezu herausfordert und nicht unterläuft. Die lutherisch geprägte Diakonie in der Mitte des 19. Jahrhunderts verfügt über geeignete Modelle, um Spiritualität und professionelle Unternehmensführung integrativ aufeinander zu beziehen, ohne das beiden innewohnende Spannungsverhältnis vorschnell aufzulösen. Im seit 1857

---

[51] Vgl. a.a.O., 122f.

[52] Vgl. a.a.O., 129.

[53] A.a.O., 130.

[54] Vgl. KLAUS RASCHZOK, Der praktische Theologe Wilhelm Löhe, in: HERMANN SCHOENAUER (Hrsg.), Wilhelm Löhe (1808–1872). Seine Bedeutung für Kirche und Diakonie, Stuttgart 2008, 189–222; KLAUS RASCHZOK, Das geistliche Amt nach Wilhelm Löhe. Impuls in eine amtsvergessene Kirche, in: DIETRICH BLAUFUSS, (Hrsg.), Wilhelm Löhe: Erbe und Vision (Die Lutherische Kirche – Geschichte und Gestalten 20), Gütersloh 2009, 80–109 (in diesem Band 261–286).

in der Diakonissenausbildung des Neuendettelsauer Diakonissenhauses gehaltenen Unterricht im Rechnungs- und Inventarwesen weist Löhe auf den erforderlichen sorgfältigen Umgang mit den anvertrauten Geldern wie auf die Transparenz der eingesetzten finanziellen Ressourcen hin. Der Umgang mit Geld gehört für Löhe zur diakonischen Arbeit und erfolgt aus tiefem Glauben heraus.[55]

In Wilhelm Löhes Ansatz einer personalen Spiritualität als Querdimension des Handelns wird der Herr der Kirche im Dienst seiner Diakonie gegenwärtig. Die reformatorisch begründete Umwandlung der Berufsgeschäfte zu priesterlichen Werken ist an den Diakonissen als diakonischen Führungspersönlichkeiten ablesbar, deren »adelige« Berufsausübung auch die alltägliche Arbeit zum Gottesdienst transformiert und den Lebensberuf als ein ganzheitliches Geschehen sieht. Wilhelm Löhe geht es in aller Professionalität des diakonischen Handelns immer zugleich um das Eintreten in die nur durch das Geschenk der göttlichen Gnade mögliche Wahrnehmung aus der Gottesperspektive. Diese ermöglicht, professionelle Leitungsentscheidungen geistlich zu durchdringen, so dass reformatorische Spiritualität und unternehmerische Professionalität strikt aufeinander bezogen werden können. Neben Wilhelm Löhe sind diese Phänomene aber auch an weiteren Gestalten des institutionellen Gedächtnisses der Diakonie Neuendettelsau beobachtbar, wie etwa an den beiden Oberinnen Therese Stählin und Selma Haffner sowie am späteren Landesbischof der Evangelisch-Lutherischen Kirche in Bayern, Hermann Dietzfelbinger als Neuendettelsauer Rektor in der ersten Hälfte des 20. Jahrhunderts. Hermann Bezzel, der spätere bayerische Oberkonsistorialratspräsident und Nach-Nachfolger Wilhelm Löhes im Neuendettelsauer Rektorenamt, hat diesen Zusammenhang von Spiritualität und professionellem Leitungshandeln 1908 im Korrespondenzblatt der Diakonissen von Neuendettelsau beschrieben: »Denn so schwer, ja unerträglich es wäre, die Rolle eines advocatus coetus, eines Klostervogtes zu bekleiden, der in Verwaltungs- und Haushaltgeschäften sein Genüge finden möchte und schließlich fände, um dann zu verflachen oder zu versteinern, in Vielgeschäftigkeit oder in Pedantismus aufzugehen, den die Wohlrednerei Treue nennt, so wenig darf der Anstaltsleiter nur Spiritual, Klosterbeichtvater sein, der von den äußeren Vorgängen von Verwaltungs- und Kassengeschäften, von der Leitung der Anstalt gar nichts wüsste und erst bei der Oberin das Nötigste erfragen und erfahren müsste.«[56]

Anhand ausgewählter Texte Wilhelm Löhes soll nun der für dessen diakonische Spiritualität prägende aszetische Gebrauch der Sündenvorstellungen in seinen Überlegungen zur Barmherzigkeit näher analysiert werden. Wilhelm Löhe nimmt bei seinen für die Ausbildung der Diakonissen entworfenen Überlegungen

---

[55] Vgl. Matthias Honold, Löhe und sein Verhältnis zu Finanzen – eine erste Annäherung, in: Hermann Schoenauer (wie Anm. 54), 417–436; hier: 427f.

[56] Zit. nach Hans-Werner Schmuhl/Ulrike Winkler, Auf dem Weg ins 20. Jahrhundert. Die Diakonissenanstalt Neuendettelsau unter den Rektoren Hermann Bezzel (1891–1909) und Wilhelm Eichhorn (1909–1918), Neuendettelsau 2009, 23f.

zur Barmherzigkeit beim Einsatz des Sündenbegriffes eine veränderte Akzentsetzung gegenüber Johann Hinrich Wicherns die gängige diakoniewissenschaftliche Diskussion prägenden Gebrauch vor und nutzt den Sündenbegriff in aszetischer, d.h. auf die Gestalt des Glaubens hin ausgerichteter Weise für seine Überlegungen. Seine Äußerungen können daher aus der Perspektive einer ästhetisch orientierten Praktischen Theologie als kreative Transformationsleistung im Umgang mit der dogmatischen Tradition auf die diakonische Praxis hin gewürdigt werden.[57] Eine grundlegende Stärke des Ansatzes von Wilhelm Löhe ist zudem, dass er Diakonie niemals selbständig, sondern immer nur im Zusammenhang seiner Vision einer zukünftigen lutherischen Kirche fokussiert. In der Diakonie realisiert sich diese Kirche vorab exemplarisch.[58]

Löhe entwickelt sein Verständnis der Barmherzigkeit von der Heiligung der gefallenen Schöpfung durch Gottes gnädige Zuwendung her. An dieser partizipiert jegliches diakonisches Handeln. Diakonie hat es daher nicht unmittelbar mit der Sünde, sondern lediglich mit den Folgen der Sünde zu tun. Vor allem ist sie nicht wie bei Johann Hinrich Wichern als Kampf gegen die Sünde akzentuiert (diese Linie verfolgte Löhe zunächst in seinen frühen Traktaten).[59] Vereinfacht ausgedrückt werden bei Wichern durch die Sünde verursachte Notstände behoben, während bei Löhe an der Heiligung der gefallenen Schöpfung mitgearbeitet wird. In seiner Schrift »Von der Barmherzigkeit« zeichnet Löhe das diakonische Handeln der Kirche in einen weiten heils- und kirchengeschichtlichen Horizont ein. Durch das Abschreiten dieses Horizontes im Neuendettelsauer Diakonissenunterricht wird das konkrete diakonische Handeln über die hier vermittelte Bildung in einen Raum eingestellt, der dem konkreten Einzelhandeln auf gestalthaft-sinnliche Weise Bedeutung verleiht und es in Gottes umfassenden Heilsplan einordnet.

Die Diakonisse ist für Löhe diakonische Führungs- bzw. Präge-Kraft und weniger – als etwa für Theodor Fliedner – schlichte diakonische Arbeits-Kraft. Sie benötigt daher neben der im engeren Sinne beruflichen auch eine umfassende intellektuelle wie geistliche Bildung, die ihr im Neuendettelsauer Diakonissenhaus in den Anfangsjahren vermittelt wurde. Löhes Diakonissenausbildung trug zunächst stärker den Charakter einer »Akademie« für höhere Töchter als einer praktisch-beruflichen Schule und zielte in den Anfangsjahren vor allem auf junge Frauen aus dem gehobenen Mittelstand, sowohl aus dem Bürgertum wie aus dem

[57] Vgl. zu diesem Ansatz Raschzok (wie Anm. 54).

[58] Vgl. dazu Anne Stempel de Fallois, Das diakonische Wirken Wilhelm Löhes. Von den Anfängen bis zur Gründung des Diakonissenmutterhauses Neuendettelsau (1826–1854) (Diakoniewissenschaft 2), Stuttgart/Berlin/Köln 2001, v. a. 329. »Diakonie diente nach Löhe nicht zuerst zur leiblichen Armenpflege, sondern dem erhöhten Herrn [...]. Diakonie geschah immer im Licht und zugleich in der Umsetzung der ewigen Verheißung. Sie stand damit schon auf Erden in den Vorhallen des ewigen Heils und half am Bau der Gemeinschaft der Heiligen, am Bau der heiligen Kirche.« (330)

[59] Vgl. z.B. Wilhelm Löhe, Dina. Wider die Jugendlust (1833): GW 3, 1, 13–19, oder Ders., Die Tochter der Herodias. Für Eltern und Kinder (1835): GW 3, 1, 20–33.

Adel. Einen besonders hohen Anteil der Schülerinnen stellten dabei die Pfarrerstöchter.[60] Die durch Wilhelm Löhe im Neuendettelsauer Diakonissenhaus vermittelte umfassende Bildung war nur bedingt praxisorientiert, sondern in erster Linie auf die Prägung geistlicher Persönlichkeiten ausgerichtet. Neben den berufsbezogenen und den biblisch-theologischen Fächern wurden im Neuendettelsauer Diakonissenhaus in den Anfangsjahren auch Französisch und Altgriechisch ebenso wie Geschichte und Literatur gepflegt und erhielten die Diakonissen eine Einführung in den Umgang mit dem Kirchenraum und seiner Ausstattung.[61]

Indem der Umgang mit der Sünde bei Löhe aszetisch, d. h. in Bezug auf die Gestalt des aktuellen Glaubensvollzugs in der beruflichen Praxis reflektiert wird, begegnen wir hier einer im Grunde modernen Perspektive. Wilhelm Löhe verortet die Sünde in einer aszetischen Beschreibung diakonischen Handelns und verzichtet darauf, sie für die Zwecke seiner Diakonie strategisch auszuwerten. Er entwirft damit – anders akzentuiert als Wichern – Diakonie im Sinne eines Gegenmodells zur Welt vom Heiligungshandeln Gottes her.[62]

5.1 Wilhelm Löhes Schrift »Von der Barmherzigkeit. Sechs Kapitel für jedermann, zuletzt ein siebentes für Dienerinnen der Barmherzigkeit«[63] von 1858/60

Barmherzigkeit wird in den sieben Kapiteln der aus dem Neuendettelsauer Diakonissenunterricht entstandenen Schrift von Gott und nicht vom Menschen her definiert. Sie ist »eine Beziehung der Liebe und Güte auf das Elend«[64], die in Ewigkeit währt. Das Elend würde wiederkehren, wenn die Barmherzigkeit nicht an den Pforten des Himmels Wache halten würde. So ist Barmherzigkeit eine »immerfortwährende innere Regung und Bewegung des Gottes, der die Welt erschuf und der

---

[60] Vgl. dazu Stempel de Fallois (wie Anm. 58), 331.

[61] Vgl. Harald Jenner, Von Neuendettelsau in alle Welt. Entwicklung und Bedeutung der Diakonissenanstalt Neuendettelsau/Diakonie Neuendettelsau 1854-1891/1900, Neuendettelsau 2004, 69-103.198-222. - Zur Diakonissenausbildung Wilhelm Löhes als Gegenentwurf zu Theodor Fliedners Diakonissenanstalt, der über das Ziel der rein fachlichen Ausbildung hinausweist, vgl. Stempel de Fallois (wie Anm. 58), 319, und Heide Jung, Die Erziehungs- und Bildungsarbeit des Theologen Wilhelm Löhe, Diss. phil. Erlangen-Nürnberg 1998. - Zum kirchenraumbezogenen Unterricht vgl. Klaus Raschzok, Einführung in Wilhelm Löhes »Schmuck der heiligen Orte«, in: Wilhelm Löhe, Vom Schmuck der heiligen Orte (1857/58). Für die Wilhelm-Löhe-Kulturstiftung Neuendettelsau hrsg. von Hermann Schoenauer. Kommentiert und bearbeitet von Beate Baberske-Krohs und Klaus Raschzok, Leipzig 2008, 9-65.

[62] Vgl. Christian Albrecht, »Ganz antik und ganz modern«. Das Werk Wilhelm Löhes in kulturgeschichtlicher Perspektive, in: Schoenauer (wie Anm. 54), 135-151; hier: 141.

[63] Vgl. Wilhelm Löhe, Von der Barmherzigkeit. Sechs Kapitel für jedermann, zuletzt ein siebentes für Dienerinnen der Barmherzigkeit (1858/60): GW 4, 466-523.

[64] A.a.O., 467f.

nicht aufgehört hat, sie zu lieben, deshalb, daß sie fiel.«[65] Barmherzigkeit wird verstanden als Zustand einer endlosen Regung und Bewegung des göttlichen Herzens gegen die verlorene Welt im Sinne einer endlosen Reihe an sie gewendeter göttlicher Wohltaten. Diakonische Persönlichkeiten partizipieren an dieser göttlichen Bewegung. Sie vollziehen diese nicht aus eigener Kraft und eigenem Vermögen heraus.

»Das größte Elend, welches es gibt, dazu auch die Mutter und Quelle jedes andern Elends, ist die Sünde. Bezieht sich die Barmherzigkeit auf die Sünde, so hat sie die größte Arbeit und am meisten zu überwinden; sie kommt alsdann in ein Ringen mit der Gerechtigkeit und Heiligkeit und in ein Feuer der Bewährung, aus dem sie hervorgeht mit neuem Namen; denn sie heißt alsdann nicht mehr Barmherzigkeit, sondern Gnade. Gnade ist Barmherzigkeit in ihrer Beziehung auf die Sünde und zu dem Sünder. Nachdem die Barmherzigkeit zum Heile der Sünder den Sieg gewonnen hat und sich, wie die Schrift sagt, rühmet wider das Gericht, werden ihr alle übrigen Beziehungen leichter, denn sie hat es von nun an nur mit den Folgen der Sünde zu tun.«[66] Alles menschliche Elend stammt aus der Sünde, die selbst das größte Elend ist. Um seiner Sünde willen ist der Mensch ein Gegenstand der göttlichen Gerechtigkeit geworden, welche den Schuldigen strafen muß. Am Menschen vollzieht sich ein Widerstreit der göttlichen Wirkungen. An ein und demselben gefallenen Wesen arbeiten die Gerechtigkeit und die Barmherzigkeit als zwei Hände Gottes. Eine verwundet, die andere verbindet die Wunden. Daher ist in der Diakonie das menschliche Subjekt Objekt des göttlichen Handelns, das ihm widerfährt.[67]

»Da gehen also die Schalen der Waage auf und nieder, das Zünglein aber, welches beide in die Ruhe bringt, ist in dir selbst; denn, so wie du bist, kannst du zwar nichts Gutes tun, aber du kannst alles Gute hindern, das dir dein Gott tun will.«[68]

Grundannahme Löhes bleibt: »Der Herr, dein Gott, hat seit den Zeiten des Falls die ganze Menschheit wunderbar geführt«[69]. Jesu Werk und Leiden stellt darin den Höhepunkt der Vereinigung der Barmherzigkeit und Gerechtigkeit dar.[70] Im Laufe der Geschichte der Christenheit bereitete der Herr »Samenkörner zukünftigen Segens. Er ließ die Herrlichkeit seiner heiligen Kirche gegenüber dem Verderben der Königreiche nur desto schöner leuchten, seine Heiligen strahlten die Welt mit göttlicher Barmherzigkeit an, und der Eindruck der ihnen widerfahrenen und von ihnen kommenden Barmherzigkeit ist noch lebendig«.[71]

---

[65] A.a.O., 468.
[66] A.a.O., 468f.
[67] Vgl. a.a.O., 469.
[68] A.a.O., 470.
[69] Ebd.
[70] Vgl. a.a.O., 475.
[71] A.a.O., 477.

Am Ende seines Durchgangs durch die Heils- wie Kirchengeschichte resümiert Löhe: »Da hast du nun in einem Überblick der neuen wie der alten Zeit die Spuren der Barmherzigkeit und Gerechtigkeit; wir konnten beide nicht voneinander trennen.«[72]

Wilhelm Löhe stellt konsequent das göttliche Handeln in den Vordergrund. Der Mensch kann an ihm partizipieren oder dieses abweisen. »Seitdem die Menschheit fiel, ist Gott sich treu geblieben in seinem gnädigen Willen, sie zu retten«.[73] Diakonie ist damit nichts anderes als ein freundliches Zeichen der Gegenwart des Herrn bei seiner Gemeinde.[74] Im Dienst der Diakonie wird der Herr in gleicher Weise gegenwärtig wie in Wortverkündigung und Sakrament. Auch die Toten empfangen Barmherzigkeit, werden nicht vergessen. Da der Herr sie nicht vergessen, sondern auferwecken will, konnte auch die Kirche sie nicht vergessen, sondern legte sie mit Ehrfurcht und heiligem Dienst als Samenkörner Gottes in die Erde.[75]

Im siebten, an die Diakonissen als »Dienerinnen der Barmherzigkeit« in spezieller Weise gerichteten Kapitel, zeigt Löhe, dass zur erforderlichen Bildung einer Diakonisse Kenntnisse und Studium allein nicht ausreichen. Sie benötigt auch eine korrespondierende Ausbildung und Heiligung des Gemütes im Sinne der geistlichen Übung.[76] Was jede Magd kann, soll die Diakonisse aufgrund der Heiligung ihres Gemütes »in adeliger Weise« können. Durch »die edle Art und Anmut, mit welcher sie alles tut, soll sie andern die Einsicht erleichtern, wie sehr sich alle Berufsgeschäfte eines jeden Menschen, auch eines jeden Weibes zu priesterlichen Werken machen lassen.«[77] Die Umwandlung der Berufsgeschäfte zu priesterlichen Werken wird als Option an den Diakonissen ablesbar, ist aber grundsätzlich jedem getauften Christen möglich. In der »adeligen« Berufsausübung wird die alltägliche und auch niedere Arbeit zum Gottesdienst im Sinne lutherischer Berufsethik. Der Lebensberuf wird als ein ganzheitliches Geschehen verstanden. Referenzgestalt dazu ist unter anderem die heilige Elisabeth von Thüringen in Löhes Rosenmonaten heiliger Frauen.[78]

Wilhelm Löhes Äußerungen zur Kleidung der Diakonissen, welche das katholische Ärmlichkeitsideal strikt ablehnen und stattdessen die Anmut der Braut

---

[72] A.a.O., 481.
[73] Ebd.
[74] Vgl. a.a.O., 487.
[75] Vgl. a.a.O., 498.
[76] Vgl. a.a.O., 520.
[77] A.a.O., 522.
[78] Vgl. Wilhelm Löhe, Rosen-Monate heiliger Frauen, Stuttgart 1860, 328–338 (nicht in GW aufgenommen!). Auch diese Sammlung der Legenden heiliger Frauen zielt auf die geistliche Bildung.

Christi bis hinein in die Körperlichkeit betonen, führen diese Überlegungen konkret weiter.[79] Wilhelm Löhe gestaltet, mit Christian Möllers Worten gesprochen,[80] aus der Bewusstheit des heilsamen Risses der Sünde heraus sein Diakonissenhaus. Die Souveränität, Anmut und Adeligkeit der Diakonissen hat im heilsamen Riss ihren Ursprung, der nicht »zugekleistert«, sondern in der regelmäßigen persönlichen geistlichen Übung offen gehalten wird. Zwischen den höchsten und den niedrigsten Beschäftigungen einer Diakonisse gibt es keinen Unterschied, da das Werk der Barmherzigkeit als ein geistliches geistlich zu treiben ist.

Wilhelm Löhes anspruchsvolles Konzept einer Diakonissenanstalt gelangte erst durch den vermehrten Zustrom junger Frauen aus dem ärmlich-ländlichen Milieu Frankens und Schwabens gegen Ende des 19. Jahrhunderts an eine Grenze. Innerhalb der Neuendettelsauer Diakonissenschaft kommt es nun, bei immer noch gleicher Grundbildung im Diakonissenhaus, zu intellektuellen Abstufungen und zur Differenzierung zwischen Führungspersönlichkeiten und eher gewissenhaft-einfältigen »Arbeitsdiakonissen«.

5.2 Wilhelm Löhes Diakonissenspiegel »Zur Selbstprüfung der Probeschwestern« (1865/73)[81]

Wilhelm Löhes spezifisch aszetischer Gebrauch des Sündenverständnisses zeigt sich auch im 1865/73 entstandenen Diakonissenspiegel »Zur Selbstprüfung der Probeschwestern« vor der Aufnahme in die Gemeinschaft. Löhe zeigt dort, dass in der Gemeinschaft der Diakonissen eingeübt wird, was die Gemeinschaft der Sünder bedeutet.

»Hältst du die Schwestern für Engel, die keine Mängel an sich tragen?«, lautet die entscheidende, auf die Diakonissengemeinschaft zielende Frage. »Sie würden dich morgen enttäuschen. Es hat keine mehr Tugend und Heiligung, als ihr nach Abzug ihrer Fehler übrig bleibt. Kannst du denn Menschen achten und lieben, die du fehlen siehst, und mit Ehrfurcht denen entgegenkommen, die so vieles an sich haben, was nicht ehrwürdig ist?«[82]

In einer Gemeinschaft sündiger Menschen werden veränderte Erfahrungen gesammelt und eingeübt. »Wer in eine Gemeinschaft von sündigen Menschen eintritt und selbst ein Sünder ist, der darf nicht vergessen, daß ihm ein jeder in der Gemeinschaft zu tragen geben wird und daß einer des andern Last wird tragen müssen, wenn das Gesetz der Liebe erfüllt werden soll. Kannst du dich einer solchen Mühe hingeben?«[83]

---

[79] Vgl. Wilhelm Löhe, Von der Kleidung der Frauen (1858): GW 4, 455–458, 457 über den Unterschied der Diakonissenkleidung zur Kleidung mancher römischer Frauenorden als Ausdruck ihrer Weltentsagung.

[80] Vgl. Möller (wie Anm. 1), 15–38.

[81] Vgl. Wilhelm Löhe, Zur Selbstprüfung der Probeschwestern (1865/73): GW 4, 536–539.

[82] A.a.O., 537.

[83] Ebd.

Alles Miteinander zielt darauf, in den »unvollkommenen Abbildern der Braut des Herrn seine eigene Herrlichkeit«[84] zu erkennen und zu verehren und die Schwesterngemeinschaft, »so mangelhaft sie sein mag, als ein Heiligtum anzusehen«[85]. Die angestrebte Veränderung vollzieht sich über einen bewussten Sehvorgang als Wahrnehmung aus der Gottesperspektive, der geistlich einzuüben ist und daher erst einmal, ähnlich wie das Zulassen des heilsamen Risses in Christian Möllers theologischer Metapher,[86] Mühe bereitet.

5.3 Wilhelm Löhes Diktat »Von der seligen Übung der Barmherzigkeit« (1858)[87]

Das Diktat »Von der seligen Übung der Barmherzigkeit« von 1858 bietet eine weitere geistliche Übungsanleitung, mit deren Hilfe die Leserinnen zur Selbst- und Fremdwahrnehmung bezüglich der Sünde aus der Gottesperspektive angeleitet werden, um sich in den anderen dem Bild des leidenden Christus anzunähern. Die Barmherzigkeit erweist sich dazu, so Löhes Grundannahme, als »erfinderisch und [als] eine große Künstlerin«[88]. Barmherzigkeit ist keine Handlung, sondern ein Zustand, aus welchem Handlungen fließen. Sie ist die Grundtugend des christlichen Verhaltens gegenüber anderen und damit die Form aller Amtstugenden der Diakonisse. Die Unbarmherzigkeit dagegen ist die größte von deren Amtssünden.[89] Löhe gibt in dieser Schrift sieben konkrete, vom reformatorischen Sündenverständnis durchdrungene Anweisungen für den praktischen Umgang mit den Herausforderungen des Diakonissenberufes:

(1) In allen Leidenden soll die Diakonisse Gegenstände ihrer heiligen Liebe erkennen. Wie eine Mutter unter ihren Kindern immer dasjenige am meisten liebt, welches leidet, so soll die Diakonisse auch diejenigen ihre nächsten sein, die leiden. Je elender der Leidende, desto näher sei er dem Herzen der Diakonisse als das ähnlichste Bild des Herrn, der am Kreuz hing.[90]

(2) Regelmäßig soll die Diakonisse der Elenden und Leidenden in ihrem Morgen- und Abendgebet gedenken und sich wegen der Schwachheit und Vergesslichkeit ein Gedenkbuch der Fürbitten anlegen: »Mit roten Sternen zeichne dir diejenigen an, bei deren Namen du nicht bloß an die Fürbitten erinnert wirst, sondern an deine Schuld, weil du ihr Elend mit verschuldest.«[91] Die Diakonisse soll jedoch nicht nur eine Buchführerin ihrer Fürbitten sein, sondern ihre Seele an die

---

[84] Ebd.

[85] A.a.O., 539.

[86] Vgl. Möller (wie Anm. 1).

[87] Vgl. Wilhelm Löhe, Von der seligen Übung der Barmherzigkeit (1858): GW 4, 462–465.

[88] A.a.O., 463.

[89] Vgl. ebd.

[90] Vgl. a.a.O., 463f.

[91] A.a.O., 464.

Fürbitte selber gewöhnen. Es geht um eine Haltung des fürbittenden Eintretens für andere, die aus der menschlichen Seele wie selbstverständlich fließt.

(3) »Vergib alle Tage siebenmal siebenzigmal, wenn es sein müsste, dem Nächsten. Du sollst nicht blind werden für die Fehler deiner Brüder; ein reines Auge sieht die Sünde auch an anderen und läßt sich nicht täuschen; aber du sollst die Sünde, die dir wehgetan, vergeben von Grund der Seelen und in der Kunst des Vergebens und Bedeckens immer gleichen Schritt halten mit deiner Fertigkeit, die Sünde anderer zu entdecken.«[92] Löhe verweist dazu auf Christus, der in der Bergpredigt auch das Vergeben zur Barmherzigkeit rechnet. Die Sünde ist am anderen sowohl zu sehen wie zu vergeben.

(4) Schließlich soll die Diakonisse darüber nachdenken, ob es nicht Rat gibt, das Elend derer, für das sie betet, zu mindern. Sie soll dabei aber mit ihrem Rat vorsichtig und bescheiden umgehen, da nichts unleidlicher ist als ein Rat mit der Miene der Erfahrung, der den Kranken am Ende nur beschwert. Stattdessen soll sie den goldenen Apfel des Rates, von dem die Diakonisse sicher weiß, dass er gut ist, auf einer silbernen Schale ihrem Gegenüber präsentieren.

(5) »Widme dich, soviel du kannst, dem Dienst der Elenden persönlich.«[93] Die Erweisung der Barmherzigkeit ist auf die persönliche Beziehung angewiesen und stellt einen Dienst dar, der in Achtung und Liebe getan wird. Am anderen ist nicht allein die Sünde, sondern immer der Gegenstand der erlösenden Liebe Gottes zu sehen. Damit wird eine veränderte Perspektive, nämlich der von der Gnade aus geschehende Blick, eingeübt. Die Diakonisse soll zudem nicht eher vom Elend weichen als Gott und seine Engel. Barmherzigkeit ist damit Partizipation am Dienst Gottes und seiner Engel an den gefallenen Geschöpfen. Die Ebene der persönlichen Beziehung wird zum Ort der Konkretion des heilsgeschichtlichen Handelns Gottes. Die Begegnung findet auf Augenhöhe statt, vollzieht sich aber im Wissen um die universale heilsgeschichtliche Einbindung. Vergleichbar ist hier Löhes Verhältnis zu den Verstorbenen und seine Vorstellung von der engen Verbindung zwischen der irdischen und der himmlischen Schar der Heiligen. Zwischen ihnen besteht für Löhe nur ein gradueller Unterschied. Dieser macht ein Gedenken der Verstorbenen seitens der Lebenden und die Fürbitte der bereits Verstorbenen für die noch Lebenden möglich.[94]

(6) Unter keinen Umständen soll sich die Diakonisse die heilige und selige Pflicht erlassen, zu geben, da niemand so arm ist, dass er nicht etwas habe, finde oder erwerben könne, womit er auch anderen dienen kann. Barmherzigkeit kann keine ihrer Erweisungen entbehren, ohne selbst krank zu werden und zu sterben, da sie ein fragiles und gefährdetes Gebilde darstellt.

(7) Die Diakonisse soll bis in den Tod hinein barmherzig sein und ihre Arbeit der Barmherzigkeit nicht beschließen, ehe sie stirbt.

---

[92] Ebd.

[93] Ebd.

[94] Vgl. Raschzok (wie Anm. 54), 219.

In der täglichen geistlichen Übung, zu der die sieben Anweisungen anleiten, wird die Sünde von der Diakonisse als eine vor Gott überwundene betrachtet. Wilhelm Löhe hat damit einen entscheidenden Perspektivenwechsel vorgenommen. Die Diakonisse ist auf diesem Wege an Gottes Werk der Heiligung beteiligt und übt diese Haltung immer wieder neu geistlich ein. Sie kämpft nicht einfach gegen die Sünde. Löhes Katalog einer Diakonissenpersönlichkeit nimmt damit schon ein Stück weit den diakoniewissenschaftlichen Paradigmenwechsel des ausgehenden 20. Jahrhunderts vorweg, den Wolfgang Stegemann als Kommunikation des Evangeliums bezeichnet hat.[95] Eine intensive personale Beziehung in aller professioneller Tätigkeit vollzieht diese Kommunikation des Evangeliums und nimmt über die persönliche geistliche Übung die Aspekte von Sünde und Schuld mit hinein als zentrales Geschehen.

Wilhelm Löhe verortet die Sünde in seinen Überlegungen zur Barmherzigkeit in einer aszetischen Perspektive. Die Rede von der Sünde erhält damit auf der Ebene der spirituellen Persönlichkeitsbildung der Verantwortungsträger wie der einzelnen Mitarbeitenden der Diakonie ihren Ort. Auf der strukturell-organisatorischen Ebene wirkt sich die hamartiologische Perspektive jedoch immer erst sekundär im Sinne eines Durchdringens und nicht im Sinne einer unmittelbaren Anwendung aus. Wilhelm Löhe hat dabei ernst genommen, dass die Sünde aus dogmatischer Perspektive vorrangig eine personale Kategorie der Gottesbeziehung darstellt. Er fokussiert in seiner Vorstellung der Heiligung immer auf die einzelne christliche Persönlichkeit, die in den umfassenden und universalen göttlichen Heiligungsdienst genommen wird.

Einen weiterer Beleg für die aszetische Verortung des Sündenbegriffs im Bereich des diakonischen Handelns liefert Wilhelm Löhes persönliche geistliche Praxis bei Leitungs- und Verwaltungsvorgängen seiner 1854 gegründeten Neuendettelsauer Diakonissenanstalt. So eröffnet Löhe den von ihm angelegten Akt »Schuldenregister der Diaconissenanstalt Neuendettelsau« am 1. September 1856 mit einem schriftlich vorangestellten Gebet, das ihn und seine Nachfolger vor Gott stellt und ihrer unweigerlichen Verstrickung in die Sünde vergewissert. »Der ewig reiche Gott, zu dessen Ehre diese Diaconissenanstalt errichtet ist«, heißt es dort, »wolle nach seiner Gnade der Sünden derer nicht gedenken, welche es auf Seinen großen Namen gewaagt haben; keinen Menschen wolle Er durch das Haus Schaden nehmen lassen, sondern ER lasse uns u. andere erfahren, daß ER mit uns ist.

---

[95] Vgl. Wolfgang Stegemann, Diakonie als »Kommunikation des Evangeliums«. Neutestamentliche Argumente für einen Paradigmenwechsel im Diakoniebegriff, hrsg. von der Diakoniewissenschaftlichen Sozietät der Augustana-Hochschule (= Neuendettelsauer Beiträge), Neuendettelsau 2006: Diakonie vermittelt und verkündigt das Evangelium von der Gerechtigkeit und Liebe Gottes in einem auch unseren Körper im umfassenden Sinne beteiligenden Kommunikationsakt (17f.). Vgl. dazu auch die Stegemanns Ansatz weiterführenden Überlegungen von Anni Hentschel, Gibt es einen sozial-karitativ ausgerichteten Diakonat in den frühchristlichen Gemeinden?, in: Pastoraltheologie 97 (2008), 290–306.

Amen.«[96] Auf der anderen Seite nutzt Löhe wie selbstverständlich das zeitgenössische moderne Bankenmanagement und seine intensiven Kontakte zur Nürnberger und Frankfurter Finanz- und Handelsszene, um in finanziellen Entscheidungen seiner Projekte höchst professionell vorzugehen. Zugleich durchsetzt er diese Professionalität im Umgang mit Finanzen und Leitungsentscheidungen konsequent geistlich und bezieht darin auch die menschliche Verfasstheit als vor Gott stehende begnadigte Sünder mit ein.

In Löhes Diakonissen-Leitfaden wird das Involviert-Sein in die heilsgeschichtlichen Zusammenhänge im alltäglichen beruflichen Tun verortet und geistlich reflektiert. Wer Aufgaben in der Diakonie wahrnimmt, kommt unwillkürlich mit der Sünde und Schuld anderer, seiner Institution wie seiner eigenen Person in Berührung. Dafür in aller für die Blickschärfung notwenigen Qualitätsorientierung die theologischen Kategorien von Sünde und Schuld in der konkreten Berufsarbeit einer diakonischen Einrichtung zu kontextualisieren, kann eine solche in hamartiologischer Perspektive entfaltete Diakoniewissenschaft beitragen. Es geht ihr um eine bestimmte Haltung vor Gott, welche dem Verantwortlichen Gelassenheit gewährt, aber zugleich nicht aus der Verantwortung entlässt und Schuld und Versagen beim Namen nennen darf, indem sie zur gelebten Lehre von der Rechtfertigung des Sünders allein aus Gnade wird. Der evangelische Begriff von Sünde stellt ein aszetisches Instrument zum Umgang mit Grenzen und Fragmentarität dar.

Wilhelm Löhes diakonietheoretische Schwerpunktsetzung beim Sündenbegriff auf die Mitarbeit am Heiligungshandeln Gottes ist im Grunde eine sehr moderne.[97] Sie entspricht der tiefsinnigen Analyse Wilhelm Gräbs über die sprachlose Wiederkehr der Sünde. Im Sinne eines religionskulturellen Transformationsprozesses – so Wilhelm Gräb – wird Sünde gegenwärtig »mit Beziehungsstörung assoziiert, mit der Verletzung des Menschlichen, mit Schuldigwerden. Sie kann immer noch in Gestalt eines geradezu ungeheuren Schuldbewusstseins

---

[96] Zit. nach Honold (wie Anm. 55), 417.

[97] Vgl. dazu auch Gerd Theissen, Die Bibel diakonisch lesen: Die Legitimitätskrise des Helfens und der barmherzige Samariter, in: Gerhard K. Schäfer/Theodor Strohm, (Hrsg.), Diakonie – biblische Grundlagen und Orientierungen. Ein Arbeitsbuch zur theologischen Verständigung über den diakonischen Auftrag (Veröffentlichungen des Diakoniewissenschaftlichen Instituts der Universität Heidelberg 2), Heidelberg [3]1998, 376–401: »Hilfe und Hilfsmotivation sind allgemeine menschliche Phänomene. In ihnen leuchtet ebenso die Ebenbildlichkeit des Menschen immer wieder auf wie seine Endlichkeit. Dies Aufleuchten der Ebenbildlichkeit geschieht in einer Welt, in der sich die besten Hilfsabsichten in Widersprüche verstricken müssen: Moderne Kritik an der Hilfe als kaschierter Herrschaft, als dysfunktionaler Gegenselektion und psychischer Selbstausbeutung deckt diese Verstrickung auf. Aber diese Welt ist nach christlichem Glauben nicht auf ihre Unerlöstheit festgelegt. Mitten in ihr beginnt eine neue Schöpfung. Im Licht dieser neuen Schöpfung kann Hilfe zur Herrschaftsreduktion, zur rettenden Gegenselektion, zum Zeugnis für eine souveräne Liebe werden, durch die Helfer und Hilfsadressaten sich selbst finden. Christlich motivierte Diakonie teilt die Würde natürlichen Helfens, teilt die ganzen Widersprüche der Hilfe – aber sie lebt von der Hoffnung, daß diese Widersprüche nicht das letzte Wort sind.« (401)

fortbestehen – aber nicht Gott gegenüber. Deshalb wird auch nicht mehr von der Sünde gesprochen. Das Drama der menschlichen Freiheit spielt sich nicht mehr vor einem göttlichen Richterstuhl ab. Die Fehlsteuerung der Freiheit erscheint vielmehr als Verletzung des Gesetzes des Lebens, als Verbrechen gegenüber der Menschlichkeit, als Selbstentfremdung, als Verlust der Mitte und des inneren Gleichgewichts.«[98] Die neu gestellte Aufgabe, die sich schon Mitte des 19. Jahrhunderts in Löhes Schwerpunktsetzung abzeichnet, besteht für Gräb darin, Gott »ganz auf die Seite des Evangeliums [zu] rücken und den Glauben an ihn als eine menschliche Möglichkeit des lebensdienlichen Umgangs mit menschlicher Schulderfahrung zu begreifen. Theologisch sollten wir uns also dezidiert an dem Evangelium Jesu von der Rechtfertigung des Sünders orientieren.«[99] Kirche stellt dabei einen erfahrbaren Raum zur Verfügung, »der vollständig umgeben ist vom Schutze der Vergebung.«[100]

Wilhelm Löhes aszetische Impulse für den Umgang diakonischer Persönlichkeiten mit eigener wie mit fremder Sünde und Schuld sowie sein Verständnis des diakonischen Handelns als menschliche Mitwirkung an der göttlichen Heiligung, welche sich in der nicht enden wollenden gnädigen Zuwendung Gottes zu seinen fehlenden, immer wieder neu in das Versagen verstrickten Menschen vollzieht, zielen in diese Richtung. Am anderen und mit ihm auch an der diakonischen Persönlichkeit wird nicht allein die Sünde, sondern zugleich der Gegenstand der erlösenden Liebe Gottes sichtbar. Dieser aus der geistlichen Übung geschenkte »väterliche« Blick befreit für das eigene Handeln, ohne die Fragmentarität jeglicher menschlichen Existenz außer acht zu lassen, und vermag aus der persönlich erfahrenen Gotteszuwendung heraus entscheidende Ressourcen einer geistlich durchdrungenen modernen Diakonie jeweils neu zu erschließen.

An Wilhelm Löhes Wirken lassen sich somit die drei Kennzeichen evangelisch-lutherischer Spiritualität durchbuchstabieren: Die oratio mit dem Gebet als Grundlage jeglichen professionellen Handelns im Sinne der Wahrnehmungserweiterung der Professionalität auf Gott hin. Die meditatio mit dem Gottesdienst als raumbereitendem professionellen Handeln, das alles unternehmerische Denken und Tun in den weiten Raum Gottes einstellt und sich dazwischen Rast beim einkehrenden Herrn der Kirche gönnt. Die tentatio als durchgängige Beachtung der Anfechtungsgestalt allen christlichen Lebens, im Sinne einer Warnung vor geistlicher Überheblichkeit. Der Einbezug von Sünde und Schuld in jegliches diakonische Handeln ist entscheidend. Der Realitäts-Sinn wird dadurch wach gehalten, auch gegenüber der eigenen Person und ihren Entscheidungen. Ein verantworteter, aufrichtiger Umgang mit Enttäuschungen und Versagen wird auf diese Weise gepflegt. Rechnet Spiritualität schließlich auch mit der tentatio als weiterer

---

[98] Wilhelm Gräb, Der menschliche Makel. Von der sprachlosen Wiederkehr der Sünde, in: Pastoraltheologie 97 (2008), 238–253; hier: 250f.

[99] A.a.O., 251.

[100] A.a.O., 253.

Dimension, so kann sie sich jederzeit auch der Frage nach der Glaubwürdigkeit ihres beruflichen Handelns stellen.

6. Konsequenzen

Konsequenzen dieses hier skizzierten Verständnisses der Spiritualität als christliche Kernkompetenz im sozialen Unternehmen bestehen zunächst einmal darin, die geistliche Bildung der Mitarbeiterinnen und Mitarbeiter als Herausforderung anzunehmen und deshalb auch die spirituelle Bildung als Teil der Mitarbeiterfortbildung und nicht als eine Angelegenheit der privaten Frömmigkeit zu verstehen. Hinzu tritt die Aufgabe, Orte, Räume und Zeiten der expliziten Spiritualität im Unternehmen zu etablieren und insbesondere dem gottesdienstlichen Leben und dem Gebet offiziellen und auch für Außenstehende sichtbaren Raum zu gewähren.

Ein besonderes Augenmerk gilt sodann der Rolle von Pfarrerinnen und Pfarrern im diakonischen Unternehmen. Sie stellen nicht nur »geistliche Dienstleister« und »spirituelle Professionelle« dar, sondern sind in besonderer Weise dafür mit verantwortlich, dass Mitarbeitende wie Führende Professionalität und Spiritualität in souveräner Eigenständigkeit praktizierten Glaubens – wenn auch in kleinen und selbst fragmentarischen Schritten – zunehmend verbinden lernen können. Pfarrerinnen und Pfarrer im diakonischen Unternehmen haben sich zugleich im Gespräch mit den anderen Professionen auch deren Wahrnehmungsperspektive achtend anzueignen und mit daran zu arbeiten, diese auf die Pflege der Spiritualität zu beziehen. Im Ausnahmefall werden Pfarrerinnen und Pfarrer bei entsprechender Befähigung und zusätzlicher Weiterbildung auch in der Leitung diakonischer Unternehmen tätig sein können.[101]

Eine weitere Konsequenz des hier skizzierten Ansatzes besteht darin, Modelle ökonomisch reflektierter Spiritualität im diakonischen Unternehmen zu entwickeln. Vorrang sollte dabei eine spirituell-theologisch reflektierte Theorie des Geldes und daraus abgeleitet eine Theorie des Spendens erhalten. Diese spirituell verantworteten Modelle haben die bereits ausgebildeten ethischen Reflexionen diakonischer Unternehmen zu ergänzen. Wir benötigen eine ökonomische Theorie des Spendens in theologischer wie ethischer Verantwortung. Notwendig dazu ist das Gespräch zwischen Theologie und den Wirtschaftswissenschaften, das bisher im Bereich der Praktischen Theologie lediglich in Bezug auf die Theorie der Non-Profit-Organisationen sowie im Zusammenhang kirchentheoretischer Überlegungen im spirituellen Gemeindemanagement in einem vereinfachten Anwendungs-

[101] Vgl. Johannes Degen, Diakoniewissenschaft aus unternehmensleitender Perspektive. Biografische Prolegomena, in: Pastoraltheologie 97 (2008), 315–327.

modell geführt wurde. Ziel ist nicht eine christliche Betriebs- oder Volkswirtschaftslehre, sondern eine theologisch verantwortete Spiritualität des Geldes, entwickelt aus dem Gespräch mit den ökonomischen Fachwissenschaften.[102]

Die spirituelle Unternehmensbegleitung stellt im Sinne einer Zukunftsperspektive die letzte und zugleich am schwierigsten zu verwirklichende Konsequenz dar. Hier ist danach zu fragen, ob die Fragestellungen und Modelle der in den vergangenen Jahren auch im evangelischen Raum entwickelten »Geistlichen Begleitung«[103] auf diakonische Unternehmen und die in ihnen tätigen Führungspersönlichkeiten übertragen werden können und Joachim Rebers »Spirituelles Coaching« durch Überlegungen zu einer »Geistlichen Begleitung sozialer Unternehmen« optimiert und zukunftsfähig weiterentwickelt werden kann.

Spiritualität darf im sozialen Unternehmen christlicher Prägung nicht abgespaltet werden, weder in den Führungsstrukturen durch Aufgabenteilung, noch in den Vollzügen diakonischer Praxis. Spiritualität stellt eine entscheidende Querdimension dar, die nicht verzweckt oder instrumentalisiert werden kann. Spiritualität wird das notwendige Gegenüber zum Leitbild eines diakonischen Unternehmens, weil sie dessen Vollzugsebene im umfassenden Sinne und zugleich aus der Wahrnehmungsperspektive Gottes und seines Heiligen Geistes heraus beschreibt. Es geht daher um die Durchdringung aller Lebensbereiche als Kennzeichen der Spiritualität. Auch Leitungsentscheidungen werden – mit höchster Professionalität – aus Glauben heraus geführt, wenn Glaube eine Haltung der Offenheit für den Geist Gottes ist. Spiritualität stellt eine »geistliche« Bildungsherausforderung dar, die sich auf allen Ebenen eines diakonischen Unternehmens bemerkbar machen wird. So steht am Ende dieser Ausführungen die Vision einer geistlich durchdrungenen modernen Diakonie des 21. Jahrhunderts[104], für die Spiritualität sowohl organisations- und ablaufrelevant, arbeitsprozessbezogen wie orientierend in Entscheidungen und Handlungen der Gesamtorganisation wird und darüber in aller Professionalität und Marktorientierung dem Heiligen Geist Gottes Raum im Unternehmen gewährt und zur wesentlichen christlichen Kernkompetenz im sozialen Unternehmen avanciert.

---

[102] Erste Hinweise finden sich bei Manfred Josuttis, Der Pfarrer ist anders. Aspekte einer zeitgenössischen Pastoraltheologie, München 1982, 147–169, und Konstanze Evangelista Kemnitzer, Der ferne Nächste. Zum Selbstverständnis der Aktion »Brot für die Welt« (Diakonie 8), Stuttgart 2008.

[103] Vgl. Dorothea Greiner/Erich Noventa/Klaus Raschzok/Albrecht Schödl (Hrsg.), Wenn die Seele zu atmen beginnt ... Geistliche Begleitung in evangelischer Perspektive, Leipzig 2007.

[104] Vgl. Johannes Degen, Freiheit und Profil. Wandlungen der Hilfekultur - Plädoyer für eine zukunftsfähige Diakonie (LLG 13), Gütersloh 2003.

Die kirchliche Doppik

Implizite Ekklesiologien in der kirchlichen Verwaltung?

1. Der Paradigmenwechsel von der Kameralistik zur Doppik

Die öffentliche Verwaltung in Deutschland hat seit knapp zwei Jahrzehnten damit begonnen, ihr Rechnungswesen im Rahmen des sogenannten New Public Managements bzw. des Neuen Kommunalen Steuerungs-Modells von der bisherigen Kameralistik auf die sogenannte Doppik (= doppelte Buchführung in Konten bzw. in Körperschaften öffentlichen Rechts; beide Auflösungsvarianten von Doppik sind üblich) umzustellen oder zumindest die Form der erweiterten Kameralistik einzuführen, um aussagefähigere Rechenschaft über die öffentlichen Finanzen zu gewähren. Die deutschen Katholischen Bistümer und die Evangelischen Landeskirchen stellen im Gefolge dieser Entwicklung zurzeit ebenfalls ihre Rechnungslegung von der Kameralistik auf die Doppik bzw. zumindest auf die erweiterte Kameralistik um oder haben diesen Schritt bereits vollzogen.[1] Dabei handelt es sich zunächst lediglich um einen Paradigmenwechsel in der Darstellung des Umgangs mit öffentlichen Finanzmitteln. War dieser in der bewährten Kameralistik eher administrativ-hoheitlich geprägt, so spielt bei der Doppik nun die ökonomische Perspektive eine wesentlich stärkere Rolle. Dies führt gegebenenfalls zu veränderten Einschätzungen der Sachlage und hat Folgen für die Zielsetzung und Steuerung des Verwaltungshandelns, ändert aber an den Fakten selbst nichts.

Mit beiden neuen Verfahren, sowohl der Doppik als auch der erweiterten Kameralistik, wird nicht nur wie bisher in der einfachen Kameralistik die Verteilung vorgesehener Gelder, sondern auch der Ressourcenverbrauch dargestellt und damit das gesamte Verwaltungshandeln unter stärker wirtschaftlichen Gesichtspunkten betrachtet. Allerdings befinden sich bei Unternehmen diejenigen Inhalte des Haushaltes, die die Steuerung betreffen, in der internen Rechnungslegung.

---

[1] Nach ARNE KUPKE, Finanzverwaltungsrecht, in: Handbuch des evangelischen Kirchenrechts, hrsg. von HANS ULRICH ANKE/HEINRICH DE WALL/HANS MICHAEL HEINIG, Tübingen 2016, 898–925; hier: 924, sind alle deutschen evangelischen Landeskirchen mit Vorbereitungen zur Einführung der kirchlichen Doppik befasst oder befinden sich bereits in der Umstellung. Vorreiter war 2005 die Evangelische Landeskirche in Württemberg.

Bei Körperschaften dagegen wird offen gelegt, was Unternehmen üblicherweise intern halten.

In den innerkirchlichen Debatten wird die Einführung der Doppik oft vorschnell mit einem vermeintlichen Systemwechsel im Kirchenverständnis[2] sowie einer Geringschätzung des evangelischen Pfarrberufs in Verbindung gebracht. So kritisiert Corinna Hektor, die 1. Vorsitzende des Pfarrerinnen- und Pfarrervereins in der Evangelisch-Lutherischen Kirche in Bayern 2016 die in ihrer Landeskirche 2009 durch die Landessynode beschlossene Einführung der kirchlichen Doppik:

> »Erst hieß es, Doppik berücksichtige kirchliche Besonderheiten, inzwischen muß sich die Kirche nach der Doppik richten. Nach einer speziellen Form der Haushaltslehre genauer gesagt. Das [...] Handelsgesetzbuch wurde faktisch zu einer Art heiligem Gesetzbuch – und zwingt, quasi kanonisch geworden, nicht nur unsere Finanzen in eine bestimmte Form, sondern bestimmt auch Inhalte. Es formt Kirche um.«[3] Daher dominiere auf der herbstlichen Haushaltssynode der bayerischen Landeskirche jetzt die Ertragsbilanz die Haushaltsberatungen. »Und dort erscheint dann unter ›Verpflichtungen‹ ein dicker schwarzer Balken – die Pensionsrückstellungen für die KirchenbeamtInnen, DiakonInnen, verbeamteten ReligionspädagogInnen und die PfarrerInnen. Die Versorgungslasten. Scheinbar erdrückend!«[4] Hektor stellt zudem die versprochene Transparenz der kirchlichen Doppik infrage: »Selbst im Finanzausschuss [sc. der Landessynode] haben nach eigener Aussage nicht alle verstanden, was beschlossen wurde. Und die Folgen erst recht nicht. Wenn das die versprochene Transparenz sein soll, hätte ich gern das alte intransparente System zurück.«[5]

Durch die Einführung der kirchlichen Doppik werden in den landeskirchlichen Haushalten insbesondere die Rückstellungen für Versorgungsleistungen der im öffentlich-rechtlichen Dienstverhältnis stehenden Mitarbeiterinnen und Mitarbeiter sichtbar und bewirken in ihrer bilanziellen Abbildung, dass der Anteil der Pensionsrückstellungen an der Gesamtbilanz einer Landeskirche bedrohlich hoch erscheint und anscheinend kaum mehr finanzielle Spielräume für andere Arbeitsbereiche lässt. Im Jahresabschluss 2017 der Evangelisch-Lutherischen Kirche in Bayern zum Beispiel macht der Anteil der Versorgungsverpflichtungen für die öffentlich-rechtlich Bediensteten mit 3,783 Milliarden EURO bei einer Bilanzsumme von insgesamt 4,200 Milliarden EURO bereits besorgniserregende 90,1 Prozent aus.

---

[2] Vgl. Frank Weyen, Kirche im Zeitalter des Neoliberalismus. Zu den Wirkungen des neoliberalistischen Gesellschaftskonstrukts auf die evangelische Kirche, in: Deutsches Pfarrerblatt 118 (2018), 263f.

[3] Corinna Hektor, Um Aufgaben und Sachen. Leidenschaftlich, in: Korrespondenzblatt, hrsg. vom Pfarrer- und Pfarrerinnenverein in der evangelisch-lutherischen Kirche in Bayern 131 (2016), 81–89; hier: 81.

[4] A.a.O., 82.

[5] Ebd.

Erste kritische Hinweise darauf, dass der kostenmäßige Anteil des Pfarrdienstes auf Dauer zu hoch sei und kirchliche Entwicklungsperspektiven einschränke, finden sich bereits 2006 im EKD-Reformpapier »Kirche der Freiheit« und werden durch die Einführung der kirchlichen Doppik verstärkt.[6]

Die hier vorgestellten Überlegungen gehen deshalb der Frage nach, ob mit der kirchlichen Einführung der Doppik implizite ekklesiologische Konsequenzen verbunden sind, die sich insbesondere im Kirchenbild wie in der Wertschätzung des evangelischen Pfarrberufs niederschlagen.

2. Ein Vergleich zwischen Kameralistik und Doppik

Kameralistik stellt ein aus der Praxis der fürstlichen Finanzkammern stammendes, vom lateinischen Wort camera (= fürstliche Rechnungskammer) abgeleitetes, einfach zu handhabendes Verfahren im Umgang mit öffentlichen Geldern dar, die vom Haushaltssouverän der Verwaltung zum Einsatz bereitgestellt werden (die sogenannte Input-Steuerung). Die Kameralistik zeichnet Einnahmen und Ausgaben, nicht aber den gesamten Geldkreislauf auf und lässt auch das Vermögen außer Acht. Die Doppik dagegen ist zurückzuführen auf das in der Praxis italienischer Kaufleute des 15. Jahrhunderts entwickelte Verfahren der Buchführung in doppelten Konten, das den gesamten Geldkreislauf eines Unternehmens einschließlich des Ressourcenverbrauchs erfasst und auch zukünftige Verpflichtungen mit in die Bilanz einbezieht. Dieses Verfahren wurde erstmals 1494 umfassend vom Franziskaner und Mathematiker Luca Pacioli (1445–1514/17) beschrieben.[7] Kameralistik bestimmte bisher auch die kirchliche Rechnungslegung, da nach der Trennung von Kirche und Staat in Deutschland 1918 die kirchlichen Verwaltungen diese unverändert fortführten.

Unter der Bezeichnung »Doppik« wird im deutschen Sprachgebrauch nicht nur, wie anzunehmen, die doppelte kaufmännische Buchführung, sondern zugleich der damit verbundene Stil der Rechnungslegung verstanden. Doppik steht für das sogenannte New Public Management als Ausrichtung des gesamten Verwaltungshandelns, schließt die Transformation ökonomischen Denkens in die Verwaltung ein und markiert einen Veränderungsprozess im Verwaltungshandeln.

[6] Vgl. Rat der EKD, Impulspapier »Kirche der Freiheit«. Perspektiven für die evangelische Kirche im 21. Jahrhundert, in: Kirchenamt der EKD (Hrsg.), Kirche im Aufbruch. Schlüsseltexte zum Reformprozess (Kirche im Aufbruch 7), Leipzig 2012, 20–104; hier: 40f.

[7] Vgl. Luca Pacioli, Abhandlung über die Buchhaltung 1494. Reprint der deutschen Übersetzung 1933 von Balduin Penndorf (Quellen und Studien zur Geschichte der Betriebswirtschaft), Stuttgart [2]1997.

Kameralistik bildet »lediglich die Einnahmen und Ausgaben einer Periode ab. Sie kennt im Gegensatz zur kaufmännischen Buchführung keine doppelten Buchungen. Es werden nur die Geldflüsse abgebildet, aber nicht der Ressourcenverbrauch. Künftige Belastungen, die bereits heute dem Grunde nach feststehen, wie z.B. zukünftige Pensionszahlungen, werden somit genauso wenig berücksichtigt wie Abschreibungen, die zu den zahlungsunwirksamen Aufwendungen zählen.«[8] Der kamerale Haushalt beinhaltet alle im Haushaltsjahr für die Erfüllung der Aufgaben voraussichtlich zu erwartenden Einnahmen und zu leistenden Ausgaben. Einnahmen und Ausgaben müssen sich decken und die finanziellen Mittel den einzelnen Aufgabenbereichen sorgfältig zugeteilt werden.[9] Im Haushaltsplan der Doppik dagegen »werden nicht mehr nur Einnahmen und Ausgaben angegeben, sondern Erträge und Aufwendungen sowie Ein- und Auszahlungen der laufenden Verwaltungstätigkeit, der Investitionstätigkeit und der Finanzierungstätigkeit [...]. Es gibt nun keinen Verwaltungs- und Vermögenshaushalt mehr, sondern einen Ergebnis- und Finanzhaushalt«, der kirchlich als Investitions- und Finanzierungshaushalt bezeichnet wird. »Erträge und Aufwendungen sind Inhalt des Ergebnishaushalts und Ein- und Auszahlungen des Finanzhaushalts. Eine weitere wichtige Neuerung [...] ist das Aufstellen einer Bilanz, als Inhalt des Jahresabschlusses.«[10] Der Ergebnishaushalt dient dazu, den Ressourcenverbrauch bzw. -zuwachs abzubilden. Ihm sind die Aufwendungen und Erträge derjenigen Periode zugeordnet, in der sie wirtschaftlich begründet sind. »Da Erträge und Aufwendungen nach ihrem wirtschaftlichen Grund einer Periode zuzuordnen sind, können nun auch zukünftige Belastungen, die heute bereits feststehen, in Form von Rückstellungen gebildet werden.«[11] »Die Erträge des Ergebnishaushaltens müssen dabei seine gesamten Aufwendungen decken. Durch das Jahresergebnis ist der Ergebnishaushalt mit der Passivseite der Bilanz verbunden.«[12] Bei der Umstellung von der Kameralistik auf die Doppik ist eine auf einer Inventur beruhende Eröffnungsbilanz aufzustellen.[13] Kameralistik entspricht »der unverzichtbaren Planungs- und Haushaltshoheit von demokratisch legitimierten Gremien dadurch, dass im Voraus Ein- und Ausgabenströme festgelegt werden. Die Verwaltungen sind an diese Vorgaben gebunden und setzen diese um [...]. Da es sich um eine reine Inputsteuerung handelt, gibt die Kameralistik zwar Auskunft über die beabsichtigte Verwendung der Ressourcen, aber nicht über den Erfolg und die Ergebnisse. Eine

---

[8] Marion Reichinger, Die Umstellung des Rechnungswesens öffentlicher Verwaltungen von Kameralistik auf Doppik in Bayern. Diplomarbeit zur Erlangung des akademischen Grades Diplom-Betriebswirtin (FH) an der Hochschule Landshut, Manuskript 2010, 6.

[9] Vgl. a.a.O., 6f.

[10] A.a.O., 14.

[11] A.a.O., 15.

[12] Ebd.

[13] Vgl. a.a.O., 22.

genaue Zuordnung der Kosten zu einer bestimmten Aktivität ist ebenso nicht möglich.«[14] Bei der erweiterten Kameralistik dagegen werden der bestehenden Haushaltsaufstellung weitere Instrumente wie eine Ergänzung der Istbuchführung durch eine Sollbuchführung beigefügt, um die Finanzströme den jeweiligen Haushaltsjahren zuordnen zu können. Außerdem wird eine Substanzerhaltungsrücklage eingeführt, um den Ressourcenverbrauch abbilden zu können, der zum Beispiel an Gebäuden besteht. Als Anlage wird dem Haushalt eine Bilanz angefügt, auf der sämtliches Vermögen des jeweiligen Rechtsträgers aufgeführt ist.[15] Doppik erfasst dagegen durch die in einem integrierten Verfahren durchzuführende Buchung von Aufwendungen und Erträgen auf Erfolgs- und Bestandskonten auch den nicht zahlungswirksamen Ressourcenverbrauch einer Periode präzise und stellt diesen über die Gewinn- und Verlustrechnung in der Bilanz dar.[16]

Nach Andreas Glöckner[17] unterscheiden sich die konzeptionellen Grundlagen der Doppik im Bereich des öffentlichen Sektors durch eine Reihe von Besonderheiten. Problematisch ist, dass im Gefolge der Annäherung der öffentlichen an die privatwirtschaftliche Rechnungslegung mit der privatwirtschaftlichen Rechnungslegungspraxis vertraute Wissenschaftler und Praktiker häufig nur deshalb für eine direkte Übernahme der kaufmännischen Rechnungslegungsnormen plädieren, weil ihnen »das Bewusstsein fehlt, dass es Unterschiede zwischen öffentlichem und privatem Sektor gibt, auf die auch im Rahmen der Rechnungslegung eine Antwort zu geben ist.«[18] Öffentliche Verwaltungen streben nach der Erfüllung von Sachzielen, welche nur schwer in Zahlen gefasst bzw. wertmäßig abgebildet werden können. Im Grunde muss daher immer ihre verbale Darstellung im Vordergrund stehen.[19] Glöckner macht zudem darauf aufmerksam, dass das Handelsgesetzbuch neben den International Financial Reporting Standards (IFRS) und den International Public Sector Accounting Standards (IPSAS) nur eines von drei potentiellen Referenzmodellen für die Neue Öffentliche Rechnungslegung darstellt.[20]

---

[14] Thomas Suermann de Nocker, Mehr Transparenz über kirchliche Finanzen. Bewertung der erweiterten Kameralistik und Doppik bei der Umstellung der kirchlichen Rechnungslegung. Institut für Sozialstrategie, Berlin 2014, 3.

[15] Vgl. a.a.O., 3.

[16] Vgl. a.a.O., 3f.

[17] Vgl. Andreas Glöckner, Neue Öffentliche Rechnungslegung. Konzeptionelle Fundamente und Spezifika eines Normensystems für Gebietskörperschaften, Baden Baden 2014.

[18] A.a.O., 39.

[19] Vgl. a.a.O., 71ff.

[20] Vgl. a.a.O., 40ff. Die EKD-Haushaltsrichtlinien für die kirchliche Doppik führen das Handelsgesetzbuch ohne Begründung als Referenzmodell ein. Dabei wäre zu markieren gewesen, dass die Abweichungen zum Handelsgesetzbuch gerade bei bilanzprägenden Themen entscheidend sind.

3. Erfahrungen der öffentlichen Verwaltungen

Erfahrungen der öffentlichen Verwaltungen mit der Einführung der Doppik werden in der Literatur unterschiedlich beurteilt. Einig sind sich die Verfasser über die durch den erheblichen personellen Aufwand wie die erforderliche neue Informationstechnologie bedingten hohen Einführungskosten. Unterschiedlich eingeschätzt wird, ob sich dieser Aufwand langfristig lohne. Nach Jörg Bogumil hat bei den Kommunen[21] die Einführung zu einer stärkeren Bürger- und Kundenorientierung der Kommunalverwaltungen geführt. Dennoch konnten die angestrebten Veränderungen hinsichtlich der politischen Steuerung und einer verstärkten Mitarbeiterorientierung kaum realisiert werden. Es zeige sich, dass eine bessere Transparenz und Informationslage nicht wie erwartet automatisch zu einer Verbesserung der Steuerung führe. Stattdessen ließen sich Steuerungsverluste, eine abnehmende Mitarbeiterzufriedenheit, eine gewisse Reformmüdigkeit und keinesfalls ein umfassender Paradigmenwechsel in der Verwaltung konstatieren, da sich die konzeptionellen Mängel eines zu stark betriebswirtschaftlich ausgerichteten Modells mit ihrem Trend zur Rezentralisierung wie Rehierarchisierung in den Vordergrund gedrängt hätten. Die Umstellung von der Kameralistik auf das Neue Kommunale Finanzwesen habe in den Kommunen zur Folge, dass das Rechnungswesen sich zu stark an der kaufmännischen Buchführung von Unternehmen orientiere und die kommunalen Besonderheiten zu wenig beachte.[22] Kommunalpolitiker in Nordrhein-Westfalen sähen die Doppik als intransparenter als die Kameralistik. »Dass durch eine bessere Informationsversorgung quasi automatisch bessere politische Entscheidungen getroffen werden, ist darüber hinaus ein Mythos von Teilen der betriebswirtschaftlichen Verwaltungswissenschaft«.[23] Philipp Häfner[24] zeigt, dass das Ressourcenverbrauchskonzept eine »intergenerative Gerechtigkeit in der Haushaltswirtschaft« erzwinge. »Der Ertrag soll den Aufwand decken. Diese Regel macht aus den [...] buchungstechnischen Veränderungen einen direkten Handlungsdruck für die kommunale Haushaltspolitik: Rück-

---

[21] Vgl. Jörg Bogumil, Neues Steuerungsmodell und Doppik in der Praxis. Erfahrungen aus den Kommunalverwaltungen, in: Deutsches Pfarrblatt 113 (2013), 284–287.

[22] Vgl. a.a.O., 285f.

[23] A.a.O., 287.

[24] Ein wichtiges Forum für Erfahrungen öffentlicher Verwaltungen mit der Doppik boten zwei 2005 und 2007 durchgeführte Tagungen der Evangelischen Akademie Loccum: Vgl. Joachim Lange/Martin Junkerheinrich (Hrsg.), Doppelt gebucht hält besser? Kaufmännisches Rechnungswesen und kommunale Haushaltspolitik (Loccumer Protokolle 11/05), Rehburg-Loccum 2006, und Joachim Lange (Hrsg.), Doppelt gebucht hält besser? (II) Was bringt die Doppik für die kommunale Haushaltspolitik (Loccumer Protokolle 08/07), Rehburg-Loccum 2007. Vgl. hier Philipp Häfner, Wirtschaftliche Nachhaltigkeit und Transparenz. Was mit der Doppik besser werden könnte, in: Lange, Doppelt gebucht II, 11–17; hier: 11.

stellungen für künftige Belastungen sind heute Aufwand und müssen folglich auch bereits heute durch Erträge abgedeckt werden.«[25]

Sebastian Riemenschneider[26] verdeutlicht, dass »im kameralen Rechnungswesen systematisch wichtige Informationen zur Vermögens-, Ertrags-, und Schuldenlage der Kommunen fehlen«. Die Doppik informiere »durch systematische Erfassung des kommunalen Vermögens und dem nicht allein auf Geldschulden reduzierten Ausweis der finanziellen Verpflichtungen über die Vermögens- und Gesamtschuldenlage der Gemeinden« und mache den vollen »Umfang des in einem Haushaltsjahr verursachten Ressourcenverbrauchs deutlich.«[27] Die von Kritikern geäußerte Befürchtung, »dass die kommunalen Mandatsträger die doppischen Abschlüsse und Haushaltspläne nicht verstehen, scheint sich nicht zu bestätigen.«[28] Transparenz und Verständlichkeit des Haushaltsplans der Doppik werden von den kommunalen Mandatsträgern als tendenziell besser gegenüber dem kameralen Haushaltsplan angesehen.[29] Robert Knappe untersucht die Eignung des New Public Managements zur Steuerung öffentlicher Kulturbetriebe[30] und kommt zu dem Ergebnis, dass durch »die Doppik [...] eine umfassendere, wirklichkeitsnähere Darstellung der wirtschaftlichen Verhältnisse des Kulturbetriebs erreicht« werde und der »Informationsgehalt des Rechnungswesens« steige.[31] Die unmittelbaren und durch Steuerungsoptimierung mittelbaren Effizienzziele auf der betrieblichen Ebene werden jedoch nur eingeschränkt erreicht. Das vertiefte Wissen um wirtschaftliche Zusammenhänge reduziere per se noch keine Kosten bzw. erhöhe keine Erlöse. Dringend erforderlich sei daher eine empirisch fundierte allgemeine Kulturbetriebslehre, »welche die Besonderheiten dieses Teilsektors berücksichtigt, insbesondere den rationalen Umgang mit Irrationalität und nicht-quantifizierbaren qualitativen Aspekten«[32].

---

25 A.a.O., 12.

26 Vgl. SEBASTIAN RIEMENSCHNEIDER, Evaluation der Reform der kommunalen Rechnungslegung in NRW. Befragung kommunaler Mandatsträger und Analyse von Abschlüssen ausgewählter Gemeinden (Schriften zum Betrieblichen Rechnungswesen und Controlling 132), Hamburg 2015.

27 A.a.O., 209.

28 A.a.O., 212.

29 Vgl. a.a.O., 213.

30 Vgl. ROBERT KNAPPE, Die Eignung von New Public Management zur Steuerung öffentlicher Kulturbetriebe, Wiesbaden 2010.

31 A.a.O., 230.

32 A.a.O., 235.

4. Besonderheiten der kirchlichen Doppik

Zur Eignung der Doppik für die kirchliche Verwaltung liegen insbesondere Studien in Bezug auf die katholische Kirche vor. Claudia Leimkühler[33] nimmt dabei eine wichtige Grenzziehung vor. »Im Mittelpunkt des kirchlichen Vermögensrechts steht die Bindung der Vermögensfähigkeit der Rechtssubjekte an den Sendungsauftrag der Kirche, der den Einsatz materieller Güter nur als Mittel zur Erreichung ihres Auftrages und nicht als Mittel zur Vermögensmehrung festlegt. Transparenz durch Information dient der Klarheit und Glaubwürdigkeit des kirchlichen Auftrages und Wirkens.«[34] Zwar sind die »in der Erwerbswirtschaft eingesetzten Instrumente und Berichtsbestandteile der finanziellen (externen) Rechnungslegung [...] grundsätzlich auf die kirchlichen Rechtspersonen übertragbar. Das Konzept einer wertmäßigen Vermögens- und Ergebnisrechnung mitsamt ergänzenden Zusatzrechnungen auf der Grundlage handelsrechtlicher Ansatz- und Bewertungsvorschriften ist für die Überprüfung und Kontrolle der Finanzierungsziele kirchlicher Rechtspersonen geeignet. Allerdings können wegen der nur bedingt realisierbaren Vermögenspositionen und der Art des kirchlichen Finanzsystems nicht die üblichen Bewertungsmaßstäbe, Kennzahlen und Interpretationsmuster der Erwerbswirtschaft für die Beurteilung der wirtschaftlichen Situation der kirchlichen Rechtspersonen herangezogen werden.«[35] Deshalb kann der »Erfolg der kirchlichen Rechtsperson [...] nicht anhand des Saldos der Ergebnisrechnung gemessen werden. Nicht das monetäre Ergebnis, sondern der Sachzielerreichungsgrad stellt die zentrale Größe für die Erfolgsermittlung dar. Die nicht monetär quantifizierbaren Zielvariablen, die aus der Zielkonzeption kirchlicher Verwaltungen abzuleiten sind, werden im finanziellen Rechnungswesen nicht erfaßt. Damit erweist sich eine Beschränkung der Rechnungslegung auf das finanzielle Rechnungswesen für die Kontrolle der Leistungszielerfüllung als weitgehend ungeeignet. Eine derartige Erweiterung des Aussagewertes des Rechnungswesens erfordert zusätzliche Instrumente [...]. Die Komplexität der sozialen Wirklichkeit der Kirche bedarf eines breiten analytischen Instrumentariums [...]. Es geht darum, wirtschaftlichen Sachverstand zu nutzen, zur Verbesserung der Fähigkeit, die von der Kirche angestrebten Ziele zu ermöglichen.«[36] Eckhard M.

---

[33] Vgl. Claudia Leimkühler, Unternehmensrechnung und ihre Überwachung in kirchlichen Verwaltungen. Eine Analyse aus Sicht der Katholischen Kirche in Deutschland, Frankfurt am Main u.a. 2004, und Dies., Die Bedeutung von Aufsicht und Kontrolle in der kirchlichen Vermögens- und Finanzverwaltung, in: Essener Gespräche zum Thema Staat und Kirche Bd. 47, Münster 2013, hrsg. von Burkhard Kämper/Hans-Werner Thönnes, 129–150.

[34] Leimkühler, Unternehmensrechnung (wie Anm. 33), 359.

[35] A.a.O., 359f.

[36] A.a.O., 360. Vgl. zusammenfassend Dies., Bedingungen und Optionen für die Gestaltung eines doppischen Rechnungswesens bei kirchlichen (Gebiets-)Körperschaften – Eine Analyse aus Sicht der katholischen Kirche in Deutschland, in: Zeitschrift für öffentliche und gemeinwirtschaftliche Unternehmen 32 (2009), 151–170.

Thomes führt rechtstheologische und betriebswirtschaftliche Betrachtungsweisen am Beispiel der Versorgungsverpflichtung der katholischen Bistümer gegenüber dem Klerus zusammen[37] und entwirft eine Rechnungslegung der Katholischen Kirche auf Grundlage der Betriebswirtschaft wie des kanonischen Rechts. Er zeigt, wie eine ordnungsmäßige »Abbildung der Versorgungsverpflichtung in einem kaufmännischen Jahresabschluss, welche die rechtstheologische und die betriebswirtschaftliche Betrachtung in eine Mittel-Zweck-Relation stellt und zu einem Sinnganzen zusammenführt«[38], sich gestaltet, da eine »sachgerechte Erörterung des wirtschaftlichen Handelns der Katholischen Kirche [...] nicht losgelöst von ihrem Gegenstand und ihren Zielen erfolgen«[39] könne. Auch Rut von Giesen untersucht für die katholische Kirche in Deutschland das Verhältnis von Betriebswirtschaftslehre und Praktischer Theologie[40] und hebt die Notwendigkeit der Einführung einer ergebnisorientierten Form der Buchführung hervor. Außerdem liefert sie wichtige Hinweise zum kirchlichen Immobilienmanagement.[41] Betriebswirtschaftslehre sei auf klare Vorgaben seitens der Theologie angewiesen. Ein Rückzug der Betriebswirtschaftslehre auf rein verwaltungstechnische Funktionen in der Kirche ist für sie ausgeschlossen.[42] Betriebswirtschaftslehre darf umgekehrt auch nicht mit einem Kirchenbild operieren, welches innerhalb der Kirche nicht konsensfähig ist.[43]

Daniel Wolf und Karin Bassler stehen für die kleine Zahl an Publikationen, die sich mit der Umsetzung der Doppik in den evangelischen Kirchen befassen. Wolf hat die rechtlichen Rahmenbedingungen der Doppik-Reform der EKD und ihrer unterschiedlichen Umsetzung in den drei ausgewählten Landeskirchen Hannover, Rheinland und Baden mit besonderer Berücksichtigung der Immobilienbewertung untersucht und zeigt, dass eine gemeinsame Bilanzauffassung in der EKD und ihren Landeskirchen nicht erreicht wird.[44] Karin Bassler versteht in ihrer Studie zur Einführung des New Public Managements in der badischen und in der württembergischen Landessynode das Finanzmanagement als Chance kirchlichen Lernens in der Vermittlung der ökonomischen und der theologischen

---

[37] Vgl. Eckhard M. Thomes, Rechnungslegung der Katholischen Kirche. Besonderheiten dargestellt am Beispiel der Pensionsverpflichtungen gegenüber Priestern (Europäische Hochschulstudien 3196), Frankfurt am Main u.a. 2006, 30.

[38] A.a.O., 31.

[39] A.a.O., 52.

[40] Vgl. Rut von Giesen, Ökonomie der Kirche? Zum Verhältnis von theologischer und betriebswirtschaftlicher Rationalität in praktisch-theologischer Perspektive (Praktische Theologie heute 100), Stuttgart 2009, 53f.

[41] Vgl. a.a.O., 166–178.

[42] Vgl. a.a.O., 178.

[43] Vgl. a.a.O., 293.

[44] Vgl. Daniel Wolf, Doppik und Rechnungslegung der Evangelischen Kirche in Deutschland. Eine kritische Analyse unter besonderer Berücksichtigung der Immobilienbewertung, Baden Baden 2014. Dies überrascht vor allem auch deshalb, da die kirchlichen Besonderheiten in allen deutschen Landeskirchen vergleichbar sein dürften.

Deutungsperspektiven. »Ein solcher organisationaler Lernprozess zielt nicht nur auf einen theologisch verantworteten Einsatz betriebswirtschaftlichen Steuerungsinstrumentariums in den Kirchen, sondern er führt auch zu Fortschritten im kirchlichen Selbstverständnis: Die Kirche gewinnt in der praktischen Beschäftigung mit ihrem Finanz-, Rechnungs- und Haushaltswesen ekklesiologisch und kirchentheoretisch bedeutsame Erkenntnisse über sich selbst«.[45] Aus »betriebswirtschaftlicher Perspektive« führe »unter Berücksichtigung der gegenwärtigen und zukünftigen Einnahmesituation kein Weg an einem wirtschaftlichen Handeln und der Einführung der entsprechenden Steuerungsinstrumente [...] vorbei«.[46] Die Anwendung dieses Instrumentariums sei jedoch nur auf der Grundlage eines Kirchenverständnisses möglich, in dessen Rahmen die geistliche und die organisatorische Dimension von Kirche unvermischt und ungetrennt miteinander in Beziehung gesetzt werden können.

Doppik erfordert für einen souveränen Umgang Kenntnisse der finanzwissenschaftlichen Diskurse und Theorieannahmen und bedarf in anderer Weise als die Kameralistik zugleich auch einer sorgfältigen Kontrolle ihrer jeweiligen Interpretation. Entscheidend dabei ist, ob es gelingt, die kirchlichen Besonderheiten in die Doppik einzubinden. Erschwert wird dies auf der operativen Ebene dadurch, dass eine zunehmend organisationsförmig werdende und die Doppik einführende Kirche darauf angewiesen ist, mit dem öffentlichen und kirchlichen Sektor nicht vertrautes Personal aus der Privatwirtschaft und nicht nur wie bisher aus der öffentlichen Verwaltung einzustellen, welches seine spezifische privatwirtschaftliche Prägung im Verständnis der Doppik mitbringt.

Der Rat der Evangelischen Kirche in Deutschland (EKD) hat 2006 eine Novellierung des kirchlichen Finanzwesens verabschiedet und 2016 eine »Ordnung für das kirchliche Finanzwesen auf der Basis der kirchlichen Doppik« als Richtlinie für die Landeskirchen beschlossen[47] sowie den Gliedkirchen die Möglichkeit offen gelassen, die Ziele des künftigen Haushalts- und Rechnungswesens auch mit Hilfe einer erweiterten Kameralistik umzusetzen.[48] Hervorgehoben wird dabei, dass das kaufmännische Rechnungssystem nicht unverändert für den Bereich des öffentlichen Haushalts- und Rechnungswesens übernommen werden kann, da in den

[45] Karin Bassler, Finanzmanagement als Chance kirchlichen Lernens. Betriebswirtschaftliche und praktisch-theologische Analysen zu neuen Steuerungsinstrumenten der evangelischen Kirchen in Baden-Württemberg (Arbeiten zur Praktischen Theologie 30), Leipzig 2006, 13.

[46] A.a.O. 287.

[47] Vgl. Rat der EKD, Ordnung für das kirchliche Finanzwesen auf der Basis der kirchlichen Doppik. Vom 9. Dezember 2016 mit Änderungen vom 28. Juni 2018: https://www.kirchenrecht-ekd.de/.... [11.5.2019]. Auch schon vor 2016 existierten Fassungen dieser Ordnung.

[48] Vgl. Rat der EKD, Ordnung für das kirchliche Finanzwesen auf der Basis der erweiterten Kameralistik. Vom 9. Dezember 2016, geändert am 28. Juni 2018: https://www.kirchenrecht-ekd.de/.... [11.5.2019].

Körperschaften des öffentlichen Rechts die unverzichtbare Haushalts- und Planungshoheit der demokratisch legitimierten Gremien zu beachten sei. »Im Voraus werden die Verwaltungen gebunden, die von den haushaltsbeschließenden Gremien gesetzten Prioritäten anhand des Haushalts zu realisieren. Dem rein kaufmännischen Rechnungswesen fehlen diese Mittel-Lenkungs- und Kontrollfunktionen, da der Jahresabschluss mit Bilanz und Gewinn- und Verlustrechnung stets erst im Nachhinein erstellt wird und deshalb auch im betrieblichen Bereich nicht zur zukunftsorientierten und inhaltlichen Steuerung eingesetzt wird.«[49] Zur kirchlichen Doppik gehören nach der EKD-Haushaltsordnung ein Ergebnishaushalt und ein Investitions- und Finanzierungshaushalt als Grundlage für die Haushaltsplanung sowie eine wie eine Gewinn- und Verlustrechnung aufgebaute Ergebnisrechnung und eine Investitions- und Finanzierungsrechnung als Abschluss des Haushalts für den Soll/Ist-Vergleich im Jahresabschluss. Hinzu kommt eine nach den kirchlichen Bilanzierungs- und Bewertungsrichtlinien erstellte Bilanz.[50]

Die Ordnung für das kirchliche Finanzwesen auf der Basis der kirchlichen Doppik versteht sich (§ 1) als Rahmen für die Haushaltsordnungen der kirchlichen Körperschaften öffentlichen Rechts. Als Grundentscheidungen (§ 2) werden die Outputsteuerung mit den Elementen der Steuerung über Zielvereinbarungen und der Delegation von Ressourcen- und Fachverantwortung, die zielorientierte Planung für die kirchliche Arbeit und die Darstellung des zur Erreichung der vorgegebenen Ziele erforderlichen Ressourcenbedarfs in Form eines Haushaltsbuchs und innerhalb dessen die Untergliederung nach kirchlichen Handlungsfeldern oder Organisationseinheiten, Zielbeschreibung, Angaben zur Zielerreichung, Darstellung der zu erbringenden Leistungen und erforderlicher Ressourceneinsatz benannt. Für jede Untergliederung ist ein Ergebnis zu bilden. Dabei sind Haushaltsmittel und die Haushaltssystematik getrennt nach Ergebnishaushalt sowie Institutions- und Finanzierungshaushalt darzustellen und in geeigneten Bereichen eine Kosten- und Leistungsrechnung vorzusehen. Ein Berichtswesen (§ 3) soll die Daten aus dem Finanzwesen aufbereiten und ein Internes Kontrollsystem (§ 4) ist als Teil des Risikomanagementsystems zu entwickeln. Grundsätzlich dienen (§ 9) im Ergebnishaushalt alle Erträge als Deckungsmittel für alle Aufwendungen, ausgenommen die zweckgebundenen Erträge. Erst nachrangig wird (§ 46) auf die Führung der Bücher durch das System der doppelten Buchführung und der Buchführung nach Grundsätzen ordnungsgemäßer Buchführung hingewiesen. Eine Bilanz (§ 52) ist in Kontoform nach geregelter Gliederung vorzunehmen. Rückstellungen (§ 60) für beamtenrechtliche Pensions- und Beihilfeverpflichtungen sind nach versicherungsmathematischen Grundsätzen zu ermitteln.

---

[49] Einleitungstext Kirchliche Doppik auf der EKD-homepage, 1: www.kirchenfinanzen.de [11.5.2019].

[50] Vgl. Rat der EKD, Schema der kirchlichen Bilanzgliederung 2018 (Stand 12.7.2018): https://www.kirchenfinanzen.de ... [11.5.2019], und Rat der EKD, Finanzkennzahlen für die kirchliche Doppik (Stand: 15.10.2018): htpps://www.ekd.de/kirchenfinanzen.de/... [11.5.2019].

Aufschlussreich sind die vom Rat der EKD 2018 beschlossenen Finanzkennzahlen, die eine Beschreibung der kirchenspezifischen Besonderheiten des Schemas des Ergebnishaushaltes wie des Bilanzschemas versuchen und in ihrer zahlenorientierten Struktur weit hinter den Forderungen der weitgehend katholisch geprägten Fachliteratur zurückbleiben. Als kirchenspezifische Besonderheiten werden die Orientierung am kirchlichen Informationsbedarf und die Unterscheidung zwischen Eigen- oder Fremdkapital auf der Passivseite (Mittelherkunft) der Bilanz genannt. Das Sachanlagevermögen wird in kirchlichen Bilanzen unterteilt in »nicht realisierbares Anlagevermögen und in realisierbares Anlagevermögen bzw. bedingt realisierbares Anlagevermögen«. Nicht realisierbare Sachanlagen sind gewidmete Kirchen, Kapellen und sakrale Gegenstände, die nach kirchlichem Selbstverständnis unverkäuflich sind. Realisierbar bedeutet vorerst nur eine theoretische Realisierbarkeit, da die Sachanlagen der kirchlichen Aufgabenerfüllung dienen. Zum Anlagevermögen gehören in der kirchlichen Bilanz die Finanzanlagen, da sie zur Sicherung der Finanzierung der kirchlichen Arbeit dienen und nicht zu Handelszwecken. Allerdings müssten schließlich – was noch weitgehend aussteht – inhaltliche Kennzahlen für Sach- und Qualitätsdimension der angestrebten Ziele zu den klassischen betriebswirtschaftlichen Kennzahlen hinzutreten.

5. Auswirkungen der Doppik auf das Kirchenbild

Die Einführung der kirchlichen Doppik verändert zwar zunächst nicht unmittelbar das Kirchenbild. Sie hat jedoch Auswirkungen dahingehend, dass sie eine bestimmte Perspektive der Wahrnehmung von Kirche, nämlich die als Unternehmen, hervorhebt und betont. Dieses Bild steht jedoch immer wieder neu in der Gefahr, übermächtig zu werden, eine alleinige handlungsleitende Geltung für die Steuerung der Kirche zu beanspruchen und damit in Diskrepanz zu den geistlich-theologisch bestimmten Bildern der Kirche zu geraten, die notwendigerweise in einer auszuhaltenden Spannung zum Bild der Kirche als Unternehmen stehen müssen.

Insbesondere hat die Auffassung von Kirche als Unternehmen Auswirkungen auf das Verständnis von Leitung in der Kirche. Dieses orientiert sich zunehmend an hierarchisch geprägten Modellen aus der freien Wirtschaft, schlägt sich gerne in der beliebten Rede von den sogenannten »kirchlichen Führungskräften« nieder und missachtet dabei, dass sich die Leitung der Kirche zumindest nach lutherischem Verständnis im Miteinander von Amt und Gemeinde unter Christus als dem gemeinsamen Herrn und damit in einem konsequent diskursiven Prozess vollzieht.

Weitere Auswirkungen einer zu starken Betonung der Kirche als unternehmensförmige Organisation zeigen sich im Verständnis der Kirchenmitgliedschaft, wenn diese zu ausschließlich von markt-, service- und kundenorientierten Modellvorstellungen bestimmt wird und zu wenig die Souveränität der Gottesbeziehung des einzelnen Kirchenmitgliedes achtet. Letztlich wirkt sich dies bis in das Verständnis der einzelnen Kirchengemeinde hinein aus, die dann weniger als örtliche Gestalt von Kirche, sondern eher als untergeordnete Abteilung ihrer Gesamtorganisation verstanden zu werden droht, deren finanzielle Flexibilität und insbesondere deren Partizipation am Kirchensteueraufkommen zentralistisch gesteuert und eingeschränkt werden kann und muss. Kirchengemeinden empfinden bereits jetzt die Einführung der Doppik auf ihrer Ebene als eine Art von Entmündigung, der sie zunächst eher hilflos gegenüberstehen, anstelle sie von ihren kreativen Potenzialen her zu nutzen. Bemerkbar macht sich hier insbesondere das dringliche Desiderat einer Spiritualität des Geldes wie einer Ethik des Umgangs mit Geld in der Kirche.

Zu einem möglicherweise durch die Einführung der Doppik beeinflussten Kulturwandel des Denkens im Raum der Kirche könnte auch die Erfordernis beitragen, langfristige Annahmen über zukünftige Entwicklungen wie die Zahl der Kirchenmitglieder, die Höhe des Kirchensteueraufkommens, der Personalentwicklung und auch der Entwicklung des Kapitalmarktes und hier insbesondere der Zinsentwicklung zwingend vornehmen zu müssen und damit ein eher flexibles Handeln der Kirche jenseits solcher Annahmen und Erwartungen bei unvorhergesehenen Entwicklungen einzuschränken.

Offen bleibt schließlich auch, wie bei einem zu starken Verständnis der Kirche als Unternehmen die geistliche Frage nach dem von Gott der Kirche bestimmten Weg sachgerecht ein- und unterzubringen ist und wie sich solche Übergänge zur geistlichen Leitung der Kirche auf allen ihren Ebenen vollziehen können. Damit stellt sich zugleich auch die Frage, wie ein sachgerechter Abgleich zwischen den in der Doppik auf die Zukunft gerichteten menschlichen Annahmen und einer Zukunft, die aus der Sicht des Glaubens allein in Gottes Hand steht, erzielt werden kann. Einen ersten Schritt dazu stellt die Einschätzung von noch so sehr scheinbar empirisch abgesicherten Kennzahlen und Annahmen der Doppik als begrenzte menschliche Instrumente dar, die in der Kirche niemand anderem als dem Willen Gottes unterstehen.

Auf der unmittelbar leitungspragmatischen Ebene hat die Einführung der kirchlichen Doppik einen Paradigmenwechsel hinsichtlich der Rolle der Juristen wie Theologen in der evangelischen Kirche zur Folge, da von diesen durch die Doppik stärker als bisher betriebswirtschaftliches Verständnis und entsprechende Kenntnisse zu erwarten sind. Damit verändert sich das klassische lutherische Leitungsmodell des aus Juristen und Theologen als Abbildung der Spannung zwischen Gemeinde und Amt unter Christus als dem gemeinsamen Herrn der Kirche zusammengesetzten Konsistoriums.

Die kirchliche Doppik wirkt sich aber auch auf das Ehrenamt in den Landeskirchen aus. Zukünftig werden nicht mehr alle verantwortlichen Finanzentscheidungen sachgerecht wie bisher mit Ehrenamtlichen abzudecken sein, sondern in wesentlich höherem Maße als die leichter verständliche und vertraute Kameralistik finanztechnische Professionalität erfordern. Zwar wird es nun leichter sein, Ehrenamtliche mit Erfahrungen aus der freien Wirtschaft dafür zu gewinnen –

aber meist verbunden mit dem Problem einer nicht immer gegebenen Sensibilisierung für die kirchlichen Besonderheiten.

Kirche wird mittels der Doppik von den in ihr fließenden Geldströmen her und nicht mehr von ihrer geistlichen Funktion her öffentlich dargestellt. Die Gestalt der Kirche nähert sich der eines Unternehmens an. Die mit der Doppik einhergehende Ressourcenorientierung kann sich handlungslähmend auf das Kirchenbild auswirken, indem Effizienz und Kostenminimierung in den Rang ekklesiologischer Leitbilder erhoben werden. Doppik benötigt daher flankierende wie ergänzende kirchenspezifische Instrumente jenseits von Finanzflüssen und Finanzkennzahlen, um sachgerecht in den Kirchen angewendet zu werden. Umgekehrt ist die kirchliche Doppik aus unterschiedlichen Gründen sinnvoll wie langfristig selbst dann notwendig, wenn sie zu einem erhöhten Aufwand an Kompetenz führt und hohe Einführungskosten verursacht. Zugleich ist sie jedoch in ihrem Totalanspruch der Steuerung der Kirche zu relativieren, da zur kirchlichen Leitungskunst auch die dezidiert geistliche Fähigkeit gehört, immer wieder neu der Versuchung zu widerstehen, den Erfolg kirchlichen Handelns monetär bewerten zu müssen. Doppik darf keinen Totalanspruch der Steuerung der Kirche erheben, weil sie dann zu sehr das Bild der Kirche als Unternehmen stützt.

Als Verfahren darf sich die kirchliche Doppik ebenfalls nicht verselbständigen, da sie auf den Dialog der inzwischen drei kirchensteuernden Professionen Theologie, Rechtswissenschaft und Ökonomik angewiesen ist, um ihre Ziele innerhalb der Kirchen sachgerecht zu erfüllen.

Mit einer noch zu entwickelnden Kirchenbetriebslehre wird auch deren spezifischer Bekenntnischarakter auszuarbeiten sein. Dies kann als eine vergleichbare Aufgabe verstanden werden, wie sie das evangelische Kirchenrecht sowohl nach dem Ende des landesherrlichen Kirchenregimentes ab 1919 und in der Zeit des sogenannten »Kirchenkampfes« im Raum der Bekennenden Kirche nach 1933/34 im Gegenüber zu einem bloßen am Staat orientierten innerkirchlichen Verwaltungsrecht zu leisten hatte. In diesem Zusammenhang müsste auch die Kirchenbetriebslehre wie das evangelische Kirchenrecht als bekennende Ordnung verstanden werden, die Teil der bekennenden Antwort des Menschen auf das Handeln Gottes und Christi in Wort und Sakrament ist.[51]

6. Auswirkungen der Doppik auf das Bild des evangelischen Pfarrberufs

Als emotional aufgeladener Hauptfaktor einer durch die Doppik veränderten impliziten Ekklesiologie rückt der evangelische Pfarrberuf mit seiner spezifischen Altersversorgung in den Vordergrund. Das Dilemma besteht dabei darin, dass die

---

[51] Vgl. Joachim Mehlhausen, Schrift und Bekenntnis, in: Gerhard Rau u.a. (Hrsg.) Das Recht der Kirche. Bd. I: Zur Theorie des Kirchenrechts, Gütersloh 1997, 417–447; hier: 447.

Doppik zwar öffentlich sichtbar macht, was der Pfarrberuf tatsächlich kostet, aber zugleich nicht abzubilden vermag, was dieser für die Kirche leistet. Daher sind zur Vermeidung von Verzerrungen diejenigen Argumente zu benennen, mit denen die besondere Stellung des Pfarrberufs in der Kirche zu begründen sind. Mit der Einführung der Doppik werden insbesondere für den Pfarrberuf erstmals zusammenhängend die gesamten Kosten des Einsatzes öffentlich-rechtlich Bediensteter in der Kirche sichtbar gemacht. Dies führt zur Gefahr, den dabei im Vordergrund stehenden evangelischen Pfarrberuf nur als problematischen Kostenfaktor für die Kirchen wahrzunehmen. Verbindet sich dies zudem mit einer Marginalisierung der Leistung des öffentlich-rechtlichen Dienstverhältnisses für die Kirchen, so sind die Folgen fatal und die Schlussfolgerung naheliegend, auf dieses Instrument in Zukunft zu verzichten. Dagegen argumentiert die Studie von Thomes zur Pensionsrückstellung für katholische Priester bewusst rechtstheologisch vom Amtsverständnis her und entwickelt dafür ein betriebswirtschaftlich überzeugendes Modell. So hätte auch im Bereich der evangelischen Landeskirchen die Debatte über die bilanzielle Abbildung der Versorgungsleistungen für Pfarrerinnen und Pfarrer, Religionspädagoginnen und Religionspädagogen, Diakoninnen und Diakone wie Kirchenbeamtinnen und Kirchenbeamte im Verwaltungsdienst zugleich aus amtstheologischer Perspektive geführt werden müssen, was weithin unterblieben ist. Gekoppelt mit der grundsätzlichen und zugleich auch gesamtgesellschaftlichen Infragestellung öffentlich-rechtlicher Dienstverhältnisse wird die dergestalt beschäftigte kirchliche Berufsgruppe zum scheinbaren Problem wie zur finanziellen Last, ohne dass ihre Vorzüge zugleich mit darstellbar sind. Von daher fordert die Doppik anders als die Kameralistik die Kirchen dazu auf, ihre öffentlich-rechtlichen Dienstverhältnisse und hier insbesondere den Pfarrberuf zu plausibilisieren. Dies ist in den letzten Jahren zunehmend unterblieben. Innerkirchlich haben wir uns seit längerem daran gewöhnt, den öffentlich-rechtlich geordneten Pfarrdienst nur von seiner problematischen Seite und nicht mehr von dessen Vorzügen her zu verstehen. Freiheit und Unabhängigkeit des geistlichen Amtes werden vor allem dort marginalisiert, wo alle in geistlich-theologischen Fragen in gleicher Weise mitreden dürfen und kein Bewusstsein mehr für die Sonderstellung des Amtes in der Kirche existiert. Freiheit und Unabhängigkeit der Ausübung des Pfarrberufs in der alleinigen Bindung an die Heilige Schrift und das Bekenntnis spielen in der organisationsförmig verstandenen Kirche nur mehr eine untergeordnete Rolle.

Die Bedeutung des öffentlich-rechtlichen Pfarrdienstverhältnisses wird von Heinrich de Wall aus kirchenrechtlicher Sicht verdeutlicht. Für ihn ist die »öffentlich-rechtliche Ausgestaltung des Dienstverhältnisses [...] eine besonders funktionsgerechte Form für die Wahrnehmung des Pfarramtes. Wie das Predigtamt [...] ist nämlich auch das öffentlich-rechtliche Dienstverhältnis nicht auf einen bestimmten Zeitraum beschränkt, sondern auf lebenslange Dauer angelegt. Als lebenslanges Dienst- und Treueverhältnis, bei dem eine Kündigung durch den Dienstherrn nicht in Frage kommt, sichert es in besonderer Weise die Unabhängigkeit des Pfarrers in seiner Verkündigung, die ihre Bindung nur in Schrift und Bekenntnis findet. Als umfassendes Dienst- und Treueverhältnis trägt es aber auch dem Umstand Rechnung, dass die glaubhafte Verkündigung der Botschaft des Evangeliums voraussetzt, dass der Pfarrer in seiner ganzen Person vom Evangelium durchdrungen und ergriffen ist, und daraus Konsequenzen nicht nur für einen beschränkten Abschnitt seines Lebens, sondern für sein gesamtes Verhalten zu ziehen bereit ist. Zudem lassen sich Verkündigung und die mit ihr verbundene Seelsorge nicht auf einen eingeschränkten Zeitrahmen bzw. auf bestimmte Dienststunden beschränken.«[52] Umgekehrt ist der Pfarrer aus dem Dienstverhältnis heraus verpflichtet, »seine Arbeitskraft grundsätzlich allein und im vollen Umfang seinem Amt zu widmen«.[53]

Auch Hans-Peter Hübner geht davon aus, dass die »von den Inhabern des Amtes der öffentlichen Wortverkündigung und Sakramentsverwaltung kraft des Ordinationsversprechens geschuldete und seit der Frühzeit der Kirche grundsätzlich lebenslange, hauptberufliche Indienststellung der ganzen Persönlichkeit im Interesse der Erfüllung des kirchlichen Auftrags [...] eine Regelung der Existenzsicherung durch den kirchlichen Dienstherrn« voraussetzt, »die über die Entlohnung konkreter Dienste hinausgeht, den kirchlichen Amtsträgern die notwendige wirtschaftliche Unabhängigkeit verschafft und auch deren Familien einbezieht. Aber auch für andere kirchliche Mitarbeiter, deren besondere Zuordnung zum Predigtamt in der Begründung eines Kirchenbeamtenverhältnisses zum Ausdruck kommt, ist die lebenslange Alimentation nicht nur begriffsnotwendig und historisch erklärbar, sondern vor allem das sachgerechte Äquivalent für die übernommene Verpflichtung zum lebenslangen Dienst in Kirche und Gemeinde Jesu Christi.«[54]

Im staatlichen Beamtenrecht stellt Alimentation »die ›Gegenleistung‹ des Dienstherrn für die im Rahmen des gegenseitigen öffentlich-rechtlichen Dienst- und Treueverhältnisses von dem Beamten grundsätzlich unter Einsatz seiner vollen Arbeitskraft lebenslänglich zu leistenden Dienstes dar. Sie ist notwendige Voraussetzung dafür, daß sich der Beamte ganz dem öffentlichen Dienst als Lebensberuf widmen und in wirtschaftlicher Unabhängigkeit zur Erfüllung der dem Berufsbeamtentum zugewiesenen Aufgabe, im politischen Kräftespiel eine stabile, gesetztestreue Verwaltung zu sichern, beitragen kann. Alimentation ist dabei kein Entgelt im Sinne einer Entlohnung für konkrete Dienste. Sie bedeutet die Konkretisierung des Sozialstaatsgebots im Bereich des Beamtenrechts und dient damit anstelle des Arbeits- und Sozialrechts der Absicherung des Beamten und seiner Familie gegen die Wechselfälle des Lebens. Alimentation umfaßt neben sonstigen Leistungen wie Beihilfe im Krankheitsfall vor allem die Besoldung des

[52] Heinrich de Wall, Pfarrer und Kirchenbeamte, in: Handbuch des evangelischen Kirchenrechts (wie Anm. 1), 228–275; hier: 239.

[53] A.a.O., 251.

[54] Hans-Peter Hübner, Pfarrer in der Sozialversicherung. Die Inanspruchnahme der gesetzlichen Rentenversicherung für die Alters- und Hinterbliebenenversorgung von evangelischen Pfarrern, Kirchenbeamten und Diakonen (Jus Ecclesiasticum 43), Tübingen 1992, 47.

Beamten während seiner aktiven Dienstzeit und seine Versorgung in Gestalt des Ruhegehaltes bei Eintritt von Dienstunfähigkeit oder Erreichen der Altersgrenze sowie die Hinterbliebenenversorgung.«[55]

Versorgung ist nichts wesentlich anderes als die »Fortsetzung der Besoldung für die Zeit des Ruhestandes, welche sogar über den Tod des Beamten hinaus als Hinterbliebenenversorgung erbracht wird.« Versorgung ist erdient, »weil sich der Beamte unter grundsätzlichem Verzicht auf Nebentätigkeiten dem öffentlichen Dienst als Haupt- und Lebensberuf gewidmet hat und er sich bei den Versorgungsleistungen wegen der im Hinblick auf die künftige Versorgung geringeren Besoldungsbezüge um eine ›nachträgliche, aufgeschobene Gehaltszahlung‹ handelt.«[56] Der Charakter der Versorgungsleistungen als Gehaltsfortzahlung aus einem über die Ruhestandsgrenze hinaus fortbestehenden Dienst- und Treueverhältnis bedingt, daß ausschließlich und unmittelbar der Dienstherr die Versorgungslast zu tragen hat. Das Risiko der Versorgungslast darf dem Beamten nicht und auch nicht zu einem Teil aufgebürdet werden. Davon unberührt bleibt die Frage, wie der Dienstherr die Versorgung finanziert – aus Haushaltsmitteln oder Rückstellungen in gesonderten Vermögensmassen.[57] Das Alimentationsprinzip trägt auch dem Proprium des kirchlichen Dienstes in besonderer Weise Rechnung.

Seit den 1960er Jahren haben die Landeskirchen anders als der Staat das Problem einer Finanzierung der Altersversorgung ihrer öffentlich-rechtlich Bediensteten wahrgenommen und Schritte zur Lösung eingeschlagen, da bereits damals die künftige Versorgung der Pfarrer und Kirchenbeamten nach dem herkömmlichen System einigermaßen ungesichert und nicht wie beim Staat in vollem Umfang aus den laufenden Haushaltsmitteln zu bestreiten möglich schien. Deshalb wurden in den EKD-Gliedkirchen bis Ende der 1970er Jahre Kapitalanlage- und Anwartschaftsdeckungsverfahren wie Umlageverfahren als Alternativen diskutiert. Die Mehrzahl der Landeskirchen entschied sich für den Aufbau von Vermögensstöcken in eigenen, aber rechtlich verselbständigten Versorgungskassen.[58] Einzelne Landeskirchen entschieden sich wie 1972 die Evangelisch-Lutherische Kirche in Bayern für den Anschluß an die gesetzliche Rentenversicherung als denkbar sicherster Lösung, da »vor dem Hintergrund der Gehaltsvervielfachung der vergangenen Jahrzehnte insbesondere das Verfahren der Kapitalansammlung in Versorgungskassen« als zu problematisch erschien. Die »Möglichkeit, infolge künftiger Gehaltssteigerungen erhöhte Versorgungslasten durch entsprechend hohe Verzinsung des Vermögens oder durch eine Erweiterung des Kapitalstocks aufzufangen, wurde mit Blick auf die Unsicherheiten der künftigen Finanzkraft der Kirche als unzureichend erachtet«.[59] Beim bayerischen Modell wurde zudem

---

[55] A.a.O., 43.
[56] A.a.O., 45.
[57] Vgl. a.a.O., 46f.
[58] Vgl. a.a.O., 57ff.
[59] A.a.O., 67.

1976 ein landeskirchlicher Versorgungsfonds als nicht rechtsfähiges Sondervermögen gegründet, der seinen Mitgliedern, nämlich der Landeskirche, deren (Gesamt-)Kirchengemeinden, Dekanatsbezirken und Stiftungen 75 Prozent der Versorgungsbezüge abzüglich der auf sie anrechenbaren Leistungen aus der gesetzlichen Rentenversicherung ersetzen sollte. Die vom Versorgungsfonds nicht gedeckten 25 Prozent der Versorgung sollten weiterhin aus laufenden Haushaltsmitteln getragen werden.[60] Voraus ging der Errichtung die Auflösung der bisherigen Versorgungskasse der Geistlichen und der Versorgungskasse für die Beamten und Angestellten der Landeskirche. »Von einer Versorgungskasse unterscheidet sich der Versorgungsfonds insofern, als er unmittelbar von der Landeskirche verwaltet wird und unter bestimmten Voraussetzungen auch eine Verwendung zu einem anderen als dem in der Versorgungsfondsverordnung festgelegten Zweck beschlossen werden kann.«[61] Die Vermögensbildung des Versorgungsfonds erfolgte damals durch (heute erheblich erhöhte) Umlagen in Höhe von 35 Prozent der ruhegehaltsfähigen Jahresbezüge einschließlich der Sonderzuwendungen. »Auf diese Umlage werden die für die kirchlichen Mitarbeiter im aktiven Dienst gezahlten Beiträge zur gesetzlichen Rentenversicherung angerechnet.«[62]

7. Offene Fragen

Innerhalb der EKD-Landeskirchen wie auch in der Forschung diskutiert wird die Frage der Immobilienbewertung und hier insbesondere der Kirchengebäude und der kirchlichen Kunstwerke. So hat beispielsweise die Evangelisch-Lutherische Kirche in Bayern bei ihrer Eröffnungsbilanz die Frage der Immobilienbewertung von Kirchengebäuden völlig ausklammern können, da sie selbst keine Kirchengebäude besitzt, weil diese sich im Besitz der einzelnen Kirchengemeinden befinden.[63]

Dass kirchliches Rechnungswesen über seine innerkirchlichen Zwecke hinaus auch den allgemeinen und zunehmend rechtlich geforderten Anforderungen zu entsprechen hat, wird aktuell an der neuen Umsatzsteuer-Richtlinie der EU deutlich, die durch § 2 b des Umsatzsteuergesetzes in bundesdeutsches Recht transformiert worden ist. Durch sie »werden öffentlich-rechtliche Körperschaften, also auch Kirchengemeinden, – zur Vermeidung von Wettbewerbsverzerrungen für private Unternehmen – außerhalb ihrer rein hoheitlichen Betätigung (Wahrnehmung des Verkündigungsdienstes in Wort und Tat in den verschiedenen kirchlichen Handlungsfeldern) wie Private der Umsatzbesteuerung unterworfen.

---

[60] Vgl. a.a.O., 75.

[61] A.a.O., 76.

[62] Ebd.

[63] Vgl. Wolf (wie Anm. 44), 144–201, der einen ausführlichen Abschnitt der Frage der Immobilienbewertung in der Eröffnungsbilanz widmet.

Das EU-Recht verlangt allerdings nicht unmittelbar und zwingend, dass öffentlich-rechtliche Körperschaften deshalb auf das kaufmännische bzw. doppische Rechnungswesen umstellen. Jedoch ist die Doppik-Einführung sehr förderlich, um den USt-Pflichten rechtskonform nachzukommen.«[64] Die Doppik ermöglicht eine sachgemäßere Beurteilung der wirtschaftlichen Situation der Kirchengemeinden und macht diese gegenüber Behörden wesentlich aussagefähiger als zuvor. Kirchengemeinden müssen spätestens ab dem Jahr 2021 »vollständige und korrekte USt-Voranmeldungen und Umsatzsteuerjahreserklärungen bei den jeweils zuständigen Finanzämtern abgeben [...], wenn für sie nicht die Kleinunternehmerregelung gilt (jährlicher Gesamtumsatz im vergangenen Jahr weniger als 17.500 Euro). Sowohl der Nachweis der Einhaltung der Umsatzgrenzen für die Frage der Anwendbarkeit der Kleinunternehmerregelung als auch die Erstellung der Voranmeldungen und Steuererklärungen können nur auf Basis eines aussagekräftigen und vollständigen Rechnungswesens erfolgen.«[65]

8. Ausblick und Fazit: Zur Notwendigkeit einer Kirchenbetriebslehre

In der Diskussion immer wieder gefordert wird eine analog zur Kulturbetriebslehre zu entwickelnde Kirchenbetriebslehre, deren Aufgabe darin bestehen würde, das Verhältnis von Formal- und Sachzielen in der doppischen kirchlichen Rechnungslegung näher und sachgerechter als bisher zu bestimmen.[66] Das eigentliche Gespräch zwischen Doppik und Kirchentheorie in Gestalt einer Kirchenbetriebslehre analog zum historisch gewachsenen evangelischen Kirchenrecht steht noch aus. Bisher sind wir gewohnt, dieses Gespräch mit der Rechtswissenschaft zu führen. Der durch die Doppik spätestens erforderliche dritte Partner Ökonomik hat in dieses Gespräch einzutreten und darf sich nicht unter der Hand unabhängig von Theologie und Rechtswissenschaft zur alleinigen Steuerungsinstanz der Kirche erheben. Es geht um das Gespräch zwischen drei Professionen. Zur ökonomischen Professionalität gehört auch das Wissen um die Interpretationsbedürftigkeit bilanzieller Kennziffern und Daten. Hier ist keine Eindeutigkeit vorauszusetzen. Ihre jeweilige Interpretation bezieht immer unterschiedliche Annahmen und

---

[64] So Oberkirchenrat Professor Dr. Hans-Peter Hübner, München, als der für Gemeinden, Kirchensteuer und Kirchenverfassung zuständige Abteilungsleiter im Landeskirchenamt der Evangelisch-Lutherischen Kirche in Bayern in einer Mail vom 22.2.2019 an den Verfasser. Ihm und Ltd. Kirchenrechtsdirektor Gerd Eisenhuth, dem Leiter des Rechnungsprüfungsamtes der Evangelisch-Lutherischen Kirche in Bayern, sei herzlich für Gespräche und Anregungen gedankt.

[65] A.a.O.

[66] Vgl. die Forderung nach einer empirisch fundierten allgemeinen Kulturbetriebslehre bei KNAPPE (wie Anm. 30), 235.

Prämissen mit ein, die zu markieren sind. Dies wird aber nur unzureichend praktiziert. Erforderlich ist daher eine Virtuosität in der Handhabung auch des ökonomischen Instrumentariums im Raum der Kirche. Die Auswertung der Bilanz und der damit verbundenen Gewinn- und Verlustrechnung usw. darf nicht ausschließlich den Finanzabteilungen der Landeskirchen überlassen werden. Eine solche eigenständige Kirchenbetriebslehre[67] tritt im Pfarramtsstudium der Evangelischen Theologie und im Vikariat neben die bisher schon verpflichtende Einführung in das Kirchenrecht und ergänzt diese entsprechend.

Nicht das Kirchenbild, sondern seine bisher gewohnte Darstellung verändert sich durch den Paradigmenwechsel von der Kameralistik zur Doppik. Sie wird differenzierter und zukunftsorientierter, macht dazu über eine erweiterte Professionalität aller mit der Leitung der Kirche betrauten erforderlich und kann nicht unbesehen den sogenannten Fachleuten überlassen werden, die zum großen Teil aus der freien Wirtschaft rekrutiert wurden und selbst die spezifischen kirchlichen Erfordernisse lernen müssen. Dazu ist das bisherige konsistoriale Steuerungsmodell um die Ökonomik als dritter Profession zu erweitern. Geistliche Verantwortung auch für die Kennzahlen einer kirchlichen Bilanz bedeutet, diese nicht absolut zu setzen, sondern sie als begrenzte menschliche Instrumente zu verstehen und einzuschätzen.

Die Einführung der Doppik in den deutschen evangelischen Landeskirchen stellt einen durch verschiedene einleuchtende Gründe veranlassten Paradigmenwechsel dar, der zu bewältigen ist, umgekehrt aber Bildung und Professionalität erfordert, um mögliche Missverständnisse wie Fehlinterpretationen zu vermeiden. Kirchliches Rechnungswesen wird durch die Einführung der Doppik anspruchsvoller als mit der Kameralistik. Erst die Kenntnis finanzwissenschaftlicher Diskurse und Theorieannahmen befähigt zu einem virtuosen Umgang mit der Doppik, deren Zahlen nicht als absolute dargestellt werden dürfen, da auch im Raum der Kirche Abschied von der Illusion der absoluten Zahlen zu nehmen[68] und zu beachten ist, dass für die Aufstellung wie für die Auswertung und Beurteilung einer Bilanz Interpretationsspielräume existieren.[69]

Auf die Ausgangsfrage nach möglichen impliziten Ekklesiologien, die der Einführung der kirchlichen Doppik einhergehen, kann geantwortet werden: Dieser Gefahr wird nur dann gewehrt, wenn in den Kirchen das Gespräch zwischen Theologie, Rechtswissenschaft und Ökonomik geführt und gemeinsam im Verbund dieser drei Professionen an der zukünftigen organisationalen Gestalt der Kirche gearbeitet wird. Das Bild der unternehmensförmigen Organisation der Kir-

---

[67] Vgl. diese Forderung bei BASSLER (wie Anm. 45), 280.

[68] Vgl. dazu z.B. UWE VORMBUSCH, Die Herrschaft der Zahlen. Zur Kalkulation des Sozialen in der kapitalistischen Moderne, Frankfurt am Main 2012, der auf die Änderungen im Wirklichkeitscharakter von Zahlen aufmerksam macht.

[69] Vgl. JENS BECKERT, Imaginierte Zukunft. Fiktionale Erwartungen und die Dynamik des Kapitalismus, Berlin 2018.

che als wirtschaftlich vernünftig wie theologisch fragwürdig ist in der wechselseitigen Spannung zu belassen. In besonderer Weise deutlich wird dies bei den immensen Summen, die für die Altersversorgung von Pfarrerinnen und Pfarrern als öffentlich-rechtlicher Berufsgruppe in den Kirchen vorgehalten werden müssen und in Folge der Doppik erst in voller Konsequenz sichtbar werden, ohne dass dagegen die durch das öffentlich-rechtliche Dienstverhältnis geschützte hohe Leistung des Pfarrberufs in der und für die Kirche zugleich monetär abgebildet werden kann.

Geistliches Amt, Ordination und Berufung

Das geistliche Amt nach Wilhelm Löhe

Impuls in eine amtsvergessene Kirche

1. Ausgangspunkt: Die Darstellung des geistlichen Amtes im Kirchenraum

In Wilhelm Löhes für die nordamerikanischen lutherischen deutschen Auswanderergemeinden geschriebenen Traktat »Von den heiligen Personen, der heiligen Zeit, der heiligen Weise und dem heiligen Orte« aus dem Jahr 1859, der Einleitung zum »Haus-, Schul- und Kirchenbuch« für die Gemeinden, findet sich in die Beschreibung des Kirchenraumes eine szenisch-metaphorische Darstellung des geistlichen Amtes eingebunden:

> *»Der erste Teil der Kirche wird von dem Taufstein beherrscht, weil die Taufe die Aufnahme in die christliche Gemeinde gewährt und aus dem Vorhof ins Schiff der Kirche führt, in welchem die Gläubigen zum Ufer des ewigen Lebens steuern. Im Schiffe selbst ist der hervortretende, kenntliche Ort die Kanzel und etwa auch der Beichtstuhl, weil die Kirche Gottes auf der Fahrt zum ewigen Leben durch das Wort der Predigt und Absolution regiert wird; auf der Kanzel steht, im Beichtstuhl sitzt der Steuermann, welcher das Ruder des göttlichen Wortes hält und dadurch dem Schifflein seinen geraden Lauf zum jenseitigen Gestade sichert. In der dritten Abteilung des heiligen Ortes, im Chore, herrscht der Altar, der Ort der Gegenwart des Herrn, von wo aus die gottverlobte Menschheit Jesu die Gemeinde im Sakrament besucht. Er sinnbildet die dereinstige sichtbare Gegenwart des Herrn* [...]. *Auf jeden Fall soll die Kanzel so aufgestellt sein, daß der Prediger dem Altare den Rücken nicht kehrt, sondern er sowohl als die ganze hörende Gemeinde den Altar im Blick haben kann. [...] Außer dem Altare finden sich im Chore nur noch die Sitze der Kirchendiener, hie und da auch männlicher Kommunikanten, um dadurch anzudeuten, daß unsere Kirche zwischen dem priesterlichen Geschlechte der Kirche überhaupt und den Amtsträgern Christi unter ihnen keinen wesentlichen Unterschied erkennt.«*[1]

Löhe entfaltet hier die Amtsfrage von seinem geistlichen Kirchenraumverständnis her, das die klassische Dreigliederung des Kirchengebäudes in Vorhof, Schiff und

---

[1] Wilhelm Löhe, Von den heiligen Personen, der heiligen Zeit, der heiligen Weise und dem heiligen Orte, 1859: GW 3, 1, 595ff.

Chor betont.[2] Der Blick in den vorgestellten imaginären Kirchenraum mit der dominanten, durch textilen Schmuck hervorgehobenen Kanzel am Übergang zwischen Schiff und Chorraum und dem für alle sichtbar aufgestellten Beichtstuhl erschließt die Bedeutung des geistlichen Amtes für die Gottesdienst feiernde Gemeinde. Die metaphorisch als das auf geistlicher Seefahrt befindliche Schiff vorgestellte Kirche wird auf ihrer Fahrt zum ewigen Leben von Kanzel und Beichtstuhl aus durch das geistliche Amt als Steuermann mit dem Ruder des göttlichen Wortes in seinen Händen geführt. Der Altar im Chorraum dagegen ist der Ort der Gegenwart des auferstandenen Herrn, der seine Gemeinde schon vorab immer wieder besucht und die Gemeinschaft mit ihr in der von Löhe als Kommunio verstandenen gottesdienstlichen Feier fragmentarisch vorwegnimmt. Indem Löhe betont, dass der Prediger von der Kanzel aus die Gemeinde ebenso wie den Altar im Blick haben soll, beschreibt er das wahrgenommene Geschehen aus der dem Amt eigenen Distanz. Im Kirchenraum zeigt darüber hinaus der Blick in den Chor mit den Sitzen der Kirchendiener, dass es zwischen dem priesterlichen Geschlecht der Kirche und den Amtsträgern Christi keinen wesentlichen Unterschied mit Ausnahme der spezifischen, jedoch immer innerhalb der Priesterschaft wahrgenommenen Steuerungsfunktion gibt. Ähnlich wie bei der später skizzierten Schwellen-Metapher wird das Geschehen durch eine prozessuale bzw. im Sinne von Victor Turner liminale Struktur bestimmt, indem im Kirchenraum sich mittels des Geistlichen Amtes für die Gemeinde im Gottesdienst der fragmentarische und noch unvollendete Übergang zum ewigen Leben mit seiner dann schließlich als andauernd gedachten Christusgemeinschaft immer wieder neu vollzieht.[3]

Löhes Kirchenraum-Metapher betont dabei den nicht-hierarchischen Charakter des geistlichen Amtes. Es geht um eine Zuordnung, die der Besatzung eines Schiffes und deren Verhältnis zum Steuermann entspricht. Diese in erster Linie funktional und weniger hierarchisch gedachte Zuordnung von Schiffsbesatzung und Steuermann sichert das Gelingen der Fahrt des Schiffes. Das hierarchische Moment, das auf einem Schiff natürlich auch zwischen Steuermann und Besatzung besteht, wird diesem Ziel gegenüber untergeordnet und bleibt in der liminalen Perspektive eher zweitrangig. Analog dazu stehen für Löhe die grundsätzlich auch gegebenen hierarchischen Züge des geistlichen Amtes bei dessen Ausübung innerhalb des allgemeinen Priestertums keinesfalls im Vordergrund. Entscheidend für dieses Zusammenwirken ist die Funktion des geistlichen Amtes bei der Heilsvermittlung. Nur um diese zu gewährleisten, treten Amt und Priestertum

---

[2] Zu Löhes Kirchenraumverständnis vgl. KLAUS RASCHZOK, Einführung in Wilhelm Löhes »Schmuck der heiligen Orte« (9–65) und DERS./BEATE BABERSKE-KROHS, Kommentierung zum »Schmuck der heiligen Orte« (103–134), in: WILHELM LÖHE, Vom Schmuck der heiligen Orte (1857/58), für die Wilhelm-Löhe-Kulturstiftung Neuendettelsau hrsg. VON HERMANN SCHOENAUER, Leipzig 2008.

[3] Vgl. VICTOR TURNER, Das Liminale und das Liminoide in Spiel, »Fluß« und Ritual. Ein Essay zur vergleichenden Symbologie. In: DERS., Vom Ritual zum Theator. Der Ernst des menschlichen Spiels. Frankfurt am Main 1995, 28–94.

einander gegenüber. Sie ordnen sich dabei aber nicht einander unter, sondern stehen gemeinsam unter dem durch seinen heiligen Geist wirkenden auferstandenen Herrn. In der Schiffsmetapher wie im Bild des Chorraumes geht es um das priesterliche Geschlecht. Das geistliche Amt mit seiner Steuerungsfunktion für die Kirche stellt eine Ordnung innerhalb des priesterlichen Geschlechts der Getauften dar und steht nicht außerhalb. Es handelt sich daher immer um eine Binnendifferenzierung, wenn Löhe vom geistlichen Amt spricht, welche das hierarchische Gegenüber aufbricht. Bezeichnenderweise gibt es in Löhes Schiffskirche auch keine »passiven«, einfach nur mitreisenden Passagiere, sondern lediglich die aus Steuermann und Mannschaft bestehende Schiffsbesatzung, die miteinander unterwegs ist und zueinander in einen funktionalen Zusammenhang tritt.[4]

Leitend ist dabei eine trialogische Figur. Christus tritt zum Amt und zur Gemeinde hinzu und wird im Altar als Begegnungsort vorgestellt. Man könnte dabei an den im Schiff schlafenden Herrn auf dem See Genezareth vor der Sturmstillung (Mt 8,23–27) denken, der wie unbeteiligt mitfährt, während die Jünger das Schiff steuern und auf ihm gegen den Sturm ankämpfen. Das geistliche Amt verweist auf den gegenwärtigen Christus, der seiner Gemeinde gegenübertritt, und versieht damit innerhalb des allgemeinen Priestertums einen notwendigen Wahrnehmungsdienst.

Löhe entwickelt hier wie an einer Reihe anderer Stellen eine spezifische raumbezogene Metaphorik des geistlichen Amtes, die über eine szenische wie liminale Struktur verfügt und nur auf dem Hintergrund von Löhes biblischer Hermeneutik verstanden werden kann.[5] So, wie Löhe in seiner realistischen biblischen Lektüre die Texte nicht allein auf ihre daraus zu erhebenden dogmatischen Inhalte hin liest, sondern auch ihre gestalthaft-sinnlichen Zusammenhänge beachtet, beschränkt er sich bei seiner Darstellung des geistlichen Amtes nicht lediglich auf dessen dogmatische Koordinaten, sondern entfaltet diese in ihren Wirkzusammenhängen. Daher gehen die hier vorgetragenen Überlegungen davon aus, dass Wilhelm Löhes spezifischer Zugangsweg zu Fragen der kirchlichen Praxis in einer ästhetisch-erbaulichen Perspektive erfolgt.[6] Sie machen darauf aufmerksam, dass Löhes spezifische und vor allem zukunftsweisende Leistung weniger im Bereich

---

[4] Vgl. dazu Wolfgang Fenske, Der Gottesdienst bei Wilhelm Löhe, in: Hermann Schoenauer, Wilhelm Löhe (1808-1872). Seine Bedeutung für Kirche und Diakonie. Stuttgart 2008, 315-327; Wolfgang Fenske/Klaus Raschzok, Das Abendmahl nach den Ordnungen von Privatagenden, in: Irmgard Pahl (Hrsg.), Coena Domini II. Die Abendmahlsliturgie der Reformationskirchen vom 18. bis zum frühen 20. Jahrhundert (Spicilegium Friburgense 43), Fribourg 2005, 192-217.

[5] Vgl. dazu die beiden Beiträge Helmut Utzschneider, Die Bibel und der Sternenhimmel. Beobachtungen und Überlegungen eines Alttestamentlers zum Schriftverständnis Wilhelm Löhes, in: Schoenauer (wie Anm. 4), 279-296, und Wolfgang Stegemann, Dogmatische und realistische Exegese. Anmerkungen zu Wilhelm Löhe als Ausleger des Neuen Testaments, in: A.a.O., 297-314.

[6] Vgl. die ausführliche Darstellung dieses Ansatzes bei Klaus Raschzok, Der praktische Theologe Wilhelm Löhe, in: Schoenauer (wie Anm. 4), 189-222.

der Dogmatik als in der praktischen Theologie anzusiedeln ist, und es einer kulturgeschichtlich orientierten Betrachtungsweise bedarf, um ihren Pointen gegenwärtig neu zu erfassen.[7] Die Perspektive einer ästhetisch-erbaulichen praktischen Theologie bietet zudem die Möglichkeit, die Linien Löhes im Sinne eines metaphorische Theologie kennzeichnenden kreativen Potenzials ansatzweise bis in die Gegenwart hinein auszuziehen.

Nachdem die vorliegende Literatur zum geistlichen Amt bei Wilhelm Löhe ein überschaubares Bild bietet[8] und die diesbezüglichen dogmatischen Aussagen Löhes fachwissenschaftlich gut aufgearbeitet und in ihren theologiegeschichtlichen Kontext eingezeichnet sind, wird hier lediglich ein ergänzender Versuch vorgelegt, sein Amtsverständnis aus praktisch-theologischer Perspektive heraus differenzierter zu erschließen und den Mehrwert von Löhes erbaulich-ästhetisch orientierter Wahrnehmung zu beschreiben.

2. Epistemologische Vorbemerkungen in den »Aphorismen über die neutestamentlichen Ämter« (1848/49)

Als hilfreich für das Verständnis von Löhes szenisch-metaphorischer Transformation biblisch-dogmatischer Inhalte erweisen sich seine 1848/49 den »Aphorismen über die neutestamentlichen Ämter« beigegebenen epistemologischen Vorbemerkungen:

> *»Vor einigen Jahren fiel dem Verfasser der nachfolgenden Aphorismen auf, daß so vieles über Organismus und Verfassung der Gemeinden in der Apostelgeschichte und in den Briefen des Neuen Testamentes stehe, worüber man gewöhnlich unbedachtsam hinzulesen pflegt. Er legte sich deshalb ein Schema nach den Einteilungstiteln der kirchlichen Archäologie an und setzte nur weniges hinzu. In dieses Schema sammelte er sich die verschiedenen Stellen des Neuen Testamentes von der schon genannten Art, und der Eindruck, welchen er von der zusammenfassenden Betrachtung der aufgeschriebenen Stellen*

---

[7] Vgl. dazu Christian Albrecht, »Ganz antik und ganz modern«. Das Werk Wilhelm Löhes in kulturgeschichtlicher Perspektive, in: Schoenauer (wie Anm. 4), 135–151.

[8] Zum Kontext immer noch hilfreich: Holsten Fagerberg, Bekenntnis, Kirche und Amt in der deutschen konfessionellen Theologie des 19. Jahrhunderts, Uppsala 1952, v. a. 101–120 u. 271–312. Grundlegend zu Löhe: Siegfried Hebart, Wilhelm Löhes Lehre von der Kirche, ihrem Amt und Regiment. Ein Beitrag zur Geschichte der Theologie im 19. Jahrhundert. Neuendettelsau 1939, sowie Gerhard Schoenauer, Kirche lebt vor Ort. Wilhelm Löhes Gemeindeprinzip als Widerspruch gegen kirchliche Großorganisation (CTM C 16), Stuttgart 1990, der 37–49 einen guten Überblick über die bisherige Darstellung und Beurteilung von Löhes Kirchen- und Amtsbegriff liefert und 79–104 das Verhältnis von Amt und Gemeinde sorgfältig analysiert. Vgl. auch Theodor Strohm, Geistliches Amt und diakonische Kirche im Verständnis Wilhelm Löhes, in: Schoenauer (wie Anm. 4), 249–263.

bekam, war ein großer. Insonderheit stellte sich ihm die Bedeutung und Wichtigkeit des heiligen Amtes für die Kirche und ihre Leitung heraus. [...] *Auf Gelehrsamkeit und Wissenschaftlichkeit der Darstellung macht der Verfasser keinen Anspruch. Er hat als Pfarrer für Pfarrer in Einfalt hingeschrieben, was er in der Schrift ersah.* [...] *Es ist wunderlich, wie man die Heilige Schrift gelesen hat! Man suchte die dogmatischen und ethischen Stellen als alleinige Ruhepunkte der Betrachtung, über alles andere, namentlich über so viele organisierende, die Gemeinden als solche ordnende und leitende Stellen las man hin, wie wenn sie uns nicht, wie die dogmatischen und ethischen, zur Lehre geschrieben wären.* [...] *Die meisten Pfarrer haben selbst keine Ansicht von ihrem Amte und ermangeln daher aller Basis und Zuversicht ihres Auftretens. Sie amtieren, als hätten sie kein Recht, zaghaft, von jedem Buben eingeschüchtert. O jammervoller Schade!«*[9]

Löhe ist davon überzeugt, dass die Mehrzahl der Pfarrer über keine »Ansicht« und damit über keine sich auch in ihren Berufsalltag hinein auswirkende gestalthafte Vorstellung des geistlichen Amtes verfügt. Sie amtieren daher für die kritische Außenwahrnehmung so zurückhaltend-eingeschüchtert, als hätten sie überhaupt kein Recht dazu. Erst der von Löhe konsequent beanspruchte wahrnehmungsorientierte Ansatz erschließt die biblischen Aussagen zum geistlichen Amt über die Inhalte hinaus zugleich auch als die Amtsausübung stabilisierende Erfahrungsräume. Daher darf auch das Verständnis des geistlichen Amtes nicht lediglich auf seine inhaltlich-dogmatischen Aussagen beschränkt bleiben, sondern ist im umfassenden Sinne szenisch-metaphorisch zu erfassen, damit es sich auch auf die Haltung der Amtsträger auswirkt und in ihnen Gestalt gewinnt.[10]

3. Weitere Beispiele einer szenisch-metaphorischen Entfaltung der Vorstellung vom geistlichen Amt und dem allgemeinen Priestertum

Aus Löhes umfassendem Werk lassen sich eine Reihe weiterer Beispiele für eine solche szenisch-metaphorische Entfaltung der Vorstellung vom geistlichen Amt und des allgemeinen Priestertums heranziehen. Der dazu gewählte Begriff der szenisch-metaphorischen Entfaltung bringt mit sich, dabei ein besonderes Augenmerk auf die Art und Weise der Gestaltung der Aussagen Löhes zu Amt und allgemeinem Priestertum zu legen und diese im Sinne einer ästhetisch orientierten Wahrnehmung als gestalthaft-sinnliche Phänomenzusammenhänge zu erfassen.[11]

---

[9] WILHELM LÖHE, Aphorismen über die neutestamentlichen Ämter, 1848/49: GW 5, 1, 255 u. 264f.

[10] Vgl. RASCHZOK (wie Anm. 6), 220f.

[11] Vgl. dazu WOLFGANG WELSCH, Ästhetisches Denken. Stuttgart ^{3}1993.

3.1 Die Schwellenmetapher als kreative Transformation der Grundaussagen der Confessio Augustana zum geistlichen Amt

In seiner Schrift »Kirche und Amt. Neue Aphorismen« von 1851 entwickelt Löhe eine raumhaft angelegte Schwellenmetapher, um die spezifische Stellung des geistlichen Amtes zwischen sichtbarer und unsichtbarer Kirche zu veranschaulichen:

> *»Die Gnadenmittel sind nicht um des Amtes willen gegeben, wohl aber dieses um jener willen, so daß leicht zu erkennen ist, was größer, was kleiner ist. Dennoch haben beide einerlei Los. Auf der Schwelle zwischen sichtbarer und unsichtbarer Kirche steht das heilige Amt mit dem Schatz der Gnadenmittel, mit diesen ein Bindemittel zwischen Heils- und Kirchenordnung, selbst eine Kirchenordnung, aber eine für die sichtbare Kirche notwendige, von Gott gewollte und befohlene, von hoher Bedeutung für Sammlung, Erhaltung und Vollendung der unsichtbaren wie der sichtbaren Kirche.«*[12]

Löhe reagiert damit kritisch auf die bei seinen Zeitgenossen übliche Trennung zwischen Heilsordnung und Kirchenordnung. Er vollzieht dazu eine eigenständige kreative Transformation der Grundannahmen der Confessio Augustana zum geistlichen Amt bzw. zum Predigtamt. Für ihn agiert das geistliche Amt in einem Übergangsraum zwischen sichtbarer und unsichtbarer Kirche, der auf der Schwelle zwischen Außenraum und Kirchenraum verortet wird. Mit Hilfe dieser Schwellenmetapher wird die Professionalität des geistlichen Amtes im Bereich der Spiritualität und nicht des operationalisierbaren Berufshandelns festgemacht wird. Löhe greift dazu auf die Grundaussage von Artikel 5 der Confessio Augustana zurück, dass das Predigtamt nicht aus der Gemeinde abgeleitet werden kann und sich göttlicher Stiftung verdankt. Im weiteren Zusammenhang von Artikel 5 der Confessio Augustana wird ein Konstitutionszusammenhang beschrieben, der den von Gottes Geist gewirkten Rechtfertigungsglauben herbeiführt und innerhalb dessen das von Gott eingesetzte Predigtamt im Gegenüber zum allgemeinen Priestertum eine entscheidende Vermittlerrolle ausübt. Die Pointe dieser lebendigen Metapher von der göttlichen Stiftung des Geistlichen Amtes besteht jedoch darin, dass sie im Rahmen dieser Spannung eine Freiheit aufrechterhält, die nicht vorschnell aufgelöst werden darf: »Gemeinde« und »geistliches Amt« stehen als königliche Priesterschaft einander in Spannung gegenüber unter Christus als ihrem gemeinsamen Herrn. Beide haben in der Leitung der Kirche zusammenzuwirken. Entscheidende Aufgabe des geistlichen Amtes ist dabei die Sorge für eine sachgerechte Ausübung des Priestertums der Getauften.[13]

---

[12] Wilhelm Löhe, Kirche und Amt. Neue Aphorismen, 1851: GW 5, 1, 537.

[13] Vgl. Gunther Wenz, Theologie der Bekenntnisschriften der evangelisch-lutherischen Kirche. Eine historische und systematische Einführung in das Konkordienbuch. Bd. 2. Berlin/New York 1998, 237–370.

Die Schwellenmetapher bringt den für Löhe unauflöslichen Zusammenhang von sichtbarer und unsichtbarer Kirche zum Ausdruck und korrespondiert seinem relationalen Amtsverständnis, das auch hier wiederum nicht hierarchisch missverstanden werden darf. Das auf göttlicher Stiftung beruhende geistliche Amt und das Priestertum aller Getauften sind im Geschehen der Heilsvermittlung eng aufeinander bezogen. Das geistliche Amt nimmt eine Mittelposition auf der Schwelle zwischen sichtbarer und unsichtbarer Kirche ein. Löhe beschreibt es als ein Transformationsamt, in welchem die sichtbare und die unsichtbare Kirche fragmentarisch ineinander übergehen. Er weist an anderer Stelle immer wieder darauf hin, dass sichtbare und unsichtbare Kirche nicht zwei voneinander geschiedene Kirchen sind, sondern unterschiedliche Perspektiven der einen Kirche darstellen. Was gewöhnlich »sichtbare« Kirche genannt wird, ist der »unsichtbaren« nicht einfach kongruent. Löhe nutzt zur Veranschaulichung seiner Gedanken mit der Verhüllung eine weitere Metapher.

> *»Die wahre Leiblichkeit der unsichtbaren Kirche ist unter der sogenannten sichtbaren verborgen. Die Grenzen von beiden verschwimmen und werden unklar. Die Braut des Herrn ist da, aber Christus hat sie mit Bedacht verhüllt, daß man ihren Glanz und ihre Schönheit nicht sehen möchte. Er will, solang sie im Vorhof wohnt, den Schleier auch nicht lüften lassen und der da wollte, könnte nicht. Unser Mangel an klarem Blick und heller Erkenntnis mahnt uns zur Bescheidenheit, und indem wir es unterlassen, zwischen Weizen und Unkraut allzuscharf zu sichten, wird uns die Liebe leicht, die alles glaubt und trägt und hofft.«*[14]

3.2 Die spezifische Selbstdurchsetzungskraft des allgemeinen Priestertums gegenüber dem geistlichen Amt

Im Diktat »Vom Schmuck der heiligen Orte« aus den Jahren 1857/58 findet sich bei Löhes Beschreibung des Chorraumes des Kirchengebäudes ein signifikanter Hinweis darauf, dass das allgemeine Priestertum über eine spezifische Selbstdurchsetzungskraft gegenüber dem geistlichen Amt verfügt, die der an und für sich stimmigen Gestalt des Kirchenraumes keinesfalls im Wege steht, sondern zu ihr in ein fruchtbares Spannungsverhältnis zu treten vermag:

> *»In der neuern Zeit haben manche Protestanten es als Zeichen des Protestantismus gefordert, daß der Chor keine Schranken habe, weil nach der Lehre der Protestanten die Gemeinde den freien Zutritt zum Altar habe und selbst ein priesterliche Volk sei. Übrigens würde das auch der Fall sein, wenn die Schranken beständen, und die Symbolik des dritten Teiles der Kirche würde dadurch mehr aufrecht erhalten werden.«*[15]

---

[14] LÖHE (wie Anm. 12), 528.
[15] LÖHE, Schmuck (wie Anm. 2); zitiert nach GW 7, 2, 567f.

Die durch Chorschranken markierte Grenze zwischen Schiff und Chor lässt ein sich wandelndes Gemeindeverständnis zu und strukturiert den Kirchenraum auf einer Meta-Ebene. Das allgemeine Priestertum der Getauften bleibt aufgrund seiner Selbstmächtigkeit auch dann noch wirksam, wenn durch den von den Chorschranken markierten Übergang ein neues, nun die Christusbegegnung verdeutlichendes Raumbild in den Vordergrund tritt.

3.3 Die Arzt-Metapher für die seelsorgerliche Funktion des geistlichen Amtes

Im Zweiten Bändchen seines »Evangelischen Geistlichen« aus dem Jahr 1858 greift Löhe wie häufig bei seinen Äußerungen zur Seelsorge auf die Arzt-Metapher zurück, um die Aufgabe des geistlichen Amtes sachgerecht zu beschreiben:

> Ein Seelsorger erforscht wie ein Arzt zuerst den Kranken und seine Krankheit, den Zustand des Menschen und seine Stufe in der Ordnung des Heils, *»und genau nach dem Befund des pastoralen Zustandes reicht er die göttliche Arznei. Denn als Privatseelsorger ist der Pfarrer ganz Arzt.«*[16] *»Seelsorge ist Sorge für die Seele, und zwar für deren ewiges Heil.«* Jeder soll für das Seelenheil des Nächsten sorgen. Das, was alle sollen, ist insonderheit Amtspflicht der Hirten, denen der Heilige Geist die Herde befohlen hat, und der Diener und Dienerinnen, welche den Hirten helfend zur Seite stehen. Seelsorge wird von allen Christen geübt. Aber es gilt die Unterordnung aller Christen in Sachen der Seelsorge unter den berufenen Hirten, da es unter dem priesterlichen Geschlecht der Christen ein Amt der Seelsorge, d.h. der Hirten, gibt. Die Diakonisse ist dem Pfarrer in der Seelsorge ähnlich untergeordnet wie in der Krankenpflege dem Arzt. Sie folgt der Wahl der verordneten geistlichen Arznei. Die heilige Kunst der Seelsorge besteht darin, *»schnell und sicher aus dem reichen Vorrat des göttlichen Wortes das rechte Arzeneimittel für die Seele zu finden«*.[17]

Auch hier geht es nicht um Hierarchie, sondern um die funktionale Zuordnung von Amt und Gemeinde. Die Unterordnung zwischen der in der Seelsorge tätigen Diakonisse unter die Verantwortung des geistlichen Amtes ist eine funktionale, die innerhalb des Priestertums in Angelegenheiten der Seelsorge erfolgt. Das geistliche Amt wird von Löhe als Sorge-Amt für das allgemeine Priestertum beschrieben und vom biblischen Hirten-Amt her verstanden. Mit Hilfe der Arzt-Metapher beschreibt Löhe die seelsorgerliche Tätigkeit des geistlichen Amtes als die eines Seelenarztes, der die Heilige Schrift als Medikament einsetzt. Grundsätzlich sind jedoch alle Getauften zur Seelsorge beauftragt. Löhe vollzieht hier eine Analogie zur Krankenpflege, die für ihn – anders als noch für manche seiner Zeitgenossen – bereits eine selbständige professionelle Tätigkeit darstellt, die an die

---

[16] WILHELM LÖHE, Der evangelische Geistliche. Zweites Bändchen, 1858: GW 3, 1, 269.
[17] WILHELM LÖHE, Einleitende Sätze von der Seelsorge, 1855/56: GW 3, 1, 512ff.

Seite des Arztes tritt, aber zugleich in medizinischen Entscheidungen unter seiner Leitung steht.[18] Damit unternimmt Löhe einen metaphorischen Versuch, für den Bereich der speziellen Seelsorge den Zusammenhang von allgemeinem Priestertum und Amt wiederum nicht-hierarchisch, sondern stattdessen aus einer relationalen Verantwortungsbeziehung heraus zu beschreiben.

3.4 Der Beichtstuhl als zentraler Ort der Ausübung des geistlichen Amtes

Der Beichtstuhl ist für Löhe neben dem Taufstein, der Kanzel und dem Altar zentraler Ort der Ausübung des geistlichen Amtes. Ebenfalls im Zweiten Bändchen seines »Evangelischen Geistlichen« von 1858 beschreibt er die für ihn damit verbundenen Erfahrungen:

> *»Wenn ich an meinem Ort stehe und auf die Beichtkinder warte und dann eines um das andere herzutritt, um zu beichten und nicht bloß Absolution, sondern auch irgend einen Rat oder sonst ein Wort zu empfangen, das Licht, Kraft oder Trost bringen kann, so weiß und fühle ich, daß meine ernsteste Stunde in der ganzen Woche gekommen ist und daß ich vor meiner schwierigsten Aufgabe stehe. Mein Auge hängt an der Pforte und wartet auf den Eintretenden. Sowie ich ihn sehe, tritt mir die Gestalt seiner Seele vor Augen; ehe er noch redet, frage ich mich schon, was ich ihm zu sagen habe; ich forsche und studiere mehr, als wenn ich Bücher aufgeschlagen habe und darin nach Weisheit suche.«* Das Beichtkind beginnt zu reden und seine Seelenangelegenheit zu offenbaren. Der Seelsorger wird ganz Ohr und läßt nichts verloren gehen oder unbeobachtet. *»Ich weiß, daß ich nun bin wie eine Blume, die eben aus der Knospe brechen, ihre Gestalt und ihren Ruch geben soll. Wie ernst ist mir's bei meiner Seligkeit, geben zu dürfen und zu sollen, nicht aber zu nehmen! Und diese meine innere Lage wiederholt sich, sooft ein neues Beichtkind erscheint. Ich muß in soviel besondere Lebensverhältnisse eindringen, als Beichtkinder kommen.«* Löhe spricht von den *»Reisen meiner Seele in fremdes Leben hinein«*.[19]

Wilhelm Löhes Verständnis des geistlichen Amtes ist eng mit der Beichte als einer seiner wesentlichen Ausdrucksgestalten verbunden. Hier im Kirchenraum betont er den hohen Ernst der Beichthandlung und die damit für die Träger des geistlichen Amtes verbundene Anspannung. Mittels der Metapher der Seelenreise wird die Beichte als kräftezehrende Reise in fremde Lebensgeschichten hinein beschrieben. Löhe öffnet damit die lutherische Einzelbeichte, die in der Mitte des 19. Jahrhunderts sich weitgehend formalisiert vollzog, wieder neu auf die Privatseel-

---

[18] Zur Professionalisierung der Krankenpflege bei Löhe im Rahmen seines Aufbaus des Diakonissenhauses und dessen Krankenpflege vgl. HARALD JENNER, Von Neuendettelsau in alle Welt. Entwicklung und Bedeutung der Diakonissenanstalt Neuendettelsau/Diakonie Neuendettelsau 1854–1891/1900, Neuendettelsau 2004, 26–32.113–129.231–236.

[19] LÖHE (wie Anm. 16), 282f.

sorge hin. Teil dieser Öffnung ist die ebenfalls zum Einsatz gelangende Lebensbuch-Metapher. Die bei der Beichte sich vollziehende Lektüre im Lebensbuch wird als hilfreich-sorgender Dienst des geistlichen Amtes am Priestertum der Getauften verstanden.[20] Der Träger des geistlichen Amtes steht im Augenblick des Zuhörens dem allgemeinen Priestertum voll und ganz zur Verfügung und ermöglicht damit eine hilfreiche wie tröstliche Erweiterung des Wahrnehmungsraumes vor Gott als dem eigentlichen Adressaten der ausgesprochenen Beichte.

3.5 Das geistliche Amt als eine Art cherubinischen Lebens

Mit Hilfe einer energetisch geprägten Vorstellung der Aufgaben des geistlichen Amtes versucht Löhe, dessen spezifische Rolle im Predigtgeschehen zu erfassen. Er schreibt dazu wiederum im Zweiten Bändchen des »Evangelischen Geistlichen« von 1858:

> *»Beim Gebet hat man die Absicht, auf die Gemeinde zu wirken, während man doch im Namen der Gemeinde [...] zu Gott sprechen [...] soll [...] So verkehrt man in guter Meinung das Gebet [...] Und in konsequenter Verkehrtheit will man nun beim Predigen, wo man doch im Namen Gottes die Gemeinde ansprechen soll, den Sinn von der Gemeinde weg in sich und über sich wenden. Zwei Teile des Gottesdienstes hat man dabei des rechten Zieles beraubt. Die Absicht des Predigers beim Predigen ist keine andere und darf keine andere sein, als die Gemeinde durchs Wort zu ihrem Heil zu führen, in demselben zu kräftigen und zu gründen.*
>
> *[...] Aber bei aller Feier in Gott und aller Erhebung zu Gott geht doch die Richtung des Predigers zunächst zur Gemeinde. Es ist eine Art von cherubinischem Leben, man ist Gottes voll und gerade deshalb voll Kraft und Macht der Rede und Richtung nach außen, zur Gemeinde.«*[21]

Mit dem biblischen Bild eines cherubinischen Lebens verbindet Löhe hier seine energetisch bestimmte Vorstellung des Amtes und kann den durch das geistliche Amt hindurch sich vollziehenden Gnadenstrom bzw. Gnadenfluss verdeutlichen. Der Prediger steht auf der Kanzel zwischen Gott und der Gottesdienst feiernden Gemeinde und vermittelt ihr über seinen Verkündigungsdienst den göttlichen Gnadenstrom. Wie die Cherubine ist er dazu unermüdlich zwischen dem himmlischen Thron Gottes und der zeitgleich auf Erden Gottesdienst feiernden Gemeinde in einer spezifischen Mittlerfunktion unterwegs. Löhe kritisiert mit der Cheruben-Metapher typische zeitgenössische liturgische wie homiletische Haltungen des 19. Jahrhunderts und setzt sich gegen eine für ihn zu vordergründige Didaktisierung des gottesdienstlichen Betens wie der Predigt zur Wehr.

---

[20] Vgl. Joachim Heubach, Das Verständnis des Schlüsselamtes bei Löhe, Kliefoth und Vilmar, in: Bekenntnis zur Kirche. FS für Ernst Sommerlath, Berlin 1960, 313–324.
[21] Löhe (wie Anm. 16), 216.

3.6 Das geistliche Amt und der Apfel am Weihnachtsbaum

Die frühe, 1836 erschienene Schrift »An die Brüder im Amt« nimmt von der Löhe zornig stimmenden Beobachtung ihren Ausgang, dass zahlreiche seiner Zeitgenossen im Pfarrberuf nicht mehr an den göttlichen Charakter ihres Berufes glauben und folglich ohne Amtswürde agieren müssen:

> Die Prediger *»glauben selbst nicht mehr an ihren göttlichen Beruf, haben darum keine Amtswürde, keine Amtsehre, keine Amtszuversicht mehr: unter dem Pfarramte verstehen sie nicht mehr ein von Gott ihnen zum Heile der Gemeinden anvertrautes Amt, sondern ein Staatsamt. [...] Sie glauben nicht und reden dennoch; darum haben sie in ihrem Inwendigen ein Zeugnis, daß sie nur eine Rolle spielen und den Schauspielern gleich gerechnet seien. Sie achten sich selbst zu gering, sich Gottes Boten zu nennen, darum haben sie auch jene heilige, vom Geist der Weissagung kommende, der Weissagung verwandte Parrhesie nicht mehr, sondern schwatzen, wie den Leuten die Ohren jücken. Gottes Gebot und Geist treibt sie nicht mehr; so haben sie sich drein ergeben, den Kindlein am Markte so nach Verlangen zu tanzen oder zu weinen, damit sie auf dem Markte der Welt auch noch etwas gelten. [...] Der Rock des Geistlichen ist da, aber der Geist ist von hinnen: ein Pfaffentum ist übrig, welches noch unerträglicher ist als das katholische. Unsre Geistlichen sind nicht Hirten der Gemeinde, was sie sein sollen; sie sind Sklaven der Welt, der Verhältnisse, der Kollegialität, mit tausend Banden an die Erde festgekettet.«* Das Predigtamt trägt Gottes Beruf im Bewusstsein. Das Evangelium ist nicht Eigentum der Prediger. Es *»hängt an ihnen wie ein Apfel an einem Weihnachtsbaum, der ihn in winterlicher Erstorbenheit nicht hervorzubringen vermochte.«*[22]

Löhe unterscheidet hier die überzeugende Amtswürde von der angemaßten Amtsautorität. Die Amtswürde stellt sich über die rechte Haltung des Amtsträgers in dessen Wahrnehmung durch das Priestertum der Getauften ein und braucht daher nicht eigens beansprucht zu werden. Sie realisiert sich dort wie von selbst, wo das geistliche Amt seine ihm zukommenden Aufgaben erfüllt. Um dies zu veranschaulichen, entfaltet Löhe hier eine ganze Kette an Bildern und Szenen, die in der Weihnachtsbaum-Metapher ihren Abschluss erfährt. Löhe spielt dabei auf die Praxis des frühen 19. Jahrhunderts an, den Weihnachtsbaum in den Weihnachtszimmern mit roten Äpfeln als Zeichen des Paradieses zu schmücken. So, wie der Weihnachtsbaum im Winter diese Früchte nicht selbst hervorzubringen vermochte, ist auch das Verhältnis der Prediger zum Evangelium zu beschreiben. Sie gebrauchen das Evangelium in sachgerechter Weise wie »fremde« Früchte, die ihnen anhängen und mit ihnen eine überzeugende Verbindung wie der Weihnachtsbaum mit seinem Schmuck eingegangen sind.

---

[22] Wilhelm Löhe, An die Brüder im Amte, 1836: GW 3, 1, 342 ff.

3.7 Das geistliche Amt als lebendiger Spiegel des göttlichen Lichtes

Im Traktat »Von den heiligen Personen, der heiligen Zeit, der heiligen Weise und dem heiligen Orte« von 1859 findet sich eine Beschreibung des geistlichen Amtes als lebendiger Spiegel:

> *»So wie das Licht der Sonne in den Spiegel und aus demselben heraus nur desto heller und klarer fällt, so fällt das göttliche Wort in die Seele des Predigers und ergießt sich dann aus derselben über die Gemeinde desto fasslicher und annahender. Das gelesene Wort ist Gottes eigene, ungefälschte Rede, die Predigt aber ist das Wort des Herrn, wie es aus einem Menschenherzen, darinnen es aufgenommen und gleichsam menschlich geworden ist, wieder hervorkommt.«*[23]

Löhe versteht das geistliche Amt als einen lebendigen, das gespiegelte mit personbezogener Prägung wiedergebenden Spiegel. Der Prediger hat beim Predigtgeschehen zuzulassen, dass das göttliche Wort zunächst einmal in seine Seele fällt und sich dann daraus wieder über die Gemeinde ergießt. Seine persönliche Mitwirkung am Heil zuwendenden Predigtgeschehen beschränkt sich jedoch darauf, das göttliche Wort fasslicher und »annahender« werden und damit an Klarheit gewinnen zu lassen. Im Grunde geht es also darum, die sehr wohl erforderliche menschliche Predigtleistung mittels dieser energetisch geprägten Metapher wiederum zu relativieren und deutlich zu machen, dass der Prediger sich selbst gerade nicht des göttlichen Wortes zu bemächtigen vermag. Das göttliche Wort bemächtigt sich vielmehr des Predigers und seiner Lebensgeschichte, und der Prediger hat dies als einen selbstverständlichen, sich an ihm vollziehenden Gestaltungsprozess zuzulassen. Zugleich betont Löhe damit auch, dass in der Predigt das göttliche Wort niemals unmittelbar, sondern immer nur im Spiegel eines Menschenherzens zugänglich wird, und die Träger des geistlichen Amtes dazu auf ganzheitliche Weise für die göttliche Heilsvermittlung in Beschlag genommen werden.

3.8 Das geistliche Amt als Ordnung innerhalb des Leibes Christi

Im gleichen Traktat »Von den heiligen Personen, der heiligen Zeit, der heiligen Weise und dem heiligen Orte« von 1859 verdeutlicht Löhe auch, wie das geistliche Amt als eine Ordnung innerhalb des Leibes Christi zu verstehen ist:

> *»Auch ein priesterliches und königliches Volk bedarf der Ordnung, und deshalb, daß alle Priester sind und alle Könige, hat nicht jeder seinen eigenen Willen [...]; keiner maßt sich alle Gaben an [...] und nimmt am großen Leib des Herrn nicht jeder dieselbe Stelle, auch*

[23] Wilhelm Löhe, Von den heiligen Personen, der heiligen Zeit, der heiligen Weise und dem heiligen Orte, 1859: GW3, 1, 565.

nicht einer den ganzen Raum ein. Ein jeder aber ist an seiner Stelle, mit seiner Gabe, mit seinem Amte, mit seiner Kraft heilig [...]«[24].

Es geht Löhe bei dieser Aussage um eine Ordnung innerhalb des priesterlichen Volkes. Dort hat das geistliche Amt seinen Ort, und alle außerhalb des priesterlichen Volkes hierarchisch missverständlichen Aussagen müssen zunächst einmal in diesen Verstehensraum hineingestellt werden, der die Gleichheit der Glieder am Leib Christi voraussetzt. Es handelt sich daher um eine sekundäre und funktional bedingte, keinesfalls grundsätzlich zu verstehende Differenzierung zwischen Amt und Gemeinde. Betont wird zunächst einmal die priesterlich-königliche Würde aller getauften Gemeindeglieder einschließlich des geistlichen Amtes, die zusammen den Leib Christi bilden, der sich jedoch wiederum in seine einzelnen Funktionen hinein differenziert entfaltet.

3.9 Das geistliche Amt als Förderamt für die Seligkeit der Anvertrauten

In den »Drei Büchern von der Kirche« aus dem Jahr 1845 beschreibt Löhe das geistliche Amt als ein Förderamt für die Seligkeit der Anvertrauten und regt dazu – wie häufig in seinen Schriften – den Leser zu einem diesem Gedankengang angemessenen Vorstellungsbild an:

»Nimm irgend eine Gemeinde, und denke dir, du seiest ihr zum Pfarrer verordnet. Setze den Fall, du würdest zum Krankenbette eines Menschen gerufen, welcher niemals im Leben des göttlichen Wortes geachtet hätte, nun aber voll Verlangens wäre, selig zu werden. Du selbst wünschtest ihn durch dein Amt zur Seligkeit zu fördern. Was thätest du? Würdest du nun anfangen, die ganze Glaubenslehre vor des Kranken Ohren zu entwickeln? Würdest du auf vollständiges Lernen und Erkennen dringen? Du hättest ja keine Zeit und der Kranke weder Zeit, noch Kraft [...], Buße und Evangelium würdest du predigen. Und wenn es dir gelänge, deinen Kranken zur Erkenntnis der Sünde und zum Verlangen nach dem Heile Gottes in Christo [...] zu bringen, – und er stürbe dir in solchem Zustande; so würdest du hoffnungsvoll in die Hände klatschen und ihn selig preisen. Und was hätte ihn dann selig gemacht? Ein Tropfen Wahrheit [...]«[25].

Löhe betont hier die hohe Verantwortung des geistlichen Amtes, das zur Seligkeit zu fördern hat. Darin liegen seine Verantwortung und hohe Würde begründet. Das geistliche Amt geht mit der göttlichen Wahrheit um. Es muss diese jedoch verantwortlich und der jeweiligen Situation gemäß angemessen dosieren, ähnlich wie der Arzt mit einer Arznei sorgfältig umzugehen und die Dosierung für den jeweiligen Patienten sachgerecht und angemessen zu bestimmen hat.

---

[24] A.a.O., 528.

[25] Wilhelm Löhe, Drei Bücher von der Kirche, 1845: Studienausgabe 1, 81f.

3.10 Das geistliche Amt und sein Ende am Grab

In Löhes Manuskriptbänden zur Pastoraltheologie aus dem Jahr 1844 findet sich eine wichtige Aussage über die Begrenzung des als Lebensberuf verstandenen geistlichen Amtes:

> Beim Beruf des geistlichen Lehrstandes *»darf von vornherein nicht vergessen werden, daß er bei aller Herrlichkeit und bei allen Verheißungen, die Gott ihm gab, doch nur einer von den irdischen Ständen der heiligen Kirche Gottes ist. Auch er hört am Grabe auf, wie alle irdischen Berufsarten.«*[26]

Das geistliche Amt endet am Grab. Löhe denkt mit dieser ernüchternden Aussage die Metaphorik des geistlichen Amtes als Lebensberuf konsequent zu Ende. Indem das Amt den anderen Lebensberufen der Christen zugeordnet wird, vollzieht Löhe eine weitere hilfreiche Relativierung des geistlichen Amtes. Für dieses gilt die gleiche Begrenzung wie für alle irdischen Berufsarten. Es verleiht keine über den Beruf und damit über die irdische Lebensspanne hinausreichende Würde für seinen Träger. Löhes Amtsvorstellung wird daher zugleich von einer tiefen Bescheidenheit geprägt. Das am Grabe endende Amt ist nichts anderes als eine einfache Dienerschaft, und der Dienst der Amtsträger ist so groß, dass er keiner Verherrlichung im hierarchischen Sinne bedarf. Löhe kann im »Evangelischen Geistlichen« sogar einmal davon sprechen, dass auf die Studierenden der Theologie nichts anderes als das »bescheidene Los einer Dorfkanzel«[27] wartet.

4. Vollendete Lehre – unvollendete Folgen

In seinen »Drei Büchern von der Kirche« von 1845 macht Löhe deutlich, dass die Reformation zwar in der Lehre vollendet ist, aber »unvollendet in den Folgen der Lehre.«[28] Lehre und Bekenntnis sind zwar fertig, aber dennoch bleibt für die Wissenschaft genug zu tun. Löhe geht es darum, der gewonnenen Lehre »die volle Anwendung nach allen Seiten hin zu geben.«[29] Er sieht seine Aufgabe in der Entfaltung des Reichtums der Kirche und nicht in dessen Vermehrung. Die szenisch-metaphorischen Ausformungen der Vorstellung Löhes vom geistlichen Amt können in diesem Sinne als Weiterarbeit an den Folgen der Lehre verstanden werden. Sie bauen auf den für Löhe vollendeten dogmatischen Grundaussagen der Reformatoren zum geistlichen Amt auf und führen diese in ihren Folgen konsequent weiter.

---

[26] Wilhelm Löhe, Aus den Manuskriptbänden Pastoraltheologie, 1844: GW 3, 2, 710.
[27] Wilhelm Löhe, Der evangelische Geistliche. Erstes Bändchen, 1852/58: GW 3, 2, 27.
[28] Löhe (wie Anm. 25), 165.
[29] A.a.O., 168.

Löhe versteht das geistliche Amt als eine göttliche Stiftung. Als dessen grundlegende Aufgabe als einer Ordnung innerhalb des allgemeinen Priestertums wird die Heilsvermittlung gesehen. Das geistliche Amt steht deshalb auf der Schwelle zwischen der sichtbaren und der unsichtbaren Kirche. Es kann weder der Kirchenordnung, noch der Heilsordnung allein zugeordnet werden, sondern stellt die Verbindung zwischen diesen beiden Ordnungen dar.

Bereits Siegfried Hebart hatte ja darauf hingewiesen, dass das Amt bei Löhe zum Verknüpfungspunkt zwischen sichtbarer und unsichtbarer Kirche wird und als Gnadenmittelamt zu verstehen ist, das von den Gnadenmitteln ausgeht und an diese gebunden bleibt. Löhe verteidigt den göttlichen Auftrag und die daraus abgeleitete Würde und Notwendigkeit des Amtes gegenüber einem falsch verstandenen Priestertum aller Gläubigen und betont daher, dass das Amt eine selbständige Stiftung Christi ist. Es stammt nicht von der Gemeinde, da es zugleich ein Amt des heiligen Geistes ist. Die Amtsträger haben ihr Amt von Christus und seinem Geist. Durch das Amt werden die Glieder zum heiligen Leib Christi zusammengefügt. Dabei besteht ein enger Zusammenhang zwischen Hirt und Herde. Das Hirten- und Lehramt ist notwendiges Gnadenmittel für die Gemeinde.[30] »Das Amt gehört seinem Wesen nach zur Heilsordnung, es ist ein Verbindungsglied, also ein organisches Amt, das Glauben, Versöhnung und Gnade vermittelt, nicht im priesterlichen, römischen Sinne, als sei das Heil von der Person und ihrem Tun abhängig, sondern allein durch den an die Gnadenmittel gebundenen Geist.«[31] Aber die Gemeinde wird dabei nicht zum Objekt des Amtes, da die Kirche in ihrer Gesamtheit Inhaberin des Amtes ist. Christus hat sein Amt der ganzen Kirche gegeben. Die Kirche überträgt lediglich die Amtsvollmacht, während Christus und die Kirche Subjekt des Amtes sind. Daher handelt es sich auch nicht um eine hierarchische Über- und Unterordnung im römischen Sinne.

Löhe unterscheidet sehr bewusst nicht zwischen Amt und Laien in der Weise, als ob das Amt ein besonderer Stand sei. Für ihn gibt es daher keine Trennung von Priester und Laie, sondern er kennt nur eine gleiche Herrlichkeit aller Gläubigen. Die Vollmacht des Amtes ist beim Priestertum und beim Geistlichen Amt die gleiche, aber beide decken sich nicht. Das Amt liegt innerhalb des Priestertums aller Gläubigen. Daher ist das Amt nicht etwas, was das Priestertum aller Gläubigen nicht hat. Was sie unterscheidet, beruht allein auf göttlichem Beruf und Befehl.[32] Löhe zeigt damit die Grenzen des Priestertums aller Glaubenden auf und wählt deshalb – im Blick auf seine nordamerikanischen Erfahrungen – einen Mittelweg bei der Beschreibung der Ordination. Sie ist nicht nur eine Übertragung des Amtes, ist aber auch nicht Weihe, mit der außerordentliche Gaben verliehen werden, sondern: »Die ordinatio ist feierliche confirmatio des Berufs, aber es werden Kräfte zum Amt, ein Charisma erteilt, nicht durch Handauflegung, sondern

---

[30] Vgl. HEBART (wie Anm. 8), 70ff.155–161.

[31] A.a.O., 158.

[32] Vgl. a.a.O., 158ff.

durch Gebet.«[33] Die Gnadenmittel stellen die Bindeglieder zwischen der sichtbaren und der unsichtbaren Kirche dar, und das Amt ist ein besonderer Lebensberuf innerhalb des allgemeinen Priestertums.

Gerhard Schoenauer betont ebenfalls, dass Löhe bei der Frage nach dem Ursprung immer an der göttlichen Stiftung des Amtes festgehalten hat und ihn dieses grundsätzlich von den Erlanger Theologen unterscheide. Löhe trennt die Aufgaben des Amtes gerade nicht zwischen Predigtamt und Regieramt auf, sondern Kirchenleitung ist für ihn Aufgabe des einen Amtes. Daher ist für Löhe auch keine strikte Trennung zwischen Heilsordnung und Kirchenordnung möglich, und er ordnet die Gnadenmittel sowohl der sichtbaren wie der unsichtbaren Kirche zu.[34] »Mit Hilfe der von Luther übernommenen Analogie von Leib und Seele konnte Löhe die Einheit von sichtbarer und unsichtbarer Kirche sowie ihre Verschiedenheit veranschaulichen.«[35] Amt und allgemeines Priestertum sollen nicht vermischt werden. Das Amt ist ein Beruf innerhalb des allgemeinen Priestertums, aber streng von diesem zu unterscheiden. Das Amt ist durch Menschen, aber nicht von Menschen verliehen. Löhe nimmt Amt und Gemeinde daher eng zusammen. »Löhe bindet das Amt immer zurück an die Gemeinde, ohne die es nicht stehen kann. Sie hat Anteil an allen Dingen, auch an den Geschäften und Aufgaben der Presbyter«.[36] Amt und Gemeinde stehen sich im Geschehen der Wortverkündigung gegenüber, gehören aber beide zusammen.

Wilhelm Löhe versteht das geistliche Amt als ein Sorge-Amt für die Gemeinden, das seinerseits jedoch an die Grenzen des göttlichen Wortes gebunden ist, wie er im »Entwurf eines Katechismus des apostolischen Lebens« 1848 schreibt:

> *»Nichts gewisser, als daß das heilige Amt eine selbständige Stiftung unsers göttlichen Erlösers ist. Er hat bei seiner Auffahrt den Seinen Gaben hinterlassen und Hirten und Lehrer gesetzt. (Eph. 4,7ff.) Von ihm stammt das Amt, nicht von der Gemeinde. Das Amt fließt nicht aus der Gemeinde, wohl aber ist und wird die Gemeinde aus dem Amte geboren, das haushält über Gottes Worte und Geheimnisse. Die Pfarrer sind wohl Diener der Gemeinden, aber nicht in dem Sinne, daß ihnen die Gemeinden beföhlen, sondern daß sie den Gemeinden zu Dienst und Nutz ausrichten, was ihnen Christus befiehlt. Sie vermahnen auf Christi Befehl, an seiner Statt. Darum sind ihnen die Gemeinden [...] Gehorsam schuldig, versteht sich, nicht weiter, als sie in ihren Grenzen bleiben, nämlich in den Grenzen des göttlichen Wortes.«[37] Diese bestehen für Löhe darin, »[...] daß der Herr Jesus selbst ein Amt des Neuen Testamentes gestiftet hat, welches mit dem allgemeinen Priestertum aller Christen durchaus nicht vermengt werden darf und von diesem ebenso wenig aufgehoben wird, als es dasselbe aufhebe. Kaum kann etwas unhaltbarer sein als*

---

[33] A.a.O., 267.
[34] Vgl. GERHARD SCHOENAUER (wie Anm. 8), 48–66.79–104.
[35] A.a.O., 66.
[36] A.a.O., 85.
[37] WILHELM LÖHE, Entwurf eines Katechismus des apostolischen Lebens, 1848: GW 5, 1, 242f.

die Behauptung, daß die Amtsträger des neuen Testamentes ihre Befugnis von der Gemeinde haben. Nicht die Gemeinde überträgt ihnen ihre Befugnisse – wo fände sich eine Stelle des Neuen Testamentes, um dies zu rechtfertigen? Im Gegenteil, die amtlichen Befugnisse stammen von dem, welcher seine Gemeinde durch sein heiliges Amt gesammelt und für sie, ihre Erzeugung und Erziehung dies Amt gestiftet hat. Nicht das Amt stammt aus der Gemeinde, sondern es ist viel richtiger zu sagen, die Gemeinde stammt aus dem Amte. [...] Das Amt ist des Herrn und vom Herrn, und die Amtsträger sind, was ihr Amt anlangt, mit dem treuen Lutheraner Balduin zu reden, ultra sortem humanam elati, d.i. ihr Amt hebt sie auf einen Standpunkt, welcher über jeden andern menschlichen Beruf erhaben ist.«[38]

Indem Löhe davon ausgeht, dass das Amtskonzept der altlutherischen Orthodoxie vollendet ist, aber sehr wohl plastisch weiter entfaltet werden kann, nimmt er anstelle der gerne der konfessionellen Theologie unterstellten Repristination einen – von David C. Ratke für Löhes Werk umfassend beschriebenen – kreativen Transformationsprozess vor und wandelt die Ideen aus der theologischen Tradition in neue kreative und innovative Wege um.[39] »Löhe cannot be dismissed as a simple country pastor who repristinated the theology of Lutheran Orthodoxy. His theology, as reflected in his thinking on mission and ministry, was certainly unique in the nineteenth century and anticipated the concerns of the evangelical catholicism in our day.«[40]

Auch Friedrich Wilhelm Graf hatte bereits darauf aufmerksam gemacht, dass die »protestantischen Frühkonservativen [...] nicht einfach kirchliche Überlieferung« beschwören, sondern stattdessen »Tradition unter den neuen, durch die Aufklärung definierten Reflexionsbedingungen umzuformen«[41] suchen. Wilhelm Löhes künstlerisch-erbauliche Theorie der kirchlichen Praxis steht daher mit ihrer szenisch-metaphorischen Entfaltung des geistlichen Amtes in einer engen Verbindung zu Johann Heinrich August Ebrards Verständnis der Praktischen Theologie als Kunst.[42] Löhe stellt für die modellhafte Erfassung kirchlicher Praxis Räume des

---

[38] Wilhelm Löhe, Aphorismen über die neutestamentlichen Ämter, 1849: GW 5, 1, 262f.

[39] David C. Ratke, Confession and Mission, Word and Sacrament. The Ecclesial Theology of Wilhelm Löhe, St. Louis 2001, 207. Ratkes Studie stellt den Versuch dar, nach den vorrangig historisch wie praktisch-theologisch orientierten Zugängen die theologische Perspektive und ihre gegenwärtige Bedeutung herauszuarbeiten.

[40] A.a.O., 214.

[41] Friedrich Wilhelm Graf, Die Spaltung des Protestantismus. Zum Verhältnis von evangelischer Kirche, Staat und »Gesellschaft« im frühen 19. Jahrhundert, in: Wolfgang Schieder (Hrsg.), Religion und Gesellschaft im 19. Jahrhundert (Industrielle Welt 54), Stuttgart 1993, 157–190; hier: 173.

[42] Vgl. Gerhard Rau, Pastoraltheologie. Untersuchungen zur Geschichte und Struktur einer Gattung Praktischer Theologie (Studien zur Praktischen Theologie 8), München 1970, der als erster erkannt hat, dass Wilhelm Löhes pastoraltheologische Bemühungen nur aufgrund ihrer impliziten ästhetischen Theoriebildung einsichtig zu machen sind, und diesen Zusammenhang detailliert in die zeitgenössischen Fachdiskurse des 19. Jahrhunderts einzeichnet.

Erlebens zur Verfügung, die ein probeweises, traditionskontinuierliches wie traditionsproduktives vorwegnehmendes Bewegen im idealen, eschatologisch orientierten Raum ermöglichen. Es handelt sich um eine spätromantische Konstruktion von hoher poetischer Qualität, die nicht kirchliche Wirklichkeit abbildet, sondern dieser Orientierung und Ziel gewährt. Sie übt eine kritische Funktion als Wahrnehmungsraumes für den Glauben aus und kann als metaphorische Theologie verstanden werden.[43] Markus Buntfuß hat mit seinen systematisch-theologischen Studien über die Funktion der Metapher in der theologischen Theoriesprache deutlich gemacht, dass ein metaphorischer Sprachgebrauch keineswegs eine Aporie für die theologische Terminologie darstellt, sondern im Gegenteil in der Lage ist, neue und viel versprechende Wege zu erschließen. »Theologische Metaphorik avanciert demzufolge von einem Defizienzmodus uneigentlicher Rede zu einem genuinen sprachlichen Steigerungsmodus der Theologie.«[44] Wesentlich ist die heuristische Potenz einer Metapher, die eine konstruktive Arbeit an Tradiertem ermöglicht.

Löhe stellt einer – immer noch – amtsmüden Kirche ein kreatives Potenzial zur Verfügung und ermöglicht mit seinen Texten ein Aufsuchen von Orientierungs- und Wahrnehmungsräumen, denen letztlich eine kritische, d.h. die Verhältnisse scheidende Funktion (discretio) zukommt. Löhe bricht damit den klassischen pastoraltheologischen Ansatz auf hin zu einer künstlerisch-subjektorientierten praktischen Theologie. Er partizipiert dabei in eigenständiger Weise am Paradigmenwechsel der deutschsprachigen Wissenschaften um 1800 vom System zur Kunst.[45] Seine Vorstellung vom geistlichen Amt kann daher auch wissenschaftspoetisch erschlossen werden, und Löhes Vorstellung stellt damit aus der Perspektive einer kulturwissenschaftlich orientierten Praktischen Theologie ein Modell zur Verfügung, das gerade jenseits dogmatischer Vorstellungen hilfreich

---

[43] Vgl. Raschzok (wie Anm. 6), 220ff.

[44] Markus Buntfuss, Tradition und Innovation. Die Funktion der Metapher in der theologischen Theoriesprache, Berlin/New York 1997, 2. Vgl. auch Ders., Metaphern – Schlüssel zur religiösen Kommunikation, in: Klaus Tanner (Hrsg.), Religion und symbolische Kommunikation, Leipzig 2004, 38–57.

[45] Vgl. Gabriele Brandstetter/Gerhard Neumann (Hrsg.), Romantische Wissenspoetik. Die Künste und die Wissenschaften um 1800 (Stiftung für Romantikforschung 26), Würzburg 2004, insbesondere die Einleitung der beiden Herausgeber: Die kulturgeschichtliche Krise um 1800 »entsteht aus der Ende des 18. Jahrhunderts aufkommenden Einsicht, daß die epistemischen Mittel der Aufklärung, System und dynamische Wissensordnung, nicht ausreichen, um die moderne Wirklichkeit der Welt und des diese Welt bildenden und formenden Menschenverkehrs angemessen wahrzunehmen und zu verstehen. Es ist der historische Augenblick, wo die Formen und Möglichkeiten der Kunst [...] als gleichgewichtige Kräfte der Welt- und Menschenerkenntnis den systematischen Mitteln der Vernunft und des Verstandes an die Seite treten [...] als ein Potential, das gerade in der Reibung mit den vernunftgesteuerten Wissensformen seine Kraft entfaltet.« (9) Ähnlich auch Peter Burke, Circa 1808: Restructuring Knowledges – Um 1808: Neuordnung der Wissensarten (The Schelling Lectures on the Arts and Humanities – Internationale Schelling-Vorlesung an der Akademie der Bildenden Künste München 1), München und Berlin 2008.

ein wesentliches Phänomen der Glaubensgestaltung beschreibt. Dogmatische Verengungen bzw. Verhärtungen werden auf diese Weise aufgebrochen und in eine lebendige Gestalt überführt, und es kommt zur Auflösung der als Komprimierung verstandenen dogmatischen Aussagen in lebendige Prozesse. Indem Löhe eine – seiner Zeit gemäße – Dekomprimierung der Dogmatik vornimmt, lässt sich seine spezifische Leistung in den Kategorien gegenwärtiger Praktischer Theologie als populäre Theologie (Volker Drehsen)[46], Alltagsdogmatik (Wolfgang Steck)[47] oder Praktische Fundamentaltheologie (Michael Meyer-Blanck)[48] kennzeichnen.

Jürgen Albert hatte bereits 1997 darauf aufmerksam gemacht, dass die Debatte um Amt und Gemeinde im 19. Jahrhundert nicht nur aus innerkirchlicher bzw. innertheologischer Perspektive wahrgenommen werden darf, sondern ein umfassendes gesellschaftskulturelles Phänomen darstellt und nur als solches sachgerecht zu erfassen ist. Vom Versuch Ebrards her, das Amt als künstlerisches Phänomen zu verstehen und dadurch seine Souveränität gegenüber der bürgerlichen Autonomie des allgemeinen Priestertums ebenso gegen die bürgerlich konnotierte historisch-kritische akademische Theologie neu zu bewähren, fällt auch auf Wilhelm Löhes ästhetisch-erbaulich orientierte praktische Theologie und seine szenisch-metaphorische Rekonstruktion des Geistlichen Amtes ein neues Licht. Diese kann als Impuls in eine amtsvergessene Kirche verstanden werden. Indem Löhe zugleich die Grenzen des allgemeinen Priestertums auslotet und dieses ebenfalls szenisch-metaphorisch rekonstruiert, erarbeitet er sich ein ausgewogenes Verhältnis beider Spannungspole und sichert sowohl die Souveränität des geistlichen Amtes wie des allgemeinen Priestertums.

Löhes Leistung besteht darin, Amt und allgemeines Priestertum kreativ aufeinander zu beziehen und dadurch Spannungen zu überbrücken. Voraussetzung dafür ist seine Vorstellung vom Zusammenhang zwischen sichtbarer und unsichtbarer Kirche, die in der Stellung des Amtes Gestalt gewinnt. Ähnlich wie Ebrard löst Löhe die hierarchische in eine ästhetische Spannung auf und arbeitet anstelle des geläufigen Macht-Diskurses mit der energetischen Vorstellung eines Amtsgnadenstromes. Das hierarchische Spannungsverhältnis wird somit in ein energetisches transformiert. Heilszueignung ereignet sich im von Amt und allgemeinem Priestertum (im Kirchenraum) einander gegenüberstehend aufgebauten – energetischen – Feld, und nicht mehr in der hierarchisch vorgestellten Vermittlung »von oben nach unten«. Amt und allgemeines Priestertum fungieren nun als Konstitutionselemente der Heilzueignung, die sich für das Amt wie für das allgemeine Priestertum vollzieht. Über seinen spezifischen Kirchenbegriff konnte Löhe so

---

[46] Vgl. Volker Drehsen, Theologia popularis. Notizen zur Geschichte und Bedeutung einer praktisch-theologischen Gattung, in: Pastoraltheologie 77 (1988), 2–20.

[47] Vgl. Wolfgang Steck, Alltagsdogmatik Ein unvollendetes Projekt, in: Pastoraltheologie 94 (2005), 287–307.

[48] Vgl. Michael Meyer-Blanck, Die praktisch-theologische Grosswetterlage: Diskurse, Bezüge, Forschungsrichtungen, in: Thomas Schlag/Thomas Klie/Ralph Kunz (Hrsg.), Ästhetik und Ethik. Die öffentliche Bedeutung der Praktischen Theologie, Zürich 2007, 11–24.

eine gemeinsame Klammer für das Amt und das allgemeine Priestertum gewinnen, ebenso wie durch sein Modell des Amtes als einer Ausgliederung innerhalb des allgemeinen Priestertums. Amt und allgemeines Priestertum bilden einen Wirkraum bzw. eine Wirkeinheit für die göttliche Heilszueignung.[49]

[49] Die Ausführungen von Hebart, Gerhard Schoenauer und Weber können als Stützen meiner Deutung herangezogen werden. Hebart (wie Anm. 8) zeigt, dass Löhe mit seiner Lehre vom Amt auf die Grenzen des allgemeinen Priestertums hinweisen und eine klerikale Amtsauffassung ablehnen wollte (298 u. 301). »Das Amt gehört seinem Wesen nach zur Heilsordnung, es ist ein Verbindungsglied, also ein organisches Amt, das Glauben, Versöhnung und Gnade vermittelt, nicht im priesterlichen, römischen Sinne, als sei das Heil von der Person und ihrem Tun abhängig, sondern allen durch den an die Gnadenmittel gebundenen Geist.« (158) Aber die Gemeinde wird dabei nicht zum Objekt des Amtes, da die Kirche in ihrer Gesamtheit Inhaberin des Amtes ist. Christus und die Kirche sind daher Subjekt des Amtes für Löhe (ebd.). Es handelt sich nicht um eine hierarchische Über- und Unterordnung im römischen Sinne. Löhe scheidet gerade nicht zwischen Amt und Laien, so als ob das Amt ein besonderer Stand sei. Die Vollmacht des Amtes ist beim Priestertum und beim Geistlichen Amt die gleiche, aber beide decken sich nicht. Das Amt ist nicht etwas, was das Priestertum aller Gläubigen nicht hat. Was sie unterscheidet, beruht allein auf göttlichem Beruf und Befehl (159f.). – Gerhard Schoenauer (wie Anm. 8) weist darauf hin, dass Löhe bei den Aufgaben des Amtes nicht zwischen Predigtamt und Regieramt trennt, die Kirchenleitung als Aufgabe des einen Amtes sieht und daher keine strikte Trennung zwischen Heilsordnung und Kirchenordnung durchführen kann (49). Amt und allgemeines Priestertum sollen nicht vermischt werden. Das Amt ist ein Beruf innerhalb des allgemeinen Priestertums, aber streng von diesem zu unterscheiden. Es ist durch Menschen, aber nicht von Menschen verliehen (81). Löhe will jedoch in seiner Sorge gegenüber einer Übertragung demokratischer Grundsätze auf die Kirchenverfassung keinesfalls ein uneingeschränktes Herrschaftsamt errichten, dem die Gemeinden in allen Dingen Gehorsam zu leisten haben (83f.). »Löhe bindet das Amt immer zurück an die Gemeinde, ohne die es nicht stehen kann. Sie hat Anteil an allen Dingen, auch an den Geschäften und Aufgaben der Presbyter« (85). Amt und Gemeinde stehen sich im Geschehen der Wortverkündigung gegenüber, gehören aber beide zusammen. Löhe schreibt den Amtsträgern bewusst kirchenleitende Aufgaben zu, welche die Kirchenverfassung seiner Landeskirche in die Konsistorien verlagert hatte (87). – Auch Christian Weber, Missionstheologie bei Wilhelm Löhe. Aufbruch zur Kirche der Zukunft (Die Lutherische Kirche – Geschichte und Gestalten 17), Gütersloh 1996, betont, dass Löhes Amtsverständnis kein hierarchisches ist, da er nicht nur das Amt, sondern auch das allgemeine Priestertum aufwertet (390f.). – Vgl. auch Rudolf Keller, August Vilmar und Wilhelm Löhe. Historische Distanz und Nähe der Zeitgenossen im Blick auf ihr Amtsverständnis, in: Kerygma und Dogma 39 (1993), 202–223 mit dem Hinweis, dass Löhe versuche, in seinem Amtsverständnis den Dualismus aufzunehmen, »daß das Amt der Diener Jesu Christi nicht aus der Gemeinde abgeleitet werden kann, sondern aus dem Mandat Jesu Christi. Aber der Amtsträger ist selbst Bruder der ganzen Gemeinde, Sünder wie alle Geschwister im Glauben, allein aus Gnaden begnadigt wie alle Erlösten.« (221). Bereits 1980 hatte Rudolf Keller die Abhängigkeit der Amtslehre Löhes vom Nürnberger Reformator Andreas Osiander nachgewiesen, vgl. Rudolf Keller, Reformatorische Wurzeln der Amtslehre von Wilhelm Löhe, in: Jobst Schöne/Volker Stolle (Hrsg.), Unter einem Christus sein und streiten. FS für Friedrich Wilhelm Hopf, Erlangen 1980, 106–124, v. a. 109: »Löhe will weder das Amt noch das Volk in einer bevorzugten Stellung sehen. Beide zusammen bilden die Gemeinde.«

Wilhelm Löhes Überlegungen zum geistlichen Amt sind im Zusammenhang damit zu sehen, dass es zu Beginn des 19. Jahrhunderts im deutschen Protestantismus zu einer als Charakteristikum bürgerlicher Handlungsfreiheit zu deutenden Revitalisierung des allgemeinen Priestertums kommt. Das handelnde Subjekt erlangt dabei auch hier seine Identität durch Beteiligung an der Neuformung der Lebenswelt.[50] Daher kann das Verhältnis zwischen kirchlichem Amt und allgemeinem Priestertum im 19. Jahrhundert nicht mehr mit ekklesiologischen Begriffen allein sachgemäß dargestellt werden.[51] Erst auf dem Hintergrund der Geistes-, Kultur- und Gesellschaftsgeschichte wird auch die theologische Dimension des Priestertums der Gläubigen in der Neuzeit sichtbar. Die ekklesiologischen Handlungsmodelle sind daher auf ihre anthropologischen Interessen und Motive hin zu befragen. Daher stellt das Priestertum der Gläubigen auch ein entscheidendes anthropologisches Handlungs- und Verstehensmodell dar. »Die Krise des pastoralen Amtes im Neu-Protestantismus ist ein Aspekt und ein Teil des allgemeinen Kulturwandels.«[52] Am Beispiel von Johann Heinrich August Ebrard (1818–1888) wird anschaulich, wie dieser gegenüber dem kirchenpolitischen und theologischen Anspruch des allgemeinen Priestertums die Position des geistlichen Amtes profiliert. Wissenschaftliche Theologie verhält sich für Ebrard zur praktischen nicht wie die Theorie zur Praxis, sondern wie eine Wissenschaft zu einer Kunst.[53]

Johann Heinrich August Ebrard schreibt in seinen 1854 in Königsberg veröffentlichten »Vorlesungen über praktische Theologie«[54]: »Die praktische Theologie ist [...] nicht ein Wissen, sondern ein Können, mithin nicht eine Wissenschaft, sondern eine Kunst. Und zwar eine theologische Kunst. Es ist die Kunst, in welcher die gewonnene theologische Erkenntnis praktisch wird, in welcher sie eine praktische Anwendung erleidet, in welcher das theologische Wissen nicht mehr als Wissen Zweck seiner selbst ist, sondern zum bloßen Mittel wird für einen außerhalb des Wissens liegenden Zweck, oder, was dasselbe ist, sich zur Praxis in das Verhältnis der bloßen Theorie setzt.«[55] Die wissenschaftliche Theologie verhält sich zur praktischen nicht »wie die Theorie zur Praxis, sondern wie eine Wissenschaft zu einer Kunst, und diese Kunst spaltet sich erst wieder in eine Theorie und in eine Praxis oder Ausübung.«[56]

---

[50] Vgl. Jürgen Albert, Christentum und Handlungsform bei Johann Hinrich Wichern (1808–1881). Studien zum sozialen Protestantismus (Veröffentlichungen des Diakoniewissenschaftlichen Instituts an der Universität Heidelberg 9), Heidelberg 1997, 3.

[51] Vgl. a.a.O., 5f.

[52] A.a.O., 29.

[53] Vgl. a.a.O., 52.

[54] Vgl. bei Johann Heinrich August Ebrard, Vorlesungen über praktische Theologie, Königsberg 1854, die §§ 68–70, in denen Ebrard die Frage des Verhältnisses von Amt und Gemeinde diskutiert.

[55] A.a.O., 4.

[56] A.a.O., 5.

Durch die Kunst wird der Geltungsbereich der theologischen Wissenschaft begrenzt. »Mit der Bestimmung der praktischen Theologie sowohl als Theorie wie als Praxis gedenkt Ebrard die Unabhängigkeit des geistlichen Amtes von der Wissenschaft zu sichern [...]. Über den Begriff der Kunst soll die Verlegenheit behoben werden, die aus der Polarität zwischen Glauben und Wissen, zumal in der bürgerlichen Religionskritik, entstanden war [...]. Wissenschaftliche Theologie wird Material für den Praxis-Künstler, nicht mehr inhaltliches Regulativ.«[57] Ebrard versucht über »die Begründung der Praktischen Theologie als Kunst [...] das Programm des allgemeinen Priestertums kirchlich zu integrieren.«[58] Er kann damit das Anliegen des bürgerlich-idealistischen Pfarrerbildes gegenüber der Gemeinde wahren und vollzieht eine hilfreiche Transformation der romantischen und idealistischen Kunstphilosophie auf die Theorie und Praxis der Kirche. Deren Grenzen bestehen darin, dass Ebrard die Gemeinde zum Objekt des geistlichen Amtes macht und als Konsumptionsgemeinschaft des ihr von diesem angebotenen Wortgeschehens verstehen muss.[59] Löhe jedoch beschreitet mit seinen Überlegungen zum geistlichen Amt einen gerade hier noch wesentlich differenzierteren Weg, der eng mit seiner Erweiterung der klassischen Pastoraltheologie durch eine konsequente Subjektorientierung verbunden ist.

5. Die Konsequenzen für das Verhältnis von geistlichem Amt und allgemeinem Priestertum

Eine der bleibenden fachwissenschaftlichen Leistungen Löhes besteht in der Relativierung der Mittelpunktstellung des Pfarrers in der Pastoraltheologie.[60] Er erweitert die klassische Pastoraltheologie um die Subjektorientierung, indem er die Gemeinde als Priesterschaft konsequent mit einbezieht, innerhalb deren Ordnung er konsequent das Geistliche Amt verordnet. Die Selbstmächtigkeit des dem Geistlichen Amt aufgetragenen Dienstes benötigt keine hierarchischen Strukturen, sondern setzt sich – wie das Priestertum der Getauften – aus sich selbst heraus durch.[61] Löhe überwindet dadurch das technisch-funktionale Verständnis der Pastoraltheologie seiner Zeit. Er wählt dazu den Weg über die geistlich-spirituelle Dimension, mit deren Hilfe er dem Handeln im Raum der Kirche und des Glaubens Raumtiefe verleiht und dieses mit einem organologisch-teleologischen Kirchenverständnis verbindet. Löhe relativiert dazu auch die Mittelpunktstellung des Pfarrers in der praktischen Theologie und verhindert eine ausschließliche Konzentration auf dessen Berufshandeln. Dieses wird stattdessen auf vielfältige Weise

---

[57] Albert (wie Anm. 50), 52f.

[58] A.a.O., 57.

[59] Vgl. a.a.O., 58ff.

[60] Vgl. Raschzok (wie Anm. 6), v. a. 221.

[61] Vgl. ebd.

mit dem Handeln der Gemeindeglieder vernetzt. Durchgängig findet sich bei Löhe ein ausgewogenes Verhältnis von geistlichem Amt und Gemeinde mit einer konsequenten Subjektorientierung. Auch dort, wo er zum Beispiel im »Evangelischen Geistlichen« aus der Perspektive des Pfarrberufs Praxis beschreibt, wird dessen Anteil konsequent zugunsten der Subjektorientierung der Glaubenssubjekte zurückgenommen.

6. Zur Wirkungsgeschichte von Löhes Verständnis des geistlichen Amtes

Löhes Verständnis des geistlichen Amtes wird neben Hermann von Bezzel[62] schwerpunktartig in der Praktischen Theologie der Dialektischen Theologie von Eduard Thurneysen sowie vor allem in der Praktischen Theologie der Bekennenden Kirche bei Hans Asmussen[63], Dietrich Bonhoeffer[64] und Georg Merz und in dessen Gefolge in der Zeit des kirchlichen Wiederaufbaus nach dem Zweiten Weltkrieg von Hermann Dietzfelbinger rezipiert und weitergeführt. Die Wirkungsgeschichte von Löhes Verständnis des geistlichen Amtes lässt sich exemplarisch anhand ihrer Rezeption in der Evangelisch-Lutherischen Kirche in Bayern über Hermann von Bezzel, Georg Merz[65] und Hermann Dietzfelbinger[66] beschreiben. Bei ihnen ist noch ein Wissen darum vorhanden, dass die göttliche Stiftung des Amtes mit der konstitutiven Bedeutung des Amtes bei der göttlichen Heilsvermittlung zusammenhängt. Die Positionen geraten jedoch nach 1968 ins kirchenpolitische Abseits. So zeigt die Verfassung der Evangelisch-Lutherischen Kirche in Bayern von 1971 bereits den beginnenden Wandel des Amtsverständnisses. In der (gegenüber 1971 überarbeiteten und ergänzten) Neufassung von 1999 der Kirchenverfassung der Evangelisch-Lutherischen Kirche in Bayern heißt es zwar noch in den Grundsatzartikeln, dass Gemeinde und Amt unter dem Auftrag zur öffentlichen Wortverkündigung und zur Sakramentsverwaltung einander zugeordnet und aneinander gewiesen sind (Art. 4), während die Art. 12 bis 19 über das Amt der Kirche davon ausgehen, dass das der Kirche von Jesus Christus anvertraute

[62] Vgl. HERMANN BEZZEL, Der Dienst des Pfarrers, Neuendettelsau ³1926.

[63] Vgl. HANS ASMUSSEN, Die Kirche und das Amt, München 1939, v. a. 251–260 mit deutlicher impliziter Nähe zu Löhes Auffassung.

[64] Vgl. SABINE BOBERT-STÜTZEL, Dietrich Bonhoeffers Pastoraltheologie, Gütersloh 1995, 29–91.

[65] Vgl. MANACNUC M. LICHTENFELD, Georg Merz – Pastoraltheologie zwischen den Zeiten. Leben und Werk in Weimarer Republik und Kirchenkampf als theologischer Beitrag zur Praxis der Kirche (Die Lutherische Kirche – Geschichte und Gestalten 18), Gütersloh 1997.

[66] Vgl. KLAUS RASCHZOK, Der theologische Hilfsarbeiter seiner Kirche. Zum geistlichen Verständnis des evangelischen Bischofsamtes bei Hermann Dietzfelbinger (1908–1984). In: Nachrichten der Evangelisch-Lutherischen Kirche in Bayern 63, 2008, 161–165 (in diesem Band 287–294).

Amt sich in verschiedene Dienste gliedert (Art. 10) und Pfarrerinnen und Pfarrer im Besonderen die Verantwortung für die Einheit der Gemeinde und der Kirche in Lehre und Leben tragen (Art. 16). Die mangelnde Trennschärfe zwischen dem Geistlichem Amt und den weiteren Diensten, die nun nicht mehr eindeutig dem Priestertum der Getauften zugeordnet bleiben und im erforderlichen Gegenüber zum Amt bleiben, macht dies deutlich. Allerdings hält der immer noch in Geltung befindliche Teil A der Ordnung des geistlichen Amtes von 1939 fest, dass das Geistliche Amt nicht von der Gemeinde abgeleitet werden kann, sondern göttliche Stiftung ist, durch welche die Gemeinde gesammelt und aufgebaut wird.

7. Zum klerikal-hierarchischen Missverständnis von Löhes Verständnis des geistlichen Amtes

Löhe stellt einer – immer noch – amtsmüden Kirche ein kreatives Potenzial zur Verfügung und ermöglicht über seine Texte ein Aufsuchen von Orientierungs- und Wahrnehmungsräumen, deren kritische Funktion sich als hilfreich für die Beurteilung gegenwärtiger Praxis erweist. Nicht mehr bewusst ist gegenwärtig über der Faszination an der Organisationsgestalt der Kirche das Amt als wesentliches Konstitutionselement der göttlichen Heilsvermittlung.[67] Eine sich an Willhelm Löhe orientierende Wertschätzung des nötigen Dienstes des geistlichen Amtes bedeutet gerade nicht – wie von vielen befürchtet – eine Pfarrerzentrierung, ebenso wie ein verstärktes Ordinationsbewußtsein der Pfarrerinnen und Pfarrer auch nicht eine Klerikalisierung der Kirche zur Folge hat, da die Grundaufgabe des geistlichen Amtes nach reformatorischem Verständnis die Sorge um das Priestertum der Getauften und nicht der Selbsterhalt eines geistlichen Standes ist. Es geht nicht um ein übersteigertes »Amtsbewußtsein« und eine daraus abzuleitende Herrschaftsposition gegenüber der so genannten »Gemeinde«, sondern um Verantwortung für die Ausübung der Freiheit des mit der Taufe verliehenen allgemeinen Priestertums. Diese Ausübung des allgemeinen Priestertums erst zu ermöglichen, ist vorrangige Aufgabe des geistlichen Amtes, das gerade deshalb nicht aus der Gemeinde abgeleitet werden kann, sondern im Sinne Löhes eine ihr gegenüberstehende göttliche Stiftung darstellt. Löhes Anliegen besteht darin, deutlich zu machen, dass die besondere Würde des geistlichen Amtes sich aus seiner Einordnung in den Dienst der Versöhnung mit Gott ableitet, die für sich selbst steht und keiner Hierarchisierung bedarf. Der Hierarchisierung bedarf nur ein leer gewordenes geistliches Amt, das sich nach institutioneller Absicherung

[67] Vgl. KLAUS RASCHZOK, Ordination als Berufung und Lebensarbeit. Zu einem vernachlässigten Aspekt gelebter Spiritualität im Pfarrberuf. In: Theologische Beiträge 33 (2002), 138–154 (in diesem Band 295–312), und DERS., Gefragt, nötig, präsent. Zur Diskussion um den Pfarrberuf, in: Korrespondenzblatt (hrsg. vom Pfarrer- und Pfarrerinnenverein in der evangelisch-lutherischen Kirche in Bayern) 123 (2008), 81–91.

seiner Position sehnt und nicht mehr auf die geheimnisvollen Wirkkräfte traut, die ihm daraus zufließen, dass es sich in den Dienst der göttlichen Heilsvermittlung stellen lässt. Konsequenterweise machen Wilhelm Löhes Ausführungen zugleich darauf aufmerksam, dass eine amtsvergessene Kirche nur bedingt dazu im Stande ist, das Wirken Gottes in ihrer Mitte wahrzunehmen.

Bis heute hat sich jedoch das klerikal-hierarchische Missverständnis des geistlichen Amtes, dem Löhe konsequent entgegenzuarbeiten versucht hat, gehalten und verhindert das Zusammendenken eines Bewusstseins der besonderen Bedeutung des geistlichen Amtes mit dem (demokratisch missverstandenen) Priestertum aller Gläubigen. Es handelt sich dabei um ein Paradoxon, das wohl auch deshalb Mühe bereitet, weil es – wie Gerhard Schoenauer betont – auf ungewohnte Weise das aristokratische und das demokratische Element in einer gemeinsamen Modellvorstellung zu vereinigen sucht[68] und deshalb nicht mehr den unangemessenerweise an die Gestalt der Kirche herangetragenen ausschließlich demokratischen Prinzipien entspricht. Selbst der renommierte Diakoniehistoriker Jochen-Christoph Kaiser musste daher noch im Februar 2008 beim Internationalen Löhe-Kongress der Diakonie Neuendettelsau in Fürth/Bayern zum Abschluss seines Eröffnungsvortrages Wilhelm Löhe unterstellen, sich im Rahmen seines hierarchischen Amtsbegriffes auf »antidemokratische Weise« über das Priestertum aller Gläubigen hinweggesetzt zu haben.[69] Es ist daher sehr schön, dass sich im 2007 von Detlef Graf von der Pahlen herausgegebenen »Löhe-Bevier« unter den (nicht näher nachgewiesenen) »Kleinen Löheworten« eine für unseren Zusammenhang bezeichnende Passage über die spezifische Würde des geistlichen Amtes befindet:

> *»Die Amtsträger sind Diener der Versöhnung mit Gott, weiter nichts. Und der Dienst, welchen sie hiermit leisten, ist groß genug, um keiner Verherrlichung im hierarchischen Sinne zu bedürfen.«*[70]

---

[68] Vgl. Gerhard Schoenauer (wie Anm. 8), 91.

[69] Vgl. Jochen-Christoph Kaiser, Wilhelm Löhe als Gestalt der deutschen Diakoniegeschichte, in: Schoenauer (wie Anm. 4), 25–43, v. a. 43. Löhe habe sich im Rahmen seines hierarchischen Kirchenbegriffs über das Priestertum aller Gläubigen hinweggesetzt und das Amt aus einer von Christus gestifteten apostolischen Sukzession abgeleitet (31). Die »katholisierende Hochschätzung des ›Amtes‹« bei Löhe wird von Kaiser als antidemokratische Haltung verstanden (32).

[70] Wilhelm Löhe, Sein Zeugnis, sein Leben. Ein Löhe-Brevier, hrsg. von Detlev Graf von der Pahlen, Neuendettelsau 2008, 113 (ohne Nachweis).

Der theologische Hilfsarbeiter seiner Kirche

Zum geistlichen Verständnis des evangelischen Bischofsamtes bei Hermann Dietzfelbinger (1908–1984)

»Theologischer Hilfsarbeiter« – so notiert Hermann Dietzfelbinger in seiner Autobiografie – »war die Dienstbezeichnung, unter der ich sechs Jahre lang, von 1939 bis 1945 in München im Landeskirchenrat der Evangelisch-Lutherischen Kirche in Bayern gearbeitet habe. Mir schien sie auch im nachhinein gar nicht so schlecht gewählt zu sein. Später habe ich oft bei mir gedacht, sie könnte sich in nicht wenigen Fällen auch noch für einen Landesbischof eignen.«[1]

---

[1] Hermann Dietzfelbinger, Veränderung und Beständigkeit. Erinnerungen, 2. Auflage München 1985, 85. - Eine persönliche Vorbemerkung: Hermann Dietzfelbinger habe ich als Schüler und Student einige wenige Male im Gottesdienst und bei Veranstaltungen erlebt, aber nicht näher persönlich kennen gelernt. Als ich 1979 meinen Dienst in der Evangelisch-Lutherischen Kirche in Bayern antrat, war er schon im Ruhestand. Doch sein »Brief an einen Abiturienten«, von dem später noch die Rede sein wird, hat mich persönlich angesprochen und zum Studium der Evangelischen Theologie motiviert. Insofern verdanke ich ihm indirekt meine Berufung zum Geistlichen Amt. Der Versuch, die Spiritualität des Bischofsamtes bei Hermann Dietzfelbinger nachzuzeichnen, beruht auf dem Studium seiner gedruckten schriftlichen Äußerungen. Als Glied der zweiten Generation deutscher evangelischer Landesbischöfe im 20. Jahrhundert gehört Dietzfelbinger jener Gruppe von Landesbischöfen an, die dieses Amt wie sein Vorgänger Hans Meiser 1933 nicht allein mit charismatischer Führungsbegabung, sondern ausdrücklich auch sachlich theologisch reflektiert auf der Grundlage der reformatorischen Bekenntnisse angetreten und ausgeübt haben. Aufgefallen ist mir der Aspekt einer Spiritualität des evangelischen Bischofsamtes bei der Musterung der Protokolle der Tagungen der Landessynode der Evangelisch-Lutherischen Kirche in Bayern 1954 bis 1974. Aus den auf den ersten Blick scheinbar spontanen Redebeiträgen Hermann Dietzfelbingers bildete sich so etwas wie ein geistliches Konzept des evangelischen Bischofsamtes heraus. - Die äußeren Lebensdaten: Hermann Dietzfelbinger wurde am 14. Juli 1908 in Ermershausen/Unterfranken als Sohn eines Pfarrers geboren und ist in Kirchfarrnbach aufgewachsen. In Windsbach besuchte er das Progymnasium. Mit dem Wechsel des Vaters auf die Pfarrstelle Ottensoos konnte er die Oberstufenzeit als Fahrschüler am Alten Gymnasium in Nürnberg verbringen. Von 1927 bis 1931 studierte er Evangelische Theologie in Erlangen, Tübingen und Greifswald und besuchte von 1931 bis 1933 das Münchener Predigerseminar im Amtsgebäude des Landeskirchenrates. 1931 wurde er in München-St.Matthäus zum geistlichen Amt ordiniert und war bis 1934 Stadtvikar in München-St.Matthäus. 1935 schloß er die Ehe mit Hedwig Stählin und war von 1935 bis 1939 Pfarrer in Rüdenhausen/Unterfranken. 1939 bis 1945 war er Theologischer Hilfsarbeiter im Landeskirchenrat in München, dazu seit 1940 Studentenpfarrer

Die Vorstellung vom Landesbischof als dem theologischen Hilfsarbeiter seiner Kirche charakterisiert das spezifische geistliche Verständnis des evangelischen Bischofsamtes, das Hermann Dietzfelbinger während seiner Amtszeit als Landesbischof der Evangelisch-Lutherischen Kirche in Bayern zwischen 1955 und 1975 entfaltet. Hilfsarbeiter bezeichnet dabei einen, der seiner Kirche geistlich-theologisch aufhilft, indem er sie von der heiligen Schrift und ihrem Bekenntnis her auferbauend begleitet und ermahnt, aber selbst zugleich über keine höhere Autorität als jeder andere ihrer Pfarrer verfügt. Er dient seiner Kirche, damit sie ihre Funktion als Leib Christi erfüllen kann, und ist sich dabei bewusst, lediglich einen Hilfsdienst für Christus als dem eigentlichen Herrn der Kirche zu leisten. In einem Aufsatz über »Das Bischofsamt in der Evangelisch-Lutherischen Kirche heute« schreibt Dietzfelbinger 1968:

»Nach lutherischem Verständnis gibt es nur das eine Amt in der Kirche und auch die Lehrgewalt des Bischofs geht nicht über die des Pfarrers hinaus. Aber weil auch der Pfarrer Glied der Gemeinde ist, und weil die Pfarrer eines Kirchengebietes eine Gemeinschaft sind, darum ist im größeren oder kleineren Bereich der pastor pastorum nötig. Darin begründet sich seine Aufgabe der visitatio, des Besuchsdienstes, auch der ordinatio, der Bemühung um die jungen Theologen ebenso wie um die Brüder im Amt.« Es handelt sich beim Bischofsamt um kein Amt höheren Grades, sondern »vielmehr tendieren alle seine Aufgaben auf die Stärkung und Besserung eben des einen Amtes in der Kirche hin.«[2]

Das Landesbischofsamt in der Verfassung der Evangelisch-Lutherischen Kirche in Bayern von 1971 ist wesentlich durch Hermann Dietzfelbingers geistlich-theologische Reflexion geprägt. Während bei seinem Amtsvorgänger Hans Meiser als dem ersten Träger des Landesbischofstitels dieser 1933 lediglich gegen den Begriff des Kirchenpräsidenten aus der Kirchenverfassung von 1920 ausgetauscht wurde und eine nähere Bestimmung unterblieb, und Meiser diese Lücke mit seiner charismatischen Führerpersönlichkeit auszufüllen hatte, war es Hermann Dietzfelbinger möglich, über Jahre hinweg an der auf dem reformatorischen Bekenntnis fußenden geistlichen Reflexion zum Landesbischofsamt zu arbeiten und das Ergebnis in die Kirchenverfassung einzubringen.

»Die Verfassung von 1971 hat zwar nicht alle, aber einige wichtige Schritte in dieser Richtung getan«, schreibt Dietzfelbinger im Rückblick. »Der Ausgangspunkt liegt in dem Satz: ›Der Landesbischof ist ein Pfarrer [...]‹ Schon dieser

---

und Lazarettseelsorger. Am 1. Juni 1945 wurde er zum Rektor des Nürnberger Predigerseminars, zunächst mit Sitz in Erlangen, ernannt. 1953 wurde er zum Rektor der Diakonissenanstalt Neuendettelsau gewählt. Von 1955 bis 1975 bekleidete er zwei Jahrzehnte lang als Nachfolger von Hans Meiser das Amt des Landesbischofs der Evangelisch-Lutherischen Kirche in Bayern. 1967 bis 1973 war er gleichzeitig Ratsvorsitzender der EKD. Am 15. November 1984 ist er in München verstorben.

[2] Hermann Dietzfelbinger, Das Bischofsamt in der Evangelisch-Lutherischen Kirche heute, in: Christus praesens. Vorträge, Aufsätze, Predigten von Landesbischof D. Hermann Dietzfelbinger zu seinem 60. Geburtstag am 14. Juli 1968 hrsg. vom Evangelisch-Lutherischen Landeskirchenrat in München, München 1968, 176–194; hier: 183.

Einsatz mit seiner bereits erwähnten Fortsetzung sollte die Richtung angeben, in der die Entfaltung des Bischofsamtes geschehen wollte: Verkündigung, Sakramentsverwaltung, Seelsorge, Hirtenamt. So habe ich die Pflege der Verbindung mit den damals fast 1900 Pfarrern und Vikaren in der Landeskirche als vordringliche Aufgabe angesehen.«[3] Dietzfelbinger bezieht sich dabei auf Hermann Bezzel, »dessen Schriften ich seit langem kannte und dessen Wirken ich besonders in Neuendettelsau kennengelernt hatte [...]. Von seinem Umgang mit seinen Amtsbrüdern sagte Georg Merz aus eigener Erfahrung, ›daß er auch dem jüngsten Vikar gegenüber davon ausging, daß er mit ihm durch das gleiche Ordinationsgelübde verbunden war‹. Ich wollte ihn darin als Vorbild sehen.«[4]

Hermann Dietzfelbinger hat sein Bischofsamt konsequent vom geistlichen Amt bzw. vom Pfarramt her im Sinne eines Einheitsdienstes an seiner Kirche verstanden, das der Landesbischof als Pfarrer mit überörtlicher bzw. transregionaler Leitungsfunktion ausübt.[5] Dieser Einheitsdienst kann jedoch nur im Miteinander der Amtsträger und nicht unmittelbar gegenüber den einzelnen Gliedern der Kirche ausgeübt werden. Vorrangige Aufgabe des Landesbischofs ist für Hermann Dietzfelbinger die Sorge um das geistliche Amt. Über zwei Jahrzehnte lang wird er nicht müde, seiner Landeskirche dieses als Herzensanliegen zu vermitteln. So schreibt er 1974 aus Anlass des Übertrittes von drei Pfarrern zur römisch-katholischen Kirche in einem Brief an die Dekane und Senioren:

»Das geistliche Amt gehört zu den empfindlichsten und wichtigsten Bereichen im Leben der Kirche überhaupt. Darum verlangt es, ob wir wollen oder nicht, das sorgsame Nachdenken, das gegenseitige Hören auf einander und, wenn neue Schritte erfolgen müssen, eine umsichtige Behutsamkeit, damit die Gemeinde Christi nicht Schaden leide.«[6]

Dietzfelbinger bindet alle Bemühungen als Bischof um die Kirche an das Geistliche Amt zurück. Das Bischofsamt wird von ihm im Sinne einer geistlichen Begleitung der Pfarrerschaft wie der synodalen Verantwortungsträger ausgeübt. Auch Dietzfelbingers Zurückhaltung in der Theologinnenfrage hängt damit zusammen, dass er jeglichem vorschnellen Eingriff in das Gefüge des Geistlichen Amtes eine unabwägbare Bedeutung für die Kirche zuspricht und daher vor einer solchen weitreichenden Entscheidung zögert.

Beim Pfarrberuf betont Dietzfelbinger durchgängig die geistliche Dimension und die damit vor Gott verbundene Verantwortung. Es geht ihm keinesfalls um eine Pfarrerzentrierung oder Klerikalisierung der Kirche. Hinter den Überlegungen steht das reformatorische Verständnis des Predigtamtes als konstitutiver

---

[3] Dietzfelbinger (wie Anm. 1), 183.

[4] A.a.O., 198.

[5] Vgl. dazu Gunther Wenz, Er wirkt allein durchs Wort. Vom Amt eines evangelischen Bischofs, in: Nachrichten der Evangelisch-Lutherischen Kirche in Bayern 49 (1994), 121–123.

[6] Brief von Landesbischof Dietzfelbinger an die Dekane und Senioren, 30.1.1974, in: Korrespondenzblatt 89 (1974), 27–28; hier: 27.

Faktor der göttlichen Heilsübermittlung, das immer auf das Priestertum der Getauften und dessen Einbindung in das Heilsgeschehen bezogen bleibt.

Als die Zahlen der Anwärter für das geistliche Amt in den 60er Jahren des 20. Jahrhunderts bedrohlich zurückgehen, ruft Hermann Dietzfelbinger die Gemeinden zum Gebet um theologischen Nachwuchs auf. Sein mehrfach veröffentlichter »Brief an einen Abiturienten« verdeutlicht, wie er dabei Einzelne auf ihre Berufung hin anspricht: »Ich kenne Ihre Pläne nicht, aber ich möchte Sie doch geradeheraus fragen, ob Sie nicht auch das Studium der Theologie in Ihre Erwägungen einbeziehen sollten. Vielleicht lachen Sie über diesen zunächst abwegigen Gedanken [...]. Mein Brief möchte Sie rechtzeitig anreden. Gott kann auch durch Menschen rufen und durch die Verhältnisse. Die Verhältnisse aber sind so, daß Theologen, Pfarrer gebraucht werden für den Gottesdienst, für den Unterricht, für die Seelsorge an vielen Menschen, für das Christuszeugnis überall in der Welt«[7].

Dietzfelbinger wird den Gemeinden und der Landessynode gegenüber zum Anwalt des geistlichen Amtes, indem er dieses exemplarisch als Bischof lebt und entschieden vertritt, ohne dessen immer zeitbedingte Gestalt zu missachten. So schreibt er 1963 in einem Beitrag über das Selbstverständnis des Pfarrers: »Für die Kirche Jesu Christi ist wohl das Amt der Verkündigung [...] konstitutiv und unentbehrlich, aber nicht das Pfarramt nach dem bayerischen Pfarrergesetz oder das deutsche evangelische Pfarrhaus. Im Gegenteil, die im Leben der Kirche eintretende Verengung und Verfestigung dieses Amtes wird immer wieder vom Neuen Testament und von der Geschichte der Kirche her gesprengt.«[8] »Man wird sehr nüchtern über den Dienst des Pfarrers heute und über die Wirkungsmöglichkeit der Kirche denken müssen [...]. Aber vielleicht hat der Engländer Richard Baxter (1615–91) [...] doch recht, wenn er einmal sagt: ›Kirchen steigen und fallen in dem Grad, als ihr geistliches Amt steigt und fällt.‹«[9]

Beeindruckend ist die geistlich-theologische Gelehrsamkeit Dietzfelbingers, der sogar einen ihm in der Nachkriegszeit angebotenen praktisch-theologischen Lehrstuhl zugunsten des kirchlichen Dienstes ablehnt.[10] Homiletik und Aszetik sind dabei die bevorzugten Felder. Als Instrumente dienen Synodenbeiträge, Briefe an die Pfarrer, Predigten, Bibelarbeiten, Vorträge und Aufsätze sowie die kontinuierliche Reflexion des eigenen Amtes und Handelns.[11] Im Alter tritt diese ergänzend die persönliche Reflexion von Krankheit, Lebensbewältigung und Sterben

---

[7] Hermann Dietzfelbinger, Zum Selbstverständnis des Pfarrers heute (Handbücherei für Gemeindearbeit 33), Gütersloh 1965, 16.

[8] Hermann Dietzfelbinger, Zur Frage nach dem Selbstverständnis des Pfarrers heute, in: Korrespondenzblatt 78 (1963), Nr. 7, 1–7; hier: 1.

[9] A.a.O., 7.

[10] Vgl. Dietzfelbinger (wie Anm. 1), 140.

[11] Die Bibliographie Dietzfelbingers umfasst insgesamt 773 Einträge: Bibliographie von Landesbischof Hermann Dietzfelbinger, zusammengestellt von Martin A. Bartholomäus, Maschinenschrift (71 u. 6 Nachträge), Bibliothek der Augustana-Hochschule Neuendettelsau.

hinzu. Zentrale Themen seiner Veröffentlichungen sind das Geistliche Amt und Fragen der Predigtlehre sowie die Praxis des Gebetes und der persönlichen Schriftauslegung. Der Bischof wird darin zum geistlichen Begleiter seiner Pfarrerschaft. In der 1965 veröffentlichten Schrift »Zum Selbstverständnis des Pfarrers heute«, die eine Pastoraltheologie in nuce darstellt, benennt Dietzfelbinger die tröstliche Funktion der Ordination zum geistlichen Amt: »Weil auch des Pfarrers Herz ein trotzig und verzagtes Ding ist, das sich oft selber nicht kennt, und weil auch des Pfarrers Denken oft sehr schwankend ist und ungewisse Wege geht, darum soll er sich in der Gewißheit oder Ungewißheit der inneren Berufung immer wieder der Ordination erinnern, in der er vor der Gemeinde in die Kette derer aufgenommen ist, die der Ausrichtung des Auftrages ihr Leben gewidmet haben.«[12]

»Der Pfarrer ist nicht heiliger als jedes andere Glied der Gemeinde, sondern muß zu allen Lasten der Gemeinde auch die der eigenen Unzulänglichkeit und der persönlichen Anfechtung tragen. Aber der Auftrag trägt auch ihn selber, und Gottes Geist, der nichts lieber will als die lebendige Verkündigung des Evangeliums, kann mit seiner Kraft auch in den Schwachen mächtig sein. Gewiß steht mit dem Pfarrer die ganze Gemeinde unter dem Ruf, die Sache Jesu Christi in der Welt zu vertreten, aber der öffentliche Auftrag liegt nicht auf allen, sondern auf ihm, und es bleibt der Auftrag des Herrn. Das Amt ist mehr als eine Funktion der Gemeinde.«[13]

Regelmäßigen Kontakt mit der Pfarrerschaft hält Dietzfelbinger als Landesbischof durch seine Rundbriefe, die nicht nur über aktuelle Fragestellungen informieren, sondern zum geistlich-theologischen Gespräch einladen und konkrete Anleitungen für das geistliche Leben im Pfarrberuf enthalten. So stellt er 1961 in einem der Rundbriefe unter Rückgriff auf Luthers Schrift »Wie man beten soll« von 1534 seinen Lesern eine Meditationsanleitung über die Existenz des Pfarrers zur Verfügung, die das Vaterunser und seine Bitten entlang geht und auf den Pfarrberuf hin geistlich interpretiert.[14]

Der eigenständigste Beitrag Dietzfelbingers zur Profilierung des evangelischen Bischofsamtes, der mit der prägenden Wirkung seiner nur kurzen Amtszeit als Rektor der damaligen Neuendettelsauer Diakonissenanstalt verbunden ist, besteht im Verständnis des bischöflichen Dienstes als Diakonie an der Kirche. Hermann Dietzfelbinger beschreibt 1961 die Arbeit von Landesbischof, Landeskirchenrat und Synode als einen »Tischdienst für die Glieder der Gemeinde, damit sie auf allen Gebieten das Nötige zum Leben haben und leben können.«[15]

---

[12] Dietzfelbinger (wie Anm. 7), 12 f.

[13] A.a.O., 13.

[14] Rundbrief vom 25. Februar 1961, in: Hermann Dietzfelbinger, Der bleibende Auftrag. Briefe eines Bischofs an seine Pfarrer, Berlin/Hamburg 1970, 93–94.

[15] Landessynode 1961, Tagung XXVII, 81; vgl. dazu Andrea Melzl: Die spirituelle Dimension des evangelischen Bischofsamtes. Dargestellt am Beispiel ausgewählter Synodalbeiträge des bayerischen Landesbischofs Hermann Dietzfelbinger, in: Zeitschrift für bayerische Kichengeschichte 77 (2008), 288–312.

Dienen, Beten, Leiden und Mittragen stellen die Grundpfeiler diakonischen Handelns dar. Kirchenleitung geschieht als angemessene geistliche Versorgung der Glieder am Leib Christi zur Lebensfähigkeit hin.

Die konkrete Erprobung des geistlichen Verständnisses des Bischofsamtes vollzieht sich in der Weitung des Blickes für das Reich Gottes in den Alltagsvollzügen. »Wenn ein Pfarrer in einer Gemeinde installiert wird, so wird eine Urkunde verlesen mit dem Satz: ›Aufgrund der Verfassung unserer Kirche vollziehe ich die Ernennung mit dem Wunsch, daß Gott die Arbeit seines Dieners reichlich segne zum Bau seines Reiches und zur Ehre seines Namens.‹ Ich weiß nicht, wie viele derartige Urkunden ich im Laufe dieser 20 Jahre unterzeichnet und dabei diesen Satz jeweils mitgebetet habe: ›Dein Reich komme.‹«, bekennt Dietzfelbinger.[16]

Im Umgang mit den zahlreichen menschlichen Begegnungen in seiner Amtsausübung lernt er immer wieder neu vom Blick Jesu: »Es gibt keinen tieferen, freieren und weiteren Blick auf den Menschen, als wenn man ihn ansehen darf als einen, für den Jesus Christus geboren, gestorben und auferstanden ist.«[17]

Über die Auswirkungen seines persönlichen geistlichen Lebens auf die Alltagsarbeit schreibt Dietzfelbinger: »Man mag es Morgenwache oder stille Zeit oder anders nennen: es sollte niemand auf diese Minuten am Morgen verzichten, wo man unter einem biblischen Wort den Tag bedenkt und fragt: Herr, was willst du, daß ich tun soll?«[18] Eine wichtige Funktion für Dietzfelbingers Alltagsspiritualität übt Martin Luthers Schrift »Wie man beten soll« von 1534 aus. »In Gemeinschaft mit einigen Freunden«, so erzählt er, »habe ich gerade an Hand dieser Schrift durch Jahrzehnte versucht, ein arbeitsreiches Leben zu bewältigen. Da wird man angeleitet, am Morgen mit Hilfe eines biblischen Wortes den Tag und alles, was er bringen mag, vor Gott im voraus auszubreiten. Dabei lerne ich, das Wesentliche vom Unwesentlichen zu unterscheiden; ich lerne, Zeit zu haben für Menschen und für Besuche, und wenn dann ein Mensch kommt, dann bin ich ihm gewissermaßen schon vorher vor Gottes Angesicht begegnet, und das ist etwas ganz Wesentliches!«[19]

Zur geistlichen Dimension des Bischofsamtes gehört bei Hermann Dietzfelbinger auch die Zurückhaltung gegenüber dem Bereich des Privaten. Nicht die Person als Bischof, sondern das Amt, hinter dem eine Person sichtbar wird, steht im Mittelpunkt. »Erst jetzt erfasse ich ganz, was die Augsburgische Konfession meint, wenn sie den Dienst der Bischöfe ›non vi sed verbo‹ – nicht mit Macht, sondern mit dem Wort geschehen lassen will«, schreibt er aus der Sicht des

---

16 »Gott holt wieder hervor, was vergangen ist ...« Eröffnungspredigt und Bericht von Landesbischof D. Hermann Dietzfelbinger bei der Landessynode der Evang.-Luth. Kirche in Bayern in Augsburg Mai 1975, München o.J., 7.

17 Dietzfelbinger (wie Anm. 7), 19.

18 Hermann Dietzfelbinger, Wie kann man heute beten? (Das Gespräch 16), Wuppertal 1964, 24.

19 Hermann Dietzfelbinger, Jesus Christus und die Weisen aus dem Abendland, Metzingen 1978, 225f.

Ruhestandes. »Auch bei einem evangelischen Bischof, solange er im Amt ist, kann dieser Grundsatz, ohne daß er es will, durch andere oft gar nicht erkannte Imponderabilien in Frage gestellt werden.«[20]

»War das nun Kirche, womit du da ein Leben lang befasst warst und was du alles gemacht hast?«, fragt Dietzfelbinger im Rückblick. »War das eigentlich Kirche Jesu Christi? oder nur religiöse Dekoration, Kommunikation und Sozialisation? Diese Frage taucht zuletzt auf. Sie ist nicht leicht zu beantworten. Als ich 1939 in den Landeskirchenrat nach München kam, war ich ihr gegenüber besonders ratlos. Ich kam mir zeitweise vor wie an einer sehr dürren Stelle in der Landeskirche. Auch in meinem Amt hat sie mich nicht losgelassen. War ich Bischof oder Manager in einem Betrieb? Nein doch, es war Kirche!«[21]

In seinem letzten Bericht 1975 vor der Landessynode wiederholt Dietzfelbinger selbstkritisch sein Grundanliegen: »Vor allem wollte der Landesbischof auch im kirchenleitenden Amt doch Pfarrer sein. Das Gespräch mit den Amtsbrüdern, mündlich und schriftlich, lag ihm am Herzen [...]. Die Gemeinschaft unter den Amtsbrüdern, vor allem unter dem biblischen Wort, war die Freude dieses Amtes, auch wo es schwer war, und sie mag es weiter sein. Von der Zeit des Ratsvorsitzenden an ist die Pflege der Verbindung mit den Amtsbrüdern schwerer geworden. Auch die Rundbriefe konnten das Gespräch nur zum Teil ersetzen. Ich muß hier manches Versäumnis eingestehen und viele um Verzeihung bitten, denen ich Hilfe schuldig geblieben bin.«[22]

»Der Ernstfall geschah nicht selten in Personalentscheidungen. Ich habe auf den Lebensweg vieler Menschen Einfluß nehmen müssen. Ich hoffe zu Gott, daß es bei manchen zum Guten geschah. Gewiß war es nicht selten auch so, daß ich an Menschen schuldig wurde. So muß ich Irrtum und Schuld bekennen und um Vergebung bitten. Der letzte Ernstfall steht uns allen bevor. Auf dem Schreibtisch eines bayerischen Pfarrers, der unvermutet starb, fand man einen Zettel: ›Die das Sterben als Gewinn achten, sind schwer zu erschrecken.‹ Eben deshalb habe ich dem Prediger des Wortes oft den Rat weitergegeben, er möge in jeder Predigt das ganze ungeteilte Heil in Jesus Christus, wenn nicht überall, so doch an einer Stelle deutlich und klar verkündigen. Es könnte ja einer da sein, für den es die letzte Wegzehrung ist, und es könnte auch meine letzte Predigt sein. Gott hat, wenn ich sein Christus-Evangelium als frohe Botschaft recht verstehe«[23].

Hans-Otto Wölber hebt 1984 im Nachruf auf Hermann Dietzfelbinger dessen Verwurzelung in der biblischen Tradition hervor. »Das alles reichte bis in seine Redeweise hinein. Immer war es ein wenig, als katechesierte und predigte er seinem fränkisch-bäuerlichen Kirchenvolk. Es geschah aber mit so viel geistlichem Spürsinn, so deutlich biblisch bezogen und so behutsam liebevoll, daß auch zerstrittene Kirchengremien und sehr angespitzte wissenschaftliche Theologen die

---

[20] DIETZFELBINGER (wie Anm. 1), 25.

[21] A.a.O., 333.

[22] DIETZFELBINGER (wie Anm. 16), 36f.

[23] A.a.O., 39.

Erleuchtung eines Zugangs zur christlichen Botschaft empfanden, die über allem stand und alles umgriff. Immer nämlich war der Verweis auf eine tröstliche Existenz erkennbar. Grund und Zentrum der Lebens- und Bischofsgestalt Hermann Dietzfelbinger war die Bibel.«[24]

»Man begegnet einem Bischof, der Pfarrer sein wollte – und nichts als ein Pfarrer«, charakterisiert Bernhard Brons, Hermann Dietzfelbingers letzter persönlicher Referent, 1984 dessen kurz vor dem Tod fertig gestellte Autobiografie. »Dieses Amt verstand er als Dienst am Menschen mit dem göttlichen Wort. Daß er in diesem Wort leben und aus diesem Wort handeln wollte, auch im leitenden Amt und seinen Entscheidungen, das wissen alle, die mit ihm zu tun hatten; und seinen Erinnerungen spürt man es ab. In dieser Prägung lag auch eine Beschränkung, ja, wenn man will, eine seiner Grenzen. ›Dieser Bischof ist ein sehr kluger Mann‹, sagte mir einmal ein Arzt, der ihn gut kannte; und er fuhrt fort: ›aber von einer Klugheit, die nicht verletzt.‹«[25]

Zum Abschluss soll Hermann Dietzfelbinger noch einmal selbst zu Wort kommen, als ein seelsorglich-einfühlender Verkündiger des Evangeliums – so, wie er sein Amt als Landesbischof als das Amt eines bescheidenen Pfarrers verstanden hat. Am Ende seiner 1984 kurz vor seinem Tod erschienenen Autobiographie mit dem Titel »Veränderung und Beständigkeit. Erinnerungen« blickt er in der ihm eigenen Weise schon auf die letzte irdische Wegstrecke voraus:

»Wenn ich die Hoffnung der Christen zu beschreiben habe, denke ich gerne an das mir selbst nicht fremde, bange Gefühl, dem man ausgesetzt ist, wenn man in eine ferne große Stadt zu reisen hat, in der man niemand kennt, wie New York oder Sydney. Alles dort ist fremd, die Sprache, die Geldwährung, die Verkehrsverhältnisse, und mir wird Angst. Wenn ich aber in dieser großen fremden Stadt einen einzigen Freund habe, [...] der mich kennt, dann ist alles anders! Er wird mich am Flughafen erwarten, er weiß, wie man ein Taxi bestellt und Geld wechselt, und steht für die kleinen und großen Schwierigkeiten ein. Durch diesen einen Menschen ist mir die ganze Stadt nicht mehr fremd! Auch die Ewigkeit ist mir fremd, und ich habe Angst vor ihr. Aber wenn ich dort einen Herrn, Jesus Christus, habe, den ich kenne und der mich kennt, wie ich bin, und wenn er mir entgegenkommt und mich an der Hand nimmt und vor den Thron Gottes führt und für mich eintritt und sagt: Den kenne ich!, dann brauche ich mich nicht mehr zu fürchten! Ich darf mich vielmehr erwartungsvoll freuen: denn ›ich werde erkennen, gleichwie ich erkannt bin!‹«[26]

---

[24] HANS-OTTO WÖLBER, Leiturgia – Martyria – Diakonia. Zu den Lebenserinnerungen von Hermann Dietzfelbinger, in: Lutherische Monatshefte 24 (1985), 210–212; hier: 210.

[25] BERNHARD BRONS, In Memoriam Hermann Dietzfelbinger, in: Luther 40 (1985), 98–100; hier: 100.

[26] DIETZFELBINGER (wie Anm. 1), 334.

Ordination als Berufung und Lebensarbeit

Zu einem vernachlässigten Aspekt gelebter Spiritualität im Pfarrberuf

Mit den nachfolgenden Überlegungen möchte ich auf einen vernachlässigten Aspekt der gegenwärtigen Pfarrbilddiskussion am Beispiel der Ordination aufmerksam machen. Ich verstehe sie als Diskussionsbeitrag und Gesprächsangebot – keinesfalls als Patentrezept. Es geht mir dabei prinzipiell um das ordinationsgebundene Amt und nicht um die Form des Gemeindepfarramts in seiner jeweils herkömmlichen und immer zeitbedingten Form. Ich folge dabei dem methodischen Ansatz einer wahrnehmungsorientierten Praktischen Theologie, für die nichts einfach nur zufällig ist, sondern die die Gestalt des Glaubens auch in Alltagsvollzügen entdeckt, beschreibt und theologisch interpretiert.

1. Auf der Suche nach beruflicher Identität im Pfarrberuf: Beobachtungen

Wie definieren sich gegenwärtig Pfarrerinnen und Pfarrer? Die persönliche Vorstellung im Gemeindebrief beim Antritt einer neuen Stelle kann dazu als aufschlussreiches Dokument dienen. Ich wähle dazu ein Beispiel aus dem Gemeindebrief einer Kirchengemeinde im Großraum Nürnberg:

> »Pfarrer N. N. stellt sich vor. Grüß Gott! Ein unbekanntes Gesicht? Keine Angst, ich bin's nur – der ›Neue‹. Genauer: der neue Pfarrer z. A. Und da ich Ihnen ja jetzt für die nächsten paar Jahre ins Haus bzw. in die Kirche geschneit komme, möchte ich mich mal kurz vorstellen: Mein Name ist N. N. Geboren und aufgewachsen bin ich im schönen Oberfranken [...], wo ich zur Schule ging und 1988 mein Abitur machte. Nach Zivildienst und einem Praktikum in der Jugendarbeit des CVJM (Christlicher Verein Junger Menschen) begann ich 1991 mit dem Theologiestudium [...]. 1993 wechselte ich für den Rest meines Studiums nach Erlangen, bis zu meinem 1. Examen 1997. Meine Zeit als Lehrvikar verbrachte ich in der Gemeinde [...] in Nürnberg. Verheiratet bin ich mit L. Sie macht derzeit in [...] ein Volontariat in einem Verlag für Jugendsachbücher. Meine zweite große Leidenschaft ist die Popmusik. Mit Gitarre bewaffnet bin ich des öfteren zu Auftritten (allein oder mit Band) unterwegs. Drei CD's sind bis heute

> erschienen. Wer mehr darüber wissen will, kann sich im Internet unter www [...] de einklicken. Dort gibt es weitere Informationen. Was ich mir von der Zeit in [...] erwarte? Zunächst mal einen guten Einstieg in den Beruf des evangelischen Pfarrers. Das zurückliegende Vikariat hat mir jedenfalls schon mal Lust auf ›mehr‹ gemacht. Ich bzw. wir freuen uns auf jede Menge neuer Kontakte, und die brauchen nicht nur dienstlicher Natur zu sein. Also wer sich mit dieser natürlich viel zu kurzen ersten Vorstellung nicht zufrieden geben und mehr wissen will, der kann gerne mal auf einen Kaffee bei uns vorbeischauen. Da kann man dann mehr erfahren von meinen Wünschen für meine Arbeit hier, meiner Musikbegeisterung, meiner Vorliebe für exotisches Essen – lecker, lecker [...] äh, wo war ich stehen geblieben? Also, ja, wie gesagt: Ich freue mich auf die Arbeit in Ihrer Gemeinde – und auf Sie.«[1]

Ist es die Angst, ins fromme Klischee abzugleiten, die zu diesen saloppen Formulierungen drängt? Wir erfahren viel Persönliches in solchen Vorstellungen, immer mit einem Zug zur Virtuosität: Vom Motorrad des Pfarrers über den PC bis hin zum guten Essen und der Familie. Individualität wird festgemacht am Lebensstil, an der Musik und an der Freizeitgestaltung. Die Buntheit und Originalität der evangelischen Pfarrerschaft ist erfreulich und stimmt zugleich traurig, wenn sie zum alleinigen Kennzeichen dieses Berufes wird. Denn die Orientierung an den klassischen Profilen des geistlichen Amtes tritt dahinter zurück. Bereits 1988 konnte Dieter Voll aus der Arbeit als Pastoralkollegsrektor feststellen: Für das Rollenbild des Pfarrers bleibt die Ordination belanglos und gibt wenig her für die Identität von Pfarrerinnen und Pfarrern. Sie sitzt vielmehr bei der Identifikation mit der Kirche. In der Ordination steckt das Verhältnis der Pfarrerschaft zu ihrer Kirche.[2] In der Tat scheint sich im beruflichen Selbstverständnis von Pfarrerinnen und Pfarrern eine zunehmende Marginalisierung der Ordination abzuzeichnen. Mehr Aufmerksamkeit ziehen stattdessen andere Faktoren wie etwa die Virtuosität, die sich bis hinein in die Predigtgestaltung auswirken kann, auf sich. So erzählen Gemeindeglieder begeistert von einem Pfarrer, der sich nach einer Zeit der Einarbeitung in die neue Stelle sogar traute, auf der Kanzel zu jonglieren. Oder: Ein neu eingeführter Dekan hält seine erste Predigt mit Hilfe eines Umzugskartons. Damit zeigt er auf der Kanzel anschaulich, was für ihn Kirche ist. Ein dritter Pfarrer setzt zur Predigt bei der Konfirmation sieben verschiedene Regenschirme ein, die er nacheinander auf der Kanzel aufspannt, und mit denen er das Psalmwort vom Schutz und Schirm des Höchsten illustriert.

Eine Orientierung an den klassischen Profilen des geistlichen Amtes dagegen widersetzt sich dem gängigen Trend zur persönlichen, markt- und kundenorientierten Dienstleistungskirche mit ihren bunten Leitbildern und mediengerecht-dynamischen Repräsentantinnen und Repräsentanten. Jan Hermelink hat 1998

---

[1] Aus einem Gemeindebrief im Herbst 2000 aus dem Großraum Nürnberg. Die Angaben wurden anonymisiert.

[2] Dieter Voll, Ordination – Gnade des Anfangs, in: Pastoraltheologie 77 (1988), 60–72; hier: 61.

darauf hingewiesen, dass das verborgene Konfliktthema der kirchlichen Personalführung die Rolle der faktischen Leitungsperson, nämlich der Pfarrerin bzw. des Pfarrers ist. Es erscheine durchgängig als Defizit bei der Betrachtung des »Unternehmens Kirche«. Faktisch übernähmen jedoch Pfarrerinnen und Pfarrer zentrale Aufgaben des Personalmanagements in den Kirchen. Diese zentrale Stellung des pastoralen Amtes sei konstitutives Merkmal des »Unternehmens Kirche«, werde in den Debatten jedoch nur unzureichend bedacht. »Daß die Betrachtung des ›Unternehmens Kirche‹ die faktische pastorale Führungsrolle weitgehend ausgeblendet hat, dürfte mit der verbreiteten Erfahrung zusammenhängen, wie sehr der kirchliche Umgang mit Mitarbeitern durch die je persönlichen Prägungen der Pfarrerinnen und Pfarrer bestimmt und belastet ist.«[3]

Eine weitere aufschlussreiche Beobachtung lässt sich bei Amtseinführungen von Pfarrerinnen und Pfarrern – und bezeichnenderweise bei Bestattungen von Pfarrern – machen. Es ist der Rückgang der in meiner Kindheit noch selbstverständlichen Praxis des gemeinsamen Zuges der Ordinierten im Talar bei der Amtseinführung oder am Grab. Die klassischen »Killerparolen« lauten dann: »Ich trage meinen Talar nur, wenn ich im Gottesdienst eine Aufgabe habe, sonst bin ich Gemeindeglied.« – »Mir sind diese Ansammlungen von schwarzen Talarträgern ein Graus.« – »So etwas Dummes bei Pfarreinführungen haben wir seit Jahren schon abgeschafft.« Oder es werden Einladungsschreiben zu Amtseinführungen mit Hinweisen wie: »Wer – unbedingt – sich im Talar am Einzug beteiligen möchte ...« versandt. In diesen Zusammenhang gehören auch die Akzentverschiebungen bei Bischofseinführungen: Der bayerische Landesbischof Johannes Hanselmann hatte 1975 bei seiner Einführung in der Nürnberger St. Lorenzkirche die Pfarrerschaft der Landeskirche eingeladen, mit ihm im Talar durch die Stadt zum Gottesdienst zu ziehen. Solche Gesten gehören heute der Vergangenheit an. Der Einzug beschränkt sich auf die offensichtlichen Funktionsträger im Gottesdienst, und der Aspekt der darin auch für die Gemeinde sichtbaren Fürbitte und Begleitung in der Gemeinschaft der Ordinierten spielt kaum mehr eine Rolle.

Solche Beobachtungen sind scheinbar unwesentlich und doch bezeichnend. Ich sehe in ihnen eine Marginalisierung der Ordination im Selbstverständnis von Pfarrerinnen und Pfarrern. Die Ordination ist in ihrer dem Pfarrberuf Identität stiftenden Funktion in Misskredit geraten, zumindest nach außen hin. Die Pfarrerschaft sucht deshalb Zuflucht zu anderen identitätsstiftenden Berufskennzeichen wie dem Virtuosen, dem Moderator, dem Manager, dem Entertainer, auch dem Spiritual oder dem Experten, dem Therapeuten und dem Motor, dem Begleiter oder dem exemplarischen Gemeindeglied, gefolgt vom Anbieter und Vermittler bis hin zum Erklärer und Kommentator. Diese Liste ließe sich beliebig durch weitere Beobachtungen fortsetzen, auch in konservativer Richtung. Zwei exemplari-

---

[3] Jan Hermelink, Pfarrer als Manager? Gewinn und Grenzen einer betriebswirtschaftlichen Perspektive auf das Pfarramt, in: Zeitschrift für Theologie und Kirche 95 (1998), 536–564; hier: 545.

sche Szenen sollen diesen ersten Gedankenschritt abschließen: Ein Klinikseelsorger ist im Krankenhaus mit seinem Duft-Koffer unterwegs. Je nach Anlass wählt er aus einer Sammlung ätherischer Öle das genau passende aus und unterstützt damit eindringlich seine Seelsorge auf ganzheitliche Weise dank einer aromatherapeutischen Zusatzausbildung. Die andere Szene: Beim festlichen Gottesdienst zur Einweihung eines Gemeindehauses eilt der Gemeinde-Pfarrer immer wieder in die Sakristei, um den Talar abzulegen, sich seine Fliege umzubinden und dann im Frack den Kirchenchor zu dirigieren.

2. Zur Leistungsfähigkeit funktionaler Theorien zum Pfarrberuf

In der gegenwärtigen praktisch-theologischen Diskussion zum Pfarrberuf dominiert seit einiger Zeit die Theorie-Familie der so genannten funktionalen Theorien. Mit Wolfgang Steck, Wilhelm Gräb und Isolde Karle greife ich drei Repräsentanten heraus und stelle sie kurz vor. Die funktionalen Theorien zum Pfarrberuf beschreiben auf positive Weise das, was die repräsentativen Mitgliedschaftsbefragungen in VELKD und EKD in den letzten drei Jahrzehnten deutlich gezeigt haben: Die hohe Bedeutung der Figur des Pfarrers bzw. der Pfarrerin für die volkskirchliche Wahrnehmung des Glaubens.[4]

2.1 Wolfgang Steck: Der Pfarrerberuf als Idealgestalt integraler religiöser Lebenspraxis

Für Wolfgang Steck gehört der Beruf der Pfarrer und Pfarrererinnen in herausgehobener Weise zu den integralen Institutionen, in denen sich einerseits die verschiedenen Dimensionen religiöser Lebenspraxis ineinander verweben und andererseits die unterschiedlichen Gestalten des neuzeitlichen Christentums – private, kirchliche und öffentliche Religionskultur – miteinander verschränken. Wie sich in der alltagspraktischen Ausübung des Pfarrerberufs die vielfältigen Erscheinungsformen kommunikativ praktizierter Religion bündeln, so verdichten sich in den religiös angereicherten Vorstellungen vom Pfarrer die Attribute des neuzeit-

---

[4] Vgl. GERHARD SCHMIDTCHEN, Gottesdienst in einer rationalen Welt. Religionssoziologische Untersuchungen im Bereich der VELKD, Stuttgart u. a. 1973; HELMUT HILD (Hrsg.), Wie stabil ist die Kirche? Bestand und Erneuerung. Ergebnisse einer Meinungsbefragung, Gelnhausen/Berlin 1974; JOHANNES HANSELMANN/HELMUT HILD/EDUARD LOHSE (Hrsg.), Was wird aus der Kirche? Ergebnisse der zweiten EKD-Umfrage über Kirchenmitgliedschaft, Gütersloh 1984, und Fremde Heimat Kirche. Ansichten ihrer Mitglieder. Studien- und Planungsgruppe der EKD. Erste Ergebnisse der dritten EKD-Umfrage über Kirchenmitgliedschaft, Hannover 1993.

lichen Persönlichkeitsideals – Frömmigkeit und Bildung, persönliche Einfühlungsgabe und soziales Engagement – zu einem symbolischen Portrait der exemplarischen Individualität. Bezeichnenderweise kommt »Ordination« als Stichwort bei Steck nur unter »Frauenordination« einmal vor und spielt ansonsten bei seiner Berufstheorie keine Rolle.[5]

2.2 Wilhelm Gräb: Der Pfarrer als Repräsentant des objektiven kirchlichen Auftrags im Modus persönlicher Anverwandlung

Die Unsicherheit im Selbstverständnis des evangelischen Pfarrers ist für Wilhelm Gräb ein Phänomen des neuzeitlichen Protestantismus. Mit dem durch die Reformation propagierten Priestertum aller Getauften konnte es keine theologische Begründung der besonderen Würde des geistlichen Amtes mehr geben. Im Rahmen der spätmittelalterlichen Ständelehre war die Autorität des geistlichen Amtes qua göttlicher Einsetzung dagegen noch möglich und führte zum geistlichen Standesbewusstsein. Die sozialgeschichtlichen Veränderungen mit dem Aufkommen des Bürgertums führen dann dazu, dass evangelische Pfarrer sich nicht mehr allein über das geistliche Amt, sondern über ihren Beruf definierten: Eine religiös-sittliche Bildungsaufgabe stand nun im Vordergrund und bildete einen bürgerlichen Beruf aus, der den so genannten Leistungseliten zuzurechnen war. Pfarrer üben bis heute Religion als ihren bürgerlichen Beruf aus. Sie kommunizieren die Deutungsangebote der christlichen Religion im Kontext unterschiedlicher Lebensformen und Alltagskulturen. Dem Pfarrer kommt eine religionsproduktive Gestaltungsaufgabe zu: Er muss den objektiven kirchlichen Auftrag im Modus persönlicher Anverwandlung repräsentieren. Das Amt wird zur persönlichen Gestaltungsaufgabe seines Trägers und ist nach Gräb freizugeben für die Subjektivität derer, die es innehaben.[6]

2.3 Isolde Karle: Der Pfarrberuf als Profession

Aus berufstheoretischer Perspektive stellt der Pfarrberuf für Isolde Karle – wie der Jurist und der Arzt – eine so genannte Profession dar. Er ist als Profession auf die Vermittlung christlicher Inhalte verpflichtet und hat dabei der Kommunikation unter Anwesenden Rechnung zu tragen. Professionen haben immer mit existentiellen Situationen zu tun. Authentische Kommunikation, basierend auf gegenseitiger Anerkennung und Wertschätzung, Takt, Güte und soziale Geschicklichkeit dienen ihnen als soziale Mechanismen der wechselseitigen Verständigung. Professionen genießen den Schutz des Vertrauens. Aber sie muten auch

[5] Wolfgang Steck, Praktische Theologie. Horizonte der Religion. Konturen des neuzeitlichen Christentums. Strukturen der religiösen Lebenswelt, Bd. 1, Stuttgart 2000, 554.

[6] Wilhelm Gräb, Die kulturelle Bedeutung des religiösen Berufs, in: Ders., Lebensgeschichten - Lebensentwürfe - Sinndeutungen. Eine Praktische Theologie gelebter Religion, Gütersloh 1998, 304-333.

sogenannte Professionsethiken mit Bindungen für die gesamte Lebensführung ihren Trägern zu. Im Gegenzug für die professionsethischen Verhaltenszumutungen bedarf es deshalb des besonderen Fürsorgeschutzes. Außerdem spielen die Sachthematiken bei einer Profession eine wichtige Rolle. Isolde Karle verankert die Ordination in diesem Zusammenhang: »Evangelische Pfarrerinnen und Pfarrer werden mit der Ordination auf Schrift und Bekenntnis verpflichtet. Die Evangeliumsverkündigung steht deshalb im Zentrum des pastoralen Dienstes. Pfarrerinnen und Pfarrer haben die Aufgabe, das Evangelium [...] zu verkündigen und in Seelsorge, Unterricht und Gottesdienst reflektiert und differenziert zu vermitteln. Freiheit und Bindung des evangelischen Pfarrers und der evangelischen Pfarrerin sind durch diese Sachthematik [...] bestimmt.«[7] Aus dem Ordinationsversprechen folgert Isolde Karle eine »augenfällige Dominanz zu vermittelnder Inhalte« beim Pfarrberuf: Die Vermittlung kulturell anspruchsvoller und identitätsrelevanter Sachthematiken. Sie unterscheidet zwei Grundkompetenzen: die kommunikativ-ethische und die inhaltlich-theologische Kompetenz. Beide dienen der Vermittlung der evangelischen Sachthematik. Professionelle handeln aufgrund ihrer Interaktionsabhängigkeit damit grundsätzlich in einer Überkomplexität der Situationen. Intuition und Talent sind deshalb konstitutiv erforderlich. Generalistische Kompetenz gehört damit zum Wesenszug der Profession. Ein gewisses Maß an Ungewissheit und das Gefühl des Überfordertseins sind somit berufsbedingt und spiegeln keinesfalls eine Krise des Pfarrberufes.[8]

Was funktionale Theorien zum Pfarrberuf zu leisten vermögen, darf nicht außer Acht gelassen werden. Sie sind vor allem in der Lage, stimmig eine Reihe von – belastenden – Phänomenen des Pfarrberufes als selbstverständlich und konstitutiv zu erklären und einsichtig zu machen. Damit gewähren sie Entlastung für Pfarrerinnen und Pfarrer, stärken deren Souveränität und dienen zugleich der erforderlichen Wertschätzung im Beruf. Funktionale Theorien vermögen jedoch nicht, die spezifisch spirituelle Dimension des Pfarrberufs zu beschreiben. Es bedarf deshalb ihrer komplementären Ergänzung, um nicht unter der Hand berufstheoretisch eine neue Klerikalisierung zu fördern. Gerade an Isolde Karles Ansatz wird die fehlende spirituelle Durchdringung in besonderer Weise ersichtlich. »Vermittlung des Evangeliums« als »Kommunikation von Glaubensinhalten« beschreibt bei ihr nur unzureichend die spezifische Leistung des ordinationsgebundenen Amtes und stellt eine Engführung dar. Bei Isolde Karle unterbleibt bei der zunächst bestechenden Analogie des Pfarrberufs zu den anderen Professionsberufen die ebenfalls erforderliche Differenzmarkierung. Dazu hätte sich

---

[7] Isolde Karle, Pastorale Kompetenz, in: Pastoraltheologie 89 (2000), 508–523; hier: 518.

[8] Vgl. auch die ausführliche Darstellung bei Isolde Karle, Der Pfarrberuf als Profession. Eine Berufstheorie im Kontext der modernen Gesellschaft (Praktische Theologie und Kultur 3), Gütersloh 2001, sowie Dies., Was heißt Professionalität im Pfarrberuf?, in: Deutsches Pfarrerblatt 99 (1999), 5–9, und Dies., Professionalität im Pfarramt, in: Sigrid Brandt/Bernd Oberdorfer (Hrsg.), Resonanzen. Theologische Beiträge. FS für Michael Welker, Wuppertal 1997, 245–255.

gerade die Ordination in ihrer Sperrigkeit angeboten, weil sie eine nicht funktionalisierbare Dimension des Pfarrberufs ausdrückt. Isolde Karle verengt jedoch und reduziert – funktional stimmig – die Ordinationsverpflichtung auf die Vermittlungsaufgabe einer religiösen Sachthematik. Konsequent fragt deshalb Dietrich Stollberg im Briefwechsel mit Isolde Karle: »Was bedeutet das geistliche Amt jenseits funktionaler Beschreibungen [...]? [...] Kommunikation über Krankheit, über Identität und Religion, die Frage nach Gott und dem ›Sinn des Lebens‹ [reichen] keinesfalls aus, um den Pfarrberuf substantiell zu bestimmen. Wenn Ordination etwas anderes ist als eine Berufseinstandsfeier [...], wenn sie vor allem mit der Taufe in Analogie zu setzen ist, dann wäre nun darüber zu sprechen.«[9]

3. Plausible Gründe für die marginale Funktion der Ordination

Die Funktion der Ordination als Pfarrerin oder Pfarrer zu stark zu betonen, macht zunächst einmal scheinbar angreifbar für klassische Killer-Parolen von der Pfarrerzentriertheit, der Pastoren- und Amtskirche und den verhärteten Strukturen. Wer zu sehr zu seiner Ordination steht, gerät in den Verdacht, sich als Person dahinter zurückzuziehen und unpersönlich zu werden. So kommt es unbeabsichtigt zu einem Herunterspielen der Würde des geistlichen Amtes durch seine Inhaber, unterstützt durch die kirchlich-synodale Missachtung des pfarramtlichen Dienstes wie der theologischen Wissenschaft.[10] Aus scheinbarer Rücksicht auf das allgemeine Priestertum aller Gläubigen stehen Pfarrerinnen und Pfarrer dann nur sehr skeptisch zu ihrer Ordination.

Dass eine auf Unterdrückung elementarer Sachverhalte beruhende Zurückhaltung Folgen hat und neue Machtverhältnisse konstituiert, will ich an zwei Beobachtungen aus der gottesdienstlichen Praxis deutlich machen: Die veränderte Eingangssequenz des neuen Evangelischen Gottesdienstbuches in der Grundform G I, dem Lutherischen Hauptgottesdienst, markiert eine solche Verschiebung. Begann der Gottesdienst nach der alten VELKD-Agende von 1954 mit dem Eingangslied der Gemeinde, das diese als gottesdienstlich gleichberechtigt handelnd an den Beginn stellte, so ist im Evangelischen Gottesdienstbuch dem Eingangslied eine Eröffnung mit Begrüßung in freier Form vorangestellt. Liturg oder Liturgin treten vor die Gemeinde und markieren die Eröffnung, indem sie die Anwesenden

---

[9] DIETRICH STOLLBERG, Ja und Nein, in: Über den Pfarrberuf. Ein Briefwechsel zwischen Dietrich Stollberg und Isolde Karle, in: Pastoraltheologie 89 (2000), 524–528; hier: 526.

[10] Vgl. HANS-MARTIN MÜLLER, »Pfarramt aller Gläubigen«? Zum Verhältnis von Predigtamt und allgemeinem Priestertum, in: ThBeitr 30 (1999), 125–136, sowie die sich daran anschließende Debatte: MICHAEL HERBST, »Einsames Priestertum aller Pfarrer«? Zum Verhältnis von Pfarramt und allgemeinem Priestertum, in: ThBeitr 31 (2000), 45–51, und HANS MARTIN MÜLLER, Predigtamt – Pfarramt – Ehrenamt. Eine Klarstellung, in: a.a.O., 145–148.

einfühlend abholen. Die Selbständigkeit der Gemeinde als gottesdienstlich Handelnde ist zugunsten der klerikalen Bevormundung zurückgetreten. Daran ändert sich auch nichts, wenn ehrenamtliche Mitarbeiterinnen oder Mitarbeiter für die Eröffnung mit Begrüßung verantwortlich zeichnen und oft ungewollt in die klerikalen Rollenmuster eintreten.

Die zweite Beobachtung bezieht sich ebenfalls auf eine charakteristische Differenz zwischen alter VELKD-Agende und Evangelischem Gottesdienstbuch. Die VELKD-Agende kannte noch so genannte »stille Gebete« für Liturg bzw. Liturgin, etwa am Altar vor der Feier des Heiligen Abendmahls. Diesen stillen Gebeten waren parallele stille Gebetsvorschläge für die Gemeinde zugeordnet und im Gebetsanhang des Evangelischen Kirchengesangbuchs abgedruckt. Liturg bzw. Liturgin und Gemeinde traten darin wechselseitig füreinander in der Stille vor Gott für das geistliche Gelingen der gottesdienstlichen Handlung ein und agierten spirituell auf einer gleichberechtigten Ebene. Der völlige Wegfall der stillen Gebete im Evangelischen Gottesdienstbuch hat den lutherischen Gottesdienst einer entscheidenden Dimension gemeinsamen priesterlichen Handelns von Amt und Gemeinde beraubt, zugunsten einer funktionalen, scheinbar eindeutigeren Verstehensperspektive gottesdienstlichen Handelns.

Auch die mangelnde Wertschätzung von Pfarrerinnen und Pfarrern innerhalb ihrer eigenen Kirchen, die von vielen als schmerzlich empfunden wird, könnte mit der beschriebenen Marginalisierung der Ordination zusammenhängen.

Deshalb ist ein Verständnis der Ordination erforderlich, das die klassischen protestantischen apologetischen Topoi überwindet und sich bewusst den innerprotestantischen Herausforderungen stellt. Klärungsbedarf ist hier in zweifacher Hinsicht erforderlich: Zum Komplex »Ordination und Priesterweihe« ebenso wie zum Verhältnis von Ordination und allgemeinem Priestertum.

4. Ordination und Priesterweihe

Im Gemeindebrief einer evangelischen Kirchengemeinde findet sich aus Anlass der Ordination eines Pfarrers der folgende Text: »Stichwort Ordination: Anders als in der katholischen Kirche die Priesterweihe hebt die Ordination einen evangelischen Pfarrer bzw. eine evangelische Pfarrerin nicht in einen besonderen Stand. Im evangelischen Bereich gilt das ›Priestertum aller Gläubigen‹«[11]. Immer wieder werden solche Sätze auch in Ordinationsansprachen wiederholt: Ordination ist keine Priesterweihe! Woher stammt diese typische antikatholische Polemik, die sich längst nicht mehr mit neueren Ansätzen katholischer Dogmatik deckt?

Von Dorothea Wendebourg her ist eine historische Präzisierung des oft nur oberflächlich-apologetischen Abhebens der evangelischen Ordination von der

---

[11] Stichwort Ordination, in einem Gemeindebrief aus dem Großraum Nürnberg, November 2000.

Priesterweihe vorzunehmen, sozusagen als konsequenter zweiter Schritt: Evangelische Christen werden durch die Taufe in den Priesterstand erhoben – die katholische Bischofsweihe und die bischöflichen Vollmachten dagegen korrespondieren mit der Ordination. Im *Wittenberger Ordinationsformular* von 1535 ist die Ordination der Pfarrer bewusst als Bischofsweihe konzipiert. Zentraler Ritus ist nicht mehr wie bei der spätmittelalterlichen Priesterweise die Darreichung der Opfergeräte *(porrectio instrumentorum)*, sondern die Handauflegung mit Gebet. Auch die Schriftlesungen sind dem Ritus der Bischofsweihe entnommen. Der Pfarrer nimmt nach reformatorischem Verständnis das grundlegende, von Christus eingesetzte apostolische Amt der Kirche wahr, das göttlichen und nicht menschlichen Rechts ist, anders als das Diözesanbischofsamt.[12]

Auf römisch-katholischer Seite kommt es im II. Vatikanischen Konzil dann zu einer Korrektur des vom Gedanken des Opfer-Priestertums geprägten Amtsverständnisses: Die Verkündigung wird als Hauptaufgabe des Amtsträgers wiederentdeckt. Sie bleibt jedoch bezogen auf den Diözesanbischof. Die Ortspfarrer gelten nur als die Vertreter des Bischofs als des eigentlichen Amtsträgers.[13]

Für uns heißt dies: Pfarrerinnen und Pfarrer treten mit ihrer Ordination in eine bischöfliche Sukzessionslinie ein. In der Ordination geht es um die katholische Dimension des Evangeliums und somit der Kirche. Das Amt, das mit der Ordination empfangen wird, ist – so sehr es sich primär im Dienst an einer Einzelgemeinde verwirklicht – doch nicht an eine bestimmte Gemeinde gebunden. Es bindet ein in die apostolische Kontinuität der Kirche. Philipp Melanchthon hat dies übrigens im *Tractatus de potestate papae*, der Bestandteil der Bekenntnisschriften der Lutherischen Kirche ist, so begründet: Alle Pfarrherren sind zugleich Bischöfe und Priester. Der Unterschied zwischen Bischof und Pfarrherren kommt allein aus menschlicher Ordnung. Das Amt ist eines. Nach göttlichem Recht besteht kein Unterschied.[14] Gerade diese Zusammenhänge sollten auch sensibel machen für das evangelische Bischofsamt.[15] In seiner mediengerechten Ausübung durch eine Reihe von Inhaberinnen und Inhaber sehe ich eine nicht unproblematische weitere Marginalisierung der Ordination – etwa wenn in Eberswalde der öffentliche Trauergottesdienst für die ermordete 12-jährige Ulrike von Bischof Wolfgang Huber und nicht vom Ortspfarrer gehalten wird. Solche und ähnliche

---

[12] Vgl. Dorothea Wendebourg, Das Amt und die Ämter, in: Zeitschrift für evangelisches Kirchenrecht 45 (2000), 5-38.

[13] Vgl. Martin Honecker, Luthers Verständnis des Amtes im ökumenischen Disput, in: Athina Lexutt/Wolfgang Matz (Hrsg.), Relationen - Studien zum Übergang vom Spätmittelalter zur Reformation. FS Karl-Heinz zur Mühlen (Arbeiten zur Historischen und Systematischen Theologie 1), Münster 2000, 321-334, und Hans-Georg Koitz (Hrsg.), Auf neue Art Kirche sein. Wirklichkeiten - Herausforderungen - Wandlungen. FS Josef Homeyer, München 1999, 178-192.

[14] Vgl. BSLK, 469-496.

[15] Vgl. Gunther Wenz, Er wirkt allein durchs Wort. Vom Amt eines evangelischen Bischofs, in: Nachrichten der Evangelisch-Lutherischen Kirche in Bayern 49 (1994), 121-123.

Vorgänge markieren eine im Medienzeitalter sich zwangsläufig vollziehende Verschiebung. Der Bischof ist nicht mehr *pastor pastorum*, sondern *pastor populi*, der Aller-Bischof. Er zieht auf unzulässige Weise Elemente des geistlichen Amtes an sich, die sich vorrangig im Dienst an einer Einzelgemeinde verwirklichen. Mir ist dies erstmals vor einigen Jahren beim Wechsel im Amt eines der bayerischen evangelisch-lutherischen Regionalbischöfe bewusst geworden. Gab es bisher Rundbriefe des Regionalbischofs an die Pfarrerschaft, so wandte sich der Neue bewusst mit einem Pfingstbrief an alle Gemeindeglieder im Kirchenkreis und konnte die zurückhaltend-kritische Reaktion der Dekane zunächst nicht verstehen: Er sei doch der Regionalbischof für alle Gemeindeglieder!

5. Ordination und allgemeines Priestertum

Häufig liegt in evangelischen Kirchengemeinden keine sachgerechte Auffassung des allgemeinen Priestertums vor. Dieses wird im Gegenüber zum ordinationsgebundenen Amt dann meist als zurückgesetzt und eingegrenzt erlebt. Wohl auch deshalb dringen Engagierte in den Gemeinden so bewusst und gerne in Funktionen des ordinationsgebundenen Amtes vor und merken darüber gar nicht, wie sie auf diesem Wege grundlegende Bestimmungen des allgemeinen Priestertums missverstanden bzw. negiert haben. In welchem Verhältnis stehen also Ordination und allgemeines Priestertum zueinander? Ich habe den Eindruck, dass dies vielen in unseren evangelischen Kirchen in letzter Konsequenz nicht mehr klar ist – und der zitierte Text aus einem Gemeindebrief zeigt diese Unsicherheit ja an. Meines Erachtens kann die Ordination nur in ihrer spezifischen Differenz zum in der Taufe verliehenen allgemeinen Priestertum und nicht zum katholischen Priesteramt sachgerecht bestimmt werden.

Nochmals zurück zum zitierten »Stichwort Ordination« im Gemeindebrief. Dort heißt es:

»Im evangelischen Bereich gilt das ›Priestertum aller Gläubigen‹«. Und weiter: »Die Ordination drückt allerdings einen besonderen Auftrag an die Ordinierten aus. In der Ordination erfolgt die Berufung, Sendung und Segnung zum Dienst der öffentlichen Wortverkündigung und Sakramentsverwaltung durch die Gemeinschaft aller Gläubigen, die Kirche.«[16]

Hans Asmussen, der Praktische Theologe der Bekennenden Kirche, hat schon in den 50er Jahren davor gewarnt, aus dem allgemeinen Priestertum ein allgemeines Predigertum aller Getauften abzuleiten.[17] Gerade im Zusammenhang der Strukturreformdebatten ist in vielen Landeskirchen unter der Hand der Eindruck

---

[16] Vgl. Anm. 11.

[17] Hans Asmussen, Das Amt und die Ämter in der kirchlichen Entwicklung seit 1945, in: Zeichen der Zeit 3 (1949), 246–251.

entstanden, als wäre in der Kirche alles sogar vielleicht besser durch das Ehrenamt machbar und stehe die schlecht ausgebildete Pfarrerschaft dabei nur im Wege. Wer dem allgemeinen Priestertum alles in der Kirche zutraut, nimmt ihm seine besondere Würde und muss die Ordination konsequent und ungewollt zur Berufseinstandsfeier für Pfarrerinnen und P!arrer abwerten.

Ich frage mich zunehmend, ob die in einer Reihe von Kirchenverfassungen übliche Rede von dem einen Amt der Kirche und seinen vielen Ausformungen dort angemessen ist, wo sie die Partizipation haupt- und ehrenamtlicher nicht-ordinierter Mitarbeiterinnen und Mitarbeiter am Verkündigungsauftrag der Kirche beschreiben soll, oder ob es nicht sachgerechter wäre, diese als Ausformung des allgemeinen Priestertums zu verstehen? Hans Asmussen hat 1946 in seiner kleinen Schrift »Priestertum aller Gläubigen« diese besondere Rolle und Würde aller Getauften betont. »Alle Gläubigen sind Priester. Dieses Zeugnis gehört zu den unaufgebbaren Wahrheiten.«[18] Das Priestertum aller Gläubigen ist Teil der Nachfolge Christi, und der Gottesdienst ist der Ort, an dem zuerst das Priestertum aller Gläubigen sichtbar werden muss. Gottesdienst wird also verstanden als Dienst der Priesterinnen und Priester. Ihre Gleichheit hat hier in Erscheinung zu treten. Pfarrerinnen und Pfarrer gehören dieser heiligen Priesterschaft an, der alle Gläubigen angehören.

Wie kann jedoch eine Bestimmung des ordinationsgebundenen Amtes von diesem Priestertum her, an welchem alle Gläubigen kraft ihrer Taufe teilhaben, erfolgen? Was ist die spezifische Differenz zwischen einem ordinierten und einem nichtordinierten Christen? Durch die Ordination wird kein gesteigerter persönlicher Gnadenstand begründet. Die Ordination bestätigt die Heilsgenügsamkeit der Taufe, an der alle Christen im Glauben partizipieren, in ihrer keiner Ergänzung bedürftigen Suffizienz. Nachdem Ordinierte über keinen spezifischen Heilsstatus anderen getauften Christen gegenüber verfügen, können sie auch kein Monopol authentischer Wahrnehmung des Christentums beanspruchen. Sie können so auch nicht *eo ipso* zu Garanten der Identität und Kontinuität apostolischer Überlieferung werden. Das Amt der Lehre, das den Ordinierten in besonderer Weise aufgetragen ist, begründet kein Wahrheitsmonopol. Auch stellt das ordinationsgebundene Amt anderes dar als eine bloße Funktion eines bestimmten Gemeindewillens, den es zu repräsentieren und dessen Delegation es sich zu verdanken hätte. Es hat durchaus – so der Münchener Systematiker Gunther Wenz – eine Aufgabe von gottgewollter Eigenständigkeit an der jeweiligen Gemeinde wahrzunehmen, zu deren Dienst es nach Maßgabe des Zeugnisses der Schrift geordnet ist. Das ordinationsgebundene Amt hat Sorge dafür zu tragen, »daß in der je besonderen Wahrnehmung des Priestertums aller Gläubigen [...] dessen Allgemeinheit nicht verlorengeht. Die Besonderheit des ordinationsgebundenen Amtes erfüllt sich [...] im Dienst an der Allgemeinheit des Priestertums aller.«[19] Genau dies ist

---

[18] DERS., Das Priestertum aller Gläubigen, Stuttgart o.J. (1946), 5.

[19] GUNTHER WENZ (wie Anm. 15), 122.

ja das Anliegen von Artikel 14 der Confessio Augustana: »*quod nemo debeat in ecclesia publice docere aut sacramenta administrare, nisi rite vocatus*«.

Dabei ist allerdings der spezifische Öffentlichkeitsbegriff der Confessio Augustana zu beachten: *publice* ist der Gemeinde als Ganzem gegenüber zu verstehen, d. h. es geht um eine spezifische Verantwortung für die Gemeinde in ihrer Gesamtheit, die immer noch im Gottesdienst zum Ausdruck kommt, auch wenn dieser in empirischer Perspektive längst schon eine defizitäre Repräsentation darstellt. Hier kommt die ekklesiologisch-ökumenisch-apostolische Dimension der pastoralen Existenz zum Ausdruck. Gemeinschaft der Ordinierten ist so als Herausforderung verstanden. Und *publice* meint: an die Gemeinde als Ganzes gerichtet! Also ein Einheitsdienst, der separierende Trennungen der Gemeinde zu verhindern oder aufzuheben sucht.

Das ordinationsgebundene Amt stellt ein von Gott gewolltes Amt (CA 5: *institutum est*!) dar. Es dient der Entdeckung und Pflege der charismatischen Gaben in der Gemeinde. Gemeinde und Amt sind dabei von den Ursprüngen her miteinander da. Sie stehen zueinander in einem Verhältnis lebendiger pneumatischer Wechselwirkung. Die Gemeinde schafft nicht das Amt, sondern sie beruft in das von Gott eingesetzte Amt. Amtsträgerinnen und Amtsträger sind nicht Funktionäre und Mandatare der Gemeinde, sondern Mandatare Gottes.

Im ordinationsgebundenen Amt steht deshalb nicht die Gemeinde sich selbst gegenüber, sondern der gegenwärtige Christus seiner Gemeinde. Christus ist der Herr des Amtes und der Herr der Gemeinde. Amt und Gemeinde sind als menschliche Kooperation und Partnerschaft unter Christus zu verstehen.[20] Das allgemeine Priestertum darf gerade deshalb nicht eine negative Spitze gegen das Amt bekommen, sondern muss sich innerhalb dieser lebendigen Kommunikation seiner apostolischen Sendung bewusst werden. Dem ordinationsgebundenen Amt ist eine besondere Verantwortung für das allgemeine Priestertum aufgetragen aufgetragen im Sinne einer Verantwortung für das Miteinander.[21] Dabei handelt es sich um eine kontinuierlich zu vollziehende Aufgabe. Zu ihr gehört eine notwendige, nicht vorschnell zu harmonisierende Spannung zwischen ordinationsgebundenem Amt und Gemeinde. Diese Spannung ist konstruktiv fruchtbar zu machen! Eine vorschnelle Nivellierung der Unterschiede würde hier nur schaden.

Ich spreche deshalb von »pastoraler Existenz« als einer von der Ordination her geprägten Haltung im Pfarrberuf. Das Wort »pastoral« ist jedoch ein belasteter Terminus, da immer die Vorstellung von »pastörlich«, pfarrergerecht, betulich, berufsfrömmelnd oder umsorgend mitschwingt. Dies alles sind negativ besetzte Konnotationen. »Pastoral« kann auch dazu dienen, eine bestimmte Stimmlage und

---

[20] Vgl. Kurt Frör, Partnerschaft von Amt und Gemeinde, in: Ders./Wilhelm Maurer, Hirtenamt und mündige Gemeinde. Ein theologisches Votum zur Kirchenreform, München 1966, 7–49.

[21] Vgl. dazu Gunther Wenz, Theologie der Bekenntnisschriften der evangelisch-lutherischen Kirche. Eine historische und systematische Einführung in das Konkordienbuch, Bd. 2, Berlin/New York 1998, 237–370.

Sprachmelodie zu kennzeichnen, im Sinne des »Kirchentones«. Es assoziiert dann eine kirchliche Sonderwelt, in der agiert, gedacht und argumentiert wird. Immer schwingt auch ein hierarchisches Moment mit. Stattdessen plädiere ich für eine reflektierte Verwendung des Terminus »Pastorale Existenz«. Er dient dann zur Bezeichnung einer Haltung im Pfarrberuf, die die Ordination nicht nur für die Kirchenbeziehung ernst nimmt, sondern auch in Bezug auf die persönliche Identität. Hier sind die Unterschiede zu markieren! Von der Ordination her verändert sich dann auch die Füllung des Begriffes »pastoral« in Richtung positiver Konnotationen. »Pastorale Existenz« drückt zugleich den Bezug zu Christus als dem Hirten aus. Hinter der tiefen Sehnsucht nach der Hirtengestalt, die sich bis heute in Stellenausschreibungen für Pfarrerinnen und Pfarrer im Gemeindedienst ausdrückt (z. B. »nachgehende Seelsorge«), könnte sich der Wunsch nach der Christusvergegenwärtigung durch den Pfarrer bzw. die Pfarrerin verbergen. Es geht also gar nicht vordergründig darum, dass Pfarrerinnen und Pfarrer zu Hirten und Gemeindeglieder analog zu »Schafen« werden. Dies ist lediglich die klerikale Verzeichnung! Pastorale Existenz meint eine Dimension, die als *differentia specifica* zu den verschiedenen hilfreichen, anderen Berufsfeldern und Milieus entnommenen Leitbildern zwingend hinzutritt. Mein Anliegen ist die Verbindung von Leitbild und pastoraler Existenz sowie deren gegenseitige Durchdringung. Für gefährlich halte ich allerdings eine Verabsolutierung der Leitbilder, weil sie immer die Gefahr der Klerikalisierung in sich birgt. Sie ist vor allem dort gegeben, wo Leitbilder wie Virtuosität, Vorrangstellung oder implizite Bevormundung in der Regel ungewollt und unbewusst miteinander verkoppelt werden. Ordination wird für mich zur *differentia specifica* gegenüber der Fülle an – hilfreichen – Analogien zum Pfarrberuf, die eine begrenzte Funktion als Leitbilder ausüben können. Problematisch wird es lediglich dann, wenn die »geliehenen« Identitätsanteile zu sehr dominieren und die *differentia specifica* deshalb nicht mehr sichtbar wird.

6. Zur spirituellen Dimension der Ordination

Martin Luther hat bei aller Betonung des Priestertums aller Gläubigen den Dienst des Predigtamtes nicht aus den Augen verloren und den positiven Wert der Vokation für den Prediger betont: Sie verleiht dem Berufenen die Gewissheit, sein Amt von Gott selbst bekommen zu haben und von ihm in der Wahrheit befestigt zu werden. Dies hat Folgen für die Spiritualität der Amtsträgerinnen und Amtsträger. So ist der funktionalen Betrachtungsweise des Pfarrberufs, die hilfreihe Einsichten zur Verfügung stellt, eine spirituelle zur Seite zu stellen, die zugleich verdeutlicht, dass Amt und Person des Pfarrers und der Pfarrerin untrennbar miteinander verflochten sind bzw. dies im Laufe eines Lebens werden.[22]

---

[22] Vgl. Gottfried Werner, Tröstet Euch der Ordination! (Bekennende lutherische Kirche 13), Neuendettelsau 1954.

Einen wichtigen Schritt zum Verstehen der spirituellen Dimension der Ordination stellt daher die Überwindung der Fixierung auf den Ordinationsakt dar. Er ist lediglich der Beginn eines Weges, auf dem sich die Ordination entfaltet, ähnlich wie es bei der Taufe ja auch um die Entfaltung der Taufgnade und nicht isoliert um den Taufakt geht. Ordination setzt einen lebenslangen Prozess in Gang und beschränkt sich nicht auf eine einmalige Handlung. Deshalb ist eine Spiritualität der Ordination zu entwickeln, zu pflegen und zu entfalten. Ordination entfaltet sich analog zur Taufe erst in biographischer Perspektive.

Anders formuliert: Ordination beschreibt eine Integrationsleistung aus theologischer Qualifikation, Berufung und lebenslanger Verpflichtung bzw. Inanspruchnahme durch Christus. Sie stellt eine Integrationsleistung dar, die kontinuierlich zu vollziehen ist. In der Ordination entsteht eine neue, einer künstlerischen Leistung vergleichbare Einheit. Otto Haendler hatte in seiner tiefenpsychologischen Homiletik von der Predigt als Lebensarbeit gesprochen.[23] Ich möchte seinen Begriff der Lebensarbeit auf die Ordination übertragen. Ordination entfaltet sich als Lebensarbeit im Pfarrberuf. Sie umfasst die kontinuierliche Erarbeitung einer stimmigen Einheit aus göttlicher Berufung, theologischer Qualifikation, Persönlichkeit und Situation – im lebendigen Kontakt mit Menschen. Und es geht um mehr als nur um religiöse Kommunkation: Ordination und die mit ihr verbundene öffentliche Verkündigung und Sakramentsverwaltung führen in eine kontinuierliche Christus-Beziehung, zum Handeln im Feld der Christusgegenwart. Dies hat Auswirkungen auf den, der sich diesem Feld aussetzt.[24] Eine neue, biographisch vermittelte Einheit entsteht, die sich nicht auf eine bloße Addition von Kompetenzen reduzieren lässt.

Ordination macht dann zum Beispiel deutlich: Ich brauche in der Seelsorge kein Therapeut zu sein – aber ich muss solide Kenntnisse der verschiedenen Therapieansätze besitzen, um die Grenzen zwischen zulässigem und unzulässigem Handeln zu erkennen. Ordination hilft also, den spezifischen Zwischen-Standort des Pfarrberufs zu beschreiben, der auszuhalten ist. Ordination steht für eine spirituelle Dimension, die auf der Handlungsebene nicht ohne weiteres darstellbar ist. Der Pfarrberuf, so formuliert es Dietrich Stollberg, ist ein Amt, bei dem Beruf und Berufung in eins fallen. Person und Tätigkeiten sind schwer zu trennen, wenngleich zu unterscheiden. Pfarrer benötigen einen klaren kirchlichen und geistlichen Schwerpunkt in ihrer Arbeit. Es ist Arbeit in den persönlichen Glauben zu investieren.[25] Die Ordination hilft dabei.

---

[23] OTTO HAENDLER, Die Predigt. Tiefenpsychologische Grundlagen und Grundfragen (1940), 3., durchgesehene und erweiterte Auflage Berlin 1960, 315–319 (Predigt als Lebenswerk).

[24] Vgl. MANFRED JOSUTTIS, Die Einführung in das Leben. Pastoraltheologie zwischen Phänomenologie und Spiritualität, Gütersloh 1996, und DERS., Segenskräfte. Potentiale einer energetischen Seelsorge, Gütersloh 2000.

[25] Vgl. DIETRICH STOLLBERG, Der Pfarrberuf zwischen Anspruch und Wirklichkeit, in: Pastoraltheologie 89 (2000), 498–507; hier: 506.

Welche spezifische geistliche Leistung vollziehen Pfarrerinnen und Pfarrer im Gottesdienst, bei der Sakramentsverwaltung, in der Seelsorge, und wie formt diese Inanspruchnahme eine Persönlichkeit? Für mich verdeutlicht sich dies etwa in der christusbezogenen Seelsorge, in der es darum geht, den anderen in das Kraftfeld Christi zu führen und dabei auch Veränderungen der eigenen Person im Kraftfeld Christi zuzulassen. Der Herr wird durch mich hindurch gegenwärtig. Dies bleibt nicht ohne Folgen. »Amtsgnade« ist dann nichts anderes als die Zusage der Christus-Präsenz.

Die evangelische Pfarrerschaft wird nur dann zukunftsfähig sein, wenn sie selbst gefestigt und stabil ist. Die Ordination kann dazu einen wesentlichen Beitrag leisten. Pastorale Existenz stellt also eine an der eigenen Ordination orientierte Lebensform dar. Die Spiritualität der Ordination darf dann nicht mehr länger als anstößig und die Gemeinde abwertend missverstanden werden. Ich will damit jedoch keiner Klerikalisierung Vorschub leisten. Vielmehr wünsche ich mir eine ordinationsbewusste Pfarrerschaft, die ihre spezifische Verantwortung für das allgemeine Priesterrum kennt und achtet, auch in der kleinen Begegnung, im Alltag, dort, wo in der nachgängigen Wahrnehmung die Spuren Gottes zu entdecken sind. Deshalb mache ich Pfarrerinnen und Pfarrern Mut, selbstbewusst zu ihrer Ordination zu stehen – im Wissen um ihren Auftrag und ihre Grenzen. Und die Ordination widersetzt sich mit ihrer Sperrigkeit den allzu glatten Strukturen einer dienstleistungsorientierten Kirche. Sie muss dies tun, um eine Spannung aufrechtzuerhalten, die konstitutiv für die Kirche ist: Es geht darum, den positiven Wert sogenannter entschleunigender Faktoren in der Kirche zu entdecken, die tief in unserer spirituellen Tradition verankert sind und sich einer fatalen Dynamisierung kirchlichen Handelns entgegenstellen.

7. Meditation der Ordination: Entdeckungen am EKU-Ordinationsvorhalt als einer Theologie des geistlichen Amtes in nuce

Die Evangelische Kirche der Union besitzt mit dem Ordinationsvorhalt in der Fassung von 1997, der durch wichtige Einsichten der ostdeutschen EKU-Kirchen geprägt ist, ein für die Meditation der Ordination vorzüglich geeignetes liturgisches Stück.[26] Überhaupt kommt unseren gottesdienstlichen Texten zur Ordinationshandlung wie zu den Amtseinführungen im Zusammenhang einer Spiritualität der Ordination eine wichtige Rolle zu: Sie sind Potentiale, die gewachsene geistliche Einsichten einer Kirche speichern und über die Meditation wie über den liturgischen Gebrauch je neu zur Verfügung stellen. Und sie sind in ihrer Bedeutung für

---

[26] Meine Ausführungen beziehen sich auf die Fassung des Ordinationsvorhaltes nach der 5. Verordnung zur Änderung der Agende der Evangelischen Kirche der Union, II. Band, vom Februar 1997 (Beschluss des Rates der EKU). Der Text ist hier unter 8., Anhang, abgedruckt.

eine analog zur Taufe zu vollziehende Ordinationserinnerung erst wieder neu zu entdecken und zu schätzen.[27] Ordinationserinnerung vollzieht sich institutionalisiert in jeder Amtseinführung mit dem Rückverweis auf die Ordination des bzw. der Einzuführenden und stellt deshalb für Pfarrerschaft wie Gemeinde einen hohen spirituellen Wert dar. Eduard Lohse beschreibt dies in seiner Pastoralethik in zutreffender Weise: »Ich bin als ein Glied in die Kette eingefügt, die von der langen Folge meiner Vorgänger herkommt und über und durch mich weitergehen wird, so lange Gott Zeit und Gnade gibt.«[28]
Der EKU-Ordinationsvorhalt als ein Element, das den lutherischen Ordinationsformularen fehlt, enthält in nuce eine Lehre vom geistlichen Amt, die in kontinuierlichem Rückbezug zur Gemeinde entfaltet wird. Dies wird vor allem deutlich in der Gemeinde-Anrede mit ihrem Taufbezug und dem Hinweis darauf, dass es besonderer Dienste in der Kirche bedarf. Christus selbst ruft Einzelne zu solchen besonderen Diensten. Sie stehen in Wechselseitigkeit zueinander. Bewusst erfolgt die Ordinanden-Anrede mit dem »Du«. Es folgt die Beschreibung des Auftrags der Ordination als öffentliche Verkündigung des Evangeliums, Taufe und Leitung der Feier des Abendmahls. Die Ordinanden sind berufen, am Aufbau der Gemeinde mitzuwirken, zum Dienst in der Welt zu ermutigen und die Einheit der Christenheit zu suchen: Sie tragen damit besondere Verantwortung für die Entfaltung des allgemeinen Priestertums. Die Heilige Schrift ist »Quelle und Richtschnur« des Auftrags. Auch hier kommt das besondere Verhältnis des lebendigen Austausches zum Ausdruck. Sehr bewusst werden die Bekenntnisse und das Gespräch mit den Schwestern und Brüdern auf einer Ebene genannt. Beide helfen, den Ordinanden bzw. die Ordinandin im gemeinsamen Glauben zu festigen und das Wort Gottes heute recht zu verkündigen. Genannt wird die Gemeinschaft aller Mitarbeiterinnen und Mitarbeiter. Aber die Ordination stellt hier nicht gleich, sondern einander gegenüber. Sie bedarf deshalb der besonderen Fürbitte der Gemeinde. Es handelt sich um eine Verpflichtung der Kirche, dem Ordinierten beizustehen!

Dabei prägt Vertrauen den gemeinsamen Dienst. Ordinierte tragen eine hohe Verantwortung für den Zugang zum Evangelium. Sie haben das Beicht- und Seelsorgegeheimnis zu bewahren sowie Lebens- und Sterbebegleitung zu leisten. Mit dem »Gib keinen verloren!« wird die priesterliche Funktion und ihr stiller Dienst betont: »Tritt vor Gott und den Menschen für alle ein, die deinen Beistand brauchen.« Auch die eschatologische Dimension ist beim Ordinationsvorhalt im Blick. Ordinierten ist eine besondere Rechenschaft für ihren Dienst vor dem Richtstuhl Christi aufgetragen. Dem dient ihre persönliche Lebensgestaltung. Abschließend erfolgt eine Ermutigung zum Gebet und die persönliche Christus-Sendung und

---

[27] Vgl. FRIEDER SCHULZ, Erläuterungen zu den Gottesdienstordnungen für Ordination und Einführung, in: Ordination. Gottesdienstordnungen für Ordination und Einführung, vorgelegt von der Arnoldshainer Konfernz, Gütersloh 1972, 37–46, sowie ALEXANDER VÖLKER, Zur liturgischen Gestalt der Ordination, in: DERS./KARL LEHMANN/HANS DOMBOIS, Analyse des Ordinationsentwurfes für die Evangelische Kirche der Union, in: A.a.O., 83–103.

[28] EDUARD LOHSE, Kleine evangelische Pastoralethik, Göttingen 1985, 38.

Begleitung. Der Ordinationsvorhalt wird so zur Meditation der Ordination. Er enthält eine Theologie des geistlichen Amtes *in nuce*, die gemeindebezogen entfaltet ist. Diesem wertvollen Text ist seine hohe Verantwortung für die Tiefendimension der Ordination abzuspüren. Er leitet an zu einer gelebten Spiritualität der Ordination. Durchgängig wird der wechselseitige Verweisungs- und Begründungszusammenhang von ordinationsgebundenem Amt und allgemeinem Priestertum gewahrt, ohne die bestehenden Spannungen vorschnell aufzulösen.

Amt und allgemeines Priestertum stellen eine je eigene, individuelle und soziale wie spirituelle Rolle dar. Aber es gibt keinen exklusiven Vorbehalt der Christusrepräsentation im ordinationsgebundenen Amt. Auf diese Weise wird die kontinuierlich in der Kirche zu erlernende und auszuhaltende Balance beschrieben, dass sich nur im wechselseitigen Gegenüber von Amt und Gemeinde die Christusverheißung entfaltet. Amt und Gemeinde bedürfen jeweils einer eigenen sorgfältigen Beachtung und Pflege und dürfen in keiner Richtung gegeneinander ausgespielt werden, weil sonst die Kirche als Ganzes Schaden nimmt.

8. Anhang: Ordinationsvorhalt der EKU in der Fassung vom 5. Februar 1997

»Liebe Gemeinde, aus diesen Worten der Heiligen Schrift hören wir, welchen Auftrag und welche Verheißung Jesus Christus seiner Kirche gegeben hat.
Durch die Taufe seid ihr alle zum Zeugnis und Dienst in der Welt berufen. Der Erfüllung dieses Auftrags dient alle Arbeit in der Kirche. Christus ruft zu besonderen Diensten einzelne Glieder der Gemeinde. Ihr braucht sie, sie brauchen euch.

Liebe Schwester/Lieber Bruder,
du wirst nun ordiniert, das Evangelium öffentlich zu verkündigen, zu taufen und die Feier des Abendmahls zu leiten.
Du wirst berufen, in Gottesdienst, Lehre, Seelsorge und Unterweisung am Aufbau der Gemeinde mitzuwirken, zum Dienst in der Welt zu ermutigen und die Einheit der Christenheit zu suchen.
Das Zeugnis der Heiligen Schrift ist Quelle und Richtschnur deines Auftrags.
Die Bekenntnisse unserer Kirche und das Gespräch mit den Schwestern und Brüdern werden dich im gemeinsamen Glauben festigen und dir helfen, das Wort Gottes heute recht zu verkündigen. Die eigene theologische Weiterarbeit ist für dich unerläßlich.
In deiner Verkündigung soll die Gemeinde das Wort ihres Herrn suchen und hören. Darum wird sie deine Verkündigung an der Schrift prüfen und dir mit Zuspruch, Rat und Mahnung helfen.
Bei deinem Dienst stehst du in der Gemeinschaft aller Mitarbeiterinnen und Mitarbeiter und wirst begleitet von der Fürbitte der Gemeinde. Unsere Kirche verpflichtet sich, dir in deinem Dienst beizustehen.

Vertrauen soll unseren gemeinsamen Dienst prägen. Achte die Ordnung unserer Kirche. Bewahre, was den Zugang zum Evangelium erleichtert, und hilf mit, dafür neue Wege zu suchen.
Über alles, was dir in Beichte und Seelsorge anvertraut wird, bist du verpflichtet zu schweigen. Hilf den Menschen, im Glauben dankbar zu leben und getröstet zu sterben. Gib keinen verloren. Tritt vor Gott und den Menschen für alle ein, die deinen Beistand brauchen. Vor dem Richtstuhl Jesu Christi wirst du Rechenschaft geben über deinen Dienst.
Verhalte dich so, daß dein Zeugnis nicht unglaubwürdig wird. Nimm selbst Seelsorge in Anspruch und vertraue dich im Gebet Gott an.
In all deinem Dienst, auch wenn dich Zweifel und Enttäuschung anfechten, wenn dir Verzicht und Leiden auferlegt werden, gilt dir die Zusage unseres Hernn Jesus Christus. Er sendet dich. Er steht zu seinem Wort und verläßt die Seinen nicht. Er spricht: Laß dir an meiner Gnade genügen, denn meine Kraft ist in den Schwachen mächtig.«[29]

---

[29] Ordinationsvorhalt der EKU (wie Anm 26).

Die Gemeinschaft der Ordinierten als Ort gelebter Spiritualität

Die Gemeinschaft der Ordinierten als Ort gelebter Spiritualität stellt eine ambivalent besetzte, häufig mit ideologiekritischen Vorbehalten verbundene und gerne unter dem Generalverdacht der damit einhergehenden Klerikalisierung stehende Fragestellung dar, die in der praktisch-theologischen Reflexion zum evangelischen Pfarrberuf nur zurückhaltende Bearbeitung findet.

1. Die Gemeinschaft der Ordinierten nach dem Pfarrdienstgesetz der EKD

Das aktuelle Pfarrdienstgesetz der Evangelischen Kirche in Deutschland (EKD) stellt ohne weitergehende Aussagen zur geistlichen Realisierung fest: »Pfarrerinnen und Pfarrer stehen als Ordinierte in einer Gemeinschaft untereinander. Sie sollen bereit sein, einander in Lehre, Dienst und Leben Rat und Hilfe zu geben und anzunehmen. Sie sind verpflichtet, regelmäßig am Pfarrkonvent und entsprechenden Einrichtungen teilzunehmen.«[1] Dabei üben sie »ihren Dienst in Verantwortung für die Einheit der Kirche und die ihr obliegenden Aufgaben aus« und haben deshalb »insbesondere alles zu unterlassen, was den Zusammenhalt einer Gemeinde oder den Dienst anderer Ordinierter erschweren kann.«[2]

---

[1] § 26 Abs. 3 Pfarrdienstgesetz EKD: Kirchengesetz zur Regelung der Dienstverhältnisse der Pfarrerinnen und Pfarrer in der Evangelischen Kirche in Deutschland (Pfarrdienstgesetz der EKD – PfDG.EKD) in der Bekanntmachung der Neufassung vom 15. Februar 2021 (www.kirchenrecht-ekd.de Abruf 23.11.2022).

[2] § 26 Abs. 4 Pfarrdienstgesetz EKD. Vgl. Hans-Peter Hübner, Evangelisches Kirchenrecht in Bayern, Grundlegend überarbeitete Neuausgabe, München 2020, 305: »Von wesentlicher Bedeutung für den Pfarrdienst und sein Gelingen ist die Gemeinschaft der Ordinierten. Durch ihre tägliche persönliche Auseinandersetzung mit dem Evangelium und ihre gemeinsame Aufgabe in der öffentlichen Verkündigung stehen Pfarrer und Pfarrerinnen so auch in einer geistlichen Gemeinschaft. Um nicht ›allein zu stehen‹, sollen sie die Gemeinschaft der Ordinierten pflegen, indem sie regelmäßig am Pfarrkonvent teilnehmen und einander Rat und Hilfe geben – und auch bereit sind, Rat und Hilfe anzunehmen.«

Ähnlich konzentrieren sich landeskirchliche Ausführungsbestimmungen zur Gemeinschaft der Ordinierten auf eine Regelung des sozialen Miteinanders. Für sie stehen die »Leitlinien zur Gestaltung der Gemeinschaft der Ordinierten in der Evangelischen Kirche im Rheinland« und die »Konventsordnung der Evangelisch-Lutherischen Landeskirche Hannovers«. Die rheinischen Leitlinien bestimmen in presbyterialer Tradition die Gemeinschaft der Ordinierten auf die jeweilige Kirchengemeinde bezogen.[3] Neben den dort tätigen Gemeindepfarrerinnen und Gemeindepfarrern gehören die beruflich wie die ehrenamtlich mitarbeitenden Prädikantinnen und Prädikanten sowie diejenigen Pastorinnen und Pastoren, die in den Predigtdienst der Gemeinde eingebunden sind, dieser Gemeinschaft an. Auch ordinierte Gemeindemitglieder, die ihre Rechte und Pflichten aus der Ordination in Dienstverhältnissen außerhalb ihrer Wohnsitzgemeinde wahrnehmen, gehören dazu und können sich freiwillig einbinden lassen. Hinzu kommen die in der Kirchengemeinde lebenden Pfarrerinnen und Pfarrer im Ruhestand.[4] Die in den Verkündigungsdienst der Kirchengemeinde eingebundenen Ordinierten gestalten ihre Gemeinschaft durch »Förderung des geistlichen Lebens (Gebet, Bibelstudium etc.) sowie die Ermöglichung von Fortbildung«, durch »inhaltliche Konzeption des ›ordinierten Dienstes‹ im Rahmen der Gesamtkonzeption gemeindlicher Aufgaben (Absprachen, Dienste, Zuständigkeiten etc.)« und »Organisation des Dienstes der Ordinierten (Predigtplan, Gottesdienste, Kasualien etc.)«[5]. Die Kirchengemeinde führt eine Liste ihrer ordinierten Mitglieder.[6]

Die Hannoversche Konventsordnung bestimmt die Gemeinschaft der Ordinierten in lutherischer Tradition vom Pfarrkonvent her, der die »Gemeinschaft der Ordinierten eines Kirchenkreises« darstellt, »die in einer seiner Kirchengemeinden oder im Kirchenkreis pfarramtliche Aufgaben wahrnehmen oder dem Kirchenkreis zugewiesen sind, weil sie allgemeinkirchliche oder besondere kirchliche Aufgaben wahrnehmen oder Aufgaben übernommen haben, die im kirchlichen Interesse liegen.«[7] Er hat »die Gemeinschaft seiner Mitglieder und der Teilnehmenden als Gabe und Aufgabe wahrzunehmen und diese Gemeinschaft im wechselseitigen Gespräch und in gegenseitiger Ermutigung und Ermahnung zu

---

[3] In der Evangelischen Kirche im Rheinland wird wie in den uniert geprägten Teilen der Evangelischen Kirche in Mitteldeutschland die Beauftragung ehrenamtlich tätiger Prädikantinnen und Prädikanten wie beruflich in der Kirchengemeinde mitarbeitender Gemeindepädagoginnen und Gemeindepädagogen nicht als »Beauftragung«, sondern ebenfalls als »Ordination« bezeichnet.

[4] Vgl. Gemeinschaft der Ordinierten in der EKiR, 79f: Die Gemeinschaft der Ordinierten in der Evangelischen Kirche im Rheinland – Leitlinien zur Gestaltung, in: Kirchliches Amtsblatt der Evangelischen Kirche im Rheinland Nr. 3/2018, 78–80.

[5] Gemeinschaft der Ordinierten in der EKiR, 80.

[6] Vgl. ebd.

[7] Konventsordnung [der Evangelisch-Lutherischen Landeskirche Hannovers] vom 24. Januar 2000, in: KABl Hannover 2000, (www.kirchenrecht-evlka.de Abruf 7.2.2022), 7.

pflegen und zu fördern.«[8] Dazu zählen (1) »Gemeinsame theologische Arbeit insbesondere zur geistlichen Zurüstung und zur Fort- und Weiterbildung der Ordinierten«, (2) »Regelmäßiger Austausch zu den Fragen des gesamten pfarramtlichen Dienstes« und (3) »Förderung der Zusammenarbeit zur gemeinsamen Erfüllung gemeindeübergreifender Aufgaben und gegenseitige Beratung und Hilfe in der persönlichen Amts- und Lebensführung.«[9]

2. Aus der pastoraltheologischen Vorgeschichte einer »Gemeinschaft der Ordinierten«

Der Begriff »Gemeinschaft der Ordinierten« begegnet erst nach 1945 als Konsequenz aus den Erfahrungen des sogenannten »Kirchenkampfes«. Zuvor bildet die Gemeinschaft der Ordinierten kein eigenständiges Thema der Pastoraltheologie und wird eher peripher unter »kollegialem« wie »amtsbrüderlichem« Miteinander behandelt.

Eine wichtige Station ist der durch Gustav Plieningers 1837 erschienene Übersetzung im deutschen Raum bekannt gewordene »Evangelische Geistliche« des Anglikaners Richard Baxter (1615–1691) von 1655. Dieser fordert seine Amtsbrüder um des Evangeliums willen zu Frieden und Einigkeit, zum gemeinsamen Studium und Gebet wie zur wechselseitigen Ermahnung auf.[10] »Anstatt mit unseren Brüdern zu streiten, müssen wir uns mit ihnen gegen die gemeinsamen Gegner vereinen, und alle Geistlichen sollten zu diesem Zwecke zusammenhalten und in beständigem schriftlichem und mündlichen Verkehre mit einander stehen, der durch unbedeutendere Verschiedenheit der Ansichten nicht unterbrochen werden dürfte.«[11]

Die Sehnsucht nach echter, auf der Ordination zum geistlichen Amt beruhenden »Bruderschaft« unter den Amtsträgern kommt im Brief zum Ausdruck, den der Kieler Propst Claus Harms (1778–1855) am 16. Juli 1837 zum Tag der Ordination seinem Sohn schreibt: »Mein Sohn, mein lieber, theurer Sohn. Nach der leiblichen Gegenwärtigkeit bin ich nicht dabey, aber im Geiste bin ich da, singe mit, bete mit, lege die Hand mit auf, und schließe nach der Ordination Dich in meine Arme, drücke dich an mein Herz. Gehe hin in das Heiligthum Gottes, daß Du geheiliget werdest, ausgesondert von der Welt, zu einem Geistlichen gemacht. [...] Als Propst Leitheuser mich ordinirte und sprach die Worte, ungefähr diese: Nun nehme ich Dich aus der Welt und weihe Dich zum Dienst im Reich Christi, – ich erinnere klar wie mich das durchdrang und erfüllete. Israels Priestern wurden

---

[8] Ebd.

[9] Ebd.

[10] Vgl. RICHARD BAXTER, Der Evangelische Geistliche. Eine Pastoraltheologie (1655). Aus dem Englischen von Gustav Plieninger, Reutlingen 1837, 39.

[11] BAXTER (wie Anm. 10), 102.

die Hände gefüllt, uns Priestern Christi die Herzen, werde Dein Herz überlaufend erfüllt! Stehe auch ich hier, liege hier, hebe meine Arme zum Himmel für Dich, mein Sohn, der Du jetzt mein Bruder werden sollst und wirst es in gleicher Weihe.«[12]

In seiner »Pastoraltheologie« geht Claus Harms auf das problematische bruderschaftliche, von ihm »collegial« genannte Verhältnis zwischen den Pastoren ein[13]: »Die Prediger heißen sich untereinander Bruder. [...] Das thun zwar einige andre Standesgenossen ebenfalls [...]; allein es ist doch, meine ich, unerhört, daß jüngere und ältere Männer einer den andern, daß weltliche Beamte, daß Schulmänner, Professoren sich Bruder heißen. Woher eben die Prediger? [...] allein ich halte dafür, dem liege die Idee einer gemeinschaftlichen, besonderen, aus dem Geist geschehenen Zeugung zum Grunde, in einem Sinn, wie Christen überhaupt aus dem Geist geboren werden, so die Geistlichen, nicht zu sagen, in einer höhern Geburt, denn wir bleiben uns alle als Christen gleich, sondern in einer nochmaligen Geburt, wozu die Confirmation bezogen auf die Taufe ein Gleichniß abgeben könnte. Da verstände es sich denn von selbst, wenn man sich ohne alle Rücksichten auf Alters- und Amtsverschiedenheit Bruder nennt. [...] Es hat sich, wenigstens in unserm Lande [...] damit anders gemacht, nämlich der so eben Ordinierte wirft noch nicht dem ältern Prediger einen Bruder zu, und einen Propst, einen Consistorialrath, so wie den Superintendenten reden alle Prediger mit seinem Amts- oder Rangtitel an.«[14]

Wilhelm Löhe (1808–1872) beschreibt 1852/58 im »Evangelischen Geistlichen« das Verhältnis zwischen Vorgänger, Amtsinhaber und Nachfolger auf einer Pfarrstelle, ohne explizit auf die Ordination als Verbindung einzugehen, was seinem monarchischen Amtsverständnis und dem damit einhergehenden Verständnis von Kirche von der einzelnen Gemeinde aus entspricht[15]: »Schone deinen Vorfahr und deinen Nachfolger« und »Schone deinen Kollegen, dürfte man dazusetzen«[16]. »Aber oft ist der Vorfahr ein redlicher Mann gewesen, nur kein vollkommener. Einen solchen sollte man schonen.«[17] Der Pfarrer habe sich immer »als Glied einer Reihe« zu denken, »das zwischen andern steht. Sein Sinn ist, dem Vorfahr nach-, dem Nachfolger aufs ersprießlichste vorzuarbeiten.«[18]

---

[12] Claus Harms, Pastoraltheologie. In Reden an Theologiestudirende, Kiel ^{3}1878, 121f.

[13] In der evangelischen Pfarrerschaft der deutschen evangelischen Landeskirchen war bis in die 1930er Jahre hinein die respektvolle gegenseitige Anrede mit »Herr Kollege« anstelle mit »Bruder« üblich.

[14] Harms (wie Anm. 12), 124f.

[15] Vgl. Klaus Raschzok, Das geistliche Amt nach Wilhelm Löhe. Impuls in eine amtsvergessene Kirche, in: Dietrich Blaufuss (Hrsg.), Wilhelm Löhe: Erbe und Vision (Die Lutherische Kirche - Geschichte und Gestalten 26), Gütersloh 2009, 80-109 (in diesem Band 261-286).

[16] Wilhelm Löhe, Der evangelische Geistliche. Dem nun folgenden Geschlechte evangelischer Geistlicher dargebracht 1852-1858, Erstes Bändchen (GW 3, 2), 59.

[17] A.a.O., 59.

[18] A.a.O., 61.

Bei Hermann von Bezzel (1861–1917) wird 1916 im »Dienst des Pfarrers« die Gemeinschaft der Ordinierten ohne explizite Begriffsverwendung im Gebetsleben des Pfarrers verortet: »Vorab gedenkt der Diener der Kirche seiner Amtsbrüder und der Not ihrer Seele, ihres Gewissens, der Angst der Kirche über die ihr Entwichenen und Entweichenden und hält es nicht für schulmeisterliche Pedanterie, um die rechte reine Lehre zu bitten«.[19] Georg Merz (1892–1959), der Hermann von Bezzel als Präsidenten des Protestantischen Oberkonsistoriums in München erlebte, schreibt im Rückblick über ihn: »Er war es wohl, der mit der Tradition brach, den Pfarrer als einen untergeordneten Beamten zu betrachten, und dafür auch dem jüngsten Vikar gegenüber davon ausging, daß er mit ihm durch das gleiche Ordinationsgelübde verbunden war.«[20]

3. Die Entdeckung der geistlich-theologischen Bedeutung der »Bruderschaft« in der Bekennenden Kirche

Die Entdeckung der geistlich-theologischen Bedeutung der »Bruderschaft« in der Bekennenden Kirche hat Sabine Bobert-Stützel in ihrer Studie zu Dietrich Bonhoeffers Pastoraltheologie herausgearbeitet. »Frömmigkeit, gerade die der Pfarrer, ist nach Bonhoeffers Verständnis auf Bruderschaft angewiesen. In Analogie zu seiner Auffassung, daß es faktisch kein Heil außerhalb der BK gebe, gilt: extra communionem nulla pietas.«[21] Die »Bruderschaft des Amtes« soll »über den beruflichen Umgang miteinander hinausreichen«.[22]

Bonhoeffers Verständnis von Bruderschaft führt die »Erklärung zur praktischen Arbeit der Bekenntnissynode der Deutschen Evangelischen Kirche (Barmen 1934)« über den geistlichen Dienst der Brüder untereinander fort: »a) Die Pfarrer müssen sich in den einzelnen Synoden zu gegenseitigem Dienst aneinander, zur gemeinsamen Arbeit unter Gottes Wort und zum Gebet zusammenschließen und regelmäßig zusammenkommen. An solchen Zusammenkünften müssen von Zeit zu Zeit auch die Pfarrfrauen teilnehmen. b) Wir brauchen in unserer Kirche Männer, die das Mahn- und Trostamt ausrichten, auch gelegentlich freigemacht werden, um von Ort zu Ort die Brüder zu stärken und zu ermahnen, besonders die Vereinsamten, c) besondere Rüstzeiten von mehrtägiger Dauer, abseits vom

---

[19] Hermann Bezzel, Der Dienst des Pfarrers. Mahnungen und Betrachtungen, Neuendettelsau ^{2}1916, 75.

[20] Georg Merz, Wege und Wandlungen. Erinnerungen aus der Zeit von 1892-1922. Nach seinem Tode bearbeitet von Johannes Merz, München 1961, 185.

[21] Sabine Bobert-Stützel, Dietrich Bonhoeffers Pastoraltheologie, Gütersloh 1995, 113.

[22] A.a.O., 117f.

Getriebe der großen Städte, möglichst auch für Pfarrfrauen, d) eine in regelmäßigen Abständen erscheinende geistliche Handreichung.«[23]

Im »Gemeinsamen Leben« entfaltet Dietrich Bonhoeffer 1939 auf dem Hintergrund der Arbeit im Predigerseminar Finkenwalde seine geistlich-theologische Konzeption von »Bruderschaft«: »Es wird leicht vergessen, daß die Gemeinschaft christlicher Brüder ein Gnadengeschenk aus dem Reiche Gottes ist, das uns täglich genommen werden kann«.[24] Dabei »liegt für die christliche Bruderschaft alles daran, daß es vom ersten Anfang an deutlich werde: *Erstens, christliche Bruderschaft ist kein Ideal, sondern eine göttliche Wirklichkeit. Zweitens, christliche Bruderschaft ist eine pneumatische und nicht eine psychische Wirklichkeit.*«[25] Mit der christlichen Gemeinschaft verhält es sich wie «mit der Heiligung der Christen. Sie ist ein Geschenk Gottes, auf das wir keinen Anspruch haben. Wie es um unsere Gemeinschaft, wie es um unsere Heiligung wirklich bestellt ist, das weiß allein Gott. Was uns schwach und gering erscheint, das kann bei Gott groß und herrlich sein. Wie der Christ sich nicht dauernd den Puls seines geistlichen Lebens fühlen soll, so ist uns auch die christliche Gemeinschaft von Gott nicht dazu geschenkt, daß wir fortgesetzt ihre Temperatur messen. [...] Christliche Bruderschaft ist nicht ein Ideal, das wir zu verwirklichen hätten, sondern es ist eine von Gott in Christus geschaffene Wirklichkeit, an der wir teilhaben dürfen.«[26]

Konkret wird Bonhoeffers Gemeinschaft der Ordinierten als Ort gelebter Spiritualität in den »Finkenwalder Rundbriefen«, mit denen er den Einsatz seiner Seminaristen in den Gemeinden wie später als Soldaten im Zweiten Weltkrieg begleitet und betont, dass »die Ordination [...] uns zum Trost und als Gnade eingesetzt« ist, »um uns in unserm Amt gewiss zu machen.«[27] Instrumente der Pflege der Gemeinschaft der Ordinierten sind das unaufhörliche Gebet füreinander und die gemeinsame Arbeit an der Heiligen Schrift, zu der jedem Rundbrief Vorschläge für Meditationstexte beigefügt sind.

Die »Ordnung des geistlichen Amtes« der Evangelisch-Lutherischen Kirche in Bayern vom 27.4.1939, das erste Pfarrdienstgesetz einer deutschen Landeskirche, nimmt diese Anstöße auf. Teil A ist in Bayern unabhängig vom Pfarrdienstgesetz

---

[23] Erklärung zur praktischen Arbeit der Bekenntnissynode der Deutschen Evangelischen Kirche (Barmen 1934), in: MARTIN HEIMBUCHER/RUDOLF WETH (Hrsg.). Die Barmer Theologische Erklärung. Einführung und Dokumentation, 7., überarb. u. erw. Auflage Neukirchen-Vluyn 2009, 72–75; hier: 72f.

[24] DIETRICH BONHOEFFER, Gemeinsames Leben, 1939 (DBW 5), 17.

[25] A.a.O., 22.

[26] A.a.O., 26.

[27] ILSE TÖDT, Die Finkenwalder Rundbriefe. Briefe und Texte von Dietrich Bonhoeffer und seinen Predigerseminaristen 1935–1946 (DBW Ergänzungsband), Gütersloh 2013; hier Nr. 45: Zwölfter »persönlicher« Brief vom Mai 1940, 472.

der EKD bis heute als theologische Grundlage in Geltung[28] und versteht das geistliche Amt als »in unmittelbarem Auftrag des Herrn der Kirche ausgerichtet« und darum als das »vornehmste Amt der Kirche. Die Autorität des geistlichen Amtes gründet allein im Wort Gottes. Es ist also nicht von der Gemeinde abgeleitet, sondern ist göttliche Stiftung, durch welche die Gemeinde gesammelt und aufgebaut wird.« Daraus folgt für die Person des Amtsträgers, dass dieser »nicht für sich allein stehen wollen«, »sondern treulich die Gemeinschaft mit den Brüdern im Amt pflegen und ihren brüderlichen Zuspruch«[29] suchen wird.

4. Die »Gemeinschaft der Ordinierten« und ihre Spiritualität nach 1945

Neben der rechtlichen Fixierung der Gemeinschaft der Ordinierten in den Pfarrdienstgesetzen entfalten nach 1945 nur wenige Stimmen deren Spiritualität näher.

Christhard Mahrenholz (1900–1980) spricht 1951 die mit dem Begriff Ordination verbundene Problematik eines geistlichen Standes für die reformatorische Theologie an. »Ordinieren heißt ja ursprünglich nichts anderes, als die Aufnahme in einen bestimmten Ordo vollziehen. Auch die Ordination der Pfarrer schließt mit der Übertragung des gesamtkirchlichen Auftrages zur Verwaltung der Gnadenmittel die Aufnahme in den ›geistlichen Stand‹, oder besser: in den ›Stand zum pfarramtlichen Dienst verpflichteter Amtsträger‹, ein, und darin besteht praktisch der charakteristische Unterschied der Ordination von der Einführung. Zwar wird die Vokabel ›Stand‹ als Bezeichnung der Gemeinschaft der Träger eines Amtes in Einklang mit der Heiligen Schrift der ev. Kirche nicht gern gebraucht, weil sie die Gefahr falschen Verständnisses in sich schließt. Für Luther aber gibt es neben dem Stand der Ehe [...] und dem Stand der Obrigkeit auch den ›geistlichen‹ Stand. Die Stände sind für ihn ja die von Gott geschaffenen Ordnungen, deren Gliedern bestimmte Aufgaben und Dienste übertragen sind und die in der Erfüllung dieser Dienste eine Gemeinschaft, einen Stand oder ordo, bilden. Solange man diese Abzweckung im Auge behält, solange also auch der geistliche Stand nicht als ein in sich ruhender Habitus sondern als ein der Gemeinde verpflichtetes ministerium verstanden wird, solange mag man auch von der Ordination als von der aus der Vokation zum ministerium sich ergebenden Aufnahme in den ›Geistlichen Stand‹ reden.«[30]

[28] Vgl. Hans-Peter Hübner, Verfassung der Evangelisch-Lutherischen Kirche in Bayern in der Neufassung vom 6 Dezember 1999. Kommentar, München 2022, 282.

[29] Ordnung des geistlichen Amtes [der Evangelisch-Lutherischen Kirche in Bayern] vom 27.4.1939 (RS 506).

[30] Christhard Mahrenholz, Begleitwort des Liturgischen Ausschusses, in: Agende für evangelisch-lutherische Kirchen und Gemeinden. Vierter Band: Ordinations-, Einsegnungs-,

Die deutschsprachige Kirchenordnung der Evangelisch-Methodistischen Kirche von 1954 nimmt eine dezidiert geistliche Füllung der Gemeinschaft der Ordinierten vor, indem sie die Amtsträger auffordert: »1. Lasst uns aus Erfahrung lernen, was für ein großes Übel es ist, wenn wir uneins sind [...]. 2. Um eine engere Gemeinschaft untereinander herzustellen, müssen wir (1) tief überzeugt sein von deren unbedingter Notwendigkeit; (2) ernstlich füreinander beten; (3) wenn wir zusammenkommen, nie ohne Gebet voneinander gehen; (4) nie die Gaben des anderen verachten: (5) nie geringschätzig voneinander sprechen; (6) einer verteidige den guten Namen des anderen in jeder Hinsicht, so weit es mit der Wahrheit vereinbar ist; lasst uns bestrebt sein, einander mit Ehrerbietung zuvorzukommen. 3. Es ist wünschenswert, dass an den Konferenzen alles in der Gegenwart Gottes beraten werde und jeder seine Herzensmeinung frei ausspreche. 4. Damit wir unsere Zeit an den Konferenzen möglichst gut anwenden, lasst uns darauf bedacht sein, dass wir (1) beim Reden Gott stets vor Augen haben; (2) die freien Stunden soviel als möglich zum verborgenen Gebet benützen; (3) hiebei besonders füreinander beten und Gott um seinen Segen für unsere Arbeit anflehen.«[31]

Werner Leich (1927–2022), der frühere Landesbischof der Evangelisch-Lutherischen Kirche in Thüringen, spricht von der einen Pfarrkonvent bildenden »Gemeinschaft der Gesandten«: »Überlagert von Verwaltungsaufgaben [...] und vom Aufeinanderprallen gegensätzlicher theologischer und politischer Standpunkte wirken viele Pfarrkonvente auf die Teilnehmer frustrierend. [...] Statt der bergenden Gemeinschaft erfahren sie, daß sie allein und unverstanden sind. Konvente, in denen das anders ist, leben von vier grundlegenden Aufgaben: vom gemeinsamen Gottesdienst, von theologischer Weiterbildung und geistlicher Zurüstung, von der Vorbereitung gemeinsamer Aufgaben in der Region und von der Pflege der geschwisterlichen Fürsorge.«[32] Für Werner Leich lässt der im Pfarrkonvent gefeierte gemeinsame Gottesdienst »Gemeinschaft wachsen. Nicht nur gegensätzliche Standpunkte, sondern auch charakterliche Gegensätze werden untereinander geachtet. [...] Aber damit ist nur eine soziale Auswirkung angesprochen. Wesentlicher ist, daß der Herr selbst in der Mitte steht in seinem gepredigten Wort und in der Eucharistie. Er verbindet zum gemeinsamen Dienst.«[33] Darüber darf die »Pflege der geschwisterlichen Fürsorge [...] nicht zu kurz kommen. Die Mitarbeiter einer Region müssen voneinander wissen. Nur so kann Geborgenheit des einzelnen in der Gemeinschaft verwirklicht werden. Nehmen wir uns die Zeit, einander

Einführungs- und Einweihungshandlungen, hrsg. von der Kirchenleitung der Vereinigten Evangelisch-lutherischen Kirche Deutschlands. Kleine Ausgabe, Neuendettelsau 1951, 186–208; hier: 195.

[31] Deutschsprachige Kirchenordnung der Evangelisch-Methodistischen Kirche von 19564/58, 83f. Die Passage basiert auf Auszügen aus den Besprechungen John Wesleys aus den seit 1744 abgehaltenen Konferenzen mit seinen Mitarbeitern (77): Kirchenordnung der Methodistenkirche. Gekürzte Ausgabe, Frankfurt am Main 1954.

[32] Werner Leich, Gesandt zum Dienst, Weimar 2002, 103.

[33] A.a.O., 104.

vom eigenen Ergehen zu erzählen und zuzuhören.«[34] Gemeinschaft der Ordinierten wird im Bild vom »Glied in der Kette« anschaulich: »Den Vorgängern gegenüber Achtung zu bezeugen, ist nicht nur aus sozialen Gründen wichtig. Auch geistliche legen es nahe. Wir sind alle nur Arbeiter auf dem Acker oder dem Bau Gottes [...]. Unter dem Dach einer Kirchengemeinde sind wir ein kleines Glied in der Kette.«[35] Deutlich zeigen dies die Pastorenporträts in den Sakristeien.[36]

Der Göttinger Neutestamentler und spätere Landesbischof der Evangelisch-Lutherischen Kirche Hannovers Eduard Lohse (1924–2015) stellt in der 1985 erschienenen »Kleinen evangelischen Pastoralethik« die Ordination in den Kontext der Amtslehre: »Die lutherische Reformation kennt nur ein Amt, weil es nur einen einzigen Auftrag gibt, den der barmherzige Gott seiner Kirche gestellt hat: die frohe Botschaft mit Wort und Tat zu bezeugen.«[37] Im Gegensatz zur römisch-katholischen Lehre vom Priesteramt kennt das evangelische Verständnis der Ordination keine grundsätzliche Gegenüberstellung von Priestern und Laien. »Vielmehr haben alle Christen als getaufte Glieder der Gemeinde an der Verantwortung dafür teil, daß in der Gemeinde recht gepredigt und stiftungsgemäß die Sakramente verwaltet werden«. Die Ordination »hebt den Amtsträger nicht dadurch aus der Gemeinde heraus, daß ihm eine besondere Qualität, ein ›character indelebilis‹ verliehen würde. Vielmehr wird ihm aufgetragen, daß er für die Erfüllung der Aufgabe sorgt, daß Gottes Wort lauter und rein bezeugt wird und die Sakramente so dargereicht werden, daß sie dem Wort Christi gemäß Gottes gnädige Zuwendung an jeden einzelnen Christen bezeugen.«[38] Deshalb darf uns soll sich der Pfarrer »in allen Mühsalen des kirchlichen Alltags darauf verlassen, daß er kraft des ihm erteilten Auftrags an seiner Stelle steht.«[39] Nach Lohse können Pfarrer zu guter Zusammenarbeit miteinander unter der Voraussetzung kommen: »Jeder Prediger des Evangeliums muß sich dessen bewußt bleiben, daß er nicht allein den Auftrag erhalten hat, die gute Nachricht auszurichten, sondern mit ihm zusammen auch alle anderen Boten. [...] Keiner möge ganz allein und ohne die Hilfe anderer seinen Weg suchen. Sondern jeder möge spüren, daß ihm Brüder und Schwestern zur Seite stehen, die bereit sind, ihm geduldig zuzuhören, wenn es Sorgen zu besprechen gibt, ihm einen Rat zu geben, wenn er ihn erbittet, oder auch ihn zu vertreten oder doch ihm zu helfen, wenn er allein nicht zurechtkommt.«[40] In die Kollegialität sollte auch der Superintendent bzw. Dekan einbe-

---

[34] A.a.O., 105.
[35] A.a.O., 101f.
[36] A.a.O., 101.
[37] Eduard Lohse, Kleine evangelische Pastoralethik, Göttingen 1985, 35.
[38] A.a.O., 35f.
[39] A.a.O., 38.
[40] A.a.O., 109f.

zogen sein, denn »es gibt nach evangelischer Lehre keine hierarchische Gliederung in der Kirche, sondern nur das eine Amt, das in der Predigt des Evangeliums und der Verwaltung der Sakramente wahrzunehmen ist.«[41]

Der Augsburger Evangelisch-Lutherische Regionalbischof Ernst Öffner (geb. 1943) spricht in seiner Predigt beim Ordinationsjubiläum 2007 der Evangelisch-Lutherischen Kirche in Bayern das Misstrauen gegenüber dem Begriff einer Gemeinschaft der Ordinierten an: »Ich bin sehr vorsichtig mit dem Begriff der ›Gemeinschaft der Ordinierten‹. Ich gehöre zu einer Generation, die diesem Begriff als ideologisch misstraut hat, darin Gängelung witterte und eher zurückhaltend war. Aber ich habe Kollegialität erlebt, wirkliche Geschwisterlichkeit, unter Pfarrern und Pfarrerinnen, auch über Konfessionsgrenzen hinweg übrigens. Ich glaube jetzt, am Ende meiner Dienstzeit, dass der Begriff Wahres und Hilfreiches enthält. [...] Als Kraftquelle stellt Gott uns auch Kolleginnen und Kollegen zur Seite.«[42]

Neuere Positionen bieten Reiner Strunk und Helmut Maier-Frey. Strunk sieht die Dienstgemeinschaft als Testfall für die Gemeinschaft der Ordinierten. »Wenn sie zu einer Gemeinschaft unter dem Gesichtspunkt personaler Sympathiewerte wird, mag sie dem Sachverhalt von Freundschaftsbeziehungen unter Kollegen genügen, aber das erfüllt ekklesiologisch keinen eigenen Anspruch. Freundschaften sind gut und sinnvoll, auch unter Pfarrersleuten, aber sie rechtfertigen [...] kein Konzept einer Gemeinschaft von Ordinierten. Wenn schon Freundschaft, warum dann gezielt nur mit Standesgenossen? Halten wir daran fest, dass eine Gemeinschaft von Ordinierten sowohl was ihre Begründung (nämlich in der Christus-Wirklichkeit) als auch ihre Qualität in den persönlichen Beziehungen angeht, nichts anderes sein kann, als es die Dienstgemeinschaft der Gemeinde Jesu Christi im ganzen auch ist, bleibt trotzdem die Frage, ob in einer Gemeinschaft von Ordinierten nicht bestimmte Momente und Akzentuierungen aus einem Leben der gesamten Dienstgemeinschaft die Chance besonderer Pflege und damit auch nachhaltiger Bedeutung gewinnen können.«[43] Maier-Frey benennt, wie viel Gemeinschaft der Ordinierten erforderlich ist: »Man braucht soviel, um (pragmatisch) zur Kooperation befähigt zu werden, soviel (ekklesiologisch), um Teil, aber auch Gegenüber der Gemeinde zu werden, soviel, um (pastoraltheologisch) Pfarrerin oder Pfarrer für das größere Ganze zu sein, schließlich (spirituell) so viel, dass sich die Integration von Beruf und Person vollziehen kann.«[44] Relativierend fügt er hinzu: »Keine Frage: Die meiste Zeit in unserem Beruf gehören wir in die verschiedenen Dienstgemeinschaften unserer Gemeinde und unserer Kirche.

[41] A.a.O., 112.

[42] Ernst Öffner, Predigt beim Ordinationsjubiläum am 25.6.2007 in der St. Johanniskirche Ansbach (Manuskript).

[43] Reiner Strunk, Dienstgemeinschaft in der Gemeinde. Grundlage und Testfall für eine Gemeinschaft der Ordinierten, in: Deutsches Pfarrerblatt 104 (2004), 396–400; hier: 399.

[44] Helmut Maier-Frey, Gemeinschaft der Ordinierten. Warum sie sein muss und wie viel man davon braucht, in: Deutsches Pfarrerblatt 104 (2004), 400–402; hier: 402.

Aber manchmal gehören wir als Kolleginnen und Kollegen zueinander, um einander zu vergewissern, dass der Horizont größer ist, als der Kirchturm anzeigt.«[45]

5. Aktuelle Infragestellungen einer Spiritualität der Gemeinschaft der Ordinierten

Bisher bewährte Indikatoren einer Spiritualität der Gemeinschaft der Ordinierten erfahren zunehmend eine Infragestellung. Hier ist in erster Linie die Praxis des gemeinsamen Einzugs der Ordinierten im Talar bei einer Ordination oder Amtseinführung eines Pfarrers oder einer Pfarrerin zu nennen, die die Gemeinschaft der Ordinierten für alle Beteiligen zur symbolischen Darstellung brachte. Sie wird gegenwärtig sowohl von Pfarrerinnen und Pfarrern wie auch von engagierten Gemeindegliedern problematisiert, ebenso wie das als Trost für die Angehörigen praktizierte Geleit der Ordinierten im Talar bei der Bestattung eines Mitgliedes des Pfarrkonventes. Forderungen, dass nur liturgisch im Gottesdienst Handelnde den Talar tragen sollten, missachten die symbolisch durch die Amtskleidung zum Ausdruck gebrachte besondere Rolle des gemeinsamen Gebetes der Ordinierten in einem solchen Gottesdienst.[46] Hinzu kommt, dass bei Trauergottesdiensten für Pfarrerinnen oder Pfarrer inzwischen die Berufung der Verstorbenen zum geistlichen Amt in der Ordination weder von den liturgischen Formulierungen im Dank- und Fürbittengebet noch in der Traueransprache eine Rolle spielt und Angehörige bei Traueranzeigen darauf verzichten, die Verstorbenen explizit als Pfarrer oder Pfarrerin zu bezeichnen und damit die Gemeinschaft der Ordinierten als tröstenden Raum der Trauer zurückdrängen. In fränkischen Pfarrkapiteln war bis in die 1970er Jahre üblich, dass die Ordinierten im Talar nicht nur zum Grab geleiteten, sondern dort auch vor der Einsenkung des Sarges die dritte Strophe von Martin Schallings »Herzlich lieb hab ich dich, o Herr« (EG 397) gemeinsam anstimmten: »Ach Herr, laß dein lieb Engelein an meinem End die Seele mein in Abrahams Schoß tragen«. Ebenso obsolet geworden ist die gegenseitige Anrede mit »Bruder« oder »Schwester«, die lediglich noch im liturgischen »Du« der Berufungs- und Verabschiedungsagende ihren Ort behält und im dienstlichen Alltag kein verbindendes Zeichen mehr darstellt. Auch im Umgang zwischen Amtsvorgängern und Nachfolgern zeigt sich diese Zurückhaltung, wenn Vorgänger oder Vorgängerin nicht zur Amtseinführung der Nachfolger eingeladen werden und damit die Stellung als »Glied in der Kette« unsichtbar wird.

---

[45] Ebd.

[46] Vgl. Alexander Deeg, Von Pfarrern und Priestern in der evangelischen Kirche oder: Was Kirche ist und was das für ihr Personal und all die anderen bedeutet, in: Korrespondenzblatt, hrsg. vom Pfarrer- und Pfarrerinnenverein in der evangelisch-lutherischen Kirche in Bayern 131 (2016), 104–112; hier: 108.

Die weitgehende Trennung zwischen »dienstlichem« und »privatem« Lebensvollzug im Pfarrberuf führt dazu, dass die Gemeinschaft der Ordinierten nicht mehr selbstverständlich die Ehepartner und Familienangehörigen mit einschließt. Unterstrichen werden diese Tendenzen durch die von vielen im Pfarrberuf als Kränkung empfundene, aus Angst vor einer Nivellierung des Allgemeinen Priestertums der Getauften sich vollziehende Marginalisierung des geistlichem Amtes und das vielerorts propagierte Miteinander der Berufsgruppen in der Kirche, das der Differenz zwischen Ordinierten und lediglich zum Verkündigungsdienst Beauftragten wenig Raum lässt.

6. Die Gemeinschaft der Ordinierten und ihre Spiritualität im Kontext einer reformatorischen Theorie des Pfarrberufes

Durch die Ordination wird kein gesteigerter persönlicher Gnadenstand begründet. Sie bestätigt die Heilsgenügsamkeit der Taufe, an der alle Christen im Glauben partizipieren. Nachdem Ordinierte über keinen spezifischen Heilsstatus anderen getauften Christen gegenüber verfügen, können sie auch kein Monopol authentischer Wahrnehmung des Christentums beanspruchen. Dennoch hat das ordinationsgebundene Amt[47] eine Aufgabe von gottgewollter Eigenständigkeit an der jeweiligen Gemeinde wahrzunehmen, zu deren Dienst es nach Maßgabe des Zeugnisses der Schrift geordnet ist, indem es Sorge dafür zu tragen hat, »daß in der je besonderen Wahrnehmung des Priestertums aller Gläubigen [...] dessen Allgemeinheit nicht verlorengeht. Die Besonderheit des ordinationsgebundenen Amtes erfüllt sich im ›Dienst an der Allgemeinheit des Priestertums aller‹.«[48] Dieses von Gott gewollte Amt (CA 5: institutum est) dient der Entdeckung und Pflege der charismatischen Gaben in der Gemeinde. Gemeinde und Amt stehen dabei zueinander in einem Verhältnis lebendiger pneumatischer Wechselwirkung. Beide gestalten ihre Kooperation unter Christus als dem gemeinsamen Herrn. Deshalb darf das allgemeine Priestertum gerade keine negative Spitze gegen das Amt bekommen, sondern musss sich innerhalb dieser lebendigen Kommunikation seiner apostolischen Sendung bewusstwerden. Pastorale Existenz bezeichnet eine Haltung im Pfarrberuf, die die Ordination auch in Bezug auf die persönliche Identität ernst nimmt. Sie verleiht den Berufenen die Gewissheit, ihr Amt von Gott selbst bekommen zu haben und von ihm in der Wahrheit befestigt zu werden. Amt und Person

[47] Eine Zusammenfassung der Debatten findet sich in der Einführung zur Berufungsagende der UEK/VELKD: Berufung. Einführung. Verabschiedung. Agende 6 für die Union Evangelischer Kirchen in der EKD. Agende IV, Teilband 1 der VELKD für evangelisch-lutherische Kirchen und Gemeinden, Hannover und Bielefeld 2012, 10–16.

[48] GUNTHER WENZ, Er wirkt allein durchs Wort. Vom Amt eines evangelischen Bischofs, in: Nachrichten der Evangelisch-Lutherischen Kirche in Bayern 49 (1994), 121–123; hier: 122.

sind untrennbar miteinander verflochten bzw. werden es im Laufe eines Berufslebens. Der Ordinationsakt ist lediglich der Beginn eines Weges, auf dem sich die Ordination ähnlich der Taufgnade entfaltet. »Ordination beschreibt eine Integrationsleistung aus theologischer Qualifikation, Berufung und lebenslanger Verpflichtung bzw. Inanspruchnahme durch Christus. Sie stellt eine Integrationsleistung dar, die kontinuierlich zu vollziehen ist. In der Ordination entsteht eine neue, einer künstlerischen Leistung vergleichbare Einheit«[49]. Und: »Ordination entfaltet sich als Lebensarbeit im Pfarrberuf. Sie umfasst die kontinuierliche Erarbeitung einer stimmigen Einheit aus göttlicher Berufung, theologischer Qualifikation, Persönlichkeit und Situation – im lebendigen Kontakt mit Menschen [...]. Ordination und die mit ihr verbundene öffentliche Verkündigung und Sakramentsverwaltung führen in eine kontinuierliche Christus-Beziehung, zum Handeln im Feld der Christusgegenwart. Dies hat Auswirkungen auf den, der sich diesem Feld aussetzt. Eine neue, biographisch vermittelte Einheit entsteht, die sich nicht auf eine bloße Addition von Kompetenzen reduzieren lässt.«[50] Amt und Allgemeines Priestertum stellen damit eine je eigene, individuelle und soziale wie spirituelle Rolle dar, ohne dass es einen exklusiven Vorbehalt der Christusrepräsentation im ordinationsgebundenen Amt gäbe.

Eilert Herms (geb. 1940) hat 2018 im von Peter Zimmerling herausgegebenen »Handbuch Evangelische Spiritualität« einen Beitrag verfasst, der für die Gemeinschaft der Ordinierten als Ort gelebter Frömmigkeit eine wichtige systematisch-theologische Basis bildet. Herms geht davon aus, dass jedem von Christen ausgeübten Beruf eine professions- und persönlichkeitsspezifische Spiritualität eignet[51] und diese generell der Pflege in der Gemeinschaft bedarf. Allgemein ist dies die Gemeinschaft der Kirche, im Falle der Ordinierten sowohl die aktuelle Gemeinschaft der Professionsgenossen wie auch die der Autorinnen und Autoren aus der Literatur des Glaubens. Die Spiritualität des ordinierten Amtes ist mit den Berufsaufgaben dieses Amtes verbunden und betrachtet diese betend im persönlichen Gebetsleben wie in der gottesdienstlichen Feier. In der ordnungsgemäß verpflichteten Person versammelt sich »im Gebet vor Gott das Ganze der ihr gewissen Aufgaben ihres Berufs und ihres ihr gewissen persönlichen Verhältnisses zu diesen ihr gewissen Aufgaben samt allen für dieses Verhältnis wesentlichen Spannungen.«[52] Als »formale Eigenart der Gewissheit tritt hervor, dass sie gemeinsame Gewissheit ist. Praktische Konsequenz: Zum Pflegen dieser Gewissheit gehört wesentlich hinzu ihre Kommunikation.«[53] Diese erfolgt in der Gemeinschaft der

---

[49] Klaus Raschzok, Ordination als Berufung und Lebensarbeit. Zu einem vernachlässigten Aspekt gelebter Spiritualität im Pfarrberuf, in: Theologische Beiträge 22 (2002), 138–154 (in diesem Band 295–312); hier: 150.

[50] Ebd.

[51] Eilert Herms, Die Spiritualität des ordinierten Amtes, in: Peter Zimmerling (Hrsg.)., Handbuch Evangelische Spiritualität. Bd. 2: Theologie, Göttingen 2018, 485–509; hier: 494.

[52] A.a.O., 506f.

[53] A.a.O., 508.

Amtsträger, sowohl mit den Professionsgenossen vor Ort wie auch »mit denjenigen klassischen Autoren, die in erhellender und orientierungskräftiger Weise das christliche Leben und das es inspirierende Gewissheitsfundament reflektiert und beschrieben haben, durch Lektüre ihrer Schriften.«[54]

Die aszetische Trias von oratio, meditatio und tentatio[55] kann für die Pflege dieser berufs- und personbezogenen Spiritualität als strukturierendes Element herangezogen werden. Sie setzt die Gemeinschaft aller in der Kirche Mitarbeitenden nicht zurück. Berufsbezogen heißt: Sie ist keine private Spiritualität und Ausformung der Frömmigkeit, sondern an die auftragsgemäße Erfüllung der Aufgaben des pastoralen Berufs gebunden. Die in der Ordination zu vollziehende Lebensarbeit wird mit anderen Ordinierten geteilt und wechselseitig verantwortet. Der Gemeinschaft der Ordinierten kommt durch wechselseitige Ermutigung und Tröstung entlastende Funktion in den Anfechtungen des Pfarrberufs zu und ermöglicht einen Umgang mit berufsbedingten Kränkungen und Demütigungen.

Die *oratio* markiert dabei das Gebet und die Fürbitte für den gemeinsamen Dienst unter Einschluß von Vorgängern und Nachfolgern. Es geht um ein Beten für diejenigen, die in der gleichen, aus der Ordination begründeten geistlichen Verantwortung stehen, welche nur gemeinschaftlich wahrgenommen werden kann.

Die *meditatio* steht für eine unter Ordinierten zu pflegende und gegenseitig zu teilende, nicht zur Verkündigung verzweckte geistliche Schriftbetrachtung und für das sie begleitende Gespräch mit den leiblich wie literarisch präsenten Glaubenszeugen, zum Beispiel mittels der verweilenden und nicht verbrauchenden Lektüre von Predigtliteratur. Die gemeinsame Verantwortung für die Verkündigung und Verwaltung der Sakramente wird rückgebunden an den persönlichen betenden Umgang mit der Heiligen Schrift.

Die *tentatio* ist Ort der Ordinationserinnerung als Auseinandersetzung mit den Anfechtungen des geistlichen Amtes, sowohl durch seine Ausübung in Gestalt anderer Ordinierter, wie auch in Auseinandersetzung mit kirchenleitenden Personen. Sie vollzieht sich im gemeinsamen Gespräch mit dem Pfarrkonvent als Gesprächsraum. Das Gespräch der Ordinierten kann nur untereinander und nicht im Raum des Allgemeinen Priestertums geführt werden. Nicht notwendig ist dazu allerdings, dass der Gesprächsraum »Pfarrkonvent« an die konkrete Gemeinschaft eines Dekanates oder Kirchenbezirkes oder einer Landeskirche gebunden ist. Er kann auch für das freie Gespräch Ordinierter über kirchliche Verwaltungsgrenzen hinweg stehen.

---

[54] A.a.O., 508f.

[55] Vgl. Oswald Bayer, Kämpfender Glaube, in: Christian Eyselein/Christel Keller-Wentorf/Gerhard Knodt/Klaus Raschzok (Hrsg.), Evangelische Aszetik. Ein Programm macht Schule, Leipzig 2021, 9–26, und Klaus Raschzok, Evangelische Aszetik. Zur Wiederentdeckung einer Disziplin der akademischen Praktischen Theologie und ihrer Forschungs- und Lehrgestalt, in: A.a.O., 41–71.

Gelebte Spiritualität im Pfarrberuf ist in die Gemeinschaft der Ordinierten eingebettet und wird in horizontaler Verbundenheit mit den Berufskollegen und in vertikaler Verbundenheit mit den bereits verstorbenen Amtsträgerinnen und Amtsträgern ausgeübt. Ihr Ziel ist die gemeinsame Sorge um das Priestertum der Getauften. Sie ist von daher keine ausgrenzende Sonderspiritualität, sondern auf alle Getauften bezogen. Analog zum Verständnis der Ordination als Lebensarbeit erfordert auch die Gemeinschaft der Ordinierten eine solche kontinuierliche Pflege. Sie bedeutet Beziehungsarbeit, wie sie auch für alle anderen menschlichen Beziehungen notwendig ist. Jedoch ist sie an die spezifische geistliche Verbundenheit der Amtsträger untereinander und gegenüber dem Herrn der Kirche zurückgebunden. Die aufzuwendende Zeit für die Pflege der Beziehungen der durch das eine Amt Verbundenen ist selbstverständliche Arbeitszeit und Teil des in der Ordination übernommenen Auftrags.

7. Ausblick

Die Gemeinschaft der Ordinierten als Ort gelebter Frömmigkeit bleibt auf die geistliche Klarheit Dietrich Bonhoeffers mit der Differenzierung zwischen menschlicher Schwäche und geistgeschenkter Realisierung von Gemeinschaft angewiesen. Gemeinschaft ist für Bonhoeffer ein Geschenk Gottes, auf das wir keinen Anspruch haben. »Christliche Bruderschaft ist nicht ein Ideal, das wir zu verwirklichen hätten, sondern es ist eine von Gott in Christus geschaffene Wirklichkeit, an der wir teilhaben dürfen.«[56] Die Gemeinschaft der Ordinierten als Ort gelebter Spiritualität nimmt ihre Bestimmung als von Gott in Christus geschaffene Wirklichkeit im kontinuierlichen Ringen immer wieder neu ernst und lässt sich durch Enttäuschungen und Rückschläge im Miteinander nicht davon abbringen, im Gebet, in der gottesdienstlichen Feier und im Gespräch mit den anderen Ordinierten die sie verbindenden besonderen Herausforderungen und Erfahrungen des pastoralen Berufes in der Gegenwart des dreieinigen Gottes betend gemeinsam zu betrachten.

---

[56] Dietrich BONHOEFFER, Gemeinsames Leben (DBW 5), 26.

Nachweis der Erstveröffentlichungen

Martin Luthers Anleitungsschriften zum geistlichen Leben, in: Hanns Kerner/Peter Lysy/Sabine Weingärtner (Hrsg.) Wort und Welt. Dimensionen gelebten Glaubens. FS für Johannes Rehm, Leipzig 2023, 17–29

Überlegungen zu einer umfassenden Reform der Ausbildung zum evangelischen Pfarrberuf, in: Hanns Kerner/Johannes Rehm/Hans-Martin Weiss (Hrsg.), Das geistliche Amt im Wandel. Entwicklungen und Perspektiven. FS für Helmut Völkel, Leipzig 2017, 53–75

Der Gottesdienst als Übungsweg des Glaubens: Zur rituellen Logik der Grundform 1 des Evangelischen Gottesdienstbuches: unveröffentlicht

Ein aszetischer Zugang zur Homiletik. Die »Predigtlehre« (1971) von Rudolf Bohren als geistliche Übungsanleitung, in: Christian Eyselein/Tobias Kaspari (Hrsg.), Glauben üben. Praxisfelder evangelischer Aszetik. FS für Christel Keller-Wentorf, Leipzig 2022, 133–151

Die Krippe als Element des Weihnachtschristentums: unveröffentlicht

Weihnachten im evangelischen Pfarrhaus: unveröffentlicht

Im anderen den »Gegenstand der erlösenden Liebe Gottes« sehen. Aszetische Impulse für eine hamartiologisch perspektivierte Diakoniewissenschaft in: Johannes Block/Holger Eschmann (Hrsg.), Peccatum magnificare. Zur Wiederentdeckung des evangelischen Sündenverständnisses für die Handlungsfelder der Praktischen Theologie. FS für Christian Möller, Göttingen 2010, 176–193

»Frau Dekan hat ein sehr schönes Harmonium in mein Zimmer stellen lassen.« Die Nördlinger Brautbriefe Christian Geyers von 1887 als Quelle zur Sozialgeschichte des evangelischen Pfarrberufs, in: Dietmar Schiersner/Andreas Link/Barbara Rajkay/Wolfgang Scheffknecht (Hrsg.), Augsburg, Schwaben und der Rest der Welt. Neue Beiträge zur Landes- und Regionalgeschichte. FS für Rolf Kießling, Augsburg 2011, 325–340

Das evangelische Pfarrhaus. Ein Beitrag zur professionsspezifischen Lebenskunst, in: Thomas Seidel/Christopher Spehr (Hrsg.), Das evangelische Pfarrhaus. Mythos und Wirklichkeit, Leipzig 2013, 167–189

Zur Leistung des evangelischen Friedhofs für den Glaubensvollzug: Ein kirchlicher Lern- und Lebensraum, in: Hans-Peter Hübner/Klaus Raschzok (Hrsg.), Evangelische Friedhöfe in Bayern, München 2021, 329–337

Spiritualität als Kernkompetenz im sozialen Unternehmen, in: Markus Horneber/Peter Helbich/Klaus Raschzok (Hrsg.), Dynamisch Leben gestalten. Perspektiven zukunftsorientierter Unternehmen in der Sozial- und Gesundheitswirtschaft (Dynamisch Leben gestalten 1), Stuttgart 2010, 49–78

Die kirchliche Doppik. Implizite Ekklesiologien in der kirchlichen Verwaltung?, in: Jahrbuch Sozialer Protestantismus Bd. 12, Leipzig 2020, 165–187

Das geistliche Amt nach Wilhelm Löhe. Impuls in eine amtsvergessene Kirche, in: Dietrich Blaufuß (Hrsg.), Wilhelm Löhe. Erbe und Vision (Die Lutherische Kirche – Geschichte und Gestalten 20), Gütersloh 2009, 80–109

Der theologische Hilfsarbeiter seiner Kirche. Zum geistlichen Verständnis des evangelischen Bischofsamtes bei Hermann Dietzfelbinger (1908–1984) in: Nachrichten der Evangelisch-Lutherischen Kirche in Bayern 63 (2008), 161–165 (leicht erweitert)

Ordination als Berufung und Lebensarbeit. Zu einem vernachlässigten Aspekt gelebter Spiritualität im Pfarrberuf, in: Theologische Beiträge 33 (2002), 138–154

Die Gemeinschaft der Ordinierten als Ort gelebter Spiritualität, in: Alexander Deeg/Markus Schmidt (Hrsg.), Spiritualität und Gemeinschaft. Zugänge zu geistlichem Leben in Beziehungen. FS für Peter Zimmerling, Darmstadt 2023, 285–301

Verzeichnis der Publikationen von Klaus Raschzok 1976–2024

1. Monografien

Lutherischer Kirchenbau und Kirchenraum im Zeitalter des Absolutismus. Dargestellt am Beispiel des Markgraftums Brandenburg-Ansbach 1672–1791 (Europäische Hochschulschriften Reihe XXIII Theologie Bd. 328), Frankfurt am Main/Bern/New York/Paris 1988, 2 Bde. (= Diss. theol. Erlangen 1984)

Schriftauslegung bei Dietrich Bonhoeffer. Ein Beitrag zur Praktischen Theologie als Gestaltlehre des Glaubens (Wechsel-Wirkungen. Traktate zur Praktischen Theologie und ihren Grundlagen 15), Waltrop 1995

Die Evangelisch-Lutherische Pfarrkirche St. Wenzeslaus und St. Sebastian zu Wieseth. Anleitung zum Betrachten eines außergewöhnlichen fränkischen Kirchenraumes, Bayreuth 1997 (gemeinsam mit Hermann Rummel)

Gemeinschaft der Heiligen: Ein Nördlinger geistlicher Bilderbogen. Beiträge zur künstlerischen Ausstattung der Nördlinger St. Georgskirche und der Spitalkirche zum Heiligen Geist, Nördlingen 1998

»... dem Gott gnädig sei«. Totenschilde und Epitaphien in der St. Georgskirche in Nördlingen, Nördlingen 1998 (gemeinsam mit Dietmar-H. Voges)

Christuserfahrung und künstlerische Existenz. Praktisch-Theologische Studien zum christomorphen Künstlerselbstbildnis (Erfahrung und Theologie 32), Frankfurt/Main/Bern/New York/Paris/Wien 1999 (= Habil. theol. Erlangen 1991)

Paramente im Wandel der Zeit. Textile Kirchenkunst aus Neuendettelsau 1858–2004 (Neuendettelsauer Hefte 2), Neuendettelsau 2004 (gemeinsam mit Karl-Günther Beringer und Hans Rößler)

Predigt als Leseakt. Essays zur homiletischen Theoriebildung, Leipzig 2014

Traditionskontinuität und Erneuerung. Praktisch-theologische Einsichten zu Kirchenraum und Gottesdienst, hrsg. von Hanns Kerner und Konrad Müller, Leipzig 2014

Feuerzungen. Eine Installation von Andrea Thema im Museum Kirche in Franken (Schriften und Kataloge des Fränkischen Freilandmuseums 86), Bad Windsheim 2019 (gemeinsam mit Andrea K. Thurnwald)

Lutherische liturgische Identität. Zur Phänomenologie des liturgisch-räumlichen Erlebens, Leipzig 2020

2. Herausgeber-, Bearbeiter- und Schriftleitertätigkeit

Festschrift für Professor Dr. phil. Dr. theol. Ernst Adalbert Voretzsch. Zu seinem 70. Geburtstag am 27. Juni 1978, Nürnberg/Schwabach 1978 (gemeinsam mit Reiner Sörries)

Kirche + Kunst. Herausgegeben vom Verein für Christliche Kunst in der Evang.-Luth. Kirche in Bayern e.V., Nürnberg (Schriftleitung 57.1979–88.2010; Herausgabe seit 81.2003)

Herbert Falken: Jakobskampf. Als Jahresgabe 1987 für seine Mitglieder hrsg. vom Verein für Christliche Kunst in der Evangelisch-Lutherischen Kirche in Bayern e.V., bearb. von Klaus Raschzok, gestaltet von Helmut Herzog, Erlangen 1987 (mit Beiträgen von Nelly Sachs, Horst Dietrich Preuß, Richard Riess, Klaus Raschzok und Herbert Falken)

Geschichte des protestantischen Kirchenbaus. FS für Peter Poscharsky, in Auftrag gegeben vom Verein für christliche Kunst in der Evangelisch-Lutherischen Kirche in Bayern, Erlangen 1994 (gemeinsam mit Reiner Sörries)

Die Bilder im Gesangbuch. Beschreibung – Kontext – Zugänge. Eine Erschließungshilfe zur Ausgabe des Gesangbuches für die Evangelisch-Lutherischen Kirchen in Bayern, Mecklenburg und Thüringen. Im Auftrag des Vereins für Christliche Kunst in der Evangelisch-Lutherischen Kirche in Bayern e.V. hrsg. unter Mitarbeit von Eberhard Bibelriether, Helmut Herzog, Hildegard Hövelmann, Christof Metzger, Peter Poscharsky, Klaus Raschzok, Günter Reim, Bernd Seufert und Reiner Sörries, Erlangen 1995, 4. Auflage 2000

Die Welt ist heut an Bildern reich. 24 weihnachtliche Bilder aus aller Welt mit Informationen und Meditationen, Aachen/Erlangen 1997

Die Lesepredigt. Eine Handreichung, im Auftrag der VELKD hrsg. von Friedrich-Otto Scharbau u. a., Gütersloh (Hauptschriftleitung ab 31.1997/98). Ab 33.1999/2000 zugleich als CD-ROM

Zwischen Volk und Bekenntnis: Praktische Theologie im Dritten Reich, Leipzig 2000

Vertraut den neuen Wegen. Praktische Theologie zwischen Ost und West. FS für Klaus-Peter Hertzsch, Leipzig 2000 (gemeinsam mit Klaus Petzold)

Praktische Theologie als Selbsterkenntnis der Kirche: Erich Hertzsch 1902–1995, Leipzig 2003

Verkündigung und Forschung, Gütersloh (Fachherausgeberschaft Praktische Theologie 2006–2023)

Wenn die Seele zu atmen beginnt ... Geistliche Begleitung in evangelischer Perspektive, Leipzig 2007 (gemeinsam mit Dorothea Greiner, Erich Noventa und Albrecht Schödl), 2. Auflage Leipzig 2008

Wilhelm Löhe, Vom Schmuck der heiligen Orte (1857/58). Für die Wilhelm-Löhe-Kulturstiftung Neuendettelsau hrsg. von Hermann Schoenauer. Kommentiert und bearbeitet von Beate Baberske-Krohs und Klaus Raschzok, Leipzig 2008

Gottesdienst feiern. Zur Zukunft der Agendenarbeit in den evangelischen Kirchen (gemeinsam mit Michael Meyer-Blanck und Helmut Schwier), Gütersloh 2009

Gebet und gottesdienstliche Spiritualität auf ökumenischen Tagungen. Konsultation der Konferenz Europäischer Kirchen und des Instituts für Evangelische Aszetik. Augustana-Hochschule Neuendettelsau 23.–25. April 2009, Genf 2009 (gemeinsam mit Viorel Ionita)

Gottesdienst und Dramaturgie. Liturgiewissenschaft und Theaterwissenschaft im Gespräch (Beiträge zu Liturgie und Spiritualität 23) (gemeinsam mit Irene Mildenberger und Wolfgang Ratzmann), Leipzig 2010

Dynamisch Leben gestalten. Perspektiven zukunftsorientierter Unternehmen in der Sozial- und Gesundheitswirtschaft (Dynamisch Leben gestalten 1), Stuttgart 2010 (gemeinsam mit Markus Horneber und Peter Helbich)

Grundfragen des evangelischen Gottesdienstes, Leipzig 2010 (gemeinsam mit Konrad Müller)

Liturgie + Kultur, Hannover (Mitherausgeberschaft 2010–2017)

Gottesdienst als Feld theologischer Wissenschaft im 20. Jahrhundert. Deutschsprachige Liturgiewissenschaft in Einzelporträts (Liturgiewissenschaftliche Quellen und Forschungen 98), 2 Teilbände, Münster 2011 (gemeinsam mit Benedikt Kranemann)

Gender – Religion – Kultur. Biblische, interreligiöse und ethische Aspekte (Theologische Akzente 6), Stuttgart 2011 (gemeinsam mit Renate Jost)

Geistlich Begleiten. Eine Bestandsaufnahme evangelischer Praxis, Leipzig 2011 (gemeinsam mit Dorothea Greiner und Matthias Rost)

Diakonissen für Amerika. Sozialer Protestantismus in internationaler Perspektive im 19. Jahrhundert. Quellenedition. Im Auftrag der Löhe-Kulturstiftung Neuendettelsau, Leipzig 2013 (gemeinsam mit Roland Liebenberg, Gury Schneider-Ludorff und Matthias Honold)

Geistliche Begleitung in evangelischer Perspektive. Modelle und Personen der Kirchengeschichte, Leipzig 2013 (gemeinsam mit Dorothea Greiner, Berndt Hamm, Manuel Ritter und Anna-Maria aus der Wiesche)

Peter Poscharsky, Gestalteter Glaube. Gesammelte Aufsätze aus der Christlichen Archäologie und Kunstgeschichte, Leipzig 2014

Salutogenese im Raum der Kirche. Ein Handbuch, Leipzig 2015 (gemeinsam mit Andreas von Heyl und Konstanze Kemnitzer)

Nordamerikanische Liturgische Theologie. Im Auftrag der Liturgischen Konferenz herausgegeben, Gütersloh 2017

Evangelische Pfarrhäuser in Bayern, München 2017 (gemeinsam hrsg. mit Hans-Peter Hübner und Herbert May)

Zu Ende gewebt. Textilkunst für die letzte Reise. Im Auftrag der Marienberger Vereinigung für Paramentik e.V. hrsg. Mit Fotografien von Uwe Niklas (Schriften und Kataloge des Fränkischen Freilandmuseums 80), Bad Windsheim 2018 (gemeinsam mit Beate Baberske)

Kleine Geschichte der Seelsorge im 20. Jahrhundert. Biografische Essays. Festgabe für Richard Riess, Leipzig 2018 (gemeinsam hrsg. mit Karl-Heinz Röhlin)

Psalmensingen in der Evangelisch-Lutherischen Kirche in Bayern, Nürnberg 2021 (gemeinsam mit Konrad Müller)

Evangelische Aszetik. Ein Programm macht Schule, Leipzig 2021 (gemeinsam mit Christian Eyselein, Christel Keller-Wentorf und Gerhard Knodt)

Evangelische Friedhöfe in Bayern, München 2021 (gemeinsam mit Hans-Peter Hübner)

Heilige Spiele. Formen und Gestalten des spielerischen Umgangs mit dem Sakralen, Regensburg 2022 (gemeinsam mit Jürgen Bärsch und Christel Köhle-Hezinger)

Gottesdienste und Andachten in ausgewählten Feldern diakonischen Handelns. Eine empirische Studie im Auftrag des Gottesdienst-Instituts der Evangelisch-Lutherischen Kirche in Bayern, Leipzig 2022 (gemeinsam mit Hanns Kerner und Konrad Müller)

»Markgrafenkirchen«. Interdisziplinäre Perspektiven auf die protestantischen Sakralbauten des Fürstentums Brandenburg-Bayreuth, Bayreuth 2022 (gemeinsam mit Günter Dippold und Marcus Mühlnikel)

Mysterium, Imagination und Emotion. Zur Phänomenologie gottesdienstlichen Erlebens, Leipzig 2023 (gemeinsam mit Konrad Müller)

3. Aufsätze und Lexikon-Artikel

Gestohlen: ein Bischof Ulrich. Kirchendiebstähle in Bayern, in: Sonntagsblatt für die Evang.-Luth. Kirche in Bayern Nr. 45/1976, 10–11.

Wenn Diebe in die Kirche gehen. Eine bayerische Bilanz, in: Kirche + Kunst 55.1977, 2–7.

Eine barocke Theologie des Kirchenraums. Hofprediger Georg Samuel Esenbeck und der Umbau der St.-Gumbertus-Kirche Ansbach 1736–38 durch Leopoldo Retti, in: FS für Professor Dr. phil. Dr. theol. Ernst Adalbert Voretzsch. Zu seinem 70. Geburtstag am 27. Juni 1978 hrsg. von Klaus Raschzok und Reiner Sörries, Nürnberg-Schwabach 1978, 48–71

Der Hirte wird zum Krisenberater. Wie Pfarrer heute ihren Beruf sehen, in: Sonntagsblatt für die Evang.-Luth. Kirche in Bayern Nr. 17/1979, 8–9

Bilder auf dem Kirchentag. Dokumentation eines Projekts, in: Kirche + Kunst 57.1979, 35–41

Kirchenbau – Beschäftigung mit Alternativen der Zukunft. Ein Gespräch mit Horst Schwebel, in: Kirche + Kunst 58.1980, 8–11 (gemeinsam mit Peter Poscharsky)

Modell Wehröflingen. Eine Kirchengemeinde engagiert sich für zeitgenössische Kunst, in: Kirche + Kunst 58.1980, 29–32

Die letzte Etappe der Romreise des Paulus. Apostelgeschichte 28, 11–16 und die Interpretation archäologischer Denkmäler in Syracus und den Vesuvstädten, in: Festgruß Professor Dr. Jürgen Roloff zum 50.Geburtstag, Erlangen 1980 (masch.schr.)

Die Bilder des Werner Knaupp. Eine theologische Herausforderung, in: Das Münster. Zeitschrift für christliche Kunst und Kunstwissenschaft 34.1981, 121–127

Tilman Riemenschneider zum 450.Todestag. Auf dem Weg zur Reformation, in: Nachrichten der Evang.-Luth. Kirche in Bayern 36.1981, 229–234

Riemenschneiders Frömmigkeit, in: Monatsgruß. Informationsblatt für die Gemeinden des Evang.-Luth. Dekanats Würzburg 31.1981, Nr. 8/9, 20

Bilder der Erniedrigung. Tendenzen im Christusbild der Gegenwart, in: Kirche + Kunst 59.1981, 29–39

Ohnmacht im anonymen Leid. Seelsorgerliche Erfahrungen in der bildenden Kunst der Gegenwart, in: Richard Riess (Hrsg.), Zwischen Macht und Ohnmacht. Exemplarische

Situationen der klinischen Seelsorge, Göttingen 1982, 268-279 (= Sonderheft Wege zum Menschen 34.1982)

Jakobuskirche Wettstetten. Ein Kirchenneubau aus einem historischen Dachstuhl, in: Kirche + Kunst 60.1982, 14-16

Reizvolle Begegnungen. Eindrücke von der Documenta 7 in Kassel, in: Kirche + Kunst 60.1982, 31-35

Erfahrungen mit dem Christusbild. Die Kruzifikationen und Christusköpfe des Wiener Malers Arnulf Rainer, in: Horst Dietrich Preuß (Hrsg.), Erfahrung - Glaube - Theologie. Beiträge zu Bedeutung und Ort religiöser Erfahrung, Stuttgart 1983, 106-123

Das »Kreuz« von Herculaneum. Ein archäologisches Zeugnis der Predigt des Paulus? in: Kirche + Kunst 61.1983, 12-15

Ein Tischaltar für die Lübecker St.-Marien-Kirche, in: Kirche + Kunst 62.1984, 8-12

Fragenkatalog zum Altar, in: Kirche + Kunst 62.1984, 2-4

Feuer und Eisen. Neue Arbeiten von Werner Knaupp, in: Kirche + Kunst 62.1984, 27-29

Christusbild - Menschenbild. Ein Frankfurter Experiment, in: Kirche + Kunst 63.1985, 12-15

Feuer und Eisen, in: Kunst und Kirche (Linz) 48.1985, 126-127

Feuer und Eisen. Zum Menschenbild von Werner Knaupp, in: Friedhelm Mennekes (Hrsg.), Zwischen Kunst und Kirche. Beiträge zum Thema »Das Christusbild im Menschenbild«, Stuttgart 1985, 124-127

Wunde zwischen Nacht und Tag. Ein Gespräch mit dem Künstler und Priester Herbert Falken, in: Pastoraltheologie 75.1986, 385-393

Das verlorene Urbild. Zur Bilderwelt des Francis Bacon, in: Kirche + Kunst 64.1986, 2-7

Ein ökumenischer Weg zum Kreuz. Das Kruzifix in der Kapelle des Zentralklinikums Augsburg, in: Kirche + Kunst 64.1986, 16-18

Feuer und Eisen, in: Ecce Homo. Vom Christusbild zum Menschenbild, hrsg. von Horst Schwebel und Heinz-Ulrich Schmidt, Menden 1987, 82

Ein Tischaltar für die Lübecker St.-Marien-Kirche, in: St.-Marien-Jahrbuch des St.-Marien-Bauvereins, 10. Folge 1987, Lübeck o.J., 70-77

Erinnerung und Verantwortung als Aufgabe der neuen Kunst. Zur documenta 8 in Kassel, in: Kirche + Kunst 65.1987, 26-33

27. September 1986 (Gespräch mit Herbert Falken), in: Herbert Falken, Jakobskampf, Erlangen 1987, 41-50

7. November 1986 (Gespräch mit Herbert Falken), in: Herbert Falken, Jakobskampf, Erlangen 1987, 51-60

Ringen um das glaubwürdige Bild, in: Herbert Falken, Jakobskampf, Erlangen 1987, 61-68

Stellenteilung nach dem »Erprobungsgesetz«. Ein Erfahrungsbericht, in: Nachrichten der Evang.-Luth. Kirche in Bayern 43.1988, 151-154 (gemeinsam mit Elfriede Raschzok)

Die Theologie des barocken Kirchenraumes von St. Gumbertus, in: 250 Jahre barocke Kirche St. Gumbertus, hrsg. von der Evang.-Luth. Kirchengemeinde St. Gumbertus Ansbach, Ansbach 1988, 83-94

Neue evangelische Kirchenbauten in Bayern, in: Kirche + Kunst 66.1988, 22.28-30.34-36.40-41.42-43 (mit Ausnahme von 22 u. 40-41 gemeinsam mit Peter Poscharsky)

Wie aus Fremden Pilger werden ... (Gespräch mit der Touristenseelsorgerin Woty Gollwitzer), in: Kirche + Kunst 67.1989, 2-8 (gemeinsam mit Helmut Herzog)

Der »Einbruch des Dialogischen im Bild«. Herbert Falkens Studien zum Grabmal von Roermond, in: Herbert Falken, Angesichts des Todes (Ausstellungskatalog). Katholische Akademie in Bayern, München 1990, 72-77

Für Christus in den Dienst genommen. Liturgisches Gerät aus Nürnberger Kirchen, in: Liturgisches Gerät aus Nürnberger Kirchen. Eine Ausstellung der Spar- und Kreditbank in der evang. Kirche in Bayern (Ausstellungskatalog), Nürnberg 1990, 7-14

Zur Diskussion gestellt: Evangelisch-Lutherische Christuskirche Utting. Entwicklungsgeschichte eines ehemaligen Diaspora-Betsaales, in: Kirche + Kunst 68.1990, 9-10

Lebensgeschichte und Predigt. Zur biografischen Dimension der Homiletik, in: Pastoraltheologie 81.1992, 98-116

Laudatio Prof. Dr. Peter Poscharsky zum 60. Geburtstag. Gehalten beim Empfang am 29.2.1992 im Theologischen Seminar Erlangen, in: Kirche + Kunst 70.1992, 3-4

Das Bild als Erlebnisraum für die Gottesbegegnung, in: Kirche + Kunst 70.1992, 10-17

Mit Bildern verkündigen. Methodische Grundlagen einer ikonischen Homiletik, in: Kirche + Kunst 70.1992, 42-48

Documenta IX: Streiflichter, in: Kirche + Kunst 70.1992, 66-67 (gemeinsam mit Elfriede Raschzok)

Evangelischer Glaube und bildende Kunst, in: Wahrnehmungen. Skulpturenweg im Kirchentag. 9. -13. Juni 1993 München. Dias, Texte, Meditationen, hrsg. von der Münchner Arbeitsstelle Kirchentag '93, Friedberg 1993

Evangelischer Glaube und Bildende Kunst, in: Kirche + Kunst 71.1993, 33-34

Postsakralität. Dokumentation eines Künstlergespräches, in: Kirche + Kunst 71.1993, 44-48

Georg Baselitz: Der Vorhang »Anna selbdritt« von 1987, in: Kirche + Kunst 71.1993, 50-51

Erwerb der »Alten Hauptwache« durch die Kirchengemeinde, in: Evang. Gemeindebote für die Kirchengemeinde Nördlingen 21.1993, Nr. 8/9, 4-5

500. Geburtstag des Reformators und Nördlinger Superintendenten Kaspar Löner (1493-1546), in: Evang. Gemeindebote für die Kirchengemeinde Nördlingen 21./22.1993/94, Nr. 12/1, 3-4

Zum Thema: Sozialabbau - Abbau von Barmherzigkeit. Fallbeispiele aus der Alltagsarbeit eines Gemeindepfarrers und Dekans, in: Rundbrief für Evangelische Kindertagesstätten, hrsg. vom Landesverband Evangelischer Kindertagesstätten in Bayern, Nürnberg, Nr. 1/1994, 8-10

Faszination und Ausstrahlung des volkstümlichen Christusbildes im 19. Jahrhundert. Ein Erklärungsversuch, in: Kirche + Kunst 72.1994, 5-9

21 Räume für die Kunst. Gedanken zur Eröffnung der gemeinsamen Kunstausstellung von 21 Rieser Künstlerinnen und Künstlern am 17.4.1994, in: 21 Räume für die Kunst, hrsg. vom Verein Rieser Kulturtage, Nördlingen 1994, 5

»Prognose infaust«: Erwartung und Verarbeitung des Todes in der Kunst des 20. Jahrhunderts, in: Andreas Frewer/Claus Rödel (Hrsg.), Prognose und Ethik. Theorie und Praxis eines Schlüsselbegriffs der Ethik in der Medizin. Beiträge der II. Erlanger Studientage zur Ethik in der Medizin 1993 (Erlanger Studien zur Ethik in der Medizin 2), Erlangen/Jena 1995, 79-124

Ein theologisches Programm zur Praxis der Kirche. Die Bedeutung des Werkes Eduard Thurneysens für eine gegenwärtig zu verantwortende Praktische Theologie, in: Theologische Literaturzeitung 120.1995, 299-312

Didaktische Hinweise, in: Klaus Raschzok (Hrsg.), Die Bilder im Gesangbuch. Beschreibung - Kontext - Zugänge, Erlangen 1995, 272-275

Der Taufstein der St. Georgskirche Nördlingen 1492-1995. Ein Weg durch Zeit und Kirchenraum, in: Kirche + Kunst 73.1995, 2-4

Der Gabentisch Gottes in unserer Mitte, in: Kirche + Kunst 73.1995, 11.14-15

Einführung, in: Hans-Jürgen Kintrup. Ölbilder - Aquarelle - Zeichnungen 1987-1995, Nördlingen 1995, 2-3

Ein Nördlinger Lutherbildnis von 1609, in: Evang. Gemeindebote für die Kirchengemeinde Nördlingen 24.1996, Nr. 2/3, 1-2

Christus im Schlafzimmer. Über die Wirkung des volkstümlichen Christusbildes, in: Unser Auftrag Nr. 7/8/1996, 6-9

»Die bedeutendste spätgotische Hallenkirche in Süddeutschland«. An St. Georg in Nördlingen wird die Arbeitsweise einer spätmittelalterlichen Bauhütte deutlich, in: Gemeindeblatt für Augsburg und Schwaben Nr. 23/9.6.1996, 13

Der Feier Raum geben. Zu den Wechselbeziehungen von Raum und Gottesdienst, in: Für den Gottesdienst Nr. 48/1996, 22-35

Luther-Bilder aus Nördlinger Besitz, in: Kirche + Kunst 74.1996, 27-32

Adler, Löwe, Stier und Drache. Die Tierwelt der Nördlinger Kanzel von 1499, in: Unser Auftrag Nr. 12/1997, 20-23

Bethlehem ist überall ... Zur ökumenischen Ikonographie des Weihnachtsfestes, in: Klaus Raschzok (Hrsg.), Die Welt ist heut an Bildern reich. 24 weihnachtliche Bilder aus aller Welt mit Informationen und Meditationen, Aachen - Erlangen 1997, 152-156

Der Feier Raum geben. Zu den Wechselbeziehungen von Raum und Gottesdienst, in: Gemeinsame Arbeitsstelle für gottesdienstliche Fragen, Heft 31/1998, 20-42

Die Gegenwart der Verstorbenen im Kirchenraum, in: Klaus Raschzok/Dietmar-H. Voges, »... dem Gott gnädig sei«. Totenschilde und Epitaphien in der St. Georgskirche in Nördlingen, Nördlingen 1998, 15-36

Der Feier Raum geben. Zu den Wechselbeziehungen von Raum und Gottesdienst, in: Thomas Klie (Hrsg.), Der Religion Raum geben. Kirchenpädagogik und religiöses Lernen (Grundlegungen. Veröffentlichungen des Religionspädagogischen Instituts Loccum 3), Münster 1998, 112-135

Der Feier Raum geben. Zu den Wechselbeziehungen von Raum und Gottesdienst, in: Lutherische Kirche in der Welt. Jahrbuch des Martin-Luther-Bundes 45.1998, Erlangen 1998, 79-103

Protestantische Ikonographie und bildende Kunst des 20. Jahrhunderts (Thesen), in: Peter Poscharsky (Hrsg.), Die Bilder in den Lutherischen Kirchen. Ikonographische Studien, München 1998, 221

»Spuren im Kirchenraum«, in: Praktisch-theologisches Ferienseminar 1998 der Universität Heidelberg »Die Predigt der Steine«, Dokumentationsband, Heidelberg 1998, 35–69

Art. »Dom«, in: RGG 4 , Bd. 2 (1999), Sp. 930

Konfessionelle Identität in ökumenischer Perspektive. Facetten der Nördlinger Kirchengeschichte, in: Jahrbuch des Historischen Vereins für Nördlingen und das Ries 29.1999, 97–123

Art. »Gemeindezentrum«, in: RGG 4 , Bd. 3 (2000), Sp. 630–631

Art. »Gottesdienst: VIII. Gottesdienst und Kunst«, in: RGG 4 , Bd. 3 (2000), Sp. 1208–1210

Art. »Homilie«, in: RGG 4, Bd. 3 (2000), Sp. 1879–1880

Praktische Theologie im Dritten Reich. Eine Einführung, in: Klaus Raschzok (Hrsg.), Zwischen Volk und Bekenntnis: Praktische Theologie im Dritten Reich, Leipzig 2000, 9–49

Wolf Meyer-Erlach und Hans Asmussen – Ein Vergleich zwischen der Praktische Theologie der Deutschen Christen und der Bekennenden Kirche, in: Klaus Raschzok (Hrsg.), Zwischen Volk und Bekenntnis: Praktische Theologie im Dritten Reich, Leipzig 2000, 167–202

»Methode der Predigt«. Vom homiletischen Nutzen einer zeitgenössischen Künstlertheorie (Thomas Lehnerer), in: Zeitschrift für Theologie und Kirche 97.2000, 110–127

Spuren im Kirchenraum – Anstöße zur Raumwahrnehmung, in: Pastoraltheologie 89.2000, 142–157

Homiletische Gleichnisse: Vom seelsorglichen Dienst der Predigtlehre am Prediger, in: Manfred Josuttis/Heinz Schmidt/Stefan Scholpp (Hrsg.), Auf dem Weg zu einer seelsorglichen Kirche. Theologische Bausteine. FS Christian Möller, Göttingen 2000, 49–61

Worte des Dankes bei der Abschiedsvorlesung von Professor Dr. Peter Poscharsky, in: Kirche + Kunst 78.2000, 13–16

Dank an Klaus-Peter Hertzsch, in: Klaus Petzold/Klaus Raschzok (Hrsg.), Vertraut den neuen Wegen. Praktische Theologie zwischen Ost und West, Leipzig 2000, 11–16 (gemeinsam mit Klaus Petzold)

Der Thüringer Kanzelstreit. Praktisch-theologische Anmerkungen, in: Klaus Petzold/Klaus Raschzok (Hrsg.), Vertraut den neuen Wegen. Praktische Theologie zwischen Ost und West. FS für Klaus-Peter Hertzsch, Leipzig 2000, 121–152

» ... an keine Stätte noch Zeit aus Not gebunden« (Martin Luther). Zur Frage des heiligen Raumes nach lutherischem Verständnis, in: Kirche + Kunst 79.2001, 2–7

Epitaphien, Totenschilde und Leichenpredigten als Erinnerungszeichen. Bemerkungen zu einer protestantischen Frömmigkeitstradition, in: Markward Herzog (Hrsg.), Totengedenken und Trauerkultur. Geschichte und Zukunft des Umgangs mit Verstorbenen (Irseer Diaologe. Kultur und Wissenschaft interdisziplinär 6), Stuttgart/Berlin/Köln 2001, 111–155

Kunstlehre der Gestaltung des Glaubens, in: Georg Lämmlin/Stefan Scholpp (Hrsg.), Praktische Theologie der Gegenwart in Selbstdarstellungen (UTB S 2213), Tübingen/Basel 2001, 296–315

Kirchengebäude und liturgische Ausbildung, in: Jörg Neijenhuis (Hrsg.), Liturgie lernen und lehren. Aufsätze zur Liturgiedidaktik (Beiträge zu Liturgie und Spiritualität 6), Leipzig 2001, 43-70

Art. »Kunst und Religion: IV. Christliche Theologie, 5. Praktisch-theologisch, in: RGG 4, Bd. 4 (2001), Sp. 1890-1891

Art. »Thurneysen, Eduard (1888-1974)«, in: TRE 33 (2001), 524-527

Die Gegenwart Israels im evangelischen Gottesdienst. Zum »Israelkriterium« des Evangelischen Gottesdienstbuches, in: Kirche und Israel 16.2001, 48-61

Kreuze in der Kunst der Moderne, in: Kreuze. Eine Ausstellung im Bamberger Dom vom 26. Januar - 7. April 2002, hrsg. vom Internationalen Künstlerhaus Villa Concordia und der Hauptabteilung Kunst und Kultur des Erzbischöflichen Ordinariates Bamberg (Edition Villa Concordia 7/Veröff. der HA Kunst und Kultur des Erzbischöflichen Ordinariates Bamberg 11), Bamberg 2002, 12-14

Emil Sulze und der protestantische Kirchenbau, in: Jens Bulisch/Dirk Klingner/ Christian Mai (Hrsg.), Kirchliche Kunst in Sachsen. Festgabe für Hartmut Mai, Beucha 2002, 197-221

Ordination als Berufung und Lebensarbeit. Zu einem vernachlässigten Aspekt gelebter Spiritualität im Pfarrberuf, in: Theologische Beiträge 33.2002, 138-154

Anmutungen und Atmosphären. Plädoyer für die bleibende Präsenz von Kunst im liturgischen Raum, in: Wilhelm Gräb/Birgit Weyel (Hrsg.), Praktische Theologie und protestantische Kultur (PThK9), Gütersloh 2002, 300-313

»... an keine Stätte noch Zeit aus Not gebunden« (Martin Luther). Zur Frage des heiligen Raumes nach lutherischem Verständnis, in: Sigrid Glockzin-Bever/Horst Schwebel (Hrsg.), Kirchen - Raum - Pädagogik (Ästhetik - Theologie - Liturgik 12), Münster 2002, 99-113

»Eine Kollektion von Augenblicken« (Okwui Enwezor): Die Documenta 11 in Kassel, in: Kirche + Kunst 80.2002, 30-36

Der freie Blick: Künstlerische Interventionen in den religiösen Raum, in: Kirche + Kunst 80.2002, 36-38

Kirchenraum (evangelisch), in: Michael Meyer-Blanck/Walter Fürst (Hrsg.), Typisch katholisch - typisch evangelisch. Ein Leitfaden für die Ökumene im Alltag, Rheinbach 2003, 178-183

Praktische Theologie als Selbsterkenntnis der Kirche. Eine Einführung, in: Klaus Raschzok (Hrsg.), Praktische Theologie als Selbsterkenntnis der Kirche: Erich Hertzsch 1902-1995, Leipzig 2003, 18-23

Evangelische Kirchenräume als spirituelle Potentiale, in: Das Baugerüst, 55.2003, Heft 1, 18-23

Kirchenbau und Kirchenraum, in: Hans-Christoph Schmidt-Lauber/Karl-Heinrich Bieritz/ Michael Meyer-Blanck (Hrsg.), Handbuch der Liturgik. Liturgiewissenschaft in Theologie und Praxis der Kirche, 3. Auflage Göttingen 2003, 387-407

Art. »Retty (Retti), Leopold(o) Mattia«, in: NDB 21 (2003), 449-450

Spiritualität und bildende Kunst der Gegenwart, in: Michael Herbst (Hrsg.), Perspektiven evangelischer Glaubenspraxis. FS für Manfred Seitz, Göttingen 2003, 199-211

Rettet Evangelisch St. Ulrich in Augsburg, in: Kirche + Kunst 81.2003, 13-14

Skandal um ein Scheinfelder Adventsfenster, in: Kirche + Kunst 81.2003, 14–15

Art. »Ostung«, in: RGG 4, Bd. 6 (2003), Sp. 749

Die kirchliche Bestattung: Ein geschützter Raum der Gottesbegegnung angesichts des Todes, in: Andrea K. Thurnwald (Hrsg.), Trauer und Hoffnung. Sterbebräuche, Totengedenken und Auferstehungsglauben in evangelischen Gemeinden (Schriften und Kataloge des Fränkischen Freilandmuseums 41), Bad Windsheim 2003, 197–205

Christusberührungen in der zeitgenössischen Kunst, in: Woty Gollwitzer-Voll (Hrsg.), »... macht Kranke gesund!«. Heilen als Aufgabe der Kirche, München 2004, 177–186

Internationale Beziehungen der Diakonie Neuendettelsau im historischen und aktuellen Kontext II, in: Hermann Schoenauer/Beate Hofmann/Günther Hießleitner/Matthias Honold (Hrsg.), Tradition und Innovation. Diakonische Entwicklungen am Beispiel der Diakonie Neuendettelsau (Diakoniewissenschaft 9), Stuttgart 2004, 58–64

Für Christus in den Dienst genommen – Liturgisches Gerät, in: Gertrud Voll (Hrsg.), Vom Glanz des Glaubens und der Not der Zeiten. Kirchliche Gerätschaften aus dem Raum Dinkelsbühl (Kleine Schriftenreihe Region Hesselberg 2), Unterschwaningen 2004, 5–8

Die Kunst der Bereitung: Paramentik, in: Karl Günther Beringer/Klaus Raschzok/Hans Rößler, Paramente im Wandel der Zeit. Textile Kirchenkunst aus Neuendettelsau 1858–2004 (Neuendettelsauer Hefte 2), Neuendettelsau 2004, 19–36

Communio-Räume, in: Kirche + Kunst 82.2004, 12–14.

St. Michael als liturgischer Raum, in: Volker Leppin/Matthias Werner (Hrsg.), Inmitten der Stadt. St. Michael in Jena. Vergangenheit und Gegenwart einer Stadtkirche, Petersberg 2004, 281–300

»Wohl denen, die in deinem Hause wohnen ...« Die Reformations-Gedächtnis-Kirche als heiliger Raum nach lutherischem Verständnis, in: 65 Jahre Reformations-Gedächtnis-Kirche Nürnberg-Maxfeld 1938-2003, Nürnberg 2004, 21–28

Christian Geyer und Friedrich Rittelmeyer: Porträt einer homiletischen Freundschaft, in: Göttinger Predigtmeditationen 59.2004/2005, 132–148

Hanna Jursch (1902-1972). Seelsorge im akademischen Kontext, in: Peter Zimmerling (Hrsg.), Evangelische Seelsorgerinnen. Biografische Skizzen, Texte und Programme, Göttingen 2005, 298–313

Die kirchliche Bestattung – ein geschützter Raum der Gottesbegegnung angesichts des Todes, in: Korrespondenzblatt der diakonischen Gemeinschaften von Neuendettelsau 139.2005, 8–16

Georg und Maria Magdalena – Namenspatrone der St. Georgskirche, in: Mit Gott durch die Zeit. 500 Jahre Baufertigstellung St. Georg. Fünf Möglichkeiten die Kirche zu erkunden, hrsg. von der Evangelisch-Lutherischen Kirchengemeinde Nördlingen, Nördlingen 2005, 16–25

Der Streit um das Eucharistiegebet in den Kirchen der Reformation, in: Winfried Haunerland (Hrsg.), Mehr als Brot und Wein. Theologische Kontexte der Eucharistie, Würzburg 2005, 145–172

Ein zukunftsoffener Raum (Wilhelm Löhe). Zur Leistung des Kirchengebäudes für die christliche Lebenskunst, in: Matthias Ludwig (Hrsg.), Kunst – Raum – Kirche. Eine FS für Horst Schwebel, Lautertal 2005, 67–77

Das Abendmahl nach den Ordnungen von Privatagenden, in: Irmgard Pahl (Hrsg.), COENA DOMINI II. Die Abendmahlsliturgie der Reformationskirchen vom 18. bis zum frühen 20. Jahrhundert (Spicilegium Friburgense 43), Fribourg 2005, 192–217 (gemeinsam mit Wolfgang Fenske)

Art. »Abendmahl«, in: Norbert Dennerlein/Michael Meyer-Blanck (Hrsg.), Evangelische Glaubensfibel. Grundwissen der evangelischen Christen, Rheinbach und Gütersloh 2006, 132–135

Mundart in der Verkündigung: Homiletische Überlegungen zu einer sich zunehmenden Beliebtheit erfreuenden kirchlichen Praxis, in: Erträge. Sommersemester 2006 in Neuendettelsau. Augustana-Hochschule [2006], 6–36

Verkündigung in fränkischer Mundart, in: Andrea K. Thurnwald (Hrsg.), Eine Kirche wird Museum. Werkstattberichte aus dem Museum Kirche in Franken, Bad Windsheim 2006, 154–183

Die Predigt zwischen Alltagsdogmatik und Lebenskunst: Neue homiletische Herausforderungen. Eine Zusammenfassung und Ertragssicherung der Beiträge des Symposions »Predigt in einer polyphonen Kultur«, in: Hanns Kerner (Hrsg.), Predigt in einer polyphonen Kultur, Leipzig 2006, 131–144

Gottesdienst als Lebensform und Ethos, in: Verkündigung und Forschung 51.2006, 64–72, H. 2 (gemeinsam mit Albrecht Schödl)

Evangelischer Kirchenraum, in: cardo. Ein Bazar für das Theologische Studienjahr Jerusalem, Heft 4, 2006, 16–20

Die Taufe: »Symbolische Handlungsinsel in einem Meer von Wörtern«, in: Bettina Seyderhelm (Hrsg.), Tausend Jahre Taufen in Mitteldeutschland, Regensburg 2006, 122–132

Die Gemeinde im evangelischen Gottesdienst, in: Irene Mildenberger/Wolfgang Ratzmann (Hrsg.), Beteiligung? Der Gottesdienst als Sache der Gemeinde (Beiträge zu Liturgie und Spiritualität 15), Leipzig 2006, 51–75

Die Wiedergewinnung des Gemeinderaums als liturgischer Aktionsraum. Zum Konzept der Communio-Räume im katholischen Kirchenbau, in: Irene Mildenberger/Wolfgang Ratzmann (Hrsg.), Beteiligung? Der Gottesdienst als Sache der Gemeinde (Beiträge zu Liturgie und Spiritualität 15), Leipzig 2006, 133–151

Für Christus in den Dienst genommen ... Liturgisches Gerät, in: Vasa Sacra. Kirche und Kunst in Kurhessen-Waldeck, Kassel 2006, 4–5

Ein zukunftsoffener Raum (Wilhelm Löhe). Die Bedeutung des Kirchengebäudes für den Gottesdienst der Kirche, in: Lutherische Kirche in der Welt 54.2007, 217–234

Kirchenbau, in: Wilhelm Gräb/Birgit Weyel (Hrsg.), Handbuch Praktische Theologie, Gütersloh 2007, 566–577

Evangelisch betucht. Einführung in die Ausstellung mit Gottesdienstgewändern und Amtstracht, in: Evangelisch betucht. Katalog zur Ausstellung mit Gottesdienstgewändern und Amtstracht, hrsg. vom Gottesdienst-Institut der Evangelisch-Lutherischen Kirche in Bayern, Nürnberg 2007, 7–16

Evangelisch betucht. Eine Einführung in die Wanderausstellung mit Gottesdienstgewändern und Amtstracht, in: Kirche + Kunst 85.2007, 6–15

Die Theologie mit dem Herzen verbinden. Eine Annäherung an die Voraussetzungen der Geistlichen Begleitung, in: Dorothea Greiner/Erich Noventa/Klaus Raschzok/ Albrecht

Schödl (Hrsg.), Wenn die Seele zu atmen beginnt ... Geistliche Begleitung in evangelischer Perspektive, Leipzig 2007, 179–214 (gemeinsam mit Dorothea Greiner, Klemens Schaupp und Anna-Maria aus der Wiesche)

Modernen Standards verpflichtet. 60 Jahre Augustana-Hochschule in Neuendettelsau, in: Nachrichten der Evangelisch-Lutherischen Kirche in Bayern 62.2007, 341–342

Geistliche Begleitung reflektieren. Eine Aufgabe des Instituts für Evangelische Aszetik an der Augustana-Hochschule, in: Nachrichten der Evangelisch-Lutherischen Kirche in Bayern 62.2007, 353–356

Die Ästhetik der Formlosigkeit. Eindrücke von der documenta 12 und ihrer kirchlichen Begleitausstellung, in: Kirche + Kunst 85.2007, 30–37

Gefragt, nötig, präsent. Zur Diskussion um den Pfarrberuf, in: Korrespondenzblatt (hrsg. vom Pfarrer- und Pfarrerinnenverein in der evangelisch-lutherischen Kirche in Bayern) 123, 2008, 81–91

»... dass mein Gebet schwach und hilflos sein darf« (Antje Naegeli). Zur neueren Gebetsliteratur, in: Theologische Literaturzeitung 133.2008, 713–736

Der theologische Hilfsarbeiter seiner Kirche. Zum geistlichen Verständnis des evangelischen Bischofsamtes bei Hermann Dietzfelbinger (1908–1984), in: Nachrichten der Evangelisch-Lutherischen Kirche in Bayern 63.2008, 161–165

»... geöffnet, für alle übrigens« (Heinrich Böll). Evangelische Kirchenbauten im Spannungsfeld von Religion und Gesellschaft, in: Hanns Kerner (Hrsg.), Lebensraum Kirchenraum. Das Heilige und das Profane, Leipzig 2008, 17–36

»Raum wahrnehmen – Raum erleben – Raum verändern«. Workshop in der Jakobuskirche Pullach, in: Hanns Kerner (Hrsg.), Lebensraum Kirchenraum. Das Heilige und das Profane, Leipzig 2008, 125–127

Gefragt, nötig, präsent: Zur Diskussion um den Pfarrberuf, in: LVK-Forum (Wunstorf) 1/2008, 15–24

Einführung in Wilhelm Löhes »Schmuck der heiligen Orte«, in: Wilhelm Löhe, Vom Schmuck der heiligen Orte (1857/58). Für die Wilhelm-Löhe-Kulturstiftung Neuendettelsau hrsg. von Hermann Schoenauer. Kommentiert und bearbeitet von Beate Baberske-Krohs und Klaus Raschzok, Leipzig 2008, 9–63

Kommentierung zum »Schmuck der heiligen Orte«, in: Wilhelm Löhe, Vom Schmuck der heiligen Orte (1857/58). Für die Wilhelm-Löhe-Kulturstiftung Neuendettelsau hrsg. von Hermann Schoenauer. Kommentiert und bearbeitet von Beate Baberske-Krohs und Klaus Raschzok, Leipzig 2008, 103–134 (gemeinsam mit Beate Baberske-Krohs)

Auswahlbibliografie zur Paramentik, in: Wilhelm Löhe, Vom Schmuck der heiligen Orte (1857/58). Für die Wilhelm-Löhe-Kulturstiftung Neuendettelsau hrsg. von Hermann Schoenauer. Kommentiert und bearbeitet von Beate Baberske-Krohs und Klaus Raschzok, Leipzig 2008, 185–195

Der praktische Theologe Wilhelm Löhe, in: Hermann Schoenauer (Hrsg.), Wilhelm Löhe (1808–1872). Seine Bedeutung für Kirche und Diakonie, Stuttgart 2008, 183–216

Die Agende der Zukunft. Ein programmatischer Vorschlag, in: Hanns Kerner (Hrsg.), Zwischen Heiligem Drama und Event. Auf dem Weg zu einer zukunftsfähigen Agende, Leipzig 2008, 23–39

60 Jahre Augustana-Hochschule Neuendettelsau, in: Erträge der Augustana-Hochschule. Sonderheft 60 Jahre augustana in Neuendettelsau. Dokumentation der Beiträge und Reden zum Jubiläumsjahr, Neuendettelsau 2008, 15-17

Geistliche Begleitung in der Lehre vom christlichen Leben (Aszetik) reflektieren. Eine Aufgabe des Instituts für Evangelische Aszetik an der Augustana-Hochschule, in: Erträge der Augustana-Hochschule. Sonderheft 60 Jahre augustana in Neuendettelsau. Dokumentation der Beiträge und Reden zum Jubiläumsjahr, Neuendettelsau 2008, 155-160

Laudatio auf Herbert Falken [aus Anlass der Verleihung des Ehrenpreises für bildende Künstler der Evangelisch-Lutherischen Kirche in Bayern], in: Kirche + Kunst 86.2008, 31-33

Gegenläufige Verhüllung, in: Andrea Thema, Altarinstallation in drei Phasen in der katholischen Kirche St. Clemens im ökumenischen Gemeindezentrum Nürnberg-Thon: Jesu Christi Weg, Nürnberg 2009, 5-7

Die Biografie als revolutionärer Akt. Joseph Beuys im Museum Hamburger Bahnhof in Berlin, in: Kirche + Kunst 87.2009, 17-20

Orte: Heim(e) und Mobilität, in: Thomas Klie/Martina Kumlehn/Ralph Kunz (Hrsg.), Praktische Theologie des Alterns (Praktische Theologie im Wissenschaftsdiskurs 5), Berlin und New York 2009 (gemeinsam mit Konstanze Kemnitzer), 283-310

Die notwendige Fortsetzung des agendarischen Erneuerungsprozesses. Ergebnisse einer Ausschussarbeit, in: Michael Meyer-Blanck/Klaus Raschzok/Helmut Schwier (Hrsg.), Gottesdienst feiern. Zur Zukunft der Agendenarbeit in den evangelischen Kirchen, Gütersloh 2009, 9-25

Gottesdienst feiern. Die neuen Herausforderungen des agendarischen Reformprozesses (gemeinsam mit Michael Meyer-Blanck und Helmut Schwier), in: Michael Meyer Blanck/Klaus Raschzok/Helmut Schwier (Hrsg.), Gottesdienst feiern. Zur Zukunft der Agendenarbeit in den evangelischen Kirchen, Gütersloh 2009, 180-203

Taufe, Trauung und Bestattung. Kasualien als Wahrnehmungsräume für die Gottesbegegnung, in: Stefan Gehrig/Stefan Seiler (Hrsg.), Gottes Wahrnehmungen. FS für Helmut Utzschneider, Stuttgart 2009, 316-349

Modeerscheinung oder Wahrnehmungszugewinn? Diskurse Praktischer Theologie, in: Verkündigung und Forschung 54.2009, Heft 2, 75-87

Das geistliche Amt nach Wilhelm Löhe. Impuls in eine amtsvergessene Kirche, in: Dietrich Blaufuß (Hrsg.), Wilhelm Löhe. Erbe und Vision (Die Lutherische Kirche - Geschichte und Gestalten 20), Gütersloh 2009, 80-109

Die Bedeutung des Kirchenbaus für die Praktische Theologie, in: Kirche + Kunst 87.2009, 49-52

Gottesdienst und Dramaturgie. Eine Einführung, in: Irene Mildenberger/Klaus Raschzok/Wolfgang Ratzmann (Hrsg.), Gottesdienst und Dramaturgie. Liturgiewissenschaft und Theaterwissenschaft im Gespräch (Beiträge zu Liturgie und Spiritualität 23), Leipzig 2010, 15-45

Einleitung, in: Irene Mildenberger/Klaus Raschzok/Wolfgang Ratzmann (Hrsg.), Gottesdienst und Dramaturgie. Liturgiewissenschaft und Theaterwissenschaft im Gespräch (Beiträge zu Liturgie und Spiritualität 23), Leipzig 2010, 9-14 (gemeinsam mit Irene Mildenberger und Wolfgang Ratzmann)

Spiritualität als christliche Kernkompetenz im sozialen Unternehmen, in: Markus Horneber/Peter Helbich/Klaus Raschzok (Hrsg.), Dynamisch Leben gestalten. Perspektiven zukunftsorientierter Unternehmen in der Sozial- und Gesundheitswirtschaft (Dynamisch Leben gestalten 1), Stuttgart 2010, 49–78

Im anderen nicht allein die Sünde, sondern den »Gegenstand der erlösenden Liebe Gottes« sehen (Wilhelm Löhe). Aszetische Impulse für eine hamartiologisch perspektivierte Diakoniewissenschaft, in: Johannes Block/Holger Eschmann (Hrsg.), Peccatum magnificare. Zur Wiederentdeckung des evangelischen Sündenverständnisses für die Handlungsfelder der Praktischen Theologie. FS Christian Möller, Göttingen 2010, 176–193

Wilhelm Löhe als praktisch-theologischer Publizist, in: Achim Behrens/Werner Klän (Hrsg.), Wilhelm Löhe und Ludwig Hams, *1808. Vergleichende Studien zum lutherisch-konfessionellen Aufbruch im 19. Jahrhundert. Beiträge des Dies Academicus an der Lutherischen Theologischen Hochschule Oberursel am 10. November 2008 (Oberurseler Hefte. Studien und Beiträge für Theologie und Gemeinde 49), Oberursel 2010, 13–37

Löhe und der Schmuck der heiligen Orte: »Zur Ehrfurcht führen«, in: Jürgen Singer (Hrsg.), Wilhelm Löhe. Begegnungen, Neuendettelsau 2010, 63–64

Orte der »Begegnung der Gemeinde mit dem lebendigen Gott«. Kirchenbau in der Evangelisch-Lutherischen Kirche in Bayern seit 1945 aus theologischer Perspektive, in: Hans-Peter Hübner/Helmut Braun (Hrsg.), Evangelischer Kirchenbau in Bayern seit 1945, Berlin und München 2010, 49–69

Gottesdienst und Performativität, in: Konrad Müller/Klaus Raschzok (Hrsg.), Grundfragen des evangelischen Gottesdienstes, Leipzig 2010, 115–142

Trendsetter des Aufbruchs: Die »Frontkämpfer des Gottesdienstes«, in: Hanns Kerner (Hrsg.), Aufbrüche. Gottesdienst im Wandel, Leipzig 2010, 63–84

Zwölf Merkpunkte für die Weiterarbeit und ein Fazit, in: Auf dem Weg zur Perikopenrevision. Dokumentation einer wissenschaftlichen Fachtagung, hrsg. vom Kirchenamt der EKD, Amt der UEK und Amt der VELKD, Hannover 2010, 271–274

Zu diesem Heft, in: Verkündigung und Forschung 55.2010, H. 2, 2–3 (gemeinsam mit Bernhard Dressler).

Neuere Lehrbücher und Reihen der Praktischen Theologie, in: Verkündigung und Forschung 55.2010, H. 2, 60–73

Pfarrberuf 2020. Von der Zukunft eines Schlüsselberufes der Kirche, in: Nachrichten der Evangelisch-Lutherischen Kirche in Bayern 65.2010, 308–312 (gemeinsam mit Karl-Heinz Röhlin u.a.)

Pfarrberuf 2020. Von der Zukunft eines Schlüsselberufes der Kirche, in: Korrespondenzblatt [des Pfarrer- und Pfarrerinnenvereins in der evangelisch-lutherischen Kirche in Bayern] 125.2010, 169–172 (gemeinsam mit Karl-Heinz Röhlin u.a.)

Dramaturgie und Theologie im gottesdienstlichen Vollzug. Performativität als Akt der Verkörperung, in: Liturgie und Kultur 1.2010, H. 2, 9–29

Von der Predigthilfe zum biblischen Essay. Karl-Heinrich Bieritz als Autor der GPM, in: Göttinger Predigtmeditationen 65.2010/2011, 159–164

Gender – Religion – Kultur. Eine Einleitung, in: Renate Jost/Klaus Raschzok (Hrsg.), Gender – Religion – Kultur. Biblische, interreligiöse und ethische Aspekte (Theologische Akzente 6), Stuttgart 2011, 9–16 (gemeinsam mit Renate Jost)

Geistliche Begleitung evangelisch-theologisch reflektiert (gemeinsam mit Matthias Rost), in: Dorothee Greiner/Klaus Raschzok/Matthias Rost (Hrsg.), Geistlich Begleiten. Eine Bestandsaufnahme evangelischer Praxis, Leipzig 2011, 111–121

Der wunderbare Gnadenthron. Ein geistlicher Übungsweg aus der lutherischen Choraltradition, in: Dorothea Greiner/Klaus Raschzok/Matthias Rost (Hrsg.), Geistlich Begleiten. Eine Bestandsaufnahme evangelischer Praxis, Leipzig 2011, 173–176

Am Ende einer Bestandsaufnahme. Schlussfolgerungen und Konsequenzen für die evangelische Praxis Geistlicher Begleitung, in: Dorothea Greiner/Klaus Raschzok/Matthias Rost (Hrsg.), Geistlich Begleiten. Eine Bestandsaufnahme evangelischer Praxis, Leipzig 2011, 199–227

Das Evangelische Gottesdienstbuch und der Pfarrberuf, in: Claudia Schulz/Michael Meyer-Blanck/Tabea Spieß (Hrsg.), Gottesdienstgestaltung in der EKD. Ergebnisse einer Rezeptionsstudie zum »Evangelischen Gottesdienstbuch« von 1999, Gütersloh 2011, 176–181

Deutschsprachige Liturgiewissenschaft des 20. Jahrhunderts in Einzelporträts. Einleitung, in: Benedikt Kranemann/Klaus Raschzok (Hrsg.), Gottesdienst als Feld theologischer Wissenschaft im 20. Jahrhundert. Deutschsprachige Liturgiewissenschaft in Einzelporträts (Liturgiewissenschaftliche Quellen und Forschungen 98), Münster 2011, 15–73 (gemeinsam mit Benedikt Kranemann)

Hans Kreßel (1898–1985), in: Benedikt Kranemann/Klaus Raschzok (Hrsg.), Gottesdienst als Feld theologischer Wissenschaft im 20. Jahrhundert. Deutschsprachige Liturgiewissenschaft in Einzelporträts (Liturgiewissenschaftliche Quellen und Forschungen 98), Münster 2011, 592–605

Rainer Volp (1931–1998), in: Benedikt Kranemann/Klaus Raschzok (Hrsg.), Gottesdienst als Feld theologischer Wissenschaft im 20. Jahrhundert. Deutschsprachige Liturgiewissenschaft in Einzelporträts (Liturgiewissenschaftliche Quellen und Forschungen 98), Münster 2011, 1142–1159

Frau Dekan hat ein sehr schönes Harmonium in mein Zimmer stellen lassen. Die Nördlinger Brautbriefe Christian Geyers von 1887 als Quelle zur Sozialgeschichte des evangelischen Pfarrberufs, in: Dietmar Schiersner/Andreas Link/Barbara Rajkay/ Wolfgang Scheffknecht (Hrsg.), Augsburg, Schwaben und der Rest der Welt. Neue Beiträge zur Landes- und Regionalgeschichte. FS für Rolf Kießling, Augsburg 2011, 325–340

Der Dreiklang von principieller, materieller und formeller Homiletik. Ein Gespräch mit Alexander Schweizer und dessen »Homiletik der evangelisch-protestantischen Kirche systematisch dargestellt« von 1848, in: Hanns Kerner (Hrsg.), Predigt konkret. Grundlinien homiletischer Ansätze, Leipzig 2011, 57–82

Textiler Klassiker. Zweihundert Jahre Talar mit Beffchen als Identitätssymbol des Protestantismus, in: Nachrichten der Evangelisch-Lutherischen Kirche in Bayern 66.2011, 383–392

Die Gestaltqualität der Tauffeier und ihre Wirkung, in: Johannes Goldenstein (Hrsg.), Taufe – und dann? Kasus Taufe zwischen Kampagne, Quote und Gemeindeleben (Loccumer Protokolle 23/11) Rehburg-Loccum 2011, 65–81

Kirchenstrategische Konsequenzen der Religiosität 66plus: Sechs Merkpunkte für die Weiterarbeit, in: Zeitschrift für Gerontologie und Ethik, Heft 1/2012, 90–98

Evangelische Aszetik. Zur Wiederentdeckung einer Disziplin der akademischen Praktischen Theologie und ihrer Forschungs- und Lehrgestalt, in: Ralph Kunz/Claudia Kohli

Reichenbach (Hrsg.), Spiritualität im Diskurs. Spiritualitätsforschung in theologischer Perspektive (Praktische Theologie im reformierten Kontext 4), Zürich 2012, 13–36

Laudatio auf Professor Dr. Peter Poscharsky zum 80. Geburtstag. Festkolloquium Landeskirchenamt München 12.03.2012, in: Kirche + Kunst 89.2012, Heft 2, 48–52

Art. Kirchenbau, in: Michael Meyer-Blanck/Joachim Gerhardt (Hrsg.), Evangelischer Taschenkatechismus. 4. vollständig überarbeitete und erweiterte Auflage, Rheinbach 2012, 58–61

Sehen – glauben – leben. Ausgewählte Aufsätze von Karl-Heinz Michel, in: Theologische Beiträge 43.2012, 390–393.

Der Talar gewährt Sicherheit und Schutz, in: aktuell.evangelisch.de (http://aktuell. evangelisch.de, 1.12.2012)

»Textilkunst – nicht nur für die Kirche«. Vortrag zur Eröffnung der Ausstellung der Paramentik Neuendettelsau am 10.7.2012 im Laden der Diakonie Neuendettelsau in der Augustinerstraße 11 in Nürnberg, in: Diakonie & Spiritualität Heft 1/2013, 22–23

Laudatio auf Herrn Professor Dr. Bernhard Klaus zum 95. Geburtstag, in: Bernhard Klaus, Das Professorium der Friedrich-Alexander-Universität Erlangen-Nürnberg nach dem 2. Weltkrieg, hrsg. von der Abteilung Christliche Publizistik an der Theologischen Fakultät der Friedrich-Alexander-Universität Erlangen-Nürnberg, Erlangen 2013, 63–72

Das Problem ist der Gottesdienst am Sonntagvormittag. Reaktion auf die 10 Thesen zum Gottesdienst von Professor Dr. Dr. Hanns Kerner, in: Nachrichten der Evangelisch-Lutherischen Kirche in Bayern 68.2013, 210–215

Heilige als Geistliche Begleiter bei Georg Major, Hermann Bonnus und Georg Spalatin, in: Dorothea Greiner/Berndt Hamm/Klaus Raschzok/Manuel Ritter/Anna-Maria aus der Wiesche (Hrsg.), Geistliche Begleitung in evangelischer Perspektive. Modelle und Personen der Kirchengeschichte, Leipzig 2013, 149–175

Im Gespräch mit den »alten Tröstern« der lutherischen Kirche. Wilhelm Löhe als Geistlicher Begleiter, in: Dorothea Greiner/Berndt Hamm/Klaus Raschzok/Manuel Ritter/Anna-Maria aus der Wiesche (Hrsg.), Geistliche Begleitung in evangelischer Perspektive. Modelle und Personen der Kirchengeschichte, Leipzig 2013, 239–255

Perikopenrevision: Vom schwierigen Bibeltext zum Text-Klang-Raum, in: Verkündigung und Forschung 58.2013, H. 2, 157–165

Pfarrhaus und professionsspezifische Lebenskunst. Die praktisch-theologische Perspektive, in: Thomas A. Seidel/Christopher Spehr (Hrsg.), Das evangelische Pfarrhaus. Mythos und Wirklichkeit, Leipzig 2013, 167–189

Zur Hermeneutik ausgewählter historischer Perikopensysteme des Protestantismus im 19. und frühen 20. Jahrhundert, in: Jahrbuch für Liturgik und Hymnologie 52.2013, 32–67

Traditionskontinuierlicher Gottesdienst. Eine terminologische Neuschöpfung und ihre Begründung, in: Quatember. Vierteljahreshefte für Erneuerung und Einheit der Kirche 77.2013, 205–213

Evangelisch-lutherische liturgische Identität. Ansätze zu ihrer Bestimmung und Konsequenzen aus ihrer Formulierung. Thesenpapier, erarbeitet im Auftrag der Bischofskonferenz der VELKD, in: Texte aus der VELKD Nr. 169, Januar 2014, 2–18 (gemeinsam mit Christine Axt-Piscalar, Alexander Deeg und Christine Jahn)

Synästhesie, in: Jürgen Lenssen (Hrsg.), Wegzeichen. Benedikt Werner Traut. Ausstellungskatalog Museum am Dom Würzburg, Würzburg 2014, 161

Art. Abendsegen, in: Volker Leppin/Gury Schneider-Ludorff (Hrsg.), Das Luther-Lexikon, Regensburg 2014, 37 (gemeinsam mit Konstanze Kemnitzer)

Art. Beichte, in: Volker Leppin/Gury Schneider-Ludorff (Hrsg.), Das Luther-Lexikon, Regensburg 2014, 104–106 (gemeinsam mit Konstanze Kemnitzer)

Art. Seelsorge, in: Volker Leppin/Gury Schneider-Ludorff (Hrsg.), Das Luther-Lexikon, Regensburg 2014, 633–634 (gemeinsam mit Konstanze Kemnitzer)

Gemeindezentrum im Wandel, in: Kirche + Kunst 91.2014, 22–28

Laudatio auf Benedikt Werner Traut zum 80. Geburtstag, in: Kirche + Kunst 91.2014, 68–77

Die Vasa Sacra von St. Lorenz: Liturgietheologische Perspektiven, in: Verborgene Schätze von St. Lorenz (= Verein zur Erhaltung der St. Lorenzkirche in Nürnberg e.V. N.F. Nr. 66, Dezember 2014), Nürnberg 2014, 21–29

Einführung, in: Peter Poscharsky, Gestalteter Glaube. Gesammelte Aufsätze aus der Christlichen Archäologie und Kunstgeschichte, hrsg. von Klaus Raschzok, Leipzig 2014, 11–17

Die Liturgie als Ort, in: Hans-Jürgen Kutzner/Jochen Arnold (Hrsg.), Orte für das Wort – Raum für den Himmel. Mit Architektur Gottesdienst gestalten (gemeinsam gottesdienst gestalten 25), Hannover 2014, 145–151

Ein »fast unmöglicher Lebensversuch zu dritt« (Eduard Thurneysen): Die »Notgemeinschaft« zwischen Karl Barth, Nelly Barth und Charlotte von Kirschbaum als Gegenstand freundschaftlicher Seelsorge, in: Tina Binder/Sarah Jäger (Hrsg.), Neues aus dem Puppenkoffer. Theologische Impulse zu Geschlecht, Macht, Liebe. FS für Renate Jost (Internationale Forschungen in Feministischer Theologie und Religion 5), Berlin 2015, 207–228

Nordamerikanische Liturgische Theologie. Einführender Tagungsbericht, in: Liturgie und Kultur 6.2015, H. 1, 5–9

Evangelischer Glaube und bildende Kunst. Räume der Gotteserfahrung, in: Confessio Augustana. Das lutherische Magazin für Religion. Gesellschaft und Kultur, Heft II, 2015, 12–17

Einführung: Salutogenese im Raum der Kirche – ein Handbuch, in: Andreas von Heyl/Konstanze Kemnitzer/Klaus Raschzok (Hrsg.), Salutogenese im Raum der Kirche. Ein Handbuch, Leipzig 2015, 11–22 (gemeinsam mit Andreas von Heyl und Konstanze Kemnitzer)

Salutogenese in der Gottesdienstlehre, in: Andreas von Heyl/Konstanze Kemnitzer/Klaus Raschzok (Hrsg.), Salutogenese im Raum der Kirche. Ein Handbuch, Leipzig 2015, 535–551 (gemeinsam mit Konstanze Kemnitzer)

»Gut, gerne und wohlbehalten« im Schlüsselberuf der Volkskirche arbeiten. Anmerkungen zum Versuch, der Komplexität des Pfarrberufs plakativ gerecht zu werden, in: Nachrichten der Evangelisch-Lutherischen Kirche in Bayern 70.2015, 260–267

Das akademische Studium als geistlich-berufliches Potential, in: Gerhard Maier (Hrsg.), Lieber Pfarrberuf! Reflexionen, Erlebnisse und Ratschläge, Altenstadt 2015, 198–203

Joseph Beuys (1921–1986) und die Figur des Schamanen im künstlerischen Werk, in: Haringke Fugmann (Hrsg.), Schamanismus als Herausforderung. Dokumentation des Symposiums 2015 in Bad Alexandersbad, Norderstedt 2015, 158–197

Zum Werk von Gerhard Rießbeck. Kunstsymposium »Landschaft und Sakralität«, 12.6.2015, in: Kirche + Kunst 92.2015, H. 2, 12–17

Spuren des Markgrafen im Ansbacher Land. Carl Wilhelm Friedrich und der evangelische Kirchenbau, in: Georg Seiderer (Hrsg.), Carl Wilhelm Friedrich von Brandenburg-Ansbach (1712–1757). Der »wilde Markgraf«? (Jahrbuch des Historischen Vereins für Mittelfranken 103), Ansbach 2015, 263–272

Evangelisch-Lutherische liturgische Identität. Zur Frage einer konfessionskulturellen gottesdienstlichen Wahrnehmungsperspektive, in: Alexander Deeg/Christian Lehnert (Hrsg.), Ekklesiologische Spiegelungen. Wie sich die Kirchen wiederfinden in der Liturgie (Beiträge zur Liturgie und Spiritualität 28), Leipzig 2016, 29–78

Die Tiefenstruktur des lutherischen Gottesdienstes und ihre Konsequenzen für die gegenwärtige lutherische Identität. Dargestellt am Beispiel der Evangelischen Messe und Band I des VELKD-Agendenwerks von 1955, in: Hanns Kerner/Konrad Müller (Hrsg.), Tiefendimensionen des Gottesdienstes, Leipzig 2016, 19–53

Das akademische Studium der Theologie: Kein abgeschlossenes Wissen für den evangelischen Pfarrberuf, sondern geistlich-berufliches Potenzial: in: Petra Bosse-Huber/Martin Illert/Roland Fritsch/Philipp Walter (Hrsg.), Im Dialog mit der Orthodoxie. FS für Reinhard Thöle (Beihefte zur Ökumenischen Rundschau 104), Leipzig 2016, 159–169

In memoriam Peter Poscharsky (1932–2016), in: Kirche + Kunst 93.2016, H. 1, 86–89

Zum Tod von Peter Poscharsky (1932–2016), in: Kunst und Kirche 79.2016, H. 1, 56–57

Das Konzept heiliger Räume aus evangelisch-lutherischer Sicht – veranschaulicht in der Nürnberger St. Sebalduskirche, in: Matthias Hopf/Wolfgang Oswald/Stefan Seiler (Hrsg.), Heiliger Raum. Exegese und Rezeption der Heiligtumstexte in Ex 24–40 (Theologische Akzente 8) Stuttgart 2016, 147–176

Aktuelle Taufpraxis in der Evangelisch-Lutherischen Kirche, in: Jahrbuch des Vereins für Christliche Kunst in München, Bd. 27, Lindenberg im Allgäu 2016, 24–43

»Dieser Kelch ist der neue Bund«, in: Thomas M. Austel (Hrsg.), Der Erfurter Reformationsaltar. Der Altar des Erfurter Meister Friedemann in der Kaufmannskirche am Anger. Mit Fotografien von Falko Behr, Berlin 2016, 66–68

Neue Abendmahlsgeräte für die Kapelle der Augustana-Hochschule, in: Augustana-Journal. Theologische Hochschule der Evangelisch-Lutherischen Kirche in Bayern. Informationen aus Hochschule und Stiftung 2.2016/17, 56–59

Die Heilige Familie in der christlichen Kunst, in: Kirche + Kunst 93.2016, H. 2, 12–23

In memoriam Dr. Dieter Weißenfels (1926–2016), in: Kirche + Kunst 93.2016, H. 2, 62–63

In memoriam Benedikt Werner Traut (1934–2016), in: Kirche + Kunst 93.2016, H. 2, 63

Die innere Bühne. Luther und die Folgen für das Theater, in: Markus Buntfuß/Friedemann Barniske (Hrsg.), Luther verstehen. Person – Werk – Wirkung, Leipzig 2016, 235–275

Zugänge zur Nordamerikanischen Liturgischen Theologie: Eine multiperspektivische Annäherung, in: Klaus Raschzok (Hrsg.), Nordamerikanische Liturgische Theologie, Gütersloh 2017, 9–47 (gemeinsam mit Dorothea Haspelmath-Finatti, Jochen Arnold und Ralph Kunz)

Ausgewählte Kirchenraumdiskurse 2005–2017, in: Verkündigung und Forschung 62.2017, H. 1, 64–71

Einleitung, in: Hans-Peter Hübner/Herbert May/Klaus Raschzok (Hrsg.), Evangelische Pfarrhäuser in Bayern, München 2017, 11–13

Das evangelische Pfarrhaus in Bayern in Geschichte und Gegenwart – aus praktisch-theologischer Perspektive, in: Hans-Peter Hübner/Herbert May/Klaus Raschzok (Hrsg.), Evangelische Pfarrhäuser in Bayern, München 2017, 15–33

Praktisch-theologische Reflexionen und kirchentheoretische Konsequenzen der empirischen Studie »Arbeitnehmende und Kirche zwischen Nähe und Distanz«, in: Johannes Rehm (Hrsg.), Kirche und Arbeiterfrage. Eine sozialwissenschaftlich-theologische Untersuchung zu Nähe und Distanz zwischen Arbeiterschaft und Evangelischer Kirche, Stuttgart 2017, 133–160 (gemeinsam mit Konstanze Kemnitzer)

In den Raum gestellt (I): Pfarrer_in Sein in Gemeinde und landesweitem Dienst, in: Korrespondenzblatt, hrsg. vom Pfarrer- und Pfarrerinnenverein in der evangelisch-lutherischen Kirche in Bayern, 132.2017, 79–85

In den Raum gestellt (II): Volkskirche sein in Gemeinde und landesweitem Dienst, in: Korrespondenzblatt, hrsg. vom Pfarrer- und Pfarrerinnenverein in der evangelisch-lutherischen Kirche in Bayern, 132.2017, 102–107

Der Kirchenraum. Die evangelische Sicht, in: Rheinische Heimatpflege 54.2017, 187–194

Überlegungen zu einer umfassenden Reform der Ausbildung zum evangelischen Pfarrberuf, in: Hanns Kerner/Johannes Rehm/Hans-Martin Weiss (Hrsg.), Das geistliche Amt im Wandel. Entwicklungen und Perspektiven, FS für Helmut Völkel, Leipzig 2017, 53–75

Defizite und Grenzen kirchlicher Reformträume. Praktisch-theologische Diskurse seit »Kirche der Freiheit« (2006), in: Verkündigung und Forschung 63.2018, H. 1, 4–21

In-vestitution. Liturgische Gewänder im evangelischen Gottesdienst, in: Peter Bubmann/Alexander Deeg (Hrsg.), Der Sonntagsgottesdienst. Ein Gang durch die Liturgie, Göttingen 2018, 33–40

Zu Ende gewebt. Textilkunst für die letzte Reise. Eine Einführung, in: Klaus Raschzok/Beate Baberske (Hrsg.), Zu Ende gewebt. Textilkunst für die letzte Reise. Im Auftrag der Marienberger Vereinigung für Paramentik. e.V. Mit Fotografien von Uwe Niklas (Schriften und Kataloge des Fränkischen Freilandmuseums 80), Bad Windsheim 2018, 17–43

Einführung. Geschichte der Seelsorge im 20. Jahrhundert in biografischen Essays, in: Klaus Raschzok/Karl-Heinz Röhlin (Hrsg.), Kleine Geschichte der Seelsorge im 20. Jahrhundert. Biografische Essays (FS für Richard Riess), Leipzig 2018, 15–19 (gemeinsam mit Karl-Heinz Röhlin)

Hans Asmussen (1898–1968). Seelsorge als Gespräch von Mann zu Mann, in: Klaus Raschzok/Karl-Heinz Röhlin (Hrsg.), Kleine Geschichte der Seelsorge im 20. Jahrhundert. Biografische Essays, Leipzig 2018, 21–30

Richard Riess (*1937). Pionier der deutschen Pastoralpsychologie, in: Klaus Raschzok/Karl-Heinz Röhlin (Hrsg.), Kleine Geschichte der Seelsorge im 20. Jahrhundert. Biografische Essays, Leipzig 2018, 241–250

Joachim Scharfenberg (1927–1996). Begründer der deutschen Pastoralpsychologie, in: Klaus Raschzok/Karl-Heinz Röhlin (Hrsg.), Kleine Geschichte der Seelsorge im 20. Jahrhundert. Biografische Essays, Leipzig 2018, 267–273

Adolf Sommerauer (1909–1995). Mediale Seelsorge, in: Klaus Raschzok/Karl-Heinz Röhlin (Hrsg.), Kleine Geschichte der Seelsorge im 20. Jahrhundert. Biografische Essays, Leipzig 2018, 293–304

Eduard Thurneysen (1888–1974). Seelsorge als Verkündigung, in: Klaus Raschzok/Karl-Heinz Röhlin (Hrsg.), Kleine Geschichte der Seelsorge im 20. Jahrhundert. Biografische Ess ays, Leipzig 2018, 339–344

Sehnsuchtsorte – ein theologischer Zugang, in: Kirche + Kunst 95.2018, H. 1, 14–17

Katholisch und reformatorisch: Gottesdienstliche Praxis und Spiritualität Martin Luthers, in: Würzburger Diözesangeschichtsblätter 81.2018, 13–30

Sockel für Prediger? Kanzel und Lesepult, in: die kirche. Evangelische Wochenzeitung für Berlin, Brandenburg und schlesische Oberlausitz Nr. 35 vom 2. September 2018, 5

Zur am 1. Advent 2018 eingeführten neuen Ordnung der gottesdienstlichen Texte und Lieder der Gliedkirchen der Evangelischen Kirche in Deutschland, in: Die Lesepredigt 52.2018/2019, 1–13

Zum Werk von Gerhard Rießbeck, in: Markus Zink/Markus Geißendörfer (Hrsg.), Kunstimpuls II. Predigten zu moderner Kunst in kirchlichen Räumen (Evangelische Kirche in Hessen-Nassau und Bayern) (Materialbücher des Zentrums Verkündigung der Evangelischen Kirche in Hessen und Nassau 130), Frankfurt am Main 2018, 41–44

Lutherische Liturgie vom 17. bis zum 19. Jahrhundert, in: Jürgen Bärsch/Benedikt Kranemann (Hrsg.), Geschichte der Liturgie in den Kirchen des Westens. Rituelle Entwicklungen, theologische Konzepte und kulturelle Kontexte. Band 1: Von der Antike bis zur Neuzeit, Münster 2018, 575–646

»Dem Entsetzen täglich in die Fratze sehen.« Max Beckmanns Apokalypse-Illustration von 1941/42, in: Richard Riess (Hrsg.), Dem Entsetzen täglich in die Fratze sehen. Über die dunkle Seite des Menschen, Darmstadt 2019, 71–80.279–280

»Traditionskontinuierlicher Gottesdienst«: Zum Verhältnis von Tradition und Erneuerung in der evangelischen Kirche. Vielfalt der Formen – Vielfalt der Texte, in: Stephan Winter/Andreas Poschmann (Hrsg.), Liturgie und Ökumene. Früchte des gemeinsamen christlichen Erbes, Trier 2019, 138–169

Sehen und berühren. Die Bedeutung der Vasa Sacra aus ästhetischer Theorieperspektive. Eine Anmerkung, in: Kirche + Kunst 96.2018, H. 2/97.2019, H. 1, 14–15

Neue Vasa Sacra in der Kapelle der Augustana-Hochschule Neuendettelsau, in: Kirche + Kunst 96.2018, H. 2/97.2019, H. 1, 56–57

Andrea Thema: Feuerzungen. Einordnung ins Werk, in: Klaus Raschzok/Andrea K. Thurnwald, Feuerzungen. Eine Installation von Andrea Thema im Museum Kirche in Franken (Schriften und Kataloge des Fränkischen Freilandmuseums 86), Bad Windsheim 2019, 17–38

Im »Dunkel der Unwissenheit«. Die Anfänge des lutherischen Paramentenwesens bei Wilhelm Löhe und dem Niedersächsischen Paramentenverein, in: Ursula Röper/Hans Jürgen Scheuer (Hrsg.), Paramente in Bewegung. Bildwelten liturgischer Textilien (12. bis 21. Jahrhundert), Regensburg 2019, 210–224

Wendepunkt der Paramentik, in: Mathias Hartmann/Beate Baberske (Hrsg.), Ein Kraft-Ort wird ... Kapelle im Haus Bezzelwiese, Neuendettelsau 2019, 98–99

Evangelischer Glaube und bildende Kunst: Gerhard Rießbecks temporäres Deckengemälde »Dornenkrone mit Luftballons« für die Evangelisch-Lutherische Christuskirche Ebern von 2014, in: Helmut Braun (Hrsg.), Gerhard Rießbeck. Kunstpreis der Evangelisch-Lutherischen Kirche in Bayern 2019 (Kunstpreis der Evangelisch-Lutherischen Kirche in Bayern 4), München 2019, 24–29

Melanie Militsch: Abendmahlsgerät, 2016, Neuendettelsau, Augustana-Hochschule, Kapelle, in: Helmut Braun (Hrsg.), Sieben mal Sieben. Kunst des 21. Jahrhunderts in der Evangelisch-Lutherischen Kirche in Bayern, Lindenberg im Allgäu 2019, 106

Beate Baberske: Installation »Rot«, 2008, Nürnberg-St. Lorenz, in: Helmut Braun (Hrsg.), Sieben mal Sieben. Kunst des 21. Jahrhunderts in der Evangelisch-Lutherischen Kirche in Bayern, Lindenberg im Allgäu 2019, 134

Die Barrockkirchen in der Fränkischen Schweiz. Online-Exkursion, über: Herbert Popp/ Klaus Bitzer/Haik Thomas Porada (Hrsg.), Die Fränkische Schweiz. Traditionsreiche touristische Region in einer Karstlandschaft (Landschaften in Deutschland 81), Wien/ Köln/Weimar 2019 = Landschaften in Deutschland Online. URL: http://landschaften-in-deutschland.de/exkursionen/81_e_510-barockkirchen/ (Stand 19.09.2019)

Weihnachtschristentum. Warum wir es nicht schmähen sollten, in: P&S. Magazin für Psychotherapie und Seelsorge H. 4, 2019, 46–49

Sockel für Prediger? Kanzel und Lesepult, in: Sibylle Sterzik/Christina-Maria Bammel (Hrsg.), Alles predigt. Eine Entdeckungsreise in Gottes Haus, Berlin 2019, 27–28

Coram Deo – Grundzüge und Konsequenzen christlicher Humanität. Dargestellt anhand des Werkes von Joseph Wittig (1879–1949), in: Thomas Seidel/Sebastian Kleinschmidt (Hrsg.), Coram Deo versus Homo Deus. Christliche Humanität statt Selbstvergottung (GEORGIANA. Neue theologische Perspektiven 6), Leipzig 2021, 124–159

»Liturgie der Heiligen Allianz«. Die Preußische Agende von 1821 als interkonfessioneller europäischer Gottesdienstentwurf?, in: Jörg Dittmer/Jan Kemnitzer/Michel Pietsch (Hrsg.), Christlich-jüdisches Abendland? Perspektiven auf Europa, Stuttgart 2020, 235–268

Die kirchliche Doppik. Implizite Ekklesiologien in der kirchlichen Verwaltung?, in: Jahrbuch Sozialer Protestantismus Bd. 12, Leipzig 2020, 165–187

»Denn er hat mir die Kleider des Heils angezogen ...« (Jes 61,10). Funktion und Farbe liturgischer Gewänder im evangelischen Gottesdienst, in: Quatember. Vierteljahreshefte für Erneuerung und Einheit der Kirche 84.2020, 183–194

Gottesdienst und Geistliches Amt bei Christhard Mahrenholz (1900–1980). Ein Beitrag zum Verständnis von Band I des VELKD-Agendenwerkes, in: Konstanze Kemnitzer (Hrsg.), Gussformen der Gottesdienstgestaltung. Das Agendenwerk der VELKD zwischen Neuaufbruch und Restauration, Leipzig 2021, 283–317

Evangelische Aszetik. Zur Wiederentdeckung einer Disziplin der akademischen Praktischen Theologie und ihrer Forschungs- und Lehrgestalt, in: Christian Eyselein/ Christel Keller-Wentorf/Gerhard Knodt/Klaus Raschzok (Hrsg.), Evangelische Aszetik. Ein Programm macht Schule, Leipzig 2021, 41–71

Impulse geistlicher Gemeinschaften für Kirche und Theologie, in: Christian Eyselein/ Christel Keller-Wentorf/Gerhard Knodt/Klaus Raschzok (Hrsg.), Evangelische Aszetik. Ein Programm macht Schule, Leipzig 2021, 221–235

Laudatio auf Professor Dr. Manfred Seitz zum 80. Geburtstag, in: Christian Eyselein/ Christel Keller-Wentorf/Gerhard Knodt/Klaus Raschzok (Hrsg.), Evangelische Aszetik. Ein Programm macht Schule, Leipzig 2021, 259–266

Einleitung, in: Hans-Peter Hübner/Klaus Raschzok (Hrsg.), Evangelische Friedhöfe in Bayern, München 2021, 13–19 (gemeinsam mit Renate Kleiber-Müller)

Das kirchliche Handeln an den Verstorbenen. Brücke zwischen Leben und Tod, in: Hans-Peter Hübner/Klaus Raschzok (Hrsg.), Evangelische Friedhöfe in Bayern, München 2021, 45–57

Zur Leistung des evangelischen Friedhofs für den Glaubensvollzug: Ein kirchlicher Lern- und Lebensraum, in: Hans-Peter Hübner/Klaus Raschzok (Hrsg.), Evangelische Friedhöfe in Bayern, München 2021, 329–337

Das Forschungsdesign, in: Hanns Kerner/Konrad Müller/Klaus Raschzok (Hrsg.), Gottesdienste und Andachten in ausgewählten Feldern diakonischen Handelns. Eine empirische Studie im Auftrag des Gottesdienst-Instituts der Evangelisch-Lutherischen Kirche in Bayern, Leipzig 2022, 23–51

Konsequenzen für eine diakonisch orientierte Lehre vom Gottesdienst, in: Hanns Kerner/Konrad Müller/Klaus Raschzok (Hrsg.), Gottesdienste und Andachten in ausgewählten Feldern diakonischen Handelns. Eine empirische Studie im Auftrag des Gottesdienst-Instituts der Evangelisch-Lutherischen Kirche in Bayern, Leipzig 2022, 323f.

Die Ergebnisse der Studie im Überblick, in: Hanns Kerner/Konrad Müller/Klaus Raschzok (Hrsg.), Gottesdienste und Andachten in ausgewählten Feldern diakonischen Handelns. Eine empirische Studie im Auftrag des Gottesdienst-Instituts der Evangelisch-Lutherischen Kirche in Bayern, Leipzig 2022, 339–353

Heilige Spiele. Eine Einführung aus der Perspektive des Faches Praktische Theologie, in: Jürgen Bärsch/Christel Köhle-Hezinger/Klaus Raschzok (Hrsg.), Heilige Spiele. Formen und Gestalten des spielerischen Umgangs mit dem Sakralen, Regensburg 2022, 37–60

Theater und Liturgie zwischen äußerer Differenzierung und innerer Annäherung. Ein liturgiehistorischer Durchblick aus protestantischer Perspektive, in: Jürgen Bärsch/Christel Köhle-Hezinger/Klaus Raschzok (Hrsg.), Heilige Spiele. Formen und Gestalten des spielerischen Umgangs mit dem Sakralen, Regensburg 2022, 125–165

Einführung, in: Günter Dippold/Marcus Mühlnikel/Klaus Raschzok (Hrsg.), »Markgrafenkirchen«. Interdisziplinäre Perspektiven auf die protestantischen Sakralbauten des Fürstentums Brandenburg-Bayreuth, Bayreuth 2022, 3–8 (gemeinsam mit Günter Dippold und Marcus Mühlnikel)

Kirchenraum, Liturgie und Frömmigkeit im Markgraftum Brandenburg-Kulmbach/ Bayreuth, in: Günter Dippold/Marcus Mühlnikel/Klaus Raschzok (Hrsg.), »Markgrafenkirchen«. Interdisziplinäre Perspektiven auf die protestantischen Sakralbauten des Fürstentums Brandenburg-Bayreuth, Bayreuth 2022, 201–233

Der lutherische Kirchenbau des 18. Jahrhunderts im Markgraftum Brandenburg-Ansbach und in der Freien Reichsstadt Nürnberg mit ihren Landgebieten, in: Günter Dippold/Marcus Mühlnikel/Klaus Raschzok (Hrsg.), »Markgrafenkirchen«. Interdisziplinäre Perspektiven auf die protestantischen Sakralbauten des Fürstentums Brandenburg-Bayreuth, Bayreuth 2022, 345–441

Das Arsenal des Malers: Zur Bilderwelt des Gerhard Rießbeck im Heilsbronner Münster, in: Gerhard Rießbeck: Arsenal. Münster Heilsbronn 15.5. - 18.9.2022. Ausstellungskatalog KunstRaumHeilsbronn, Heilsbronn 2022, 6–13

Ein aszetischer Zugang zur Homiletik. Die »Predigtlehre« (1971) von Rudolf Bohren als geistliche Übungsanleitung, in: Christian Eyselein/Tobias Kaspari (Hrsg.), Glauben üben. Praxisfelder evangelischer Aszetik. FS für Christel Keller-Wentorf, Leipzig 2022, 133–151

Der Jurist als Gestalter. Hans-Peter Hübner zum 60. Geburtstag, in: Kirche und Kunst 98.2022 (= Jahrbuch 2022), 11f.

Ein schöner praktischer Amtsschrank von 1911, in: Kirche und Kunst 98.2022 (= Jahrbuch 2022), 20f.

Vision für St. Lorenz in Nürnberg gescheitert, in: Kirche und Kunst 98.2022 (= Jahrbuch 2022), 50–52 (gemeinsam mit Helmut Braun)

Helmut Braun zum 60. Geburtstag, in: Kirche und Kunst 98.2022 (= Jahrbuch 2022), 64–66

Andrea Thurnwald zum 60. Geburtstag, in: Kirche und Kunst 98.2022 (= Jahrbuch 2022), 67f.

In memoriam Reinhard Konrad Albrecht (1954–2021), in: Kirche und Kunst 98.2022 (= Jahrbuch 2022), 69f.

In memoriam Marie-Margot Drescher (1924–2021), in: Kirche und Kunst 98.2022 (= Jahrbuch 2022), 71f.

Der Traum vom liturgischen Eigenheim. Zur jüngeren Geschichte des protestantischen liturgietheoretischen Diskurses am Beispiel seiner Leitbilder und Orientierungsbegriffe, in: Konrad Müller/Klaus Raschzok (Hrsg.), Mysterium, Imagination und Emotion. Zur Phänomenologie gottesdienstlichen Erlebens, Leipzig 2023, 11–66

Die kirchliche Bestattung Konfessionsloser. Zur Praxis der evangelischen Kirchen, in: Leidfaden. Fachmagazin für Krisen, Leid, Trauer 12.2023, H. 2, 77–81

Von der Kunst des Lesens in den beiden Büchern. Zum Verhältnis von gottesdienstlicher Präsenz und pastoraler Kunstfertigkeit, in: Simone Ziermann/Konrad Müller (Hrsg.), Präsenz als Schlüsselthema Praktischer Theologie. FS für Thomas Kabel, Leipzig 2023, 67–80

Martin Luthers Anleitungsschriften zum geistlichen Leben als Übungsinstrumente einer lebensnahen bibeltextbezogenen Frömmigkeit, in: Hanns Kerner/Peter Lysy/Sabine Weingärtner (Hrsg.), Wort und Welt. Dimensionen gelebten Glaubens. FS für Johannes Rehm, Leipzig 2023, 17–29

Die Gemeinschaft der Ordinierten als Ort gelebter Spiritualität, in: Alexander Deeg/Markus Schmidt (Hrsg.), Spiritualität und Gemeinschaft. Zugänge zu geistlichem Leben in Beziehungen. FS für Peter Zimmerling, Darmstadt 2023, 285–301

Vom »Geheimnis der Knospe zarter Hülle«. Hoffnung im bildnerischen Werk von Joseph Beuys, in: Richard Riess (Hrsg.), Hoffen. Trotz. Allem. Hoffen. Eine Anthologie, Oberhausen 2023, 90–95

Vom Messgewand zum Talar mit Beffchen: Der gut betuchte Klerus in St. Lorenz, in: Verein zur Erhaltung der Lorenzkirche in Nürnberg e.V. NF 75, Nürnberg 2023, 26–49

Zur Zukunft des evangelischen Friedhofs: Ein Gespräch, in: Kirche und Kunst 99.2023 (= Jahrbuch 2023), 19–26 (gemeinsam mit Hans-Peter Hübner und Reiner Sörries)

Gerhard Mayer zum 60. Geburtstag, in: Kirche und Kunst 99.2023 (= Jahrbuch 2023), 61–62

Reiner Sörries zum 70. Geburtstag, in: Kirche und Kunst 99.2023 (= Jahrbuch 2023), 62–63

Edith Zwanzger zum 80. Geburtstag, in: Kirche und Kunst 99.2023 (= Jahrbuch 2023), 64–65

Herbert Falken zum 90. Geburtstag, in: Kirche und Kunst 99.2023 (= Jahrbuch 2023), 66–67

In memoriam Andrea Thurnwald (1961–2022), in: Kirche und Kunst 99.2023 (= Jahrbuch 2023), 70

Kirchenraumgestaltung in der Gegenwart, in: Peter Bubmann (Hrsg.), Kunst – Raum – Religion. Orte und Wege ästhetischer Bildung (Ästhetik und Bildung 13), Bielefeld 2024, 65–84

Zur Räumlichkeit von Religion. Grundlegende kulturwissenschaftliche und theologische Reflexionen in der deutschsprachigen Forschung des 21. Jahrhunderts, in: Peter Bubmann (Hrsg.), Kunst – Raum – Religion. Orte und Wege ästhetischer Bildung (Ästhetik und Bildung 13), Bielefeld 2024, 131–136 (gemeinsam mit Ute Verstegen)

Ein »tatsachenorientierter« Zugang: Evangelische Kultuswissenschaft als empirische Theologie bei Paul Drews (1858–1912), in: Marco Benini/Florian Kluger/Benedikt Winkel (Hrsg.), Glaube und Gedächtnis. Studien zur Liturgie in Geschichte und Pastoral. FS für Jürgen Bärsch, Münster 2024, 265–283

Christliche Lebenskunst im Umgang mit Bildern, in: Peter Bubmann/Traugott Roser (Hrsg.), (Un-)Endlich leben. Theologie im Dialog mit Philosophie, Pädagogik und Therapeutik, Berlin 2024 (im Erscheinen)

Ein gescheiterter Versuch. Die Römische Messe »unter Absehung von der Dogmatik« für die Reform des evangelischen Gottesdienstes zurückzugewinnen (Hans Asmussen), in: Stefan Böntert/Stephan Winter (Hrsg.), FS für Benedikt Kranemann, Münster 2024, 218–225 (im Erscheinen)

Vom Vereins-Organ zum Fach-Magazin: 100 Jahrgänge Kirche und Kunst 1909–2024, in: Kirche und Kunst 100.2024 (= Jahrbuch 2024), 13–16

100 Jahre Marienberger Vereinigung für Paramentik, in: Kirche und Kunst 100.2024 (= Jahrbuch 2024), 50–51

Ein Fastentuch für die Jesuitenkirche der Heilig-Geist-Gemeinde in Heidelberg, in: Kirche und Kunst 100, 2024 (= Jahrbuch 2024), 52–53

Janette Witt neue Leiterin des Museums Kirche in Franken, in: Kirche und Kunst 100.2024 (= Jahrbuch 2024), 72–73

In memoriam Bernd Seufert (1940–2023) in: Kirche und Kunst 100.2024 (= Jahrbuch 2024), 79–80

Neuere Lehrbücher der Praktischen Theologie, in: Verkündigung und Forschung 69.2024, H. 2, 92–102

4. Predigthilfen und Unterrichtsentwürfe

Okuli. 14. März 1982, 1 Petr 1, (13–17) 18–21, in: Deutsches Pfarrerblatt 82.1982, 76

7. Sonntag nach Trinitatis. 17. Juli 1983, Lukas 9,10–17, in: Deutsches Pfarrerblatt 83.1983, 296–297

2. Sonntag nach dem Christfest - Röm 16,25-27, in: Neue Calwer Predigthilfen VI/A, Stuttgart 1983, 98-105 (gemeinsam mit Elfriede Raschzok)

21. Sonntag nach Trinitatis - 1 Kor 12,12-14.26-27, in: Neue Calwer Predigthilfen VI/B, Stuttgart 1984, 219-226 (gemeinsam mit Elfriede Raschzok)

»Sterbende begleiten - Was können wir als Christen tun?« Ein Unterrichtsentwurf für die 9. Klasse Hauptschule, in: Kirche + Kunst 68.1990, 38-41

18. Sonntag nach Trinitatis - Röm 14,17-19, in: Calwer Predigthilfen - Neue Folge II/2, Stuttgart 1992, 169-175 (gemeinsam mit Elfriede Raschzok)

Christi Himmelfahrt 1993 - 1 Kön 8,22-24.26-28, in: Die Lesepredigt. Eine Handreichung, München 26.1992/93, 273-280

Karfreitag 1994 - Hebr 9,15.26b-28, in: Die Lesepredigt. Eine Handreichung, Gütersloh 27.1993/94, 193-199

Christfest I - Joh 3,31-36, in: Calwer Predigthilfen - Neue Folge V/1, Stuttgart 1994, 52-59 (gemeinsam mit Elfriede Raschzok)

Ostermontag 1995 - Jes 25,8-9, in: Die Lesepredigt. Eine Handreichung, Gütersloh 28.1994/95, 217-224

Altjahresabend 1995 - Hebr 13,8-9b, in: Die Lesepredigt. Eine Handreichung, Gütersloh 29.1995/96, 65-72

Osternacht - 6./7.4.1996. 2 Timotheus 2,8a (8b-13), in: Göttinger Predigtmeditationen 1995/96, 185-191

Reminiscere - 23.2.1997 Mk 12,1-12, in: Die Lesepredigt. Eine Handreichung, Gütersloh 30.1996/97, 145-152

9. Sonntag nach Trinitatis 1997 - 27.7.1997 - Mt 25,14-30, in: Göttinger Predigtmeditationen 1996/97, 336-343

7. Sonntag nach Trinitatis - Apg 2,41a .42-47, in: Calwer Predigthilfen 1997/98, 2. Halbband Reihe II/2, Stuttgart 1998, 86-94

Letzter Sonntag des Kirchenjahres - 21.11.1999 - Lk 12,42-48, in: Göttinger Predigtmeditationen 1998/99, 483-491

3. Sonntag nach Trinitatis 2000 - 1 Joh 1,5-2,6, in: Die Lesepredigt. Gütersloh 33.1999/2000, 337-344

Liedpredigt über EG 8,1-6: Es kommt ein Schiff geladen, in: Die Lesepredigt. Gütersloh 33.1999/2000, 521-528

Liedpredigt über EG 324,1-18: Ich singe dir mit Herz und Mund, in: Die Lesepredigt. Gütersloh 33.1999/2000, 537-544

Die Heilige Maria Magdalena, in: Die Lesepredigt. Gütersloh 34.2000/2001, 545-551.

15. Sonntag nach Trinitatis - 19.09.2004 - 1 Petrus 5,5c-11, in: Göttinger Predigtmeditationen 2003/2004, 456-463

Letzter Sonntag nach Epiphanias - 2 Mose 3,1-10 [11-14], in: Die Lesepredigt. Gütersloh 38.2004/2005, 97-104

3. Sonntag der Passionszeit (Okuli) - Mk 12,41-44, in: Die Lesepredigt. Gütersloh 38.2004/2005, 145-152.

Christi Himmelfahrt - 1 Kön 8,22-24.26-28, in: Die Lesepredigt. Gütersloh 38.2004/2005, 249-256

18. Sonntag nach Trinitatis - Mk 10,17-27, in: Die Lesepredigt. Gütersloh 38.2004/ 2005, 425-432

Vorletzter Sonntag des Kirchenjahres - Lk 16,1-8[9], in: Die Lesepredigt. Gütersloh 38.2004/2005, 489-496

Miserikordias Domini, - 22.04.2007. Johannes 21,15-19, in: Göttinger Predigtmeditationen 2006/2007, 202-209

Hebr 12,1-3. 16.03.2008. Palmarum. Trost aus der Wolke, in: Göttinger Predigtmeditationen 62.2007/2008, 168-175

Gedenktag der Heiligen 1.11.2011 - Liedpredigt über EG 154,1-6: Herr, mach uns stark im Mut, der dich bekennt, in: Die Lesepredigt. Gütersloh 44.2010/2011, 481-488

Sollte Gott wirklich auf Erden wohnen? 1 Kön 8,22-24.26-28. 2.06.2011. Christi Himmelfahrt, in: Göttinger Predigtmeditationen 65.2010/2011, 269-274

Die Kraft des Lobpreises Gottes. Apg 16,23-34. 6.5.2012 Kantate: in: Göttinger Predigtmeditationen 66.2011/2012, 237-242

Adventsandacht - Lk 1,67-80, in: Die Lesepredigt, Gütersloh 48.2014/2015, 537-540

Nikolaus-Andacht. Eine evangelische Nikolausfeier. 6.12.2015, in: Die Lesepredigt, Gütersloh 48.2014/2015, 541-544

Andacht zum Thema Gebet - 1 Thess 5,17, in: Die Lesepredigt, Gütersloh 48.2014/2015, 557-559

Andacht zum Kirchweihfest - Ps 84, 1 Petr 2,4-5, Eph 2,19-22, in: Die Lesepredigt, Gütersloh 48.2014/2015, 561-564

Fünfter, Vierter und Dritter Sonntag vor der Passionszeit, in: Stephan Goldschmidt/Michael Meyer-Blanck/Frank Peters (Hrsg.), Gottes Wort hören und bewahren. Einführungen in die Sonn- und Feiertage im Kirchenjahr, Neukirchen-Vluyn 2019, 64-72

5. Bildmeditationen und Predigten

Zusammengefasst, in: Evangelisches Siedlungswerk Bayern. Bericht über das Jahr 1980, Nürnberg 1981, 5-6

Wochenspruchauslegung über Jesaja 40,3.10 in der Kapelle der Augustana-Hochschule, in: Herrn Professor Dr. Helmut Angermeyer zum 70. Geburtstag vom Dozentenkollegium der Augustana-Hochschule, Neuendettelsau 1982 (masch.schr.), 11-13

Der Unbekannte. Eine Ostermeditation, in: Journal für Muße und Genesung 16.1983, Nr.2, 6-8

Weihnachten ohne Heiligenschein. Emporenmalerei von Auernheim, in: Journal für Muße und Genesung 16.1983, Nr. 6, 18-21

Die Geburt in der Höhle. Eine Weihnachtsmeditation, in: Kirche + Kunst 62.1984, 40-42 (gemeinsam mit Elfriede Raschzok)

Ein Augsburger Weihnachtsbild. Eine Besinnung zur Adventszeit, in: Dekanatsblatt Augsburg, Advent 1986, I (= Beilage zum Sonntagsblatt für die Evang.-Luth. Kirche in Bayern)

Emil Noldes Grablegung Christi von 1915. Eine Meditation, in: Kirche + Kunst 65.1987, 34–36

Die Kirche neu entdecken. Besuch im Gotteshaus. Erlebt mit den Augen eines Kindes, in: Grüss Gott. Ein Begleiter der Evangelischen Kirche in den Urlaub, München 1988, o. S.

Die Kirche neu entdecken. Besuch im Gotteshaus. Erlebt mit den Augen eines Kindes, in: Gute Zeit. Ein Gruß der Evangelischen Kirche für Kurgäste, München 1988, o. S.

Unser persönliches Kreuz, in: Kirche + Kunst 69.1991, 25–26

Joseph Beuys: Symbol des Opfers und der Erlösung, 1951. Eine Bildmeditation, in: Kirche + Kunst 69.1991, 37–39

Ernst Barlach: Ruhe auf der Flucht, 1924, in: Evang. Gemeindebote für die Kirchengemeinde Nördlingen 19./20.1991/92, Nr. 12/1, 1

500 Jahre Taufstein in St. Georg, in: Evang. Gemeindebote für die Kirchengemeinde Nördlingen 20.1992, Nr. 10/11, 1–2

Marc Chagall: David mit der Harfe (1956), in: Kirche + Kunst 70.1992, 51–53

In den Mutterschoß zurückgekehrt (Käthe Kollwitz, Pieta, 1936) in: Kirche + Kunst 70.1992, 53–54

Der neue Mensch hat schon begonnen (Eph 4,22–32), in: Sonntagsblatt. Evangelische Wochenzeitung für Bayern Nr. 43/25.10.1992, 3

Christusberührungen. Eine Predigt über Markus 5,24–34, in: Kirche + Kunst 71.1993, 22–24

Die geistliche Bedeutung der neuen Raumgestaltung. Eine Predigt zur Altarweihe, in: Kirche + Kunst 71.1993, 49

St. Georg und der »Schoßdrache«, in: Evang. Gemeindebote für die Kirchengemeinde Nördlingen 21.1993, Nr. 8/9, 1

Zum Gedenken an Studiendirektorin Martha Steinbauer 1937–1993 (Beerdigungsansprache über Jes 43,1), in: Evang. Gemeindebote für die Kirchengemeinde Nördlingen 21.1993, Nr. 10/11, 3–4

Die Weihnachtsdarstellung aus dem Altar der Nördlinger Spitalkirche von 1578, Bayreuth 1993 (Originalfoto mit Beschreibung).

Historische Abendmahlskelche, in: Grüss Gott. Ein Begleiter der evangelischen Kirche in den Urlaub, München 1994, 8

Christusberührung, in: Evang. Gemeindebote für die Kirchengemeinde Nördlingen 22.1994, Nr. 4/5, 1–2

Hans Arp: Christus am Kreuz, 1948, in: Arbeitshilfen zum Evangelischen Gesangbuch, Ausgabe Bayern und Thüringen, hrsg. von Hans Peetz, München 1994, 86–88

Karl Schmidt-Rottluff: Emmaus, 1918, in: Kirche + Kunst 72.1994, 22–23

Evang.-Luth. St. Georgskirche Nördlingen: Maria mit dem Jesuskind. Holzfigur, um 1470, Bayreuth 1994 (Originalfoto mit Beschreibung)

Bildkommentare in: Klaus Raschzok (Hrsg.), Die Bilder im Gesangbuch. Beschreibung – Kontext – Zugänge, Erlangen 1995: Jean Arp, Christus am Kreuz, 1948, 13–15. Karl Schmidt-Rottluff, Christus in Emmaus, 1918, 33–35. Karl Schmidt-Rottluff, Christus und Nikodemus, 1919, 45–47. Marc Chagall, Die Rettung des Propheten Jona, 1960, 69–70. Max Beckmann, Abendmahl, 1911, 73–75. Emil Nolde, Saul und David, 1911, 89–91. Marc Chagall, Lobgesang im Paradies, 1960, 97–99. Rembrandt Harmensz van Rijn, Der Fischzug des Petrus, um 1653, 105–106. Lovis Corinth, Totenklage, 1920/21, 145–147. Ernst Barlach, Der Barmherzige, 1916, 157–159. Edvard Munch, Betender alter Mann, 1902, 161–163. Ernst Barlach, Der Müde (Tröstung), 1916, 165–166. Otto Dix, Taufe Jesu, 1960, 189–191. Rembrandt Harmensz van Rijn, Schlafen des Mädchen, um 1655/56, 197–198. Käthe Kollwitz, Die Eltern, 1920, 221–223. Otto Dix, Verleugnung Petri (Petrus und der Hahn), 1958, 237–239. Max Beckmann, Jakob ringt mit dem Engel, 1920, 253–255

Evang.-Luth. St. Georgskirche Nördlingen: Christus als Schmerzensmann aus der Kanzel von 1499, Bayreuth 1995 (Originalfoto mit Beschreibung)

Eine Engelspredigt zur Christnacht, in: Kirche + Kunst 73.1995, 25–26

»Du hast einen Blick in die Ewigkeit getan?« Spielszene zu Offenbarung 5,1–14, in: Pastoralblätter 136.1996, 46–51

Evang.-Luth. St. Georgskirche Nördlingen: Figur des Heiligen Georg 1507 von Paul Ypser an der Westempore, Bayreuth 1996 (Originalfoto mit Beschreibung)

Ist Gott nachtragend? (2. Mose 34,6–7), in: Evangelisches Sonntagsblatt aus Bayern Nr. 41/1996, 1

Evang.-Luth. St. Georgskirche Nördlingen: Engel mit Orgel-Portativ vom Sakramentshaus von 1525, Bayreuth 1997 (Originalfoto mit Beschreibung)

Suryo Indratno, Grablegung, in: Klaus Raschzok (Hrsg.), Die Welt ist heut an Bildern reich. 24 weihnachtliche Bilder aus aller Welt mit Informationen und Meditationen, Aachen/Erlangen 1997, 50–55

Maria Magdalena – die unbekannte Frau in St. Georg, in: Evang. Gemeindebote für die Kirchengemeinde Nördlingen 25.1997, Nr. 4/5, 1–2

Predigt über 2 Kor 5,(14b–18) 19–21 am Karfreitag, 10.04.1998, in: Göttinger Predigten im Internet, hrsg. von Ulrich Nembach und Johannes Neukirch, 1998

»Denken Sie bitte auch an die Kraft des Gebetes!« Wort zur Woche (Jeremia 17,14), in: Glaube und Heimat. Evangelische Wochenzeitung für Thüringen Nr. 42/18.10.1998, 1

Geheimnis der Nähe Gottes. Ernst Barlachs Plastik »Ruhe auf der Flucht« – eine Meditation, in: Glaube und Heimat/Der Sonntag/Die Kirche Nr. 52/53 vom 24./31.12.2000 (Weihnachten), 4

Liedpredigt über EG 88 »Jesu, deine Passion« für den Sonntag Invocavit (4.3.2001), in: Göttinger Predigten im Internet, hrsg. von Ulrich Nembach und Johannes Neukirch, 2001

Predigt über Mk 16,9–14 (15–20) an Quasimodogeniti (22.4.2001), in: Göttinger Predigten im Internet, hrsg. von Ulrich Nembach und Johannes Neukirch, 2001

Christus durch gute Studien verherrlichen. Predigt am 5.11.1998 im ökumenischen Gottesdienst »450 Jahre Hohe Schule Jena« in der Stadtkirche St. Michael zu Jena. Text: 1 Kor 6,19, in: Es ist Saatzeit. Predigtsammlung. Festgabe zur Verabschiedung von

Landesbischof Roland Hoffmann in den Ruhestand, hrsg. vom Landeskirchenrat der Evangelisch-Lutherischen Kirche in Thüringen, Weimar 2001, 156–159

Im Kreuz ist Gottes Kraft erkennbar. Der Künstler Joseph Beuys setzte sich in seinem »Symbol des Opfers und der Erlösung« mit Ostern auseinander, in: Glaube und Heimat. Evangelische Wochenzeitung für Thüringen/Der Sonntag. Wochenzeitung der Evangelisch-Lutherischen Landeskirche Sachsens/Die Kirche. Wochenzeitung für Anhalt und die Kirchenprovinz Sachsen, Nr. 13 vom 31. März 2002 (Ostern), 4

Predigt zur Amtseinführung als Lehrstuhlinhaber für Praktische Theologie an der Augustana-Hochschule am 03.05.2003 in der St. Laurentiuskirche Neuendettelsau über Johannes 14,1–13, in: Erträge. Sommersemester 2003 in Neuendettelsau, 23–27

Festpredigt St. Kilians-Kirche [Bad Windsheim] am 10.06.2004 über Offenbarung 7,9–17, in: Kontakt. Mitteilungsblatt für Kirchner und Hausmeister im VKM Bayern, Nr. 97/Juli 2004, 5–10

Gemeinschaft der Heiligen. Zum Erbe der Reformation gehören auch die Heiligen – als Vorbilder, nicht als Nachfolger [Betrachtung zum Reformationstag], in: Glaube und Heimat/Die Kirche/Der Sonntag Nr. 44 vom 31. Oktober 2004, 3

Predigt im Gottesdienst zur Einführung als Rektor der Augustana-Hochschule am 2. Sonntag im Advent, 10.12.2006 in Neuendettelsau – St. Laurentius über Jesaja 35,3–10, in: Erträge Wintersemester 2006/2007 in Neuendettelsau, 11–14

Predigt über Offenbarung 7,9–17 am Sonntag Judika 25. März 2007 in Neuendettelsau – St. Laurentius, in: Fastenpredigten in St. Laurentius. Meine Hoffnung für die Kirche. Predigtreihe zur Passionszeit 2007, Neuendettelsau 2007, 39–45

6. Sonstiges

Grabsteine aus roh behauenen Blöcken. Dorffriedhof in Fessenheim/Ries: Musterbeispiel künstlerischer Gestaltung, in: Sonntagsblatt für die Evang.-Luth. Kirche in Bayern Nr. 47/1976, 10–11

Pompöse Goldengel. Zwischen Textanspruch und Massentourismus. Probeaufführungen als Entscheidungshilfe für die Oberammergauer Passionsspiele 1980, in: Nürnberger Zeitung Nr. 188/16.August 1977, 18

Die Zeit der Staufer (Ausstellungsbesprechung), in: Kirche + Kunst 55.1977, 32–33. Kunst beim Kirchentag, in: Kirche + Kunst 55.1977, 36–37

Schwarz geht nicht, in: Kirche + Kunst 56.1978, 16

Künstler helfen St. Sebald, in: Kirche + Kunst 57.1979, 51–52

Kirchenbänke spielend umgeräumt, in: Kirche + Kunst 57.1979, 55

Keine Verschönerung! Zur Restaurierung des Schwabacher Stadtkirchenaltars, in: Kirche + Kunst 58.1980, 16–17

Vernachlässigte kirchliche Kunstguterfassung, in: Kirche + Kunst 58.1980, 18.

Werner Knaupp in evangelischen Kirchengemeinden, in: Kirche + Kunst 58.1980, 23

Neue Tendenzen und Experimente in der sakralen Kunst, in: Kirche + Kunst 58.1980, 46

Ein bilderfeindlicher Kirchentag, in: Kirche + Kunst 59.1981, 2

Können wir uns in der Kirche Denkmalpflege leisten? in: Kirche + Kunst 59.1981, 5-6

»Kontext Kirche«: Ein hessisches Konzept für das Gespräch mit der Kunst, in: Kirche + Kunst 60.1982, 9-10

Bauen in ökumenischer Nachbarschaft, in: Kirche + Kunst 60.1982, 42-43

Wie gefährlich sind Glocken? Eine Bilanz, in: Kirche + Kunst 63.1985, 26

Neues Verständnis wecken. Die Arbeit des Vereins für Christliche Kunst in Bayern, in: Unser Auftrag Nr. 7/8.1986, 26

Ecce homo: Eine kirchliche Begleitausstellung zur documenta 8, in: Kirche + Kunst 65.1987, 33-34.

St. Sebald und seine Heiligen, in: Kirche + Kunst 65.1987, 43

Preis der Stiftung Bibel und Kultur 1990 für Herbert Falken, in: Kirche + Kunst 68.1990, 17-18

Paramente und liturgische Gewänder, in: Kirche + Kunst 69.1991, 2

Stellungnahme des Evang.-Luth. Pfarramtes Zusmarshausen zum Gebrauch von Alba und Stola an das Dekanat Augsburg vom 5.5.1987, in: Kirche + Kunst 69.1991, 15-17

Gottesdienstliche Kleidung und Raumerleben, in: Kirche + Kunst 69.1991, 17-18

Spekulation mit dem Kreuz, in: Kirche + Kunst 69.1991, 35

Ein Kreuz entsorgen ...?, in: Kirche + Kunst 69.1991, 36

Professor Dr. Peter Poscharsky feiert seinen 60. Geburtstag, in: Annäherung. Die schönen Künste und die Evang.-Luth. Kirche in Bayern 2.1992, 49-50

Verein für Christliche Kunst in der Evangelisch-Lutherischen Kirche in Bayern e.V., in: Annäherung. Die schönen Künste und die Evang.-Luth. Kirche in Bayern 2.1992, 50-51

Fragmentarische Rekonstruktion und Wiederaufstellung des ehemaligen spätgotischen Altares in der Pfarrkirche St. Stephan in Fessenheim (Ries) geplant, in: Kirche + Kunst 70.1992, 36-38

Gestalt gewordener Glaube. Internationale Fachtagung zur Geschichte des protestantischen Kirchenbaus, in: Kirche + Kunst 70.1992, 38-40

Kirchenvorstand berät über liturgische Gewänder für Osternacht 1994, in: Evang. Gemeindebote für die Kirchengemeinde Nördlingen 21.1993, Nr. 4/5, 6-7

Erwerb der »Alten Hauptwache« durch die Kirchengemeinde, in: Evang. Gemeindebote für die Kirchengemeinde Nördlingen 21.1993, Nr. 8/9, 4-5

Buß- und Bettag '94: Stellvertretende Fürbitte für die Gesellschaft. Eine kritische Betrachtung zum noch gesetzlichen Feiertag, in: Rieser Nachrichten Nr. 263/15.11.1994, 27

Eine Kathedrale auf dem Hesselberg, in: Kirche + Kunst 74.1996, 19-20

Joachim Conrad zum 65. Geburtstag am 27. Juni 2000, in: Theologische Literaturzeitung 125.2000, Sp. 976-977

Vorwort, in: Matthias Michael Gernhardt/Christian Fleck, Der Tierversuch. Seine ethische Abwägung aus theologischer, philosophisch-historischer und medizinischer Sicht. Eine Bestandsaufnahme und Analyse, Frankfurt/M. u.a. 2000, 11-12

Liturgiewissenschaft und Kirche. Was kann die Kirche von der Liturgiewissenschaft erwarten? Statements aus einem Podiumsgespräch, in: Wolfgang Ratzmann (Hrsg.), Grenzen überschreiten. Profile und Perspektiven der Liturgiewissenschaft (Beiträge zu Liturgie und Spiritualität 9), Leipzig 2002, 197–198

Pfarrberuf, Ordination und kirchliche Personalentwicklung. Herausforderungen einer zukunftsfähigen ars pastoralis. Abstract der Antrittsvorlesung am 5. Dezember 2003, in: Erträge. Wintersemester 2003/2004 in Neuendettelsau, 27–29

In memoriam Werner Franzen, in: Kirche + Kunst 81.2003, 51–52

Was ist eine gute Predigt?, in: Evangelisches Sonntagsblatt aus Bayern, 120.2004, Nr. 12, 5

In memoriam Werner Franzen, in: Werner Franzen, Gottesdienststätten im Wandel. Evangelischer Kirchenbau im Rheinland 1860–1914, 2 Bde. (Schriften des Archivs der Evangelischen Kirche im Rheinland 34), Düsseldorf 2004, IX–X

Kirchenrat Ludwig Fischer 100 Jahre, in: Kirche + Kunst 82.2004, 55 (gemeinsam mit Peter Poscharsky)

Geleitwort, in: Michael Th. Schulz, Enneagramm, Spiritualität und Theologie der Zukunft. Anläufe und Verbindungen – Materialien und Vernetzungen. Mit Geleitworten von Andreas Ebert und Klaus Raschzok, Neukirchen-Vluyn 2006, VIII–X

Nachruf Professor Dr. August Strobel (4.03.1930–9.09.2006) und Wort des Rektors beim Trauergottesdienst für Professor Dr. August Strobel am 14. September 2006 in Schwarzenbach a. d. Saale, in: Erträge. Wintersemester 2006/2007 in Neuendettelsau, 3–6

Heilige Räume [Interview mit Klaus Raschzok, von Beat Huwyler], in: Leben & Glauben. Das evangelische Wochenmagazin Nr. 46, 2007, 10–13

Begrüßung [beim Festakt 60 Jahre Augustana-Hochschule am 7.12.2007], in: Erträge der Augustana-Hochschule. Sonderheft 60 Jahre augustana in Neuendettelsau. Dokumentation der Beiträge und Reden zum Jubiläumsjahr, Neuendettelsau 2008

Löhe und der Schmuck der heiligen Orte (= Folge 26 der Kolumne »Löhejahr 2008. Aufbruch aus Tradition. Wilhelm Löhe 1808–1872)«, in: Amts- und Mitteilungsblatt der Gemeinde Neuendettelsau 37.2008, Nr. 26, 10

Andreas Link mit einer Studie über die evangelische Ulrichskirche Augsburg zum Dr. theol. promoviert, in: Kirche + Kunst 86.2008, 23–24

Andreas von Heyl zum Gedenken (1952–2016), in: Theologische Literaturzeitung 141.2016, Sp. 1457–1458 (gemeinsam mit Christian Strecker)

Katalog ausgewählter Objekte aus Mitgliedswerkstätten der Marienberger Vereinigung für Paramentik e.V., in: Klaus Raschzok/Beate Baberske (Hrsg.), Zu Ende gewebt. Textilkunst für die letzte Reise. Im Auftrag der Marienberger Vereinigung für Paramentik e.V. Mit Fotografien von Uwe Niklas (Schriften und Kataloge des Fränkischen Freilandmuseums 80), Bad Windsheim 2018, 80–136 (gemeinsam mit Beate Baberske)

Nach der Synode – vor der Synode. Interview mit Klaus Raschzok, in: Korrespondenzblatt, hrsg. vom Pfarrer- und Pfarrerinnenverein in der Evangelisch-Lutherischen Kirche in Bayern, 135.2020, 70–73

Modellvorstellungen für die Praxis des Glaubens. Ein Gespräch mit Professor Dr. Klaus Raschzok (von Simone Ziermann), in: Augustana-Journal. Theologische Hochschule der Evangelisch-Lutherischen Kirche in Bayern 2019/2020, 4–11

80. Geburtstag Kirchenrat Andreas Hildmann, in: Kirche + Kunst 96, 2019, H. 2/97, 2020, H. 1, 51

Arnulf Rainer zum 90. Geburtstag, in: Kirche + Kunst 97, 2020, H. 2, 55

Dank an Markus Geißendörfer, in: Kirche + Kunst 97, 2020, H. 2, 61–62

Evangelischer Campus Nürnberg. Offener Brief an die Mitglieder der Landessynode, in: Korrespondenzblatt, hrsg. vom Pfarrer- und Pfarrerinnenverein in der Evangelisch-Lutherischen Kirche in Bayern, 135.2020, 213–214

Gottesdienst und Andachten in der Diakonie. Interview mit Prof. Dr. Raschzok zum Thema Forschungsprojekt, in: Diakonie & Spiritualität H. 1, 2020, 18–21 (Interview: Peter Munzert)

»Alles muss anders werden«. Über den geforderten Umbau der Kirche und seine möglichen Nebenwirkungen, in: ABC-Nachrichten, hrsg. vom Arbeitskreis Bekennender Christen in Bayern e.V., Nr. 2, 2024, 18–21

7. Rezensionen

Das neueste Neue Testament. Zur 26. völlig überarbeiteten Ausgabe des »Nestle«, in: NZ am Wochenende. Beilage zur Nürnberger Zeitung Nr. 210/8. September 1979, 2

Herbert Falken, Zeichnungen 1977–1981. 21. März bis 6. Juni 1982. Suermondt-Ludwig-Museum der Stadt Aachen, Aachen 1982, in: Kirche + Kunst 60.1982, 19

Benedikt Werner Traut, Meditations-Bilder, Schnitte, Handzeichnungen, Plastiken, Beton-Bildsteine, Essen 1982, in: Kirche + Kunst 60.1982, 45

Der Schwabacher Hochaltar. Internationales Kolloquium anlässlich der Restaurierung. Schwabach 30. Juni – 2. Juli 1981 (Arbeitshefte des Bayerischen Landesamtes für Denkmalpflege 11), München 1982, in: Kirche + Kunst 60.1982, 45

Kurt Pilz, Die Stadtkirche St. Johannes und St. Martinus in Schwabach. Ihre Geschichte und ihre Kunstwerke, Schwabach 1979, in: Kirche + Kunst 60.1982, 45

Renate Kornacker, Bilder und Zeichnungen. Ausstellung vom 25. Februar bis 23. April 1984. Katalog Kunstverein Springhornhof Neuenkirchen. Gerhard Hoehme, Zeichnungen 1951–1983. Ausstellung vom 28. April bis 11. Juni 1984. Katalog Kunstverein Springhornhof Neuenkirchen, in: Kirche + Kunst 62.1984, 23

Arnulf Rainer, Kreuze 1980–1984. Mit einem einführenden Text von Barbara Catoir, Düsseldorf/Wien 1984, in: Kirche + Kunst 62.1984, 44

Waldemar Wucher (Hrsg.), Alte Kirchen – Räume der Zukunft. Perspektiven des »Brensbach-Modells«, Gießen 1984, in: Kirche + Kunst 63.1985, 28–29

Georg Stolz, Evang.-Luth. Pfarrkirche St. Maria in Katzwang, München und Berlin 1984, in: Kirche + Kunst 63.1985, 29

Herbert Falken/Josef Fink, Die Nacht des Weizenkorns. Der Kreuzweg von Schevenhütte, Graz/Wien/Linz 1986. Herbert Falken, Lazarus. Eine Trauerarbeit in 16 Bildern, Aachen 1986. Philipp Boonen (Hrsg.), Herbert Falken – Christusbilder (Aachener Beiträge zu Pastoral- und Bildungsfragen 14), in: Kirche + Kunst 65.1987, 17–18

Georg Stolz, St. Lorenz - Wappen in Fülle. Wappenkunde - Wappenkunst - Wappenrecht, Nürnberg 1986. Herbert Bauer/Gerhard Buckel/Andreas Ebert/Hans Christian Seraphim/Georg Stolz, St. Lorenz - im Kleinen ganz groß, Nürnberg 1987, in: Kirche + Kunst 65.1987, 44

Georg Stolz, Evang.-Luth. Pfarrkirche in Fürth-Burgfarrnbach, München/Berlin 1987, in: Kirche + Kunst 65.1987, 44

Alberto Giacometti, Zeichnungen und Druckgraphik. Mit Beiträgen von Reinhold Hohl und Dieter Koepplin, Stuttgart 1986, in: Kirche + Kunst 65.1987, 44-45

Karl-Heinz König, Das Grabtuch von Turin - die Passionsikone unserer Zeit (AV-Edition), München/Offenbach 1986, in: Kirche + Kunst 65.1987, 45

Kurt Kramer, Die Glocke und ihr Geläute. Geschichte, Technologie und Klangbild vom Mittelalter bis zur Gegenwart, München/Berlin 1986, in: Kirche + Kunst 65.1987, 45

Wolfgang Pehnt, Karljosef Schattner. Ein Architekt aus Eichstätt, Stuttgart 1988, in: Kirche + Kunst 67.1989, 46-47

Joseph Braun, Trachten und Attribute der Heiligen in der Deutschen Kunst. Unveränderter Nachdruck der 2. Auflage 1974, Berlin 1988, in: Kirche + Kunst 67.1989, 47

Friedhelm Mennekes, Kein schlechtes Opium. Das Religiöse im Werk von Alfred Hrdlicka, Stuttgart 1986, in: Kirche + Kunst 67.1989, 47

Friedhelm Mennekes, Umkreisen und Durchdringen. Christusgesichter von Arnulf Rainer, Stuttgart 1987, in: Kirche + Kunst 67.1989, 47

Margarete Luise Goecke-Seischab, In Farben und Formen. Biblische Texte gestalten. 60 Vorschläge, München 1993, in: Kirche + Kunst 71.1993, 54

Reiner Marquard, Karl Barth und der Isenheimer Altar (Arbeiten zur Theologie 80), Stuttgart 1995, in: Kirche + Kunst 73.1995, 31-32

Klaus-M. Kodalle (Hrsg.), Strafe muss sein! Muss Strafe sein? Philosophen - Juristen - Pädagogen im Gespräch. Thüringentag für Philosophie 1997 (Kritisches Jahrbuch der Philosophie, Beiheft 1/1998), Würzburg 1998, in: Uni-Journal Jena Nr. 06/2000, 24

Alle Jahre neu. Weihnachtsmeditationen von Klaus-Peter Hertzsch und Weihnachtsbilder aus Thüringer Kirchen und Museen. Fotografiert von Constantin Beyer, hrsg. von Christine Lässig, Weimar 2000, in: Glaube und Heimat/Der Sonntag/Die Kirche Nr. 49 vom 3.12.2000 (1. Advent), 11

Wolfgang Erich Müller/Jürgen Heumann (Hrsg.), Kunst-Positionen. Kunst als Thema evangelischer und katholischer Theologie, Stuttgart/Berlin/Köln 1998, in: Theologische Literaturzeitung 125.2000, Sp. 1298-1300

100 Jahre Nikolai-Kirche in Neuendettelsau. 1901 bis 2001, hrsg. von der Evangelisch-Lutherischen Kirchengemeinde St. Nikolai, mit Beiträgen von Hans Rößler, Gertrud Voll, Friedrich E. Walther und vielen anderen, Neuendettelsau 2001, in: Kirche + Kunst 79.2001, 59

Helmut Wöllenstein, Von Angesicht zu Angesicht. Der Wildunger Altar des Conrad von Soest, Kassel 2003, in: Kirche + Kunst 81.2003, 16-17

Jahrbuch Verein Ausstellungshaus für christliche Kunst 2004-2006, Regensburg 2008, in: Kirche + Kunst 86.2008, 20

Horst Sakulowski, Zwiegespräche, Zwickau 2008, in: Kirche + Kunst 86.2008, 20-21

Margarete Luise Goecke-Seischab und Frieder Harz, Der Kirchen-Atlas. Räume entdecken. Stile erkennen. Symbole und Bilder verstehen, München 2008, in: Kirche + Kunst 86.2008, 21

St. Lorenz: Georg Stolz 80 Jahre. Schriften des Vereins zur Erhaltung der St. Lorenzkirche in Nürnberg e.V. Neue Folge Nr. 58, Nürnberg 2008, in: Kirche + Kunst 86.2008, 21.

Heiner Giese, Sakraler Ort – Rationaler Raum. Pfarrkirchen um 1828 in der Entstehungszeit der Diözese Rottenburg, Regensburg 2008, in: Kirche + Kunst 86.2008, 47

Andreas von Heyl, Das Anti-Burnout-Buch für Pfarrerinnen und Pfarrer, Freiburg im Breisgau 2011, in: Nachrichten der Evangelisch-Lutherischen Kirche in Bayern 67.2012, 274

Achim Knecht, Erlebnis Gottesdienst. Zur Rehabilitierung der Kategorie »Erlebnis« für Theorie und Praxis des Gottesdienstes, Leipzig 2011, in: Theologische Literaturzeitung 141.2016, Sp. 691–692

Stefan Kopp, Der liturgische Raum in der westlichen Tradition. Fragen und Standpunkte am Beginn des 21. Jahrhunderts (Ästhetik – Theologie – Liturgik 54), Münster 2011, in: Theologische Literaturzeitung 141.2016, Sp. 693–694

Sonja Keller, Kirchengebäude in urbanen Gebieten. Wahrnehmung – Deutung – Umnutzung in praktisch-theologischer Perspektive (Praktische Theologie im Wissenschaftsdiskurs 19), Berlin und Boston 2016, in: Kirche und Kunst 98.2022 (= Jahrbuch 2022), 75–76.

Christian Schoen und Wolfgang F. Reddig, Der Ansbacher Stadtfriedhof. Materialien zur barocken Kulturgeschichte, Ansbach 2022, in: Kirche und Kunst 99.2023 (= Jahrbuch 2023), 75–76

Wilfried Sponsel, Spaziergänge auf dem Nördlinger Friedhof, Neustadt a. d. Aisch 2021 in: Kirche und Kunst 99.2023 (= Jahrbuch 2023), 76–77

Konrad Müller/Johannes Rehm (Hrsg.), Arbeit als Gottesdienst? Wertschöpfung in christlicher Verkündigung. FS für Roland Pelikan, Leipzig 2021, in: Jahrbuch Sozialer Protestantismus 15, Leipzig 2024, 209–211

Reiner Sörries, Die älteste Kirche der Welt. Christliche Predigtstätten, Versammlungsräume und Kirchen vor Konstantin, Wien/Köln 2023, in: Kirche und Kunst 100.2024 (= Jahrbuch 2024), 82–83

Dörte Folkers/Marie Luise Frey-Jansen, Antependien von Ernst Riegel. Paramentik an der Mathildenhöhe Darmstadt, Darmstadt 2023, in: Kirche und Kunst 100.2024 (= Jahrbuch 2024), 83–84

8. Festschriften

»Die schönen Gottesdienste des Herrn«. FS für Klaus Raschzok, hrsg. von Wolfgang Fenske, Berlin 2004 (mit Beiträgen von Birgit Fenske, Wolfgang Fenske, Stefan Michel, Albrecht Schödl und Johannes Wachowski)

Modellhaftes Denken in der Praktischen Theologie. FS für Klaus Raschzok, hrsg. von Andreas von Heyl und Konstanze Evangelia Kemnitzer, Leipzig 2014 (mit Beiträgen von Andreas von Heyl, Konstanze Kemnitzer, Peter Bubmann, Alexander Deeg, Christian Eyselein, Christian Grethlein, Christel Keller-Wentorf, Hanns Kerner, Christel Köhle-Hezinger, Michael Meyer-Blanck, Kristin Merle, Birgit Weyel, Konrad Müller, Peter Poscharsky, Richard Riess, Helmut Schwier, Wolfgang Steck und Jaroslav Vokoun)

Gussformen der Gottesdienstgestaltung. Das Agendenwerk der VELKD zwischen Neuaufbruch und Restauration. Für Klaus Raschzok [zur Verabschiedung aus dem akademischen Lehramt], hrsg. von Konstanze Kemnitzer, Leipzig 2021 (mit Beiträgen von Konstanze Kemnitzer, Michael Meyer-Blanck, Christel Köhle-Hezinger, Doris Riemann, Hanns Kerner, Anne Käfer, Christian Grethlein, Jochen Arnold, Martin Nicol, Christian Albrecht, Christian Eyselein, Richard Riess, Peter Cornehl, Wolfgang Ratzmann, Helmut Schwier, Jürgen Bärsch, Konrad Müller, Johannes Goldenstein und Klaus Raschzok)